"东线文库" 总策划 王鼎杰

ENDGAME AT STALINGRAD

斯大林格勒

—— 三部曲 ★ 苏德战争 1942.11 ——

终局
第三部·卷一
上册
5

[美] 戴维·M.格兰茨　　[美] 乔纳森·M.豪斯　著

小小冰人　译

台海出版社

版贸核渝字（2015）第205号

图书在版编目（CIP）数据

斯大林格勒三部曲. 第三部. 终局. 卷一 / （美）戴维·M. 格兰茨,（美）乔纳森·M. 豪斯著；小小冰人译 . -- 北京：台海出版社, 2017.5（2025.2重印）
书名原文：Endgame at Stalingrad:Book One: November1942; The Stalingrad Trilogy,Volume3
ISBN 978-7-5168-1499-4

Ⅰ.①斯… Ⅱ.①戴… ②乔… ③小… Ⅲ.①斯大林格勒保卫战(1942-1943)－史料 Ⅳ.①E512.9

中国版本图书馆CIP数据核字(2017)第180639号

斯大林格勒三部曲 . 第三部 . 终局 . 卷一

著　　者：[美]戴维·M. 格兰茨　[美]乔纳森·M. 豪斯　　译　者：小小冰人

责任编辑：高惠娟　　　　　　　　　　策划制作：指文文化
视觉设计：舒正序　　　　　　　　　　责任印制：蔡　旭

出版发行：台海出版社
地　　址：北京市东城区景山东街20号　　邮政编码：100009
电　　话：010-64041652（发行，邮购）
传　　真：010-84045799（总编室）
网　　址：www.taimeng.org.cn/thcbs/default.htm
E－mail：thcbs@126.com

经　　销：全国各地新华书店
印　　刷：重庆长虹印务有限公司
本书如有破损、缺页、装订错误，请与本社联系调换

开　　本：787mm×1092mm　　　　　1/16
字　　数：600千　　　　　　　　　　印　张：40.5
版　　次：2017年9月第1版　　　　　印　次：2025年2月第2次印刷
书　　号：ISBN 978-7-5168-1499-4

定　　价：149.80元（此卷共2册）

"东线文库"总序

泛舟漫长的人类战争史长河，极目四望，迄今为止，尚未有哪场陆战能在规模上超过二战时期的苏德战争。这场战争挟装甲革命与重工业革命之双重风潮，以德、苏两大军事体系20年军改成果为孤注，以二战东线战场名扬后世。强强相撞，伏尸千里；猛士名将，层出不穷。在核恐怖强行关闭大国全面战争之门70年后的今天，回首望去，后人难免惊为绝唱。在面对那一串串数字和一页页档案时，甚至不免有传说时代巨灵互斫之苍茫。其与今人之距离，似有千年之遥，而非短短的七十春秋。

但是，如果我们记得，即便是在核武器称雄的时代，热战也并未绝迹，常规军事力量依然是大国达成政治诉求的重要手段；而苏德战争的胜利者苏联，又正是冷战的主角之一，直到今天，苏系武器和苏式战法的影响仍具有全球意义。我们就会发现，这场战争又距离我们是如此之近。

要知道这场战争究竟离我们有多近，恰恰要先能望远——通过对战争史和军事学说发展史的长程回顾，来看清苏德战争的重大意义。

正如俾斯麦所言："愚人执着于自己的体验，我则师法他者的经验。"任何一个人、一个组织的直接体验总是有限的，但如能将别人的间接经验转化为自己的直接体验，方是智者之所为。更高明的智者又不仅仅满足于经验的积累，而是能够突破经验主义的局限，通过学说创新形成理论体系，从而在经验和逻辑、事实与推理之间建立强互动，实现真正的以史为鉴和鉴往知来。

无怪乎杜普伊会说："军事历史之所以对军事科学的发展至关重要，是因为军事科学不像大多数其他学科那样，可在实验室里验证它们的理论和假说。军事试验的种种形式，如野战演习、对抗演习和实兵检验等，都永远不会再现战争的基本成分：致命环境下对死亡的恐惧感。此类种种试验无疑是非常有益的，但是，这种益处也只能是在一定程度上的。"[1]但这绝不等于说战争无法研究，只能在战争中学战争。突破的关键即在于如何发挥好战争史研究的作用。所以杜普伊接着强调："像天文学一样，军事科学也是一门观测科学。正如天文学家把天体作为实验室（研究对象），而军人的真正的实验室则永远是军事历史。"[2]

从这个角度上讲，苏德战争无疑是一个巨型实验室，而且是一个直接当下，具有重大特殊意义的实验室。

回顾战争史册，不难发现，受技术手段的局限，战场的范围长期局限在指挥官的目力范围之内。故而，在这个时期，战争行为大致可以简化为两个层级，一为战略（strategy），一为战术（tactic）。

战术是赢得战斗的方法，战略则是赢得战争的方法。战之术可以直接构成战之略的实施手段。一般而言，战争规模越有限，战争结局越由战斗决定，战略与战术的边界便越模糊，甚至可以出现"一战定乾坤"的戏剧性结局。这又进一步引发出战局和会战两个概念。

所谓战局，就是英语中的 Campaign，俄语的 кампания，德语的 Feldzug。Campaign 的词源是 campus，也就是营地。因为在罗马时代，受当时的技术条件限制，军队每年会有一个固定的季节性休战期，是为宿营时期。这样就可以很清晰地划分出以年度为单位的"战局"。相对不同的是德语 Feldzug 的词根有拖、拉、移动的意思，对弈中指移动棋子。已隐约可见机动战的独特传统。但三方对战局的理解、使用并无本质不同。

而会战（英语中的 Battle，俄语的 Битва，德语的 Schlacht）则是战斗的放大。换言之，在早期西方军事学说体系中，战略对应战局，战术对应战斗，而"会战"则是战略与战术的交汇地带，战局与战斗的中间产物。在早期冷兵器战争时代，会战较为简单，很多时候就是一个放大的战术行动和缩小的战略行动。但是，随着技术的变革，社会结构、动员体系、战争规模的巨变，会战组织越来越复杂，越来越专业，逐渐成为一个独立于战略和战术之外的层级。拿破仑的战争艺术，归根结底其实就是会战的艺术。

但是，拿破仑并未发展出一套会战学说，也没有形成与之相表里的军事制度和军事教育体系，反而过于依赖自己的个人天赋，从而最终走向不归路。得风气之先的是普鲁士军队的改革派三杰（沙恩霍斯特、格奈瑟瑙、克劳塞维茨），收功者则是促成德意志统一的老毛奇。普德军事体系的发展壮大，正是研究透彻了拿破仑又超越了拿破仑，在战略和战术之间增加了一个新层级——Operation，从根本上改变了军事指挥和军事学术研究范式。所谓

"Operation"，本有操作、经营、（外科）手术等多层含义，其实就是战略实施中的落实性操作，是因为战术已经无法直接构成战略的实施手段而增加的新环节。换言之，在德军军事体系中，Operation 是一个独立的、高度专业化的军事行动层级。

与之相表里，普德军事系统又形成了现代参谋制度，重新定义了参谋，并形成了以参谋军官为核心的现代军官团，和以参谋教育为核心的现代军校体系。总参谋部其实是一个集研究、教育、指挥为一体的复合结构。参谋总长管理陆军大学，而陆军大学的核心课程即为战争史研究，同时负责将相关研究兵棋化、实战化、条令化。这种新式参谋主要解决的就是 Operation Level 的问题，这与高级统帅思考战略问题，基层军官、士官思考战术问题正相等同。

普法战争后，普鲁士式总参谋部制度迅速在全球范围内扩散，举凡英法俄美意日等列强俱乐部成员国，无不效法。但是，这个制度的深层驱动力——Operation Level 的形成和相应学说创新，则长期为德军秘而不宣，即便是其亲传弟子，如保加利亚，如土耳其，如日本，均未得其门径窍奥，其敌手如法，如英，如俄，如美，亦均茫然不知其所以然。

最早领悟到德军作战层级独创性和重要性的军队，正是一战后涅槃重生的苏联红军。

苏军对德语的 Operation 进行了音译，是为 Операция，也就是日后中苏合作时期经苏联顾问之手传给我军的"战役"概念。换言之，所谓战役学，其实就是苏军版的 Operation 学说。而美军要到冷战期间才明白这一点，并正式修改其军事学说，在 Strategy 和 Tactic 之间增设 Operation 这个新层级。

与此同时，英美体系虽然在战役学层次反应迟钝，却看到了德、苏没有看到的另一个层次的变化——战争的巨变不仅发生在传统的战略、战术之间，更发生在战略之上。

随着战争本身的专业性日趋强化，军人集团在战争中的发言权无形中也被强化，而文官和文人战略家对战争的介入和管控力逐渐弱化。但正如克劳塞维茨强调指出的那样，战争是政治的延续[3]。因而，战争只是手段，不是目的。无论军事技术如何变化，这一个根本点不会变化。但现代战争的发展却导致了手段高于目的的客观现实，终于在一战中造成了莫大的灾难。战争的胜利不等于政治的胜利这一基本事实，迫使战争的胜利者开始反思固有战争理论的局限性，逐渐形成了"大战略"（Grand Strategy）的观念，这就在英美体系中形成了大战略（又称国家战略、总体战略、高级战略）、分类战略（包括军事战略、经济战略、外交战略、文化战略等）、战术的三级划分。大战略不再像传统战略那样执着于打赢战争，而是追求战争背后的终极目标——政治目的。因为此种战略在国家最高决策层面运作，所以美国学界又将大战略称为国家战略。用美国国防部的定义来说明，即："国家战略是平时和战时在使用武装力量的同时，发展和运用国家的政治、经济和心理力量，以实现国家目标的艺术和科学。"

冷战初期，美国以中央情报局、国家安全委员会、民营战略智库（如兰德公司）、常青藤联盟高校人才库相呼应的制度创新，其实就是建立在大战略学说领先基础上的国家安全体系创新[4]。而德军和苏军受传统"战略—战局"概念的束缚，均未看清这一层变化，故而在宏观战略指导上屡屡失误，只能仰赖希特勒、斯大林这样的战略怪才，以杰出个体的天赋弥补学说和制度的不足，等于又回到了拿破仑困境之中。

从这个角度上看二战，苏德战争可以说是两个走在战役学说创新前列的军事体系之间的超级碰撞。同为一战失败者的德、苏，都面对一战式的堑壕难题，且都嗅到了新时代的空气。德国的闪电战与苏军的大纵深战役，其实是两国改革派精英在同一场技术革命面前，对同一个问题所做出的不同解答。正是这种军事学说的得风气之先，令两国陆军在军改道路上走在列强前列。二战期间两国彗星撞地球般的碰撞，更进一步强化了胜利者的兼容并蓄。冷战期间，苏军的陆战体系建设，始终以这个伟大胜利为基石，不断深化。

在这个基础上再看冷战，就会发现，其对抗实质是美式三级体系（大战略、战略、战术）与苏式三级体系（战略、战役、战术）的对抗。胜负关键在于谁能先吸取对方之所长，弥补己方之所短。结果，苏联未能实现大战略的突破，建立独立自主的大战略学说、制度、教育体系。美国却在学科化的战略学、国际政治学和战争史研究的基础上，建立了自己的 Operation Level，并借力新一轮技术变革，对苏军进行创造性的再反制。这个连环反制竞争链条，一直延续到今天。虽然苏军已被清扫出局，但这种反制的殷鉴得失却不会消失，值得所有国家的军人和战史研究者注目。而美国借助遏制、接触战略，最终兵不血刃地从内部搞垮苏联，亦非偶然。

正是这种独特的历史地位，决定了东线史的独特重要性，东线研究本身也因而成为另一部波澜壮阔的历史。

可以说，苏军对苏德战争最具切肤之痛，在战争期间就不断总结经验教训。二战后，这个传统被继承下来，形成了独特的苏军式研究。与此同时，美国在二战刚刚结束之际就开始利用其掌握的资料和德军将领，进行针对苏军的研究。众多德军名将被要求撰写关于东线作战的报告[5]。但是，无论是苏军的研究还是美军的研究，都是内部进行的闭门式研究。这些成果，要到很久之后，才能公之于世。而世人能够看到的苏德战争著述，则是另一个景象。

二战结束后的最初15年，是宣传品与回忆录互争雄长的15年。作为胜利者的苏联，以君临天下的优越感，刊行了一大批带有鲜明宣传色彩的出版物[6]。与之相对应，以古德里安、曼施坦因等亲身参与东线鏖战的德国军人为代表的另一个群体，则以回忆录的形式展开反击[7]。这些书籍因为是失败者痛定思痛的作品，著述者本人的军事素养和文笔俱佳，故而产生了远胜过苏联宣传史书的影响力，以至于很多世人竟将之视为信史。直到德国档案资料的不断披露，后人才逐渐意识到，这些名将回忆录因成书年代的特殊性，几乎只能依赖回忆者的主观记忆，而无法与精密的战史资料互相印证。同时，受大环境的影响，这些身为楚囚的德军将领大多谋求：一，尽量撇清自己的战争责任；二，推卸战败责任（最常用的手法就是将所有重大军事行动的败因统统归纳为希特勒的瞎指挥）；三，宣传自身价值（难免因之贬低苏联和苏军）。而这几个私心又迎合了美国的需求：一，尽快将西德纳入美国领导的反苏防务体系之中，故而必须让希特勒充分地去当替罪羊，以尽快假释相关军事人才；二，要尽量抹黑苏联和苏军，以治疗当时弥漫在北约体系内的苏联陆军恐惧症；三，通过揭批纳粹政体的危害性，间接突显美国制度的优越性。

此后朱可夫等苏军将领在后斯大林时代刊行的回忆录，一方面固然是苏联内部政治生态变化的产物，但另一方面也未尝不可说是对前述德系著述的回击。然而，德系回忆录的问题同样存在于苏系回忆录之中。两相对比，虽有互相校正之效，但分歧、疑问更多，几乎可以说是此亦一是非、彼亦一是非，俨然是在讲两场时空悬隔的战争。

结果就是，苏德战争的早期成果，因其严重的时代局限性，而未能形成真正的学术性突破，反而为后人的研究设置了大量障碍。

进入 20 世纪 60 年代，虽然各国关于东线的研究越来越多，出版物汗牛充栋，但摘取桂冠的仍然是当年的当事人一方。幸存的纳粹党要员保罗·卡尔·施密特（Paul Karl Schmidt）化名保罗·卡雷尔（Paul Carell），在已有研究的基础上，大量使用德方资料，并对苏联出版物进行了尽量全面的搜集使用，更对德国方面的幸存当事人进行了广泛的口述历史采访，在 1964 年、1970 年相继刊行了德军视角下的重量级东线战史力作——《东进：1941—1943 年的苏德战争》和《焦土：1943—1944 年的苏德战争》[8]。

进入 20 世纪 70 年代后，研究趋势开始发生分化。北约方面可以获得的德方档案资料越来越多，苏方亦可通过若干渠道获得相关资料。但是，苏联在公布己方史料时却依然如故，仅对内进行有限度的档案资料公布。换言之，苏联的研究者较之于北约各国的研究者，掌握的史料更为全面。但是，苏联方面却没有产生重量级的作品，已经开始出现军事学说的滞后与体制限制的短板。

结果，在这个十年内，最优秀的苏德战争著作之名被英国军人学者西顿（Albert Seaton）的《苏德战争》摘取[9]。此时西方阵营的二战研究、希特勒研究和德军研究均取得重大突破，在这个整体水涨的背景下，苏德战争研究自然随之船高。而西顿作为英军中公认的苏军及德军研究权威，本身即带有知己知彼的学术优势，同时又大力挖掘了德国方面的档案史料，从而得以对整个苏德战争进行全新的考订与解读。

继之而起者则有西方学者约翰·埃里克森（John Ericsson）与厄尔·齐姆克（Earl F. Ziemke）。

和西顿一样，埃里克森（1929 年 4 月 17 日—2002 年 2 月 10 日）也曾在英军中服役。不同之处则在于：

其一，埃里克森的研究主要是在退役后完成。他先是进入剑桥大学圣约翰学院深造，1956 年苏伊士运河危机爆发后作为苏格兰边民团的一名预备军官被重新征召入役。危机结束后，埃里克森重启研究工作，1958 年进入圣安德鲁大学担任讲师，开始研究苏联武装力量。1962 年，埃里克森首部著作《苏联统帅部：1918—1941 年》出版，同年在曼彻斯特大学出任高级讲师。1967 年进入爱丁堡大学高级防务研究所任职，1969 年成为教授，研究重心逐渐转向苏德战争。

其二，埃里克森得益于两大阵营关系的缓和，能够初步接触苏军资料，并借助和苏联同行的交流，校正之前过度依赖德方档案导致的缺失。而苏联方面的战史研究也取得了较大的进展，足以为这种校正提供参照系，而不像五六十年代时那样只能提供半宣传品性质的承旨之作。同时，埃里克森对轴心国阵营的史料挖掘也更全面、细致，远远超过了之前的同行。关于这一点，只要看一看其著述后面所附录的史料列目，即可看出苏德战争研究的史料学演进轨迹。

埃里克森为研究苏德战争，还曾专程前往波兰，拜会了苏军元帅罗科索夫斯基。这个非同凡响的努力成果，就是名动天下的"两条路"。

所谓"两条路"，就是 1975 年刊行的《通往斯大林格勒之路》与 1982 年刊行的《通往柏林之路》[10]。正是靠了这两部力作，以及大量苏军研究专著[11]，埃里克森在 1988—1996 年间成为爱丁堡大学防务研究中心主任。

厄尔·齐姆克（1922 年 12 月 16 日—2007 年 10 月 15 日）则兼有西顿和埃里克森的身影。出生于威斯康星州的齐姆克虽然在二战中参加的是对日作战，受的也是日语训练，却在冷战期间华丽转型，成为响当当的德军和苏军研究权威。曾在硫磺岛作战中因伤获得紫心勋章的齐姆克，战后先是在天津驻扎，随后复员回国，通过军人权利法案接受高等教育，1951 年在威斯康星大学获得学位。1951—1955 年，他在哥伦比亚的应用社会研究所工作，1955—1967 年进入美国陆军军史局成为一名官方历史学家，1967—1977 年在佐治亚大学担任全职教授。其所著《柏林战役》《苏维埃压路机》《从斯大林格勒到柏林》《从莫斯科到斯大林格勒》《德军东线北方战区作战报告，1940—1945 年》《红军，1918—1941 年：从世界革命的先锋到美国的盟友》等书[12]，对苏德战争、德军研究和苏军研究均做出了里程碑般的贡献，与埃里克森堪称双峰并峙、二水分流。

当《通往柏林之路》刊行之时，全球苏德战争研究界人士无人敢想，仅仅数年之后，苏联和华约集团便不复存在。苏联档案开始爆炸性公布，苏德战争研究也开始进入一个前人无法想象的加速发展时代，甚至可以说是一个在剧烈地震、风暴中震荡前行的时代。在海量苏联史料的冲击下，传统研究纷纷土崩瓦解，军事界和史学界的诸多铁案、定论也纷纷根基动摇。埃里克森与齐姆克的著作虽然经受住了新史料的检验，但却未能再进一步形成新方法的再突破。更多的学者则汲汲于立足新史料，急求转型。连保罗·卡雷尔也奋余勇，在去世三年前的 1993 年刊行了《斯大林格勒：第 6 集团军的覆灭》。奈何宝刀已老，时过境迁，难以再掀起新的时代波澜了。

事实证明，机遇永远只向有准备、有行动力的人微笑，一如胜利天平总是倾斜于能率先看到明天的一方。风起云涌之间，新的王者在震荡中登顶，这位王者就是美国著名苏军研究权威——戴维·格兰茨（David Glantz）。

作为一名参加过越战的美军基层军官，格兰茨堪称兼具实战经验和学术积淀。1965 年，格兰茨以少尉军衔进入美国陆军野战炮兵服役，并被部署到越南平隆省的美国陆军第 2 军的"火力支援与协调单元"（Fire Support Coordination Element，FSCE，相当于军属野战炮兵的指挥机构）。1969 年，格兰茨返回美国，在陆军军事学院教授战争史课程。1973 年 7 月 1 日，美军在陆军训练与条令司令部下开设陆军战斗研究中心（Combat Studies Institute，CSI），格兰茨开始参与该中心的苏军研究项目。1977—1979 年他出任美国驻欧陆军司令部情报参谋办公室主任。1979 年成为美国陆军战斗研究所首席研究员。1983 年接掌美国陆军战争学院（United States Army War College）陆战中心苏联陆军作战研究处（Office of Soviet Army Operations at the Center for Land Warfare）。1986 年，格兰茨返回利文沃思堡，组建并领导外国军事研究办公室（Foreign Military Studies Office，FMSO）。在这漫长的研究过程中，格兰茨不仅与美军的苏军研究同步前进，而且组织翻译了大量苏军史料和苏方战役研究成果 [13]。

1993 年，年过半百的格兰茨以上校军衔退役。两年后，格兰茨刊行了里程碑著作《巨人的碰撞》[14]。这部苏德战争新史，系格兰茨与另一位美国军人学者乔纳森·M. 豪斯（Jonathan M. House）合著，以美军的苏军研究为基石，兼顾苏方新史料，气势恢宏地重构了苏德战争的宏观景象。就在很多人将这本书看作格兰茨一生事功的收山之作的时候，格兰茨却老当益壮，让全球同行惊讶地发现，这本书根本不是终点线，而是格兰茨真正开始斩将搴旗、攻城略地的起跑线：

1998 年刊行《泥足巨人：苏德战争前夕的苏联军队》[15]《哈尔科夫：1942 年东线军事灾难的剖析》[16]。

1999 年刊行《朱可夫最大的败仗：红军 1942 年"火星"行动的惨败》[17]《库尔斯克会战》[18]。

2001 年刊行《巴巴罗萨：1941 年希特勒入侵俄罗斯》[19]《列宁格勒之围 1941—1944，900 天的恐怖》[20]。

2002 年刊行《列宁格勒会战：1941—1944》[21]。

2003 年刊行《斯大林格勒会战之前：巴巴罗萨，希特勒对俄罗斯的入侵》[22]《八月风暴：苏军在满洲的战略攻势》[23]《八月风暴：苏联在满洲的作战与战术行动》[24]。

2004 年与马克·里克曼斯波尔（Marc J. Rikmenspoel）刊行《屠戮之屋：东线战场手册》[25]。

2005 年刊行《巨人重生：大战中的苏联军队》[26]。

2006 年刊行《席卷巴尔干的红色风暴：1944 年春苏军对罗马尼亚的攻势》[27]。

2009 年开始刊行《斯大林格勒三部曲·第一部：兵临城下》[28]和《斯大林格勒三部曲·第二部：决战》[29]。

2010 年刊行《巴巴罗萨脱轨：斯摩棱斯克交战（1941 年 7 月 10 日—9 月 10 日）·第一卷》[30]。

2011 年刊行《斯大林格勒之后：红军的冬季攻势》[31]。

2012 年刊行《巴巴罗萨脱轨：斯摩棱斯克交战（1941 年 7 月 10 日—9 月 10 日）·第二卷》[32]。

2014 年刊行《巴巴罗萨脱轨：斯摩棱斯克交战（1941 年 7 月 10 日—9 月 10 日）·第三卷》[33]《斯大林格勒三部曲·第三部：终局》[34]。

2015 年刊行《巴巴罗萨脱轨：斯摩棱斯克交战（地图集）·第四卷》[35]。

2016 年刊行《白俄罗斯会战：红军被遗忘的战役 1943 年 10 月—1944 年 4 月》[36]。

这一连串著述列表，不仅数量惊人，质量亦惊人。盖格兰茨之苏德战史研究，除前述立足美军对苏研究成果、充分吸收新史料及前人研究成果这两大优势之外[37]，还有第三个重要优势，即立足战役层级，竭力从德军和苏军双方的军事学说视角，双管齐下，珠联璧合地对苏德战争中的重大战役进行深度还原。

其中，《泥足巨人》与《巨人重生》二书尤其值得国人注目。因为这两部著作不仅正本清源地再现了苏联红军的发展历程，而且将这个历程放在学说构造、国家建设、军事转型的大框架内进行了深入检讨，对我国今日的军事改革和军事转型研究均具有无可替代的重大意义。

严谨的史学研究和实战导向的军事研究在这里实现了完美结合。观其书，不仅可以重新认识那段历史，而且可以对美军专家眼中的苏军和东线战史背后的美军学术思想进行双向感悟。而格兰茨旋风业已在多个国家掀起重重波澜。闻风而起者越来越多，整个苏德战争研究正在进入新一轮的水涨阶段。

如道格拉斯·纳什（Douglas Nash）的《地狱之门：切尔卡瑟战役1944.1—1944.2》（2002）[38]，小乔治·尼佩（George Nipe Jr.）的《在乌克兰的抉择：1943 年夏季东线德国装甲作战》（1996）[39]、《最后的胜利》（2000）[40]以及《鲜血·钢铁·神话：武装党卫队第 2 装甲军与通往普罗霍罗夫卡之路》（2013）[41]均深得作战研究之精髓，且能兼顾史学研究之严谨，从而将老话题写出新境界。

此外，旅居柏林多年的新西兰青年学者戴维·斯塔勒（David Stahel）于 2009 年刊行的《"巴巴罗萨"与德国在东线的失败》[42]，以及美国杜普伊研究所所长、阿登战役与库尔斯克战役模拟数据库的项目负责人克里斯托弗·劳伦斯（Christopher A. Lawrence）2015 年刊行的《库尔斯克：普罗霍罗夫卡之战》[43]，均堪称卓尔不群，又开新径。前者在格兰茨等人研究的基础上，重新回到德国视角，探讨了巴巴罗萨作战的复杂决策过程。整书约40% 的内容是围绕决策与部署写作的，揭示了德国最高统帅部与参谋本部等各部门的战略、作战观念差异，以及战前一系列战术、技术、后勤条件对实战的影响，对"巴巴罗萨"作战——这一人类历史上最宏大的地面作战行动进行了精密的手术解剖。后者则将杜普伊父子的定量分析战史法这一独门秘籍发扬到极致，以 1662 页的篇幅和大量清晰、独特的态势图，深入厘清了普罗霍罗夫卡之战的地理、兵力、技战术和战役部署，堪称兼顾宏观、中观、微观的全景式经典研究。曾在英军中服役的高级军医普里特·巴塔（Prit Buttar）同样以半百之年作老当益壮之后发先至，近年来异军突起，先后刊行了《普鲁士战场：苏德战争 1944—1945》（2010）、《巨人之间：第二次世界大战中的波罗的海战事》（2013）、《帝国的碰撞：1914 年东线战争》（2014）、《日耳曼优先：1915 年东线战场》（2015）、《俄罗斯的残息：1916—1917 年的东线战场》（2016）[44]。这一系列著作兼顾了战争的中观与微观层面，既有战役层级的专业剖析，又能兼顾具体人、事、物的栩栩如生。且从二战东线研究追溯到一战东线研究，溯本追源，深入浅出，是近年来不可多得的佳作。

行文及此，不得不再特别指明一点：现代学术著述，重在"详人之所略，略人之所详"。绝不可因为看了后出杰作，就将之前的里程碑著作束之高阁。尤其对中国这样的后发国家而言，更不能限在"第六个包子"的思维误区中。所谓后发优势，无外乎是能更好地以史为鉴，以别人的筚路蓝缕为我们的经验教训。故而，发展是可以超越性布局的，研究却不能偷懒。最多是随着研究的深入，实现阅读、写作的加速度，这是可取的。但怀着投机取巧的心态，误以为后出者为胜，从而满足于只吃最后一个包子，结果必然是欲速不达，求新而不得新。

反观我国的苏德战史研究，恰处于此种状态。不仅新方法使用不多，新史料译介有限，即便是经典著述，亦乏人问津。更值得忧虑之处在于，基础学科不被重视，军事学说研究和严肃的战争史研究长期得不到非军事院校的重视，以致连很多基本概念都没有弄清。

以前述战局、战役、会战为例：

汉语	战局	战役	会战
英语	Campaign	Operation	Battle
俄语	кампания	Операция	Битва
德语	Feldzug	Operation	Schlacht

比如科贝特的经典著作 *The Campaign of Trafalgar*[45]，就用了"Campaign"而非"Battle"，原因就在于这本书包含了战略层级的博弈，而且占据了相当重要的篇幅。这其实也正是科贝特极其自负的一点，即真正超越了具体海战的束缚，居高临下又细致入微地再现了特拉法尔加之战的前因后果，波澜壮阔。故而，严格来说，这本书应该译作"特拉法尔加战局"。

我国军事学术界自晚清以来就不甚重视严肃的战争史研究和精准的学说体系建立。国民党军队及其后身——今日的台军，长期只有一个"会战"概念，后来虽然引入了 Operation 层级，但真正能领悟其实质者甚少[46]，而且翻译为"作战"，过于具象，又易于引发误解。相反，大陆方面的军事学术界用"战役"来翻译苏军的 Операция，胜于台军用"作战"翻译 Operation。因为战役的"役"也正如战略、战术之"略"与"术"，带有抽象性，不会造成过于具象的刻板误解，而且战略、战役、战术的表述也更贯通流畅。但是，在对"战役"进行定义时，却长期没有立足战争史演变的实践，甚至形成如下翻译：

汉语	作战、行动	战役	会战
英语	Operation	Campaign Operation Battle	Battle Operation
俄语	—	Операция кампания	Битва
德语	Operation	Feldzug Operation	Schlacht Operation

但是，所谓"会战"是一个仅存在于国—台军的正规军语中的概念。在我军的严格军事学术用语中，并无此一概念。所以才会有"淮海战役"与"徐蚌会战"的不同表述。实质是长期以来用"战役"一词涵盖了 Campaign、Operation 和 Battle 三个概念，又没有认清苏俄军事体系中的 Операция 和英德军语中的 Operation 实为同一概念。其中虽有小异，实具大同。而且，这个概念虽然包含具体行动，却并非局限于此，而是一个抽象军事学说体系中的层级概念。而这个问题的校正、解决又绝非一个语言问题、翻译问题，而是一个思维问题、学说体系建设问题。

正因为国内对苏德战争的理解长期满足于宣传品、回忆录层级的此亦一是非、彼亦一是非，各种对苏军（其实也包括了对德军）的盲目崇拜和无知攻击才会同时并进、甚嚣尘上。

因此之故，近数年来，我多次向多个出版大社建议，出版一套"东线文库"，遴选经典，集中推出，以助力于中国战史研究发展和军事学术范式转型。其意义当不限于苏德战史研究和二战史研究范畴。然应之者众，行之者寡。直到今年六月中旬，因缘巧合认识了指文公司的罗应中，始知指文公司继推出卡雷尔的《东进：1941—1943 年的苏德战争》《焦土：1943—1944 年的苏德战争》，巴塔的《普鲁士战场：苏德战争 1944—1945》和劳斯、霍特的回忆录《装甲司令：艾哈德·劳斯大将东线回忆录》《装甲作战：赫尔曼·霍特与"巴巴罗萨"行动中的第 3 装甲集群》之后，在其组织下，小小冰人等国内二战史资深翻译名家们，已经开始紧锣密鼓地翻译埃里克森的"两条路"，并以众筹方式推进格兰茨《斯大林格勒》三部曲之翻译。经过一番沟通，罗先生对"东线文库"提案深以为然，乃断然调整部署，决定启动这一经典战史译介计划，并与我方团队强强联合，以鄙人为总策划，共促盛举，以飨华语读者。罗先生并嘱我撰一总序，以为这一系列的译介工作开宗明义。对此，本人自责无旁贷，且深感与有荣焉。

是为序。

注释

1. ［美］T. N. 杜普伊，《把握战争——军事历史与作战理论》，北京：军事科学出版社，2001 年，第 2 页。

2. 同上。

3. ［德］克劳塞维茨，《战争论》，第 1 册，北京：商务印书馆，1995 年，第 43—44 页。

4. 这就是为什么很多优秀制度被一些后发国家移植后往往不见成效，甚至有反作用的根源。其原因并非文化的水土不服，而是忽视了制度背后的学说创新。

5. 战争结束后美国陆军战史部（Historical Division of the U.S.Army）即成立德国作战史分部［Operational History（German）Section］，监督被停德军将领，包括蔡茨勒、劳斯、霍特等人，撰写东线作战的回忆录，劳斯与霍特将军均以"装甲作战"（Panzer Operation）为主标题的回忆录即诞生于这一时期。可参见：［奥］艾哈德·劳斯著，［美］史蒂文·H. 牛顿编译，邓敏译、赵国星审校，《装甲司令：艾哈德·劳斯大将东线回忆录》，北京：中国长安出版社，2015 年 11 月第一版。［德］赫尔曼·霍特著，赵国星译，《装甲作战：赫尔曼·霍特大将战争回忆录》，北京：中国长安出版社，2016 年 3 月第一版。

6. 如国内在 20 世纪五六十年代译介的《苏联伟大卫国战争史》《苏联伟大卫国战争简史》《斯大林的军事科学与苏联伟大卫国战争》《苏军在伟大卫国战争中的辉煌胜利》等。

7. 此类著作包括古德里安的自传《闪击英雄》、曼施坦因的自传《失去的胜利》、梅林津所写的《坦克战》、蒂佩尔斯基希的《第二次世界大战史》等。

8. Paul Carell, *Hitler Moves East, 1941—1943*, New York: Little, Brown; First Edition edition, 1964; Paul Carell, *Scorched Earth*, London: Harrap; First Edition edition, 1970.

9. Albert Seaton, *The Russo−German War 1941—1945*, Praeger Publishers; First Edition edition, 1971.

10. John Ericsson, *The Road to Stalingrad: Stalin's War with Germany* (Harper&Row, 1975); John Ericsson, *The Road to Berlin: Continuing the History of Stalin's War With Germany* (Westview, 1983).

11. John Ericsson, *The Soviet High Command 1918—1941: A Military−Political History* (Macmillan, 1962); *Panslavism* (Historical Association, 1964); *The Military−Technical Revolution* (Pall Mall, 1966); *Soviet Military Power* (Royal United Services Institute, 1976); *Soviet Military Power and Performance* (Archon, 1979); *The Soviet Ground Forces: An Operational Assessment* (Westview Pr, 1986); *Barbarossa: The Axis and the Allies* (Edinburgh, 1994); *The Eastern Front in Photographs: From Barbarossa to Stalingrad and Berlin* (Carlton, 2001).

12. Earl F. Ziemke, *Battle for Berlin: End of the Third Reich* (Ballantine Books, 1972); *The Soviet Juggernaut* (Time Life, 1980); *Stalingrad to Berlin: The German Defeat in the East* (Military Bookshop, 1986); *Moscow to Stalingrad: Decision in the East* (Hippocrene, 1989); *German Northern Theatre Of Operations 1940—1945* (Naval&Military, 2003); *The Red Army, 1918—1941: From Vanguard of World Revolution to US Ally* (Frank Cass, 2004).

13. 这些翻译成果包括 *Soviet Documents on the Use of War Experience, Ⅰ，Ⅱ，Ⅲ* (Routledge,1997); *The Battle for Kursk 1943: The Soviet General Staff Study* (Frank Cass,1999); *Belorussia 1944: The Soviet General Staff Study* (Routledge, 2004); *The Battle for L'vov: The Soviet General Staff Study* (Routledge,2007); *Battle for the Ukraine: The Korsun'−Shevchenkovskii Operation* (Routledge, 2007).

14. David M. Glantz&Jonathan M. House, *When Titans Clashed: How the Red Army Stopped Hitler,*

University Press of Kansas; First Edition edition, 1995.

15. David M. Glantz, *Stumbling Colossus: The Red Army on the Eve of World War* (Kansas, 1998).

16. David M. Glantz, *Kharkov 1942: Anatomy of a Military Disaster* (Sarpedon, 1998).

17. David M. Glantz, *Zhukov's Greatest Defeat: The Red Army's Epic Disaster in Operation Mars* (Kansas, 1999).

18. David M. Glantz&Jonathan M House, *The Battle of Kursk* (Kansas, 1999).

19. David M. Glantz, *Barbarossa: Hitler's Invasion of Russia 1941* (Stroud, 2001).

20. David M. Glantz, *The Siege of Leningrad, 1941—1944: 900 Days of Terror* (Brown, 2001).

21. David M. Glantz, *The Battle for Leningrad, 1941—1944* (Kansas，2002).

22. David M. Glantz, *Before Stalingrad: Barbarossa, Hitler's Invasion of Russia 1941* (Tempus, 2003).

23. David M. Glantz, *The Soviet Strategic Offensive in Manchuria, 1945: August Storm* (Routledge，2003).

24. David M. Glantz, *The Soviet Operational and Tactical Combat in Manchuria, 1945: August Storm* (Routledge, 2003).

25. David M. Glantz&Marc J. Rikmenspoel, *Slaughterhouse: The Handbook of the Eastern Front* (Aberjona, 2004).

26. David M. Glantz, *Colossus Reborn: The Red Army at War, 1941—1943* (Kansas, 2005).

27. David M. Glantz, *Red Storm Over the Balkans: The Failed Soviet Invasion of Romania, Spring 1944* (Kansas, 2006).

28. David M. Glantz&Jonathan M. House, *To the Gates of Stalingrad: Soviet−German Combat Operations, April—August 1942* (Kansas, 2009).

29. David M. Glantz&Jonathan M. House, *Armageddon in Stalingrad: September—November 1942* (Kansas, 2009).

30. David M. Glantz, *Barbarossa Derailed: The Battle for Smolensk,Volume 1, 10 July—10 September 1941* (Helion&Company, 2010).

31. David M. Glantz, *After Stalingrad: The Red Army's Winter Offensive 1942—1943* (Helion&Company, 2011).

32. David M. Glantz, *Barbarossa Derailed: The Battle for Smolensk,Volume 2, 10 July—10 September 1941* (Helion&Company, 2012).

33. David M. Glantz, *Barbarossa Derailed: The Battle for Smolensk,Volume 3, 10 July—10 September 1941* (Helion&Company, 2014).

34. David M. Glantz&Jonathan M. House, *Endgame at Stalingrad: December 1942—February 1943* (Kansas, 2014).

35. David M. Glantz, *Barbarossa Derailed: The Battle for Smolensk,Volume 4, Atlas* (Helion&Company, 2015).

36. David M. Glantz&Mary Elizabeth Glantz, *The Battle for Belorussia: The Red Army's Forgotten Campaign of October 1943—April 1944* (Kansas, 2016).

37. 格兰茨的研究基石中，很重要的一块就是马尔科姆·马金托什（Malcolm Mackintosh）的研究成果。之所以正文中未将之与西顿等人并列，是因为马金托什主要研究苏军和苏联政策、外交，而没有进行专门的苏德战争研究。但其学术地位及对格兰茨的影响是不容忽视的。

38. Douglas Nash, *Hell's Gate: The Battle of the Cherkassy Pocket, January—February 1944* (RZM, 2002).

39. George Nipe Jr. , *Decision in the Ukraine: German Panzer Operations on the Eastern Front, Summer 1943* (Stackpole, 1996).

40. George Nipe Jr. , *Last Victory in Russia: The SS-Panzerkorps and Manstein's Kharkov Counteroffensive, February—March 1943* (Schiffer, 2000).

41. George Nipe Jr. , *Blood, Steel, and Myth: The Ⅱ . SS-Panzer-Korps and the Road to Prochorowka* (RZM, 2013).

42. David Stahel, *Operation Barbarossa and Germany's Defeat in the East* (Cambridge, 2009).

43. Christopher A. Lawrence, *Kursk: The Battle of Prokhorovka* (Aberdeen, 2015).

44. 普里特·巴塔先生的主要作品包括：Prit Buttar, *Battleground Prussia: The Assault on Germany's Eastern Front 1944—1945* (Ospery, 2010); *Between Giants: The Battle of the Baltics in World War Ⅱ* (Ospery, 2013); *Collision of Empires: The War on the Eastern Front in 1914* (Ospery, 2014); *Germany Ascendant: The Eastern Front 1915* (Ospery, 2015); *Russia's Last Gasp, The Eastern Front, 1916—1917* (Ospery, 2016).

45. Julian Stafford Corbett, *The Campaign of Trafalgar* (Ulan Press, 2012).

46. 参阅：滕昕云，《闪击战——迷思与真相》，台北：老战友工作室／军事文粹部，2003 年。该书算是华语著作中第一部从德军视角强调"作战层级"重要性的著作。

前言

　　阿道夫·希特勒的第三帝国国防军及其盟国军队在斯大林格勒与约瑟夫·斯大林的苏联红军展开激烈厮杀，11月，红军发起反攻，这场史诗般的战役就此到达高潮。自轴心国军队向东突击、跨过苏联南部以来，时间已过去约6个月。这段时间里，轴心国入侵者重创了防御中的苏军，毙伤100多万红军将士，前进600多公里，一举到达高加索山脉北坡和伏尔加河畔的斯大林格勒。虽然红军屡遭挫败，一次次遏止并击退入侵者的尝试徒劳无获，但1942年10月，他们终于在斯大林格勒瓦砾遍地的街道上阻挡住轴心国军队。德国独裁者及其军队的声誉危在旦夕，希特勒命令德军最精锐的集团军——弗里德里希·保卢斯将军的第6集团军——不惜一切代价攻占斯大林格勒。激烈的战斗耗尽了第6集团军的实力，失望的希特勒别无选择，只得将轴心盟友的军队投入前线。

　　正如一年前所做的那样，斯大林和苏军最高统帅部巧妙地利用了希特勒肆无忌惮的野心，这种野心驱使德军远远超出了其能力的极限。1942年夏季和秋季确认并利用轴心国军队防御弱点的尝试屡屡受挫后，苏军最高统帅部终于以精心策划的"天王星"行动做到了这一点，这是苏军一系列以星座命名的反攻行动中最重要的一个，旨在击败轴心国军队，夺取苏联人所称的"伟大卫国战争"中的战略主动权。"天王星"反击战期间，红军以三个方面军发起进攻，一举击败、歼灭了两个罗马尼亚集团军的主力，并将德国第6集团军和第4装甲集团军的半数力量包围在斯大林格勒，彻底颠覆了德军的进攻势头。接下来的10周，红军实施防御，挫败了德军救援第6集团军的两次尝试，粉碎了意大利第8集团军和匈牙利第2集团军，重创德国第4装甲集团军和第2集团军，并将德国第6集团军歼灭在斯大林格勒的废墟中。东线作战序列中的50余万德军士兵被粗暴地抹去，希特勒的盟友们惊恐地见到战争态势突然发生了变化，胜利者陡然沦为被征服者。总之，轴心国在斯大林格勒的惨败是这场战争的转折点，因为德国及其军队再也无法从这场灾难中彻底恢复过来。

本三部曲的前两部描述了这场灾难的由来：第一部讲述的是德军攻向高加索和斯大林格勒这场虚假的胜利进军，第二部叙述的是斯大林格勒城内残酷的消耗战，事实证明，这场消耗战对整场战役至关重要，一如斯大林格勒战役对于整个战争的重要性。前两部都大量使用了新近公开的档案资料，以辨别、佐证、祛除自战争结束以来关于这场战役一直盛行于世的神话。

与斯大林格勒战役相关的神话，是基于既往历史资料来源自然产生的一种副产品。70年来，德国第6集团军在斯大林格勒废墟中的毁灭深深地吸引了历史学家和公众。尽管这个主题深具魅力，相关著作汗牛充栋，但这场悲剧的诸多原因和事件并不为后人知晓。正如本三部曲前两部业已证明的那样，斯大林格勒争夺战只能在德军整场战役的背景下加以理解，而这场战役最初对夺取这座城市并无兴趣。侵略者真正的目标是高加索油田，但他们在距离这一目标很近处失败了。这场失利的广泛原因几乎与导致德军1941年失败的原因如出一辙：后勤补给线过度延伸、未能集中力量对付单一目标、组织机构越来越复杂、苏联红军的行动。

造成我们集体误解这场战役的第二个原因是，交战双方的参与者根据他们的记忆撰写回忆录，几乎没有使用官方记录。冷战期间，德国方面的许多记录似乎不可避免地遗失了，而苏军参战人员，例如瓦西里·崔可夫和格奥尔吉·朱可夫，也仅局限于他们自己的回忆。

误解斯大林格勒战役的第三个原因是，至少在西方，人们普遍接受了关于整场战争的德方神话。为自身的失败寻找借口，甚至以某种合乎逻辑的方式重新编排相关记忆，这是人类的本性使然，尽管一个过于简单化的解释背后，经常是复杂、纷乱的过程。因此，大多数德军东线生还者提供的字面真相，实际上是他们为失败寻找的借口（也许是无意识的）。在这类记述中，德军生还者记住的是他们的进军势如破竹，几乎没有遭遇抵抗，直到卷入斯大林格勒被炸毁的各条街道。然后（也只有在此之后），德国人的集体记忆是，笨拙但狂热的敌人以上百场作战行动耗尽了他们的实力。待德军大伤元气后，苏军便以压倒性攻势打垮了侧翼的罗马尼亚和意大利军队，这才得以包围并歼灭第6集团军。这种集体辩解认为，即便如此，如果不是希特勒的胡乱干预和保卢斯令人难以置信的不作为，被围的第6集团军仍有可能脱困。本部的重点在于阐述犯错的并非希特勒一人，以及红军已变得极其强大，第6集团军虚弱不堪，保卢斯根本无法率部突出重围，与德军救援部队会合。

至于德军失败和苏军获胜的其他原因，我们留给读者们探寻，本部和前两部对此都有详尽的阐述。简单说来，虽然交战双方都付出了极大的勇气，并遭受了令人难以置信的痛苦，但红军最终胜出，就此开始了收复苏联国土的漫长征途。

与前两部的主题一样，第三部以全新的文件证据为基础，审视那些存有争议的问题和流传甚广的神话。本部与前两部的主要区别是与这一时期作战行动相关的疑问和神话的数量问题。简言之，这段时间的战斗中充斥着颇具争议、悬而未决的疑问，最显著的如下：

- 是谁提出了"天王星"行动的概念？
- "天王星"攻势为何能赢得胜利？
- 第6集团军是否能突出包围圈，或者被解救？
- 德军救援行动为何失败？
- 谁该为第6集团军的败亡负主要责任？

除了各种广泛的传统资料来源，本部还使用了此前从未提供给研究者的两大类文件资料。第一类包括德国第6集团军作战日志中的大量记录，战争结束后，这份作战日志消失不见了，现在已被重新找到并予以出版。第二类是苏联（俄罗斯）新近公开的大量档案资料，其中包括红军总参谋部每日作战概要摘录；最高统帅部、国防人民委员会（NKO）和红军总参谋部下达的各种命令和指示；以及大多数时候都在斯大林格勒城内作战的苏军第62集团军及辖内各师、各旅的作战日志。

　　由于持续存在的争议和神话构成了这一时期的特点，我们认为有必要审慎地将许多文件的英译本加入本部，正是根据这些文件，我们得出了自己的判断和结论。这些文件和另外一些以图表和表格方式呈现的详尽证据构成了本部一二卷的实质。这是对第三部的补充，也提供了接受、拒绝或仅仅是证实我们的结论所必要的确凿证据。因此，与前两部一样，本部提供了斯大林格勒战役后期阶段前所未有的细节，以及新的观点、解释和评价。

　　这一部只集中于苏德双方的策划和在斯大林格勒周边实施的作战行动。具体说来，重点是第6集团军包围圈内外的战斗，包括德军救援行动的发起和失利；红军竭力向奇尔河、顿河和阿克赛河扩大合围对外正面；顿河方面军和斯大林格勒方面军消灭包围圈内第6集团军的行动。因此，本部只对西南方面军和沃罗涅日方面军策划、实施的"小土星"攻势以及斯大林格勒方面军（后改为南方面军）发起的科捷利尼科沃、托尔莫辛攻势做出简要叙述。

　　由于红军1942年12月下半月和1943年1月在斯大林格勒南部和西部地区发动的攻势极其庞大，增补的第四部将阐述本三部曲范围外的军事行动。具体说来，包括与斯大林格勒关系不大，但对第6集团军的最终命运具有重要影响的作战行动，例如：

　　·西南方面军和沃罗涅日方面军打击意大利第8集团军的"小土星"行动

　　·斯大林格勒方面军（南方面军）打击德国第4装甲集团军、罗马尼亚第4集团军、德国第1装甲集团军的科捷利尼科沃和罗斯托夫进攻战役

　　·沃罗涅日方面军和西南方面军打击匈牙利第2集团军的奥斯特罗戈日斯克—罗索希进攻战役

　　·布良斯克方面军主力和沃罗涅日方面军打击德国第2集团军的沃罗涅日—卡斯托尔诺耶进攻战役

　　·西南方面军和斯大林格勒方面军在顿巴斯东部地区打击"弗雷特—皮科"集团军级支队和"霍利特"集团军级集群的攻势

　　·外高加索方面军在北高加索地区打击德国第1装甲集团军和第17集团军的攻势

如果没有诸多个人和机构的支持，根本无法完成如此庞大的研究工作。在这方面，我们必须再次感谢詹森·马克，既因为他个人提供的慷慨帮助，也是为了他在澳大利亚悉尼"跳跃骑士"出版社推出的关于斯大林格勒战术记述的开创性著作。另外还有威廉·麦克罗登，他毕生致力于编写详细、准确的德军战时作战序列，与我们分享了他的大量研究成果。

对本部而言，还有两个人最应该感谢，他们的德文和敏锐的战争知识被证明是不可或缺的。出色的德国军事历史学家罗梅迪奥·格拉夫·冯·图恩–霍恩施泰因博士慷慨无私地自愿对本部手稿做出评价。他花了很多时间阅读这份稿件，并对其各个方面做出评判，指出其中的错误之处，确定必要的资料来源，还纠正了我们对德文的频频曲解。洛塔尔·蔡德勒博士是一名经历过战争的老兵，他在德军第168步兵师服役了两年多时间，两次负伤，他翻译了许多页德国文件，并与我们分享了他的大量笔记和另外一些战时日记。两位的慷慨协助都是为了使本部更加准确、更加客观。我们对他们的无私帮助深表谢意。

一如既往，我们要衷心感谢玛丽·安·格兰茨为编辑、校对这份手稿发挥的重要作用。

戴维·M. 格兰茨　　　　　　　　　　　　　　　乔纳森·M. 豪斯
宾夕法尼亚州卡莱尔　　　　　　　　　　　　　堪萨斯州利文沃思

CONTENTS 目录

MAP 地图目录

第一章
灾难的框架

挫折

1942年9月，阿道夫·希特勒敏锐地意识到，他的"机会之窗"正在关闭。15个月前德国入侵苏联时，希特勒和他的高级顾问们自信地认为，他们可以在苏联西部边境地区以一系列合围歼灭红军，这些战斗必然会导致苏联政权土崩瓦解。可事实恰恰相反，红军和苏联政府展现出异乎寻常的顽强，尽管战争前6个月阵亡、负伤、被俘了近450万名士兵，但他们仍在战斗。[1]另外，虽说红军经常自取灭亡，但为了保卫祖国，他们奋不顾身地发起顽强进攻，扑向强大的敌人，重创了进攻中的德军。红军削弱了希特勒大肆吹嘘的装甲矛头，并给德军步兵造成严重耗损，他们发起的数百场（如果不是数千场的话）进攻逐渐耗尽了侵略者的实力。这直接导致德军1941年9月—10月间在苏联北部的列宁格勒接近地，以及11月在苏联南部的罗斯托夫遭遇到了前所未有的败绩，12月，"巴巴罗萨"行动到达了惊人的高潮，德军又在莫斯科地域惨败。在莫斯科城下，红军高级将领们惊愕地看见，他们对进攻中的德军发起的绝望反击突然取得了胜利。没过一个月，这些局部反冲击已发展为多重反突击，最终演变成一场雄心勃勃的全面反攻，其范围囊括了从波罗的海至黑海的整条战线。

但是，这些挫折并未遏止希特勒的进攻狂潮，也无法扑灭他赢得全面胜利的欲望。1942年4月，苏军的冬季反攻分崩离析，5月份，红军在哈尔科夫和克里木地区展开的规模较小的攻势以令人尴尬的惨败而告终。1942年6月末和7

月初，德军重新发起代号为"蓝色行动"的新攻势。虽然德军胜利穿过顿巴斯东部地区，跨过顿河进入外高加索山区，但他们没能赢得胜利。到9月份时，德军仍在苦战，最终的胜利依然遥不可及。

由于希特勒已于1941年12月对美国宣战，故认为1942年年终前，必须在政治和军事上在东线取得某种稳定的结果，这样便可以抗击美国日趋加强的力量。[2]从经济上看，"蓝色"行动迄今为止未能解决德国对石油的迫切需求。[3]A集团军群1942年8月8日占领了苏联东南部规模较小的迈科普油田，却发现撤离的苏军已将该地区所有油井和炼油厂破坏殆尽。位于车臣和阿塞拜疆的格罗兹尼油田规模更大，极具诱惑力，但A集团军群司令威廉·李斯特元帅似乎无力完成最后几百公里的冲刺，以夺取这些奖品。他面临的最大问题是集团军群所需要的补给物资必须穿过顿河畔罗斯托夫这一瓶颈，然后将火车上的物资交给卡车和畜力车，经长途跋涉运往高加索山区。另外，由于德国人在改造、使用苏联铁路系统方面遭遇到了困难，为高加索地区提供补给实际上将以损害对斯大林格勒的进攻为代价。

李斯特进军受阻不仅仅是因为身后漫长、脆弱的补给线，在前方，苏军日趋加强的战斗力也发挥了重要作用。1942年，面对德军的进击，苏联红军寸土必争，不断发起（尽管有些拙劣的）反冲击和反突击，延缓、削弱了侵略者，希特勒和他的主要顾问们却对此视而不见。一些苏军部队像去年夏季那样被歼灭，红军依然严重缺乏指挥员和参谋人员，他们需要这些人组织武器和后勤支援，建立起野战集团军和更大编制的部队。尽管如此，在1941—1942年的惨败中生存下来的苏军将士，其能力和意志日趋增强。希特勒认为他的将领过于谨慎，这其实是面对能力不断提高的对手的必然反应。实际上，如果不是德军步步进逼，再加上急于取胜的约瑟夫·斯大林督促红军在未获得有效指挥控制的情况下过早地发起多次反击，苏联红军也许会更具威胁。由于准备仓促，协同不佳，这些过早发起的反击使人员和武器一再遭受到损失。悲惨的现实是，进攻中的红军部队依然缺乏必要的技能，无力克服德军预有准备的防御，更不必说与经验丰富的德军装甲部队在开阔的战场上展开机动作战了。

在斯大林格勒地区指挥B集团军群的马克西米利安·冯·魏克斯大将面临的问题，与李斯特在高加索山区的困境如出一辙，甚至更加复杂。"蓝色"行动最初的作战指令（1942年4月4日签发的第41号元首令）几乎没有提及伏尔加河畔的这座工业城市和交通枢纽。德军的目标是高加索油田，他们本打算绕过这座城市，仅以炮击和轰炸使其丧失效用。[4]但斯大林格勒犹如一块磁铁，渐渐吸住了德军，这主要是因为它的名字赋予其重要的宣传意义。[5]但B集团军群缺乏足够的兵力夺取该城，并将苏军发起的一系列反击引向城市两侧。德国第6集团军司令、装甲兵上将弗里德里希·保卢斯之所以能到达斯大林格勒并缓慢地将其肃清，是因为集团军群司令魏克斯不断调整部队，为保卢斯提供援兵，维系他的进攻行动。另外，为了将少量德军师投入斯大林格勒和高加索山区，德国人不得不以轴心国军队掩护其漫长、脆弱的左翼。因此，截至1942年10月初，匈牙利第2集团军、意大利第8集团军和罗马尼亚第3集团军先后投入斯大林格勒西北方，沿顿河担任侧翼掩护，另外，罗马尼亚第6、第7军（计划于11月20日编为罗马尼亚第4集团军）继续掩护伏尔加河以西地域和城市南部。但意大利、匈牙利和罗马尼亚军队的兵力和武器都很匮乏，根本无力抗击苏军的猛烈反击。虽说德军调派了几个反坦克炮兵连和其他专业单位加强这些卫星国军队，但德军战线的两翼缺乏重武器，很容易招致一场大规模机械化突击。[6]

相比之下，在斯大林格勒城内，瓦西里·伊万诺维奇·崔可夫中将指挥第62集团军实施防御，他们获得了充足的援兵——尽管有时候只是勉强够用——决不让这座城市落入德国人之手。在斯大林格勒废墟历时两个月的逐屋苦战中，德军丧失了机动作战的一切优势，近距离交战限制了德军战斗轰炸机和炮兵发挥效力。实际上，崔可夫的部下故意贴近德军突击部队，这样，德军战机和火炮便无法开火，生怕误伤己方部队。截至9月底，保卢斯已成功肃清城市南部的大半部分，但第6集团军元气大伤。每个德军步兵团或装甲掷弹兵团只能拼凑出几百名战斗兵继续遂行进攻，而崔可夫的部下死守着城市北部的工厂区。为维系进攻，保卢斯不得不在市中心与城外侧翼防区之间来回调动工兵和步兵单位。

希特勒对此沮丧不已，他认为属下们辜负了他的期望。德军战地指挥官每次以自己的判断或其他方式忽视希特勒的意愿，都只会加剧他的怀疑。但希特勒的失望并非完全没有道理，他的将领们坚信，必须歼灭苏联的军事力量，但这只是战术或战役目标，他们忽视了攫夺更多石油的既定战略目标。[7]在希特勒看来，"蓝色"行动已沦为一系列漫长、错失良机的作战行动，这帮目光短浅、过于谨慎的职业军人试图劝阻他不要沿正确的方向赢得胜利。鉴于这些将领过去曾多次犯过错，希特勒这个颇具创造性的赌徒自然倾向于遵循自己的本能。

7月13日，由于进军行动过度谨慎，希特勒解除了陆军元帅费多尔·冯·博克的职务，集团军群司令一职由魏克斯接任。两个月后，这位领导人又对其他高级将领失去了耐心。9月9日，他派出唯命是从的德国武装力量最高统帅部（OKW）参谋长威廉·凯特尔元帅，要求李斯特辞职。但希特勒没有给A集团军群选派新司令官，接下来的两个月里，他要求A集团军群辖下的两位集团军司令直接向他汇报情况，隔天一次！9月24日，自1939年起便为希特勒忠心效力的德国陆军总参谋长弗朗茨·哈尔德将军被迫辞职，希特勒还暗示让他退出现役。另外，继任的总参谋长也不再掌管总参军官的任命，希特勒将这项权力移交给他的副官鲁道夫·施蒙特。[8]但这种人事变动只是加剧了德军的指挥问题，并未给前线带去任何改善。因此，希特勒越来越不愿会见他的属下，宁愿通过库尔特·蔡茨勒将军下达相关指令，接替哈尔德出任陆军总参谋长的蔡茨勒初来乍到，积极性相对较高。

虽说蔡茨勒有着纳粹政权支持者的名声，但他是个合格的总参谋长。他迅速关注起了那个让哈尔德罢官去职的问题，特别是德军缺乏兵力同时夺取高加索油田和斯大林格勒。他还敏锐地意识到大本营内的有害气氛，希特勒屡屡公开怀疑、藐视他的专业顾问。

10月中旬，这位新任总参谋长约见希特勒，在这场非公开简报会上谈及他对战略态势的评估。由于这场会晤没有目击者，我们只能根据蔡茨勒本人的记述获知会谈情况。不过，根据他在接下来一个月里采取的行动，这位总参谋长很可能向希特勒呈交了一份坦率的评估。如果是这样，那么蔡茨勒提出的两个重点颇具先见之明：

2：东线最危险的地段无疑是漫长、防御薄弱的侧翼，从斯大林格勒延伸至"中央"集团军群右侧分界线。另外，据守这一地段的是我方最虚弱、最不可靠的部队，罗马尼亚人、意大利人和匈牙利人……

　　4：与1941年相比，俄国人得到了更好的训练和更好的领导。[9]

　　据蔡茨勒说，希特勒静静地听着，没有打断他，但随后礼貌地驳回了蔡茨勒的全部论据，认为他的评估太过悲观。[10]与魏克斯和保卢斯会谈时，这位领导人展现出同样的乐观，显然认为他依然信赖的这些部下需要鼓励——如果不称之为直接激励的话。

　　可是，将希特勒描述为一个拙劣的外行，指责他忽视侧翼所受的威胁也是不公平的。9月份，他曾多次下令加强那里的防御。根据魏克斯的建议，希特勒9月13日下达了一道元首令，要求夺取斯大林格勒后，准备进行有限的进军，从而肃清并确保侧翼，特别是朝阿斯特拉罕这一方向，伏尔加河在其附近汇入里海。这项计划甚至调派了稀缺的预备队师，例如第29摩步师和第14装甲师，以确保这场进军取得胜利。对希特勒和第6集团军来说不幸的是，苏军在斯大林格勒的顽强防御又持续了两个月，结果使9月13日的元首令变得毫无意义。[11]从德国人的角度看，斯大林格勒似乎是1942年的最后一战。实际上，从某种程度上说，斯大林格勒之战是德国第6集团军为即将到来的冬季夺取住房的角逐。

　　自9月份起，希特勒频频对顿河侧翼表示担心。他一再就斯大林内战期间的经历提醒身边的参谋人员，当年，谢苗·米哈伊洛维奇·布琼尼的骑兵第1集团军从察里津向罗斯托夫发起一场快速推进。因此，希特勒命令德国空军沿顿河北岸加强对渡口和疑似集结区的打击。10月14日，他下达了1号作战令，23日又签发了1号作战令的补充令，这进一步表露出他的不安。这些命令要求德军采取一些防御措施，包括在顿河以南地域构设后方阵地。但希特勒是个个性强烈的人，他讨厌那些只顾提醒他风险，却不管他对这些风险几乎无能为力的下属。例如，蔡茨勒10月27日报告，苏联政府正为即将发起的攻势展开一场大规模宣传运动。希特勒拒不接受这份报告，反而担心起加强"中央"集团军群的问题，该集团军群部署在莫斯科对面。[12]

　　东线并非希特勒唯一的问题。西欧和地中海的局势变得对德国不利时，他力图加强德军的防御。为守卫克里特岛、英吉利海峡群岛和北非，德国付诸种种努力，甚至调用了东线的稀缺资源。11月3日，希特勒最青睐的将领埃尔温·隆美尔公然违抗元首的命令，率部撤离阿拉曼。这种抗命激起了希特勒对职业军人们的怒火，作为发泄，他把几名参谋撤职。六天后，为回应英美联军入侵西北非，德国占领了法国南部过去未被占领的地区。

另外，在11月中旬至关重要的两个星期里，希特勒其实并不在乌克兰文尼察代号为"狼人"的大本营。为纪念1923年的啤酒馆政变，这位领导人11月7日离开文尼察，去慕尼黑进行一年一度的演讲。在巴伐利亚州首府，元首公开宣布保卢斯的第6集团军已夺取斯大林格勒，他错误地认为这份公告会加强部队的决心。他的属下信誓旦旦地汇报说，这番演讲重新激励起保卢斯集团军筋疲力尽的突击部队。此后，希特勒一直待在德国，不是四处奔波就是去贝希特斯加登度假，直到11月23日。虽然他不断接到前线的报告，但这种缺席隔绝了他与蔡茨勒及OKH（陆军总司令部）人员的每日接触。人们很容易将这种缺席归因于他在潜意识中希望躲避棘手的情况，但除了斯大林格勒，这位领导人肯定还有其他问题。

1942年11月的德国军队

1942年10月—11月的僵局反映出德国战争机器的局限性。1941年德国入侵苏联时，19个装甲师和15个摩步师为德军提供了突击利刃，但德国军队的主力依然由118个依靠步行、马匹实施机动的步兵和骑兵师组成。这支依赖炮兵，靠60多万匹驮马运送补给物资的入侵大军跨过苏联欠发达的交通网，恶劣的环境给马匹造成的损失远远大于对汽车的影响。[13]而德国的盟友装备和机动性更加逊色，例如罗马尼亚仅有的装甲师，配备的大多是过时的坦克。

为进行1942年的战役，德国投入数个装甲师和武装党卫队摩托化师，后者的战斗力与陆军装甲部队相当。但就整体而言，德军地面部队1942年的战斗力可能不及前一年，这是因为车辆、班组支援武器和马匹在1941—1942年冬季遭受到严重损失，更不必说在"巴巴罗萨"战役中阵亡或致残的经验丰富的德军官兵了。对苏作战的最初7个月，除了伤亡近100万人外，德军还损失了41000多辆卡车和207000匹马，在大多数步兵师里，马匹是炮兵和后勤单位的主要机动手段。火炮、反坦克炮和迫击炮的损失超过13600门，德国空军有4903架飞机毁于战损和事故。[14]

这些损失从未能获得彻底弥补。为准备1942年的"蓝色"行动，德国人优先补充遂行新攻势的"南方"集团军群，各机械化部队理应达到编制力量的85%；但在稍北面，每个装甲师得到的坦克只够配备一个装甲营，而非去年的2—3个装甲营。南面，第1装甲集团军辖内的某些装甲师同样如此。这些装甲营得到的是同型号坦克的不同变型。例如，三号和四号坦克根据不同的主炮分为"长身管"型和"短身管"型；大体而言，长身管高速火炮具有更强的装甲侵彻力。

步兵师在资源分配方面的情况更加糟糕。在"北方"和"中央"集团军群，75个步兵师中有69个师从9个步兵营减少为6个，其炮兵也从每个连4门火炮减少为3门。这些师的马匹和车辆也大幅度减少，导致他们很难快速部署兵力应对敌人发动的进攻。虽然德国空军很不情愿地答应腾出一些地勤人员，但这些潜在的补充兵并未移交给陆军，而是组建为空军野战师，这些师既没有重武器，也缺乏经验丰富的参谋人员。[15]

使情况进一步复杂化的是，东线的大多数师并未撤至后方接受休整和补充，他们不得不实施重组，继续坚守前线防区。因此，即使在1942年夏季攻势发起前，大多数德军师的战斗力也无法同1941年相提并论。由于拥有生产优先权，1942年战役开始时，德国空军的实力（东线拥有2750架飞机）与1941年（2770架）大体相当。[16]但是，这些数字隐瞒了经过近三年的战争后，机组人员训练水平的下降。

这就是1942年7月初第二次大规模攻势发起时德国军队的状况，4个月后，这支军队又一次大伤元气。接连不断的作战行动、脆弱的后勤补给、敌人持续的抵抗消耗了德军的人员、马匹和车辆。以1942年初以第1骑兵师为基础组建而成的第24装甲师为例，该师在整场攻势中充当突击先锋，并协助步兵部队肃清斯大林格勒城。1942年6月28日至10月31日，该师的11000名将士阵亡、重伤、失踪了5870人；约100辆坦克中的36辆彻底损毁，还有许多作战车辆因战斗和过度磨损而无法使用。另有2791人身负轻伤，但仍留在各自的单位中，而该师在这4个月里只获得了2298名补充兵。10月31日晨，第24装甲师集结力量再度发起市区突击时，实际上已沦为一股步兵力量，辖2个装甲掷弹兵团、1个摩托车营和1个战斗工兵营，只剩下41名军官和960名战斗兵员。[17]

截至11月中旬，实力严重受损的第6集团军共计107982人，编有16个师，也就是说，平均每个师6748人。前线步兵部队甚至比这些数字反映的更为虚弱。除了兵力不足，德军薄弱的后勤体系无法满足前线部队对弹药和燃料的需求，第6集团军也没有建立起冬季食物储备。平均而言，第6集团军每日获得的补给物资仅为其需求量的一半。随着冬季临近斯大林格勒周边贫瘠的草原，德国人的马匹严重营养不良，其中有许多未能活着转移到冬季康复中心。[18]经过几个月的战斗，加之口粮供应不太稳定，患病的士兵也很多。德国空军的战斗损失较小，但在恶劣条件下持续作战，其实力同样遭到消耗。因此，支援"蓝色"行动的第4航空队，7月初尚有1600架战机，9月份就只剩下了950架。在此期间，这些战机中只有550架能够投入战斗，随着酷寒气候的到来，这个数字还将下降。[19]

面临这些问题的不仅仅是在斯大林格勒长期遭遇困苦的德军部队。截至11月初，竭力夺取高加索油田的A集团军群也趋于强弩之末。11月5日晨，从16个月前的出发地向东推进了2000公里的第13装甲师，被伊万·伊万诺维奇·马斯连尼科夫中将的外高加索方面军北方集群切断、包围在奥尔忠尼启则郊外。虽然第1装甲集团军最终将该师从包围圈内救出，但第13装甲师丢弃了大多数技术装备和大批伤员。在争夺奥尔忠尼启则的激战中，第13装甲师和第3装甲军辖内的另外2个师损失惨重，苏联方面称，他们摧毁或缴获了40辆坦克、7辆装甲运兵车、70门火炮、2350辆汽车、183辆摩托车、100多万发子弹和大批其他物资，并击毙5000余名德国和罗马尼亚士兵。[20]

OKH承认其东线作战部队整体实力虚弱，遂于1942年10月8日给师以上各指挥部下达指令，要求他们腾出10%的人员充当补充兵，并以未参与作战的所有支援单位组成"警戒支队"，以应对突发情况。6周后，苏军发起进攻，这些规模、编制不一的警戒支队证明，他们为恢复一条脆弱的防线发挥了重要作用。[21]

简而言之，到11月初，德军已筋疲力尽，除了守住既有阵地，无力遂行进攻行动，除非气候好转并获得足够的援兵。由于希特勒一直不愿对德国经济和民众实施全面动员，为东线的第三场战役重建部队至少会和第二次的时候同样艰难。

德军战地指挥官

就连那些在希特勒大换血中留任的将领也并不总是一帆风顺。保卢斯这位忠实的工作狂毕生致力于成为一名总参军官，长期以来一直是希特勒最青睐的将领，但这种地位将使他沦为牺牲品，支离破碎的第6集团军早已大伤元气，他还试图肃清并守住斯大林格勒城。

东线的诸多德军将领中，有两位将在日后的战事中成为关键人物。第一个是刚刚获得元帅权杖的弗里茨-埃里希·冯·曼施泰因，1942年5月，他率部肃清了克里木半岛的苏军，7月初一举攻克塞瓦斯托波尔要塞。1942年11月20日，他正准备率领第11集团军在维捷布斯克发起一场新攻势时，希特勒召见了他，要他去解决苏军对斯大林格勒发动的第一轮反攻打开的巨大缺口。生于1887年的曼施泰因身形消瘦，是个讲求纪律、能力出众、相当自负的人。在即将到来的危机中，他几乎完成了自己受领的堪称"无米之炊"的任务，以寥寥无几、残破不全的德军师遏止并扭转了苏军的反攻。虽然曼施泰因最终没能救出保卢斯的部队，但他以一连串出色的运动战遏止了苏军庞大的攻势，挽救了东线大批德国军队。[22]

曼施泰因的伟大成就和厚脸皮的自我吹嘘在很大程度上掩盖了另一位同行的杰出表现，他就是埃瓦尔德·冯·克莱斯特大将。生于1881年的克莱斯特是个坚定的保皇党和基督徒，他对纳粹主义厌恶至极，致使他于1938年退出现役。战争爆发后，克莱斯特又被召回，这位经验丰富的老骑兵展现出对机动作战的熟练把握，1942年，他率领第1装甲集团军一路杀至高加索油田门前。如前所述，11月初，苏军的拼死抵抗、冬季气候和不断延长的补给线使克莱斯特在高加索山区陷入困境。曼施泰因指挥着新组建的"顿河"集团军群竭力阻挡苏军进攻大潮时，克莱斯特也面临着同样的困难，他的任务是把整个A集团军群撤回罗斯托夫地区。这番壮举最终为他赢得了元帅权杖。[23]

1942年11月的红军

"蓝色"行动期间，苏军遭受的痛苦远甚于他们的德国对手。1942年6月28日至11月18日，抗击德军攻势的红军和红海军，因作战和疾病死亡了694000人，这个数字还不包括高加索地区阵亡的近20万人。[24]尽管——也许正因为——莫斯科的苏军最高统帅部下达了详细指令，但数个苏军野战集团军在7月—8月德军进攻初期就不复存在了。

斯大林格勒城内的损失最为严重。1942年9月14日至10月26日，9个红军师和5个独立旅渡过伏尔加河进入已成废墟的市区，但到11月1日，崔可夫掌握的兵力（最多5万人）并不比2个月前更多。所有援兵都消耗在城市争夺战这口沸腾的大锅中，各个团的可用兵力寥寥无几。德国第6集团军11月初耗尽兵力时，城市北部苏军日趋萎缩的登陆场似乎已濒临崩溃，这一点不足为奇。[25]

可是，尽管前线部队依然虚弱，但苏军11月的整体结构和战斗力还是强于7月。经过一番堪称奇迹的努力，苏联人先于1941年将数百个兵工厂东迁至乌拉尔山区，1942年春夏季，这些工厂生产出大批武器装备。这场非凡的动员使红军得以弥补巨大的技术装备损失并继续投入新组建的部队，这种状况是其对手梦寐以求的。当然，组建新部队，而不是重新装备现有部队，其代价是将缺乏经验的新部队投入战斗。但1942年间，国防人民委员会采用了这样一种做法：他们以残破不全的部队的指挥机构作为新编部队的核心，这就解决了新部队缺乏经验的问题。

苏联政府遵循苏联的军事学说和1941年的经验，继续组建新集团军、重建旧集团军和其他大编制部队，这些有生力量大多成为最高统帅部预备队，留待侵略者耗尽力量后投入战斗。例如，苏军最高统帅部10月23日组建起近卫第1、第2集团军作为其战略预备队，并把他们分别配属给西南方面军和西方面军。[26]自1941年7月以来，红军首次组建起两个满编野战集团军，每个集团军编有2个步兵军（每个军辖3个师）和1个机械化军，外加炮兵和战斗支援单位。这些部队代表着一种清醒的决定，至少某些指挥员和参谋可以将这些复杂的诸兵种合成部队整合进战斗中。

机械化军是快速部队的最新发展，其组建目的是在对等的条件下抗击德军。德军1941年的入侵粉碎了红军庞大、装备拙劣、缺乏训练的坦克部队。在1941年剩下的日子里，苏军最高统帅部将残余的坦克编入步兵支援旅，有些旅只有46辆坦克，而独立坦克营配备的坦克更少。但在莫斯科城下的激战中，一些苏军坦克旅指挥员生还下来，并学会了如何指挥自己的部队。这些人成为下一代机械化部队，也就是1942年的坦克军的领导者。虽然被称为"军"，但苏军坦克军仅相当于一个实力较弱的德军装甲师。1942年7月，常见的坦克军编有7200—7600人，配备146—180辆坦克。[27]

推动这些新部队诞生的是红军汽车装甲坦克总部部长雅科夫·尼古拉耶维奇·费多连科中将。费多连科使用了苏联军工厂的大量新产品，并以英国和美国提供的少量装备为补充，打算在1942年组建28个坦克军。第一批坦克军在战斗中证明实力太弱，无法维系长的时间作战行动，于是，费多连科开始组建机械化军，机械化军编有1—2个坦克旅，外加3个机械化旅，每个机械化旅配备39辆中型坦克和以卡车搭载的步兵。根据具体的编制表，一个机械化军拥有的坦克数量大致在175—204辆之间。[28]

起初，这些新组建的坦克、机械化军遭遇到一些初期问题，部分原因是缺乏专用设备，例如履带式装甲运兵车、回收车和电台。更糟糕的是，尽管许多军长颇具能力，但这些军经常与传统的步兵和骑兵部队混编为结构复杂的"坦克集团军"，1942年夏季，苏军将4个坦克集团军投入战场。这些集团军不仅要处理辖内部队机动性和装甲防护的差异，其参谋和指挥员也对率领如此庞大、繁复的部队毫无准备。结果，一些早期坦克军在1942年夏秋季的战斗中损失惨重，面对德军的攻势，第一批坦克集团军土崩瓦解。但是，残酷的战争学校再一次培养出指挥员和技术人员，使他们掌握了操控机械化部队的能力。

苏军新获得的装备并不仅仅是坦克或坦克部队。总的来说，更多的武器装备使红军得以组建起更加专业的单位。例如1942年间，NKO组建了192个反坦克炮兵团，苏军消耗、遏制德军机械化突击的能力日益增强，这些反坦克炮兵团发挥了重要作用。虽说这些团在1942年的战斗中损失了31个，但到年底时，NKO将其反坦克力量加强了500%以上，反坦克炮总数增加了4117门。[29]野战炮和火箭炮的数量也迅速增加。尽管红军直到1944年才增加了配备给各个师的火炮数量，但他们继续组建起大批非师级的火炮、火箭炮和高射炮单位。10月31日，NKO着手准备即将发起的反攻，将多个最高统帅部预备队团编入18个炮兵师和类似数量的高射炮师。每个炮兵师最初编有3个榴弹炮团、3个野炮团、3个反坦克炮团或2个高射炮团，共计168门或144门火炮。这些部队的指挥和控制遭遇到了许多机械化单位都会遇到的问题，但这些师的组建标志着苏军高级指挥员迈出了重要的一步：他们有能力指挥得到极大扩充的部队。[30]

希特勒对他的将领们失去信心时，斯大林对某些属下的信赖却与日俱增。随着1942年战役的进行，这位苏联领导人继续实施全面掌控，但他越来越信任红军高级指挥员和参谋人员的专业性。就连那些打了败仗的指挥员也没有遭受严厉惩处，而这种惩罚恰恰是和平时期的大清洗和1941年战役初期的特点。[31]

斯大林对指挥员们重拾信心表现在很多方面，他设立了新的勋章和奖章，还给军官们提供了与众不同的军装。[32]苏军指挥员重新获得信任，最重要的标志可能是国防人民委员会1942年10月9日颁布的307号令，这道命令从表面上恢复了武装部队的统一指挥。苏军各级指挥员得到了指挥部队的全部权力，方面军和集团军层面的政治委员和政治军官降为"军事委员会成员"，而在较低指挥层面上，他们担任负责政治事务的副手。此举明确表明，斯大林信任他那些军事、政治方面的专业人员。最高苏维埃主席团的法令证实了NKO的命令："内战期间红军设立的军事委员制度是基于对军事指挥员的不信任……目前抗击德国侵略者的卫国战争已将我们的指挥员紧密团结在一起，并造就了一大批具有才干的新指挥员，他们已积累起经验，将誓死捍卫他们作为军官的荣誉。"[33]斯大林完成这种转变时，在德国一方，希特勒却对属下们的能力和忠诚嗤之以鼻。

另外，苏军最高统帅部10月16日下达了关于大编制坦克部队作战部署的325号令。斯大林签署了这份命令，实际上这是一份以往作战行动经验教训的摘要，日后的行动将汲取这些教训。当然，改善无法一蹴而就，但根据325号令，坦克和机械化军将作为独立部队部署，专门用于机动战，而不是分成零零碎碎的单位支援步兵。只有在苏军明显占据数量优势的情况下，坦克指挥员才能迎战德军坦克。[34]即将到来的冬季战役将是对这种构想的首次考验，但这些决定清楚地表明，饱受诟病的苏联红军战斗力正不断加强。

苏军战地指挥员

红军中能干的指挥员非常多，许多人将在即将到来的战役中脱颖而出。至少5位高级将领已在新攻势发起前声名鹊起，他们都将在随后的战斗中再添新功。45岁的格奥尔吉·康斯坦丁诺维奇·朱可夫是斯大林最为青睐的将领。

俄国内战期间和之后，在红军骑兵部队服役的朱可夫表现出色，1939年8月，他在满洲哈勒欣河击败了狂妄的日本关东军。为表彰他的杰出表现，1940年6月，斯大林任命他为基辅特别军区司令员，1941年1月，朱可夫出任红军总参谋长兼第一副国防人民委员。

作为斯大林战时最高统帅部的创始成员，朱可夫成为苏联领导人最中意的"协调员"，1941年间，他奔波于各个受威胁地区，协调当地的防御和反击。1941年9月在列宁格勒、10月—11月在莫斯科组织的顽强防御为朱可夫赢得了长盛不衰的名声。1941年12月至1942年4月，他策划、实施了红军在莫斯科地区发起的第一次大规模反攻。尽管他专心致志、通常都很无情地实施作战行动，他指挥的部队也的确挽救了斯大林的首都，但未能实现最高统帅部雄心勃勃的战略目标。

1942年7月，遂行"蓝色"行动的德军横扫苏联南部时，朱可夫的西方面军多次发起反击，徒劳地试图将德国人的注意力和兵力从南方的主要目标吸引开。斯大林1942年8月任命朱可夫为最高副统帅后，这位将军发起了一连串蔚为壮观的反击，打击德国"中央"集团军群设在莫斯科以西"勒热夫—维亚济马"突出部的防御。虽然这场大规模攻势没能实现歼灭敌突出部守军的最终目标，但重创了德国第9集团军。朱可夫的攻势还把德军战役预备队牵制在了苏德战线中央地段，而此时南线德军迫切需要预备力量来赢得斯大林格勒地域的胜利。随后，为重演一年前他在列宁格勒和莫斯科的壮举，朱可夫9月份赶赴斯大林格勒，组织斯大林格勒方面军对城市西北面科特卢班地域的德军装甲部队发起多次打击。这些血腥、代价高昂的进攻失败了，但庞大的"自杀式"突击决定性地破坏了德国第6集团军以装甲部队实施突袭、一举攻占斯大林格勒的计划，最终将这座以斯大林的名字命名的城市变成第6集团军的坟墓。因此，1942年秋季时，无情而又精明的朱可夫依然是斯大林最信赖的战地指挥员，为策划红军1942年11月—12月一系列雄心勃勃的反攻发挥了重要作用。[35]

47岁的亚历山大·米哈伊洛维奇·华西列夫斯基上将时任红军总参谋长，对战争中的苏联具有同样重要的作用。他是少数几名赢得斯大林信任的军人之一，部分原因是1941年保卫首都期间，大多数政府人员撤离，但身为重要参谋人员的华西列夫斯基毅然留在莫斯科。他是红军总参谋部之父、苏联元帅鲍里斯·米哈伊洛维奇·沙波什尼科夫的门徒。华西列夫斯基是最高统帅部最具能力的成员[①]，也是斯大林第二信赖的将领，仅次于朱可夫。这位前步兵军官并未享受到斯大林"骑兵集团"的特殊待遇，而是凭着自己的成绩一路向前，1937年从总参学院毕业后，他加入了红军总参谋部。

短短四年时间，华西列夫斯基便从上校晋升为上将，1940年5月出任总参作战部第一副部长，为红军在和平时期最后几个月的防御和动员计划发挥了重要作用。德国发起入侵后，斯大林1941年8月任命华西列夫斯基为总参作战部部长兼副总参谋长。协助策划红军1941和1942年间大多数主要作战行动的同时，华西列夫斯基还在这些战役中担任"最高统帅部代表"，成为斯大林的"麻烦解决者"。1942年年底的反攻期间，他将多次重演这一角色。[36]

安德烈·伊万诺维奇·叶廖缅科是俄国内战期间红军"骑兵集团"的另一名成员。德国入侵苏联后，他迅速成为苏军高级将领，并获得了"苏联的古德里安"这一绰号。叶廖缅科以大胆和顽强著称，1941年7月—8月率领西方面军在斯摩棱斯克地域与德军展开激战，9月份指挥布良斯克方面军徒劳地试图阻挡古德里安向南攻往基辅，10月份率领该方面军守卫莫斯科西南接近地，在战斗中负伤。由于叶廖缅科"斗士"的名声，苏军最高统帅部在德军"蓝色"行动高潮期间任命他为东南方面军司令员，负责守卫斯大林格勒。身居高位的叶廖缅科不仅在战斗中几度负伤，还屡次受到斯大林的冷言批评，但叶廖缅科和他的政治委员尼基塔·谢尔盖耶维奇·赫鲁晓夫指挥着东南方面军及相邻的斯大林格勒方面军。他能留在如此重要的岗位上，表明这位50岁的将领作为一个办事有条不紊（尽管并非才华出众）的指挥员，深得斯大林的信任。[37]而叶廖缅科通过策划苏联红军即将在斯大林格勒地域发起的反攻，证明斯大林并未信错人。

这群出众的红军将领中的第四位是46岁的康斯坦丁·康斯坦丁诺维奇·罗科索夫斯基，1942年间，他成为红军最具才干的指挥员。内战期间，他指挥骑兵营和骑兵团时声名鹊起，20世纪20—30年代先后指挥过骑兵旅、师、

---

① 译注：华西列夫斯基直到1945年2月才正式成为最高统帅部大本营成员。

军。大清洗期间，罗科索夫斯基被捕入狱，但获得铁木辛哥和朱可夫的力保，1941年6月，德国入侵前夕，罗科索夫斯基获释，出任基辅特别军区机械化第9军军长。此后，红军在"巴巴罗萨"战役中遭到一连串惨败，罗科索夫斯基却赢得了红军首席"救火队员"的美誉，1941年6月末，他率领机械化第9军参加了边境交战，在斯摩棱斯克地域历时两个月的激战中指挥"亚尔采沃"特别集群，莫斯科战役期间指挥第16集团军。许多苏军高级将领遭遇败绩，但罗科索夫斯基赢得了胜利。与同时代的许多红军将领不同，罗科索夫斯基不愿为毫无把握的胜利白白牺牲将士们的性命，这使他赢得了士兵们的爱戴。罗科索夫斯基的能力也获得了最高统帅部的奖励，1942年7月，他出任布良斯克方面军司令员，3个月后又被任命为顿河方面军司令员。[38]

最后要说的是尼古拉·费多罗维奇·瓦图京上将，作为一名高级参谋人员，其出色的才能已获得承认，他将在斯大林格勒反击战中证明自己也是一位能干的战地指挥员。这位经验丰富的总参军官是一名参加过内战的老兵，当过连级指挥员，后担任各种重要的参谋职务，1940年出任基辅特别军区参谋长，伟大的卫国战争前夕，他成为红军副总参谋长兼作战部部长。"巴巴罗萨"战役初期，40岁的瓦图京担任西北方面军参谋长，精心策划了7月—8月在索利齐和旧鲁萨地区对德国"北方"集团军群的大规模反击，赢得了最高统帅部的高度赞誉。虽说这两场进攻均以失败告终，但德军猝不及防，几个重要的师遭到重创，导致"北方"集团军群向列宁格勒的进军延误了4周之久，最终使朱可夫在当年9月成功守住了列宁格勒。作为一名大胆、能力出众的斗士，瓦图京继续崭露头角，1941年10月，他组织并率领一个特别战役集群阻挡德国"中央"集团军群向加里宁的推进，从而使德军没能切断莫斯科与列宁格勒之间的交通线。[39]

鉴于他取得的功绩，最高统帅部任命急于得到前线指挥职务的瓦图京为沃罗涅日方面军司令员，率部抗击遂行"蓝色"行动的德军。瓦图京展现出他大胆的特性和不断增强的技能，1942年7月—8月在沃罗涅日地区多次发起反突击，延缓了德军向斯大林格勒的推进，并对B集团军群北翼构成致命威胁。1942年10月，德军进攻大潮在斯大林格勒的废墟中衰退时，苏军最高统帅部派瓦图京指挥新组建的西南方面军，该方面军将在即将发起的斯大林格勒反击战中发挥重要作用。

上述这五位杰出的斗士已在斯大林格勒战役前赢得广泛的赞誉，除了他们，1942年秋季斯大林格勒和高加索地区激烈而又绝望的战斗还为红军造就了整整一代集团军级、军级和师级指挥员，他们的共同特点是斗志顽强、经历过战斗的考验。另外，18个月的战事还催生了另外一批具有专业特长的红军将领。除了组建、部署装甲部队的专家费多连科将军，红军各兵种的新专家脱颖而出，例如空军部队的亚历山大·亚历山德罗维奇·诺维科夫将军、炮兵部队的尼古拉·尼古拉耶维奇·沃罗诺夫将军、工程兵部队的米哈伊尔·彼得罗维奇·沃罗比耶夫将军和总后勤部部长安德烈·瓦西里耶维奇·赫鲁廖夫将军。这些专家会同总参高级军官及华西列夫斯基、铁木辛哥（他担任最高统帅部代表）等高级将领，策划、协调需要他们的专业知识鼎力相助的大规模行动。[40]

因此，斯大林格勒反击战需要方面军、集团军指挥员的领导力和专业才能，他们已在战斗中证明了自己的能力，如果这场反攻赢得胜利，后续攻势将造就一批能力、经验俱佳的集团军、军、师、旅级指挥员。这批在斯大林格勒战役中得到锻造、考验和强化的新生将领，将率领红军走向最终的胜利。

缩略语

BA-MA: *Bundesarchiv Miltärarchiv*（德国军事档案）

NAM: *National Archives Microfilm*（国家档案馆缩微胶片）

TsAMO: *Tsentral'nyi arkhiv Ministerstva Oborony*（国防部中央档案馆）

VIZh: *Voenno-istoricheskii zhurnal*（《军事历史》杂志）

VVI: *Vestnik voennoi informatsii*（军事信息通报）

注释

1. G.F.克里沃舍夫（主编），《二十世纪苏联的伤亡和作战损失》，克莉丝汀·巴纳德译（伦敦：格林希尔图书出版社；宾州梅卡尼克斯堡：斯塔克波尔图书出版社，1997年），第94页。这个数字还应加上几百万遇难或被强制劳动的平民。这本著作的最新增补版是G.F.克里沃舍夫（主编）的《伟大卫国战争揭秘，损失卷》（*Velikaia Otechestvennaia bez grifa sekretnosti. Kniga poter'*，莫斯科：维契出版社，2009年）。

2. 霍斯特·布格、维尔纳·拉姆、赖因哈德·施通普夫、贝恩德·韦格纳，《德国与第二次世界大战，第6卷，全球战争：冲突扩大为世界大战及战争主动权的转移，1941—1943》，埃瓦尔德·奥泽斯等人译（英国牛津：克拉伦登出版社，2001年），第126—130页。

3. 这一点可参阅乔尔·海沃德的《希特勒寻求石油：经济因素对军事战略的影响，1941—1942年》一文，刊登在《战略研究》杂志总第18期，1995年12月第4期，第94—135页。

4. 第41号元首命令可参阅休·R. 特雷弗-罗珀主编的《从闪电战到失败：希特勒的战争指令，1939—1945年》（纽约，芝加哥：霍尔特、莱因哈特＆温斯顿出版社，1964年），特别是第117和第119页。

5. 这一点可参阅罗尔夫-迪特尔·米勒、格尔德·R. 乌贝夏尔的《希特勒的东线战争，1941—1945年：批评性评估》，布鲁斯·D. 利特尔译（英国牛津普罗维登斯：博格翰图书出版社，1997年），第113页。

6. 《战争经验研究资料集》，第8期（1943年8—10月）【*Sbornik materialov po izucheniiu opyta voiny, No. 8 (avgust–oktiabr 1943 g.)*，莫斯科：军事出版社，1943年）】中的《顿河前线罗马尼亚第3集团军和意大利第8集团军的分组和编成》（*Gruppirovka i sostav 3 Rumynsko i 8 Italianskoi armii na Donu*）一文，第24—36页；马克·阿克斯沃西、科尔内尔·斯卡费什和克里斯蒂安·克拉丘诺尤，《第三轴心第四盟友：欧战中的罗马尼亚军队，1941—1945年》（伦敦：兵器和铠甲出版社，1995年）；《第二次顿河防御战中的意大利第8集团军，1942年12月11日—1943年1月31日》（L '8'Armata Italiana nella Seconde Battaglia Difensiva Del Don，罗马：陆军部，总参军史办，1946年）；《意大利军队在俄国前线的作战行动，1943—1944年》【*Le Operationi della Unita Italiane Al Fronte Russo (1943-1944)*，罗马：陆军部，总参军史办，1977年】。

7. 杰弗里·朱克斯，《希特勒的斯大林格勒决策》（伯克利：加州大学出版社，1985年），第70—72页；布格等，《德国与第二次世界大战，第6卷》，第990—991页。

8. 厄尔·F.齐姆克、麦格纳·E.鲍尔，《从莫斯科到斯大林格勒：东线决战》（华盛顿特区：美国陆军军事历史中心，1987年），第377—378页；布格等，《德国与第二次世界大战，第6卷》，第1057—1058页。

9. 蔡茨勒1942年10月中旬向希特勒所作的简报，摘自西摩·弗里丁与威廉·理查森合编的《致命的决定》，康斯坦丁·菲茨吉本译（纽约：威廉·斯隆联合出版社，1956年），第139页。

10. 同上，第137—139页。

11. 布格等，《德国与第二次世界大战，第6卷》，第1084—1086页。

12. 杰弗里·朱克斯，《希特勒的斯大林格勒决策》，第83—88页；蔡茨勒的报告可参阅西摩·弗里丁与威廉·理查森合编的《致命的决定》，第142—143页；乔治·E.布劳，《德国对苏战争：策划和行动，1941—1942年》，陆军部手册，No：20-261a（华盛顿特区：陆军部，1955年），第170—171页；布格等，《德国与第二次世界大战，第6卷》，第1114—1118页。

13. 戴维·M.格兰茨、乔纳森·M.豪斯，《巨人的碰撞：红军是如何阻止希特勒的》（劳伦斯：堪萨斯大学出版社，1995年），第30—33页；关于德军对马匹的依赖，可参阅理查德·L.迪纳多的《马匹与二战中的德国军队》（康涅狄格州韦斯特波特：格林伍德出版社，1991年），特别是第40—43页。

14. 克劳斯·莱因哈特，《莫斯科——转折点：希特勒1941—1942年冬季的战略失败》，卡尔·基南译（牛津：牛津大学出版社，1992年），第367—370页。火炮损失包括4262门坦克炮、5990门反坦克炮、1942门榴弹炮和1411门步兵炮。本书对德军实力恢复的探讨主要引自莱因哈特的著作。

15. 齐姆克和鲍尔，《从莫斯科到斯大林格勒：东线决战》，第111、第293—295页；弗朗茨·哈尔德，《哈尔德战时日记，1939—1942年》，查尔斯·伯迪克、汉斯-阿道夫·雅各布森编辑（加利福尼亚州诺瓦托：要塞出版社，1988年），第613—615页；蒂莫西·A.雷，《坚守：二战期间德军在东线的防御学说，战前至1943年》（堪萨斯州利文沃思堡：作战研究协会，1986年），第112—113页。

16. 齐姆克和鲍尔，《从莫斯科到斯大林格勒：东线决战》，第296页；威廉姆森·穆雷，《德国空军》（巴尔的摩：航海和航空出版社，1985年），第112—119页。

17. 詹森·D.马克，《"跳跃骑士"的覆灭：第24装甲师在斯大林格勒，1942年8月12日—11月20日》（澳大利亚悉尼：跳跃骑士出版社，2003年），第333—334页。

18. 布格等，《德国与第二次世界大战，第6卷》，第1091—1095页；兵员的短缺是根据第1106页的图表计算而来。

19. 乔·S.A.海沃德，《止步于斯大林格勒：德国空军和希特勒在东线的失败，1942—1943年》（劳伦斯：堪萨斯大学出版社，1998年），第195页。

20. A.A.格列奇科，《高加索会战》（Bitva za Kavkaz，莫斯科：军事出版社，1973年），第211页；威廉·蒂克，《高加索和石油：1942—1943年高加索地区的苏德战事》，约瑟夫·G.威尔士译（加拿大温尼伯：J.J.费多罗维奇出版社，1995年），特别是第231—237页。

21. 布格等，《德国与第二次世界大战，第6卷》，第1114—1115页。

22. 参阅康瑞利·伯内特（主编）的《希特勒的将领》（纽约：格鲁夫·韦登费尔德出版社，1989年）一书中理查德·卡弗撰写的文章，第221—246页；曼施泰因的回忆录，《失去的胜利》，安东尼·G.鲍威尔士译（芝加哥：亨利·莱格尼里出版社，1958年），第261—386页，不出所料，他把1941—1943年的战事失利归咎于希特勒。

23. 参阅康瑞利·伯内特（主编）的《希特勒的将领》一书中小塞缪尔·W.米查姆撰写的文章，第249—263页。

24. G.F.克里沃舍夫（主编），《二十世纪苏联的伤亡和作战损失》，第123—126页。

25. 戴维·M. 格兰茨、乔纳森·M. 豪斯，《决战斯大林格勒，1942年9月—11月：斯大林格勒三部曲第二卷》（劳伦斯：堪萨斯大学出版社，2009年），图表第45和第46。

26. 最高统帅部9954275、994276号指令，签发于1942年10月23日，引自V.A.佐洛塔廖夫（主编）的《最高统帅部大本营：1942年的文献资料》（*Stavka VGK: Dokumenty i materialy 1942*），刊登在《俄罗斯档案：伟大卫国战争》【*Russkii arkhiv: Velikaia Otechestvennaia, 16（5–2）*莫斯科：特拉出版社，1996年】，第442—443页，以下简称为佐洛塔廖夫，《最高统帅部1942》，并附以相应的页数。这些指令还在两个新组建的近卫集团军内组建起近卫机械化第1、第2军。

27. O.A.洛西科，《伟大卫国战争中，苏联坦克部队的组建和作战使用》（*StroiteVstvo i boevoe primenenie Sovetskikh tankovykh voisk v gody Velikoi Otechestvennoi voiny*，莫斯科：军事出版社，1979年），第44—77页。

28. Iu.P.巴比奇、A.G.巴耶尔，《伟大卫国战争中，苏联军备和地面部队编制的发展》（*Razvitie vooruzheniia i organitzatsii Sovetskikh sukhoputnykh voist v gody Velikoi Otechestvennoi voiny*，莫斯科：伏龙芝军事学院，1990年），第44—45页；另可参阅戴维·M. 格兰茨的《巨人重生：战争中的苏联红军，1941—1943年》（劳伦斯：堪萨斯大学出版社，2005年），第218—236页。

29. 格兰茨，《巨人重生：战争中的苏联红军，1941—1943年》，第297页。关于反坦克炮的损失，可参阅A.N.扬钦斯基的《伟大卫国战争中，最高统帅部预备队反坦克歼击炮兵的作战部署》（*Boevoe ispol'zovanie istrebitel'no-protivotankovoi artillerii RVGK v Velikoi Otechestvennoi voine*，莫斯科：伏罗希洛夫学院，1951年），绝密，第25—26页。

30. 格兰茨，《巨人重生：战争中的苏联红军，1941—1943年》，第290—291页。另可参阅巴比奇和巴耶尔的《伟大卫国战争中，苏联军备和地面部队编制的发展》，第53页。

31. 关于这一点可参阅杰弗里·罗伯茨的《斯大林的战争：从世界大战到冷战，1939—1953年》（康涅狄格州纽黑文：耶鲁大学出版社，2006年），第27、第123、第159页。

32. 同上，第133页。

33. 证实国防人民委员会307号令的最高苏维埃主席团法令引自齐姆克和鲍尔的《从莫斯科到斯大林格勒：东线决战》，第438—439页。国防人民委员会307号令全文可参阅V.A.佐洛塔廖夫（主编）的《俄罗斯档案：伟大卫国战争，苏联国防人民委员会命令，1941年6月22日—1942年》【*Russkii arkhiv: Velikaia Otechestvennaia: Prikazy narodnogo Komissara oborony SSSR 22 iiunia 1941 g.-1942 g. T.13 (2-2)*，莫斯科：特拉出版社，1997年】，第326—327页，以下简称为佐洛塔廖夫，《国防人民委员会1941—1942》，并附以相应的页数。另可参阅约翰·埃里克森的《通往斯大林格勒之路》（纽约：哈珀＆罗出版社，1975年），第452页；肯尼斯·斯列普扬，《斯大林的游击战：二战中的苏联游击队》（劳伦斯：堪萨斯大学出版社，2006年），第244页。

34. 路易斯·C. 罗图多（主编），《斯大林格勒战役：1943年苏军总参谋部研究》（华盛顿特区：帕加马-布拉西国际防务出版社，1989年），第78—79页；理查德·N.阿姆斯特朗，《红军坦克指挥员：装甲近卫军》（宾夕法尼亚州阿特格伦：希弗出版社，1994年），第21—22页；约翰·埃里克森，《通往斯大林格勒之路》，第450—453页。

35. 关于朱可夫的生平和作用，可参阅他"授权"的回忆录《回忆与思考，第一、第二册》（莫斯科：进步出版社，1985年）；格奥尔吉·康斯坦丁诺维奇·朱可夫，《朱可夫元帅最伟大的战役》，西奥多·沙巴德译（纽约：库柏广场出版社，2002年）；奥托·普勒斯顿·钱尼，《朱可夫》（诺曼：奥克拉荷马大学，1996年）。另可参阅维托·安菲洛夫撰写的"格奥尔吉·康斯坦丁诺维奇·朱可夫"一文，刊登在哈罗德·舒克曼（主编）的《斯大林的将领》（纽约：舒罗夫出版社，1993年）第343—360页；戴维·M.格兰茨，《朱可夫最大的败仗：红军1942年火星行动的惨败》（劳伦斯：堪萨斯大学出版社，1999年）；另外，对朱可夫指挥才能的分析，可参阅M.A.加列耶夫的《朱可夫元帅：伟大而又独特的指挥艺术》（*Marshal Zhukov:Velichie i unikal'nost' polkovodcheskogo iskusstva*，莫斯科：东方大学出版社，1996年）。

36. 杰弗里·朱克斯撰写的"亚历山大·米哈伊洛维奇·华西列夫斯基"一文，刊登在舒克曼（主编）的《斯大林的将领》第275—285页。另可参阅亚历山大·M·华西列夫斯基的《毕生的事业》（莫斯科：进步出版社，1976年），以及俄文未删节版《毕生的事业（两卷本）》（*Delo vsei zhizni*，莫斯科：政治书籍出版社，1989年）。

37. 叶廖缅科回忆录的节略本，可参阅A.I.叶廖缅科的《艰难的开端》（莫斯科：进步出版社，1966年），未删节版可参阅A.I.叶廖缅科的《战争初期》（*V nachale voiny*，莫斯科：守护者出版社，2006年）和《惩罚的年代》（*Gody vozmezdiia*，莫斯科：科学出版社，1969年）。关于他在斯大林格勒战役中发挥的重要作用，可参阅A.I.叶廖缅科的《斯大林格勒：方面军司令员笔记》（*Stalingrad: Zapiski komanduiushchego frontom*，莫斯科：军事出版社，1961年）。叶廖缅科的著作在赫鲁晓夫"解冻"历史审查期间得以出版，极为准确和坦率。

38. 罗科索夫斯基回忆录的节略本，可参阅K.罗科索夫斯基的《军人的天职》（莫斯科：进步出版社，1970、1985年），未删节版可参阅K.K.罗科索夫斯基的《军人的天职》（*Soldatskii dolg*，莫斯科：呼声出版社，2000年）。最新的传记是弗拉基米尔·代涅斯撰写的《罗科索夫斯基：机动战天才》（*Rokossovsky: Genii manevra*，莫斯科：亚乌扎—艾克斯摩出版社，2008年）。一篇较短的传记文章是理查德·沃夫撰写的"罗科索夫斯基"，刊登在哈罗德·舒克曼主编的《斯大林的将领》一书第177—198页。

39. 令人遗憾的是，瓦图京没留下回忆录，因为1944年3月初，他死于乌克兰游击队之手。关于他最好的传记当属Iu.D.扎哈罗夫的《瓦图京大将》（*General armii Vatutin*，莫斯科：军事出版社，1985年）；S.库利奇金的《瓦图京》（莫斯科：军事出版社，2001年）；戴维·M.格兰茨撰写的"尼古拉·费多罗维奇·瓦图京"一文，刊登在舒克曼（主编）的《斯大林的将领》第287—300页。

40. 这方面的一个例子是，由于消灭被包围在城市周围的大股敌军需要精心组织、持续的火力，最高统帅部委派沃罗诺夫策划、协调在斯大林格勒地域展开的"指环"行动。

第二章
苏军的战略策划
"天王星"计划之起源

 弗里德里希·保卢斯和瓦西里·崔可夫为夺取、据守斯大林格勒城内废墟中的一座座独立建筑物消耗着各自的野战集团军时,更大的战事在他们周围继续进行。正如前文所述,希特勒需要应对的不仅仅是高加索地区的僵局,还有北非的败局,特别是1942年10月份最后一周在阿拉曼的失利,这场战役以英国第8集团军11月初向西发起进攻而告终。他的对手约瑟夫·斯大林同样失望不已,认为英国和美国没有为苏联提供足够的支援。虽然根据租借法案提供的武器装备1942年开始大批运抵,但斯大林一直要求开辟真正的"第二战线",他的意思是英美联军应当对西北欧发动大举进攻。[1]

 与此同时,苏军最高统帅部认为1941年12月在莫斯科城下发起反击,挫败"巴巴罗萨"行动不仅仅是一场历史性的"逆转",他们坚信这种胜利完全可以重演,只需组织另一场反攻击败"蓝色"行动即可。因此,德军1942年9月到达斯大林格勒地区后,莫斯科开始策划一场大规模反攻,意图包围第6集团军,全歼A、B集团军群,从而重新掌握主动权。

 这个计划演变为苏军在斯大林格勒的胜利,其实情被双方的虚荣心和私利所掩盖。德方参与者把这场灾难的责任推得一干二净,将失败的原因归咎于希特勒。相比之下,苏军指挥员和参谋人员的记述,从20世纪60年代初赫鲁晓夫的"去斯大林化"起,直至今日的俄罗斯联邦,一直遭到苏联国内政治变动的扭曲。苏联方面不同时期的回忆录和其他相关记述,要么夸大,要么贬低了斯大林、朱可夫、华西列夫斯基、叶廖缅科和其他主要人物的作用。

谁提出了"天王星"计划？历史上的争论

一般说来，对这个问题较有影响力的解释遵循的是苏联元帅朱可夫的说法。朱可夫称，根据他的战略方针，最高统帅部1942年9月12日—13日在克里姆林宫会议期间开始策划斯大林格勒反击战。据他说，这场反攻是独一无二的，因为它为实施反攻的难题提供了一个"不同解决方案"——也就是说，这场反攻将发起深远突击，合围斯大林格勒地域的所有轴心国部队。相比之下，最高统帅部自1942年8月底以来寻求的"旧解决方案"只是一场浅近合围，苏军将从斯大林格勒北部（顿河与伏尔加河之间的陆桥）和南部（别克托夫卡登陆场和湖区）发起进攻，将德国第6集团军主力包围、歼灭在斯大林格勒附近。苏军一直未能突破德军设在斯大林格勒外围的侧翼防线，现在，他们将寻求一场更加宽大的合围，目标是德军阵地西北面和南面实力较弱的卫星国军队。

作为深受斯大林信任的最高副统帅，朱可夫在回忆录中第一个宣称自己是这项庞大计划的制定者，该回忆录1969年首次出版。朱可夫描述了1942年9月12日—13日与斯大林的数次会晤，他和华西列夫斯基构思了一个"不同解决方案"的概念，并将其呈交给斯大林，他把该方案描述为"一场大规模战役，以免把我们正在编组和已经编组好的预备队消耗在局部的战役中"。[2]实际上，1973年出版的华西列夫斯基回忆录中也有类似的描述。但这两本回忆录与原斯大林格勒方面军司令员A.I.叶廖缅科将军对策划斯大林格勒反击战的说法截然不同。叶廖缅科的回忆录出版于1961年，适逢赫鲁晓夫"去斯大林化"进程期间，与苏联历史审查"解冻"密切相关，他在回忆录中指出，1942年10月6日和9日，他向最高统帅部发去建议，首次提出对德国第6集团军实施深远合围的概念。实际上，这个利用德国卫星国军队明显弱点的概念，演变成了"天王星"行动的蓝图。另外，叶廖缅科称"天王星"计划的雏形用了几个月才渐渐成熟，10月份最终成为他的蓝图："在斯大林格勒发动反攻的概念首次出现在我的脑海时，我还在莫斯科（8月1日—2日），它渐渐成熟、强化，最终成为一个具体的计划，并在城市防御作战期间进入实际准备阶段。反攻的准备工作开始于斯大林格勒保卫战最困难的阶段，8—9月，当时我和N.S.赫鲁晓夫指挥着两个方面军。"[3]叶廖缅科继续阐述了一些战斗经验，这成为他建议发起一场深远突击、合围斯大林格勒地域轴心国军队的理由：

我们的第一个措施当然是选择有利的打击方向，并为进攻行动准备好恰当的出发阵地。为此，我们不得不采取行动，以免敌人洞悉我方意图。所以，8月底时，斯大林格勒方面军最右翼的第21和第63集团军成功地实施了一场行动，在鲁别然斯基（Rubezhanskii）、科托夫斯基（Kotovskii）、别利亚耶夫斯基（Beliaevskii）附近，以及拉斯波平斯卡亚（Raspopinskaia）和克列茨卡亚（Kletskaia）地域的顿河右岸夺取并拓宽登陆场，这些行动旨在援助斯大林格勒守军。近卫第1集团军扩大了顿河小弯曲部新格里戈里耶夫斯卡亚（Novo-Grigor'evskaia）的登陆场，并前出至小梅洛夫斯基（Malo-Melovskii）、小亚尔基（Malye Iarki）、绍欣（Shokhin）、锡罗京斯卡亚（Sirotinskaia）一线。

9月25日至10月4日期间，南面也遂行了两场重要行动：

第一个行动旨在夺取［斯大林格勒南部］湖泊间的隘路，为即将发起的攻势创造有利条件，这些隘路目前被敌人所控制。遂行进攻的第57和第51集团军出色地完成了任务……第57集团军前出至察察（Tsatsa）—谢姆金（Semkin）一线，这样便夺取了萨尔帕湖（北）、察察湖、巴尔曼察克湖之间的隘路通道。

第二个行动是对萨多沃耶（Sadovoe）的进攻，由第57集团军遂行。[4]

虽说叶廖缅科10月初提出的方案与"天王星"行动的最终计划存在明显差异，但档案证据明确表明，确实是叶廖缅科提出了反攻的总体概念。

大批新公开的俄罗斯档案，以及斯大林格勒地域危险的战斗进程，都证实了叶廖缅科的说法。这些证据中最重要的是斯大林约见日志的条目，这是他日常活动的日程表，详细记录了斯大林逐时逐分与主要军事、文职顾问及下属的会面。虽然日志中并不包括这些会晤所讨论事项的记录，但可以确定哪些人参加了会晤，根据他们的职务，大致可以推断出会谈的内容。这份材料证明，朱可夫和华西列夫斯基的说法显然并不正确。

例如，约见日志并未提及8月31日至9月26日斯大林与朱可夫有过任何会面，9月9日至21日，他也没有召见华西列夫斯基。当然，这并不排除斯大林的两位亲信通过电话或电传打字机向他提出建议的可能性，但表明反攻计划真正的构思者不在莫斯科。[5]可以肯定，朱可夫不太可能在其他任何地方商讨这项大胆的建议，只会与最高统帅面谈。朱可夫出席的其实是9月27日—29日举行，10月初结束的会议，最高统帅部在会上接受了1942年秋季发起多重战略反攻的构想。

另外，斯大林格勒地域的实际战斗进程也表明朱可夫和华西列夫斯基的说法是错误的。1942年10月份的第一周结束前，苏军包围并击败斯大林格勒地域德国第6集团军的一切努力严格遵循着"旧解决方案"——也就是说，从斯大林格勒北面的陆桥、城市南面的别克托夫卡登陆场和湖区发起进攻，打击斯大林格勒侧翼的德军。实际上，无数次的失败促使叶廖缅科提出了一个完全"不同的解决方案"，即深远合围，但最高统帅部随后下达的一道指令要求继续在科特卢班和别克托夫卡地域发动反击。因此，"天王星"行动的构想显然是最高统帅部与诸方面军司令员深入商讨后形成的，主要基于这些高级指挥员提出的具体建议。

下文是对红军11月反攻这一战略策划的简要叙述，主要资料来源是斯大林的约见记录，最高统帅部和方面军重要的指示、命令和其他策划文件。本三部曲的副卷中含有战略、战役策划的详细时间表，以及最重要的规划文件的完整译本①。

反攻的构想

红军对德军1941年攻势的应对清楚地表明，斯大林的倾向和苏联军事学说都强调进攻行动，即便在总体战略防御阶段亦是如此。例如，1942年5月苏军在哈尔科夫和克里木半岛发起的灾难性攻势，旨在粉碎虚弱的德国卫星国军队，突破敌防线，从而破坏预料中的德军夏季攻势。[6]德军7月份发起"蓝色"

---

① 译注：该副卷未引进。

行动后，苏军最高统帅部下意识的反应是发起一系列反击，顽强地试图在多处攻破德国B集团军群的左翼，其战线从沃罗涅日地域沿顿河向东南方延伸，直至科特卢班、顿河与伏尔加河之间的陆桥。斯大林决心沿前线其他地段遂行强有力的攻势，阻止或至少减缓德军的推进，于是，红军在博尔霍夫、日兹德拉、勒热夫和更北面的杰米扬斯克发起激烈、血腥、通常徒劳无获的进攻。与1941年的情况相同，斯大林和他的主要军事顾问们坚信，只有通过数百次小规模打击进行消耗，才能给德军"蓝色"行动带来致命的结局。

鉴于苏军对德国B集团军群近处和远处的侧翼不断发起反击，加之德国人非常清楚1941年12月莫斯科门前发生的事情，回想起来，他们居然对苏军11月19日实施的"天王星"攻势毫无准备，这一点令人难以置信。但是，一个主要原因可以解释为何德国人依然相信他们可以成功地挡住苏军发起的任何进攻。他们的信心源自一种对自身优势与生俱来的信念，另外，德军过去多次击败过苏军的反击，通常都很轻松，这一事实也加强了他们的信心。例如，自希特勒6月28日发动"蓝色"攻势以来，德国及其卫星国军队成功挫败了红军发起的不下8场反击，对方力图击败或至少减缓德军穿过顿巴斯东部向斯大林格勒旁的伏尔加河的进军。苏军的诸次反击如下：

· 7月6日—26日：布良斯克方面军坦克第5集团军、第60、第40集团军和"奇比索夫"集群反复在沃罗涅日地域发起反突击。

· 7月23日—31日：斯大林格勒方面军坦克第1、第4集团军和第62集团军在顿河大弯曲部发起反突击，布良斯克方面军在沃罗涅日地域重新发起进攻。

· 8月23日—29日：斯大林格勒方面军辖下的"科瓦连科"、"什捷夫涅夫"集群，对位于顿河与伏尔加河之间陆桥、科特卢班地域的第6集团军第14装甲军发起向心反突击。

· 9月3日—12日：斯大林格勒方面军坦克第4、近卫第1集团军和第24、第66集团军，在朱可夫的指挥下，对位于顿河与伏尔加河之间陆桥、科特卢班—叶尔佐夫卡地域的第6集团军第14装甲军发起进攻。

· 9月18日—10月2日：斯大林格勒方面军近卫第1集团军、第24和第66集团军发起进攻，打击科特卢班地域的第6集团军第14装甲军。

·9月29日—10月7日：斯大林格勒方面军第57、第51和第64集团军在斯大林格勒南部的别克托夫卡和湖区发起进攻，打击德国第4装甲集团军的防御。

·10月20日—26日：顿河方面军第24和第66集团军发起进攻，打击科特卢班地域的第6集团军第14装甲军。

·10月24日—11月2日：斯大林格勒方面军第64集团军对库波罗斯诺耶地域发起进攻，打击德国第4装甲集团军的防御。

在7月份的前两场反击中，苏军最高统帅部试图阻止或放慢实施"蓝色"行动的德军，使其无法进抵战略纵深。起初，苏军力图打垮德国B集团军群位于沃罗涅日地区的右翼，然后沿顿河攻向东南方。这些反击失败后，苏军再度发起突击，意图击败并歼灭充当德军先头部队的第6集团军，7月下旬以第62、第64集团军实施正面进攻，并以坦克第1、第4集团军打击第6集团军侧翼。不幸的是，这些行动均以失败告终，德军在斯大林格勒南北两面到达伏尔加河，将苏军第62集团军困在城内。此后，苏军最高统帅部在8月下旬和9月中旬又发起两场进攻，意图在斯大林格勒北面和西北面突破德军狭窄的走廊，并恢复一条从市区向西北方延伸的连贯防线。随后，9月下旬至10月初的反击战期间，苏军最高统帅部试图以一场浅近突击合围德军——这就是所谓的"旧解决方案"。红军的这些反击，每次都以从南北两面发起的向心突击为开始，他们投入数个集团军，从科特卢班和叶尔佐夫卡地域向南攻击，从斯大林格勒南面的别克托夫卡登陆场和湖区向北进攻，力图将德国第6集团军包围在斯大林格勒地域。这些进攻行动通常很猛烈且损失惨重，但均未能突破牢牢掌握城区80%的第6集团军。

因此，到9月下旬和10月初，在苏军最高统帅部的某些人和在斯大林格勒附近参战的许多方面军及集团军司令员看来，情况很明显，继续以"旧解决方案"将第6集团军逐出斯大林格勒的尝试纯属徒劳——如果不称之为彻头彻尾的自杀的话。这种现实，再加上斯大林格勒方面军司令员叶廖缅科将军的建议，最终促使苏军最高统帅部彻底改变了进攻计划，他们放弃了旧解决方案，并采纳了一个新构想，以一场深远突击合围并歼灭斯大林格勒地域的所有轴心国部队——这场反攻的代号为"天王星"。[7]

由于"天王星"行动的构想与红军自1942年7月下旬以来实施的进攻行动截然不同，因而在两个明显但至关重要的现实背景下审视苏军的策划过程至关重要：首先是随着"蓝色"行动的演变，B集团军群及充当其先头部队的第6集团军越来越虚弱；其次是鉴于斯大林格勒旷日持久的激战和遭遇到的极大困难，制定"天王星"计划需要较多策划时间。就第一点而言，截至1942年11月，B集团军群已过度拉伸，集团军群辖下的诸集团军、军和师实力严重耗损，守卫其脆弱侧翼的是更加虚弱、经验不足的卫星国军队。第二点，与最高统帅部7—9月组织的疯狂反击不同（就这一点来说，与1942年12月和1943年1月临时发起的一些后续行动也不一样），"天王星"行动这一构思的发展随着苏军状况的起伏而断断续续。反复不定的策划过程反映出苏军最高统帅部一直不确定斯大林格勒守军能否守住这座城市。因此，"天王星"计划至少用了数周时间精心策划、反复修改、进行耗时而又乏味的准备。尽管这种不确定性给予最高统帅部及其下辖的各方面军更多时间集结兵力、武器和弹药，但也使另一个问题变得含糊不清：何时将这些部队投向何处？

至于红军各兵团和部队，那些参加过以往战斗的单位有经验的人员较多，反攻前的训练时间也较为充裕。新组建的部队同样获得了训练时间，这是因为最高统帅部不愿将他们投入战斗，打算留给稳步发展的反攻计划。诚然，进攻准备的各个方面几乎都存在问题，最突出的是至关重要的后勤领域。但是，与红军过往的努力相比，"天王星"行动是苏军在战争期间发起的第一场深思熟虑、充分准备的攻势。虽然第62集团军10月份的境况岌岌可危，但斯大林和他的将领们以钢铁般的意志等待着敌人耗尽实力、苏军彻底作好反攻准备，这在战争期间也是首次。[8]

正如前文和本三部曲第一、第二部描述的那样，自1942年7月下旬以来，作为最高统帅部的主要策划机构，总参作战部一直考虑着在苏联南部发起进攻的各种选择。至少有一次，这些选择中包括一个粗略的尝试，以实现所谓的"不同解决方案"。例如，德国人6月28日发起"蓝色"行动后没几天，当月出任红军总参谋长的华西列夫斯基建立起一个参谋组，由费多尔·叶菲莫维奇·博科夫少将领导，他们的任务是为斯大林格勒接近地的战略反攻拟制解决方案。1941年8月至1942年7月，博科夫一直担任总参谋部政治委员，自8月初起成为负责组织问题的副总参谋长，由于华西列夫斯基经常赶赴前线，总参的实际工作由博科夫领导。《战争年代的总参谋部》一书的作者谢尔盖·马特维耶维奇·什捷缅科将军时任总参作战部东南方向处处长。博科夫后来对什捷缅科的描述是，"一个非常好的人，出色的党务工作者，但没有受过参谋业务方面的训练"①。⁹

在华西列夫斯基的指导下，博科夫和他的同事拟制了一些反攻的构想。其中最重要的一个是在7月下旬由三个方面军发起一场总攻，具体如下：

> 以三个方面军的兵力发起一场反攻的草案由总参作战部拟制，计划投入布良斯克、沃罗涅日、（第一次组建的）斯大林格勒方面军，配合南方面军的部队。这个构想是沿从叶列茨至顿河畔卡拉奇600公里的战线发起一系列进攻，歼灭德国A、B集团军群，前出至希格雷—沃尔昌斯克一线，以及北顿涅茨河（参见地图1）。主要突击由布良斯克方面军与沃罗涅日方面军毗邻的侧翼遂行，攻向库皮扬斯克，前出至敌突击集团的深远后方。该计划的特点是作战思想宏大，但此时的苏联军队没有足够的兵力实现这一构想。¹⁰

出于本三部曲第一部分析的各种原因，这场攻势最终沦为两个协同欠佳的反突击。第一个进攻由斯大林格勒方面军第62、第64集团军和坦克第1、第4集团军在7月下旬发起，打击顿河大弯曲部的德国第6集团军。同一时期发起的第二个进攻由布良斯克方面军"奇比索夫"集群和第60、第40集团军一部在沃罗涅日地域遂行。虽然这两场反突击均以失败告终，但其战略构想却证明朱可夫和华西列夫斯基的说法与事实不符，据他们称，"寻求一种不同解决方案的想法出现在1942年9月12日的最高统帅部会议上，它将从根本上改变苏德前线的战略态势。"实际上，最高统帅部已经考虑，甚至还策划了一个"不同解决方案"，尽管由于红军突击部队实力不济和缺乏经验，经过激烈的战斗之后失败了。

---

① 译注：此处有误，这段话是什捷缅科对博科夫的评价。

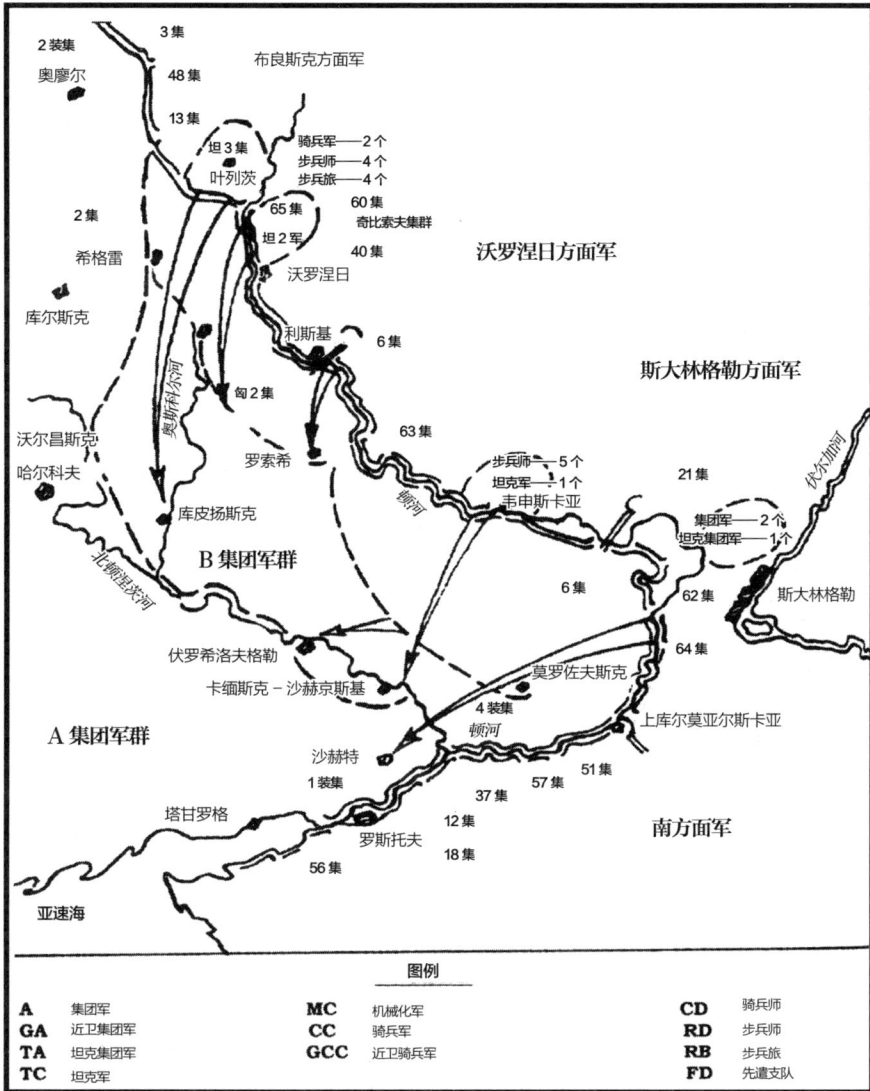

地图 1 1942 年 7 月 27 日，红军总参作战部的反攻构想

图中文字标注：

2 装集
奥廖尔
3 集
48 集
布良斯克方面军
13 集
坦 3 集
叶列茨
骑兵军——2 个
步兵师——4 个
步兵旅——4 个
60 集
奇比索夫集群
65 集
坦 2 军
40 集
沃罗涅日
沃罗涅日方面军
2 集
希格雷
库尔斯克
利斯基
6 集
匈 2 集
罗索希
63 集
斯大林格勒方面军
沃尔昌斯克
哈尔科夫
顿河
步兵师——5 个
坦克军——1 个
韦申斯卡亚
21 集
集团军——2 个
坦克集团军——1 个
库皮扬斯克
B 集团军群
6 集
62 集
斯大林格勒
伏罗希洛夫格勒
卡缅斯克 – 沙赫京斯基
莫罗佐夫斯克
64 集
上库尔莫亚尔斯卡亚
A 集团军群
顿河
4 装集
沙赫特
1 装集
57 集
51 集
塔甘罗格
罗斯托夫
12 集
37 集
南方面军
56 集
18 集
亚速海

图例

A	集团军	MC	机械化军	CD	骑兵师
GA	近卫集团军	CC	骑兵军	RD	步兵师
TA	坦克集团军	GCC	近卫骑兵军	RB	步兵旅
TC	坦克军			FD	先遣支队

此后，整个8月、9月和10月初，苏军最高统帅部的进攻策划严格集中于迟滞B集团军群的推进和防止第6集团军攻陷斯大林格勒这两件燃眉之急。普遍的看法是，斯大林、朱可夫、华西列夫斯基和最高统帅部其他成员专注于眼前的防御作战，无法为即将发起的一场全面反攻制定任何总体概念。这种犹如激光般的专注促使红军从8月23日至10月7日在斯大林格勒地域发起四次反突击。实际上，斯大林8月29日将朱可夫派往斯大林格勒方面军后方的卡梅申（Kamyshin）后，朱可夫亲自策划、组织、监督了最初的反突击。

8月底到达目的地后，朱可夫赶往卡梅申附近的小伊万诺夫卡（Malaia Ivanovka），视察斯大林格勒方面军司令部，与相关人员商讨了斯大林格勒地域的作战情况。随后他又探访了方面军辅助指挥所和近卫第1集团军司令部，与斯大林格勒方面军副司令员V.N.戈尔多夫中将、斯大林派驻该地区的政治代表G.M.马林科夫、近卫第1集团军司令员K.S.莫斯卡连科中将、斯大林格勒方面军参谋长D.N.尼基舍夫少将、斯大林格勒方面军作战处长I.N.鲁赫列少将一同展开工作。此后，朱可夫留在该地区协助策划、协调、监督作战行动，直至9月26日。朱可夫在回忆录中称，他9月12日返回莫斯科，在那里待了两天，与斯大林和最高统帅部会晤，提出了一个"不同解决方案"的构想，可是，斯大林约见日志这两天的记录中并未出现朱可夫的名字。[11]

朱可夫在斯大林格勒地区逗留的一个月期间，严格遵循着"旧解决方案"的构想，即以浅近合围击败、歼灭德国第6集团军。因此，朱可夫亲自策划、协调了斯大林格勒方面军坦克第4、近卫第1集团军、第24和第66集团军9月3日—12日从科特卢班和叶尔佐夫卡地域，以及该方面军近卫第1集团军、第24和第66集团军9月18日—10月2日发起的反突击。9月26日返回莫斯科前，朱可夫还下令并帮助策划了东南方面军（后改称斯大林格勒方面军）第57、第51、第64集团军9月29日至10月7日从斯大林格勒南部的别克托夫卡登陆场和湖区发起的进攻。朱可夫的功劳是，尽管这些进攻失败了（就和1941年9月、12月发生在列宁格勒及莫斯科的情况一样），但朱可夫的"旧解决方案"攻势挽救了斯大林格勒，彻底打乱了第6集团军雄心勃勃的进攻计划。

事实证明，即便朱可夫9月26日返回莫斯科后，他仍以三种基本方式继续致力于"旧解决方案"，力图对斯大林格勒地域的德军达成浅近合围。首先，他认为红军先前在该地域失利的主要原因是混乱、无效的指挥控制，他建议斯大林和最高统帅部重组部队，以加强他们的防御能力。根据朱可夫的提议，最高统帅部9月28日下达命令，解散了一直由叶廖缅科统一指挥的斯大林格勒方面军和东南方面军，以两个新方面军替代，并赋予他们更具针对性的任务和更加明确的防御职责。[12]

新成立的顿河方面军辖斯大林格勒北面和西北面的6个集团军（第63、第21集团军、坦克第4、近卫第1集团军和第24、第66集团军）。顿河方面军司令员最适合的人选似乎是叶廖缅科的副手戈尔多夫将军，但朱可夫告诉斯大林，虽然戈尔多夫是个能干的策划者，但他个性太强，经常与下属发生冲突。鉴于朱可夫本人的严厉作风，读者们可以想象戈尔多夫的做派是多么霸道！于是，方面军司令员一职由康斯坦丁·康斯坦丁诺维奇·罗科索夫斯基中将担任，这位45岁的骑兵有着波兰和俄罗斯血统。9月中旬，朱可夫已将罗科索夫斯基调至斯大林格勒，协助自己协调作战行动。实际上，几份相关记述指出，9月21日—24日的危机期间，朱可夫已派他这位门徒接替叶廖缅科担任斯大林格勒方面军司令员。[13]不管怎样，罗科索夫斯基都是一位经验丰富的方面军司令员，在即将发起的进攻中，他将有出色的表现。新组建的斯大林格勒方面军规模缩小了，但仍由叶廖缅科指挥，他掌握着位于斯大林格勒及其南部的5个集团军（第62、第64、第57、第51、第28集团军），这就使这位原东南方面军司令员得以专注于市区的防御战。

其次，为改善作战策划，最高统帅部清理了两个方面军中被朱可夫视为"无用者"的指挥干部，戈尔多夫和叶廖缅科的作战处长鲁赫列将军被解除职务。第三点最为重要，朱可夫不顾两位方面军司令员的反对，坚持要求他们10月份继续在科特卢班和别克托夫卡地域实施反突击。虽说不一定成功，但此举将对保卢斯第6集团军保持压力，阻止B集团军群和第6集团军增援斯大林格勒遥远侧翼卫星国军队的防御，为策划日后的反攻创造有利条件。

红军发起的这些反突击未能削弱或减缓第6集团军对城市的突击，却成为重要的催化剂，证明对斯大林格勒德军实施浅近合围的旧解决方案全然无效。具体说来，一次次血腥的失利说服了斯大林和最高统帅部的其他成员，在很大程度上也包括两位方面军司令员，在太靠近市区处发起进攻根本无法奏效。

尽管红军的一再失利没能削弱德国第6集团军对斯大林格勒城内崔可夫第62集团军的围困，但斯大林显然已批准最高统帅部和总参谋部开始策划一场全面反攻。[14]1942年9月27日—29日，朱可夫、华西列夫斯基、博科夫和其他重要军事行动策划者在克里姆林宫斯大林的办公室举行会议，制订出一系列最高统帅部指令，要求在几个前线地段发起重大反攻（各次会议的详情和下达的具体指令，可参阅副卷附录2A）。这些会议上商讨的议题，与朱可夫所说的9月12日—13日讨论的问题非常一致，这就意味着反攻计划的制定其实比人们原先认为的晚两周。9月29日克里姆林宫的最后一次会议结束后，朱可夫立即返回斯大林格勒地区，与顿河方面军、斯大林格勒方面军司令员商讨执行"天王星"行动的问题。他在那里一直待到10月3日。因此，关于"天王星"行动（以及"火星"行动）形式、力量和时机的实质性讨论于9月27日开始，并在10月份的第一周加紧进行时，朱可夫正在前线与他的指挥员们商讨相关事宜。这位最高副统帅10月3日返回莫斯科后，再次与最高统帅部讨论了进攻问题，这一次，他手中掌握着几位方面军司令员的建议。

10月1日—13日，"不同解决方案"的胜利

策划周期这一阶段最重要的发展分别出现在10月1日—6日，初步讨论"天王星"和"火星"行动；10月6日—9日，罗科索夫斯基、叶廖缅科和后者的政委赫鲁晓夫将他们的建议发给最高统帅部；10月10日—13日，朱可夫将"天王星"和"火星"行动的最终草案呈交斯大林审核（参见副卷附录2B）。最重要的是斯大林与朱可夫、最高统帅部派驻斯大林格勒地区的代表华西列夫斯基、方面军司令员罗科索夫斯基和叶廖缅科之间往来的命令和建议。这番仓促的交流开始于10月5日，最高统帅部通知叶廖缅科和罗科索夫斯基，除了考虑在斯大林格勒地域发起一场大反攻，还要在城市南北两面实施反突击，协助防御中的第62集团军；最高统帅部还要求他们在10月6日日终前对大反攻提出自己的建议。[15]

叶廖缅科和赫鲁晓夫没有同华西列夫斯基商讨，而是在10月6日直接联系了最高统帅部。他们提交的冗长报告不仅对寻求浅近合围（旧解决方案）的智慧提出质疑，还建议发起一场更为广阔的合围（不同解决方案），以确保战斗胜利。

这位方面军司令员和他的政委声称："我们需要寻找歼灭斯大林格勒地域敌军的解决方案，以强大的突击集群从北面发起打击，攻向卡拉奇，从南面攻向阿布加涅罗沃和西南方，并从第57和第51集团军的防线冲向卡拉奇。"对这个不同解决方案，他们的理由是基于以往作战经历的四个重要判断：

1. 位于我意图突破地域之敌战斗力虚弱，这就为我军快速突破敌防线提供了机会，而且，众所周知，时间因素在反攻中具有特殊重要性。

2. 侧翼之敌的战斗力低下，因此我们计划在宽大正面达成突破，便于突破后掩护我们自己的侧翼。实际上，我们不会进入一条狭窄的通道，而是沿宽大正面发起突击，从而创造出这样一种态势：在我们的打击下，敌人无法集结起足够的预备力量加强其侧翼出现的大缺口，另外，通过深入敌军后方，摧毁、破坏敌人的指挥控制和后勤。

3. 敌人可用作预备力量的部队将被牵制在远离我军计划突破地段处，特别是在北翼（敌军主要集中在斯大林格勒附近和城内）。

4. 在顿河南岸和斯大林格勒南部湖区间的隘路，我军已占据较为有利的登陆场。[16]

叶廖缅科和赫鲁晓夫向斯大林提交建议时，认为这场反攻将由斯大林格勒方面军和顿河方面军执行，显然不知道斯大林组建第三个方面军（西南方面军）的决定。尽管如此，这仍是个大胆的解决方案，在最高统帅部内引起了共鸣。没过24小时，10月7日23点05分，华西列夫斯基给顿河方面军、斯大林格勒方面军发去两道几乎完全相同的指令，命令他们遵照最高统帅部的要求为斯大林格勒侧翼发起的反突击拟制计划。华西列夫斯基并不知道叶廖缅科提交的建议，可能是因为他还没有见到。简短而又严厉的指令发至顿河方面军，副本抄送斯大林格勒方面军，具体如下：

为击败斯大林格勒之敌，根据最高统帅部大本营的指示，斯大林格勒方面军司令员应拟制计划，以第57集团军获得加强的左翼和第51集团军朝察察湖和通杜托沃这一总方向发起进攻。

进攻日期——大约在10月20日。

实施这一行动的同时，顿河方面军的中央部队［近卫第1集团军、第24、第66集团军］应朝科特卢班—阿列克谢耶夫卡这一总方向发起会同突击，为此，除了已部署在前线的部队外，你方面军获准使用新到达的7个师。

实施你们最近几天提及的行动，朝斯大林格勒发起短促突击，不必考虑已下达的命令。

我要求你们在10月10日前提交你们的决定和对作战计划的说明，以便最高统帅部审核批准。[17]

48小时内，罗科索夫斯基和叶廖缅科提交了各自的反突击计划草案，他们都遵照斯大林的意愿行事，但对这些进攻能否奏效持保留意见。叶廖缅科和赫鲁晓夫大胆地呈交了报告，没有理会最高统帅部的指示，而是扩展了他们10月6日所提的建议，以实施"不同解决方案"。斯大林格勒方面军10月9日11点17分签发的报告部分如下（完整报告可参阅副卷附录2C）：

以上述作战行动击败敌斯大林格勒集团，突击方向的选择至关重要。

对于这个问题，我已经考虑了一个月，我认为顿河方面军较为有利的突击方向是从克列茨卡亚—锡罗京斯卡亚防线攻向卡拉奇。

这是主要突击。

该突击方向的优势是：

（1）我们可以轻而易举地歼灭敌人最虚弱的部队，这对激励我军士气具有重要意义。

（2）第21集团军迅速推进，在规定时间内完成任务，也将对此产生影响。

（3）在卡拉奇地域到达敌人的主要交通线，在卡拉奇—韦尔佳奇地域渡过顿河。

到达这一地区后，最为重要的是，我们应牵制敌人在斯大林格勒地域展开行动的坦克和机械化部队，将他们与我军主要突击隔开，这就意味着我们将以零打碎敲的方式消灭顿河西岸和南岸的敌人。

从顿河以东的科特卢班地域发起进攻不会赢得任何胜利，因为敌人可以将斯大林格勒地域的部队调至该处，进攻行动必然失败，就像我们之前多次尝试过的那样。

我对进攻计划的构想是什么呢？

近卫骑兵第3军和2~3个机械化旅将在这场行动中发挥决定性作用，虽然进军途中会遭遇种种困难，但他们应在24小时内前出至卡拉奇地域，在那里破坏从韦尔佳奇至卡拉奇的所有渡口，并占领一条正面向东的防线。这样，我们就能以1个骑兵师堵住顿河东岸之敌，以1个机械化旅担任掩护，沿利西奇卡河构设正面朝西的防线，炸毁河上的所有渡口，并在不同地段沿重要方向埋设地雷。[18]

叶廖缅科这份计划的独到之处，是建议进攻方向远离德军防御最为严密的科特卢班地域，他提出利用德国第6集团军侧翼罗马尼亚部队的虚弱性。叶廖缅科建议，以顿河方面军第21集团军在克列茨卡亚地域，以他自己的第57和第51集团军在斯大林格勒南部实施突破。此后，近卫骑兵第3军发起突袭和牵制行动，"特别骑兵集群"和"工兵及爆破专家组成的强有力的独立支队"应夺取从韦尔佳奇至卡拉奇一线的顿河河段，摧毁德军设在塔钦斯卡亚（Tatsinskaia）和莫罗佐夫斯克（Morozovskaia）的机场和基地，炸毁科捷利尼科沃车站（Kotel'nikovo）的铁路枢纽和仓库。[19]虽然这是一项大规模突袭的计划，但叶廖缅科的建议为一场全新攻势的构想提供了基础。

从本质上说，叶廖缅科并没有为反攻提供一份草案，他的电报推荐了一个完全不同的打法，这是对"旧解决方案"的挑战，并建议最高统帅部着手拟制"不同解决方案"。虽说这份计划几乎与最高统帅部最终批准的"天王星"行动如出一辙，但仍存在重要差异（参见地图2）。首先，前者保留了目前的指挥控制关系，要求顿河方面军构成合围行动的北钳，以第21集团军和一个获得加强的骑兵军从顿河南岸的克列茨卡亚、锡罗京斯卡亚登陆场发起突击。其次，即便获得3个机械化旅的加强，向南突击的近卫骑兵第3军实力也远远弱于最终计划为遂行纵深突击而投入的满编坦克集团军、独立骑兵和坦克军。实际上，正如一位俄罗斯历史学家指出的那样，这场突击充其量不过是一场强化的突袭，获胜的可能性很有限。[20]第三点，虽然叶廖缅科建议发起的合围比先前的尝试更为庞大，但远不及"天王星"行动从谢拉菲莫维奇和克列茨卡亚地域

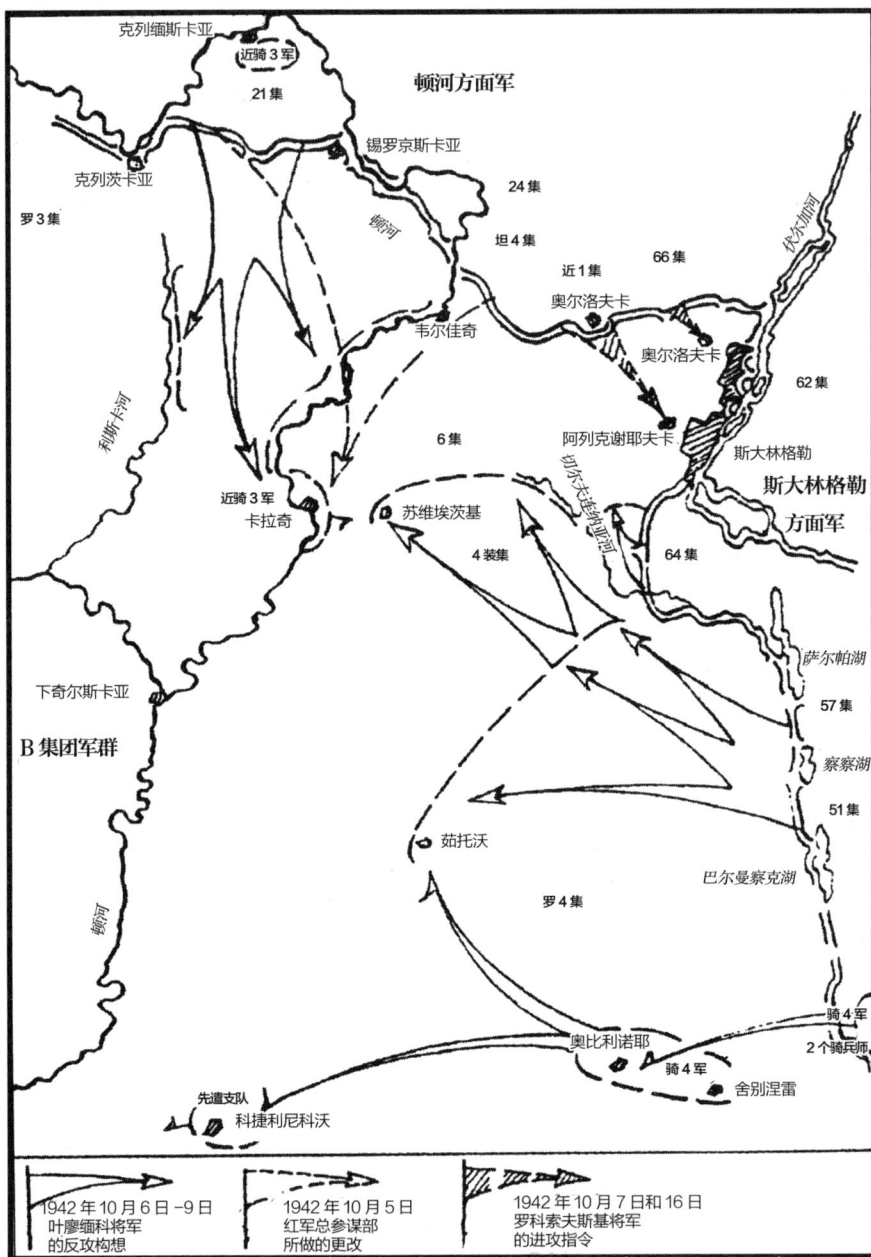

克列缅斯卡亚

近骑 3 军

21 集

顿河方面军

锡罗京斯卡亚

克列茨卡亚

24 集

罗 3 集

顿河

坦 4 集

近 1 集

66 集

伏尔加河

奥尔洛夫卡

韦尔佳奇

奥尔洛夫卡

62 集

利斯卡河

6 集

阿列克谢耶夫卡

切尔夫连纳亚河

斯大林格勒

斯大林格勒

近骑 3 军

卡拉奇

苏维埃茨基

方面军

4 装集

64 集

下奇尔斯卡亚

萨尔帕湖

57 集

B 集团军群

察察湖

51 集

茹托沃

巴尔曼察克湖

顿河

罗 4 集

骑 4 军

2 个骑兵师

奥比利诺耶

骑 4 军

舍别涅雷

先遣支队

科捷利尼科沃

1942 年 10 月 6 日–9 日
叶廖缅科将军
的反攻构想

1942 年 10 月 5 日
红军总参谋部
所做的更改

1942 年 10 月 7 日和 16 日
罗科索夫斯基将军
的进攻指令

地图 2　1942 年 10 月 6 日—9 日，斯大林格勒方面军司令员叶廖缅科将军的反攻构想

发起的最终突击。最后一点，叶廖缅科计划的重点是夹击顿河畔卡拉奇，但"天王星"计划将以西南方面军的突击部队攻向卡拉奇以西的奇尔河一线，此举将对德军位于塔钦斯卡亚和莫罗佐夫斯克的主要补给基地构成威胁。

尽管叶廖缅科的"不同解决方案"与最高统帅部最终采纳的"天王星"方案有很大不同，但很明显，叶廖缅科的计划促使斯大林及其主要顾问在制定"天王星"计划时接受了较为激进的构思。顺便说一句，有充分的证据表明，最高统帅部的某些成员已经在考虑实施一场更加深远的合围。1942年8月份最后一周，最高统帅部决定发起进攻，在谢拉菲莫维奇和克列茨卡亚地域夺取顿河南岸的登陆场，这一点证明了上述判断。

如果说叶廖缅科的报告有助于说服最高统帅部采取完全不同的解决方案，那么，罗科索夫斯基呈交的草案则强化了叶廖缅科的建议。这份报告由罗科索夫斯基、军事委员会委员热尔托夫（军政委级）、参谋长马利宁少将共同起草，10月9日22点40分签发。报告首先阐述了德军第113步兵师、第60、第3摩步师和第16装甲师设立的强大防御体系。报告中称，"敌人在博罗金、博罗德金农场、库兹米希和112.7高地部署的部队最为密集"，罗科索夫斯基和他的同事们指出，"一个月来，敌人据守的阵地已获得强化。他们构设起支撑点，辅以碉堡、战壕、交通壕、雷区，个别地段还搭设了铁丝网"。另外，不愿发起进攻的顿河方面军军事委员会还强调了敌军防御的深度和大批战术预备队的存在。

罗科索夫斯基提出的行动方案与最高统帅部推行的构想截然不同，详细阐述方案前，他先解释了更改计划的理由："鉴于步兵师数量不足，似乎无法组织起行动，对科特卢班发起一场主要突击。"随后，他坦率地描述了方面军辖内部队的残破状况：

（a）经过数月激战，近卫第1集团军、第24和第66集团军辖内各步兵师已严重受损，每个师的战斗兵员不超过一个营。方面军没有补充兵，无法恢复这些部队的战斗力。中央［莫斯科］也未对此加以统筹。

（b）用于突破和扩大战果的主力部队包括7个已到达的步兵师。

（c）你们建议沿科特卢班—阿列克谢耶夫卡方向发起突破并扩大战果，

但这些部队根本不够。这种情况下，突破敌防线至少需要4个步兵师，扩大突破需要3个步兵师，至少还需要3个满编步兵师掩护突击集群，以抗击敌人从西面和西南面发起的反冲击。[21]

尽管如此，罗科索夫斯基、热尔托夫和马利宁还是尽职尽责地向最高统帅部提交了一份新行动计划，坚称他们的部队将做好准备，奉命在10月20日晨发起进攻。

叶廖缅科和罗科索夫斯基提交建议后，10月10日—12日，朱可夫、华西列夫斯基、最高统帅部和红军总参谋部开始拟制一场扩大的反攻计划，并将"不同解决方案"纳入其中。与此同时，他们还下达了一系列指令，旨在加强红军对斯大林格勒的防御，为即将到来的大反攻改善出发阵地，并在相关地域集结充足的部队，以确保进攻行动赢得胜利。其中一组指令要求第62集团军据守伏尔加河中的岛屿及其东岸，并为他们提供了援兵，以确保该集团军能够完成这项任务，另外还命令顿河方面军辖内诸集团军控制并改善顿河南岸的登陆场。另一组指令将骑兵第4军转隶斯大林格勒方面军，预计不久后将以几个满编军组建起近卫第1、第2集团军，并把对日后进攻行动至关重要的多个师和其他编制力量调入最高统帅部预备队，接受休整和补充。第三组指令（其中的一些至今不为人知）推延了计划中对莫斯科以西勒热夫和维亚济马地域德军的进攻，力图协调沿整条战线发起的攻势；另外，这些指令还加强了实施与"天王星"行动相配合的攻势——首先是"火星"行动（参见下文）——的几个方面军。这些工作10月13日结束，朱可夫和华西列夫斯基将"天王星"行动草案呈交斯大林。斯大林予以批准后，反攻的准备工作就紧锣密鼓地展开了。

10月14日—31日，"天王星"计划形成

从10月中旬到月底，最高统帅部专注于组建一个策划、实施反攻的指挥机构，并为顺利实施这场反攻集结所需的兵力（参阅副卷附录2D）。最高统帅部这段时间签发的许多指令只是延续了10月10日—13日开始的进程，也就是改善既有防御，对现有部队加以休整和补充，并组建新部队，提高作战区域苏军部队的指挥控制能力。但是，10月15日—16日签发的170668、170669、

170670号令要求顿河方面军和斯大林格勒方面军继续沿原方向发起毫无效果的攻势，从斯大林格勒北面的科特卢班和叶尔佐夫卡地域，从城市南面的别克托夫卡和湖区投入进攻（参见本三部曲第二部）。这些命令看似冷酷无情，但进攻行动具有重要意义：确保了第62集团军在城内的防御不至于崩溃，并使德国人相信，苏军最高统帅部仍力图救援第62集团军，或试图以浅近合围的手段歼灭第6集团军。

除了这些指令，苏军最高统帅部最重要的举措是组建起新的西南方面军，将其纳入苏联南部红军的指挥控制体系，并为西南方面军和其他方面军提供了必要的兵力，以便顺利实施"天王星"反攻。10月22日2点50分，最高统帅部采取初步措施，下令在10月31日前组建起西南方面军。该方面军最初编有坦克第5集团军、第63和第21集团军，将成为"天王星"行动至关重要的北钳。后来，正如华西列夫斯基所说的那样，"为保密起见，组建西南方面军一事，一直拖到10月底才有了书面决定。"[22]鉴于瓦图京方面军在"天王星"行动总体计划中的重要性，该方面军的组建表明，"天王星"行动的策划工作实际上开始于9月底和10月初，而非朱可夫所说的9月初。

除了为新组建的西南方面军指定编成和防区分界线（沿顿河及其南部，位于沃罗涅日方面军与顿河方面军之间），最高统帅部还命令该方面军以近卫第1集团军领率机构为基础组建司令部，并指示NKO各重要部门负责人为西南方面军提供指挥干部、人员、武器、通信单位和装备、至关重要的运输和后勤机构。西南方面军司令部设在谢拉菲莫维奇以北120多公里处的新安年斯卡亚（Novo–Annenskaia），瓦图京中将任司令员，原沃尔霍夫方面军参谋长G.D.斯捷利马赫少将任参谋长。[23]

次日，最高统帅部又签发了三道与西南方面军相关的指令。第一道指令将第21和第63集团军转隶该方面军，10月28日午夜生效；第二道指令规定了该方面军与沃罗涅日方面军的分界线，10月31日生效。[24]瓦图京方面军获得步兵力量和相应的防区后，10月22日24点，最高统帅部又从相邻的沃罗涅日方面军抽调骑兵和炮兵单位加强西南方面军。这些援兵包括久经沙场的骑兵第8军、1个步兵师和5个炮兵团。为强调保密的重要性，最高统帅部命令这些调动的部队只能在夜间行进，不仅要做好防空隐蔽，还必须保持无线电静默，直到11月

3日进入新阵地为止。调动期间，所有命令靠口头传达，骑兵军将电台留下，以迷惑敌人，使他们弄不清该军的实际位置。[25]

除了组建新南方面军，最高统帅部开始将现有的步兵师和旅纳入新组建的步兵军，其目的是为了削减下属指挥部的数量，从而改善各集团军的指挥和控制。例如，10月22日，最高统帅部命令NKO于11月15日前在利佩茨克州拉年堡地区（Ranenburg）组建近卫步兵第13军。不久之后，莫斯科决定以该军为核心，在12月前组建起近卫第2集团军。[26]至少有一份资料来源指出，10月22日夜幕降临时，红军总参谋部的兵力调动方案基本上与11月18日晚"天王星"行动的配置表相一致。[27]

10月23日，最高统帅部下令组建近卫第1、第2集团军，他们将为即将发起的"天王星"反攻充当先锋，可能的话，这场反攻将扩展为斯大林所期盼的、涵盖了整个冬季战役的战略攻势。[28]两个近卫集团军的编制类似，分别成立于11月10日和25日，各辖2个近卫步兵军，共计6个步兵师，其中4个是近卫师，并获得1个强大的近卫机械化军的加强。其编成如下：

近卫第1集团军（原预备队第4集团军）——驻扎在勒季谢沃

　　近卫步兵第4军

　　　　近卫步兵第35师

　　　　近卫步兵第41师

　　　　步兵第195师

　　近卫步兵第6军

　　　　近卫步兵第38师

　　　　近卫步兵第44师

　　　　步兵第266师

　　近卫机械化第1军（以近卫步兵第1师为基础组建）

近卫第2集团军（原预备队第1集团军）——驻扎在坦波夫

　　近卫步兵第1军

　　　　近卫步兵第24师

　　　　近卫步兵第33师

步兵第98师

近卫步兵第13军

近卫步兵第3师

近卫摩托化步兵第2师（由近卫步兵第49师更名而来）

步兵第387师

近卫机械化第2军（以近卫步兵第22师为基础组建）

同一天，最高统帅部开始重组斯大林格勒地域的部队，还下令重组后勤和其他后方支援单位。根据最高统帅部的命令，红军总参谋部给西南方面军、沃罗涅日方面军、顿河方面军司令员和NKO各总部负责人下达了一道综合指令，要求他们重组方面军的后方单位（参阅副卷附录2E）。华西列夫斯基签署的这道指令为西南方面军确立了新的分界线，沿进入该地域的主铁路线为三个方面军建立起管理站，规定了每日分配给沃罗涅日方面军和顿河方面军的火车数量，并要求NKO各总部负责人向三个方面军提供弹药、燃料和食物的具体数额。[29]

月底前，一直在加速加强新组建的西南方面军。其间最重要的举措出现在10月25日1点，斯大林与博科夫、什捷缅科会晤后，最高统帅部下达指令，为西南方面军提供额外的火力，这对该方面军日后完成其任务至关重要。具体说来，这道指令将罗科索夫斯基顿河方面军辖内的大批骑兵、坦克和炮兵部队转隶瓦图京西南方面军。援兵中包括步兵第293、第277师、近卫骑兵第3军和坦克第4军（11月2日前完成），以及步兵第226和第333师（11月3日前完成）。命令中还要求4个152毫米榴弹炮团、1个76毫米榴弹炮团、5个76毫米反坦克歼击炮兵团、1个45毫米反坦克歼击炮兵团、5个防空地域85毫米高射炮兵团和2个防空地域85毫米高射炮兵营，连同所有人员、武器、弹药和运输工具，11月3日前悉数转隶瓦图京方面军。

正如先前的指令规定的那样，最高统帅部要求部队的调动在夜间进行，以防敌军空袭，并和以前一样，使用无线电欺骗手段，命令只以口头传达。另外，最高统帅部这一次还指示NKVD机构"采取措施，清理各个师驻地和行军路线上的一切可疑人员"。[30]

次日，博科夫通知瓦图京的参谋长，斯大林亲自下达命令，10月28日前将3个配备KV重型坦克的近卫坦克团和2个喷火坦克营调拨给方面军辖下的第21集团军。[31]

最后，10月28日，斯大林强化了他已采取的严格保密措施，隐蔽向西南方面军及参加"天王星"和"火星"行动的各方面军增派部队的调动。指令中规定的保密措施很快成为红军发起一切进攻行动前的标准作业程序。例如，指令中明确拒绝了某些方面军司令员撤离前线后方25公里警戒区内重要设备的要求（参阅副卷附录2F）。[32]

11月1日—18日，最后的准备

因此，截至10月底，苏军实施"天王星"行动并在苏德前线其他地段发起相关攻势的决心已定。遂行此次反攻的指挥控制机构已成立，西南方面军掌握着执行这项任务的大部分兵力，并采取了严格的保密措施，以确保这场反攻出乎德国人的意料。这项工作完成后，在最高统帅部和总参谋部的指导、监督下，各方面军开始准备、完善他们最后的进攻计划，并采取了各种必要的准备措施，以发起这场投入兵力多达100万人的战略攻势。

10月份的一系列活动主要发生在斯大林的办公室、最高统帅部和总参谋部，但也包括瓦图京、罗科索夫斯基、叶廖缅科这些斯大林格勒地域方面军指挥员的重要参与和投入。之后，11月1日—18日，"天王星"计划的大多数调整和改进以及反攻的准备工作，都在前线进行（参阅副卷附录2G）。例如，朱可夫和华西列夫斯基在此期间几乎一直与参与行动的各方面军及其辖内各集团军的指挥员们进行协商，并监督诸方面军准备进攻计划。斯大林这两位重要军事代表的随行人员是红军各兵种最出色的专家，包括负责炮兵的N.N.沃罗诺夫和N.D.雅科夫列夫上将，负责航空兵和远程航空兵的A.A.诺维科夫和A.E.戈洛瓦诺夫上将①，以及坦克和机械化部队负责人Ia.N.费多连科上将②。这些专

---

① 译注：诺维科夫和戈洛瓦诺夫此时都是中将。
② 译注：费多连科此时是中将。

家在他们的专业范畴内商讨了进攻行动的每一个方面，如果有些问题无法解决，他们便与各自的部门联系，寻求解决之道。除了这些专家，朱可夫和华西列夫斯基还要求红军总参谋部战争经验研究处处长P.P.韦奇内少将收集、分析、使用过去的战争经验，以改善红军在日后作战行动中的表现。

更重要的是，朱可夫和华西列夫斯基与准备遂行反攻的各方面军、集团军司令员们进行了面对面的商讨，负责率领快速部队实施最重要、最复杂、最灵活的机动任务的指挥员们也参与其中，包括机械化第4军、机械化（坦克）第13军军长V.T.沃利斯基和T.T.沙普金少将①。另外，朱可夫和华西列夫斯基还咨询重要的下级指挥员，明确他们无法解决的问题，然后就这些问题向最高统帅部和总参谋部求助。这反过来促使最高统帅部就指挥控制、协调作战行动、为机动部队提供援兵等问题下达了一系列新指令。

这些新指令以11月1日1点30分至4点45分之间签署的三道命令为开始。第一道命令将西南方面军辖下的第63集团军更名为近卫第1集团军，11月4日23点生效。D.D.列柳申科中将指挥的近卫第1集团军仍编有近卫步兵第4、第6军、近卫机械化第1军，以及步兵第1、第153和第197师。[33]这道指令还任命第63集团军原司令员库兹涅佐夫中将为西南方面军副司令员。[34]第二道命令4点15分签发，将新组建的机械化第17、第61、第62旅和这些旅配属的3个坦克团（坦克第44、第176、第163团）提供给斯大林格勒方面军，构成坦克第13军的核心力量。[35]几分钟后，第三道命令接踵而至，加强了罗曼年科将军坦克第5集团军的指挥和控制，任命丹尼洛夫少将为集团军参谋长，Ia.S.福卡诺夫少将为副司令员。[36]

这段时间里的某一刻，朱可夫要求为瓦图京方面军提供额外的空中支援，并关注了沃罗涅日方面军和西南方面军为即将到来的反攻所策划的大规模空中行动的协调问题。斯大林11月4日9点55分做出回复，他指出："我再给您派一个歼击机师，以加强费多罗夫［瓦图京的化名］；我把沃罗热伊金派给您，协调西南方面军和沃罗涅日方面军的空中行动。"电报结尾处，斯大林催促朱可夫赶快回

———————————

① 译注：沙普金为中将，但他指挥的是骑兵第4军；机械化第13军军长是塔纳希申上校。

莫斯科："我请您再次给莫斯科来电，然后您去看看阿列克谢耶夫［加里宁方面军司令员普尔卡耶夫］。有必要与您商讨急切紧迫的事宜。"[37]

斯大林提及的紧急事项显然是最终批准"天王星"和"火星"计划，并给诸参战方面军下达命令。实际上，朱可夫与西南方面军的协作在11月4日晚到达了高潮，方面军指挥和参谋人员在地图上拟制出计划，代号为"乌兰"（天王星）行动（参见地图3）。这份图上计划的实际起草者是方面军作战处处长S.P.伊万诺夫少将。[38]11月5日，加里宁方面军和西方面军命令辖内诸集团军为"火星"行动拟制计划。据斯大林的约见日志记载，朱可夫11月6日回到莫斯科。他与斯大林、西方面军的科涅夫和布尔加宁、近卫第1集团军的列柳申科、总参谋部的博科夫举行会晤，当晚又返回前线。这次会议显然是对"天王星"和"火星"行动的整体构想加以最后的修订。[39]

与此同时，红军总参谋部加快了新步兵军的组建工作，以改善进攻行动的组织控制。例如，11月5日，总参命令预备队第4集团军司令员11月10日前"将编入近卫第1集团军的步兵第153和第197师的指挥工作"纳入步兵第14军。指令中还要求红军总干部部和NKO其他各总部为该军军部提供人员，并指示总通信部、总炮兵部和总"部队组建和人员补充"部为新组建的军补充一个通信营，为军属炮兵增加一个军部连，并增添后勤单位和设施。[40]

虽然进攻准备工作进展顺利，但朱可夫11月8日给叶廖缅科和罗科索夫斯基发去电报，将进攻推迟至11月13日（斯大林已批准）。这些要求"伊万诺夫［叶廖缅科的化名］和顿佐夫［罗科索夫斯基的化名］亲启"的电报中写道："重新安置定于11月13日。""重新安置"（pereselenie）这个词是斯大林和最高统帅部提及"天王星"行动时所用的代号。[41]两位方面军司令员肯定知道这个词的意思，但没有证据表明崔可夫和第64集团军司令员舒米洛夫清楚即将发生的事情。

这一推延有几个原因，这些原因显然会在最高统帅部、朱可夫及各方面军司令员往来的电报中加以讨论。推延的原因包括为遂行进攻必须重组部队而造成的延误，特别是斯大林格勒方面军编成内的第64集团军；方面军司令员们要求调拨援兵和其他支援物资；支援反攻行动的飞机数量明显不足。例如，11月9日，副总参谋长博科夫回复了F.I.戈利科夫上将的电报，一天前，这位沃罗

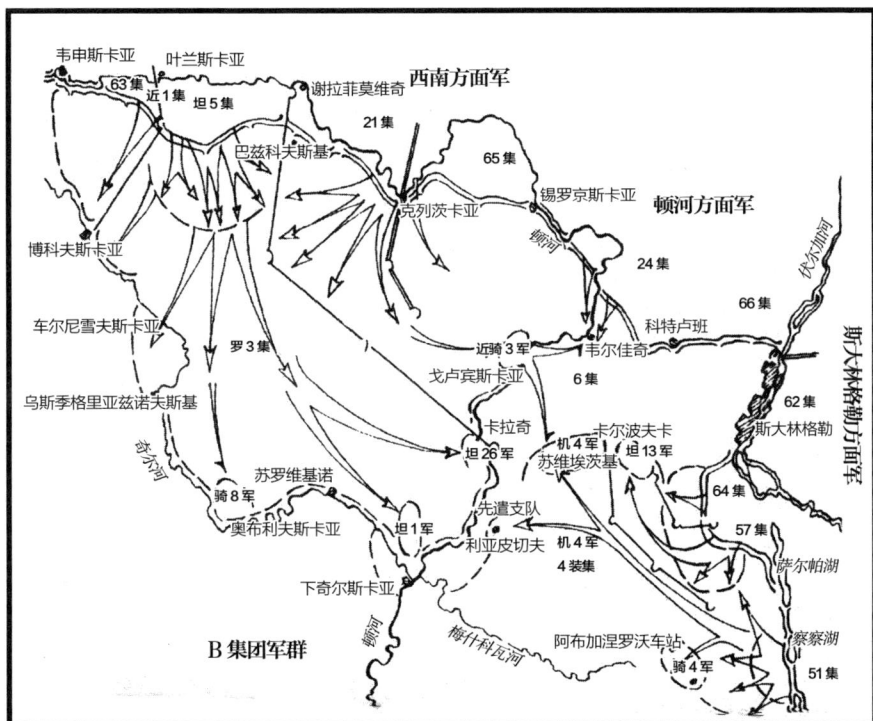

地图 3　1942 年 11 月 4 日，斯大林格勒反攻计划（天王星行动）

涅日方面军司令员发来电报，要求给他调拨援兵①。博科夫在回电中指出，最高统帅已批准了他的要求："审核了您加强方面军左翼的要求后，斯大林同志决定调拨3个步兵师和2个步兵旅由您支配。"除了提供这些援兵到达时间的信息外，电报中还介绍了他们的"战斗特点"，这些特点对许多参加反攻、缺乏经验的师和旅而言非常典型（参阅副卷附录2H）。这些步兵师的兵力从7891—9746人不等，步兵旅约为3514—6019人。他们要么按照缩减的编制表组建而成，要么需要补充人员和装备，都缺乏训练有素的士兵，都被评为"稚

---

① 译注：戈利科夫当时是中将。

嫩", 需要"更多时间进行训练并加强凝聚力"。[42]

朱可夫与叶廖缅科、第51集团军司令员会晤后, 斯大林格勒方面军司令员11月9日给麾下各集团军下达命令, 谈及他们在即将发起的反攻中将要执行的任务。随后, 根据各集团军和快速集群指挥员们的意见, 斯大林格勒方面军在11月12日日终前完成了图上作业。[43]

在此期间, 朱可夫于11月11日用"博多"机给斯大林发去一份电报, 这是一种保密电传机, 用于各方面军与最高统帅、最高统帅部之间的通信。他汇报了自己在斯大林格勒方面军的工作情况, 并告诉斯大林, 进攻发起时间再度推迟至11月15日。电报中强调了再次推迟行动的一些原因:

> 两天来, 我在叶廖缅科处工作。我亲自察看了第51和第57集团军当面之敌的阵地。我与各师长、军长和集团军司令员详细研究了即将实施的"天王星"计划的任务。检查后证实, 托尔布欣处对"天王星"计划的准备工作进行得较好……
>
> 我已命令实施战斗侦察, 并根据获得的情报修正作战计划和集团军司令员的决心。
>
> 波波夫工作得不错, 熟悉自己的业务。
>
> 由于没有领到运输车辆和马匹, 最高统帅部拨给叶廖缅科的两个步兵师(第87和第315师)到目前为止仍未启运。
>
> 机械化旅只到了1个。
>
> 弹药补给和前送工作进行得不好。部队缺乏实施"天王星"计划的炮弹。
>
> 无法在预定期限完成战役准备。我已下令1942年11月15日前完成准备工作。
>
> 必须立即给叶廖缅科调拨100吨防冻液, 否则机械化部队无法前进。尽快将步兵第87和315师调来。火速给第51和第57集团军运送棉衣和弹药, 运抵时间不得迟于1942年11月14日。
>
> 康斯坦丁诺夫 [朱可夫的化名] [44]

斯大林11月12日凌晨4点又给朱可夫下达了一项命令, 揭示出推迟"天王星"行动的另一个原因——飞机不足:

如果伊万诺夫［叶廖缅科］和费多罗夫［瓦图京］处航空兵的准备不能令人满意，那么战役就会以失败而告终。对德作战的经验表明，只有在夺取制空权的前提下，才有可能赢得战役胜利。在这种情况下，我航空兵应完成三项任务:

第一: 我航空兵的行动集中在突击部队进攻地域内，压制德寇航空兵并可靠地掩护我方部队。

第二: 不断轰炸进攻部队当面之敌，为我突击部队开辟道路。

第三: 以持续的轰炸和强击追击退却之敌，以便将其完全消灭，并使之无暇沿附近的防线掘壕据守。

如果诺维科夫认为我航空兵目前尚不能完成这些任务，那就最好将战役推迟一些时间，以积蓄更多的航空兵力量。

请与诺维科夫和沃罗热伊金谈谈，向他们解释这一点，并把你们总的意见告我。

瓦西里耶夫［斯大林的化名］[45]

红军总参谋部在"天王星"反攻的准备期间发挥了积极作用，为参战各方面军提供建议和具体支持，并检查、批评了他们的准备工作，以发现问题并提出恰当的解决办法。这里仅举两个例子，总参谋部11月14日下达了两道指令，均由博科夫签署。第一道指令发给顿河方面军，尖锐地批评了罗科索夫斯基方面军变更部署的工作:

总参谋部通过相关渠道获悉:

1. 坦克第4军的部队调往新集结区期间在白昼行进。

2. 对俘虏的审讯表明，敌人知道第65集团军的准备工作。

3. 步兵第252、第258师、近卫步兵第27师调往第65集团军期间运输工具不足，方面军为协助第65集团军而提供的运输工具也不够: ［具体说来］11月6日提供的50辆汽车中有29辆无法使用，运送各种物资的工作已中断（由于补给物资不足，步兵第252、第258师、近卫步兵第27师所需要的战斗负载只得到62—63%，由于缺乏棉衣，步兵第252师冻死三人，近卫步兵第27师冻死六人）。

派往各集团军的补充兵尚未得到棉衣，途中已有两名补充兵冻死。

我要求你们把解决上述问题所采取的措施告知总参谋部。[46]

第二道指令表明，总参谋部的批评并不仅限于遂行任务的方面军和集团军。这道指令申斥了预备队第10集团军，因为该集团军辖下步兵第87和第315师在向前部署、调往斯大林格勒方面军的过程中发生了延误（参阅副卷附录2I）。[47]很明显，最高统帅部、最高统帅部代表朱可夫和华西列夫斯基、红军总参谋部采取的这些和另外一些补救措施，使斯大林对准备工作的速度和性质相当满意。最高统帅11月15日13时10分发给朱可夫的一封电报表明了这一点，电报中写道：

> 费多罗夫［瓦图京］和伊万诺夫［叶廖缅科］重新安置的日期由您酌定，待您返回莫斯科后再向我汇报。如果您认为他们中的某一位应提前或推延一两天重新安置，那我赋予您的情决定权。
>
> 瓦西里耶夫［斯大林］[48]

朱可夫在回忆录中称，他11月13日返回莫斯科，实际上，他16日才回到苏联首都。[49]朱可夫在那里待了3天，与斯大林和最高统帅部共同完成对"天王星"和"火星"计划的最后修订。这些会议一直持续到18日，涉及几乎每一位参与这两场行动的高级指挥员，并产生了大批指示和其他命令，对战略计划做出最后的更改，为遂行进攻的各方面军和集团军提供至关重要的援兵，并根据相关变化和目前的军事态势调整各部队的分界线。在这些会议上，朱可夫和华西列夫斯基行使了他们的决定权，命令西南方面军和顿河方面军第65集团军11月19日发起突击，斯大林格勒方面军11月20日投入进攻——斯大林立即批准了这一决定。[50]

由于斯大林和最高统帅部希望"天王星"和"火星"行动仅仅是一场决定性反攻的第一阶段，整个冬季战役会更加庞大，因此，掌握敌方情报至关重要。基于以往的经验，他们知道德国人善于防御，有能力在东线主要战略地域内调集、有效再部署其兵力，甚至可以从战略纵深和其他主要战区抽调力量。

因此，红军副总参谋长V.D.伊万诺夫少将11月16日给抗击轴心国军队的各方面军下达了一道指令，要求他们立即核实所有轴心国部队的位置（参阅副卷附录2J）。虽然有强力的证据表明德军正在大规模变更部署，但苏军方面军和集团军层面上的情报部门未能弄清35个德军师的去向。为解决这个问题，伊万诺夫要求这些部门立即采取措施，务必在11月25日前收集到必要的情报，他还明确告诉他们该如何完成这项任务。[51]

除了加紧情报收集和分析，红军总参谋部还设法消除行动执行过程中的不足，特别是作战报告的准确性。出于这个目的，也为了杀鸡儆猴，警示红军各方面军和集团军指挥员，11月16日，伊万诺夫挑出斯大林格勒方面军辖下的第28集团军加以严厉批评，因为担任该集团军先遣支队的步兵第52旅在11月13日被德军歼灭。该旅一直执行着相同的任务，这是他们两周内第三次全旅覆没，伊万诺夫在指令中问道："原因何在？"并要求采取纠正措施，11月20日前对相关责任人做出惩处（参阅副卷附录2K）。[52]

进攻发起前的最后三天，苏军最高统帅部和总参谋部最后调整了西南方面军、顿河方面军、斯大林格勒方面军的编成，并加快了为沃罗涅日方面军调派援兵的工作，一旦"天王星"行动取得成功，这些部队就将投入战斗。这方面的一个例子是，博科夫11月16日命令预备队第4集团军和伏尔加河沿岸军区前调近卫步兵第4、第6军军部，以便接收辖内作战部队，并在最佳时刻增援近卫第1集团军。[53]两天后，博科夫给两个步兵军辖下的作战师下达了详细的调动令，规定了部署至近卫第1集团军战线后方的时间和地点。[54]11月17日，总参谋部指示NKO汽车装甲坦克总部将3个获得休整和补充的坦克旅（第173、第192、第201旅）派往沃罗涅日方面军，预计11月17日至25日间到达。[55]11月18日，博科夫命令预备队第4集团军司令员将步兵第14军转隶西南方面军近卫第1集团军，计划在11月19日后到达。[56]这是"天王星"行动发起前，红军总参谋部签发的最后一道指令。

与此同时，次日动身赶赴前线前，华西列夫斯基于11月18日14时15分完成了进攻发起前最高统帅部的工作，为西南方面军与顿河方面军设立起一道新分界线。这条分界线从萨拉托夫（Saratov）西北方75公里处的阿特卡尔斯克（Atkarsk）起，径直穿过克列茨卡亚镇，南延260公里，穿过巴兰达

（Balanda）和莫特舍沃（Motyshevo）至弗罗洛夫（Frolov）东南方7公里处的舒鲁波夫卡（Shurupovka）；向西南方延伸65公里，跨过顿河至克列茨卡亚；最后从克列茨卡亚南延45公里，经谢利瓦诺夫（Selivanov）至顿河畔卡拉奇西北方42公里处的叶夫谢耶夫（Evseev）。在这些城镇中，除了阿特卡尔斯克、莫特舍沃和舒鲁波夫卡，其他都由西南方面军负责防御。[57]虽然看似普通，但这道指令确定的分界线使西南方面军和顿河方面军的后勤保障更趋合理，将位于阿特卡尔斯克、红亚尔（Krasnyi Iar）和卡梅申的兵站留给了顿河方面军的后方区域。这道指令的下达，结束了苏德战争期间最具决定性的战役的策划工作。

反思

因此，1942年9月27日至11月18日这段时期，苏军最高统帅部、最高统帅部代表、总参高级参谋和指挥员们必须提出"天王星"行动的概念，并对其加以初步规划，同时应对斯大林格勒城内的殊死搏斗。他们的工作非常复杂，不仅仅因为斯大林格勒市区及周边作战态势的变化，以及对崔可夫第62集团军最终命运的关注，还因为这项工作需要绝对保密。故此，虽然方面军司令员们9月29日至10月2日间先后获悉了进攻行动的大体性质，但直到10月21日—22日才了解到这场进攻的确切性质和时间。可以肯定，瓦图京是10月21日到访莫斯科期间获知了这项计划，他在与斯大林会晤时被任命为西南方面军司令员。但进攻发起前，罗科索夫斯基和叶廖缅科都没有被召至莫斯科参加斯大林举行的任何一场策划会议，相反，他们是从视察前线的朱可夫或华西列夫斯基处接受相关指示和命令的。叶廖缅科曾在10月6日和9日向最高统帅部呈交包含进攻大纲的建议，很可能与瓦图京在大致相同的时间了解到了进攻行动的确切性质。至于罗科索夫斯基，正如他后来阐述的那样：

期待已久的时刻即将到来。朱可夫早在10月份就告诉过叶廖缅科和我，很快会发起这场大反攻。他没告诉我们战役的大体日期，但这个消息使我们得以在严格保密的情况下对某些措施加以准备。许多工作是为了迷惑敌军。我们试图让敌人确信，我们将在顿河与伏尔加河之间发起进攻，因而在该地区展开积极行动，同时在战线其他地段模拟进行了构筑工事、挖掘战壕等工程作业……

遵照朱可夫（他当时是最高统帅部代表）的严格指示，只有少数参谋人员知道这场即将到来的进攻。我们的所有进攻准备均在加强防御的幌子下进行。[58]

尽管斯大林密切关注着进展情况，但他对这些专业顾问的信任远远超过年初。因此，斯大林10月1日和2日在克里姆林宫会见华西列夫斯基和各兵种的专家时，朱可夫将"天王星"行动的概念送往前线，9月29日晚些时候至10月30日晚，他视察了顿河方面军和斯大林格勒方面军，将总体计划告知罗科索夫斯基和叶廖缅科，发现问题并加以解决。朱可夫从11月1日，也就是"天王星"行动原定发起日期一个多星期前开始召开会议，与会者包括从师级到方面军级所有参与进攻行动部队的指挥员。据罗科索夫斯基回忆：

11月4日，我和一批参谋人员前往第21集团军开会，该集团军现属西南方面军。朱可夫主持会议。出席会议的是在主要突击方向上遂行进攻的集团军司令员和师长。会议的主要议题是方面军结合部上友邻部队的协同问题。

后来获悉，斯大林格勒方面军也召开了类似的会议……我与集团军司令员巴托夫、加拉宁、扎多夫（他接替了马利诺夫斯基，后者被召回大本营）、鲁坚科和各兵种主任一同拟定了行动细节。此时，大本营进一步明确了我们的任务。[59]

即便在后期阶段，大多数详细策划工作还是由指挥员本人完成，而不是交给他们的参谋人员，以免增加泄密的危险。不仅部分红军高级指挥员不清楚这场新反攻的确切发起时间，苏军在通信和准备工作方面采取的保密措施也使莱因哈德·盖伦不愿预测红军将在何时、何地发起进攻。

"天王星"行动的出现的确令德军情报机构深感意外，但获知最高统帅部打算实施这样一个雄心勃勃的计划时，某些红军指挥员也感到困惑不解。下述事件被一名评论者称为"天王星行动准备期间最具戏剧性的一幕"，据称，机械化第4军军长V.T.沃利斯基少将11月17日直接给斯大林写了封信，对实施反攻的构想提出质疑，并奉劝斯大林推延行动，以免遭到惨败。11月18日与斯大林会面的华西列夫斯基对此做出描述：

　　18点，国防委员会［GKO］在克里姆林宫斯大林的办公室里举行会议。斯大林立即接待了我，并建议我利用他们讨论一系列重大经济问题的这段时间，读一下在即将到来的进攻中将在斯大林格勒方面军地段起决定性作用的机械化第4军军长V.T.沃利斯基写给他的一封信。这位军长在给国防委员会的信中写道，鉴于进攻开始前敌我兵力和兵器对比情况，拟议中的斯大林格勒进攻战役不仅不会成功，在他看来，必定会招致惨败，并造成严重后果。因此，他作为一名忠实的党员，了解参加此次进攻其他指挥员的意见，请求国防委员会立即详细审核为实施这场战役所做出的决定是否现实，请求推迟这场战役，或者将其彻底取消。

　　国防委员会当然想知道我对这封信的看法。我对这封信感到惊讶：最近几周，写信人一直在积极参加战役准备工作，不论是对整个战役，还是对交给他这个军的任务，都从未表示过任何异议。而且，他还在11月10日最后一次总结会议上向最高统帅部代表和方面军军事委员会保证，他的军将坚决完成任务，然后又报告该军充分做好了战斗准备以及全体官兵的高昂士气。最后我说，在我看来没有任何理由取消已准备就绪的这场进攻或变更其发起时间。

　　斯大林立即命令接通沃利斯基的电话，与他进行了简短但并不太严厉的交谈，然后告诉我不要太在意这封信，把写信人留在军里，因为他刚刚做出坚决完成任务的保证。至于他是否继续担任军长的问题，要根据该军执行任务的结果再作最后决定，对此，斯大林命令我在战役头几天向他提交专门报告。[60]

　　无论这番交流是否属实，都强调了一个令人不快的现实：1942年的红军一直无法对德军发起一场成功的攻势。与大多数德军将领一样，许多红军指挥员依然深信他们的军队根本无力战胜其德国对手。参加"天王星"行动的突击部队主要打击罗马尼亚军队，这一事实反映出苏军最高统帅部内部也有类似的担心。这种担心是否合理，就只有时间能够证明了。

约瑟夫·维萨里奥诺维奇·斯大林——苏联共产党中央委员会总书记，苏联国防人民委员，苏联国防委员会主席，苏联武装力量总司令

亚历山大·米哈伊洛维奇·华西列夫斯基上将——苏军总参谋长，总参作战部部长，苏联副国防人民委员，最高统帅部代表

阿列克谢·因诺肯季耶维奇·安东诺夫上将——苏军第一副总参谋长兼总参作战部部长（1942年12月11日后）

费多尔·叶菲莫维奇·博科夫少将——苏军副总参谋长

尼古拉·尼古拉耶维奇·沃罗诺夫上将——苏军炮兵主任，苏联副国防人民委员，最高统帅部代表

亚历山大·亚历山德罗维奇·诺维科夫上将——空军司令员，负责空军的副国防人民委员，协调多个方面军空中行动的最高统帅部代表

注释

1. 双方对"第二战线"发生争执的简要描述，可参阅约翰·埃里克森的《通往斯大林格勒之路》，第394—402页。

2. G.K.朱可夫，《回忆与思考》（*Vospominaniia i razmyshleniia*，莫斯科：新闻出版社，1970年），第382页，下文引用为《回忆与思考》。英文版可参阅格奥尔吉·朱可夫的《回忆与思考》，第二册（莫斯科：进步出版社，1985年），第94页。

3. A.I.叶廖缅科，《斯大林格勒：方面军司令员笔记》，第325—326页。

4. 同上。

5. 杰弗里·罗伯茨，《斯大林的战争：从世界大战到冷战，1939—1953年》，第149页，引自《斯大林克里姆林宫会议室的访客，历史档案第二卷》【*Posetiteli Kremlevskogo Kabineta I.V Stalina," Istoricheskii Arkhiv 2 (1996)*】，第35—38页。

6. 苏军发起的哈尔科夫进攻战役意图突破罗马尼亚部队的防御；而在克里木，苏军打算粉碎半岛东端德国和罗马尼亚掩护部队的防御，曼施泰因第11集团军的主力正在半岛西端围攻塞瓦斯托波尔守军。

7. inoe reshenie这个俄文短语可以译为"不同的（或另一个）解决方案"或"不同的（或另一个）决策（或计划）"。

8. 这方面的一个例子是，在莫斯科城下，苏军的反攻始于12月初因彻底绝望而发起的反冲击，行动取得胜利后（这令苏联人深感意外），朱可夫获得斯大林的批准，12月中旬将反冲击扩大为反突击，1942年1月又将其扩展为一场全面反攻。

9. S.M.什捷缅科，《战争年代的总参谋部，1941—1945年》，第一册，罗伯特·达格利什译（莫斯科：军事出版社，1985年），第121页。斯大林的约见记录表明，博杜夫首次与斯大林会晤是在7月23日19点35分至20点30分，列席的还有作战部代理部长P.G.季霍米罗夫少将。另可参阅A.A.切尔诺巴耶夫（主编）的《斯大林的接见：I.V.斯大林会见相关人员日志，1924—1953年》【*Na prieme u Stalina. Tetradi (zhurnaly) zapisei lits, pronyatykh I. V. Stalinym (1924–1953 gg.)*，莫斯科：新计时器出版社，2008年】，第379页。

10. S.米哈列夫，《关于斯大林格勒反攻的概念和策划》（*O razrabotke zamysla i planirovanii kontrnastupleniia pod Stalingradom*），刊登在VVI第8期（1992年8月），第1页。

11. 切尔诺巴耶夫（主编）的《斯大林的接见》，第384页。实际上，斯大林并未在9月10日—12日召开会议，也没有在13日会见朱可夫。关于俄罗斯历史学家试图将顺朱可夫的说法与实际档案证据之间的矛盾的最新尝试，可参阅V.A.佐洛塔廖夫（主编）的《伟大卫国战争1941—1945：军事历史调查，第二册：转折点》（*Velikaia O techestvennaia voina 1941–1945: Voenno–istoricheskii ocherki v chetyrekh knigakh, Kniga 2: Perelom*，莫斯科：科学出版社，1998年），第36页。书中接受了朱可夫关于是谁提出"天王星"行动的说法，并指出："苏德战线南翼武装力量作战行动的战略计划，9月中旬开始在最高统帅部大本营制定，并通盘考虑1942—1943年的冬季战役——在11月和12月发起。这一计划基于朱可夫和华西列夫斯基9月12日面见斯大林时提出的建议。计划的核心内容是集中3—4个方面军的兵力，对楔入斯大林格勒我军防御的敌集群之两翼发起强有力的打击，该计划旨在达成连续的合围和歼灭，同时建立起积极的对外作战正面。这个初步概念随后得到更准确、更详实的具体化，并采纳了红军总参谋的构想和诸方面军指挥员的建议。代号'天王星'的完整计划10月13日呈交最高统帅审核。这一次，已从以往惨痛经历中得到许多教训的斯大林没有横加干涉，而是完全同意这些军事指挥员的计划，他在反攻计划所附的地图上写下'同意'两个字。一个月后，这份获得更准确定义的计划再次在最高统帅部会议上接受审核。斯大林批准了发起反攻的最终时间，没有提出反对意见，他还同意朱可夫和华西列夫斯基在其他战线准备进攻行动的建议，关键是维亚济马北面。"因此，这份记述试图说服就"谁提出了这项计划"这一问题发生争执的各方，忽略了斯大林的每日约见记录，接受了朱可夫的说法——9月12日—13日，他向斯大林提出了"不同解决方案"。但佐洛塔廖夫的著作承认该计划10月13日被大幅度修改，主要是参照了诸方面军指挥员的建议，从而彻底回避了这一问题。书中还承认将在维亚济马北面发起的"火星"行动是总体战略计划的组成部分。佐洛塔廖夫所作判断的资料来源是朱可夫和华西列夫斯基的回忆录，并未采用其他档案文件。书中的译注指出："苏军最初打算11月9日—10日转入反攻，但11月13日的会议上决定，西南方面军和顿河方面军11月19日发起进攻，斯大林格勒方面军一天后转入反攻。"

12. 佐洛塔廖夫，《最高统帅部1942》，第440—441页；引自档案*TsAMO, f. 148a, op.3763, d. 1071.* 第240页。组建西南方面军的详情，可参阅本三部曲第二部第四章。

13. 罗科索夫斯基临时指挥了斯大林格勒方面军约一周时间，关于这种说法，可参阅哈罗德·舒克曼主编的《斯大林的将领》一书第185—186页；K.K.罗科索夫斯基，《军人的天职》，第187页；基里尔·康斯坦丁诺夫·罗科索夫斯基，《不惜代价的胜利》（*Pobeda ne liuboi tsenoi*，莫斯科：亚乌扎-艾克斯摩出版社，2006年），第153页，书中错误地指出："10月1日，最高统帅部代表「朱可夫」命令罗科索夫斯基接管斯大林格勒方面军（很快更名为顿河方面军）。"实际上，朱可夫是把罗科索夫斯基派至斯大林格勒地域，接管斯大林格勒方面军右翼的4个集团军，率领他们从科特卢班和叶尔佐夫卡地域发起反突击。从这个意义上说，他接替的是戈尔多夫，朱可夫已不再相信后者。在《军人的天职》第185页，罗科索夫斯基批评戈尔多夫是个"骂娘指挥员"，动辄厉声呵斥属下，但没有提及在防御战中接替叶廖缅科一事。

14. 德米特里·沃尔科戈诺夫，《斯大林：胜利与悲剧》，哈罗德·舒克曼翻译编辑（加州罗克林：首要生活方式出版社，1992年），第461—463页；S.米哈列夫，《关于斯大林格勒反攻的概念和策划》，刊登在VVI第8期（1992年8月），第1—5页。华西列夫斯基回忆录1976年版，《毕生的事业》，第188—189页，遵循了朱可夫的说法。另可参阅格兰茨的《朱可夫最大的败仗：红军1942年火星行动的惨败》，第19—20页。

15. S.米哈列夫，《关于斯大林格勒反攻的概念和策划》，刊登在VVI第8期（1992年8月），第1页。

16. A.I.叶廖缅科，《斯大林格勒：伟大的斯大林格勒战役参与者的叙述》（*Stalingrad: Uchastnikam Velikoi bitvy pod Stalingradom posviashchaetsia*，莫斯科：守护者出版社，2006年），第352—353页。

17. 《最高统帅部170644号令，发给顿河方面军司令员罗科索夫斯基同志》（*Direktiva Stavki VGK No. 170644 komanduiushchemu Donskim frontom T. Rokossovskomu*），刊登在V.A.日林（主编）的《斯大林格勒战役：编年史、真相和人物，两卷本》（*Stalingradskaia bitva. Khronika, fakty, liudi: v 2-kh.*，莫斯科：奥尔玛出版社，2002年），第一册，第694页；档案引自*TsAMO RF, f. 48a, op. 1640, d. 27,11.* 第246—247页。

18. 日林，《斯大林格勒战役》，第一册，第707—709页，《斯大林格勒方面军司令员发给最高统帅的2889号报告，关于联合斯大林格勒守军发起行动的计划》（*Doklad komanduiushchego voiskami Stalingradskogo fronta No. 2889 Verkhovnomu Glavnokomanduiushchemu o plane operatsii po ob'edineniiu s voiskami, oboroniaiushchimisia v Stalingrada*）；档案引自TsAMO RF, f. 48a, op. 1161, d. 6,11. 第259—264页；电报，3号副本。

19. 同上。

20. 阿列克谢·伊萨耶夫在《斯大林格勒：伏尔加河后方没有我们的容身处》（*Stalingrad: Za Volgoi dlia nas zemli net*，莫斯科：亚乌扎–艾克斯摩出版社，2008年）第270页指出："总的说来，必须承认A.I.叶廖缅科也是斯大林格勒反攻计划的制定者之一。但他建议以骑兵部队展开行动，力量似乎太过薄弱。该建议与其说是一场反突击，还不如说是一场以破坏敌交通线为目的的突袭。"

21. 佐洛塔廖夫，《最高统帅部1942》，第549—550页；引自档案TsAMO RF, f. 48a, op.1159, d. 2,11.第339—345页；电报，2号副本。罗科索夫斯基提及的7支部队是步兵第226、第219、第252、第62、第277、第293和第333师，1942年春季和夏初，这些师遭到重创，一直在后方接受休整和补充，现在作为满编增援部队重返前线。例如，1942年6月15日，步兵第293师只剩下1374人、6门野炮和3门反坦克炮。经过补充，到1942年10月24日，该师拥有10420人，而规定的编制力量为10868人。参阅伊萨耶夫的《斯大林格勒：伏尔加河后方没有我们的容身处》，第267页。

22. 华西列夫斯基，《毕生的事业》，第219页。

23. 佐洛塔廖夫，《最高统帅部1942》，第440—441页；引自档案TsAMO, f. 148a, op.3763, d. 107 I. 第240页。方面军的右分界线（与斯罗涅日方面军）从勒季谢沃（*Rtishchevo*）、波沃里诺（*Povorino*）、新霍皮奥尔斯克（*Novokhopersk*）、上马蒙、坎捷米罗夫卡延伸至利西昌斯克；左分界线（与顿河方面军）从阿特卡尔斯克、巴兰达、拉科夫卡（*Rakovka*）、克列茨卡亚、谢利瓦诺夫延伸至叶夫谢耶夫。戈利科夫中将接替瓦图京担任沃罗涅日方面军司令员。

24. V.A.佐洛塔廖夫（主编）的《伟大卫国战争中的总参谋部：1942年的文献资料》（*General'nyi shtab v gody Velikoi Otechestvennoi voiny: Dokumenty i materialy 1942*），刊登在《俄罗斯档案：伟大卫国战争》（*Russkii arkhiv: Velikaia Otechestvennaia*），第23册（12—2）（莫斯科：特拉出版社，1999年），第379页；此后简称为"总参谋部1942"，并附以相应的页数。档案引自*TsAMO, f. 48a, op. 3408, d. 99,11.* 第279、280页。

25. 佐洛塔廖夫，《最高统帅部1942》，第441—442页；引自档案*TsAMO, f. 48a, op. 3408, d. 72,11.* 第355—357页。

26. 同上，引自档案*TsAMO, f. 96a, op. 1711, d. 7a, 1.* 第195页。

27. S.米哈列夫，《关于斯大林格勒反攻的概念和策划》，刊登在VVI第8期（1992年8月），第5页。

28. 佐洛塔廖夫，《最高统帅部1942》，第442页；引自档案*TsAMO, f. 148a, op. 3763, d.111,1.* 第38页。

29. 佐洛塔廖夫，《总参谋部1942》，第380—381页；引自档案*TsAMO, f. 48a, op. 3408, d. 99,11.* 第282—283页。

30. 佐洛塔廖夫，《最高统帅部1942》，第443—444页；引自档案*TsAMO, f. 48a, op.3408, d. 72,11.* 第351—354页。

31. 佐洛塔廖夫，《总参谋部1942》，第382页，引自档案*TsAMO, f. 48a, op.3408, d. 113,1.* 第297页。

32. 佐洛塔廖夫，《最高统帅部1942》，第445—446页；引自档案*TsAMO, f. 148a, op.3763, d. 126,11.* 第189—190页。

33. 1941年10月，列柳申科率领近卫步兵第1军在姆岑斯克地域英勇抗击古德里安的第2装甲集群，莫斯科战役期间担任第30集团军司令员，赢得了卓著的声望。

34. 佐洛塔廖夫，《最高统帅部1942》，第446—447页；引自档案*TsAMO, f. 148a, op.3763, d. 124.11.* 第291—292页。

35. 同上，第447页；引自档案*TsAMO, f. 48a, op. 3408, d. 72.11.* 第358—359页。

36. 同上，第448页，档案同上，第360页。

37. 同上；引自档案*TsAMO, f. 148a, op. 3763, d. 126.1.* 第192页。

38. S.米哈列夫，《关于斯大林格勒反攻的概念和策划》，第5页，引自*TsAMO, f. 232, op. 590, d.* 第73页。

39. 朱可夫的回忆录中没有提及11月6日与斯大林的会晤，已出版的朱可夫战时行程记录中也没有提及这场会议，《1941—1945年，伟大卫国战争期间苏联元帅朱可夫的活动纪要》（*Khronika deiatel'nosti Marshala Sovetskogo Soiuza G. K. Zhukova v period Velikoi Otechestvennoi voiny 1941-1945 gg.*），刊登在《前路的里程碑》（*Vekhi frontovogo puti*），VIZh第10期（1991年10月），第25页。斯大林11月6日会晤朱可夫和其他将领的记录，可参阅《斯大林的接见：I.V.斯大林会见相关人员日志，1924—1953年》，第389页。

40. 佐洛塔廖夫，《总参谋部1942》，第383—384页，引自档案*TsAMO, f. 48a,op. 3408, d. 113,1.* 第413页。

41. 日林，《斯大林格勒战役》，第一册，第856页，引自档案*TsAMO RF, t.48a, op. 1640, d. 180,11.* 第361—362页。

42. 佐洛塔廖夫，《总参谋部1942》，第385—386页；引自档案*TsAMO, f. 48a, op. 3408, d. 113, 11.* 第446—447页。电报中称，步兵第129旅和第350师将分别于11月13和15日到达前线；步兵第172师将于11月17日到达；步兵第267师和第106旅将于11月19日到达。

43. S.米哈列夫，《关于斯大林格勒反攻的概念和策划》，第5页，引自*TsAMO, f. 220, op. 451, d. 3,11.*第327—331页和d. 92（地图）。

44. 朱可夫，《回忆与思考》，第404页。

45. 佐洛塔廖夫，《最高统帅部1942》，第448—449页；引自档案*TsAMO, f. 148a, op. 3763, d. 126.Ⅰ.*第193页。另可参阅朱可夫的《回忆与思考》，第404—405页。

46. 佐洛塔廖夫，《总参谋部1942》，第388—389页；引自档案*TsAMO, f. 48a,op. 3408, d. 114,1.* 第8页。

47. 同上，第389页，所引档案相同，第11—13页。当天晚些时候，总参谋部命令预备队第10集团军立即将步兵第87、第315师和他们所需要的兵力、装备派往斯大林格勒方面军，不得延误。参见同上，第390页，所引档案相同，第17—18页。

48. 佐洛塔廖夫，《最高统帅部1942》，第449—450页；引自档案*TsAMO, f. 148a, op.3763, d.*

126,1. 第195页。

49. 朱可夫在《回忆与思考》第405页写道："11月13日晨，我们到了斯大林那里。他的情绪很好，详细询问了斯大林格勒的情况和反攻准备工作的进展。"华西列夫斯基在《毕生的事业》第222页附和了朱可夫关于11月13日会晤的说法。但是，这两位将领的名字都未出现在斯大林11月13、14、15日的会见名单上。当月中旬，朱可夫的名字首次出现是在16日，华西列夫斯基在17日。11月18日，两人与斯大林会面，次日返回前线。参见切尔诺巴耶夫（主编）的《斯大林的接见》，第390—391页。

50. 朱可夫，《回忆与思考》，第407页，对这项决定的说法与斯大林约见日志相一致。

51. 佐洛塔廖夫，《总参谋部1942》，第392页；引自档案*TsAMO, f. 48a, op.3408, d. 114, I.*第30页。

52. 同上，第393页，档案同上，I，第50页。

53. 同上，第392页，档案同上，I，第38页。

54. 同上，第394页，档案同上，II，第61—62页。

55. 同上，第393—394页，档案同上，I，第56页。

56. 同上，第396页，档案同上，II，第68—69页。

57. 佐洛塔廖夫，《最高统帅部1942》，第450页；引自档案*TsAMO, f. 48a, op. 3408, d.72, I.*第365页。

58. 罗科索夫斯基，《军人的天职》，第194页。罗科索夫斯基在未删减版回忆录中的这番话与1970年军事出版社发行的首版相同。

59. 同上，第195—196页。未删减版罗科索夫斯基回忆录将这次会议的日期从11月3日改为4日。

60. 华西列夫斯基，《毕生的事业》，第224—225页。有趣的是，华西列夫斯基回忆录英文版的编辑彻底删除了这起事件。更为详细的描述可参阅伊萨耶夫的《斯大林格勒：伏尔加河后方没有我们的容身处》，第285—286页，书中描述了斯大林与华西列夫斯基的交流，这是历史学家K.西蒙诺夫1967年采访华西列夫斯基时所做的记录。伊萨耶夫指出："在这起事件的记述中，V.T.沃利斯基看上去就像个杞人忧天者，无法承受一场大规模战役准备期间的压力。但如果我们了解沃利斯基军里的坦克兵都是初出茅庐的新兵，几乎没有操纵坦克的经验，再看这位军长写给最高统帅的信就完全不同了。A.M.华西列夫斯基读完V.T.沃利斯基的信件后深感惊愕，档案文件使我们对如此详尽的描述产生了怀疑。他是否真不了解参加'天王星'行动的部队的整体实力，这一点值得怀疑。因此，上文引用的与斯大林的谈话似乎纯属杜撰。最有可能的是，进攻行动能取得胜利的决心是因为打击对象是罗马尼亚人。正如后续事件表明的那样——的确如此。"但是，斯大林的每日约见记录证实了华西列夫斯基提及的这次会面。事实是，11月18日18点至23点50分，斯大林会见朱可夫、莫洛托夫、贝利亚、马林科夫（国防委员会成员），18点至22点30分，会见秋列涅夫、马斯连尼科夫、华西列夫斯基和博科夫，这份记录倾向于证实华西列夫斯基的说法。切尔诺巴耶夫（主编），《斯大林的接见》，第391页。

第三章
集结部队
苏军作战序列和"天王星"计划

为反攻重新部署部队

战略和战役部署

经过约六周的精心策划和细心准备，截至11月18日，苏军最高统帅部设法集结起一股令人印象深刻的力量，他们将在斯大林格勒地域发起期待已久的反攻。完全集结后，这股力量包括3个方面军、10个野战集团军、1个坦克集团军、4个空军集团军、66个步兵师、18个步兵和机械化步兵旅、1个歼击旅、6个筑垒地域、5个坦克军、1个机械化军、辖8个骑兵师的3个骑兵军、14个独立坦克旅、4个坦克团、124个最高统帅部预备队火炮/迫击炮团，并获得数十个战斗工兵、工程兵和其他专业兵团及部队的支援。[1]这股力量有100多万名士兵，外加1500多辆坦克、22000门火炮和1500架战机。另外，苏军最高统帅部完成如此庞大的兵力集结时，斯大林格勒城内的激战仍在肆虐，红军一次次对部署在城市西北面和南面的德军发起反突击。最令人惊叹的是，苏军集结这股大军之际，并未停止斯大林格勒城内和其他地段的行动，德军情报部门因而没有发现对方的这场集结。

沿斯大林格勒战略方向实施集结，准备执行"天王星"行动的部队由西南方面军、顿河方面军和斯大林格勒方面军构成。这些部队占据了850公里宽的防区，从斯大林格勒西北方340公里处的顿河畔上马蒙（Verkhnyi Mamon）

向东南方延伸至斯大林格勒北面的伏尔加河，然后沿伏尔加河及其西部地域南延近420公里，直至阿斯特拉罕南面的里海北岸。三个方面军由北至南呈单战略梯次部署，并配以适当的战略预备队，各自的位置如下：

· 西南方面军，N.F.瓦图京中将指挥，以近卫第1集团军、坦克第5集团军和第21集团军占据250公里宽的战区，从上马蒙延伸至顿河畔的克列茨卡亚，并获得空军第17和第2集团军的支援。

· 顿河方面军，K.K.罗科索夫斯基中将指挥，以第24、第65和第66集团军占据150公里宽的战区，从顿河畔的克列茨卡亚延伸至伏尔加河畔的叶尔佐夫卡，并获得空军第16集团军的支援。

· 斯大林格勒方面军，A.I.叶廖缅科上将指挥，以第62、第64、第57、第51和第28集团军占据450公里宽的战区，从斯大林格勒北面伏尔加河畔的雷诺克延伸至阿斯特拉罕南面的里海北岸，并获得空军第8集团军的支援。

与沿斯大林格勒方向展开行动的三个方面军的整体部署一样，参加"天王星"行动的各方面军都呈单梯次配置，基本上没有第二梯队，仅有少量战役预备队。这是因为，尽管苏军为进攻行动集结了大批兵力，但各个方面军缺乏足够的兵力，无法构建更深梯次配置的进攻队列。双方的兵力对比虽然对进攻方有利，但并不是压倒性的。这种比率，再加上各方面军主要突击地域当面之敌的防御特性，以及苏军意图达成战略、战役突然性，使之有必要在初始阶段尽可能多地投入有生力量。这些因素促使各方面军司令员采用了单梯次战役配置。如下文所述，各方面军实施进攻或防御的集团军采用的战术梯次配置，反映出任务、敌我兵力、地形和对进攻发起时的天气预报这些常见因素。

战略和战役指挥

与拟制"天王星"计划时一样，反攻发起后，苏联最高统帅部大本营（就其定义和实际而言，是国家武装力量最高战略领导机构）将在协调、监督方面发挥主导作用。[2]反过来说，策划和实施"天王星"行动时，最高统帅部又接受苏联国防委员会（GKO）的战略指导，在苏联共产党中央委员会总书记、苏联武装力量最高统帅斯大林看来，GKO就是一个虚拟战时内阁。GKO实施集体领导，但由斯大林作最后的决定，GKO指导、监督、支持人民委员会及其辖下各人民委员部、最高统帅部和其他所有涉及战时努力的政府、军事机关和机构的工作。

从斯大林、苏共中央政治局、GKO获得战略指导方针，并从派往战地的代表和各方面军指挥员处得到具体建议后，最高统帅部负责做出关于策划、准备、实施、支援军事战役和战略行动以及组建、部署战略预备队的一切决策。这些任务获得特别顾问们组成的一个常设"顾问团"和红军总参谋部的协助。顾问们为其提供了各种专业知识，从精确的军事问题（例如使用炮兵和坦克力量）到其他重要事务（例如国家安全和对军队的政治控制），范围非常广泛。总参谋部是最高统帅部的主要工作机构，负责拟制所有战略、战役计划，以实施与"天王星"行动相关的具体战役。但在整个过程中，最高统帅部与派往战地的代表和各方面军密切协商，从而协调、修改、批准这些计划。另外，这些计划还涉及其他人民委员会（特别是国防人民委员会，简称NKO）的意见，并要求斯大林和GKO给予批准。一旦这些计划得到批准，行动发起后，最高统帅部、最高统帅部代表和各方面军将在斯大林、党中央和GKO的指导下协调、实施军事行动，并为其提供物资和后勤支援。

所谓的最高统帅部代表在策划、实施"天王星"战略行动的整个过程中发挥了关键作用。这些代表是斯大林精心挑选出来的、经验丰富的元帅和将领，他们被派往前线各方面军，确保作战计划获得恰当的发展和协调，行动发起后得到正确的执行。在"天王星"行动中，最重要的最高统帅部代表是G.K.朱可夫大将、A.M.华西列夫斯基上将和V.V.沃罗诺夫炮兵上将。他们监督、协调了"天王星"行动的所有策划工作，在9月末和10月初的策划工作关键阶段指导了军事行动，组织起指挥和控制工作，并与西南方面军、顿河方面军、斯大林格勒方面军密切配合。在此过程中，他们特别关注的是：坦克、机械化和骑兵军的行动；拟制各种指示、命令和指令；确保战役的保密性；战略和战役交通；坦克、炮兵、步兵间的密切配合和地空协同。

这些最高统帅部代表，与执行"天王星"行动的各方面军司令员一同在一个复杂的指挥网内展开工作，这些指挥所的位置都经过仔细选择，以便更有效地策划、实施反攻。一般说来，指挥网包括方面军主指挥部（距离前线70—

80公里）、方面军前进指挥所（距离前线20—30公里）和方面军辖内诸集团军指挥所。集团军指挥所距离前线8—10公里，与在辅助方向发起行动的集团军相比，在主要突击方向遂行进攻的集团军指挥所的位置更加靠前。

苏军作战序列

西南方面军

"天王星"行动中遂行进攻的三个方面军里，实力最强、最重要的是西南方面军，首先是因为该方面军构成了计划中的北钳，是实施深远合围的两支铁钳中更强的一支。负责制定战役计划，并指导、协调、监督作战行动的方面军军事委员会由N.F.瓦图京中将（方面军司令员）、军级政委A.S.热尔托夫（政委）和G.D.斯捷利马赫少将（参谋长）组成。[3]该方面军250公里宽的作战地幅从上马蒙沿顿河延伸至斯大林格勒西北方115公里处的克列茨卡亚，任务是从谢拉菲莫维奇和克列茨卡亚地域的顿河南岸登陆场发起一场主要突击。

瓦图京麾下的坦克第5集团军和第21集团军构成了"天王星"行动北钳突击集群的核心。为这两个集团军提供支援的是近卫第1集团军，该集团军的任务是掩护方面军突击集群的右翼，并做好向西南方扩大攻势的准备，西南方面军编成内的空军第17集团军和沃罗涅日方面军辖下空军第2集团军的主力提供空中支援。坦克第5集团军和第21集团军以步兵和支援兵种从斯大林格勒西北方110—180公里、谢拉菲莫维奇和克列茨卡亚地域的顿河南岸登陆场突破敌军防御，并以坦克、机械化和骑兵部队向战役纵深扩大突破，前出至方面军的中间和最终目标（参见表1）。

表1：1942年11月19日，西南方面军编成和高级指挥员（缺炮兵和工程兵单位）

西南方面军——N.F.瓦图京中将
    近卫第1集团军——D.D.列柳申科中将；副司令员V.I.库兹涅佐夫中将
        步兵第1、第153、第197、第203、第266、第278师
        近卫机械化第1军——I.N.鲁西亚诺夫少将
            近卫机械化第1、第2、第3旅
            近卫坦克第16、第17团
        独立摩托化步兵第22旅

表1（接上页）

坦克第5集团军——P.I.罗曼年科少将

　　近卫步兵第14、第47、第50、步兵第119、第159、第346师

　　坦克第1军——V.V.布特科夫坦克兵少将

　　　　坦克第89、第117、第159旅

　　　　摩托化步兵第44旅

　　坦克第26军——A.G.罗金坦克兵少将

　　　　坦克第19、第157、第216旅

　　　　摩托化步兵第14旅

　　骑兵第8军——M.D.鲍里索夫少将

　　　　骑兵第21、第55、第112师

　　近卫坦克第8旅

　　摩托车第8团

　　独立坦克第510、第511营

第21集团军——I.M.奇斯佳科夫中将

　　步兵第63、第76、第96、第277、第293、第333步兵师

　　坦克第4军——A.G.克拉夫钦科坦克兵少将

　　　　坦克第45、第69、第102旅

　　　　摩托化步兵第4旅

　　近卫骑兵第3军——I.A.普利耶夫少将

　　　　近卫骑兵第5、第6、骑兵第32师

　　独立歼击第5旅

　　近卫独立坦克第1、第2、第4团

　　独立反坦克步枪第1、第21、第60、第99营

军第17集团军——S.A.克拉索夫斯基空军中将[①]

　　混编航空兵第1军——V.I.舍甫琴科空军少将

　　　　强击航空兵第267师

　　　　歼击航空兵第288师

　　轰炸航空兵第221师

　　夜间轰炸航空兵第262师

　　歼击航空兵第282师

　　强击航空兵第208、第637师

　　远程侦察航空兵第10中队

　　独立轰炸航空兵第331中队

空军第2集团军（调自沃罗涅日方面军）——K.N.斯米尔诺夫空军少将

　　歼击航空兵第205、第207师

　　夜间轰炸航空兵第208师

　　强击航空兵第227师

　　侦察航空兵第50团

　　远程侦察航空兵第324中队

方面军直属部队：没有步兵、坦克、机械化或骑兵兵团

---

① 译注：少将。

※ 资料来源：A.M. 萨姆索诺夫，《斯大林格勒战役》（Stalingradskaia bitva，莫斯科：科学出版社，1983年），第 569 页；V.A. 佐洛塔廖夫（主编），《伟大卫国战争中的作战部队，1941—1945 年》（Velikaia Otechestvennaia, Deistvuiushchaia armiia 1941–1945 gg，莫斯科：勇气出版社和库奇科沃原野出版社，2005 年）；M.G. 沃扎金（主编），《伟大卫国战争中的集团军指挥员：军事传记辞典》（Velikaia Otechestvennaia Komandarmy: Voennyi biograficheskii slovar，莫斯科－茹科夫斯基：库奇科沃原野出版社，2005 年）；M.G. 沃扎金（主编），《伟大卫国战争中的军级指挥员：军事传记辞典》（Velikaia Otechestvennaia Komkory: Voennyi biograficheskii slovar v 2-kh tomakh，莫斯科－茹科夫斯基：库奇科沃原野出版社，2006 年）；《1941—1945 年，伟大卫国战争期间苏联武装力量军、师级指挥员》（Komandovanie korpusnogo i divizionnogo zvena Sovetskikh vooruzhennykh sil perioda Velikoi Otechestvennoi voiny 1941–1945 gg，莫斯科：伏龙芝军事学院，1964 年），绝密。

瓦图京的半数力量（包括所有快速部队）来自最高统帅部预备队。这些士兵几乎都是过去参加过战斗的老兵，大多数人夏季和初秋曾在沃罗涅日、顿巴斯东部地域和斯大林格勒接近地的激战中流血负伤。现在，他们经过休整和补充，在经验丰富的指挥员的率领下重返前线，最高统帅部希望他们在即将到来的战斗中，能为迄今为止并不太出色的作战记录增光添彩。

瓦图京部队中最重要的是重新组建的坦克第5集团军，由普罗科菲·洛格维诺维奇·罗曼年科中将指挥，当年8月，他指挥坦克第3集团军参加了西方面军在科泽利斯克地区发起的攻势，并从机械化作战的惨痛教训中学到了许多东西。[4]协助罗曼年科的是他的军事委员会委员，L.G.图马尼扬坦克兵少将[①]和集团军参谋长A.I.丹尼洛夫少将。1942年7月，坦克第5集团军的前身曾以编成内不同的军在沃罗涅日地区发起过壮观但徒劳无获的反突击。少数宝贵的参谋人员和指挥员留在集团军内，他们打算在斯大林格勒地域恢复其受损的声誉（参见本三部曲第二部）。

7月下旬撤离前线后，坦克第5集团军在布良斯克方面军后方的普拉夫斯克接受休整和补充，随后更改部署，悄然南调至西南方面军后方，在谢拉菲莫维奇到达顿河以北地域。在此过程中，罗曼年科集团军扩大为一股强大的力量，编有6个步兵师、2个坦克军、1个骑兵军、1个独立坦克旅、2个独立坦克营、11个反坦克歼击炮兵团、9个炮兵团（4个榴弹炮团和5个野炮团）、3个迫

---

① 译注：图马尼扬此时是师级政委，12月6日晋升少将。

击炮团（外加骑兵第8军的1个团）、3个近卫迫击炮（喀秋莎）团、10个重型近卫迫击炮营（外加坦克第1军的1个营）、1个完整的高射炮师（辖4个团）、5个高射炮团、3个独立高射炮营、1个特种工程兵旅、2个独立工程兵营和5个舟桥营。[5]

坦克第1、第26军构成了坦克第5集团军装甲力量的核心。前者1942年3月31日组建，目前由V.V.布特科夫将军指挥，当年7—8月，该军在卡图科夫将军麾下参加过沃罗涅日地域的激战，表现强于其他军。1941年夏季，布特科夫曾在列佩利和斯摩棱斯克地域的战斗中任机械化第5军副军长，1941年末到1942年，他在汽车装甲坦克总部担任费多连科的副手，9月13日出任坦克第1军军长。[6]11月初，布特科夫的坦克军已经满编，共13559人，171辆坦克；但是，该军向前部署时于11月18日遭到德军空袭，这个数字有所下降。

A.G.罗金将军指挥的坦克第26军组建于1942年7月底，错过了当年夏季的激战，但他们将在"天王星"行动中接受战火的洗礼。罗金的坦克军兵力与坦克第1军大致相当，也有171辆坦克，但部分战车需要修理。[7]罗金在1942年的战绩相当出色，最终在库尔斯克战役期间升任坦克第2集团军司令员。

骑兵第8军也是一支久经沙场、经验丰富的部队。1942年1月15日组建后，先后有过三位指挥员——P.P.科尔尊上校[①]、A.S.扎多夫少将、I.F.卢涅夫上校——当年7—8月参加过沃罗涅日地域的激战。该军现任军长是M.D.鲍里索夫少将，他曾是一名炮兵，1924年转入骑兵部队。20世纪20年代末，他率领一个骑兵团在中亚地区打击巴斯马奇匪帮，1941年夏秋季的"巴巴罗萨"战役初期，他指挥着独立骑兵第31师，先后隶属于中央方面军和布良斯克方面军。由于该师在莫斯科保卫战中表现出色，被授予近卫骑兵第7师的荣誉番号。鲍里索夫随后短期担任近卫骑兵第1军军长，1942年10月出任骑兵第8军军长。[8]"天王星"行动发起前，该军编有2个师，兵力超过16000人。[9]

截至1942年11月20日，坦克第5集团军的总兵力为104196人，其中90600人隶属于作战兵团和部队。该集团军共有2538门火炮/迫击炮和359辆坦克（60

---

①译注：少将。

辆重型、144辆中型、155辆轻型坦克）。[10]

部署在方面军左翼、坦克第5集团军东面的是伊万·米哈伊洛维奇·奇斯佳科夫中将的第21集团军，军事委员会委员是旅级政委P.I.克赖诺夫，参谋长是V.A.彭科夫斯基少将。奇斯佳科夫指挥着6个步兵师，外加坦克第4军、近卫骑兵第3军、1个独立歼击旅、3个独立坦克团、4个独立反坦克步枪营、1个满编炮兵师（辖3个榴弹炮团、2个野炮团、3个反坦克歼击炮兵团）、6个反坦克歼击炮兵团、2个身管炮兵团、3个迫击炮团（外加近卫骑兵第3军的1个团）、3个近卫迫击炮团和近卫骑兵第3军的1个独立近卫迫击炮营。第21集团军还编有1个高射炮师（4个团）、5个高射炮团、1个独立高射炮营和2个独立工程兵营。[11]

第21集团军的快速部队是坦克第4军和近卫骑兵第3军，分别由A.G.克拉夫钦科坦克兵少将和I.A.普利耶夫少将指挥。坦克第4军组建于1942年3月31日，曾抗击过遂行"蓝色"行动的德军，1942年7月，该军在米舒林将军的率领下参加过沃罗涅日以西地域的激战。获得补充后，该军继续由米舒林指挥，8月下旬调至科特卢班地域，作为"科瓦连科"集群的组成部分在与德军第14装甲军的战斗中损失惨重（参见本三部曲第一、第二卷）。克拉夫钦科将军9月18日接掌该军后，参加了斯大林格勒方面军和顿河方面军在科特卢班地域发起的两次反突击，该军再次遭受到巨大损失，但其顽强的战斗风格给最高统帅部和方面军司令部留下了深刻印象。[12]克拉夫钦科9月份率领坦克第2军在斯大林格勒接近地的战斗中表现出色，因而获得少将军衔，并指挥坦克第4军参加了在斯大林格勒西北方打击德国第6集团军第14装甲军的重要战斗。尽管几周前损失惨重，但截至11月中旬，最高统帅部和方面军司令部设法为克拉夫钦科提供了159辆坦克，"天王星"行动发起时，该军拥有143辆可用的坦克。[13]

正如其"近卫军"番号表明的那样，近卫骑兵第3军是1942年秋季红军三个最杰出的骑兵军之一。该军组建于1941年3月14日，最初的番号是骑兵第5军，战争爆发时是红军仅有的三个骑兵军之一。1941年夏季和秋季，该军在卡姆科夫和克留琴金将军的指挥下参加了基辅地区的激战，1941年12月在叶列茨担任"科斯坚科"集群的先头部队，赢得了战胜德国第2集团军的重大胜利。后一场战役使该军1941年12月26日获得近卫军称号。1942年1—2月，克留琴金的骑兵军参加了布良斯克方面军向奥廖尔发起的未遂攻势，1942年5月，该军在哈尔科夫进攻战役中充当西南方面军的北钳，但这场攻势以失败告终。1942年7月初，普利耶夫将军出任军长，率领该军参加了整个夏季战役。11月中旬时，普利耶夫的近卫骑兵军有22000多人。

普利耶夫可以说是红军在战争期间诞生的两位最优秀的骑兵指挥员之一，1941年8月在斯摩棱斯克，10月在莫斯科地区，他指挥骑兵第50师参加了"多瓦托尔"骑兵集群向德军后方发起的戏剧性突袭。该师荣获近卫骑兵第3师番号后，普利耶夫在莫斯科保卫战期间指挥近卫骑兵第2军；1942年1—2月的巴尔文科沃—洛佐瓦亚进攻战役和1942年5月失败的哈尔科夫进攻战役中，他指挥南方面军新组建的骑兵第5军。"蓝色"行动初期，他出任近卫骑兵第3军军长，7月份率领该军向东撤过顿河，8月下旬，他的军担任斯大林格勒方面军的先锋，一举夺取了至关重要的谢拉菲莫维奇登陆场。[14]

截至1942年11月20日，第21集团军的总兵力为103270人，作战兵力为92056人，共计2520门火炮/迫击炮和199辆坦克（85辆重型、57辆中型、57辆轻型坦克）。[15]

最后是以原第63集团军改编、加强而成的近卫第1集团军，司令员是德米特里·丹尼洛维奇·列柳申科中将，军事委员会委员为旅级政委I.S.科列斯尼琴科，参谋长是I.P.克鲁彭尼科夫少将。根据最高统帅部11月1日的指令，该集团军部署在西南方面军右翼，最初编有近卫步兵第4、第6、近卫机械化第1军和步兵第1、第153、第197师。1941年10月，列柳申科率领近卫步兵第1军在奥廖尔和姆岑斯克成功迟滞了古德里安的第2装甲集群，从而赢得了名声。莫斯科防御、反击战期间，他在西方面军先后指挥过第5、第30集团军。[16]

出于以下几个原因，列柳申科集团军的兵力强于瓦图京麾下的其他集团军。首先，自7月下旬以来，该集团军一直没有参加过激战，各步兵师接近满编，几乎毫发无损。其次，集团军辖内的大多数步兵师较为新锐，因为最高统帅部希望将（应该能成功的）"天王星"攻势扩展为更具雄心的"土星"行动，库兹涅佐夫的集团军[①]将发挥重要作用。最高统帅部期望红军借"土星"

---

① 译注：第63集团军11月4日改为近卫第1集团军，首任司令员是第63集团军原司令员库兹涅佐夫。

行动前出至罗斯托夫地区，也许能在德国A集团军群逃离高加索山区前将其主力堵住。第三点，作为尔后意图的标志，最高统帅部在"天王星"行动发起前将新组建的近卫机械化第1军交给近卫第1集团军，但在具体指令中要求，"天王星"行动成功后才能将该军投入战斗。最后一点，虽然最高统帅部最初并未将近卫步兵第4、第6军调拨给列柳申科集团军，而是给他派去6个单独的步兵师，但预计到该集团军将在"土星"行动中发挥的作用，斯大林最终指定新组建的2个近卫步兵军和步兵第14军，在"天王星"行动发起不久之后立即加入列柳申科集团军。[17]

11月20日，近卫第1集团军编有6个步兵师，每个师都近乎满编；1个机械化军；1个独立摩托化步兵旅；1个身管炮兵团①；3个反坦克歼击炮兵团；1个近卫迫击炮团和1个近卫迫击炮营（后者隶属于近卫机械化第1军）；1个高射炮团；1个独立工程兵营；2个舟桥营。[18]集团军总兵力为155069人，作战兵力为142869人，共计3308门火炮/迫击炮和163辆坦克（113辆中型、50辆轻型坦克），这些坦克都配属给近卫机械化第1军。[19]

瓦图京没有预备队，"天王星"行动发起前，西南方面军编有18个步兵师、3个坦克军、1个机械化军、2个骑兵军（辖6个骑兵师）、1个独立坦克旅、3个独立坦克团、2个独立坦克营、1个独立摩托化步兵旅、1个独立歼击旅、1个摩托车团、4个独立反坦克步枪营。这股力量还获得1个炮兵师、12个炮兵团、20个反坦克歼击炮兵团、8个迫击炮团、7个近卫迫击炮团、13个近卫迫击炮营、2个高射炮师、12个独立高射炮团、6个独立高射炮营、1个特种工程兵旅、1个战斗工兵旅、5个工程兵营和7个舟桥营的支援。方面军总兵力为389902人，作战兵力为331984人，并加强有8655门火炮/迫击炮、721辆坦克（145辆重型、314辆中型、262辆轻型坦克）、359架战机（311架可用）。[20]西南方面军辖内各个师的平均兵力为8800人。最高统帅部相信该方面军的实力足以打击并决定性地击败对面罗马尼亚第3集团军6个虚弱的师。

---

① 译注：身管火炮是指有炮管的火炮，这是相对于火箭炮而言的概念。

斯大林格勒方面军

虽然斯大林格勒方面军的实力在遂行进攻的三个方面军中位居第二，但其任务和西南方面军同样重要，因为他们构成了计划中深远合围的南钳。斯大林格勒方面军军事委员会由A.I.叶廖缅科上将（方面军司令员）、旅级政委N.S.赫鲁晓夫和I.S.瓦连尼科夫少将（参谋长）组成。[21]方面军作战地幅的宽度约为450公里，从斯大林格勒北郊的雷诺克沿阿赫图巴河、伏尔加河及其西部地域向南延伸，直至阿斯特拉罕南面的里海北岸。方面军的任务是从斯大林格勒南面5—70公里处的别克托夫卡登陆场和湖区发起"天王星"行动的第二个主要突击。

为遂行这项任务，叶廖缅科方面军以第64、第57和第51集团军组成突击集群。这些集团军的步兵将在城市南面的数个地段突破轴心国军队的防御；坦克第13军和机械化第4军组成的快速集群将构成"天王星"行动的南钳，骑兵第4军向南推进，掩护突击集群的左翼。斯大林格勒方面军右翼，崔可夫第62集团军的残部仍在斯大林格勒城内坚守不断缩小的立足地，他们将实施积极防御，牵制住德国第6集团军仍在城内苦战的部队。斯大林格勒方面军遥远的左翼，实力弱小的第28集团军守卫着阿斯特拉罕接近地和伏尔加河河口，他们将向西推进，掩护叶廖缅科方面军免遭来自南面的威胁，可能的话，同高加索地区的苏军取得联系。斯大林格勒方面军的5个集团军得到空军第8集团军的战机、伏尔加河区舰队的舰艇、斯大林格勒军级防空地域部署在城市周边的高射炮和歼击–截击机的支援。

在最高统帅部看来，斯大林格勒方面军拥有的步兵力量和支援武器足以在斯大林格勒南部的两个主要地段突破轴心国军队的防御。该方面军有足够的坦克和机械化力量扩大突破，进入战役纵深，并到达方面军的中间和最终目标（参见表2）。

叶廖缅科方面军编成内的5个野战集团军在人员和火炮力量方面相对较弱。各集团军的总兵力从54000人至略少于67000人、火炮/迫击炮数量从1093门至1196门不等。[22]鉴于他们抗击的敌人的力量，这一点完全可以理解：9个虚弱的德军师在斯大林格勒城内战斗或防御；2个德国师和1个罗马尼亚步兵师部署在斯大林格勒南郊及其以南地域；4个较弱的罗马尼亚步兵师、1个骑兵师

表2：1942年11月19日，斯大林格勒方面军编成和高级指挥员（缺炮兵和工程兵单位）

斯大林格勒方面军——A.I.叶廖缅科上将
 第62集团军——V.I.崔可夫中将
  近卫步兵第13、第37、第39、步兵第45、第95、第112、第138、第193、第284、第308师
  步兵第42、第92、第115、第124、第149、第160旅
  坦克第84旅
  独立坦克第506营（坦克第235旅）
 第64集团军——M.S.舒米洛夫中将
  步兵第7军——S.G.戈里亚切夫少将
   步兵第93、第96、第97旅
  近卫步兵第36、步兵第29、第38、第157、第204师
  海军步兵第66、第154旅
  歼击第20旅
  文尼察步校混编学员团
  第118筑垒地域
  坦克第13、第56旅
  独立装甲列车第28营
 第51集团军——N.I.特鲁法诺夫少将
  近卫步兵第15、步兵第91、第126、第302师
  第76筑垒地域
  机械化第4军——V.T.沃利斯基坦克兵少将
   机械化第36、第59、第60旅（分别辖坦克第26、第20、第21团）
   独立坦克第55、第158团
  骑兵第4军——T.T.沙普金中将
   骑兵第61、第81师
  独立摩托化步兵第38旅
  坦克第254旅
 第57集团军——F.I.托尔布欣中将
  步兵第169、第422师
  步兵第143旅
  独立"机枪-火炮"第45、第172、第177营（第76筑垒地域）
  坦克第13军——T.I.塔纳希申坦克兵少将[1]
   机械化第17、第61、第62旅（分别辖坦克第44、第176、第163团）
  坦克第90、第235旅
  独立摩托车第156营
 第28集团军——V.F.格拉西缅科中将
   近卫步兵第34、步兵第248师
   步兵第52、第152、第159旅
   第78、第116筑垒地域
   独立骑兵团（营）

---

① 译注：上校。

表 2：（接上页）

　　　　近卫坦克第6旅
　　　　独立坦克第565营
　　　　独立装甲车第35营
　　　　独立装甲列车第30、第33、第46营
空军第8集团军——T.T.赫留金空军少将
　　混编航空兵第2军——I.T.叶廖缅科空军少将
　　　　歼击航空兵第201、第235师
　　　　强击航空兵第214师
　　强击航空兵第206师
　　混编航空兵第226、第289师
　　轰炸航空兵第270师
　　夜间轰炸航空兵第272师
　　歼击航空兵第268、第287师
　　侦察航空兵第8团
　　混编航空兵第23、第282、第633、第655、第932团
　　运输航空兵第678团
　　校准航空兵第31、第32中队
　　高射炮兵第459团
斯大林格勒军级防空地域——E.A.赖宁上校（至1943年2月）
　　近卫高射炮兵第73、高射炮兵第748、第1077、第1079、第1080、第1082、第1083团
　　高射炮兵第82、第106、第188、第267营
　　独立第72、第122、第126、第132、第137、第141、第142、第181号高射装甲列车
　　歼击航空兵第102师
伏尔加河区舰队——D.D.罗加乔夫海军少将（至1943年2月）
　　江河舰艇第1、第2支队
　　独立装甲拖船
方面军直属部队
　　步兵第300师
　　第77、第115、第156筑垒地域
　　坦克第85旅
　　独立坦克第35、第166旅

※ 资料来源：A.M. 萨姆索诺夫，《斯大林格勒战役》，第 569 页；V.A. 佐洛塔廖夫（主编），《伟大卫国战争中的作战部队，1941—1945 年》；M.G. 沃扎金（主编），《伟大卫国战争中的集团军指挥员：军事传记辞典》；M.G. 沃扎金（主编），《伟大卫国战争中的军级指挥员：军事传记辞典》；《1941—1945 年，伟大卫国战争期间苏联武装力量军、师级指挥员》，绝密。

之一部、1个摩托化支队位于城市更南面的湖区。但是，各集团军在快速部队实力方面的差异更大，特别是他们的坦克、机械化和骑兵部队。

与从最高统帅部预备队获得大部分兵力的西南方面军不同，斯大林格勒方面军辖内的大多数部队自1942年9月以来一直在斯大林格勒地域激战，特别是第62、第64集团军辖下的各个师和旅。最高统帅部以坦克第13军、机械化第4军、骑兵第4军、步兵第87、第315师、6个步兵旅、1个摩托化步兵旅、3个坦克旅、6个防空地域炮兵团和2个反坦克歼击炮兵团加强斯大林格勒方面军。但坦克第13军在1942年7月末和8月顿河大弯曲部的激战中"严重受损"；步兵第87师9月份在斯大林格勒郊区参战，后调入最高统帅部预备队接受休整和补充；步兵第315师9月份还跟随近卫第1集团军参加了科特卢班地域的战斗。

叶廖缅科麾下实力较强的是费多尔·伊万诺维奇·托尔布欣中将的第57集团军和尼古拉·伊万诺维奇·特鲁法诺夫少将的第51集团军。这两个集团军构成了方面军的突击集群，受领的任务是从两个地段发起主要突击。因此，每个集团军拥有的坦克超过200辆，远远多于方面军辖内另外三个集团军。自1942年8月初以来，托尔布欣集团军作为东南方面军的组成部分，一直在斯大林格勒南部湖区的北半部作战，9月30日后，该集团军转隶斯大林格勒方面军。截至11月18日，第57集团军编有实力强大的坦克第13军、2个步兵师、1个步兵旅、2个坦克旅、3个独立"机枪-火炮"营和1个独立摩托车营。[23]集团军军事委员会包括司令员托尔布欣中将、旅级政委N.E.苏博京、参谋长N.Ia.普里希德科上校。[24]

T.I.塔纳希申上校[①]的坦克第13军虽然番号是"坦克"军，但更像是一个大型机械化军。该军编有3个机械化旅，每个旅辖1个独立坦克团，共计205辆中型、轻型坦克。坦克第13军组建于1942年5月23日，自7月17日以来一直由塔纳希申指挥，隶属于坦克第1集团军，1942年8月在顿河大弯曲部的激战中表现出色，但几乎全军覆没。9月，该军残部在斯大林格勒南面支援第64集团军争夺别克托夫卡登陆场。激烈的战斗使该军辖下的几个坦克旅损失殆尽，最高统

---

① 译注：坦克兵少将。

帅部11月1日签发指令，将3个新组建的机械化旅和相应的坦克团运至斯大林格勒地域，最终这些部队重建了坦克第13军。截至11月中旬，塔纳希申军达到满编，共205辆坦克。[25]

截至11月20日，第57集团军的总兵力为66778人，作战兵力为56026人。集团军共有1604门火炮/迫击炮和225辆坦克（4辆重型、122辆中型、99辆轻型坦克）。[26]

特鲁法诺夫将军10月2日接替T.K.科洛米耶茨少将出任第51集团军司令员，该集团军的规模略小于第57集团军。为此，新组建的机械化第4军和骑兵第4军加入其中，以加强该集团军的突击力。第51集团军绝非未经历过激战的菜鸟，集团军1941年10月组建于克里木，当时直属于最高统帅部，第一次参加战斗是当年10—11月在克里木半岛不成功的防御战，抗击曼施泰因率领的德国第11集团军。11月被逐至北高加索地区的塔曼半岛后，该集团军参加了外高加索方面军1941年12月底和1942年1月大胆的"刻赤—费奥多西亚"两栖登陆战，一举收复克里木东端的刻赤半岛。2—5月，第51集团军经历了刻赤地区混乱的战斗，最终再次被逐出克里木半岛，损失惨重。"蓝色"行动期间，科洛米耶茨集团军在罗斯托夫以东沿顿河实施了一场不成功的防御作战，随后撤至斯大林格勒南面的湖区，9—11月，该集团军一直在那里守卫着东南方面军（后改称斯大林格勒方面军）的左翼。[27]

集团军新司令员是尼古拉·伊万诺维奇·特鲁法诺夫，战争爆发时他是机械化第28军参谋长，1941年8月出任外高加索方面军第47集团军参谋长。担任第47集团军副司令员兼后勤部长后，特鲁法诺夫任独立步兵第1军军长，1942年7月短时间指挥第51集团军，病情痊愈后，10月份再度出任第51集团军司令员。[28]

截至1942年11月20日，最高统帅部已经以机械化第4军、骑兵第4军和2个步兵师加强特鲁法诺夫集团军，为其提供了必要的兵力，以便该集团军在"天王星"反攻中发挥重要作用。因此，"天王星"行动发起时，第51集团军编有4个步兵师、1个筑垒地域、1个机械化军、1个骑兵军、1个坦克旅、1个独立摩托化步兵旅、3个炮兵团、3个反坦克歼击炮兵团（外加骑兵第4军和机械化第4军各1个团）、1个迫击炮团、2个近卫迫击炮团、1个高射炮团（隶属于机械化第4军）、3个独立工程兵营和1个舟桥营。[29]集团军军事委员会成员包括司令员特鲁法诺夫、旅级政委A.E.哈列佐夫、参谋长A.I.库兹涅佐夫上校。

第51集团军的装甲铁拳是V.T.沃利斯基坦克兵少将指挥的机械化第4军。这是红军较新的兵团之一，1942年9月18日至10月10日以坦克第28军军部及其残部组建而成，7月末和8月，该军在顿河大弯曲部和斯大林格勒接近地的战斗中几乎全军覆没。机械化第4军组建过程中的指挥员是G.S.罗金少将（并非坦克第26军长A.G.罗金），10月10日组建完毕后由沃利斯基接任。虽说该军较为稚嫩，但大多数指挥员和部分人员颇具作战经验，全军共计20000人，编制力量为220辆坦克。[30]

骑兵第4军编有2个骑兵师，由T.T.沙普金中将指挥，虽然该军1941年12月17日便在中亚军区组建，但几乎没参加过战斗。沙普金率领该军一直待在中亚，1942年10月中旬才奉命加强斯大林格勒方面军第51集团军。该军60%的骑兵是哈萨克族、吉尔吉斯族、乌兹别克族、塔吉克族和土库曼族人。沙普金曾是沙皇军队的一名老兵，内战期间加入反布尔什维克的"白军"一方，后在红军中获得升迁，这种情况极为罕见。[31]

截至11月20日，第51集团军的总兵力为55184人，作战兵力44720人，配有1077门火炮/迫击炮和207辆坦克，其中包括118辆中型和89辆轻型坦克。[32]

斯大林格勒方面军辖内实力较强的第三支部队是瓦西里·菲利波维奇·格拉西缅科中将的第28集团军。该集团军1942年9月9日以斯大林格勒军区和东南方面军的部队组建而成，奉命守卫里海北岸的港口城市阿斯特拉罕以及伏尔加河下游地区。集团军军事委员会由司令员格拉西缅科中将、军级政委A.N.梅利尼科夫和参谋长S.M.罗加切夫斯基少将组成。

格拉西缅科集团军最初直属于最高统帅部，为实施计划中的反攻，该集团军作为斯大林格勒地域部队再部署的组成部分，9月30日转隶斯大林格勒方面军。接掌第28集团军前，格拉西缅科将军1941年6—7月指挥过西方面军命运多舛的第21、第13集团军；9月份任预备队方面军负责后勤的副司令员，10月份任红军后勤部长首席助理，12月任斯大林格勒军区司令员。[33]

截至11月初，第28集团军唯一的对手是德军第16摩步师，该师的几个加强团掩护着B集团军群右翼与A集团军群左翼之间、埃利斯塔以东的广阔区域。"天王星"行动发起前，第28集团军编有2个步兵师、3个步兵旅、2个筑垒地域、1个坦克旅、1个独立坦克营、1个装甲列车营、3辆独立装甲列车、1个近卫迫击炮团、2个独立工程兵营和1个舟桥营。集团军编成内实力最强的部队是近卫步兵第34师，该师1942年8月6日由空降兵第7军改编而成，当时，最高统帅部将9个空降军改编为近卫步兵师，以增援苏联南部陷入困境的部队，近卫步兵第34师就是其中之一。[34]截至11月19日，第28集团军总兵力为64265人，其中作战兵力47891人，拥有1196门火炮/迫击炮和80辆坦克（10辆重型、26辆中型、44辆轻型坦克）。[35]

叶廖缅科方面军辖下实力最弱的是第62和第64集团军，自7月下旬以来，这两个集团军不断卷入激战，损失惨重。从7月和8月初顿河大弯曲部及其南部，以及8月和9月初斯大林格勒接近地的激战中生存下来后，两个集团军竭力据守着伏尔加河西岸的登陆场，第62集团军在斯大林格勒城内，第64集团军位于城市南面的别克托夫卡地域。截至11月，战斗减员将两个集团军辖内的各个师削弱为团级力量，某些师只剩下营级兵力。

瓦西里·伊万诺维奇·崔可夫中将9月9日上任后，第62集团军在两个多月的激战中充当"诱饵"，将德国第6集团军引入斯大林格勒的街道、工厂和其他建筑物内进行一场代价高昂的消耗战（参见本三部曲卷二）。[36]这段时间里，遵照最高统帅部的指示，西南方面军①（9月30日后是斯大林格勒方面军）仅为崔可夫提供刚刚够用的援兵，以守住斯大林格勒城的部分地区，牵制、消耗德国第6集团军，并未投入更多部队。这使第62集团军的作战力量保持在50000人左右，但在城内战斗的兵力不到半数。例如，战役期间，该集团军大多数炮兵力量仍留在伏尔加河东岸。第62集团军的部队在斯大林格勒城内消耗殆尽时，斯大林却把大批援兵派往遂行"天王星"行动的各部队，因此，"天王星"行动发起时，第62集团军据守市区的各个师和旅只剩下一具空壳。

"天王星"行动开始时，崔可夫集团军编有10个步兵师（3个近卫师）、6个步兵旅、1个坦克旅、1个独立坦克营、3个身管炮兵团、3个反坦克歼击炮

---

① 译注：东南方面军。

兵团、1个迫击炮团（欠1个营）、5个近卫迫击炮团、2个高射炮兵团和2个独立工程兵营。[37]集团军军事委员会由司令员崔可夫中将、师级政委K.A.古罗夫和参谋长N.I.克雷洛夫少将组成。[38]

截至11月20日，由于获得大批师和旅的加强，第62集团军的总兵力为54199人，作战兵力41667人，拥有1237门火炮/迫击炮和23辆坦克（7辆重型、15辆中型、1辆轻型坦克），这些坦克都隶属于集团军辖内的一个坦克旅。[39]此时，第62集团军编成内的10个步兵师，兵力少的只有659人，多的也只有5201人，每个师的平均兵力为2744人。各旅的兵力从271人至3637人不等，平均兵力为1590人。[40]

自9月9日以来，1942年7月下旬组建的第64集团军一直由米哈伊尔·斯捷潘诺维奇·舒米洛夫中将指挥，是斯大林格勒方面军辖下5个野战集团军中实力最弱的一个。[41]第64集团军虽然坦克力量稍强于第62集团军，但兵力和火炮数量不及崔可夫集团军。与斯大林格勒城内的友军一样，舒米洛夫集团军自9月初以来一直竭力据守着伏尔加河西岸的别克托夫卡登陆场。从那时起，该集团军还在城市南面发起过三场大规模反突击和数次规模较小的反冲击，这些进攻行动使集团军辖内的师和旅折损严重。截至11月中旬，第64集团军编有1个规模较小的步兵军（辖3个新组建的步兵旅）、5个步兵师（包括1个近卫师）、2个海军步兵旅、1个独立歼击旅、1个筑垒地域、2个坦克旅、1个步校混编学员团、1个装甲列车营、4个反坦克歼击炮兵团、1个重型近卫迫击炮团（欠2个营）、2个近卫迫击炮团、2个高射炮团和3个独立工程兵营。[42]集团军军事委员会由司令员舒米洛夫中将、旅级政委Z.T.谢尔久克和参谋长I.A.拉斯金少将组成。[43]

第64集团军最主要的步兵部队是近卫步兵第36师，与第28集团军辖下的近卫步兵第34师一样，近卫步兵第36师是1942年8月6日由空降兵第9军改编而成。该师8月中旬在第57集团军辖下、8月末在第64集团编成内作战，抗击德国第4装甲集团军的推进，还为秋季发起的反冲击和反突击行动充当先锋，协助第64集团军守卫别克托夫卡登陆场。[44]与北面的第62集团军不同，11月头两周，第64集团军获得了最高统帅部提供的大批援兵，其中包括来自最高统帅部预备队的步兵第7军（辖3个步兵旅）和调自斯大林格勒方面军预备队的步兵第

38师及坦克第13旅。步兵第38师当年秋季在第64集团军辖内参加过激烈的战斗，9月末撤离前线接受休整和补充。坦克第13旅9月和10月初隶属于坦克第13军，10月底调入方面军预备队，11月初作为独立坦克旅重返第64集团军，为步兵提供支援。

获得这些援兵后，第64集团军11月20日的总兵力为53742人，作战兵力40490人，并获得1093门火炮/迫击炮和40辆坦克（1辆重型、27辆中型、12辆轻型坦克）的加强，这些坦克隶属于坦克第13、第56旅。[45]

总的说来，"天王星"行动发起时，叶廖缅科的斯大林格勒方面军（包括预备队）拥有1个步兵军、24个步兵师（预备队1个）、15个步兵旅、7个筑垒地域（预备队3个）、1个坦克军、1个机械化军、1个骑兵军（辖2个骑兵师）、8个独立坦克旅（预备队1个）、1个摩托化步兵旅、1个独立歼击旅、2个独立坦克团（预备队）和1个独立坦克营。这股力量获得14个炮兵团、18个反坦克歼击炮兵团、3个迫击炮团、14个近卫迫击炮团、1个近卫迫击炮营、4个装甲列车营、1个高射炮师、14个高射炮团、5个高射炮营、1个特种工程兵旅、2个战斗工兵旅、14个工程兵营、6个舟桥营、1个近卫扫雷工兵营和1个独立战斗工兵营的支援。[46]方面军总兵力为367943人，作战兵力为258317人，并获得6739门火炮/迫击炮、575辆坦克（22辆重型、308辆中型、245辆轻型坦克）和782架战机（637架可用）的加强。[47]斯大林格勒方面军每个师的平均兵力为4000—5000人，第62和第64集团军辖内各师实力最弱。苏军最高统帅部相信斯大林格勒方面军的战斗力足以突破斯大林格勒南面4个虚弱的罗马尼亚师的防御，并前出至顿河畔卡拉奇东、东南地域。

顿河方面军

参加"天王星"行动的三个方面军中实力最弱的是顿河方面军，方面军军事委员会由司令员康斯坦丁·康斯坦丁诺维奇·罗科索夫斯基中将、旅级政委A.I.基里琴科和参谋长M.S.马利宁少将组成。[48]该方面军实力虚弱，因为辖内诸集团军9月28日前一直据守在斯大林格勒方面军右翼，自9月3日起便不断发起徒劳无获的进攻，打击德国第6集团军的左翼。因此，最高统帅部开始策划"天王星"行动时，顿河方面军辖下的步兵师、坦克军和坦克旅实力严重不足。反攻策划和准备期间，罗科索夫斯基的部队一直很虚弱，这是因为援兵主要用于加强遂行主要突击任务的西南方面军和斯大林格勒方面军。因此，"天王星"计划明确赋予罗科索夫斯基方面军一项次要任务——牵制德国第6集团军左翼，掩护并支援瓦图京西南方面军发起的攻势。

为完成受领的任务，顿河方面军的3个集团军（第65、第24、第66集团军）将在150公里宽的作战地幅展开行动，从克列茨卡亚和锡罗京斯卡亚的顿河南岸登陆场，沿顿河向东南方延伸至上格尼罗夫斯基（Verkhnyi Gnilovskii），并向东延伸至叶尔佐夫卡南面的伏尔加河。"天王星"计划要求西南方面军第21集团军从克列茨卡亚地域向南突击时，位于顿河方面军右翼的第65集团军为其提供支援和掩护。作战计划还要求顿河方面军中央和左翼的第24、第66集团军牵制德军，遂行辅助突击，协助歼灭德国第6集团军。空军第16集团军为罗科索夫斯基的方面军提供空中支援。另外，如果"天王星"行动取得成功并困住德国第6集团军，罗科索夫斯基方面军将承担起歼灭被围之

表3: 1942 年 11 月 19 日，顿河方面军编成和高级指挥员（缺炮兵和工程兵单位）

顿河方面军——K.K.罗科索夫斯基上将[①]
 第24集团军——I.V.加拉宁少将
  步兵第49、第84、第120、第173、第214、第233、第260、第273、第298师
  第54筑垒地域
  独立反坦克步枪第58、第61营
  坦克第16军——A.G.马斯洛夫坦克兵少将（11月19日后转隶方面军）
   坦克第107、第109、第164旅
   摩托化步兵第16旅
  坦克第10旅
  独立装甲车第134、第224、第229营
 第65集团军——P.I.巴托夫中将
  近卫步兵第4、第27、第40、步兵第23、第24、第252、第258、第304、第321师
  独立反坦克步枪第59、第64营
  坦克第91、第121旅
  独立装甲列车第59营
 第66集团军——A.S.扎多夫中将
  步兵第64、第99、第116、第226、第299、第343师

[①] 译注：中将。

表3（接上页）

　　　　独立反坦克步枪第63营

　　　　坦克第58旅

　　空军第16集团军——S.I.鲁坚科空军少将

　　　　歼击航空兵第220、第283师

　　　　强击航空兵第228、第291师

　　　　夜间轰炸航空兵第271师

　　　　近卫轰炸航空兵第10团

　　　　侦察航空兵第325中队

　　方面军直属部队

　　　　第159筑垒地域

　　　　独立反坦克步枪第65、第66、第97、第98、第99、第100、第101、第102营

　　　　坦克第64、第148旅

　　　　高射装甲列车第39、第40、第377营

※ 资料来源：A.M. 萨姆索诺夫，《斯大林格勒战役》，第569页；V.A. 佐洛塔廖夫（主编），《伟大卫国战争中的作战部队，1941—1945年》；M.G. 沃扎金（主编），《伟大卫国战争中的集团军指挥员：军事传记辞典》；M.G. 沃扎金（主编），《伟大卫国战争中的军级指挥员：军事传记辞典》；《1941—1945年，伟大卫国战争期间苏联武装力量军、师级指挥员》，绝密。

敌的主要职责，当然，最高统帅部会为此提供增援力量。虽然顿河方面军实力虚弱，但最高统帅部认为，罗科索夫斯基有足够的力量完成这些有限的任务（参见表3）。

　　罗科索夫斯基诸集团军面临的最大挑战是，他们进攻的是德军，而不是罗马尼亚军队。过去的战斗表明，这项任务决不轻松。令情况趋于复杂的是，由于方面军辖内的许多师已在9—10月份的战斗中严重耗损，截至11月2日，罗科索夫斯基已下令解散了7个师。[49]这些师的残余人员重新分配给两个集团军内的其他师。此举将三个集团军编成内的31个师减少为24个，虽然其他师的实力稍稍得到了增强。

　　顿河方面军辖下的三个集团军中，实力最强的是帕维尔·伊万诺维奇·巴托夫中将指挥的第65集团军。该集团军在方面军右翼占据了一片80公里宽的作战地幅，这是因为巴托夫集团军将遂行方面军的主要突击，支援西南方面军第21集团军，后者将从巴托夫右侧的克列茨卡亚登陆场向南发起进攻。10月22日，第65集团军由坦克第4集团军改编而成，从而结束了先前遭受的讥讽

和嘲笑：坦克第4集团军是一个只有4辆坦克的集团军。集团军司令员巴托夫经验丰富，10月13日出任坦克第4集团军司令员，随后他便忙着将其打造成一个成熟的野战集团军。[50]

巴托夫集团军最初编有3个步兵师、1个筑垒地域、1个坦克旅和1个摩托化步兵旅，4个反坦克歼击炮兵团、1个近卫迫击炮团和2个高射炮团提供支援。到11月1日，集团军辖内的步兵师增加为6个，提供支援的坦克和火炮力量基本相同。[51]"天王星"行动发起时，第65集团军的实力扩充为9个步兵师（其中3个是近卫师）、2个独立反坦克步枪营、2个坦克旅、1个装甲列车营、4个炮兵团（1个榴弹炮团，3个为集团军直属）、1个反坦克歼击炮兵团、5个近卫迫击炮团（1个重型，4个标准）、3个高射炮团、1个工程兵营和1个舟桥营。[52]

对第65集团军来说值得庆幸的是，虽然步兵第24、第258和第321师在先前的战斗中损失惨重，但辖内大多数步兵师并未参加10月下旬科特卢班地域的血腥激战。当然，巴托夫麾下最出色的部队是几个近卫师——具体说来是近卫步兵第4、第27和第40师。但是，近卫步兵第4和第40师8月末参加了克列茨卡亚和锡罗京斯卡亚地域的战斗，而近卫步兵第27师在同一时期抗击着德军第14装甲军向伏尔加河的戏剧性推进。

截至11月20日，第65集团军的总兵力为74709人，作战兵力63187人，外加1922门火炮/迫击炮和49辆坦克（10辆重型、22辆中型、17辆轻型坦克）。[53]

顿河方面军辖内的另外两个集团军（第24和第66集团军）实力不及第65集团军，这是因为他们参加了科特卢班和叶尔佐夫卡地域的反突击。尽管两个集团军在这些反突击行动中损失惨重，用朱可夫的话来说就是"牺牲品"，但这种近乎自杀的进攻为第62集团军守住斯大林格勒城做出了显著的贡献。另外，由于面对着德国第8军和第14装甲军各师预有准备的防御，"天王星"行动期间，实力虚弱的第24和第66集团军唯一能做的只有骚扰、牵制当面之敌。

相比之下，伊万·瓦西里耶维奇·加拉宁少将的第24集团军实力稍强些，部署在顿河方面军中央的科特卢班和库兹米希地域。1942年9月1日，该集团军以预备队第9集团军为基础第四次组建。前三次组建的第24集团军不是在战斗中全军覆没，就是被直接解散了。[54]10月中旬，加拉宁接替D.T.科兹洛夫少将担任第24集团军司令员，他是一名经验丰富的指挥员，1941年在乌克兰指挥过第18集团军，在季赫温指挥过第59集团军，1942年先后担任过西方面军第33集团军副司令员和沃罗涅日方面军副司令员。[55]

在科兹洛夫和加拉宁的指挥下，1942年9月3日—12日，第24集团军率先发起科特卢班地域的反突击；9月18日—22日、9月23日—10月2日、10月9日—11日，该集团军在同一地区的另外三次反突击行动中遂行辅助突击；10月20日—26日，在该地域再度发起的反突击行动中，第24集团军又一次遂行主要突击。结果，集团军辖内各师严重受损，其中4个不得不解散，以确保其他师的战斗力。"天王星"行动发起时，加拉宁集团军编有9个步兵师、1个筑垒地域、1个坦克旅、2个独立反坦克步枪营、3个独立装甲车营、6个炮兵团、2个反坦克歼击炮兵团、4个近卫迫击炮团（1个重型，3个标准）、2个高射炮团、1个工程兵营和4个战斗工兵营。[56]

与罗科索夫斯基顿河方面军辖内其他集团军不同，第24集团军配有一个坦克军——久经沙场的坦克第16军，但只能等进攻发起后才转隶该集团军。这就使第24集团军能够实施一场大规模辅助突击，从卡恰林斯卡亚地域攻向韦尔佳奇，包围沿顿河设防的德军，当然，前提是"天王星"行动取得成功。坦克第16军在A.G.马斯洛夫坦克兵少将的率领下，曾在科特卢班地域的前三次反突击行动中担任装甲先锋，每一次都损失惨重。[57]因此，尽管撤至后方接受了休整和补充，但11月19日加入第24集团军时，该坦克军只有140辆坦克。不过，罗科索夫斯基认为该军的实力足以完成其受领的任务。

虽然顿河方面军和斯大林格勒方面军一贯将各个师在辖内诸集团军之间来回调动，但第24集团军所有师的实力都严重受损。因此，截至11月20日，加拉宁第24集团军的总兵力为68489人，其中作战兵力56409人，但1899门火炮/迫击炮和48辆坦克（21辆重型、14辆中型、9辆轻型和4辆诸如喷火坦克这类特种坦克）至少在一定程度上弥补了集团军的兵力短缺。[58]

罗科索夫斯基麾下实力最弱的是A.S.扎多夫少将的第66集团军，该集团军在顿河方面军左翼据守着奥尔洛夫卡和叶尔佐夫卡的阵地。第66集团军8月27日以最高统帅部预备队的预备队第8集团军组建而成，是朱可夫在8月末至9月初组建的三个集团军之一，用以打击斯大林格勒北面和西北面、德国第6集团军据守顿河与伏尔加河之间防御的第14装甲军。[59]扎多夫是一名经验丰富的骑兵，1941年6月末和7月曾在乌克兰指挥过空降兵第4军，8月至莫斯科保卫战期间，在中央方面军和布良斯克方面军任第3集团军参谋长，1942年5月起指挥骑兵第8军，当年10月出任第66集团军司令员。[60]他是一位素以顽强作战著称的指挥员，第66集团军10月下旬在叶尔佐夫卡地域的表现证明了这一点，但该集团军的战斗力并不足以突破德军第14装甲军的防御。与右翼的加拉宁集团军一样，扎多夫不得不在11月初解散了麾下的4个师，因为这些师已经彻底丧失了战斗力。

"天王星"行动发起时，第66集团军编有6个步兵师、1个坦克旅、1个反坦克步枪营、2个炮兵团、1个反坦克歼击炮兵团、2个迫击炮团、2个近卫迫击炮团、1个高射炮团和2个独立工程兵营。[61]参加"天王星"行动所有部队（包括遭受重创的第62集团军）中实力最弱的这个集团军总兵力仅为51738人，其中作战兵力39457人，有1568门火炮/迫击炮作支援，辖内唯一的坦克旅仅有5辆坦克（2辆中型、3辆轻型）。[62]虽说实力虚弱，但"天王星"行动发起后不久，该集团军就重创了对手（著名的第14装甲军），这在很大程度上要归功于扎多夫的勇猛。

因此，"天王星"行动发起时，罗科索夫斯基的顿河方面军（包括预备队）辖24个步兵师、2个筑垒地域（1个担任预备队）、1个坦克军、6个独立坦克旅（2个担任预备队）、3个独立装甲车营（预备队）、4个独立装甲列车营、13个独立反坦克步枪营（8个担任预备队）。这股作战力量获得13个炮兵团、4个反坦克歼击炮兵团、2个迫击炮团、12个近卫迫击炮团、9个高射炮团、4个独立高射炮营、1个特种工程兵旅、1个战斗工兵旅、8个工程兵营、5个舟桥营和4个战斗工兵营的支援。[63]

顿河方面军总兵力284373人，作战兵力192193人，外加6625门火炮/迫击炮、254辆坦克（72辆重型、90辆中型、88辆轻型、4辆特种坦克）和388架战机（329架可用）。[64]方面军辖内各师平均兵力5850人，第65集团军各师的平均兵力超过7000人，而66和第24集团军各师平均兵力不到4500人。虽然最高统帅部知道顿河方面军缺乏突破德军防御的战斗力，但他们希望该方面军支援并掩护西南方面军的突击集群，可能的话，包围并歼灭被孤立在顿河大弯曲部以西的德军师。

就这样，通过这番艰巨的努力，苏军最高统帅部设法为遂行"天王星"行动集结起一股强大的力量。三个方面军共计1042218人，作战兵力782548人，共投入22019门火炮/迫击炮、1550辆坦克（239辆重型、712辆中型、595辆轻型、4辆特种坦克）和1529架战机（1277架可用）。[65]最高统帅部、最高统帅部代表朱可夫和华西列夫斯基、总参谋部和三位方面军司令员都相信这股力量足以突破罗马尼亚人的防御，包围并歼灭德国第6集团军。

"天王星"计划

背景：更加广阔的战略计划

虽然直到最近才弄明白，但"天王星"行动实际上是一个更大、更复杂的计划的组成部分，这些以太阳系星球命名的计划共同构成了苏军的一场战略攻势，其规模至少与红军1941年12月初期及中旬在莫斯科赢得胜利后制订的计划同样庞大。在这两份计划中，基于他们对作战艺术的理解，苏军最高统帅部的策划者们认为，一场行动再怎么成功也无法击败德军。因此，他们打算投入战略预备队，沿整个苏德战线发起进攻，打开大批突破口，使德国人无法恢复态势。但是，这种战略构思在去年冬季表明，苏军统帅部不仅野心太大，还力不从心。

"天王星"若达成合围，将歼灭德国B集团军群的先头部队。苏军最高统帅部希望在此基础上发起"土星"行动，向西攻往罗斯托夫，消灭B集团军群主力，切断A集团军群撤离高加索山区的通道，将其一举歼灭。近卫第2集团军将在"土星"行动中担任先锋，这股强大的力量一直留在最高统帅部预备队内。如果他们能夺取罗斯托夫这个关键的交通枢纽，就将切断顿河和伏尔加河以南德军的补给，并把德国A集团军群困在高加索山区。

"天王星"行动的姊妹篇代号为"火星"，这场大规模攻势意图打击德国"中央"集团军群据守勒热夫—维亚济马突出部的部队。在那里，德军战线凶险地伸向东北方的莫斯科，三面被红军加里宁方面军和西方面军包围。正如本三部曲第一部描述的那样，1942年8月，朱可夫没能铲除这个突出部，据守在那里的是德国第9集团军和第3装甲集团军之一部。朱可夫并未灰心，他打算再度发起进攻。在9月下旬与斯大林和华西列夫斯基召开的一场会议上，这位顽固的指挥员说服苏联最高统帅，有足够的预备力量在1942年秋季发起两场大规模攻势，一场在斯大林格勒，另一场在勒热夫。

实际上，勒热夫—维亚济马攻势最初计划于10月12日发起，可能与顿河、斯大林格勒方面军在斯大林格勒地域发起的攻势相配合。可是，苏军最高统帅部10月13日决定采取"不同解决方案"，合围斯大林格勒地域的所有德军，"火星"攻势先是推迟到10月28日，由于气候恶劣又被推延数次，最终决定于11月25日发起，也就是沿顿河展开"天王星"反攻的六天后。

从理论上说，这番延误增加了朱可夫赢得胜利的机会，因为"天王星"反攻将把德军战役预备队从"中央"集团军群的防区吸引到南面。[66] "火星"行动发起时，其规模已扩大，对大卢基地域德军的进攻也包括其中，距离远至勒热夫西北方200公里处的杰米扬斯克。对大卢基的突击计划于11月24日开始，也就是加里宁方面军和西方面军在勒热夫南面和西南面发起主要突击的一天前。正如俄罗斯最新的战争史中描述的那样："加里宁方面军和西方面军奉命沿西方向发起'火星'攻势，意图歼灭勒热夫、瑟乔夫卡、奥列尼诺地域的德国第9集团军和第3装甲集团军，并以部分兵力夺取大卢基和新索科利尼基。"[67]

最后，"火星"攻势定于11月24日发起，马克西姆·阿列克谢耶维奇·普尔卡耶夫将军的加里宁方面军，将以辖内突击第3集团军的先遣支队从东面打击德军守卫大卢基的第3装甲集团军。一天后，加里宁方面军和西方面军的主力突击群将同时从西面和东面攻向勒热夫突出部：加里宁方面军辖下2个新组建的机械化军从西面发起突击，设法与伊万·斯捷潘诺维奇·科涅夫将军西方面军从东面投入进攻的1个坦克军和1个骑兵军会合。策划并将监督这场攻势的朱可夫认为，这些快速部队的实力足以突破德军防御，并在突出部根部中央取得会合。一旦他们会师，就将切断勒热夫地域的德军，合兵一处的两股苏军将转向东南方，直扑维亚济马，在那里与P.S.雷巴尔科将军向西突击的坦克第3集团军（8月份沿日兹德拉河的进攻遭遇惨败后，该集团军重新组建）会合。一旦成功，"火星"行动就将构成规模仅次于斯大林格勒的第二个包围圈，A、B集团军群土崩瓦解之际，"中央"集团军群的防线也将被撕开个大口子。[68]

虽然未得到苏联或俄罗斯资料的证实，但苏军一系列以行星冠名的进攻行动，最后一个的代号很可能是"木星"或"海王星"。正如"土星"行动取决于"天王星"的成功，"木星"或"海王星"的策划也建立在"火星"行动的基础上。西方面军将穿过维亚济马，向西发起新突击，而获得加强的加里宁方面军向南攻击前进。他们随后将与赢得勒热夫突出部胜利的部队会合，从而全歼德国"中央"集团军群，收复斯摩棱斯克。

　　因此，孤立地研究"天王星"行动是没有意义的。欲充分理解苏军最高统帅部遂行"天王星"行动的意图，以及后续战略攻势和整个冬季战役的规模及目的，就必须考虑赋予"天王星"行动全部意义的背景。至于"天王星"行动的历史地位，将于反攻胜利之时确立。

规模、构想和战略任务

　　在这一庞大战略冒险的背景下，斯大林和苏军最高统帅部投入三个方面军（西南、顿河、斯大林格勒方面军）沿斯大林格勒方向发起行动，遂行"天王星"反攻。[69]就性质而言，这场反攻是一场单独的战略进攻行动，旨在包围、歼灭斯大林格勒地域所有轴心国部队——即罗马尼亚第3集团军、德国第6集团军和德军第4装甲集团军。反攻的形式是一场庞大、深远的两翼合围，由西南方面军和斯大林格勒方面军辖内的大编制快速部队（坦克、机械化、骑兵兵团）构成的铁钳实施。这些方面军编成内的快速部队分别从北面和南面实施合围，而顿河方面军辖内诸集团军执行双重任务：支援并掩护突击铁钳，牵制轴心国部队主力，待其被围后歼灭这股敌军（参见地图4）。

　　三个方面军投入两个主要突击集群，跨过400公里宽的战线发动反攻。西南方面军的北钳将向南推进120—140公里，斯大林格勒方面军的南钳将向西北方推进100公里，在轴心国军队后方深远处会合。

　　苏军最高统帅部对"天王星"行动的构想是以西南方面军和斯大林格勒方面军辖内诸集团军实施的突破为开端。这些进攻旨在攻破斯大林格勒西北方、据守德国第6集团军左翼的罗马尼亚第3集团军的防御，以及城市南面德国第4装甲集团军右翼的罗马尼亚和德国部队的防御。两路突破完成后，强大的坦克、机械化和骑兵部队负责扩大战果，深入德军后方，在顿河畔卡拉奇会合。西南方面军和斯大林格勒方面军的快速部队将在三天内完成行动的合围阶段。

西南方面军司令部

近1集令部

Kulichki

近1集

步197师

西南方面军

坦5集

步346师

步278师 骑8军

坦1军

坦26军

21集

步159师

步346师

步96师

步333师

31 A

65 A

罗7步师

步203师

近步14师

步119师

罗5步师

近步47师

258 步师

罗11步师

罗14步师

罗6步师

步63师

252 步师

321 步师

304 步师

意8集

博科夫斯卡亚

步119师

罗7骑师

罗1装师

48 装军

22 装师

车尔尼雪夫斯卡亚

近骑3军

14 装师

近骑3军

坦4军

乌斯季格里亚兹诺夫斯基

坦4军

坦1军

卡拉奇

坦5集

奥布利夫斯卡亚

雷奇科夫斯基

上奇尔斯基

罗3集

下奇尔斯卡亚

LEGEND

Position on 18 November 1942

Attack axes

Force missions on the first day of the operation

Force missions on the second day of the operation

Force missions on the third day of the operation

地图 4 （本页及上页）天王星行动：苏军的计划

　　会师后，这些快速部队将构成对内、对外正面，以坦克、机械化和步兵部队建立起合围对内正面，以骑兵和步兵部队建立起合围对外正面。两个方面军形成的作战态势将把两个德国集团军困在斯大林格勒地域，并防止或遏制德军救援或加强其被围的斯大林格勒集团。

　　一旦这场大规模合围行动取得成功，顿河方面军辖内诸集团军，将在西南方面军和斯大林格勒方面军坦克、机械化部队主力的支援下，对包围圈发起向心突击，歼灭被围的两个德国集团军。与此同时，构成合围对外正面的骑兵和部分步兵部队将向西和西南方扩展攻势，将罗马尼亚和德国军队的余部驱离斯大林格勒。

　　虽然斯大林和最高统帅部战役策划者们最初希望10月下旬发起"天王星"和"火星"行动，但策划、后勤和再部署问题迫使他们更改了进攻日期，先是改为11月9日（西南方面军、顿河方面军）和10日（斯大林格勒方面军），最后又改为11月19日和20日。两个方面军错开进攻日期非常必要，因为西南方面军的北钳冲向卡拉奇，120—140公里的路程需要三天时间，而斯大林格勒方面军前出至目标处的路程为100公里，仅需要两天。

　　基于这种作战构想，瓦图京西南方面军辖下的3个集团军沿顿河及顿河以南地域部署在斯大林格勒西北方120—340公里处，将从谢拉菲莫维奇西南方和克列茨卡亚附近的顿河南岸登陆场发起一场主要突击，突破罗马尼亚第3集团军的防御。方面军快速部队随后将向南突击，夺取顿河畔卡拉奇，并与斯大林格勒方面军冲向苏维埃茨基（Sovetskii）的快速部队会合。此后，西南方面军应与顿河方面军、斯大林格勒方面军相配合，歼灭敌斯大林格勒集团，同时以右翼部队攻向西南方，掩护方面军主突击集群，并前出至克里瓦亚河（Krivaia）和奇尔河一线，构成"积极"的合围对外正面。"积极"的意思是，最高统帅部希望一支部队能向西南方推进得更远，特别是攻向德军设在塔钦斯卡亚、莫罗佐夫斯克（莫罗佐夫斯基）关键的后勤和交通中心。

　　西南方面军发起进攻一天后，叶廖缅科的斯大林格勒方面军也将投入交战，该方面军的5个集团军部署在一条宽大的战线上，从斯大林格勒北沿阿赫图巴河、伏尔加河及其西部地域向南延伸450公里，直至阿斯特拉罕南面的里海北岸。叶廖缅科方面军计划从萨尔平斯基湖（Sarpinskii）北部和南部地域发起主要突击。他们将突破罗马尼亚第4集团军的防御，歼灭敌军，以快速部队向西北方拓展攻势，与西南方面军快速部队在卡拉奇东南方10—15公里处的苏维埃茨基会合，从而包围敌斯大林格勒集团。随后，方面军辖内部队将与顿河方面军、西南方面军相配合，歼灭敌斯大林格勒集团，并以部分兵力攻向西南方的阿布加涅罗沃和科捷利尼科沃，沿该方向构成合围对外正面。

　　完成进攻行动这幅复杂拼图的是罗科索夫斯基的顿河方面军，该方面军辖内的3个集团军部署在150公里宽的作战地幅上，从斯大林格勒市中心以北20公里处的伏尔加河西岸向西北方延伸至顿河畔的克列茨卡亚。顿河方面军将从克列茨卡亚登陆场和卡恰林斯卡亚地域（Kachalinskaia）沿顿河向南发起辅助突击。罗科索夫斯基的任务是突破德国第6集团军第11、第8军的防御，歼灭当面之敌，向南推进至韦尔佳奇，与西南方面军第21集团军相配合，包围并歼灭德国第11军位于顿河小弯曲部的部队。随后，方面军辖内部队将与顿河方面军、斯大林格勒方面军的部分部队相配合，消灭被困在斯大林格勒的敌军。

出发地区部队的再部署、加强、集中和隐蔽

第一阶段：9月27日—10月12日

　　"天王星"行动的初期准备工作开始于9月27日最高统帅部做出实施"天王星"行动的决定，结束于10月12日，朱可夫和华西列夫斯基将修改后的构想和草拟的方案呈交斯大林批准的前一天。在此期间，最高统帅部开始把遂行"天王星"行动所需要的关键部队调离在其他地区行动的各方面军和集团军。在此之前，最高统帅部已将坦克第3、第5集团军撤入其战略预备队，并组建了5个新的预备队集团军和大批坦克、机械化、骑兵军，以及炮兵突破师和独立坦克旅、团、营。[70]9月22日和23日，最高统帅部将坦克第5集团军调至布良斯克方面军防区内的普拉夫斯克（Plavsk）接受进一步训练，坦克第3集团军调至西方面军防区内的卡卢加（Kaluga）接受训练，准备参加"火星"行动。[71]

　　斯大林9月27日—29日在克里姆林宫与他的高级军事顾问们会晤后，进攻准备工作加快了速度。9月28日，最高统帅部签发了三道指令，加强斯大林格勒地区的几个方面军，并准备将其他部队进一步部署至该地区。第一道指令要求乌拉尔军区将新组建的步兵第7军（辖步兵第93、第96、第97旅）调至斯大

林格勒以东地域；第二道指令要求红军汽车装甲坦克总部部长将坦克第84和第90旅派往斯大林格勒，不过前者立即被用于加强城内的第62集团军。[72]第三道指令要求沃罗涅日方面军转入防御，并将坦克第17和第24军调入预备队，接受休整和补充。[73]最高统帅部9月29日—30日还签发了另外两道指令，将步兵第87和第315师从卡梅申调往预备队第10集团军，在该集团军辖内为"天王星"行动作准备，并将2个步兵旅派给加里宁方面军第43集团军，显然是准备参加"火星"行动。[74]

9月末会议结束后，最高统帅部签发了一连串与"天王星"行动准备工作相关的指令。首先，10月1日下达的两道指令要求沃罗涅日方面军将坦克第17、第18军调至顿河方面军后方的塔季谢沃车站（Tatishchevo）休整补充，并命令顿河方面军辖内的坦克第4军如法炮制。[75]第二道指令还把预备队第10集团军刚刚完成补充的7个步兵师（步兵第277、第62、第252、第212、第226、第333、第293师）调拨给顿河方面军。[76]次日，最高统帅部又签发了两道指令，将步兵第45和第300师调入预备队第4集团军，以便日后部署至斯大林格勒地域，但第62集团军恶化的态势迫使这些部队提前投入城内的战斗。[77]随着斯大林格勒战事的加剧，最高统帅部继续加强坦克第5集团军，10月3日为其调拨了重建的坦克第117、第159旅和摩托化步兵第44旅。[78]

斯大林10月13日批准"天王星"行动草案前不久，最高统帅部又签发了一批准备令。其中最重要的是命令骑兵第4军"立即"从中亚军区重新部署至斯大林格勒地域（10月10日），命令顿河方面军将近卫第1集团军和近卫步兵第32、第41师调入最高统帅部预备队，接受休整和补充（10月11日），还命令预备队第1集团军将步兵第18师调入预备队重建（10月11日）。[79]次日，最高统帅部以大量反坦克武器、火炮、机枪和满编的战斗工兵第19旅加强斯大林格勒方面军，就此完成了这一轮准备工作。[80]

第二阶段：10 月 13 日—31 日

斯大林10月13日批准了代号为"天王星"的行动草案后，各方面军的准备工作加紧进行，特别是对遂行"火星"行动和涉及杰米扬斯克攻势的西北方面军、加里宁方面军、西方面军而言必要的措施。但这一时期最重要的进展是

10月22日西南方面军的组建。在此之前，最高统帅部下达了另一批指令，继续进行一个月前已开始的进程，NKO也签发了几道重要命令。这些训令加强了参加"天王星"行动的各方面军，在前进部队和后方的NKVD安全区建立起严格的保密机制，并对坦克和机械化部队在突破和扩大战果行动中的部署问题做出详细说明（这些指令的具体内容可参阅副卷附录3A）。

瓦图京指挥西南方面军加紧组建之际，最高统帅部又下达了几道命令，为引领"天王星"反攻的西南方面军提供必要的兵力。最初的两道指令10月22日签发，要求在10月31日前组建西南方面军，并将顿河方面军第63、第21集团军、最高统帅部预备队坦克第5集团军调拨给该方面军，任命了方面军司令员和军事委员会成员，还为该方面军指定了作战地域。[81]相关指令将空军第17集团军调拨给瓦图京方面军，并从沃罗涅日方面军抽调骑兵第8军、1个步兵师、5个炮兵团加强西南方面军。[82]NKO也下达了一道指令，要求在11月5日前组建近卫机械化第1军，11月25日前组建近卫第2集团军，12月1日前完成8个机械化军的组建工作。[83]这道命令还将红军大多数坦克旅和独立坦克营重新编为坦克团，分配给各机械化军辖内的机械化旅，或编为支援步兵的独立坦克团。

次日，最高统帅部下达了两道指令，要求11月10日前以预备队第4集团军组建近卫第1集团军①，11月25日前以预备队第1集团军组建近卫第2集团军，每个集团军都配有一个满编近卫机械化军。[84]这番举措提供了必要的战略预备力量，一旦"天王星"行动取得成功，就扩大为"土星"攻势。

10月25日—26日，最高统帅部的三道指令完成了收尾工作，为西南方面军从谢拉菲莫维奇和克列茨卡亚登陆场发起突破，以及"天王星"行动北钳随后进行扩张提供了必要的兵力。第一道指令从顿河方面军抽调4个步兵师（第226、第293、第333、第277师）、坦克第4军、近卫骑兵第3军、11个炮兵团和5个高射炮团加强西南方面军及其辖内各集团军。[85]瓦图京随后将2个快速军调拨给奇斯佳科夫的第21集团军。第二道指令将最高统帅部预备队的机械化第4军、骑兵第4军、步兵第143旅、喷火坦克第235旅转隶斯大林格勒方面军，将

---

① 译注：11月以第63集团军组建而成的近卫第1集团军于12月5日改为近卫第3集团军。

其部署为纵深突破力量。[86]第三道指令为西南方面军第21集团军的3个近卫坦克突破团各配备21辆KV和2辆喷火坦克，为在克列茨卡亚附近实施突破的步兵提供支援。[87]

这些和另一些与调动部队关系不大、涉及较小问题的指令实际上结束了最高统帅部为实施"天王星"行动集结所需要的基本力量而付诸的努力。10月底，遂行进攻任务的三个方面军基本已就位，11月头10天，西南方面军、顿河方面军和斯大林格勒方面军司令员忙着重组、配置、部署部队，先是进入前进集结区，随后进入最终出发阵地，准备发起进攻。

最后阶段：11月1日—18日

随着最后准备阶段的开始，朱可夫和华西列夫斯基强调了对"天王星"计划做出最后调整和部署相关部队的重要性。他们飞赴各自负责的司令部，监督叶廖缅科、瓦图京和罗科索夫斯基采取的每一项措施，身边跟随着一群高级将领，都是军事行动各个方面的专家。[88]其中包括负责空中行动的诺维科夫和戈洛瓦诺夫将军，负责炮兵部署的沃罗诺夫将军，负责坦克兵作战行动的费多连科将军。他们的行程非常紧张。华西列夫斯基11月1日赶往斯大林格勒方面军司令部，以完成第51和第57集团军的进攻计划。朱可夫同样如此，11月最初三天待在西南方面军司令部，与瓦图京和他麾下的几位集团军司令员磋商。11月4日—5日，他又赶赴第21和第65集团军司令部，会见奇斯佳科夫、巴托夫及其参谋人员，完善他们的计划和任务。11月6日返回莫斯科与斯大林协商后，这位最高副统帅再次返回前线，7日、8日和9日的部分时间一直待在顿河方面军司令部，与罗科索夫斯基一同展开工作。11月9日，朱可夫赶往斯大林格勒方面军司令部，与华西列夫斯基、叶廖缅科和诸集团军司令员协商问题，直至11月15日。同参加"天王星"行动的几乎每一位指挥员进行紧张的工作后，朱可夫11月16日返回莫斯科，向斯大林和最高统帅部汇报情况。11月18日，他又飞赴加里宁方面军和西方面军，监督科涅夫和普尔卡耶夫为"火星"行动所做的准备。朱可夫在那里待到12月6日，监督最终的策划和最初的突击，随后返回莫斯科。身处斯大林格勒方面军的华西列夫斯基计划安排几乎如出一辙，其间偶尔同朱可夫短暂会晤，以协调他们的计划。两位最高统帅部代表亲赴前线详细研究各种细节问题，标志着红军策划并实施大规模行动方法的一道分水岭。

　　根据朱可夫和华西列夫斯基的建议，最高统帅部又下达了一连串关于"天王星"行动和参与其中的三个方面军的新指令，更改或加强其部队结构，协调作战行动各方面的问题，调整指挥人员，从而将最具能力者分配到最重要的职位上，或由于某些未解决的问题干脆推延反攻（参阅副卷附录3B）。这些举措中最重要的是调整进攻部队指挥员、为参战各方面军组建新部队并提供援兵、将反攻推延至11月19日。

　　正如这些指示和命令表明的那样，对"天王星"计划和参与反攻的三个方面军的完善及调整，持续到了行动发起前的最后一刻。另外，在这段时间里，最高统帅部将工作重点放在了后续行动所需的兵力上，他们调拨给西南方面军和沃罗涅日方面军的部队远远超过"天王星"行动的需求。

　　总之，苏军最高统帅部当年秋季为沿斯大林格勒方向展开行动的几个方面军提供了大批援兵。具体说来，从10月1日至11月20日的六周内，最高统帅部为沃罗涅日方面军、西南方面军、顿河方面军、斯大林格勒方面军提供了如下增援：

- 补充兵——105211人
- 火炮和迫击炮——3391门
- 坦克——376辆
- 部队：

　　　　步兵师——25个

　　　　骑兵师——9个

　　　　机械化军——3个

　　　　坦克军——3个[89]

　　除了这些援兵，最高统帅部还在这段时期给沃罗涅日方面军调拨了3个步兵师、2个步兵旅和3个坦克旅，"天王星"反攻发起后，又为顿河方面军的空军第16集团军增派了轰炸航空兵第2军，为西南方面军的空军第8集团军调派了混编航空兵第3军。[90] 表4表明了反攻发起前最后18天内，三个方面军获得的加强及其内部实施的大规模重组。

表4：1942年11月1日—8日，西南方面军、斯大林格勒方面军、顿河方面军获得的加强和内部重组

西南方面军——将3个坦克军、1个机械化军和2个骑兵军调入前进集结区，最后进入出发阵地，并在辖内集团军之间调动5个步兵师，具体如下：

- **坦克第5集团军：**
  - ○坦克第1、第26、骑兵第8军（后者调自方面军）——进入距离前线30—40公里的集结区，随后进入距离前线10—15公里、谢拉菲莫维奇登陆场内的出发阵地（在此期间，坦克第1军未能完成在济莫夫斯基地域的调动，11月9日遭到德军战机的轰炸）。
  - ○步兵第203师——调往近卫第1集团军
  - ○近卫步兵第14、步兵第124师（近卫步兵第50师）——调自第21集团军
- **第21集团军：**
  - ○坦克第4、近卫骑兵第3军（后者调自方面军预备队）——进入顿河以北的前进集结区，随后渡河，进入克列茨卡亚登陆场。
  - ○近卫步兵第14、步兵第124师（近卫步兵第50师）——调往坦克第5集团军
  - ○步兵第278师——调往近卫第1集团军
- **近卫第1集团军**（原第63集团军）：
  - ○近卫机械化第1军——调自伏尔加河沿岸军区
  - ○步兵第203师——调自坦克第5集团军
  - ○步兵第266师——调自预备队第4集团军
  - ○步兵第278师——调自第21集团军

斯大林格勒方面军——集结起1个机械化军、1个坦克军、1个骑兵军、3个步兵师、3个坦克旅和9个火炮/迫击炮团，大多在战斗状态下渡过伏尔加河进入前进集结区和最终出发阵地，具体如下：

- **第62集团军**——没有变化
- **第64集团军：**
  - ○步兵第422师、坦克第90旅——调往第57集团军
  - ○步兵第126师——调往第57集团军[①]
  - ○坦克第13旅——调自方面军（坦克第13军）
- **第57集团军：**
  - ○机械化第17、第64、第62旅（各辖坦克第44、第176、第163团）——调自红军汽车装甲坦克总部
  - ○坦克第13军——调自方面军，部署至红军城东面的树林
  - ○步兵第422师、坦克第90旅——调自第64集团军
  - ○坦克第235旅——调自方面军预备队
  - ○近卫步兵第15师——调往第51集团军
  - ○第76筑垒地域（缺"机枪—火炮"第172、第177营）——调往第51集团军
- **第51集团军：**
  - ○机械化第4、骑兵第4军——调自方面军，向前部署至察察以东15—20公里的集结区
  - ○近卫步兵第15师——调自第57集团军
  - ○步兵第126师——调自第64集团军
  - ○第76筑垒地域（缺"机枪-火炮"第172、第177营）——调自第57集团军
  - ○第302步兵师——从集团军左翼调至右翼
- **第28集团军**——没有变化

---

① 译注：调往第51集团军。

表4：（接上页）

顿河方面军——集结1个坦克军、4个步兵师、2个独立坦克旅，进入前进集结区和最终出发阵地，具体如下：
- ●**第24集团军：**
  - ○**第16坦克军**——调自方面军
  - ○**步兵第49、第84、第120师**——调自第66集团军
  - ○**步兵第207、第221、第292、第316师**——11月2日解散，残部分配给其他师
  - ○**步兵第258师**——调往第65集团军
- ●**第65集团军：**
  - ○**近卫步兵第27、步兵第252师**——调自方面军预备队
  - ○**步兵第258师**——调自第24集团军
  - ○**坦克第91、第121旅**——调自方面军预备队
- ●**第66集团军：**
  - ○**步兵第49、第84、第120师**——调往第24集团军
  - ○**步兵第62、第212、第231师**——11月2日解散，残部分配给其他师

各方面军——将所有支援步兵的坦克团和营在发起反攻的2—3天前调入距离前线4—6公里的前进集结区。

※ 资料来源：V.A.佐洛塔廖夫（主编）的《最高统帅部大本营：1942年的文献资料》（Stavka VGK: Dokumenty i materialy 1942），刊登在《俄罗斯档案：伟大卫国战争》【Russkii arkhiv: Velikaia Otechestvennaia [voina], 16 (5–2)】，第16册（5–2）（莫斯科：特拉出版社，1996年）；V.A.佐洛塔廖夫（主编）的《伟大卫国战争中的总参谋部：1942年的文献资料》（General'nyi shtab v gody Velikoi Otechestvennoi voiny: Dokumenty i materialy 1942），刊登在《俄罗斯档案：伟大卫国战争》（Russkii arkhiv: Velikaia Otechestvennaia），第23册（12–2）（莫斯科：特拉出版社，1999年）；K.K.罗科索夫斯基（主编）的《伏尔加河畔的伟大胜利》（Velikaia bitva na Volge，莫斯科：军事出版社，1965年）。

总之，10月1日至11月18日，苏军最高统帅部在斯大林格勒地区组建起一个新方面军，并以坦克第5集团军、10个步兵师、6个步兵旅、3个坦克军、1个机械化军、2个骑兵军、4个坦克旅、1个坦克团、约20个火炮/迫击炮团加强遂行"天王星"反攻的三个方面军。除了表4列举的部队，这些部队具体如下：

・西南方面军——坦克第5集团军；近卫步兵第14、第47、步兵第119、第159、第346师；坦克第1、第26、骑兵第8军；近卫坦克第8旅；3个坦克、13个炮兵、7个迫击炮、6个火箭炮团；1个混编航空兵军（调给空军第17集团军），调自沃罗涅日方面军的空军第2集团军，远程航空兵部队

・斯大林格勒方面军——步兵第87、第315师；6个步兵旅；坦克第13、机械化第4、骑兵第4军；1个摩托化步兵和3个坦克旅；6个防空地域炮兵和2个反

坦克歼击炮兵团；混编航空兵第2军（调给空军第8集团军）

· 顿河方面军——近卫步兵第27、步兵第226和第252师。[91]

后勤准备

苏军一系列进攻行动的计划都取决于"天王星"的成功。虽说"天王星"行动的准备时间远远多于苏军以往任何一场攻势，但这场准备涉及前所未有的后勤努力。在这方面，妨碍德军后勤的铁路和公路网同样限制了苏军的行动。将大批部队调入相关地域最主要的问题是运输网的运力（包括火车头和车厢有限的数量）有限——运送人员、马匹和装备的棚车不够，搭载坦克、火炮这类重装备的平板车也不足。

最高统帅部、NKO和后勤机构别无选择，只能依靠该地区现有的铁路和公路网加强、重新部署、支援他们的突击部队。这就意味着西南方面军和顿河方面军使用的勒季谢沃（Rtishchevo）—巴拉绍夫（Balashov）—波沃里诺（Povorino）—弗罗洛夫（Frolov）铁路线，斯大林格勒方面军使用的乌尔巴赫（Urbakh）—巴斯昆恰克（Baskunchak）—阿赫图巴铁路线至关重要。"天王星"行动准备期间，西南方面军和顿河方面军共用一条主铁路线，这条铁路线从勒季谢沃起，途经斯大林格勒以北400公里、伏尔加河畔的坦波夫和萨拉托夫，向南穿过巴拉绍夫、波沃里诺和弗罗洛夫，直至斯大林格勒西北偏北方70公里、顿河北面的伊洛夫利亚（Ilovlia）。斯大林格勒方面军也只有一条铁路线，从萨拉托夫以东80公里、斯大林格勒东北偏北325公里处的乌尔巴赫（普希金诺）向正南方延伸340公里，至斯大林格勒东南偏东180公里处的巴斯昆恰克，然后向西北偏西方延伸150公里，至斯大林格勒以东20—25公里的阿赫图巴地域。

由于两条铁路线的运载能力不足以支持"天王星"行动的兵力集结，为便于部队调动，GKO（苏联国防委员会）在10月下旬至11月上半月这段时间里，修建了6条支线，共1160公里的新铁路线，还对1958公里的现有铁路线加以修缮，并建造了293座铁路桥。这些举措将运往该地区的货运量从9月份的22292车增加至10月份的33236车，11月达到41461车。[92]总计117000人参与了这场施工，由于他们付出的努力，P.A.卡巴诺夫少将的铁道兵得以每日运送

1300节货车。

　　尽管付出了这些巨大的努力，铁路和公路运输依然不足，还存在一些主要瓶颈。例如，苏军11月19日发起反攻时，理应在斯大林格勒的步兵第87和第315师却滞留在鲍里索格列布斯克火车站（Borisoglebsk）。[93]另外，虽然德国空军的行动重点是战场支援，但也定期打击苏联的铁路运输。还有一点，由于苏军指挥员希望隐蔽准备工作的规模，不被德军空中侦察发现，所以大多数火车只在夜间行驶。[94]

　　铁路运输仅仅是将部队和物资分配给诸方面军的第一步。红军的卡车从铁路终点站将人员和物资运往指定集结区，这些车辆通常在夜间行驶，不开大灯。为支援崔可夫并准备进攻行动，仅斯大林格勒方面军便投入了27000辆汽车。虽说这是一支庞大的汽车车队，其中首次包括了"租借法案"提供的大批车辆，但汽车运力始终不足。这种短缺对"天王星"行动造成了双重影响。第一，反攻发起前，集结在出发线的部队和物资不足；第二，发起反攻后，遂行纵深突破的坦克和机械化部队经常缺乏给养，特别是燃料和弹药。

　　除了铁路和汽运，水路运输也是个问题。在斯大林格勒地区，大多数部队和物资必须渡过顿河或伏尔加河到达进攻出发阵地。这个问题在斯大林格勒南部尤为突出，那里的河流水位比正常情况高2米，坦克和其他重装备无法依靠现有的浮桥渡河。随着冬季冰层开始堆积，运送最重型武器装备的任务不得不交给德米特里·德米特里耶维奇·罗加乔夫海军少将的伏尔加河区舰队。11月15日前，罗加乔夫只在夜间实施河上运输，以免德国人发现苏军的集结。由于浮冰，过去只需要50分钟的渡河行动现在长达5个小时。虽然面临诸多困难，但11月头20天，160000名士兵、10000匹马、427辆坦克、556门火炮、14000辆汽车和7000吨弹药渡过了冰冻的伏尔加河。[95]

　　鉴于后勤面临的这些困难，各种短缺不可避免。苏军最高统帅部为顿河方面军调拨了7个步兵师，但罗科索夫斯基只收到3个，虽然从医院和后方其他地区竭力搜罗补充兵，但罗科索夫斯基辖内诸集团军还是严重缺编。[96]另外两个方面军在运输和补给方面享有更高优先级，状况比顿河方面军稍好些。尽管如此，集结兵力和运送补给物资的困难仍是进攻行动从11月9日推迟至19日的主要原因。

方面军和集团军的计划

准备工作

11月1日至18日，在筹备过程的最后阶段，参加"天王星"反攻的各方面军、集团军、军和师根据各自收悉的指示和命令进行着准备工作。11月1日至6日，西南方面军、顿河方面军和斯大林格勒方面军忙着完善他们的行动计划，朱可夫、华西列夫斯基和他们的专家组与各位方面军司令员、他们麾下的集团军司令员以及将在反攻中发挥重要作用的军、师级部队指挥员进行会晤。这些会议结束后，11月5日或6日，朱可夫和华西列夫斯基批准了各方面军最终完成的行动计划，这才返回莫斯科。11月8日，各方面军司令员给辖内诸集团军下达指令，阐述了他们在反攻中的任务、确切的战役布势和各部队采用的具体机动方案。以西南方面军为例，瓦图京11月8日给坦克第5集团军下达了司令员训令（具体文件可参阅副卷附录3C–3H）。[97]

11月9日—11日，各方面军编成内的集团军、军和师准备着各自的进攻计划和相关指示及命令，并与上级部门和相邻兵团及部队仔细协调每一个步骤。例如，西南方面军坦克第5集团军11月11日下达了作战指令；该集团军编成内的坦克第26军和近卫步兵第47师11月9日下达了他们的作战令。少数情况下，一支部队的计划严重依赖于其他部队的最终计划，或某支主要部队在策划过程后期才调拨给方面军，他们的作战计划准备得较晚。这方面的一个例子是，混编航空兵第1军直到11月17日才下达其作战令。[98]

这种策划过程催生了方面军、集团军、军、师进攻和防御行动错综复杂的布势，一系列缜密的相关行动被统一在一个旨在实现总体战略目标的概念下：包围并歼灭敌斯大林格勒集团。因此，这一布势从连、营、团级到集团军、方面军级，包含了精心整合和协调的行动，旨在连续实现战术、战役和最终战略目标。如果各方面军编成内诸集团军辖下的步兵、坦克、炮兵、工程兵团、旅、师准确遂行数十场战术突破行动，突破就能获得成功，西南方面军和斯大林格勒方面军辖内坦克、机械化、骑兵军的大批团、旅、师就将扩大突破。遂行扩大突破的快速部队在敌军后方纵深处会合后，跟随在快速部队身后的野战集团军负责消灭被围之敌，苏联人认为这才是战略性胜利。在这种布势中，苏军统一行动，战术部队（营、团、师）的进攻完成战术目标；快速部队实施战役机动，与后续集团军深入敌军后方，完成战役目标；发起进攻的三个方面军协同配合，完成总战略目标（参见地图4）。

西南方面军

方面军的任务

在构成"天王星"反攻的复杂战役布势内，瓦图京的西南方面军形成了一场深远合围的北钳（参见地图5）。方面军主力突击部队分成两只"拳头"：第一只由坦克第5集团军编成内的坦克第1、第26、骑兵第8军组成，位于谢拉菲莫维奇南面的登陆场内；第二只由第21集团军辖下的坦克第4、近卫骑兵第3军构成，位于克列茨卡亚附近的登陆场内。加上为其提供支援的步兵和炮兵部队，这些突击群占用了方面军半数步兵师和步兵旅、全部坦克军和骑兵军、三分之二以上的最高统帅部预备队炮兵团和全部空中力量。瓦图京的主力突击部队将从两个登陆场向南发起冲击，沿22公里宽的作战地幅突破罗马尼亚第3集团军的防御；向东南方的佩列拉佐夫斯基（Perelazovskii）和顿河畔卡拉奇扩大突破，歼灭德军战役预备队，打击敌斯大林格勒集团的侧翼和后方；在左翼获得顿河方面军掩护的情况下，前出至卡拉奇和苏维埃茨基地域，战役的第三天结束前，在那里与斯大林格勒方面军拓展攻势的部队会合，包围敌斯大林格勒集团。此后，瓦图京的部队将协助顿河方面军歼灭被围之敌。与此同时，部署在方面军右翼的坦克第5集团军，将以骑兵第8军和另一半步兵部队配合近卫第1集团军主力向南发起突击，前出至克里瓦亚河、博科夫斯卡亚（Bokovskaia）和奇尔河，在那里构设起一道牢固的合围对外正面，以掩护方面军主力突击群，抗击敌人从西面和西南面发起的进攻。[99]

集团军的任务

罗曼年科将军的坦克第5集团军将实施主要和辅助两个突击。主要突击从集团军中央地带10公里宽的地幅发起，从谢拉菲莫维奇登陆场向南攻往佩列拉佐夫斯基，突击集群由6个步兵师中的4个、2个坦克军和1个骑兵军组成，并获得1个坦克旅、1个坦克营、16个最高统帅部预备队炮兵团和迫击炮团、混编航

西南方面军

坦 5 集

5 TA

21 集

65 A

21 A

步 197 师

Frolown Ck

Dolobontii

Kletsko-Yochkovskii

谢拉菲莫维奇

步 346 师

步 346 师　步 96 师

坦 26 军

Don

RR

坦 1 军

骑 8 军

骑 8 团

步 159 师

步 124 师

步 119 师

步 203 师

步 278 师

Дуchii

Veshemse

Bueskii

Uznovskii

Lu' Khopenkii

Khan

State Farm No 4

近步 14 师

步 47 师

C. Dal'Aboi

Kampcher

步 5 师

罗 14 步师

Krepe

罗 11 步师

Zhitonckii

罗 1 装甲

Dubovskii

罗 9 步师

Knisev

Bokrovskii No. 2

罗 6 步师

步 63 师

步 333 师

Dankovskii

Syklino-Foonkhmnkii

Kradne-ikannianikii

Xarokovskii

Verkhne-Charnskii

拉济波列夫斯卡亚

克列茨卡亚

罗 15 步师 1 团

Dokrovckii

步 13 步师

坦 4 军

Oklovskii

近骑 3 军

步 277 师

步 293 师

步 76 师

步 252 师

步 258 师

步 304 师

步 321 师

近步 40 师

步 23 师

Perekopskin

Perelaznka

近 GRD

Melo-Kiratii

Saint force

Dkhnion Frce

44 步师

376 步师

罗 1 骑师

Tsimdonkii

坦 4 军

近骑 3 军

博科夫斯卡亚

Bal Donshchinka

Mal Donshchinka

Panlavckii

罗 1 装甲

Zotovskii

Lokovckii

坦 26 军

1 TC

48 装军

罗 7 步师

Rnzzo

7 TCC

Ⅱ. / CC

罗 7 骑师

O Kalmun

O Potanjn

Chii

C/Ustkinskii

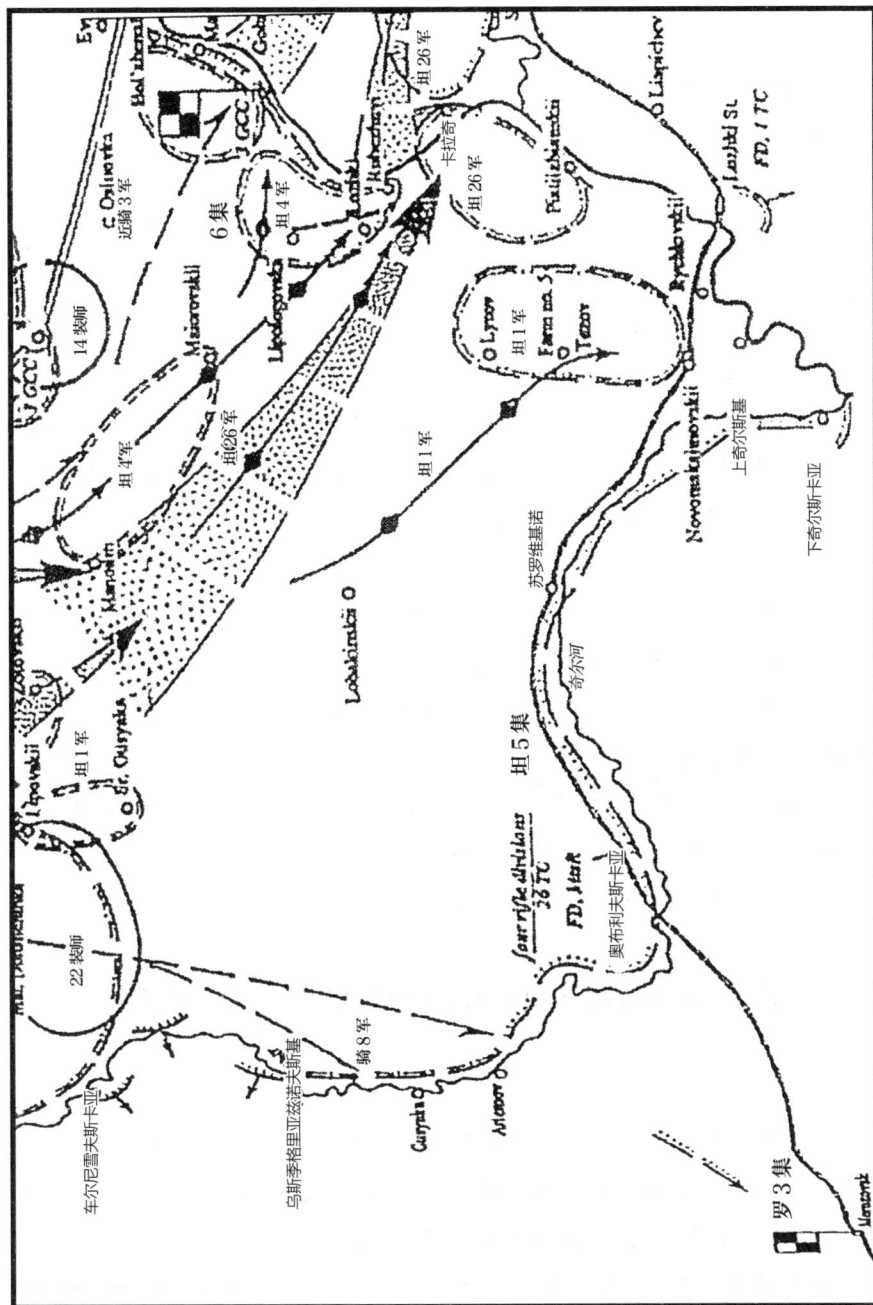

地图 5（本页及上页）天王星行动：西南方面军的进攻计划

空兵第1军的加强。这场主要突击的目标如下：

· 突破罗马尼亚第3集团军的战术防御；

· 以快速集群（苏军称之为发展胜利梯队）扩大突破；

· 以左翼步兵部队与第21集团军右翼步兵部队相配合，沿博利绍伊（Bol'shoi）和克列茨卡亚一线包围、歼灭罗马尼亚第3集团军的部队；

· 以坦克第1、第26军向东南方突击，前出至顿河畔的下奇尔斯卡亚（Nizhne-Chirskaia）和卡拉奇，完成对敌斯大林格勒集团的包围。

发起主要突击的同时，坦克第5集团军还将以一个突击集群在主要突击地域右翼实施一场辅助进攻，该突击集群由1个步兵师和骑兵第8军辖下的骑兵第21、第55、第112师组成，遂行如下任务：

· 突破罗马尼亚第3集团军的战术防御；

· 以骑兵军向南、西南方扩大突破；

· 在博科夫斯卡亚、车尔尼雪夫斯卡亚（Chernyshevskaia）和下奇尔斯卡亚地域沿奇尔河构设一道合围对外正面；

· 从车尔尼雪夫斯卡亚至乌斯季格里亚兹诺夫斯基（Ust'-Griaznovskii），在奇尔河右（西）岸夺取登陆场；

· 派侦察部队从奇尔河向南赶往莫罗佐夫斯克。

每日作战行动结束前，集团军辖内部队应到达以下战线（位置）：

第一天

· 坦克第26军——佩列拉佐夫斯基和佐托夫斯基（Zotovskii）地域；以获得加强的侦察部队向奇尔河畔的车尔尼雪夫斯卡亚和奥布利夫斯卡亚（Oblivskaia）发起行动，切断该地域的敌铁路和公路交通线；

· 坦克第1军——利波夫斯基（Lipovskii）和中古森卡（Sredniaia Gusynka）；

·骑兵第8军——普罗宁地域（Pronin），以先遣支队进入皮丘金地域
（Pichugin）；

·步兵部队——211里程碑、卡拉谢夫（Karasev）、上切连斯基
（Verkhne-Cherenskii）一线。

第二天

·坦克第26军——卡拉奇和皮亚季兹比扬斯基（Piatiizbianskii）地域；

·坦克第1军——雷索夫（Lysov）、新马克西莫夫斯基（Novomaksim-
ovskii）、5号农场，以先遣部队在下奇尔斯卡亚和洛日基（Lozhki）地域夺取
顿河渡口，切断顿河畔苏罗维基诺地域（Surovikino）的铁路线；

·骑兵第8军——乌斯季格里亚兹诺夫斯基、古森卡、阿尔捷莫夫
（Artemov）；

·步兵部队——奇尔河一线，从博科夫斯卡亚至车尔尼雪夫斯卡亚，东延
至卡拉奇库尔特拉克（Kalach-Kurtlak）和佩列拉佐夫斯基。

第三天

·坦克第1、第26军——与斯大林格勒方面军的快速部队在卡拉奇和苏维
埃茨基地域建立联系，包围并开始歼灭敌斯大林格勒集团。[100]

奇斯佳科夫将军的第21集团军也将遂行主要和辅助突击。左翼的主要突
击从克列茨卡亚登陆场向南发起，作战地幅12公里宽，从163里程碑东延至克
列茨卡亚，突击集群由6个步兵师中的5个、1个坦克军和1个骑兵军组成，3个
坦克团、11个炮兵团、3个迫击炮团和3个多管火箭炮团提供加强，应实现以下
目标：

·突破罗马尼亚第3集团军的战术防御；

·以坦克和骑兵军扩大突破，向南攻往马诺伊林（Manoilin）和马约罗夫
斯基（Maiorovskii）地域；

·与坦克第5集团军的主力突击群相配合，前出至敌军后方和顿河；

·派一个步兵师搭乘卡车尾随在后，协助坦克第4军扩大突破。

发起主要突击的同时，第21集团军还将在中央和左翼[1]实施一场辅助突击，由4个步兵师遂行，应实现以下目标：

·突破罗马尼亚第3集团军的战术防御；

·向南、西南方扩大突破；

·突击集群向西疾进，与坦克第5集团军左翼的步兵部队相配合，包围并歼灭罗马尼亚第3集团军。

每日作战行动结束前，集团军辖内部队应到达以下战线（位置）：

第一天

·坦克第4军——马诺伊林和马约罗夫斯基（Maiorovskii）地域，防止罗马尼亚第3集团军向南退却，阻挡接近中的敌预备队，先遣部队前出至顿河；

·近卫骑兵第3军——上布济诺夫卡地域（Verkhne-Buzinovka），防止罗马尼亚第3集团军向南退却，阻挡接近中的敌预备队，先遣部队前出至顿河；

·步兵部队——戈洛夫斯基（Golovskii）和弗拉索夫（Vlasov）地域，与坦克第5集团军左翼部队会合，包围并歼灭罗马尼亚第3集团军。

第二天

坦克第4军——在一个搭乘卡车的步兵师的协同下，前出至顿河西岸的鲁别日内（Rubezhnyi）和利波洛戈夫斯基（Lipo-Logovskii）地域；

·近卫骑兵第3军——戈卢宾斯基（Golubinskii）和大纳巴托夫斯基（Bol'shenabatovskii）地域，以先遣支队夺取顿河对岸的登陆场；

·步兵部队——肃清被围的罗马尼亚第3集团军，尾随并支援快速军。

---

① 译注：右翼。

第三天

·坦克第4军和近卫骑兵第3军——与坦克第5集团军的快速军相配合，强渡顿河，夺取卡拉奇，支援与斯大林格勒方面军的会师，开始歼灭被包围的敌斯大林格勒集团；

·步兵部队（4个步兵师）——尾随并支援快速部队；前出至鲁别日内、戈卢宾斯基和叶夫拉姆皮耶夫斯基（Evlampievskii）一线；准备歼灭被围之敌斯大林格勒集团。[101]

库兹涅佐夫将军的近卫第1集团军将遂行一场辅助突击，并沿防线其他地段实施防御。这场辅助突击将在谢拉菲莫维奇登陆场西部10公里宽的地域内发起，从伊阿戈德内（Iagodnyi）东延至4号农场。集团军辖下步兵第278、第203师和第197师的1个团将在3个最高统帅部预备队炮兵团的支援下向南冲往戈尔巴托夫斯基（Gorbatovskii）和博科夫斯卡亚，以协助坦克第5集团军在左翼推进的主力突击群。其目标如下：

·突破罗马尼亚第3集团军的战术防御；

·歼灭该地域的罗马尼亚部队；

·向西南方拓展攻势，战役第二天结束前到达从别洛戈尔卡（Belogorka）东面南延至维斯洛古博夫（Vislogubov）和博科夫斯卡亚一线；

·掘壕据守，准备击退敌人从西面对方面军主力突击群的进攻。

除了沿顿河165公里防线的其他地段实施防御外，近卫第1集团军还将投入独立突击支队遂行局部进攻，以此牵制敌军，使其无法向东抽调增援部队。[102]

进攻行动的特点
战役指标

所有军事行动在性质、形式、组织和最终实施方面都有所不同，这种差异有时候非常显著。一般说来，军事行动的性质和形式取决于广泛的因素，其中最重要的是"任务"，也就是作战意图；敌我双方力量、能力的对比；作战地域地形条件；当前气候条件。这些因素都有助于确定一支进攻或防御中的部队该如何配置其力量，以及进攻和防御的适当速度（作战节奏）。最终，军事行动的各个方面都可以用所谓的"战役指标"加以量化——军事行动精确的空间和时间度量，描述了其规模、范围、形式和持续时间。

遂行进攻或防御前，策划者们力求确定并实现确保胜利的具体战役指标。他们可以利用过去的经验，对比已完成战役的战役指标和最终结果，从而更有效地策划日后的行动。

表5：西南方面军进攻行动战役指标

作战部队	地域宽度（公里）		纵深（公里）	持续时间（日）	行动	
					速度（公里/日）	
	总体	突破			步兵部队	快速部队
西南方面军	85	32	140	3	20—25	40—45
坦克第5集团军	35	10	140	3	20—25	40—45
第21集团军	45	12	100—110	3	20—25	30—35
近卫第1集团军	10	10	30—35	3	15—17	—
总计		64	30—140	3	—	—

※ 资料来源：罗科索夫斯基（主编），《伏尔加河畔的伟大胜利》，第233页。

由于1942年前红军的进攻行动鲜有成功，描述"天王星"计划的许多战役指标不过是基于苏联或德国过往经验的估计或猜测。但是，鉴于"天王星"行动的理想结果，以及苏军策划者们筹划日后攻势时将以斯大林格勒为模式这一事实，审视代表"天王星"行动中各方面军所发挥作用的战役指标很有必要。毋庸置疑，由于各方面军的作战任务完全不同，其战役指标也大不相同。这一点在西南方面军尤为明显，该方面军在进攻中发挥的作用最具决定性（参见表5）。

西南方面军进攻行动中最重要的战役指标如下：

- 纵深——140公里；

- 持续时间——3天；

- 推进速度——每日40—45公里；

- 合围对内正面长度——可变；

- 合围对外正面长度——200—250公里；

- 合围对内、对外正面之间的距离——25—100公里。

前三个指标在计划深度和速度方面强调了这场攻势雄心勃勃的性质。由于红军过去从未实现过可与之相比的推进速度，这些预计的指标在很大程度上源自信心（甚至是过度自信）和对德军1941、1942年纵深突破行动的深入分析。鉴于以往的经历，许多红军指挥员，特别是那些曾在过往战役中指挥过快速部队的指挥员，对上级试图以如此快的速度完成这么多目标的智慧深感怀疑，这一点不足为奇。

战役和战术布势

西南方面军及辖内各集团军、军、师为作战行动部署部队的方式也说明了一个固有问题：缺乏必要的兵力。理想情况下，如果一个方面军和集团军想要赢得进攻战役的胜利，必须将其部队部署为两个梯队，再保留一小股预备队。第二梯队加大突击部队的纵深，从而使其创造出最初的突击势头，并加强整个行动期间的攻势。可是，由于可用的兵力较少，西南方面军别无选择，只能单梯队配置其突击集团军，并保留一支较小的预备队。策划者们对此的解释是战役纵深有限，尽管进攻行动将突显这种布势的弱点。

但在集团军级层面，策划者们采用了双梯队配置，至少在构成方面军主力突击集群的两个集团军（坦克第5集团军、第21集团军）中是这样。他们把集团军三分之一的兵力部署为第二梯队和发展胜利梯队，甚至还组建起小股预备队。因此，坦克第5集团军的战役布势如下：

- 第一梯队——4个步兵师、2个坦克旅、2个独立坦克营；

- 第二梯队——2个步兵师；

·发展胜利梯队（官方称谓是"发展胜利部队"，以下称之为"发展梯队"或"快速集群"）——2个坦克军和1个骑兵军；[103]

·预备队——遂行二选一任务的2个步兵师。例如，第21集团军的2个步兵师既可以向西扩大战果，进入敌军后方，也可以向东南方前进，支援发展梯队。

在战术层面上，方面军编成内三个集团军辖下的军、师、旅、团，根据各自的情况和实际任务采用了多种战术布势，具体如下：

·坦克军——两个旅级梯队，第一梯队配备2个坦克旅，第二梯队由1个坦克旅和1个摩托化步兵旅构成；

·师和团——团级和营级单梯队；

·独立坦克旅和团（1个坦克旅、3个坦克团、2个坦克营）——支援步兵的坦克在突破阶段排为单梯次队形，三分之一力量留作预备队；这些部队包括坦克第5集团军的近卫坦克第8旅和坦克第510、第511营，第21集团军的近卫坦克第1、第2、第4团；近卫第1集团军和方面军预备队都没有坦克部队。[104]

炮兵

西南方面军对其炮兵力量的组织和部署遵照的是最高统帅部1942年1月10日下达的指令，指令中要求集中使用火炮和近卫迫击炮（多管火箭炮），并在任何一场进攻战役中实施全面"炮兵进攻"。炮兵进攻包括进攻前的炮火准备；伴随突击部队的火炮、迫击炮和火箭炮火支援；发展梯队遂行突破时的炮火护送；深入敌防御纵深的大规模炮火（其距离视部队受领的当日任务而定）。这样，炮兵将为突入敌防御战术纵深的步兵和坦克提供不间断支援。

就整个方面军而言，各集团军的炮火准备应持续80分钟，包括（连续）5分钟压倒性炮火急袭、65分钟压制和破坏炮击、持续10分钟的第二次炮火急袭。师级以下的炮兵——特别是45毫米反坦克歼击炮兵营和76毫米团属炮兵营——在炮火准备期间实施直瞄射击，步兵和坦克部队进入突破时为其提供直瞄火力支援。

为加强集中使用炮兵的效果，各集团军和师组建起不同的炮兵群。这些炮兵群包括各个师内的步兵支援群（GPP），将直接支援炮兵提供给第一梯队的各步兵团；另外还有集团军辖内的远程炮兵群（GDD），为整个集团军提供全盘炮火支援。

一般说来，火炮、迫击炮和火箭炮兵在炮兵进攻的每个阶段使用多种专门的炮击方法或类型。其中包括炮火准备期间预有准备的集中射击和徐进弹幕射击，对2公里纵深预有准备和随叫随到的集中射击和连续集中射击，以支援部队的实际突击，另外还有集团军远程炮兵群和师属炮兵的火力，以及每个坦克军和骑兵军配属的2个炮兵团，为前进中的快速军提供伴随火力。[105]

航空兵

整个进攻行动中为西南方面军提供空中支援的是斯捷潘·阿基莫维奇·克拉索夫斯基军少将指挥的空军第17集团军，除了该集团军的战机，还包括沃罗涅日方面军空军第2集团军调拨的几个航空兵团。[106]NKO和最高统帅部对空中行动下达了指示，要求克拉索夫斯基组织并实施一场"空中突击"，行动分为两个阶段：第一阶段，投入一切可用战机，在前线所有地段实施航空火力准备；第二阶段，突击部队进入战役纵深时，为其提供空中支援，在此阶段，梯次配置的强击机和歼击机群应为前进中的坦克、骑兵军提供直接支援。[107]

在空中突击的范围内，航空兵遂行的具体任务分为三个不同阶段。第一阶段是进攻发起前，航空兵的任务是消灭机场上的敌机、敌预备队和敌指挥部，并掩护位于集结区的己方部队。第二阶段是步兵和坦克发起冲击时，航空兵应消灭敌军人员、火炮、迫击炮和预备队。第三阶段是战役发展期间，航空兵应支援快速部队达成突破，然后掩护他们进入敌战役纵深。

另外，西南方面军的策划者们还给空军第17集团军安排了两项特别任务。第一，命令空军集团军投入1个轰炸航空兵师和4个夜间轰炸航空兵团，遂行打击敌预备队的任务；第二，他们应以完整的航空兵兵团和部队加入各集团军，以提供最大限度的空中支援。例如，在战役的整个突破和发展阶段，混编航空兵第1军加入了坦克第5集团军。

工程兵

为克服面临的诸多挑战，西南方面军需要大量工程兵以他们的专业技能提供支援。首先，方面军必须构设并荫蔽顿河上的诸多渡口，以及河流南岸两座登陆场内的道路和小径网，支援其部队和物资向前集中和荫蔽。另外，方面军在进攻中还必须克服敌人强大的防御工事、野战筑垒和障碍物，各部队也要跨过多个河体障碍，例如大大小小的河流和小溪。这些情况迫使最高统帅部从预备队抽调出专业工程兵部队，加强西南方面军已经相当雄厚的工程兵力量。因此，到进攻发起时，西南方面军在方面军和坦克集团军层面编有工程兵和战斗工兵旅、团、营，在集团军和师一级编有工程兵、战斗工兵和舟桥营、连。师级以上单位的工程兵部队配置如下：

- 坦克第5集团军
  - 特种工程兵第44旅
  - 独立工程兵第181、第269营
  - 舟桥第26、第100、第101、第102、第130营
- 第21集团军
  - 独立工程兵第205、第540营
- 近卫第1集团军
  - 独立工程兵第350营
  - 舟桥第28、第37营
- 方面军直属
  - 战斗工兵第12旅[108]

这些工程兵和战斗工兵，以及师级和师级部队以下的工程兵和战斗工兵营、连，负责遂行各种进攻和防御任务。行动发起前，各作战层面的战斗工兵部队实施侦察；协助突击部队构设出发阵地；修建进入集结区的行军道路、渡口和桥梁；伪装集结区及其他阵地，例如12条正面道路、2条主土路和数条辅助土路、17座桥梁、18个渡口、20公里战壕和交通壕；为突击部队在敌人的雷区和铁丝网障碍处打开通道（每个团和师6—10条通道），清理地雷和爆炸物。[109]

进攻开始后，梯次配置的工程兵部队在整个行动期间深入支援突击行动，为突击集群和第一、第二梯队的步兵持续提供工程兵支援。突击部队夺取指定目标后，师级和集团军级工程兵部队组建起快速障碍设置支队，协助击退敌人的反冲击，强化已夺取的阵地。

斯大林格勒方面军

方面军的任务

斯大林格勒方面军的重要性并不亚于西南方面军，该方面军构成了合围行动的南钳（参见地图6）。除了以3个集团军执行进攻任务外，斯大林格勒方面军还将以第62集团军实施防御，牵制斯大林格勒地域的德军，防止对方加强防御，抗击方面军的主要突击。与瓦图京以2个集团军遂行其主要突击不同，斯大林格勒方面军计划以第64、第57和第51集团军组成一个大规模突击集团，这些部队占据的地域从斯大林格勒南面的别克托夫卡登陆场向南延伸，穿过伏尔加河东面的湖区[①]，直至巴尔曼察克湖北岸。与西南方面军一样，叶廖缅科也把他的突击集团分为两只装甲"铁拳"——第一只由第57集团军辖下的坦克第13军组成，部署在红军城东南方、别克托夫卡登陆场南端；第二只由第51集团军编成内的机械化第4军和骑兵第4军组成，部署在察察湖与巴尔曼察克湖之间地域的东面。加上提供支援的步兵和炮兵部队，叶廖缅科的主力突击群编有方面军12个步兵师中的8个，8个步兵或海军步兵旅中的1个，全部的5个坦克旅，3个坦克、机械化和骑兵军，半数最高统帅部预备队火炮和迫击炮团，以及全部空中力量。[110]

第64、第57和第51集团军将从65公里宽的作战地幅向西遂行叶廖缅科的主要突击，这片地带从别克托夫卡登陆场南延至湖区，据守这里的主要是隶属于德国第4军和罗马尼亚第6军的罗马尼亚部队。但是，三个集团军将其突击集群和两只装甲铁拳集结在三个突破地段，战线总宽度超过40公里。进攻首日日终时，突破行动很可能已完成，方面军将投入2个装甲（坦克和机械化）军，

---

① 译注：这片湖区位于伏尔加河南面。

向西北方扩大战果。方面军的作战意图是歼灭敌预备队，并于次日日终前到达卡拉奇和苏维埃茨基，在那里与西南方面军的快速集群会师，完成对敌斯大林格勒集团的合围。与此同时，方面军辖内的骑兵军将在步兵的加强下向南、西南方进击，构设起包围圈对外正面，掩护方面军左翼，抗击敌人的反冲击。

叶廖缅科方面军的突击集团摧毁斯大林格勒南面的敌军防御时，第62集团军应发起局部冲击和突袭，将德国第6集团军主力牵制在斯大林格勒城内。与往常一样，此举意味着必须将足够的新锐援兵送入城内，以免崔可夫集团军损失殆尽。一旦完成"天王星"合围，方面军辖内部队将与顿河方面军、西南方面军（之一部）相配合，着手歼灭被围之敌。

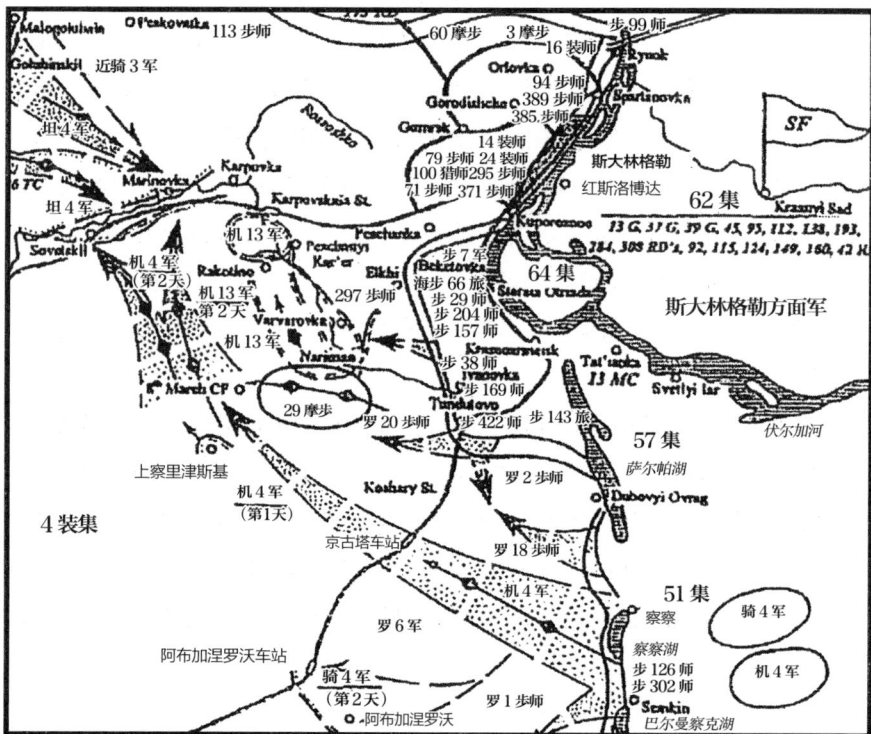

地图6 天王星行动：斯大林格勒方面军的进攻计划

集团军的任务

舒米洛夫将军指挥的第64集团军将沿36公里宽的作战地幅展开行动，从红斯洛博达（Krasnaia Sloboda）南延至伊万诺夫卡（Ivanovka），集团军中央地带和左翼遂行主要突击，右翼实施防御。主要突击将沿别克托夫卡登陆场12公里宽的作战地幅（从叶尔希南面5公里处南延至伊万诺夫卡）向西北方发起。突击集团辖步兵第204、第157、第38师、坦克第13和第56旅，还有些支援部队，行动目标如下：

· 突破德国第4装甲集团军第4军（德国第197步兵师，罗马尼亚第20步兵师）的战术防御；

· 歼灭当面之敌，进攻首日日终前进抵亚戈德内（Iagodnyi）和纳里曼（Nariman）一线；

· 与第57集团军相配合，从南面迂回并包围敌军，前出至叶尔希和瓦尔瓦罗夫卡（Varvarovka）一线；

· 遂行主要突击的同时，守卫集团军右翼，并为突击部队提供支援。

每日作战行动结束前，集团军辖内部队应到达以下战线（位置）：

· 第一天——叶尔希和纳里曼一线
· 第二天——叶尔希和瓦尔瓦罗夫卡一线[111]

托尔布欣将军的第57集团军在方面军中央地带展开行动，突破地域宽40公里，右翼和中央遂行主要突击，左翼实施防御。第57集团军的主要突击从别克托夫卡登陆场以南地域发起，16公里宽的作战地幅从通杜托沃西南方延伸至索良卡（Solianka）以南，突击集群由集团军辖内所有部队组成，欠第76筑垒地域，行动目标如下：

· 在德国第4装甲集团军第4军（罗马尼亚第20步兵师）与罗马尼亚第6军（罗马尼亚第2步兵师）的结合部突破敌战术防御；

·进攻首日，向西北方扩大进攻的同时，支援坦克第13军（方面军发展梯队）进入突破口；

·坦克第13军——向西北方扩大突破，首日日终前夺取纳里曼、瓦尔瓦罗夫卡、拉科季诺（Rakotino），并以1个旅前出至"三月八日"国营农场；步兵部队开始到达这些地域时，坦克军应向西北方推进，占领佩夏内卡里耶尔（Peschanyi Kar'er）和卡尔波夫斯卡亚（Karpovskaia）一线，沿切尔夫连纳亚河（Chervlenaia）东岸，面朝东北方，切断敌人向南、西南方退却的道路；

·步兵第169师、坦克第90旅——前出至安德烈耶夫卡至科沙雷车站（Koshary）一线；

·步兵第422师、步兵第143和坦克第235旅（位于左翼）——从索良卡东南方地域向南突击，与第51集团军近卫步兵第15师（该师将从萨尔帕湖与察察湖之间的隘路向西突击）相配合，包围在"橡树峡谷"地域活动的罗马尼亚第2步兵师；

·遂行主要突击的同时，以（第76筑垒地域的）3个独立"机枪－火炮"营据守集团军左翼19公里宽的防区。[112]

特鲁法诺夫将军指挥的第51集团军将沿110公里宽的作战地幅展开行动，中央和左翼遂行主要和辅助突击，最右翼实施防御。主要突击从中央偏右处、察察湖与巴尔曼察克湖之间12公里宽的地域发起，突击群由步兵第302和第126师组成，行动目标如下：

·在罗马尼亚第6军第18步兵师与第1步兵师的结合部突破敌战术防御，歼灭当面之敌；

·进攻首日日终前将发展梯队（机械化第4军、骑兵第4军）投入突破口：

机械化第4军——进攻首日晚些时候进入突破口，以决定性推进破坏敌后方，同时应避免卷入激战，次日日终前进抵卡尔波夫卡和苏维埃茨基一线，与西南方面军快速部队会师；

骑兵第4军（骑兵第61、第81师）——进攻首日晚些时候进入突破口，次日晨前进抵阿布加涅罗沃和阿布加涅罗沃车站，准备击退敌人对集团军主力突击群左翼发起的反冲击。

·尔后，与第57集团军相配合，扩展攻势，包围伏尔加河以西之敌，掩护突击群左翼，抗击敌人从南面和西南面发起的反冲击：

步兵第302师掩护侧翼——向西南方突击，前出至基洛夫国营农场地域，击退敌人对集团军主力突击群左翼发起的一切反冲击。

遂行主要突击的同时，第51集团军还将以近卫步兵第15师在集团军左翼[①]发起辅助突击，行动目标如下：

·突破罗马尼亚第6军第18步兵师的战术防御，歼灭当面之敌；
·向北、西北方疾进，与第57集团军左翼部队相配合，包围并歼灭萨尔帕湖以西的罗马尼亚第2步兵师。[113]

崔可夫将军第62集团军继续坚守斯大林格勒城东部，进攻发起后，应采取积极的局部行动牵制敌军。[114]

格拉西缅科将军指挥的第28集团军应坚守阿斯特拉罕防线，准备歼灭德军第16摩步师，收复埃利斯塔地域。[115]

进攻行动的特点
战役指标

总的说来，由于在"天王星"行动中发挥的作用与西南方面军相似，斯大林格勒方面军进攻行动的战役指标几乎与瓦图京方面军如出一辙（参见表6）。斯大林格勒方面军进攻行动中最重要的战役指标如下：

·纵深——90公里；
·持续时间——2天；

---

① 译注：右翼。

· 推进速度——每日45公里；

· 合围对内正面长度——65公里；

· 合围对外正面长度——90公里；

· 合围对内、对外正面之间的距离——65公里。

表6：斯大林格勒方面军进攻行动战役指标

作战部队	地域宽度（公里）		纵深（公里）	行动		
	总体	突破		持续时间（日）	速度（公里/日）	
					步兵部队	快速部队
斯大林格勒方面军	180	40	90	2	10—15	45
第64集团军	36	12	10—15	2	5—8	—
第57集团军	35	16	45—50	2	8—12	20—25
第51集团军	110	12	90	2	10—15	45
总计		80	10	2	—	—

※ 资料来源：罗科索夫斯基（主编），《伏尔加河畔的伟大胜利》，第240页。

较之西南方面军，这些目标更加雄心勃勃，之所以这么说，是因为叶廖缅科掌握的快速部队远不如瓦图京那般雄厚。例如，骑兵第4军只编有2个师，实力自然不及编有2个近卫师和1个普通师的近卫骑兵第3军。除了正面更加宽阔（180公里对85公里），突破地域更大（40公里对32公里），叶廖缅科用于合围对外正面的力量也不及瓦图京。由于斯大林格勒方面军的对外正面较为接近对内正面，德国人很可能对该方面军发起进攻，设法救援或加强被围的第6集团军。

战役和战术布势

叶廖缅科面对的困难几乎与瓦图京完全一样——特别是因为正面宽度的增加，斯大林格勒方面军的兵力严重不足。叶廖缅科只能以单梯队的方式部署他的部队，以此来解决这些问题。具体说来，在方面军层面，他把投入进攻的第64、第57和第51集团军并排部署，采用单梯队布势，但他把坦克（机械化）军留作发展梯队，还组建起一支小规模预备队。

集团军层面同样如此，由于兵力缺乏，他不得不把两个集团军部署为单梯次队形；第三个集团军，主要因为该集团军的实力最为虚弱，因而采用了双梯队配置。结果是，第64集团军部署了两个梯队；第57集团军采用单梯队队形，但以坦克第13军作为发展梯队；第51集团军也呈单梯队配置，但拥有自己的发展梯队（机械化第4和骑兵第4军）和一小股预备队（独立摩托化步兵第38旅）。在战术层面上，集团军辖下的军、师、旅、团，根据其目标的确切性质采用了多种战术布势。

为弥补方面军辖内步兵部队普遍的虚弱，叶廖缅科别无选择，要想取得成功，必须完全依靠坦克、机械化和骑兵部队娴熟的机动，特别是在战役纵深发起行动时。这就意味着3个快速军的主要任务是建立起牢靠的合围对外正面，并在整个行动过程中掩护主力突击群的左翼。其他坦克和机械化部队将在突破行动中加强步兵部队，并为拓展攻势的步兵和骑兵部队提供掩护，抗击敌摩托—机械化部队发起的进攻。据此，方面军司令部将这些部队仔细部署至需要他们的地方，并根据其能力认真分配了相应的任务。因此，方面军辖下的所有快速部队都接到了具体的任务，并据此梯次配置其力量，具体如下：

· 坦克第13军（方面军发展梯队，编为2个旅级梯队，部署在第57集团军防区内）将从方面军快速部队内侧发起突击，向西北方前出至切尔夫连纳亚河，防止敌人向南、西南方退却。

· 机械化第4军（方面军发展梯队，编为1个梯队，部署在第51集团军防区内）将从6公里宽的地域发起决定性突击，朝西北方扩展攻势，与西南方面军快速部队会师，进攻次日日终前包围敌斯大林格勒集团。

· 骑兵第4军（方面军发展梯队，编为师级队列，部署在第51集团军防区内）将在进攻首日晚些时候跟随机械化第4军进入突破口，次日晨前进抵阿布加涅罗沃和阿布加涅罗沃车站，建立起合围对外正面，以击退敌人对集团军主力突击群左翼发起的一切反冲击。

· 独立坦克旅、团、营（8个坦克旅、2个坦克团、1个坦克营）将为进攻中的步兵师和步兵旅提供坦克支援（突破正面的密度为每公里3辆坦克），具体如下：

第62集团军——坦克第84旅、坦克第506营（坦克第235旅）

第64集团军——坦克第13、第56旅

第57集团军——坦克第90、第235旅

第51集团军——坦克第254旅

第28集团军——近卫坦克第6旅、坦克第565营

方面军直属——坦克第85旅、坦克第35、第166团[116]

侧翼掩护

方面军主力突击群达成突破，发展梯队进入战役纵深时，叶廖缅科和第51、第64集团军司令员将负责掩护主力突击群的侧翼，抵御敌人从西南方发起的进攻。舒米洛夫第64集团军掩护突击群右翼，只需在第57集团军主力攻向卡尔波夫卡和苏维埃茨基时将其集团军左翼不断向西和西北方延伸即可。此举固然可以提供侧翼掩护，但也削弱了舒米洛夫在其战区内彻底突破敌军防御所需要的力量。

叶廖缅科和第51集团军司令员特鲁法诺夫携手掩护主力突击群的左翼。叶廖缅科命令骑兵第4军的2个师巧妙地攻向西南方的阿克赛河，并沿该河建立起灵活的对外正面。为协助骑兵第4军，特鲁法诺夫命令步兵第302师完成突破后立即转身向南，配合骑兵第4军，并朝更西面扩展对外正面，在那里与第51集团军步兵第91师和第76筑垒地域的阵地相连接，届时，后两个单位的部队应该已从湖区向西缓缓推进了。虽然这些适度的措施确实掩护了方面军的左翼，以免罗马尼亚部队构成威胁，但德军新锐装甲和摩托化部队出现在战场后，证明苏军这些防范措施并不充分。

炮兵

"天王星"行动发起时，斯大林格勒方面军缺乏足够的火炮和迫击炮，无法遵照红军野战条例要求的火力密度实施炮火准备。这种不足有多方面原因，但主要是重新部署的困难。因此，为实现必要的火力密度，叶廖缅科只得组织一场交错火力准备，先实施炮火准备支援第64集团军，然后暂停炮击，将炮兵南调，在第57集团军作战地域发起炮火准备。虽说这种方式并不理想，但

多少是根据对面罗马尼亚部队的火力较为虚弱这种情况制定的。否则，叶廖缅科的炮兵主任应遵照"炮兵进攻"的训令组织所有炮火，也就是在整个行动期间的不同阶段实施炮击。

无论何时发起炮火准备，斯大林格勒方面军与西南方面军采用了同样的技术和方法部署其炮兵力量。就时间而言，炮火准备将持续40—75分钟。至于炮兵群，各集团军有所不同，取决于突破地域的宽度和炮兵的位置。例如，三个集团军都部署了3—4个炮兵团组成的远程炮兵群，以及步兵支援炮兵群（NPP）。第64和第57集团军为各师各团配备了NPP，每个炮兵群配有25—35门火炮/迫击炮，而第51集团军组建并投入了1个集团军炮兵群，实施远距离炮击，外加1个多管火箭炮群和数个NPP子群，用于集团军级，师一级只使用炮兵子群。[117]

航空兵

叶廖缅科将斯大林格勒方面军空中支援的策划和实施工作委托给了空军第8集团军司令员季莫费伊·季莫费耶维奇·赫留金空军少将。[118]赫留金掌握着空军第8集团军的所有战机，还有配属给该集团军的混编航空兵第2军。空军第8集团军指挥部策划、组织空中支援，并在战役发起前和期间遂行各种空中任务，采用的行动方式与西南方面军空军部队如出一辙，基本上是执行一场"空中突击"的标准程序。另外，陆军还提供了专用通信设备，以确保歼击机与坦克第13军、机械化第4军、骑兵第4军辖内各地面部队之间的即时无线电联系。方面军还给各个军部（也许还包括旅部）派去特别对空联络员，他们负责确保地面部队及时获得恰当的空中支援。

表明红空军的实力获得极大加强的是，赫留金的参谋人员计划在进攻首日投入647个飞行架次，次日投入520个架次，第三天投入448个架次，第四天再投入383个架次。[119]

工程兵

进攻发起前，斯大林格勒方面军的部队（特别是其主力突击群）位于斯大林格勒以南、伏尔加河西面的别克托夫卡登陆场，以及城市更南面大片湖区的狭小范围内。方面军作战区域广阔，湖区的道路网较为稀疏；另外，方面军必须在伏尔加河上来回调动所有新到达的援兵和辖内重新部署的部队。这对工程兵们提出了巨大的挑战，因为在进攻前和进攻期间，他们还必须履行常规战斗工兵的大量工作。

面对这种挑战，苏军最高统帅部抽调大批工程兵——两倍于调拨给西南方面军的工兵力量——增援斯大林格勒方面军。因此，截至进攻发起前，叶廖缅科方面军拥有38个营外加3个连的各类工程兵和工兵。这些营中有23个直属于方面军，其他营分配给各集团军。师级以上部队掌握的工兵力量如下：

- 第62集团军

    独立工程兵第326、第327营
- 第64集团军

    独立工程兵第328、第329、第330营
- 第57集团军

    独立工程兵第122、第175营
- 第51集团军

    独立工程兵第205、第275、第742营

    舟桥第6营
- 第28集团军

    独立工程兵第57、第130营

    舟桥第121营
- 方面军直属部队

    特种工程兵第43旅

    战斗工兵第19、第21旅

    近卫扫雷工兵第17营 *

    舟桥第44、第47、第103、第107营

    独立工程兵第119、第240营

    独立战斗工兵第1504营[120]

* 近卫扫雷工兵为方面军实施侦察和牵制行动，行动方式类似于现代特种部队。

除了遂行与西南方面军工程兵、战斗工兵相同的任务，斯大林格勒方面军的工程兵部队还要在塔季扬卡（Tat'ianka）、斯韦特雷亚尔（Svetlyi Iar）、索洛德尼基（Solodniki）和卡缅内亚尔（Kamennyi Iar）构设渡过伏尔加河的额外渡口，并于11月1日—20日协助将110000多人、427辆坦克、556门火炮和6561500吨弹药运过伏尔加河。尽管付出了巨大努力，但由于宽阔的伏尔加河经常结冰，渡河非常困难，加之别克托夫卡登陆场持续的激战，支援进攻行动所需要的一些部队未能在"天王星"行动发起前渡过河去。[121]

顿河方面军

方面军的任务

虽然罗科索夫斯基的顿河方面军在"天王星"行动中发挥的显然是次要作用，但还是要执行两项重要任务：一是进攻，二是防御（参见地图7）。进攻指的是"天王星"发起时，顿河方面军将以第65和第24集团军从150公里宽战线的右翼实施一场辅助突击，旨在突破克列茨卡亚东南面顿河小弯曲部的德军防御，尔后扩大突破，包围并歼灭全部敌军。为实施突击，罗科索夫斯基准备了两个突击集群。第一个突击群由第65集团军的4个步兵师和2个坦克旅组成，他们将向南发起主要突击，在克列茨卡亚以东地域突破德国第11军的防御。第二个突击群位于更东面，由第24集团军的6个步兵师、1个坦克军和1个坦克旅构成，应从卡恰林斯卡亚南面的顿河东岸向南发起冲击，突破德国第8军的防御。攻破德国人的防御后，两个突击群应歼灭当面之敌，并沿汇聚的方向推进，前出至卡拉奇东北方40公里、顿河东岸的韦尔佳奇地域。第65和第24集团军遂行的辅助突击将歼灭德国第6集团军辖下的第11军，将其残部逼入顿河与伏尔加河之间的陆桥。

防御指的是顿河方面军的第66集团军和第24集团军的主力遂行局部行动，牵制斯大林格勒北面和西北面的德军，防止他们抽调部队封堵斯大林格勒西北面和南面、罗马尼亚人防线上出现的缺口。顿河方面军编成内的第65集团军遂行辅助突击的同时，还应掩护西南方面军攻向卡拉奇的快速部队左翼。这些任务完成后，顿河方面军将配合斯大林格勒方面军的部队，消灭被围在斯大林格勒地域的敌军。[122]

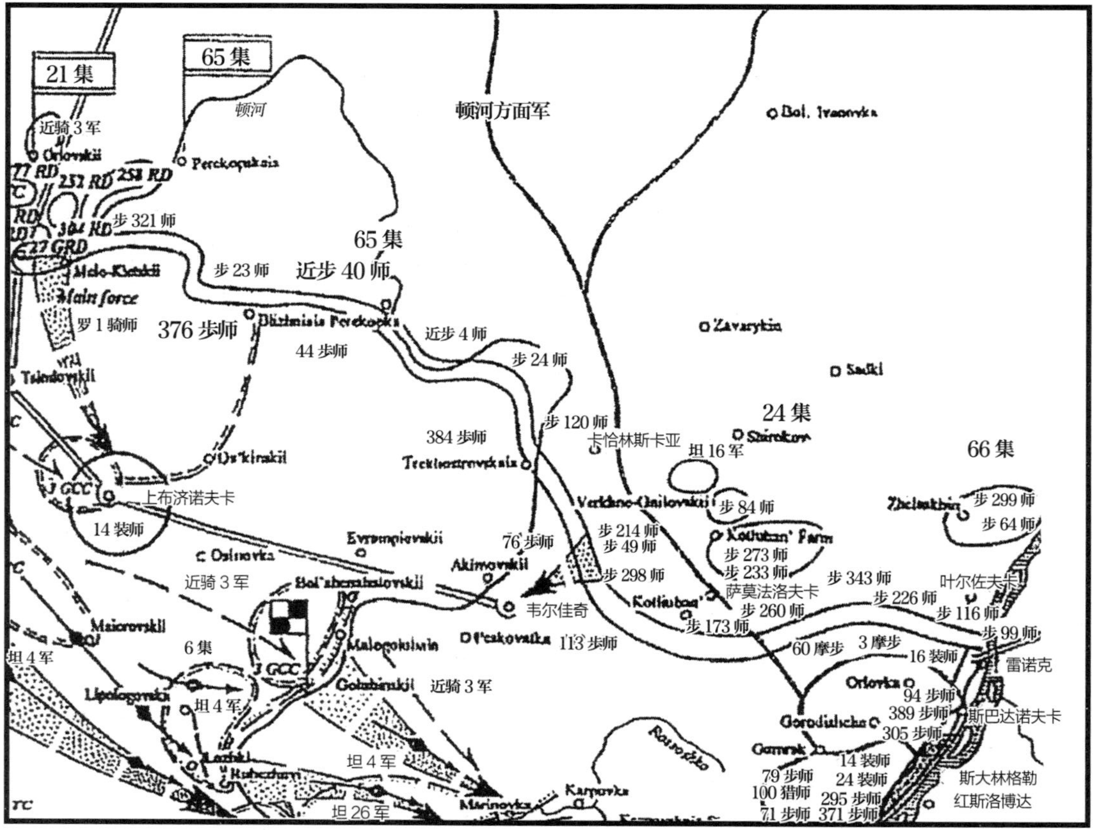

地图 7 天王星行动：顿河方面军的进攻计划

顿河方面军面临着两个棘手的问题：经过数月持续不断的战斗，方面军辖内部队的实力显然很虚弱；他们进攻的是德军预有准备的防御阵地。这两个因素很可能使这场辅助突击无法取得成功。另外，最高统帅部和罗科索夫斯基都意识到，必须以大量兵力加强，顿河方面军才有望在后续行动中消灭包围圈。

集团军的任务

巴托夫将军率领的第65集团军将沿80公里宽的作战地幅展开行动，该地域从顿河南面的克列茨卡亚东延至顿河东岸的卡恰林斯卡亚地域，第65集团军将从右翼遂行主要突击，中央和左翼实施防御。主要突击从克列茨卡亚南面和东面、克列茨卡亚登陆场6公里宽的地域向南和西南方发起。突击群编有4个步兵师和2个坦克旅，并获得9个火炮/迫击炮团加强，具体目标如下：

· 突破罗马尼亚第3集团军右翼（罗马尼亚第1骑兵师）和德国第6集团军第11军左翼（第376步兵师）的战术防御；

· 向南、东南方扩展攻势，进攻首日日终前夺取上布济诺夫卡、奥西金斯基（Os'kinskii）和布利日尼亚佩列科普卡（Blizhniaia Perekopka）一线；

· 尔后，协同左侧的第24集团军向韦尔佳奇拓展攻势，包围并歼灭顿河大弯曲部西北部的敌军集团；

· 同时，抽调部分兵力向南，封堵敌人向西退却的一切企图。

第65集团军实施主要突击的同时，位于其中央和左翼的部队将发起局部行动，牵制德国第11军余部，防止其向西转移部队。待集团军主力突击群到达上布济诺夫卡和利日尼亚佩列科普卡地域，集团军中央和左翼部队应向南、东南方发起突击，攻往韦尔佳奇。[123]

加拉宁将军的第24集团军在方面军中央40公里宽的地带展开行动，集团军右翼遂行主要突击，中央和左翼实施防御。主要突击从卡恰林斯卡亚以南、顿河以东4.5公里宽的地域向南发起，突击群编由6个步兵师、1个坦克军和1个坦克旅，7个炮兵团和4个火箭炮团加强，具体目标如下：

· 突破德国第6集团军第8军（第76步兵师）的战术防御；

· 将发展梯队投入战斗，沿顿河东岸向南推进，夺取韦尔佳奇，与第65集团军从西北方而来的部队会合，从而包围并歼灭顿河以西的所有德军部队；

· 发展梯队（坦克第16军）——从上格尼罗夫斯基以南地域出击，扩大突破，前出至韦尔佳奇地域，包围并歼灭顿河小弯曲部的敌集团，切断顿河以南敌集团与东面主力的联系，与第65集团军相配合，歼灭该集团。

遂行主要突击的同时，第24集团军中央和左翼部队将沿35公里宽的战线发起局部进攻和突袭，消灭敌支撑点，牵制敌军。[124]

扎多夫将军指挥的第66集团军在方面军左翼30公里宽的地带展开行动，从科特卢班地域东延至叶尔佐夫卡南面的顿河，该集团军将以局部进攻和突袭牵制敌人，防止对方向西转移部队。[125]

进攻行动的特点
战役指标

顿河方面军在"天王星"行动初期只执行次要任务，其战役指标与相邻的方面军相比小得多（参见表7）。顿河方面军最重要的战役指标如下：

· 纵深——60公里；

· 持续时间——3天；

表7：顿河方面军进攻行动战役指标

| 作战部队 | 地域宽度（公里） | | 纵深（公里） | 行动 | | | |
| | | | | 持续时间（日） | 速度（公里/日） | | |
	总体	突破			步兵部队	快速部队
顿河方面军	150	10.5	60	3	15—20	20
第65集团军	80	6	60	3	15—20	20
第24集团军	40	4.5	20	2	8—10	10
总计	—	—	20—60	2	—	—

※ 资料来源：罗科索夫斯基（主编），《伏尔加河畔的伟大胜利》，第245页。

·推进速度——每日10—20公里。

尽管这些指标远不及西南方面军和斯大林格勒方面军，但还是过于乐观了。第65集团军的步兵部队在三天内前进60公里，第24集团军在两天内前进20公里，第24集团军的坦克第16军在两天内推进10公里，这些都不太可能实现，特别是考虑到他们将以在过去的战斗中遭到严重消耗的部队去进攻精心构设的德军防御这一点。另外，第65集团军共有48辆坦克，其中仅有三分之二在坦克第16军内①。令最高统帅部和方面军稍感安慰的是，即便徒劳无获，这些进攻还是能牵制德国第6集团军2个军的主力和至少4个步兵师。

战役和战术布势

根据受领的有限任务，顿河方面军将辖内三个集团军编为单梯队配置，与过去两个月的位置几乎一样。罗科索夫斯基方面军的第65和第24集团军组建起突击群，以两个梯队遂行主要突击，第24集团军辖内的一个坦克军担任发展梯队。在防线其他地段，他们以编为一个梯队的若干师实施防御，每个师留有少量预备队。由于在整个行动期间的任务是防御，第66集团军将辖内部队编为两个梯队，第一梯队4个师（步兵第99、第226、第64、第116师），第二梯队2个师（步兵第299、第343师）。为集中力量并最大限度地前送兵力，三个集团军辖内的所有师和团都为作战行动组织起单梯队团和营。

由于罗科索夫斯基方面军只执行次要任务，最高统帅部仅为其提供了确保进攻的装甲力量，并未调拨更多坦克。因此，坦克第16军担任第24集团军的发展梯队；待集团军步兵部队突破德军战术防御后，坦克第16军就进入突破口，冲向韦尔佳奇。虽然马斯洛夫将军的坦克军可能有足够的坦克完成这项任务，但显然并未强大到足以围歼德国第11军的程度。至于三个集团军辖内的其他坦克力量，共计6个独立坦克旅，都用于支援各集团军编成内的步兵部队，具体如下：

---

① 译注：原文如此。

· 第24集团军——坦克第10旅；

· 第65集团军——坦克第91、第121旅；

· 第66集团军——坦克第58旅；

· 方面军直属——坦克第64、第148旅。[126]

炮兵和航空兵

顿河方面军炮兵主任将方面军辖内大多数最高统帅部预备队火炮/迫击炮团调拨给第65和第24集团军，以炮兵进攻支援他们的辅助突击。而第65和第24集团军炮兵主任又组建起集团军炮兵群和火箭炮群，在进攻发起前和进攻期间为各集团军提供炮火准备和火力支援。两个集团军辖内的步兵师组织起步兵支援炮兵群（NPP），提供给第一梯队各步兵团。

为第65、第24集团军提供的炮火准备将持续1小时20分钟。在第65集团军，炮火准备包括5场炮火急袭、2次假炮火停顿、2场持续时间更长的破坏射击。第24集团军采用了不同的方式：10分钟炮火急袭，随后是60分钟破坏射击，最后又是10分钟炮火急袭。正如后续行动证实的那样，炮火准备并未造成集团军火力策划人员预期的那种破坏。[127]

谢尔盖·伊格纳季耶维奇·鲁坚科少将的空军第16集团军为顿河方面军提供空中支援。[128]为此，鲁坚科投入方面军配属的几乎所有战机，在突破行动期间和之后掩护、支援第65集团军突击群。不过，他也细心调拨了少量战机支援坦克第16军拓展攻势。因此，鲁坚科将对空联络员派往坦克军军部，也许还派往该军辖下的各个旅。[129]

工程兵

分配给顿河方面军的工程兵面临的许多挑战与西南方面军工程兵如出一辙。其中包括将调拨给第65集团军的大批部队和物资运过顿河，进入克列茨卡亚登陆场，另外还要在登陆场内构建防御工事，荫蔽、伪装集结的部队和物资，并在进攻发起前和进攻期间遂行其他常规准备工作。

除了师属、团属的工程兵和战斗工兵单位，方面军掌握的其他工兵力量如下：

- 第65集团军

    舟桥第9营

    独立工程兵第321营

- 第24集团军

    独立工程兵第48营

    独立战斗工兵第530、第532、第534、第1361营

- 第66集团军

    独立工程兵第1、第432营

- 方面军直属

    特种工程兵第16旅

    战斗工兵第20旅

    舟桥第6、第7、第20、第104营

    独立工程兵第120、第257、第258、第741营[130]

总之，11月8日至17日，在这些部队的协助下，12800人、396门火炮、1684辆汽车和822辆大车在安东诺夫卡地域渡过了顿河。[131]

后勤

苏军最高统帅部和NKO付出了巨大努力，调派、建立、组织、部署、集结西南方面军、顿河方面军和斯大林格勒方面军11月19日前投入的100多万名将士，但他们还面临着同样艰巨的任务：反攻发起前和发起后，在后勤方面支援、维系这股大军。部队的组建、加强和促成"天王星"计划开花结果的必要运输措施已在上文加以详述，这里只对相关后勤努力加以简单描述。特别需要指出的是，自苏德战争爆发以来，后勤一直是红军最致命的弱点之一，斯大林对此心知肚明。因此，斯大林从一开始就重点关注为遂行"天王星"行动的部队提供所需要的补给。他把后勤的所有方面（特别是燃料、弹药和食物）都列为最高级别，以确保他的高级指挥员们也对此加以重视；他还派一位副国防人民委员负责此事，确保后勤工作列为优先事项，并在各级指挥层建立起一个强大的后勤主任体系。

1942年11月，负责军事后勤的是红军总后勤部长安德烈·瓦西里耶维奇·赫鲁廖夫军需勤务中将，许多部、局（包括燃料、弹药和食物）都在他的直接监督下。[132]由于经常需要参加斯大林在克里姆林宫召开的会议，赫鲁廖夫（他也是副国防人民委员）通过几位后勤部副部长指挥军队后勤工作，在方面军和集团军级由勤务首长负责，而在军、师两级，负责后勤工作的是后勤副军长和后勤副师长。截至1942年末，赫鲁廖夫和他的司令部几乎负责所有后勤事务，包括征募、贮存、交付运往前线的所有兵员和物资。到目前为止，他们最优先的任务是为红军提供燃料、食物和饲料；征募并交付援兵；在各场军事行动之前及期间为部队的再部署提供支援。

虽然红军在1942年春夏季遭遇到灾难性惨败，但赫鲁廖夫的机构出色地完成了他们的任务。到1942年11月，他们修复并扩展了苏联南部的铁路、公路网，缓解了严重的交通问题；他们开发了新的苏联工业基地，目前已在乌拉尔及其东部投入全面运营，生产出各种武器和军需用品；他们还有效分配租借物资，这些物资包括军事装备、原材料和维系红军继续战斗所需要的食物。虽然不时发生短缺，但赫鲁廖夫巧妙地管理着一切，总能在恰当的时候将适量的军需补给交付到正确的地方。

表8并未涵盖所有类别的军需用品，而是根据最重要类型的武器装备的产量，说明红军战斗力在1942年间的增长。[133]为提供对比，表9列出了德国1942年的武器产量，其数量也有所增加，特别是在火炮、迫击炮、坦克和装甲运兵车方面。虽然加大了产量，但除了装甲运兵车，德国人在其他所有类别上都落后于苏联。例如，德国1942年的坦克产量翻了一番，达到4759辆，但苏联1942年的坦克产量高达24400辆，1943年还将继续增加。可是，由于苏联人没有开发并配备任何一款装甲运兵车，德国人在这方面的优势将一直持续到战争结束。

为苏联战时生产做出补充的是，斯大林的盟友（美国、英国和加拿大）为苏联提供了紧要的战争物资，主要是通过租借法案。该法案1941年10月付诸实施后，商船队将这些物资运至苏联的摩尔曼斯克和阿尔汉格尔斯克，或经所谓的"波斯走廊"运抵苏联，空中航线则是从阿拉斯加至西伯利亚。根据1941年签署的首次"租借法案"协议的规定，截至1942年6月，盟国为苏联

表 8：1942 年苏联技术装备、武器和弹药产量的增长

装备类型	产量		增长率
	1942年上半年	1942年下半年	
作战飞机			
歼击机（总计）	3871	5973	1.54倍
米格-3	12	36	3倍
拉格-3	1766	970	—
拉-5	—	1129	—
雅克-1	1578	1895	1.2倍
雅克-7和雅克-9	515	1943	3.77倍
强击机（伊尔-2）	2629	5596	2.013倍
轰炸机	1641	1867	1.1倍
总计	**8141**	**13436**	**1.65倍**
坦克			
重型（KV）	1663	890	—
中型（T-34）	4414	8106	1.8倍
轻型（T-60）	5100	4272	—
总计	**11177**	**13268**	**1.19倍**
火炮			
反坦克炮（47、57毫米）	8957	11142	1.24倍
高射炮	2368	4120	1.7倍
76毫米野炮	11052	12257	1.1倍
122毫米火炮	2240	2597	1.16倍
152毫米火炮	1008	766	—
总计	**25625**	**30882**	**1.2倍**
迫击炮			
50毫米	66802	36511	—
82毫米	45485	55378	1.2倍
107、120毫米	10183	15164	1.5倍
总计	**122470**	**107053**	**—**
多管火箭发射器			
BM-8（喀秋莎）	459	386	
BM-13（喀秋莎）	1087	1305	1.2倍
总计	**1546**	**1691**	**1.1倍**

表 8（接上页）

装备类型	产量		增长率
	1942年上半年	1942年下半年	
步兵武器			
步枪和卡宾枪	1943400	2100509	1.08倍
自动武器（冲锋枪）	524473	952332	1.8倍
轻机枪	71923	100183	1.4倍
重机枪	16011	40544	2.5倍
12.7毫米重机枪	1864	5478	3倍
反坦克步枪	114400	134400	1.17倍
总计	**614271**	**1098537**	**1.78倍**
弹药（单位/千发）			
步枪弹	1508736	2236477	1.5倍
各种口径迫击炮弹	17799	35959	2倍
各种口径身管炮弹	31827	44678	1.4倍
火箭炮弹	1300	2600	2倍

※ 资料来源：罗科索夫斯基，《伏尔加河畔的伟大胜利》，第 210—211 页；M.E. 莫罗佐夫（主编），《1941—1945 年，伟大卫国战争，数据中的战役和战略行动，两卷本，第一册》，第 373、第 478 页。

表 9：德国 1942 年的武器产量

武器类型	1942年1月的存量（估计）	1942年的武器产量
步枪和卡宾枪	4748260	1149593
冲锋枪/突击步枪	211940	152683
机枪	208130	81199
迫击炮	26494	18199
高射炮		
陆军	2915	2966
空军	—	8430
总计	—	**11396**
反坦克炮		
轻型	13607	4798
中型	—	4344
总计	13607门【1941年6月22日至12月31日为 2018门（555门轻型、1463门中型）】	**9142**

表9（接上页）

武器类型	1942年1月的存量（估计）	1942年的武器产量
火炮		
步兵炮	4684	1678
火箭炮	12615	3864
轻型	6701	1476
重型	3419	935
超重型	469	33
总计	**27888**	**7975**
装甲战车		
坦克（二号、三号、四号、38t）	3365辆（1941年6月22日至12月31日为2234辆）	4759
突击炮	625辆（1941年6月22日至12月31日为348辆）	
装甲运兵车	1888	2527
总计	**5878辆（1941年生产了5138辆）**	**9278**
卡车	250061	49707
指挥车	199452	24152
摩托车	215009	34017
拖车		7627
作战飞机		15109
炮弹（75毫米或以上）		58070000

※ 资料来源：霍斯特·布格、尤尔登·弗斯特、约阿希姆·霍夫曼等人，《德国与第二次世界大战，第4卷：入侵苏联》，埃瓦尔德·奥泽斯等人译（英国牛津：克拉伦登出版社，2001年），第1122页；霍斯特·布格、维尔纳·拉姆、赖因哈德·施通普夫、贝恩德·韦格纳，《德国与第二次世界大战，第6卷，全球战争：冲突扩大为世界大战及战争主动权的转移，1941—1943》，埃瓦尔德·奥泽斯等人译（英国牛津：克拉伦登出版社，2001年），第613、第637—638、第668、第670—671、第678—679、第684、第687—688、第691、第700、第805页。

提供了267架轰炸机、278架战斗机、363辆中型和420辆轻型坦克、16502辆卡车。[134]第二份协议大约从1942年6月持续至1943年6月，又为苏联提供了3816架飞机、1206辆坦克、62292支自动武器、93713辆卡车以及其他战略物资和食物。[135]虽然经"波斯走廊"运抵苏联的多数坦克和卡车最终交给了外高加索和北高加索地区的红军，但仍有一部分交付给了奋战在斯大林格勒的苏军部队。

　　总的说来，除了几个明显的例外，租借法案的装运总量只相当于苏联战时生产的一小部分，火炮只占2%，但卡车和其他车辆所占的比例令人咋舌，高达70%，而租借法案提供的坦克约为苏联战时坦克生产总量的12%。但是，在斯大林格勒战役和高加索会战最艰难的时期，这个数字很可能达到了15%，对战斗在高加索地区的苏军坦克部队来说，这个数字可能会更高。[136]

　　在赫鲁廖夫后勤"脐带"的末端，遂行"天王星"行动的各集团军获得了足够的燃料和弹药，以完成他们受领的作战任务（参见表10）。因此，反攻发起时，执行主要突击的各集团军拥有的弹药足以维持3天的作战行动，许多部队甚至能维系6天的战斗。坦克第5集团军、第21、第57、第51集团军快速部队的油料再补充基数为3.8—9.0，也就是说，他们可以维系11—18天的作战行动，但第65和第24集团军的快速部队超过7天和10天就需要再补给，以便继续战斗。总的说来，第24、第51、第57集团军最缺的是弹药，而坦克第5集团军、第24、第57集团军最缺的是燃料。因此，如果三个方面军实现合围所需要的时间超过预计的三天，就必须在进攻发起后不久以极大的努力为上述集团军提供燃料和弹药。

表10："天王星"行动发起时，西南、顿河、斯大林格勒方面军诸集团军获得的弹药和油料补给

补给类型	计量单位	西南方面军		顿河方面军		斯大林格勒方面军	
		坦5集	21集	65集	24集	57集	51集
82毫米炮弹	作战负载	2.0	1.82	1.65	1.0	1.0	1.9
120毫米炮弹	作战负载	2.3	2.28	3.1	1.7	1.0	0.8
76毫米炮弹（团属炮兵）	作战负载	1.4	1.83	2.6	1.5	2.65	4.1
76毫米炮弹（师属炮兵）	作战负载	2.66	2.0	2.6	4.57	1.1	2.8
122毫米炮弹	作战负载	1.9	3.2	1.7	1.4	1.0	1.0
柴油	再补充	3.8	4.8	2.2	3.3	3.8	6.3
汽油	再补充	1.4	2.6	1.57	1.08	1.9	9.0

※ 资料来源：罗科索夫斯基，《伏尔加河畔的伟大胜利》，第248页。

注：作战负载指的是每门火炮维持 X 天作战行动所需要的弹药总量；在战争这一阶段，1 个战斗负载足以维持三天的战斗。

注释

1. V.A.佐洛塔廖夫（主编），《伟大卫国战争中的作战部队，1941—1945年》（*Velikaia Otechestvennaia, Deistvuiushchaia armiia 1941-1945 gg*，莫斯科：勇气出版社和库奇科沃原野出版社，2005年），第587页。

2. 战争期间为苏联武装力量提供战略指导的具体机构的详情及其职能，可参阅戴维·M. 格兰茨的《巨人重生：战争中的苏联红军，1941—1943年》（劳伦斯：堪萨斯大学出版社，2005年），第369—465页。

3. 瓦图京将军的生平简历可参阅本三部曲第一部。

4. 罗曼年科的生平简介和科泽利斯克进攻战役均可参阅本三部曲第一部。

5. 1942年11月19日—20日西南方面军、顿河方面军和斯大林格勒方面军的作战序列可参阅A.M.萨姆索诺夫的《斯大林格勒战役》，第569页。

6. 布特科夫的生平简历可参阅本三部曲第一部。

7. 由于在斯大林格勒的杰出表现，坦克第26军1942年12月8日获得近卫坦克第1军的荣誉番号。该军军史可参阅M.F.帕诺夫的《在主要突击方向上》（*Na napravlenii glavnogo udara*，莫斯科：什切尔宾斯卡亚印务出版社，1993年）。坦克第26军用了数周时间组建、改建，1942年8月5日加入坦克第5集团军，但该军一直留在最高统帅部预备队，与坦克集团军一同训练，11月调至斯大林格勒地域。军长A.G.罗金将军曾是一名炮兵，1937年从工农红军机械化和摩托化学院毕业后转入机械化部队。苏芬战争期间，他在步兵第50军任汽车装甲坦克勤务主任，后担任机械化第10军坦克第24师副师长，"巴巴罗萨"战役初期，他在这个职位上参加了卢加河的战斗。该军解散后，1941年9月至1942年2月，罗金指挥坦克第13旅，后在第54集团军指挥坦克第124旅，1942年5月出任该集团军坦克兵主任。1942年9月，罗金出任坦克第26军长。由于该军在"天王星"行动中表现出色，他于1943年2月7日获得苏联英雄称号，出任中央方面军坦克第2集团军司令员，1943年2月—3月，他率领该集团军攻向谢夫斯克和奥廖尔，7—8月参加了库尔斯克战役。1943年9月，他的部队收复谢夫斯克后，罗金晋升为西方面军（后改为白俄罗斯第3方面军）装甲坦克和机械化兵司令员，直至1945年初。战后，罗金先在数个军区担任装甲坦克和机械化兵司令员，并在伏罗希洛夫总参军事学院任教，1954年退入预备役。从1943年后期起。罗金的健康状况一直不太好，1955年去世。他的完整生平可参阅M.G.沃扎金（主编）的《伟大卫国战争中的集团军指挥员：军事传记辞典》，第291—293页。

8. 鲍里索夫的完整生平可参阅《伟大卫国战争中的军级指挥员，两卷本，第二册》（*Velikaia Otechestvennaia Komkory: Voennyi biograficheskii slovar v 2-kh tomakh, Tom 2*，莫斯科-茹科夫斯基：库奇科沃原野出版社，2006年），第44—45页。

9. 由于在顿巴斯地区杰巴利采沃实施的突袭，骑兵第8军1943年2月14日获得近卫骑兵第7军的荣誉番号。该军军史可参阅M.S.多库恰耶夫的*Vboi shli eskadrony*（骑兵中队投入战斗）（莫斯科：军事出版社，1984年）。

10. A.M.萨姆索诺夫，《斯大林格勒战役》，第569页。

11. V.A.佐洛塔廖夫（主编），《伟大卫国战争中的作战部队，1941—1945年》，第582—583页。第21集团军1943年4月16日被授予近卫第6集团军的荣誉番号，集团军战史可参阅IM.奇斯佳科夫（主编）

的《奉祖国之命：伟大卫国战争中近卫第6集团军的战斗历程》（*Po prikazu Rodiny: Boevoi put' 6-i Gvardeiskoi armii v Velikoi Otechestvennoi voine, 1941–1945 gg*）。奇斯佳科夫将军的回忆录，《我们为祖国服役》（*Sluzhim otchizne*，莫斯科：军事出版社，1975年），基本上是该集团军的另一份历史记述。

12. 1943年2月7日，坦克第4军获得近卫坦克第5军的荣誉番号。克拉夫钦科的生平简介可参阅本三部曲第一部。

13. A.M.萨姆索诺夫，《斯大林格勒战役》，第405页。另可参阅安娜·斯特罗耶娃的《集团军司令员克拉夫钦科》（*Komandarm Kravchenko*，基辅：乌克兰政治文献出版社，1984年）。

14. 普利耶夫撰写的回忆录较多，可参阅他的《在近卫军的旗帜下》（*Pod gvardeiskimi znamenem*，奥尔忠尼启则：IR出版社，1976年）；他的生平简介可参阅本三部曲第一部。

15. V.A.佐洛塔廖夫（主编），《伟大卫国战争中的作战部队，1941—1945年》，第582—583页。

16. 列柳申科的生平简介可参阅本三部曲第一部。

17. 由于行动延误，两个近卫步兵军起初并未加入近卫第1集团军。

18. A.M.萨姆索诺夫，《斯大林格勒战役》，第569页。

19. V.A.佐洛塔廖夫（主编），《伟大卫国战争中的作战部队，1941—1945年》，第582—583页。将11月5日组建的近卫第1集团军与该集团军的多次组建区分开来非常重要。具体说来，最高统帅部1942年8月6日首次组建近卫第1集团军，将其编入东南方面军，但8月18日将其转隶斯大林格勒方面军，9月28日又将其转隶顿河方面军。在莫斯卡连科和奇斯佳科夫将军的指挥下，首次组建的近卫第1集团军参加了科特卢班地域的激战，10月16日撤入最高统帅部预备队，10月25日撤编，辖内部队转隶新组建的第24集团军（该集团军这段时期的记述可参阅本三部曲第二部）。11月5日，近卫第1集团军第二次组建，由列柳申科指挥，12月8日，最高统帅部将该集团军一分为二，形成了第三次组建的近卫第1集团军（瓦西里·伊万诺维奇·库兹涅佐夫中将指挥）和新组建的近卫第3集团军（列柳申科指挥）。这两个集团军在西南方面军的编成内参加了"小土星"行动。

20. 同上。另外，西南方面军还掌握着步兵第14军、近卫步兵第4（辖近卫步兵第35、第41师）、第6军（辖近卫步兵第38、第44师）军部，这些部队部署在侧翼，随时准备加强近卫第1集团军。

21. 叶廖缅科将军的生平简介可参阅本三部曲第一部。

22. V.A.佐洛塔廖夫（主编），《伟大卫国战争中的作战部队，1941—1945年》，第584页。

23. A.M.萨姆索诺夫，《斯大林格勒战役》，第570页。

24. 托尔布欣将军的生平简介可参阅本三部曲第一部。

25. 坦克第13军军史可参阅V.F.托卢布科和N.I.巴雷舍夫合著的《在南翼》（*Na iuzhnomflange*，莫斯科：科学出版社，1973年）。1943年1月9日，该军获得近卫机械化第4军的荣誉番号。塔纳希申的生平简介可参阅本三部曲第一部。1942年12月7日，塔纳希申晋升为少将。

26. V.A.佐洛塔廖夫（主编），《伟大卫国战争中的作战部队，1941—1945年》，第584页。

27. 第51集团军战史可参阅S.M.萨尔基西扬的《第51集团军》（*51-ia Armiia*，莫斯科：军事出版社，1983年）。

28. 特鲁法诺夫出生于1900年，1919年加入红军，作为一名列兵参加了内战，并成为战地电话所所长。两次世界大战之间在骑兵部队中崭露头角，指挥过骑兵排和骑兵连，并担任过各种参谋职务，后在苏芬战争期间出任步兵第4师参谋长，1941年初任步兵第23军副军长，"巴巴罗萨"战役前夕任机械化第28军参谋长。特鲁法诺夫在外高加索方面军第47集团军先后担任参谋长、后勤部长和副司令员，直至1942年4月出任近卫步兵第1军军长[①]。出色地指挥了军级部队后，1942年7月，特鲁法诺夫升任第51集团军司令员，病愈后，当年10月重新担任该集团军司令员。特鲁法诺夫在"天王星"行动中表现出色，1943年7月库尔斯克战役期间，他担任近卫坦克第5集团军副司令员，1943年7月末至1945年任第69集团军副司令员，柏林战役期间任步兵第25军军长。战后，特鲁法诺夫在苏军驻德军管局担任负责职务，后在远东任各种高级职务，直至1960年退役。他去世于1982年。关于他的更多详情，可参阅M.G.沃扎金（主编）的《伟大卫国战争中的集团军指挥员：军事传记辞典》，第229—230页。

29. A.M.萨姆索诺夫，《斯大林格勒战役》，第569页。

30. 机械化第4军军史可参阅A.M.萨姆索诺夫的《从伏尔加河到波罗的海》（*Ot Volgi do Baltiki*，莫斯科：科学出版社，1963年）。由于在"天王星"行动中表现出色，该军1942年12月18日获得近卫机械化第3军的荣誉番号；具体说来，该军在上库莫斯基及其周边历时四天[②]的激战中削弱了德国第4装甲集团军第57装甲军的突击。沃利斯基将军的生平简介可参阅本三部曲第一部。

31. A.M.萨姆索诺夫，《斯大林格勒战役》，第406页注136。该军军长沙普金将军是红军指挥员中罕见的例外。与大多数同僚不同，1907年至1917年10月，他是沙皇军队里的一名顿河哥萨克骑兵，第一次世界大战期间在西方面军服役。俄国内战期间，他在邓尼金率领的白军中担任下级军官，指挥哥萨克骑兵。1920年3月，他率领他的整个中队（约100人）投奔红军，1920年苏波战争期间，他在布琼尼著名的骑兵第1集团军先后担任团级、旅级指挥员，打击弗兰格尔男爵白卫军期间升任师级指挥员。两次世界大战之间，沙普金先后指挥骑兵第2师和山地骑兵第7师，镇压中亚地区的叛乱分子，1935—1936年在伏龙芝军事学院学习，后在远东和中亚地区先后指挥山地骑兵第3、第20师，1941年1月出任骑兵第4军军长，1942年10月，他的军调至斯大林格勒地域。该军在"天王星"行动和随后进攻罗斯托夫的战役中表现出色，但沙普金病倒，1943年3月死于败血症。他的生平简介可参阅《伟大卫国战争中的军级指挥员，两卷本，第二册》，第91—92页。沙普金去世后，（M.F.马列耶夫少将指挥的）骑兵第4军并入近卫骑兵第7军；与骑兵第8军一样，近卫骑兵第7军攻向顿巴斯东部地区的杰巴利采沃期间失去了军长鲍里索夫将军（他被德国人俘虏）和许多人员。

32. V.A.佐洛塔廖夫（主编），《伟大卫国战争中的作战部队，1941—1945年》，第584页。

33. 格拉西缅科将军的生平简介可参阅本三部曲第一部。

34. 关于近卫步兵第34师编成和作战记录的详情，可参阅V.F.马尔格洛夫的《苏联空降兵：军事历史研究》（*Sovetskie vozdushnoi-desantnye: Voenno-istoricheskii ocherk*，莫斯科：军事出版社，1986年），第158、第175—176页。

35. V.A.佐洛塔廖夫（主编），《伟大卫国战争中的作战部队，1941—1945年》，第584页。

36. 第62集团军1943年5月5日获得近卫第8集团军的荣誉番号。该集团军战史可参阅崔可夫的数本回忆录。

---

① 译注：独立步兵第1军。
② 译注：12月15日和12月17—19日。

37. A.M.萨姆索诺夫，《斯大林格勒战役》，第571页。

38. 崔可夫将军的生平简介可参阅本三部曲第一部。

39. V.A.佐洛塔廖夫（主编），《伟大卫国战争中的作战部队，1941—1945年》，第584页。

40. 参见本三部曲第二部。上述数据不包括新派来的步兵第160旅。

41. 第64集团军战史可阅读D.A.德拉贡斯基（主编）的《从伏尔加河到布拉格》（*Ot Volgi do Pragi*，莫斯科：军事出版社，1966年）。1943年5月1日，该集团军获得近卫第7集团军的荣誉番号。

42. A.M.萨姆索诺夫，《斯大林格勒战役》，第571页。

43. 舒米洛夫将军的生平简介可参阅本三部曲第一部。

44. V.F.马尔格洛夫，《苏联空降兵：军事历史研究》，第156—157页。

45. V.A.佐洛塔廖夫（主编），《伟大卫国战争中的作战部队，1941—1945年》，第584页。

46. A.M.萨姆索诺夫，《斯大林格勒战役》，第571页。

47. V.A.佐洛塔廖夫（主编），《伟大卫国战争中的作战部队，1941—1945年》，第582页。

48. 罗科索夫斯基将军的生平简介可参阅本三部曲第一部。

49. 第24集团军解散了步兵第207、第221、第292、第316师，第66集团军解散了第62、第212和第231师。

50. 巴托夫将军的生平简介可参阅本三部曲第二部。第65集团军战史可参阅P.I.巴托夫的《在行军和战斗中》（*V pokhodakh i boiakh*，莫斯科：呼声出版社，2000年）。

51. 《苏军集团军作战编成，第二部（1942年1—12月）》【*Boevoi sostav Sovetskoi Armii, chast II (Ianvar-dekabr 1942 goda)*】，第215页，绝密。

52. A.M.萨姆索诺夫，《斯大林格勒战役》，第570页。

53. V.A.佐洛塔廖夫（主编），《伟大卫国战争中的作战部队，1941—1945年》，第583页。

54. 第一次组建的第24集团军1942年10月[①]在维亚济马包围圈全军覆没，第二次组建的第24集团军于1942年5月改编为预备队第1集团军，第三次组建的第24集团军在"蓝色"行动中遭到重创，1942年8月撤编。1942年[②]2月1日至3月，经过数次变更，第四次组建的第24集团军获得了近卫第4集团军的荣誉番号。

55. 加拉宁和科兹洛夫将军的生平简介可参阅本三部曲第一、第二卷。

56. A.M.萨姆索诺夫，《斯大林格勒战役》，第570页。

57. 马斯洛夫将军的生平简介可参阅本三部曲第一部。

58. V.A.佐洛塔廖夫（主编），《伟大卫国战争中的作战部队，1941—1945年》，第583页。

59. 第66集团军战史可参阅I.A.萨姆丘克、P.G.斯卡奇科、Iu.N.巴比科夫、I.L.格涅多伊合著的《从伏尔加河到易北河和布拉格》（*Ot Volgi do EVby i Tragi*，莫斯科：军事出版社，1970年）。1943年5月5日，第66集团军获得近卫第5集团军的荣誉番号。

60. 扎多夫将军的生平简介可参阅本三部曲第二部。

61. A.M.萨姆索诺夫，《斯大林格勒战役》，第570页。

---

① 译注：1941年。

② 译注：1943年。

62. V.A.佐洛塔廖夫（主编），《伟大卫国战争中的作战部队，1941—1945年》，第583页。

63. A.M.萨姆索诺夫，《斯大林格勒战役》，第570页。

64. V.A.佐洛塔廖夫（主编），《伟大卫国战争中的作战部队，1941—1945年》，第582页。

65. 同上，第585页。

66. "火星"行动策划和执行的详情，可参阅格兰茨的《朱可夫最大的败仗：红军1942年火星行动的惨败》，特别是第20—22页。关于这场行动的策划文件，可参阅该书俄文版，《朱可夫最大的败仗：红军1942年火星行动的惨败》（*Krupneishee porazhenie Zhukova. Katastrofa Krasnoi Armii v operatsii "Mars" 1942 g*，莫斯科：阿斯特列利出版社，2006年），第404—602页。

67. V.A.佐洛塔廖夫（主编），《伟大卫国战争1941—1945：军事历史调查，四卷本，第二册：转折点》，第38页。除了这些攻势，苏军最高统帅部当年10月还策划列宁格勒和沃尔霍夫方面军在列宁格勒地区发起辅助进攻（"火花"行动），以西北方面军在杰米扬斯克、以外高加索方面军在莫兹多克地区发动攻势，这些突击的发起时间与"天王星"和"火星"行动大致相同。例如加里宁方面军的突击第3集团军、西北方面军的第11集团军和突击第1集团军，实际是11月24日发起进攻；另外2个集团军11月27日和28日投入战斗。但在德军的顽强抵抗下，这些进攻没过几天就发生了动摇。详情可参阅戴维·M.格兰茨的《1941—1945，苏德战争中被遗忘的战役，第四册，冬季战役（1942年11月19日—1943年3月21日）》（宾夕法尼亚州卡莱尔：自费出版，1999年），第67—82页。

68. 戴维·M.格兰茨和乔纳森·M.豪斯，《巨人的碰撞：红军是如何阻止希特勒的》（劳伦斯：堪萨斯大学出版社，1995年），第136—138页。另可参阅格兰茨的《朱可夫最大的败仗：红军1942年火星行动的惨败》，第22—30页。除了上述这些"行星"代号，苏军对勒热夫城的突击行动，代号为"金星"。佐洛塔廖夫，《最高统帅部1942》，第394、第543—544页。

69. 关于"天王星"行动的战略构想、各方面军和集团军遂行的任务、反攻的进程和结果的详细描述，可参阅K.K.罗科索夫斯基（主编）的《伏尔加河畔的伟大胜利》（*Velikaia bitva na Volge*，莫斯科：军事出版社，1965年）。诸多关于斯大林格勒战役的专著中，除了本三部曲列举的少数例外，罗科索夫斯基的这部著作依然是最透彻、最准确的一部。罗科索夫斯基是从军事角度对整个斯大林格勒战役做出最好的分析，而普通历史学家撰写的最佳著作当属萨姆索诺夫的《斯大林格勒战役》。这两部专著的准确性和相对的坦率性都应归功于赫鲁晓夫60年代初期提出的历史"解冻"。但是，正如本三部曲证明的那样，苏联出版的所有专著都带有某种程度的偏差。自1991年以来，最准确的专著是俄罗斯历史学家阿列克谢·伊萨耶夫的《斯大林格勒：伏尔加河后方没有我们的容身处》，该书以新公开的档案资料为基础，勇敢地挑战了苏联和俄罗斯过去出版的战役专著中的某些错误。

70. 苏军最高统帅部、国防人民委员会和红军总参谋部在"天王星"行动和其他进攻战役准备期间签发的所有指令和训令均可参阅V.A.佐洛塔廖夫（主编）的《最高统帅部大本营：1942年的文献资料》（*Stavka VGK: Dokumenty i materialy 1942*），刊登在《俄罗斯档案：伟大卫国战争》第16册（5-2）【*Russkii arkhiv: Velikaia Otechestvennaia [voina], 16 (5-2)*，莫斯科：特拉出版社，1996年】，第442—443页；V.A.佐洛塔廖夫（主编）的《苏联国防人民委员会命令，1941年6月22日—1942年》（*Prikazy narodnogo komissaraoborony SSSR, 22 iiunia 1941 g-1942*），刊登在《俄罗斯档案：伟大卫国战争》第13册（2-2）【*Russkii arkhiv: Velikaia Otechestvennaia [voina], 13 (2-2)*，莫斯科：特拉出版社，1997年】，第326—327页；V.A.佐洛塔廖夫（主编）的《伟大卫国战争中的总参谋部：1942年的文献资料》（*General'nyi shtab v gody Velikoi Otechestvennoi voiny: Dokumenty i materialy 1942*），刊登在《俄罗斯档案：伟大卫国战争》第23册（12-2）（*Russkii arkhiv: Velikaia Otechestvennaia*，莫斯科：特拉出版社，1999年）。

要求各方面军抽调部队给最高统帅部预备队的具体指令下达于8月31日7点45分，包括发给如下方面军的各号指令：发给沃尔霍夫方面军的994180号令，发给西北方面军的994181号令，发给西方方面军的994182号令，发给布良斯克方面军的994183号令，发给沃罗涅日方面军的994184号令，发给斯大林格勒方面军的994185号令。参阅佐洛塔廖夫的《最高统帅部1942》，第380—381页。

组建新预备队方面军的指令也下达于8月31日7点45分，具体如下：组建预备队第4集团军的994187号令，组建预备队第10集团军的994188号令，组建预备队第3集团军的994196号令，组建预备队第2集团军的994199号令。参阅佐洛塔廖夫的《最高统帅部1942》，第382—383页。

将坦克第3、第5集团军撤入最高统帅部预备队的指令分别是8月30日签发的994176号令（坦克第5集团军）和9月9日签发的170606号令（坦克第3集团军）。参阅佐洛塔廖夫的《最高统帅部1942》，第376、第389页。

71. 最高统帅部994203、994204号令，参见佐洛塔廖夫的《最高统帅部1942》，第395—396页。

72. 最高统帅部994207、994208号令，参见佐洛塔廖夫的《总参谋部1942》，第336—337页。

73. 最高统帅部170627号令，参见佐洛塔廖夫的《最高统帅部1942》，第403页。

74. 994212号令9月29日3点15分签发，994213号令9月30日签发，参见佐洛塔廖夫的《总参谋部1942》，第339、第342页。

75. 最高统帅部994214、994215号令，参见佐洛塔廖夫的《最高统帅部1942》，第406—407页。

76. 最高统帅部994216号令，同上，第407—408页。

77. 最高统帅部994217、994218号令，参见佐洛塔廖夫的《总参谋部1942》，第347—348页。

78. 这道指令没编号，10月3日21点签发，同上，第348—349页。

79. 最高统帅部170647号令参见佐洛塔廖夫的《最高统帅部1942》，第423页；最高统帅部990157、990154号令参见佐洛塔廖夫的《总参谋部1942》，第358、第360页。

80. 最高统帅部203974号令，参见佐洛塔廖夫的《最高统帅部1942》，第425页。

81. 最高统帅部203973号令，同上，第440—441页；最高统帅部990373号令，参见佐洛塔廖夫的《总参谋部1942》，第379页。

82. 最高统帅部170678号令，参见佐洛塔廖夫的《最高统帅部1942》，第406—407页；另可参阅罗科索夫斯基的《伏尔加河畔的伟大胜利》，第224—228页。

83. 国防人民委员会（NKO）00220号令，参阅佐洛塔廖夫的《苏联国防人民委员会，1941—1942》，第346—347页，内含最初组建的2个近卫机械化军的具体编成和实力。这些军最终包括加里宁方面军的机械化第1、第2、第3军；西南方面军的机械化第5和近卫机械化第1军；斯大林格勒方面军的机械化第4军；最高统帅部预备队的近卫机械化第2军；莫斯科军区的机械化第6军。参见《苏军集团军作战编成，第三部》，第230—253页。

84. 最高统帅部994275、994276号令，参见佐洛塔廖夫的《最高统帅部1942》，第442—443页。

85. 最高统帅部170679号令，同上，第443—444页。

86. 罗科索夫斯基，《伏尔加河畔的伟大胜利》，第225页，引自档案*Arkhiv MO USSR, f. 220, op.*

*451, d. 82,11.*第79—114页。佐洛塔廖夫的文件集中没有收纳这道指令。

87. 最高统帅部157704号令，参见佐洛塔廖夫的《总参谋部1942》，第382页。

88. 朱可夫和华西列夫斯基11月第一周视察各方面军的具体行程，可参阅朱可夫的俄文版回忆录，《回忆与思考》，第402—403页；朱可夫英文版回忆录《回忆与思考》第二册，第116—117页；哈里森·E.索尔兹伯里（主编），《朱可夫元帅最伟大的战役》（纽约：哈珀＆罗出版社，1969年），第165—166页；VIZh第10期（1991年10月），第23—33页，"1941—1945年，伟大卫国战争期间苏联元帅朱可夫的活动纪要"；华西列夫斯基俄文版回忆录《毕生的事业》，第222—223页；华西列夫斯基英文版回忆录《毕生的事业》，第192—193页；斯大林战时约见记录可参阅切尔诺巴耶夫（主编）的《斯大林的接见》，第389—390页。

89. M.E.莫罗佐夫（主编），《1941—1945年，伟大卫国战争，数据中的战役和战略行动，两卷本，第一册》（*Velikaia Otechestvennaia voina 1941-1945 gg. Kampanii i strategicheskie operatsii v tsifrakh v 2 tomakh. Tom 1*，莫斯科：俄罗斯联邦内务部联合社论出版社，2010年），第481页。

90. 罗科索夫斯基，《伏尔加河畔的伟大胜利》，第226页。

91. 同上。

92. 同上，第227页。

93. 红军总参谋部对此的抱怨可参阅佐洛塔廖夫的《总参谋部1942》，第389页。

94. 为扩大铁路交通网，支援参加"天王星"行动的部队而付诸的努力，可参阅G.A.库马诺夫的《战争与苏联铁路运输，1941—1945年》（*Voina i zhelznodorozhnyi transport SSSR 1941-1945*，莫斯科：科学出版社，1988年），第130—149页。

95. 同上，第149页。

96. 罗科索夫斯基，《军人的天职》，第138—140页。

97. 坦克第5集团军及其辖内各兵团和部队的完整策划文件，可参阅I.M.克拉夫钦科的《斯大林格勒反攻中，坦克第5集团军的进攻行动，1942年11月19日—25日》【*Nastupatel'naia operatsiia 5-i Tankovoi Armii v kontrnastuplenii pod Stalingradom (19-25 noiabria 1942 g.)*，莫斯科：伏罗希洛夫总参军事学院，1978年】，机密。书中的附录包括西南方面军对整体态势的分析和发给坦克第5集团军的指令，以及坦克第5集团军、坦克第26军、近卫步兵第47师、混编航空兵第1军的作战令。西南方面军辖内其他集团军和顿河、斯大林格勒方面军及其辖下诸集团军最初的指示和命令的详细摘要，可参阅罗科索夫斯基的《伏尔加河畔的伟大胜利》，第228—246页；A.M.萨姆索诺夫的《斯大林格勒战役》；《战争经验研究资料集，第6—8期（1943年4月—10月）》【*Sbornik materialov po izucheniiu opyta voiny, Nos. 6-8 (aprel'-oktiabr 1943 g.)*，莫斯科：军事出版社，1943年】。

98. 克拉夫钦科，《斯大林格勒反攻中，坦克第5集团军的进攻行动，1942年11月19日—25日》，附录。

99. 罗科索夫斯基，《伏尔加河畔的伟大胜利》，第228—229页。

100. 同上，第229—230页；克拉夫钦科，《斯大林格勒反攻中，坦克第5集团军的进攻行动，1942年11月19日—25日》，第6—9页。

101. 罗科索夫斯基，《伏尔加河畔的伟大胜利》，第230—231页；I.M.奇斯佳科夫（主编），《奉祖国之命：伟大卫国战争中近卫第6集团军的战斗历程》（*Po prikazu Rodiny: boevoi put' 6-i*

gvardeiskoi armii v Velikoi Otechestvennoi voine，莫斯科：军事出版社，1971年），第32—33页。

102. 罗科索夫斯基，《伏尔加河畔的伟大胜利》，第231—232页。

103. 此时，苏军对方面军或集团军在进攻战役布势中用于发展或扩大战果（也就是将战术性突破变为战役性突破）的部队的正式称谓是发展胜利梯队［echelon razvitiia uspekha］。这股力量更常见的术语是快速集群［podvizhnaia gruppa］。20世纪70和80年代，这股力量被称为"战役机动集群"［operativnaia manevrennaia gruppa］，最近几年的称谓是"战役机动预备队"［operativnii mobil'nyi reserv］。

104. 罗科索夫斯基，《伏尔加河畔的伟大胜利》，第233—234页。

105. 同上，第234—235页；更多详情可参阅《斯大林格勒进攻战役中的炮兵》（Artilleriia v nastupatel'nykh operatsiiakh pod Stalingradom），刊登在《战争经验研究资料集》，第6期，第115—123页。

106. 空军第17集团军组建于1942年11月15日，由克拉索夫斯基指挥，共计447架战机，在"天王星"行动中接受了战火的洗礼。该集团军的战史可参阅N.M.斯科莫罗霍夫等人主编的《从斯大林格勒到维也纳，战斗中的空军第17集团军》（17-ya Vozdushnaya armiya v boyakh ot Stalingrad do Veny，莫斯科：军事出版社，1977年）。飞行员的身份贯穿了克拉索夫斯基的整个职业生涯，他1918年参加红军，内战期间在一个航空兵团先后担任通信主任和政委，1927—1939年间，先后指挥过航空兵支队、旅和军。作为摩尔曼斯克航空兵旅旅长参加了苏芬战争后，克拉索夫斯基1941年6月升任北高加索军区空军司令员。苏德战争期间，他作为南方面军第56集团军空军司令员指挥空战，1942年1月改任布良斯克方面军空军司令员。1942年5月第一批空军集团军组建时，克拉索夫斯基接掌布良斯克方面军辖内的空军第2集团军，在1942年7月—8月沃罗涅日地区的作战中积累了重要经验。1942年10月—1943年3月指挥空军第17集团军后，他再度指挥空军第2集团军，直至战争结束。战后，克拉索夫斯基指挥过数个军区的空军部队和空军第2、第26集团军，后晋升为空军元帅，并出任军事航空学院院长。他1968年10月退役，显然是出于政治原因，1970年7月，克拉索夫斯基再度复出，担任国防部总监察组军事顾问委员。他去世于1983年。关于他的更多情况，可参阅M.G.沃扎金（主编）的《伟大卫国战争中的集团军指挥员：军事传记辞典》，第376—378页。

107. 罗科索夫斯基，《伏尔加河畔的伟大胜利》，第235页。"天王星"行动中苏军空中行动的更多详情，可参阅《航空兵在斯大林格勒会战中的行动》（Deistviia VVS v bor'be za Stalingrad），刊登在《战争经验研究资料集》，第6期，第147—154页。

108. A.M.萨姆索诺夫，《斯大林格勒战役》，第569页。

109. 罗科索夫斯基，《伏尔加河畔的伟大胜利》，第236页。关于工程兵支援的详情，可参阅S.Kh.阿加诺夫（主编）的《1941—1945年，苏军工程兵部队》（Inzhenemye voiska Soverskoi Armii 1918-1945，莫斯科：军事出版社，1985年）；以及A.D.齐尔林、P.I.比留科夫、V.P.伊斯托明和E.N.费多谢耶夫的《为祖国而战的工程兵部队》（Inzhenemye voiska v boiakh za Sovetskuiu Rodinu，莫斯科：军事出版社，1970年）。

110. 罗科索夫斯基，《伏尔加河畔的伟大胜利》，第237页。

111. 同上，第237—238页；另可参阅D.A.德拉贡斯基（主编）的《从伏尔加到布拉格》，第37—60页。

112. 罗科索夫斯基，《伏尔加河畔的伟大胜利》，第238—239页；坦克第13军在进攻中的任务，还可以参阅V.F.托卢布科和N.I.巴雷舍夫合著的《在南翼》，第51—52页。

113. 罗科索夫斯基，《伏尔加河畔的伟大胜利》，第239—240页；S.M.萨尔基西扬，《第51集团军》，第97—100页；机械化第4军的任务可参阅A.M.萨姆索诺夫的《从伏尔加河到波罗的海》，第25—28页。

114. 罗科索夫斯基，《伏尔加河畔的伟大胜利》，第239—241页。

115. 同上。

116. 同上，第240—241页。

117. 同上，第241—242页。

118. 空军第8集团军战史可参阅B.A.古宾和V.A.基谢列夫合著的《空军第8集团军：伟大卫国战争期间空军第8集团军征途的军事历史概述》（*Vos'maia vozdushnaia: Voenno-istoricheskii ocherk boevogo puti 8-i Vozdushnoi armii v gody Velikoi Otechestvennoi voiny*，莫斯科：军事出版社，1986年），第83—114页。1942年6月13日，该集团军以西南方面军空军部队为基础组建而成。出任空军第8集团军司令员时，赫留金将军年仅32岁。1936年8月至1937年3月，赫留金作为飞行员志愿参加了西班牙内战，为共和国军队作战，1938年率领一个航空兵中队赴华作战，先后担任航空兵中队长和轰炸机群群长，因表现英勇获得"苏联英雄"称号。他随后参加了苏芬战争，1941年5月至苏德战争爆发，赫留金指挥着基辅特别军区第12集团军的空军部队。卫国战争期间，他率领卡累利阿方面军的空军部队守卫摩尔曼斯克铁路线，1942年6月出任西南方面军空军司令员（后任空军第8集团军司令员）。他率领空军第8集团军至1944年7月，随即改任空军第1集团军司令员至战争结束，监督了东普鲁士战役和柯尼斯堡围城战的空中行动。担任苏联空军副总司令后，赫留金于20世纪50年代初期退役，去世于1953年。关于他的更多详情，可参阅M.G.沃扎金（主编）的《伟大卫国战争中的集团军指挥员：军事传记辞典》，第393—394页。

119. 罗科索夫斯基，《伏尔加河畔的伟大胜利》，第242—243页。

120. A.M.萨姆索诺夫，《斯大林格勒战役》，第570—571页。

121. 罗科索夫斯基，《伏尔加河畔的伟大胜利》，第243页。另可参阅《支援斯大林格勒方面军的工程兵》（*Inzhenernoe obespechenie operatsii Stalingradskogo fronta*），刊登在《战争经验研究资料集》，第6期，第158—172页。

122. 罗科索夫斯基，《伏尔加河畔的伟大胜利》，第243—244页；另可参阅罗科索夫斯基的《军人的天职》，第195—199页。

123. 罗科索夫斯基，《伏尔加河畔的伟大胜利》，第244页；关于第65集团军受领的任务和策划工作的详情，可参阅P.I.巴托夫的《在行军和战斗中》，第165—176页。

124. 罗科索夫斯基，《伏尔加河畔的伟大胜利》，第244—245页。

125. 同上，第245页；关于第24集团军[①]有限的任务，可参阅I.A.萨姆丘克等人的《从伏尔加河到易北

---

① 译注：第66集团军。

河和布拉格》，第32—33页。

126. 罗科索夫斯基，《伏尔加河畔的伟大胜利》，第245页；A.M.萨姆索诺夫，《斯大林格勒战役》，第570页。

127. 罗科索夫斯基，《伏尔加河畔的伟大胜利》，第245—246页。

128. 空军第16集团军组建于1942年8月16日，并在斯大林格勒保卫战期间支援斯大林格勒方面军。鲁坚科将军的生平简历可参阅本三部曲第一部。另可参阅鲁坚科的回忆录，《胜利之翼》（Krylya pobedy，莫斯科：国际关系出版社，1985年）。

129. 罗科索夫斯基，《伏尔加河畔的伟大胜利》，第246页。

130. A.M.萨姆索诺夫，《斯大林格勒战役》，第570页。

131. 罗科索夫斯基，《伏尔加河畔的伟大胜利》，第246页。

132. 赫鲁廖夫1942年11月晋升为上将。他出生于1892年，1918年加入沙皇军队，随后参加了红军，1919年12月成为骑兵第1集团军骑兵第11师政治部主任。赫鲁廖夫迅速获得升迁，20世纪20年代先后担任骑兵团、师政委，1928—1930年任莫斯科军区政治部副主任，后在NKO和红军各局、部担任过一系列负责财务和后勤的高级管理职务。1939年10月，赫鲁廖夫出任红军供给部部长，1940年8月至战争爆发后的几个月，他担任军需部部长。1941年8月，斯大林任命赫鲁廖夫为红军总后勤部长和副国防人民委员。1942年2月，他又兼任交通人民委员，实际上，他已成为苏联战时后勤沙皇。此后，赫鲁廖夫担任苏军总后勤部部长和红军后勤部长，直至战争结束。斯大林死后，赫鲁廖夫1953年退役（两人的关系一直很密切），当年年底，他重新担任高级后勤职务，1956年任苏联建筑部副部长。他1958年退入苏联国防部总监组，1962年去世。他的完整生平可参阅《八卷本苏联军事百科全书，第八册》（Voennaia entsiklopediia v vos'mi tomakh, Tom 8，莫斯科：军事出版社，2004年），第340页。

133. 苏联1942年武器装备和弹药生产的详情可参阅G.A.库马涅夫（主编）的《伟大卫国战争第一阶段的苏联后方》（Sovetskii tyl v pervyi period Velikoi Otechestvennoi voiny，莫斯科：科学出版社，1988年），第232—299页。

134. G.A.库马涅夫和L.M.丘扎夫科夫，《1941—1945年，苏联与租借法案》（Sovetskii soiuz i lend-liz 1941-1945 gg），刊登在M.N.苏普龙（主编）的《租借法案与俄罗斯》（Lend-liz i Rossiia，阿尔汉格尔斯克：OAO IPP真北出版社，2006年），第92—123页。

135. 同上。

136. 对于这个颇具争议的问题，详情可参阅V.A.佐洛塔廖夫（主编）的《伟大卫国战争1941—1945：军事历史调查，四卷本，第四册：人民和战争》，第205—217页。

第四章
11 月 18 日的双方兵力对比

苏军

作战编成

　　如前所述，苏军最高统帅部集结起西南方面军、顿河方面军、斯大林格勒方面军的兵力遂行"天王星"行动。这些部队部署在850公里宽的地域内，从顿河畔上马蒙向东南方延伸至斯大林格勒，然后沿伏尔加河南[1]延至里海北岸附近的阿斯特拉罕。这些部队由北至南排列，西南方面军编成内的近卫第1、坦克第5集团军和第21集团军，在空军第17集团军和空军第2集团军一部的加强下，部署在上马蒙至克列茨卡亚250公里宽的地域内；顿河方面军辖下的第24、第65、第66集团军，获得空军第16集团军的加强，部署在克列茨卡亚至伏尔加河畔叶尔佐夫卡这片150公里宽的地域内；斯大林格勒方面军编成内的第62、第64、第57、第51、第28集团军，获得空军第8集团军的增援，占据了450公里宽的防区，从伏尔加河畔的雷诺克向南穿过斯大林格勒，直至阿斯特拉罕。

　　3个方面军编成内的10个野战集团军、1个坦克集团军和4个空军集团军构成了一股强大的力量，尽管其中三分之二部队已在斯大林格勒地区经历了两个月的激烈战斗。截至11月18日，这股力量具体如下：

· 1个步兵军

· 2个混编航空兵军

· 66个步兵师

· 25个航空兵师（2个轰炸航空兵师、2个混编航空兵师、10个歼击航空兵师、1个防空地域歼击航空兵师、6个强击航空兵师、4个夜间轰炸航空兵师）

· 15个步兵旅、2个摩托化步兵旅、2个歼击（步兵反坦克）旅

· 9个筑垒地域

· 5个坦克军、2个机械化军、3个骑兵军（编有8个骑兵师）

· 15个独立坦克旅、5个独立坦克团、3个独立坦克营

· 1个摩托车团

· 3个独立装甲车营

· 8个装甲列车营

· 17个独立反坦克步枪营

· 1个炮兵师

· 127个最高统帅部预备队火炮/迫击炮团（42个反坦克歼击炮兵团、39个炮兵团、13个迫击炮团、33个近卫迫击炮团）

· 14个近卫迫击炮营

· 3个高射炮师、35个独立高射炮团、15个独立高射炮营

· 7个工兵旅（3个特种工程兵旅、4个战斗工兵旅）

· 51个工兵营（27个工程兵营、18个舟桥营、5个战斗工兵营、1个近卫扫雷工兵营）

· 10个航空兵团（1个轰炸航空兵团、2个强击航空兵团、2个侦察航空兵团、5个混编航空兵团）[1]

　　由于西南方面军和斯大林格勒方面军在即将发起的行动中实施主要突击，因此，1942年10月—11月，他们在四个方面军[2]中获得了兵员补充的优先权（参阅副

---

① 译注：与第三章稍有出入。
② 译注：第四个方面军是沃罗涅日方面军。

卷附录4A）。[2]NKO为前线各方面军调拨了327239名援兵，西南方面军和斯大林格勒方面军得到105211人，即32%；加里宁方面军、西方面军和布良斯克方面军获得102351人，占总数的31%，这表明"火星"行动与"天王星"同样重要。

虽说获得了这些援兵，但参加"天王星"行动的三个方面军辖内步兵师的平均兵力差别较大，另外，根据各个师受领的任务，他们的实力也显著不同。例如，西南方面军各步兵师的平均兵力为8800人，斯大林格勒方面军和顿河方面军分别为4000—5000人和5850人。但是，这些平均值颇具误导性，因为第57和第51集团军遂行主要突击任务的步兵师兵力远远多于执行次要任务的师。[3]

待苏军进入出发阵地后，第一梯队步兵师将沿平均9公里宽的正面展开行动。三个方面军掌握的火炮和坦克使他们得以实现每公里正面16.7门火炮/迫击炮、超过1辆坦克的战役兵器密度。这些兵器集结在主要突击地域，极大地增加了火炮和坦克的战术密度。[4]

实力

此前，量化红军诸方面军和集团军参加"天王星"行动实际兵力的尝试引发了极大争议。而苏联方面的资料往往少报己方兵力，夸大轴心国军队的实力，另外，他们也对哪些部队应当纳入统计持不同看法。例如，计算斯大林格勒地区三个方面军的实际人员时，大多数资料并未统计在该地区参加行动，但直属于最高统帅部、NKO各总部（诸如铁路和修建部队，以及当地防空地域）、其他人民委员部（例如NKVD）、斯大林格勒或其他军区的人员。这些男女士兵中的大多数提供了行政、后勤或其他方面的支援。另外，统计各方面军和集团军的兵力时，一些资料只计算作战兵力，而另一些资料则将这些部队的全部兵力纳入统计。

核算德军兵力时也有同样的问题。另外，德方资料通常只计算各集团军群及其辖内诸集团军的德国士兵，而苏联方面统计德军实力时则把所有轴心国人员纳入其中。令这些问题趋于复杂的一个事实是，截至1942年11月，大多数德军师编有俄国辅助人员，他们被称为"志愿者"[①]，德军师里的俄国志

---

① 译注：Hiwi 是德文Hilfswilliger的缩写，意思是"辅助志愿者"。

愿者往往多达数千人。这方面的一个例子是，如本三部曲第二部表46所示，第6集团军辖内各师的俄国志愿者，少的仅为全师兵力的10%，多的甚至超过100%。德方资料并未统计这些人员，但苏联方面的资料却把他们加了进去。为简单起见，下文只采用最新、可能是最准确的数字（对进攻发起时苏军和德军兵力的不同估计，可参阅副卷附录4B）。

表11是俄罗斯人对遂行突击的三个方面军的兵力所做的最新估计。事实上，西南方面军的作战兵力和坦克数量比顿河方面军分别多出1.7倍、2.8倍，比斯大林格勒方面军多1.3倍，这表明苏军最高统帅部对瓦图京方面军受领之任务的重视。反过来说，顿河方面军和斯大林格勒方面军非作战人员数量过多（前者92180人，后者109626人，而西南方面军仅为57954人），表明了以火力、工兵和其他类型战斗及战斗勤务支援加强这两个较弱的方面军的必要性。

仔细审视参与进攻行动各集团军的相对实力就会发现，在集团军级及以下层面，具体作战任务决定了兵力的分配（参见表12）。西南方面军遂行主要突击的坦克第5集团军和第21集团军，兵力是构成斯大林格勒方面军主力突击群的第57和第51集团军的两倍，这显然是刻意为之。但是，面对这种情况，最高统帅部为斯大林格勒方面军配备了快速集群，该集群将以432辆坦克穿过第57

表 11：1942 年 11 月 18 日，西南方面军、顿河方面军、斯大林格勒方面军的实力

类别	西南方面军	顿河方面军	斯大林格勒方面军	总计
人员	331948/ 389902	192193/ 284373	258317/ 367943	782548/ 1042218
火炮/迫击炮（未统计高射炮和50毫米迫击炮）	8655	6625	6739	22019
坦克	721	254	575	1550
作战飞机	359/311	388/329	782/637	1529/1277

※ 资料来源：V.A. 佐洛塔廖夫（主编），《伟大卫国战争中的作战部队，1941—1945 年》，第 585 页，引自 Boevoi i chislennyi sostav Vooruzhennykh Sil SSSR v period Velikoi Otechestvennoi voiny (1941–1945 gg.)（1941—1945 年，伟大卫国战争期间，苏联武装力量的作战和兵力构成），第五册，1997 年（火炮总数包括 25 毫米和 37 毫米高射炮）；阿列克谢·伊萨耶夫，《斯大林格勒：伏尔加河后方没有我们的容身处》，第 277、第 281—282 页。
注：兵力和武器总数以粗体标注。斜杠前的数字表示作战士兵数量（步兵、工兵、炮兵和坦克兵），斜杠后表示总兵力。作战飞机数量一栏，斜杠前表示飞机总数量（以粗体标注），斜杠后表示可用飞机的数量。

和第51集团军拓展攻势；西南方面军快速集群的实力与之相当，约为450辆坦克。进攻行动中实力最弱的当属顿河方面军辖下的第66集团军，作战兵力不到40000人，与斯大林格勒方面军编成内的第62、第64集团军大致相当。这些集团军受领的仅仅是防御任务。兵力表的另一端是西南方面军庞大的近卫第1集团军，总兵力和作战兵力分别超过155000人和142000人，几乎是实力居其次的巴托夫第65集团军的两倍[①]。这种编配方式将在战争剩下的岁月里成为红军为进攻行动编组兵力的特点。

三个方面军掌握的坦克力量大多分配给方面军和集团军的快速集群（发展梯队），也就是坦克第5集团军、第21、第24、第51、第57集团军编成内的坦克、机械化军。他们还获得了独立坦克旅、团的支援，某些情况下也包括为步兵提供支援的坦克营。虽然某些部队的准确编成（即坦克的型号）尚不清楚，但大多数部队的坦克力量清晰明了（参见表13）。[5]

表 12：1942 年 11 月 18 日，西南方面军、顿河方面军、斯大林格勒方面军辖内各集团军的实力

部队	人员（作战兵力/总兵力）	火炮总数（火炮/迫击炮/火箭炮）	坦克总数（重型/中型/轻型）	作战飞机
西南方面军				
近卫第1集团军	142869/155096	3308（973/2293/14）	163（—/113/50）	
第21集团军	92056/103270	2520（803/1554/40）	199（85/57/57）	
坦克第5集团军	90600/104196	2538（929/1456/—）	359（60/144/155）	
方面军直属（含空军第17集团军）	6423/27340	289（—/279/164）	—	359/311
合计	331948/389902	8655（2705/5582/218）	721（145/314/262）	359/311
顿河方面军				
第24集团军	56409/68489	1899（722/1123/—）	48（21/14/9/4辆特种坦克）	
第65集团军	63187/74709	1922（638/1230/—）	49（10/22/17）	
第66集团军	39457/51738	1568（515/1230/—）	5（—/2/3）	

---

① 实力居其次的是第21集团军或坦克第5集团军，并非巴托夫的第65集团军。

表 12（接上页）

部队	人员（作战兵力/总兵力）	火炮总数（火炮/迫击炮/火箭炮）	坦克总数（重型/中型/轻型）	作战飞机
方面军直属（含空军第16集团军）	33140/89437	1236（263/786/194）	152（41/52/59）	388/329
合计	192193/284373	6625（2138/4162/194）	254（72/90/88/4辆特种坦克）	388/329
斯大林格勒方面军				
第28集团军	47891/64265	1196（369/816/8）	80（10/26/44）	
第51集团军	44720/55184	1077（318/698/45）	207（—/118/89）	
第57集团军	56026/66778	1604（539/962/—）	225（4/122/99）	
第62集团军	41667/54199	1237（453/744/—）	23（7/15/1）	
第64集团军	40490/53742	1093（356/673/—）	40（1/27/12）	
方面军直属（含空军第8集团军）	27523/73775	532（162/330/—）	—	782/637
合计	258317/367943	6739（2197/4223/53）	575（22/308/245）	782/637
总计	782548/1042218	22019（7040/13967/465）	1550（239/712/595/4辆特种坦克）	1529/1277

※ 资料来源：V.A. 佐洛塔廖夫（主编），《伟大卫国战争中的作战部队，1941—1945 年》，第 584 页，引自《1941—1945 年，伟大卫国战争期间，苏联武装力量的作战和兵力构成》，第五册，1997 年；M.E. 莫罗佐夫（主编），《1941—1945 年，伟大卫国战争，数据中的战役和战略行动，两卷本，第一册》，第 495 页。注：火炮总数包括 25 毫米和 37 毫米高射炮；兵力和武器总数以粗体标注；作战飞机数量，斜杠前表示飞机总数量（以粗体标注），斜杠后表示可用飞机的数量。

最后，鉴于在反攻中发挥的重要作用，必须提及分配给西南方面军和斯大林格勒方面军的3个骑兵军。两个方面军之间的主要差异是，西南方面军辖下的近卫骑兵第3军和骑兵第8军各编有3个骑兵师，而斯大林格勒方面军的骑兵第4军只有2个骑兵师。另外，近卫骑兵第3军的骑兵人数超编，但马匹数量不足，而骑兵第8和第4军既缺骑兵又缺马[1]。实际上，骑兵第8和第4军的各种武器也很欠缺（参见表14），这使他们难以执行构设合围对外正面、抗击德军反突击的主要任务。

---

[1] 译注：与表14不符。

表 13：1942 年 11 月 18 日，西南方面军、顿河方面军、斯大林格勒方面军坦克和机械化兵团、部队的坦克力量（基于现有数据）

部队	坦克型号			合计
	KV重型	T-34中型	T-60、T-70轻型	
西南方面军				
近卫第1集团军				
近卫机械化第1军	—	113	50	163
合计	—	113	50	163
坦克第5集团军				
坦克第1军（编制/现有）	—	101/—	70/—	171/136（80%满编）
坦克第26军（编制/现有）	—	101/—	70/—	171/157（95%满编）
近卫坦克第8旅				
独立坦克第510营				
独立坦克第511营				
合计	60	144	155	359
第21集团军				
坦克第4军（编制/现有/可用）	—/—/29	—/—/57	—/—/57	171/159/143
近卫独立坦克第1团	每团21辆，共63辆，但只有56辆在场			56
近卫独立坦克第2团				
近卫独立坦克第4团				
合计	85	57	57	199
方面军直属	—	—	—	—
西南方面军总计	145	314	262	721
顿河方面军				
第24集团军				
坦克第10旅	21	14	9+4辆特种坦克	48
合计	21	14	9+4辆特种坦克	48
第65集团军				
坦克第91旅				
坦克第121旅				
合计	10	22	17	49
第66集团军				
坦克第58旅	—	2	3	5
合计	—	2	3	5

表 13：（接上页）

部队	坦克型号			合计
	KV重型	T-34中型	T-60、T-70轻型	
方面军直属				
坦克第16军 （编制/现有/可用）	—/40/35	—/47/37	—/53/33（包括 10/5辆T-60）	171/140/105
坦克第64旅				
坦克第148旅				
合计	41	52	59	152
顿河方面军总计	72	90	88+4辆特种坦克	254
斯大林格勒方面军				
第62集团军				
坦克第84旅				
独立坦克第506营 （坦克第235旅）				
合计	7	15	1	23
第64集团军				
坦克第13旅				
坦克第56旅				
合计	1	27	12	40
第51集团军				
机械化第4军 （编制/现有和可用）				220/179
坦克第254旅				28
合计	—	118	89	207
第57集团军				
坦克第13军 （编制/现有和可用）				205/171
坦克第90旅	3	14	9	26
坦克第235旅	26	2		28
合计	4	122	99	225
第28集团军				
近卫坦克第6旅				
独立坦克第565营				
合计	10	26	44	80
方面军直属				
坦克第85旅				
独立坦克第35团				

表13：（接上页）

部队	坦克型号			合计
	KV重型	T-34中型	T-60、T-70轻型	
独立坦克第166团				
合计	—	—	—	—
斯大林格勒方面军总计	22	308	245	575
三个方面军总计	239	712	595+4辆特种坦克	1550

※ 资料来源：V.A.佐洛塔廖夫（主编），《伟大卫国战争中的作战部队，1941—1945年》，第584页，引自《1941—1945年，伟大卫国战争期间，苏联武装力量的作战和兵力构成》，第五册，1997年；阿列克谢·伊萨耶夫，《斯大林格勒：伏尔加河后方没有我们的容身处》，第277、第281—282页；V.T.米诺夫，Nastupatel'naia operatsiia 5-i Tankovoi armii v kontrnastuplenii pod Stalingradom (19–25 noiabria 1942 goda)（1942年11月19日—25日，斯大林格勒反攻中坦克第5集团军的进攻行动）（莫斯科：伏罗希洛夫总参军事学院，1979年）。

注：虽然各方面军的坦克总数是正确的，但各部队准确的坦克数量不详。

表14：1942年11月18日，西南方面军和斯大林格勒方面军辖内骑兵军的兵力和武器

类别	骑兵第8军（坦5集）	近卫骑兵第3军（21集）	骑兵第4军（51集）
骑兵	22512/+24	16134/-1847	10284/-1172
马匹	18057/-3752	14908/-2379	9284/-988
步枪和卡宾枪	14102/-1388	10974/-1014	9354/-1777
自动武器（冲锋枪）	2153/+193	1369/-607	566/-757
机枪	374/-94	366/-32	264/-64
DShK大口径机枪	40/+5	33/+4	—/-61
反坦克步枪	388/+10	188/-146	140/-11
火炮			
76毫米野炮	70	66/+4	32/-26
45毫米反坦克炮	55/+9	35/-3	24
37毫米高射炮	21/-29	6/-12	8/-4
迫击炮			
120毫米	44	37/-7	16
82毫米	108/+22	66/-8	45/+10
50毫米	294/+96	123/-43	118/+10

※ 资料来源："Konnitsa v nastupatel'nykh operatsiiakh pod Stalingradom"（斯大林格勒进攻行动中的骑兵），刊登在《战争经验研究资料集，第6期（1943年4—5月）》，第88页，绝密。

※ 注：表中的正、负号表示数字高于或低于编制数量。

轴心国军队及防御

总体情况

　　B集团军群准备迎来东线的另一个冬季时，看上去更像是一支七拼八凑的多国部队，而非实力强大的德国战地司令部。德国第2集团军仍位于集团军群西北翼，掩护着库尔斯克和哈尔科夫的铁路兵站，但几乎未控制沃罗涅日争夺激烈的河流弯曲部。不过，到1942年11月，轴心盟国的3个集团军（匈牙利第2、意大利第8、罗马尼亚第3集团军）沿顿河360公里宽（直线距离）的防线掩护着德国第6集团军的左翼，这条防线从沃罗涅日以南直至克列茨卡亚地域。该地域以南，从（顿河畔）克列茨卡亚经（伏尔加河畔）斯大林格勒至城市南面的别克托夫卡登陆场，是第6集团军和缩小的第4装甲集团军的战区，2个罗马尼亚军（第6、第7军，11月20日编为罗马尼亚第4集团军）将这条脆弱的防线向南延伸，穿过湖区，渐渐消失于埃利斯塔以北贫瘠的草原。越过罗马尼亚人后，轴心国的防线在广阔的卡尔梅克草原上形成一个巨大的空洞，其间点缀着德军第16摩步师在埃利斯塔及其周边设立的支撑点，这些遥远的前哨由该师辖下的"突厥斯坦"营据守，德军和"突厥斯坦"巡逻队在这些据点之间巡弋，东延至遥远的阿斯特拉罕。（"突厥斯坦"营是突厥斯坦苏维埃社会主义自治共和国组建的志愿者营，加入德国一方战斗。）

　　这三又四分之三个卫星国集团军的士兵既非无能，也不怯懦，但都是实力低下、只有轻装备的步兵部队，根本无法抗击一股现代化的机械化力量。如果说德国人为1942年的战役重新装备部队时遭遇到困难，那么，其缺乏工业能力的盟友根本没有为一场现代化战争做好准备。另外，各轴心国军队之间一直存有敌意，有时候与高傲的德国人也矛盾重重，这使他们之间的协同大打折扣。[6]许多德军士兵对他们的盟友轻蔑至极，据斯大林格勒的苏军士兵报告，德国人讥讽地问道："你们愿意拿一个乌兹别克人换一个罗马尼亚人吗？"[7]

　　寥寥无几的几个德军师散布在漫长的防线上，试图强化现有防御，但他们之间的间隔太大。这种有限的强化一方面是因为德军兵力普遍不足，另一方面是因为没有哪个国家愿意让其他国家指挥自己的军队。实际上，投入多国野战集团军更多是为了减少政治摩擦，而非提供连贯的战役或战术防御。1942年

8月，为修补政治关系，希特勒甚至提出将两个罗马尼亚集团军与保卢斯第6集团军合编为一个集团军群，由罗马尼亚最高统帅安东内斯库指挥。对战场各部队而言幸运的是，这笔交易并未实现。[8]相反，德国人将配有电台的小股联络组派驻各卫星国军队司令部，这些联络官发挥了出色的外交手腕，将整条战线连为一体。截至1942年11月，这些卫星国军队（从本质上说构成了一个完整的卫星国集团军群）据守着具有战略意义的顿河防线。

作战编成

截至1942年11月中旬，B集团军群以七拼八凑的德国和卫星国军队据守着一片广阔的战区，从苏联中南部的利夫内地域沿顿河和伏尔加河向东南方延伸近840公里（直线距离），直至北高加索地区卡尔梅克草原的埃利斯塔附近。经过四个月的激战，集团军群战略正面的宽度已从6月初的400公里增加到11月中旬的840公里。从理论和实际上说，一个完整的集团军群只能在400—500公里宽的地域遂行作战任务，因此，B集团军群辖下的第2、第6集团军和第4装甲集团军显然无法沿如此宽大的正面实施战斗并生存下来。[9]于是，8月和9月，力图弥补这种状况的希特勒将四个卫星国集团军调入B集团军群前沿防线。这些卫星国集团军守卫着360公里宽的防区，实际上构成了一个卫星国集团军群——但徒有虚名而已。因此，斯大林和苏军最高统帅部选择这个名不符实的集团军群作为红军秋冬季反攻的目标绝非巧合。

11月中旬，B集团军群编有6个集团军，并获得1个航空队和小股战役预备队的支援（参见表15）。B集团军群辖下近三分之二部队沿斯大林格勒方向部署在苏军西南、顿河、斯大林格勒方面军对面。这股力量包括意大利第8集团军的半数兵力、罗马尼亚第3集团军、德国第6集团军和第4装甲集团军的全部兵力。因此，B集团军群沿斯大林格勒方向投入的部队如下：

·13个军部：德国5个（第29、第11、第8、第51、第4军）、罗马尼亚6个（第1、第2、第4、第5、第6、第7军）、意大利2个（第2、第35军）

·2个装甲军军部：德国（第14、第48装甲军）

·49个师

34个步兵师：德国16个（第298、第62、第376、第44、第384、第76、第113、第94、第389、第305、第79、第100猎兵、第295、第71、第371、第297步兵师）、意大利5个（第3"拉文纳"师、第9"帕苏比奥"师、第52"都灵"师、第2"斯福塞斯卡"师、第3快速师）、罗马尼亚13个（第7、第11、第9、第14、第5、第6、第13、第15、第20、第2、第18、第1、第4步兵师）

5个装甲师：德国4个（第14、第16、第22、第24装甲师）、罗马尼亚1个（第1装甲师）

4个摩托化师：德国第3、第60、第29、第16摩步师

4个骑兵师：罗马尼亚第1、第5、第7、第8骑兵师

2个后方地域保安师：德国第213、第403师

· 2个旅：意大利"3月23日"、"1月3日"黑衫党员旅[10]

表15：1942年11月18日，德国B集团军群编成（由北至南）和高级指挥官

B集团军级集群——马克西米利安·冯·魏克斯上将（译注：大将。）

　第2集团军（德）——汉斯·冯·扎尔穆特上将（译注：步兵上将。）

　　第55军

　　　第299、第45、第383、第88步兵师

　　第13军

　　　第82、第68、第340、第385、第377步兵师

　　第6军

　　　第387、第57、第75、第323步兵师

　　第27装甲师

　第2集团军（匈）——古斯塔夫·亚尼上将

　　第3军（匈）

　　　第9、第6轻步兵师（匈）

　　第24装甲军（德）

　　　第168、第336步兵师（德），第7、第13、第30轻步兵师（匈）

　　第4军（匈）

　　　第10、第12轻步兵师（匈）

　　第7军（匈）

　　　第19、第23轻步兵师（匈）

　　第1装甲师（匈）

　第8集团军（意）——伊塔洛·加里波第大将（译注：上将。）

　　山地军（意）

　　　第2"特利登蒂诺"、第3"茱莉亚"、第4"库内恩斯"山地师（意）

　　第2军（意）

第5 "科塞里亚"、第3 "拉文纳" 步兵师（意）

　第318步兵团（第213保安师）（德）

　"3月23日" 黑衫党员旅（意）

第35军（意）

　第9 "帕苏比奥" 摩步师（意）

　第298步兵师（德）

　"1月3日" 黑衫党员旅（意）

第29军（德、意）（11月19日后生效）

　第52 "都灵" 摩步师（意）

　第3快速师（意），辖第57 "神枪手" 坦克营（意）；第2 "斯福塞斯卡" 步兵师（意）；第62步兵师（德）

　空军第71侦察机大队（意）

　　第38、第116中队（15架侦察机、17架轰炸机）

　空军第22战斗机大队（意）

　　第356、第361、第382、第386中队（43架战机）

第3集团军（罗）——彼得·杜米特雷斯库上将

第1军（罗）

　第7、第11步兵师（罗）

第2军（罗）

　第9、第14步兵师（罗）

第4军（罗）

　第13步兵师（罗）

　第1骑兵师（罗）

　"沃伊库上校" 支队（罗），辖第12步兵团、第13轻步兵、第611装甲猎兵（德）、第54工兵营

第5军（罗）

　第5、第6步兵师（罗）

　第15步兵师（罗）

　第7骑兵师（罗）

第38装甲军（配属）（译注：第48装甲军。）

　第22装甲师（德）

　第1装甲师（罗）

空军第1军

　第7战斗机大队

　　第56、第47、第58中队（36架战斗机）

　第8战斗机大队

　　第41、第42、第60中队（36架战斗机）

　第6战斗－轰炸机大队

　　第61、第62中队（22架战斗机）

　第1轰炸机大队

　　第71、第72中队（15架轰炸机）

　第3轰炸机大队

　　第73、第74、第81中队（24架轰炸机）

　第5轰炸机大队

　　第79、第80中队（15架轰炸机）

第6集团军（德）——装甲兵上将弗里德里希·保卢斯

表 15（接上页）

第11军（德）
第376、第44、第384步兵师
第8军（德）
第76、第113步兵师
第177突击炮营
第14装甲军（德）
第60、第3摩步师
第16装甲师
第94步兵师
第51军（德）
第389、第305、第79步兵师；第100猎兵师；第295、第71步兵师
第14、第24装甲师
第244、第245突击炮营
第4装甲集团军（德）——赫尔曼·霍特大将
第4军（德）
第371、第297步兵师（德）、第20步兵师（罗）
第6军（罗）
第2、第18、第1、第4步兵师（罗）
第6"龙骑兵"团（摩托化）（第5骑兵师）
第7军（罗）
第5、第8骑兵师（罗）
第16、第29摩步师（德）
B集团军群预备队
第4集团军（罗）司令部——炮兵上将康斯坦丁·康斯坦丁内斯库（本应于11月20日由罗马尼亚
第6、第7军编成，但一直未能生效）
第294步兵师（德）
第17军（德）军部
B集团军群后方地域指挥部
第105轻步兵师（匈），辖第46步兵团（匈）
第213、第403保安师（德）
第156"维琴察"步兵师（意）
第4航空队
　　作战部队
第8航空军
第27轰炸、第2俯冲轰炸、第1对地攻击、第3战斗、第1驱逐航空团＊
第9高射炮师
第91高射炮团
　　空运部队
第1（团部）、第5、第50、第102运输机团——支援第8航空军
第172运输机团——支援罗斯托夫空战区，为第8航空军提供后勤支援
第900特种轰炸航空团——接受第4航空队的指挥，平均出勤率40%，最低为30%＃

※《空军部队装备状况》，第 22 册，1942 年 9 月 20 日—11 月 30 日，RL 2/v.1751 指出，11 月 10 日，第 8
航空军有 330 架飞机，其中 137 架无法使用，具体如下：第 27 轰炸航空团 29 架（13 架可用，16 架无法使
用）；第 2 俯冲轰炸航空团 55 架（42 架可用，13 架无法使用）；第 1 对地攻击航空团 89 架（49 架可用，

40架无法使用）；第3战斗航空团86架（55架可用，31架无法使用）；第1驱逐航空团71架（34架可用，37架无法使用）。同一份资料来源还指出，到11月20日，第1对地攻击航空团的实力下降到47战机（26架可用，21架无法使用），第3战斗航空团下降为78架（48架可用，30架无法使用），第1驱逐航空团下降到57架（33架可用，24架无法使用）。与苏联和俄罗斯过去大多数夸大德国空军力量的资料不同，《斯大林格勒：胜利的代价》（Stalingrad: Tsena pobedy，莫斯科：AST出版社，2005年）一书第43页指出，德国第8航空军拥有313架飞机：84架战斗机、57架双引擎和夜间轰炸机、111架俯冲轰炸机和对地攻击机、61架轰炸机。

#乔尔·S.A.海沃德的《止步于斯大林格勒：德国空军和希特勒在东线的失败，1942—1943年》（劳伦斯：堪萨斯大学出版社，1998年）247页指出，11月9日，第900特种轰炸航空团的41架Ju-52只有12架可用，第50运输机团的35架Ju-52只有13架可用。因此，第4航空队的295运输机11月25日只有25架可用。到12月8日，增援第8航空军的所有运输都集中在塔钦斯卡亚，由菲比希将军指挥；其中包括9个Ju-52团、2个加强的He-111团、2个改装的Ju-86团、1个改装的He-177团和1个配备FW-200、"秃鹰"[1]、Ju-90和Ju-290的远程航空团。这些航空团根据飞机类型分别编入第1特种轰炸航空团（Ju-52，由汉斯·弗尔斯特上校指挥，驻扎在塔钦斯卡亚）和第55轰炸航空团（He-111，由屈尔少校指挥，驻扎在莫罗佐夫斯克），所有改装的远程轰炸机和侦察机都由维勒斯少校指挥，驻扎在斯大林诺。

战役和战术布势

由于战线过宽，兵力相对不足，B集团军群别无选择，只能将辖内各集团军向前并排部署，构成单梯队战略布势。集团军群还组建起一支小规模战役预备队，其核心为第4装甲集团军辖下的第48装甲军军部。集团军群将这股预备队交给罗马尼亚第3集团军，外加德国第22装甲师的一部和罗马尼亚第1装甲师。[11]苏军发起反攻后不久，德国第6集团军决定将第14装甲师部署在集团军最左翼、第11军后方的预备阵地，该师奉命配合第48装甲军辖内部队，加强罗马尼亚第3集团军的防御。

B集团军群还将罗马尼亚第4集团军司令部、德国第17军军部和第294步兵师留作预备队。可是，罗马尼亚第4集团军司令部辖下没有部队，未能发挥效用，而霍利特将军的第27军[2]军部直到苏军发起反攻后才获得一支临时组建的部队；第294步兵师实际上是意大利第8集团军的预备队，苏军发动反攻后才调拨给第17军。除了这股小小的预备力量，B集团军群还将2个作战师（匈牙利第105轻步兵师和意大利第156"维琴察"步兵师）留给后方地域指挥部。匈牙利和意大利师的任务是与第213、第403保安师相配合，粉碎苏军游击队在集团军群后

---

① 译注："秃鹰"就是Fw-200的绰号，"FW200"中的"W"应为小写。

② 译注：第17军。

方的活动，并准备应对前线的危机。但实际上，集团军群认为应当以这两个卫星国师加强匈牙利第2和意大利第8集团军。至于两个保安师，由于每个师只编有2个团，而且没有值得一提的火力支援，因而被认为不适合前线作战。[12]

B集团军群在斯大林格勒地域的4个集团军，都将其部队部署为师级单梯队，并以小股预备队提供支援。意大利第8集团军的预备队是第3快速师。红军发动"天王星"反攻后，第3快速师最终加入了德意混编的第29军军部。在必要情况下，意大利第8集团军还可以要求德军第294步兵师提供支援，该师虽然是集团军群预备队，但就在意大利山地军身后；另外还有意大利第156"维琴察"步兵师，该师位于后方较远处的库皮扬斯克地域。罗马尼亚第3集团军的预备队是第15步兵师和第7骑兵师。可是，第15步兵师靠前部署在集团军右翼，苏军刚一发起进攻，该师便卷入了激战；而第7骑兵师在苏军发动反攻后立即加入了第48装甲军。因此，第48装甲军看上去似乎是B集团军群最主要的战役预备队，最终却充当了罗马尼亚第3集团军的第二梯队和战术预备队。

由于第4装甲集团军在苏军发起"天王星"行动前不久将第48装甲军派至罗马尼亚第3集团军后方，因此，德国第6集团军几乎没有任何预备力量。不过，苏军发起进攻后没过几个小时，该集团军便徒劳地试图组建一支预备队，保卢斯从实力虚弱的第14装甲师抽调出一个战斗群，将其派往第11军左翼后方，克列茨卡亚东南偏南30公里，上布济诺夫卡的集结区。[13]第14装甲师的任务是加强第6集团军左翼的第11军，尽可能配合第48装甲军。最后，对11月18日斯大林格勒周边的德军部队而言，唯一可靠的预备力量是第4装甲集团军辖下的第29摩步师。这个新锐师齐装满员，上级部门特地将该师调离战斗达数周之久，以便为进攻阿斯特拉罕充当先锋。该师驻扎在第4装甲集团军第4军的后方。

表明德军过度延伸状态的事实是，截至11月18日，B集团军群辖内各步兵师的作战正面平均宽达17公里，部队最为密集的地域是克列茨卡亚至别克托夫卡，各师作战正面平均为9公里，而在斯大林格勒城内，各师作战正面平均为3公里。[14]当然，第6集团军和第4装甲集团军辖下的大多数师，实力已不到所需作战兵力的50%。至于技术兵器的密度，轴心国军队每公里正面平均为12门火炮/迫击炮，不到1辆坦克/突击炮。[15]

轴心国集团军的防御特点

意大利第 8 集团军

意大利第8集团军司令部设在伏罗希洛夫格勒,这是北顿涅茨河畔一个重要的铁路和公路交通中心,伊塔洛·加里波第大将指挥的该集团军守卫着B集团军群沿斯大林格勒方向展开的左翼(参见地图8)。其防线从沃罗涅日以南140公里处的巴甫洛夫斯克(Pavlovsk)沿顿河南延40公里至新卡利特瓦(Novaia Kalitva),然后沿顿河及其南部地域向东南方延伸近120公里,直至巴斯科夫斯卡亚(Baskovskaia)以西地域。加里波第集团军将辖内的山地军部署在左翼,德军第294步兵师在其后方的罗索希地域(Rossosh')提供支援;意大利第2军掩护着集团军中央地带,从新卡利特瓦沿顿河南岸东延至卡赞斯卡亚(Kazanskaia)以西地域;意大利第35军部署在集团军右翼,两翼得到意大利师掩护的德军第62步兵师也在其中。担任预备队的是意大利第3快速师,驻扎在米列罗沃,这是个重要的交通枢纽和补给基地,距离前线80多公里。虽然名为"快速",但该师并未完全实现摩托化,相反,这是个奇特的组合,由精锐的"神枪手"摩托化步兵和少量轻型坦克及自行火炮组成。据德国人评定,只有4个意大利师有能力遂行独立任务。[16]

罗马尼亚第 3 集团军

罗马尼亚第3集团军驻扎在意大利第8集团军右侧,由彼得·杜米特雷斯库上将指挥,其战役和战术位置比左侧的友军更加困难(参见地图8)。集团军司令部设在莫罗佐夫斯克,这个重要的铁路和公路枢纽位于顿河以南140公里处,集团军编成内的4个军(第1、第2、第5、第4军)沿一条约160公里长的战线从西北方向东南方部署,这条战线沿顿河及其南部从巴斯科夫斯卡亚延伸至克列茨卡亚东面。每个军部只掌握2个师,每个师只有7个营。因此,每个罗马尼亚步兵师守卫着20公里宽的正面。第3集团军的预备队编有2个师,罗马尼亚第15步兵师驻扎在克列茨卡亚西南偏西10公里处的格罗姆基(Gromki),几乎就在右侧2个军之间的防线上;罗马尼亚第7骑兵师基本上没有马匹,位于集团军前沿防线西端后方约25公里处的普罗宁地域(Pronin)。虽说罗马尼亚第3集团军11月18日的总兵力超过155000人，但辖内10个师和提供支援的炮兵及工兵的实际作战兵力约为100000人，尚不及苏军西南方面军的三分之一（参见下文"实力"一节）。[17]

除了辖下的10个师，罗马尼亚第3集团军司令部还掌握着3个摩托化反坦克连，每个连配有12门47毫米反坦克炮。每个罗马尼亚师、团都有一个反坦克连，配备47毫米或业已过时的37毫米反坦克炮。10月中旬，德国人为每个罗马尼亚师提供了一个反坦克连，配有6门更具威力的75毫米反坦克炮。第3集团军共有60门这种火炮，也就是说，每2.5公里正面部署1门。罗马尼亚各炮兵连没有反坦克炮弹，集团军要求的反坦克地雷也只得到六分之一；他们几乎没有构设障碍物的材料。鉴于严冬即将降临在这片开阔的草原上，沿防线付诸的一切修建努力，更多地倾向于温暖的住处，而非防御工事。[18]

罗马尼亚第 3 集团军的困境：登陆场问题

罗马尼亚第3集团军最严重的问题是，与意大利人不同（他们的防线位于或非常靠近顿河南岸），罗马尼亚人的防线在谢拉菲莫维奇和克列茨卡亚地域向河流以南、以西凹陷了30公里，致使苏军西南方面军得以为即将发起的进攻将部队集结在庞大的登陆场内。这个问题又导致罗马尼亚指挥部、B集团军群和希特勒之间就是否应该进攻并消灭极具威胁的苏军登陆场或大力加强罗马尼亚第3集团军进行了一场严肃的讨论。最后，这场辩论的结果是，德国第48装甲军调给罗马尼亚第3集团军，担任其战役预备队或安全保障。

罗马尼亚第3集团军司令杜米特雷斯库将军并不蠢。从接受守卫这段地域的任务起，他就一再强调，他的部队极度缺乏反坦克武器，河流本身是唯一有效的防御阵地。魏克斯将军的B集团军群司令部原则上同意他的看法，但斯大林格勒的持续激战占用了杜米特雷斯库可用于消灭苏军登陆场的额外兵力和火力支援。10月16日，杜米特雷斯库再次提出这个问题，要求批准他在布利诺夫（Blinov）附近发起一场小规模进攻，但B集团军群却指示他将防御正面向西延伸，接管意大利人的部分防区，以便将2个意大利师调入预备队！此举引发了安东内斯库和罗马尼亚总参谋长伊利耶·施泰夫莱亚将军的正式抗议。希特勒不得不亲自干预，同意只把1个意大利师（第3快速师）调入预备队。[19]

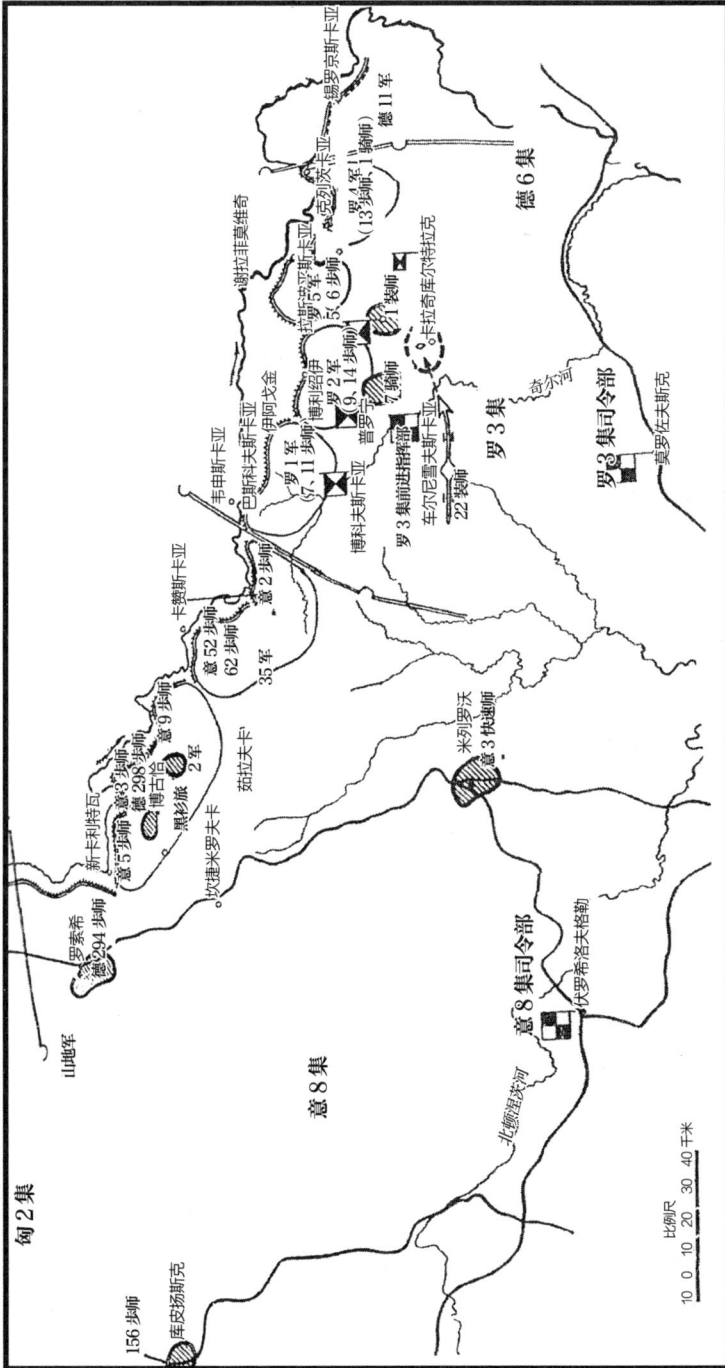

地图 8 1942 年 11 月 18 日，意大利第 8 集团军和罗马尼亚第 3 集团军的防御

杜米特雷斯库的德国同僚非常清楚他的位置过于暴露，但用于加强该地域的兵力少得可笑，这是因为A、B集团军群被广阔的战线严重拉伸，加之不断上升的战斗减员，兵力已严重不足。11月9日（"天王星"行动原定发起日期），由1个摩托化步兵营、1个反坦克连和1个突击炮分排组成的近距离支援群（"西蒙"战斗群）奉命进入罗马尼亚第3集团军后方阵地。一天后，德国人开始在该地域着手组建一支更大的机动预备队。第48装甲军军部在费迪南德·海姆将军（原派驻罗马尼亚第3集团军的联络官）的率领下，从第4装甲集团军转隶B集团军群预备队，调至罗马尼亚军队后方。不幸的是，该"装甲军"与其奉命支援的罗马尼亚军队同样脆弱。该军的核心是第22装甲师（刻赤半岛之战的胜利者），但该师的装甲工兵营已调入斯大林格勒城内支援保卢斯，而第140装甲掷弹兵团则被派往沃罗涅日的德国第2集团军。几个月来，该师其余单位一直驻扎在意大利人后方，由于燃料短缺无法实施机动，只能用稻草对坦克加以伪装。11月，该师第204装甲团终于打算发动引擎时，却发现许多坦克的线缆已被田鼠咬断！这一点，加之坦克长期不使用以及零下20摄氏度的低温，导致了许多短路和故障，只有42辆坦克到达集结区，11月18日，该师实际可用的坦克仅为24辆。在此关键时刻，代理师长埃伯哈德·罗特上校掌握的仅仅是一个加强营级战斗群。而第14装甲师又一次失去了其步兵单位，苏军发动反攻前，该师也被调至更东面的预备阵地，11月18日时，该师只能拼凑起55辆坦克，可用的只有36—41辆。[20]

除了实力虚弱的第14和第22装甲师，第48装甲军还掌握着1个德国炮兵营、1个反坦克营的部分单位和罗马尼亚第1装甲师，该师已在1941年的战斗中严重受损，在108辆坦克中至少有87辆是火力和装甲防护性都较为薄弱的捷克38(t)，这款坦克早已过时。总之，海姆装甲军的实力远非看上去那么强大。[21]

德国第 6 集团军

本三部曲第二部已经详述了德国第6集团军1942年11月18日的编成、部署和战斗力。简言之，弗里德里希·保卢斯将军的集团军此时几乎丧失了全部进攻能力，实力已大打折扣。为争夺斯大林格勒持续10周的激战，不仅耗尽了第6集团军的战斗力，还把B集团军群辖下的大多数战斗工兵单位拖入旷日持久的战斗中。结果，几乎整个集团军都投入了前线，某些地段的防御只能交给集团军直属部队（独立机枪营）或空军地面人员和高炮部队（"施塔赫尔"战斗群）组建的临时单位。

因此，11月18日夜幕降临时，第6集团军守卫着约120公里宽的防区，从顿河畔克列茨卡亚以东至伏尔加河畔库波罗斯诺耶的斯大林格勒南郊，辖内4个军（第11、第8、第14装甲、第51军）并排部署，呈单梯队配置。第6集团军唯一的预备队（第48装甲军）11月10日已调去增援罗马尼亚第3集团军。此后，可充当集团军预备队的只有第14装甲军实力虚弱的小股单位（第36装甲团），11月19日晚些时候，保卢斯将该团派往克列茨卡亚东南偏南方32公里、集团军左翼的上布济诺夫卡地域，意图加强第11军的防御。

更能说明第6集团军战备状况的是集团军作战处11月16日编写的一份每日评估。集团军辖内的96个步兵或装甲掷弹兵营，20个评为强或中强，37个评为虚弱或耗尽，剩下的39个为中等。集团军编成内的17个工兵营同样如此，1个评为中强，7个虚弱或耗尽，9个中等。只有4个摩托车营与众不同，1个评为强，另外3个为中强（参见表16）。[22]如果这些数字还不足以令人沮丧的话，那么需要指出的是，集团军辖内的17个师只有96个步兵或装甲掷弹兵营，而按照师级部队编制表，他们应该有139个营。因此，就作战部队而言，第6集团军的整体战斗力等级介于虚弱与耗尽之间。

表 16：1942 年 11 月 16 日，第 6 集团军各师辖下步兵（装甲掷弹兵）、工兵和摩托车营的战斗力等级

部队	战斗力等级
第11军	
第384步兵师	
（6个步兵营）	6个中等
（1个工兵营）	中等
第44步兵师	
（7个步兵营）	2个强、2个中强、3个中等
（1个工兵营）	中等
第376步兵师	
（7个步兵营）	3个中强、4个中等
（1个工兵营）	中等

166

表16：（接上页）

部队	战斗力等级
第8军	
第113步兵师	
（6个步兵营）	2个中强、4个中等
（1个工兵营）	中等
第76步兵师	
（6个步兵营）	2个中强、4个中等
（1个工兵营）	中等
第14装甲军	
第3摩步师	
（4个步兵营）	3个中强、1个中等
（1个工兵营）	中等
（1个摩托车营）	中强
第60摩步师	
（6个步兵营）	3个中等、2个虚弱、1个耗尽
（1个工兵营）	虚弱
（1个摩托车营）	中强
第16装甲师	
（4个装甲掷弹兵营）	1个中强、1个中等、2个虚弱
（1个装甲工兵营）	虚弱
（1个摩托车营）	强
第94步兵师	
（7个步兵营）	2个虚弱、5个耗尽
（1个工兵营）	中等
第51军	
第24装甲师	
（4个装甲掷弹兵营）	1个中强、3个中等
（1个装甲工兵营）	中强
（1个摩托车营）	中强
第100猎兵师	
（5个步兵营）	2个中强、2个中等、1个虚弱
（1个工兵营）	中等
第305步兵师	
（6个步兵营）	2个虚弱、4个耗尽
（1个工兵营）	耗尽
第295步兵师	
（7个步兵营）	1个中等、5个虚弱、1个耗尽
（1个工兵营）	虚弱
第389步兵师	
（6个步兵营）	2个中等、4个虚弱
（1个工兵营）	虚弱

表 16：（接上页）

部队	战斗力等级
第79步兵师	
（6个步兵营）	6个虚弱
（1个工兵营）	耗尽
第14装甲师	
（2个装甲掷弹兵营）	2个强
（1个装甲工兵营）	中等
第71步兵师	
（7个步兵营）	
（1个工兵营）	
总计	
96个步兵营（包括10个装甲掷弹兵营）	4个强、16个中强、39个中等、26个虚弱、11个耗尽
17个工兵营	1个中强、9个中等、5个虚弱、2个耗尽
4个摩托车营	1个强、3个中强

※ 资料来源：弗洛里安·冯·翁德·楚·奥夫塞斯男爵，《第6集团军作战日志附件册，第一卷，1942年9月14日至11月24日》，第285—290页，《关于：各个师的状况，第6集团军司令部作战处，1942年11月16日12点》（Betr.: Zustand der Divisionen, Armee – Oberkommando 6, Abt. Ia, A. H. Qu., 16. November 1942, 12.00 Uhr,）。

集团军辖内装甲和摩托化单位的状况也不太好（参见下文"实力"一节）。截至11月16日—18日，第6集团军编成内的3个装甲师（第14、第16、第24师）和2个摩步师（第3、第60师）尚能拼凑起218辆坦克，其中180辆可用；3个突击炮营还有68辆突击炮，其中43辆可用。虽然在目前情况下，这个总数看上去似乎还不错，但其中21辆是二号或指挥坦克，剩下的144辆三号坦克和53辆四号坦克只相当于一个满编装甲师。[23]另外，燃料也是个大问题。

总之，第6集团军已无力遂行任何形式的进攻，他们甚至怀疑自己能否抵挡住兵力优势之敌发起的大规模突击。

第 4 装甲集团军（及罗马尼亚第 6、第 7 军）

斯大林格勒南面，位于B集团军群漫长右翼的是赫尔曼·霍特大将的第4装甲集团军。一个多月前，辖内最后一个装甲师（第14装甲师）被调离，第4装甲集团军成了一具空壳，11月18日，霍特集团军编有3个军（德国第4、罗马尼亚第6、第7军）和2个独立摩步师（德国第16、第29师）。这些部队呈单梯队配置，部署在从斯大林格勒南郊的库波罗斯诺耶南延至卡尔梅克草原上的埃利斯塔地域这条近250公里长的防线上。但是，霍特把实力强大的第29摩步师留作集团军预备队，并派第16摩步师在集团军和B集团军群遥远的左翼[1]掩护埃利斯塔周边的广阔地带。10月初，在市区战斗中严重受损的第29摩步师撤入西南方70公里卡尔波夫卡附近的集结区接受休整和补充。[24] 到11月中旬，该师成为斯大林格勒地域最精锐的一个德军师，编有约12000人和59辆坦克。[25] 而第16摩步师获得数个突厥斯坦志愿者营的加强，编有14000—15000人和43辆坦克。[26]

霍特将集团军主力（德国第4军和罗马尼亚第6军）集中在约70公里宽的地带，从库波罗斯诺耶向南延伸至巴尔曼察克湖北岸，各部队从左至右并排部署。但是，这片地域太宽，2个军辖下的6个师无法实施有效防御。实力相对较强的德军第371和第297步兵师据守着第4军中央地带和左翼，较弱的4个罗马尼亚师【第20、第2、第18、第1步兵师，获得第7军第5骑兵师第6"龙骑兵"团（摩托化）的加强】守卫着第4军右翼和罗马尼亚第6军的整段防线。霍特集团军辖内的其他部队【罗马尼亚第6军第4步兵师、罗马尼亚第5和第8骑兵师（欠1个团）、德国第16摩步师】负责守卫从巴尔曼察克湖至埃利斯塔180公里宽的防线。

他们面临着许多问题，但两个罗马尼亚军辖内各师最主要的弱点是，他们据守的正面比罗马尼亚第3集团军辖内部队守卫的防线长50%。更糟糕的是，他们要对付的是苏军的两个机械化军，但只有34门75毫米反坦克炮，也就是说，每7.3公里正面部署1门。

以这种布势，2个德军师面对着苏军整个第64集团军，罗马尼亚第20和第2步兵师抗击苏军整个第57集团军，而罗马尼亚第18和第1步兵师面对的是苏军第51集团军主力。再往南，实力虚弱的罗马尼亚第5、第8骑兵师和德国第16摩步师必须抗击苏军第51集团军步兵第91师和第76筑垒地域，以及斯大林格勒方面军辖下的整个第28集团军。因此，第4装甲集团军发现自己面临的状况极其危险。

---

① 译注：右翼。

实力

确定兵力的问题

多年来，B集团军群沿斯大林格勒方向实施防御的4个集团军的兵力统计一直是个重要的讨论话题，并未得出具体结论。为什么确定德国第6集团军、第4装甲集团军以及隶属于B集团军群，但配备给或支援卫星国集团军的许多师和其他单位的确切兵力这么难？主要有四个原因。其一是苏德双方关于德军（特别是第6集团军和第4装甲集团军）兵力和坦克数量的档案记录的缺失。长期以来的看法是，第6集团军1942年9月至1943年2月2日的记录已在战争期间丢失或被苏联人缴获，俄罗斯人一直不愿公开他们的档案记录，这种情况直到近期才得到改善。其二是苏军完成合围后，德国和罗马尼亚部队彻底混杂在了一起。

其三，也许是最重要的一点，陷入包围圈的不仅仅是第6集团军和第4装甲集团军的部队，还包括隶属于B集团军群、德国陆军、德国空军的支援和辅助单位，几乎无法对他们加以区分。这些额外人员并未计入第6集团军的兵力，其中包括行政部门人员、空军高射炮部队、集团军群辖内其他师调入斯大林格勒的十余个独立战斗工兵营、"托德"组织的修建人员、战地警察单位、德国情报与反情报机构（阿布维尔）的特工、特别保安部队、宪兵等。出于这个原因，第6集团军是否清楚最终陷入包围圈内的德国和罗马尼亚士兵的确切人数很值得怀疑。

其四，也是最后一个原因，俄国志愿者、附属士兵（Zugeteilte）以及其他少数民族组成的、加入德国陆军或空军的特别营和其他支队是否被计入。例如，几乎每个德军师都有数千名俄国志愿者，他们执行了数百次作战支援和勤务协助任务，在某些情况下甚至直接参加战斗。虽然这个数字高得惊人，但相关资料寥寥无几，难以对其做出准确统计，主要原因大概是他们执行的多是非战斗任务。另外，即便不是全部，大多数德军师还编有附属部队，这些人员并未被单独计算，通常与志愿者加在一起。

幸运的是，上述问题中的大多数（但非全部）已得到解决。虽然残缺不全，但新近发现并出版的第6集团军记录使我们得以对其状况和实际兵力做出极为明确的评估。另外，俄罗斯人也公开了关于德国第6集团军状况和兵力的情报报告，尽管这些报告表明，苏军最高统帅部及各方面军严重误判了德军的规模和能力。可是，解决这些问题的同时，部队混杂以及是否将志愿者和附属士兵计入总兵力的问题依然存在。

确定意大利和罗马尼亚部队的确切兵力同样困难，原因同上，但造成计算困难的还有另一个原因：战斗的混乱。罗马尼亚第3集团军、斯大林格勒南面的2个罗马尼亚军、苏军发起突击后的意大利第8集团军，这些部队突然而又彻底的崩溃使得对其兵力的回顾性研究极为困难。另外，对罗马尼亚人和意大利人的损失做出准确计算也不太可能，没人知道这些士兵有多少在战斗中丧生，又有多少潜逃后消失在乌克兰东部的深处。苏联方面也没有公布准确的记录，以确定"天王星"行动中抓获了多少俘虏。不管怎样，下述段落将努力确定苏军进攻前夕德国和罗马尼亚部队的兵力和坦克数量。

德军

三份近期确定或公布的德国档案文件，为计算德国第6集团军在"天王星"行动前夕的兵力和坦克数量提供了最为可靠的基础。前两份文件是第6集团军11月11日和19日战备状况报告，揭示出集团军辖内主要作战部队（特别是其步兵、装甲和摩步师）的实力，以及3个突击炮营中的2个的战车数量。报告中不仅列举了各个师的总兵力、作战兵力和非战斗人员数量，还包括各个师的缺员数、志愿者和附属人员数量、反坦克炮和坦克数量（参见表17）。[27]第三份文件是第6集团军作战处11月12日提交的报告，指出集团军辖内所有步兵师截至11月1日的缺员数量。[28]除了这三份文件，重新发现的第6集团军每日记录中另外一些残缺不全的报告填补了一些空白，提供了集团军辖内各装甲师、摩步师和3个突击炮营的战车数量。

近期公布的几份很有用的苏联文件补充了这些德方资料。第一份是斯大林格勒方面军情报处1942年11月2日签发的033a号情报摘要，这份报告以缴获的第6集团军文件为基础，意在说明第6集团军11月1日在斯大林格勒城内作战的各个师的兵力状况。这份文件和德方资料共同提供了一幅关于第6集团军11月初兵力状况饶有趣味、但有些令人困惑不解的拼图。报告中列举了在斯大林格勒城内战斗的6个德军步兵师的作战兵力：第94步兵师，1700人；第389

表 17：1942 年 11 月中旬，第 6 集团军辖内各部队的兵力和兵器

部队	兵力					武器装备	
	总兵力	作战兵力	非战斗人员	志愿者*	缺员	反坦克炮	坦克/突击炮
第11军							
第376步兵师	8187	5269	2918	4105	6464	33	
第44步兵师	10601	6748	3865	2365	4238	28	
第384步兵师	8821	5025	3796	1804	5937	30	
第8军							
第76步兵师	8023	4740	3283	8033	6981	24	
第113步兵师	9461	5064	4397	5564	5854	24	
第177突击炮营							11
第14装甲军							
第94步兵师	7469	2924	4345	2581	8233	10	
第16装甲师	11051	4855	6196	1843	7673	21	28
第60摩步师	8933	4812	4121	2071	5848	13	27
第3摩步师	8653	4498	4155	4530	4831	16	29
第51军							
第71步兵师	8906	4331	4575	8134	7353	25	
第295步兵师	6899	3459	3440	50	9037	18	
第100猎兵师	8675	4688	3987	2132	7739	15	
第79步兵师	7980	4304	3676	2018	8294	49	
第305步兵师	6683	2915	3768	1562	8520	17	
第389步兵师	7540	4021	3519	2379	7852	21	
"塞德尔"战斗群	—	588	—	934	5434	8	6
第24装甲师	10950	6160	4790	1675	5126	—	58
第244突击炮营							20
第245突击炮营							2

※ 资料来源：曼弗雷德·克里希的《斯大林格勒：战役分析和相关文件》，第 662—663 页，引用 1942 年 11 月 11 日和 19 日签发的报告。

步兵师，3000人；第305步兵师，1800人；第79步兵师，3500人；第76步兵师，2000人；第100轻步兵师，2200人；总计14200人。[29]第76步兵师的兵力数很可能指的是第71步兵师，因为前者位于科特卢班地域，而后者在斯大林格勒城内（正如下文第62集团军报告中指出的那样）。另外，这份情报摘要估计，德国第6集团军的作战兵力为78800人，配有790门火炮、430门反坦克炮和540辆坦克。

第二份文件是崔可夫第62集团军1942年11月2日提交的一份情报摘要的片段，这份摘要题为"1942年10月20日至11月1日，敌军的作战行动和编成"。报告中指出"敌第71、第79、第94、第100、第295、第305、第389步兵师，德军最高统帅部预备队第50和第635工兵营，第14、第16和第24装甲师"在第62集团军的正面作战。这份评估比斯大林格勒方面军的情报报告更加精准，因为它准确地辨识出了在城内战斗的德军师，并称当面之敌为80个步兵营和28个炮兵营，作战兵力共计23000人，外加130—150辆坦克。[30]

将这些估计与德军实际兵力加以比较，就能得出关于第6集团军11月初真实状况的有趣结论（参见表18）。最明显的结论是，与9月份和10月份的情况一样，第6集团军17个作战师的总兵力在11月上半月、"天王星"行动发起的两周前严重下降，作战兵力下滑得更加厉害。随着各个师总兵力和作战兵力的减少，缺员人数急剧上升，这就解释了为何B集团军群不得不派5个战斗工兵营和1个突击连（共计2500人）加强在城内苦战的各个师。第6集团军辖内作战师11月中旬的缺员总数高达115414人。如果加上这17个师的总兵力（149832人），这些师的编制兵力应当为265246人。

同样，第6集团军司令部直属部队11月中旬的缺员为6486人。假定这个数字为集团军直属部队编制力量的20%，那么，集团军直属部队的编制力量应为32430人，11月中旬的总兵力则为25944人。

表18：德国第6集团军的兵力（根据其1942年11月11日、12日、19日的每日报告，以及1942年11月2日的苏联军事情报报告）

师	苏军11月2日对第6集团军兵力的估计		11月12日，第6集团军的缺员	11月11日和19日，第6集团军兵力报告
	斯大林格勒方面军	第62集团军		
第44步兵师			缺员4035人 总兵力10786人	缺员4238人 总兵力10601人 作战兵力6748人
第71步兵师	2000	*	缺员7079人 总兵力9180人	缺员7353人 总兵力8906人 作战兵力4331人

表18：（接上页）

师	苏军11月2日对第6集团军兵力的估计		11月12日，第6集团军的缺员	11月11日和19日，第6集团军兵力报告
	斯大林格勒方面军	第62集团军		
第113步兵师			缺员4595人 总兵力10720人	缺员5854人 总兵力9461人 作战兵力5064人
第295步兵师		＊	缺员8313人 总兵力7623人	缺员9037人 总兵力6899人 作战兵力3459人
第376步兵师			缺员6202人 总兵力8445人	缺员6464人 总兵力8187人 作战兵力5369人
第384步兵师			缺员5865人 总兵力8893人	缺员5937人 总兵力8821人 作战兵力5025人
第94步兵师	1700	＊	缺员7002人 总兵力8700人	缺员8233人 总兵力7469人 作战兵力2924人
第389步兵师	3000	＊	缺员6556人 总兵力8836人	缺员7852人 总兵力7540人 作战兵力4021人
第305步兵师	1800	＊	缺员5644人 总兵力9559人	缺员8520人 总兵力6683人 作战兵力2915人
第79步兵师	3500	＊	缺员6324人 总兵力9950人	缺员8294人 总兵力7980人 作战兵力4304人
第76步兵师			缺员6765人 总兵力8239人	缺员6981人 总兵力8023人 作战兵力4740人
第100猎兵师	2200	＊	缺员5705人 总兵力10709人	缺员7739人 总兵力8675人 作战兵力4688人
第3摩步师				缺员4831人 总兵力8653人 作战兵力4498人
第60摩步师				缺员5848人 总兵力8933人 作战兵力4812人
第14装甲师（赛德尔战斗群）		＊		缺员5435人 总兵力11000人（估） 作战兵力588人

表 18：（接上页）

师	苏军11月2日对第6集团军兵力的估计		11月12日，第6集团军的缺员	11月11日和19日，第6集团军兵力报告
	斯大林格勒方面军	第62集团军		
第16装甲师		*		缺员7673人 总兵力11051人 作战兵力4855人
第24装甲师		*		缺员5126人 总兵力10950人 作战兵力6160人
集团军直属部队				缺员6486人（20%） 总兵力25944人
营		**第6集团军** 共80个营		81个（10月29日） 74个（11月9日）
兵力	14200名步兵 总计78800人	23000名步兵		**师级部队（17个）：** 缺员115414人（44%） 编制兵力265246人 总兵力149832人（57%） 作战兵力74401人 **集团军直属部队：** 缺员6486人（20%） 编制兵力32430人 总兵力25944人 **11月18日，集团军兵力：** 缺员121900人（41%） 编制兵力297676人 总兵力175776人（59%） 作战兵力74401人 **被围后的第6集团军：** 25万—30万人（最佳估计：284000人），包括第6集团军、第4装甲集团军以及罗马尼亚集团军群和辅助部队
野炮	790	320		—
反坦克炮	430			372
坦克/突击炮	540	130—150		181（11月16日） 225（11月18日）

※ 资料来源：斯大林格勒方面军司令部033a号情报摘要，1942年11月2日签发，引自伊萨耶夫的《斯大林格勒：伏尔加河后方没有我们的容身处》，第289—290页；档案文件 TsAMO RF, f. 38, op. 11360, d. 251,11. 第135-138页；弗洛里安·冯·翁德·楚·奥夫塞斯男爵的《第6集团军作战日志附件册，第一卷，1942年9月14日至11月24日》，第284—296页，《截至1942年11月1日的缺员报告，1份附件，第6集团军作战处，第4534号，1942年11月12日签发》（Betreff.: Meldung über personellen Fehlbestand vom 01.11.42 getrennt, Anlage 1, Armee-Oberkommando 6, Abt. Ia, Nr. 4534/42 geh, A.H.Qu., 12. November

1942,）；曼弗雷德·克里希，《斯大林格勒：战役分析和相关文件》，第662-663页。

注：17个作战师中有16个的总兵力数据来自第6集团军11月11日和19日的报告。报告中只提供了第14装甲师的作战兵力数，这是因为该师只有"赛德尔"战斗群在斯大林格勒参战，主力在科捷利尼科沃地域的后方集结区休整补充，因此，该师的总兵力（11000人）只是个估计。第6集团军的225辆坦克，这个数字来自该集团军1942年11月18日呈交的报告。

＊各师兵力未做单独估测。

　　因此，截至11月中旬，第6集团军的兵力缺员包括辖内作战师的115414人，以及集团军直属部队的6486人，共计缺员121900人。此时的总兵力包括作战师的149832人和集团军直属部队的25944人，总计175776人。总兵力（175776人）加上缺员数（121900人），就是第6集团军的编制人数——297676人。这样算来，集团军总兵力（175776人）约为其编制兵力的59%。[31]

　　换句话说，第6集团军各作战师的平均兵力约为其编制力量的59%。兵力较少的是以下几个师：第295步兵师，总兵力7623人，约为编制力量的43%；第305步兵师，总兵力6683人，约为编制力量的44%；第94步兵师，总兵力7469人，约为编制力量的48%；第79步兵师，总兵力7980人，约为编制力量的49%。兵力较多的是第44步兵师，总兵力10601人，约为编制力量的71%；第113步兵师，总兵力9461人，约为编制力量的62%；第3摩步师，总兵力8653人，约为编制力量的64%；第14装甲师，总兵力13500人，约为编制力量的72%。

　　最后，第6集团军17个野战师的总作战兵力（74401人）约为其总兵力（149832人）的半数。兵力较少的是第94步兵师，作战兵力2924人，约为总兵力的28%；第305步兵师，作战兵力2915人，约为总兵力的30%；第16装甲师，作战兵力4855人，约为总兵力的31%。兵力较多的是第44步兵师，作战兵力6748人，约为总兵力的64%；第113步兵师，作战兵力5064人，约为总兵力的54%；第24装甲师，作战兵力6160人，约为总兵力的56%。

　　但需要注意的是，德国人确定作战兵力，是以隶属该师的步兵（或装甲掷弹兵）、战斗工兵、炮兵、侦察和摩托车单位、警卫部队和反坦克单位计算。这一点非常重要，因为，如表19所示，苏联人对作战兵力的定义不太一样，他们认为作战士兵仅仅是作战步兵和战斗工兵。从这个方面说，仔细分析第6集团军1942年10月18日和11月中旬在斯大林格勒城内作战的各个师的总兵力、作战兵力和步兵（步兵和战斗工兵）数量，就会发现苏军情报部门对当面德军兵力的报告并未过度夸大。

表19将德国第6集团军对1942年10月18日和11月中旬在斯大林格勒城内及周边地带作战的各个师所做的评估，与斯大林格勒方面军和第62集团军11月2日提交的评估报告进行了对比。虽然德军的两份评估中包括各个师的总兵力和作战兵力，但10月24日的报告（截至10月18日的兵力）更加详细，以准确的类型和数量对各作战部队加以细分（参阅本三部曲第二部表36）。例如，第295步兵师和第14装甲师的条目如下：

第295步兵师

总兵力：10865人[*]，包括2553名俄国志愿者

作战兵力：

　　步兵：1990人

　　炮兵：1225人

　　工兵营：230人

　　反坦克营：——

　　自行车营：187人

　　通信营：255人

作战兵力总计：3887人

[*]包括一个912人的行进营，未计入作战兵力内。

第14装甲师

总兵力：12070人，包括523名俄国志愿者

作战兵力：

　　装甲掷弹兵：4个营，1640人，包括附属士兵

　　摩托车营：515人[①]

　　装甲团：829人

---

① 译注：第二卷，315人。

炮兵：1140人[1]

高射炮营：435人

工兵营：242人

反坦克营：289人

通讯营：328人

作战兵力总计：5418人[2]

这个例子表明，虽然两个师的作战兵力按照德国人的定义分别为3887和5418人，但以苏联人的定义（步兵和战斗工兵）看，其步兵力量少得多，分别为2220和1828人。如表19所示，我们可以计算出10个德军师截至10月18日（第2栏）的确切步兵数量，然后以这些粗略百分比来确定这些师在11月中旬的大致步兵数量（第5栏）。根据这些数字，斯大林格勒方面军对6个德军师作战（步兵）兵力的估计（第3栏），第62集团军对10个德军师作战（步兵）兵力的估计（第4栏）可谓相当准确。例如，斯大林格勒方面军估计德军第71步兵师11月2日的作战（步兵）兵力为2000人，与该师步兵和战斗工兵2453（10月18日）、2150（11月中旬）的实际数字极为接近。同样，该方面军估计德军第79步兵师11月2日的作战（步兵）兵力为3500人，大致为该师步兵和战斗工兵实际数量4500人（10月18日）和3000人（11月中旬）的中间值，而对第100猎兵师作战（步兵）兵力的估计为2200人，与该师11月中旬的实际兵力完全一致。实际上，苏军并未低估德军的作战（步兵）兵力，表19表明，斯大林格勒方面军11月2日的报告反而高估了德军第94、第389、第305步兵师的作战兵力。

从整体考虑6个德军步兵师，斯大林格勒方面军认为其作战（步兵）兵力为14200人，总兵力为78000，而德军当时的实际作战（步兵）兵力为13950人，总兵力为68597人。最后，从整体考虑10个德军师，第62集团军估计对方共有23000名作战步兵，与第6集团军10月24日报告中指出的21558人和11月中旬的报告中指出的18538人相当接近。

---

①译注：第二卷，1184人。
②译注：第二卷，5462人。

　　这些数据再次证实了苏军估测的准确性，至少在一定程度上驳斥了"苏军低估德军作战兵力"的说法。但是，苏联和俄罗斯方面普遍的看法是，苏军最高统帅部和各方面军策划人员对被围敌军数量远远超过他们的预计深感惊讶，他们没有为消灭这么一大股敌人作好准备，这种观点也有其道理。包围圈封闭后不久，华西列夫斯基和参与行动的各方面军估计，他们将85000—90000名德军士兵困在包围圈内，但最终发现被围敌军多达250000—284000人。但是，苏军情报机构从步兵和战斗工兵方面估测第6集团军的作战兵力，所得出的结论相当准确。因此，将第4装甲集团军的15000—20000人与第6集团军74401人的作战（步兵）兵力相加，得出的数字与华西列夫斯基和苏军最高统帅部最初的估计几乎完全一致。

　　需要指出的是，苏联人所犯的错误是他们对德军前线士兵与后勤单位之间的关系了解不足，另外，他们也无法统计第6集团军和第4装甲集团军作战地域内的"额外"力量。如果德军作战兵力（根据德国人的定义）约为部队总兵力的50%，步兵力量（根据苏联人的定义）占德军作战兵力的40%~60%，那么，以步兵力量作为判断因素会导致三分之二的兵力不知去向。因此，如果第6集团军和第4装甲集团军的步兵兵力为90000—95000人，就表示其总兵力为

表 19：1942 年 11 月 1 日—2 日，苏军情报部门估测第 6 集团军在斯大林格勒城内作战各师作战兵力的准确性

师	第6集团军10月28日的兵力报告（截至10月18日）	苏军11月2日对第6集团军兵力的估计		第6集团军11月11日和19日的兵力报告
		斯大林格勒方面军	第62集团军	
第71步兵师	总兵力12277 作战兵力4723 步兵2453	作战步兵2000	＊	总兵力8906 作战兵力4331 步兵2150
第295步兵师	总兵力10865 作战兵力2887 步兵2220		＊	总兵力6899 作战兵力3459 步兵2500
第94步兵师	总兵力11438 作战兵力3473 步兵1495	作战步兵1700	＊	总兵力7469 作战兵力2924 步兵1600

表 19（接上页）

师	第6集团军10月28日的兵力报告（截至10月18日）	苏军11月2日对第6集团军兵力的估计		第6集团军11月11日和19日的兵力报告
		斯大林格勒方面军	第62集团军	
第389步兵师	总兵力8604 作战兵力2736 步兵979	作战步兵3000	*	总兵力7540 作战兵力4021 步兵1800
第305步兵师	总兵力10578 作战兵力3345 步兵1352	作战步兵1800	*	总兵力6683 作战兵力2915 步兵1300
第79步兵师（10月18日的估计）	总兵力14000 作战兵力6500 步兵4500	作战步兵3500	*	总兵力7980 作战兵力4304 步兵3000
第100猎兵师	总兵力11700 作战兵力5765 步兵3171	作战步兵2200	*	总兵力8675 作战兵力4688 步兵2200
第14装甲师（赛德尔战斗群）（11月中旬的估计）	总兵力12070 作战兵力5462 步兵1828		*	总兵力11000 作战兵力588 步兵588
第16装甲师	总兵力13126 作战兵力5164 步兵1810		*	总兵力11051 作战兵力4855 步兵1700
第24装甲师	总兵力11785 作战兵力5387 步兵1750		*	总兵力10950 作战兵力6160 步兵1800
6个步兵师（第71、第94、第389、第305、第79步兵师和第100猎兵师）	总兵力68597 作战兵力26542 步兵13950	**第6集团军总计（斯大林格勒城内）：** 共78800 步兵14200	步兵23000	总兵力47253 作战兵力23183 步兵12050
全部10个师	总兵力114443 作战兵力44842 步兵21558			总兵力87153 作战兵力38245 步兵18638

※ 资料来源：第 6 集团军 10 月 24 日的报告，刊登在弗洛里安·冯·翁德·楚·奥夫塞斯男爵的《第 6 集团军作战日志附件册，第一卷，1942 年 9 月 14 日至 11 月 24 日》，第 201—205 页，《关于：各师总兵力和作战兵力，第 6 集团军作战处 3446 号报告，1942 年 10 月 24 日》（Betreff: Meldungen über Verpflegungs–und Gefechtsstärken der Division, Armee–Oberkommando 6, Ia, Nr. 3446/42 g. K., A.H.Qu., 24. Oktober 1942, ）。苏军的报告摘自伊萨耶夫的《斯大林格勒：伏尔加河后方没有我们的容身处》，第 289—290 页，以及第 62 集团军作战日志，《1942 年 10 月 20 日至 11 月 1 日，敌军作战行动和编成》（Deistviia i gruppirovka protivnika za period s 20.10 po 1.11.42）。

注：作战兵力，按照德国人的定义，包括所有战斗人员（步兵、战斗工兵、炮兵、侦察和摩托车单位等）；而苏军的估测只包括步兵和战斗工兵。

＊各师兵力未做单独估测。

240000—250000人，加上40000—60000名"额外"或罗马尼亚士兵，就能得出280000—310000名被围敌军的实际估测。

总之，根据沿斯大林格勒方向行动的16个步兵师中的14个，以及全部8个装甲师和摩步师的可用数据，这些师的平均兵力如下：

·步兵师：总兵力8676人；作战兵力4571人；俄国志愿者和附属士兵3394人

·装甲师：总兵力10862人；作战兵力5391人；俄国志愿者和附属士兵1739人

·摩步师：总兵力9897人；作战兵力5703人；俄国志愿者和附属士兵3300人[32]

至于苏军反攻前夕德军沿斯大林格勒方向的装甲力量，B集团军辖内4个装甲师和4个摩步师共有360辆坦克：第6集团军218辆，第4装甲集团军102辆，充当B集团军群预备队的第48装甲军辖下的第22装甲师还有40辆。加上第6集团军和第4装甲集团军配属的4个突击炮营的68辆突击炮和自行步兵炮，可用的战车数量为428辆（参见表20）。

罗马尼亚军队

统计抗击"天王星"行动的罗马尼亚部队的总兵力，要比计算德军总兵力稍稍容易些。但是，通过对照编制兵力来确定罗马尼亚各个师的总兵力和作战兵力，与统计德军兵力同样困难。这是因为罗马尼亚档案文件提供了罗马尼亚第3集团军定期呈交的每日实力报告，以及在德国第4装甲集团军辖内作战的罗马尼亚部队的整体实力报告，但历史学家们尚未披露各罗马尼亚师的具体兵力。

根据现有的资料，截至1942年11月18日，罗马尼亚第3集团军编有4个军、8个步兵师、2个骑兵师、1个装甲师和1个航空兵军，该航空兵军辖2个战斗机、1个战斗轰炸机、3个轰炸机大队。集团军总兵力为155492人。在斯大林格勒南部德国第4装甲集团军辖下作战的罗马尼亚部队编有2个军、5个步兵师

表 20：1942 年 11 月 16 日—18 日，第 6 集团军和第 4 装甲集团军的装甲力量（全部坦克，包括无法使用的坦克）

师	坦克型号							合计
	二号	三号（短）	三号（长）	三号（75毫米）	四号（短）	四号（长）	指挥坦克	
第6集团军（11月18日）								
第14装甲师	5	9	17	5	5	12	2	55
第16装甲师	—		38	—	2	10	—	50
第24装甲师（11月19日）	5	13	18	5	5	12	2	60
第3摩步师	3	—	22	3	—	4	—	32
第60摩步师	4	—	12	2	—	3	—	21
合计	**17**	**22**	**107**	**15**	**12**	**41**	**4**	**218**
第4装甲集团军（11月16日）								
第16摩步师	8	—	16	7	—	11	1	43
第29摩步师	7	—	23	9	—	18	2	59
合计	**15**	**—**	**39**	**16**		**29**	**3**	**102**
B集团军群								
第22装甲师	2	5 Pz-38	12	10	1	10	—	40
总计	**34**	**27**	**158**	**41**	**13**	**80**	**7**	**360**

突击炮营	突击炮型号			
	三号长身管	三号短身管	SPIG	合计
第177突击炮营	8/0/0	2/0/0	0	10/0/0
第243突击炮营	7/0/0	0	0	7/0/0
第244突击炮营	7/1/0	7/5/0	5/2/0	19/8/0
第245突击炮营	7/0/6	0/3/5	0/2/1	7/5/12
合计	**29/1/6**	**9/8/5**	**5/4/1**	**43/13/12**

※ 资料来源：阿列克谢·伊萨耶夫，《斯大林格勒：伏尔加河后方没有我们的容身处》，第 295—297 页；弗洛里安·冯·翁德·楚·奥夫塞斯男爵，《第 6 集团军作战日志附件册，第一卷，1942 年 9 月 14 日至 11 月 24 日》，第 284—296 页，《关于：各个师的状况，第 6 集团军司令部作战处，1942 年 11 月 9 日 16 点 20 分签发》（ Betr.: Zustand der Divisionen, Armee－Oberkommando 6, Abt. Ia, A. H. Qu., 09. November 1942, 16.20 Uhr, ），以及《关于：各个师的状况，第 6 集团军司令部作战处，1942 年 11 月 16 日 12 点签发》（ Betr.: Zustand der Divisionen, Armee－Oberkommando 6, Abt. Ia, A. H. Qu., 16. November 1942, 12.00 Uhr, ）。

注：突击炮的表述是，可用 / 短期维修 / 长时间维修。

表21：抗击"天王星"行动的罗马尼亚各师兵力（总兵力和作战兵力）

师	兵力				
	编制兵力	总兵力（满编的比例）		苏军对敌作战兵力的估计＊	估计的作战兵力
罗马尼亚第3集团军：总兵力155492人					
第11步兵师	16097	10946（68%）		70%	7500
第9步兵师	16097	10946（68%）		70%	6000
第5步兵师	16097	10946（68%）		70%	7600
第6步兵师	16097	10946（68%）		70%	7500
第15步兵师	16097	10946（68%）		70%	6500
第13步兵师	16097	8049（50%）		70%	5000
第14步兵师	16097	9658（60%）		70%	5230
第1骑兵师	7600	7500（99%）		？	6500
第7骑兵师	7600	7400（97%）		？	6400
第1装甲师	13000	12196（94%）		？	9000
第4装甲集团军（斯大林格勒以南）：总兵力75380人					
第20步兵师	16097	不明		48%	7727
第1步兵师	16097	不明		25%	4025
第2步兵师	16097	不明		30%	4829
第4步兵师	16097	不明		34%	5480
第18步兵师	16097	不明		78%	12555
第5骑兵师	7600	不明		57%	4332
第8骑兵师	7600	不明		64%	4864
第6"龙骑兵"团	—				1074

＊苏军对敌作战兵力的估测只包括步兵和战斗工兵。

和2个骑兵师，总兵力为75380人。[33]

　　但是，对于罗马尼亚各师确切的总兵力，相关资料的看法并不一致。例如，关于战时罗马尼亚军队的标准英文资料称，第3集团军8个步兵师中的6个（第5、第6、第7、第9、第11、第15师）编制兵力为16097人，作战兵力平均为68%。这份资料还指出，另外2个师（第13、第14师）在10月份遭受到严重损失，11月中旬的作战兵力约为编制兵力的50%和60%。对于第4装甲集团军辖下的几个罗马尼亚师，同一份资料来源称，在斯大林格勒方面军发起进攻的11月20日，第1、第2、第4、第20、第18步兵师和第5、第8骑兵师的作战兵力分别为编制兵力的25%、30%、34%、48%、78%、64%。[34]另外，苏联方面关于坦克第5集团军在"天王星"反攻中的作战行动的一份保密研究报告倾向于证实上述资料的说法，据称在苏军反攻前夕，罗马尼亚第3集团军各步兵师的平均作战兵力（步兵和战斗工兵）为编制兵力的70%。[35]

根据这些资料，抗击苏军"天王星"行动的罗马尼亚各步兵师的总兵力为8049—10946人不等，骑兵师则为7400—7500人。苏军情报部门推定的实际作战兵力为总兵力的70%，如果采用这个数字，则罗马尼亚步兵师的作战兵力为不到5000人至约7700人，骑兵师的作战兵力为4500—6500人不等（参见表21）。另外，苏联方面的保密研究报告还认为，罗马尼亚步兵师的总兵力平均为10000—11000人，作战士兵（步兵和战斗工兵）数量为5500—7500人。[36]

至于罗马尼亚第3集团军的坦克力量，罗马尼亚第1装甲师11月18日共有12196人和105辆可用的坦克。这些坦克包括84辆罗马尼亚制R-2轻型坦克、19辆德制三号和四号中型坦克，外加2辆缴获的苏制坦克。另外，该师还将37辆无法使用的R-2和3辆德制坦克留了在奇尔河畔的勤务区。[37]

意大利军队

由于意军在"天王星"反攻中几乎没有发挥作用，故意大利第8集团军兵力和装甲力量的详细评估归入补充卷，该副卷涵盖了与斯大林格勒周边战斗稍有关联的军事行动。卷中还包括对"小土星"行动各个方面的详细分析，该行动在苏军展开反攻后的12月中旬发起。简言之，意大利第8集团军1942年11月18日共有130000人，各步兵师平均兵力为9000—10000人，作战兵力5000—7000人不等。

部队的分布

如前所述，过去对苏军"天王星"反攻的记述，在交战双方整体兵力和反攻发起的三个主要方向上的兵力方面存在巨大差异。不过，根据以往苏联（俄罗斯）的估计和我所称的"地面实情"，即反攻发起时的实际力量对比，表22提供了对1942年11月19日晨轴心国部队、炮兵和战车在苏军西南方面军、顿河方面军、斯大林格勒方面军对面部署情况"有根据的估测"。

表 22：1942 年 11 月 19 日，抗击西南、顿河、斯大林格勒方面军的轴心国部队的分布和估计兵力

面对西南方面军的轴心国部队——意大利第8集团军第35军；罗马尼亚第3集团军第1、第2、第5、第4军；德国第48装甲军

- ●**苏军对轴心国部队实力的估计**——432000人、4360门火炮/迫击炮、255辆坦克，包括意大利第8集团军第2和第35军的5个师；罗马尼亚第3集团军第1、第2、第5、第6军[①]；B集团军群第48装甲军
- ●**轴心国实际兵力**——约201703人（100000名作战士兵）和145辆坦克，包括：
  - ○**意大利第8集团军**（第2、第35军、第29军军部）——约35000人
  - ○**罗马尼亚第3集团军**（第1、第2、第5、第6军[②]）——155492人，包括第1装甲师的12196人和105辆坦克
  - ○**德国第48装甲军（第22装甲师）**——11211人，40辆坦克，外加"西蒙"战斗群（823人）、第611装甲猎兵营和第104高射炮团

面对顿河方面军的轴心国部队——德国第6集团军第11、第8军和第14装甲军

- ●**苏军对轴心国部队实力的估计**——200000人、1980门火炮/迫击炮、280辆坦克
- ●**轴心国实际兵力**——约100000人，各师总兵力81199人，作战兵力43935人，113辆坦克和突击炮，包括：
  - ○**第11军**——总兵力27609人，作战兵力17042人，8274名俄国志愿者和附属士兵，没有坦克
  - ○**第8军**——总兵力17484人，作战兵力9804人，13597名俄国志愿者和附属士兵，10辆突击炮
  - ○**第14装甲军**——总兵力36106人，作战兵力17089人，11025名俄国志愿者和附属士兵，103辆坦克和突击炮

面对斯大林格勒方面军的轴心国部队——第6集团军第51军，第4装甲集团军第6军[③]和罗马尼亚第6、第7军，德国第29和第16摩步师

- ●**苏军对轴心国部队实力的估计**——379000人、3950门火炮/迫击炮、140辆坦克
- ●**轴心国实际兵力**——约220000人，各师总兵力192548人（不含第14装甲师则为181548人），作战兵力90317人，250辆坦克和突击炮，包括：
  - ○**第6集团军（第51军）**——总兵力69633人＊，作战兵力30466人，18884名俄国志愿者和附属士兵，141辆坦克和突击炮
  - ○**第4装甲集团军（第6军）**[④]——总兵力33315人，作战兵力16788人，包括第20步兵师（罗），近8000名俄国志愿者和附属士兵，7辆突击炮
  - ○**罗马尼亚第4集团军#（第6、第7军）**——约75380人，总兵力67600人，作战兵力31063人，没有坦克
  - ○**德国第29、第16摩步师**——总兵力22000人，作战兵力12000人，102辆坦克和突击炮

＊其中包括第 14 装甲师的总兵力 11000，该师主力在后方地域休整。
＃本应于 11 月 20 日组建，但一直没有生效。

---

① 注释：第4军。
② 注释：第4军。
③ 注释：第4军
④ 注释：第4军

双方兵力对比

定义

　　评估交战双方实力的一个简单办法是对其加以量化，然后对比他们在兵力和主要武器体系方面的力量。西方人称之为"力量对比"，并认为这是一支军队的作战能力诸多指标之一，当初的苏联人和今日的俄罗斯人称之为"兵力兵器对比"，或简称为"兵力对比"。战争是一门科学，因而可以从科学的角度对其加以研究和理解，作为这一信仰的支持者，苏联人认为兵力对比是在战术、战役或战略层面遂行战争成败的一个主要决定因素，按照俄国人的说法，这意味着交战、会战、军事作战、战役和整个战争。另外，尽管投入了更多兵力和资源，但作为各个层面数十场（如果不是数百场的话）角逐显而易见的失败者，他们也知道兵力对比并不是确保交战胜利的唯一指标。特别是，他们明白训练、兵力兵器数量和部队士气（尽管很难量化）当然也适用于战争科学，连同诸如指挥技能和敏锐度等许多其他因素，都不过是他们归纳在战争艺术这一总标题下的诸多短暂因素之一。不过，苏联人和俄罗斯人的观点是，在其他因素相等的情况下，兵力对比依然是赢得交战胜利最重要的一个指标。

　　无论苏联人如何努力确保其分析的科学依据，其他因素的干扰破坏了公正、客观的科学方法。这一点在兵力对比方面尤为明显。随着时间的推移，单纯的自豪经常被政治因素复杂化，影响到科学计算。其结果是相关数字被修改，以提供一个不那么令人尴尬的兵力对比。以苏联为例，这种修改数字的做法通常以夸大敌军力量的方式进行，而不是减少己方兵力。因此，就"天王星"行动而言，官方提供的兵力对比发生的变化，反映的是整个国家的政治环境。

基于近期评估的兵力对比

　　伟大卫国战争（即苏联抗击希特勒德国的战争）的传统研究者，在评估某场会战或战役（例如莫斯科、斯大林格勒、库尔斯克或其他数百场大大小小的战役）中的双方兵力，或研究某场会战或军事行动中主要突击发生地双方的部署（参阅副卷附录4C，苏联人和俄罗斯人过去50多年间对"天王星"行动中的兵力对比和具体评估的观点演变）时，早已采用了兵力对比的量度法。但是，随着苏联1991年的解体，一批档案资料（特别是与德国第6集团军总兵力和作战兵力相关的资料文件）得以公布，这就使现在可以更加准确地评估"天王星"行动发起时苏军与轴心国军队的兵力对比。这些文件，再加上德国方面新发现的关于苏军进攻前夕罗马尼亚军队实力的档案文件，使我们得以从整个战役层面探讨双方的兵力，特别是从"天王星"行动的两个主要进攻地域：具体说来就是西南方面军坦克第5集团军和第21集团军，以及斯大林格勒方面军第57和第51集团军（参见表23、24）。这些数字仅仅是基于最佳可用数据的估计，肯定不够完美。涉及以下因素的是三个最严重的缺陷：

1. 双方可用的火炮数量，特别是罗马尼亚第3集团军、德国第6集团军和第4装甲集团军的火炮总数和可用数量。

2. B集团军群在斯大林格勒地域支援第6集团军和第4装甲集团军部队的性质和数量，这些部队并未包括在上述集团军的总兵力中。

3. 斯大林格勒地域德军辅助和附属部队（空军、修建单位、警卫勤务、宪兵等）的性质和数量。

表 23：1942 年 11 月 19 日—20 日，"天王星"行动中苏军与轴心国军队的战略兵力对比

类别	苏军	轴心国军队	比值
人员	1042218人 （作战兵力782548人）	521703人 （作战兵力234252人）	2∶1 （3.3∶1）
坦克和突击炮	1550	508	3∶1
火炮和迫击炮	22019	不明，但不到10000门	至少3∶1
作战飞机	共1529架 （1277架可用）	共732架 （402架可用）	2.1∶1 （3.2∶1）

※ 资料来源：V.A. 佐洛塔廖夫（主编），《伟大卫国战争中的作战部队，1941—1945 年》，第 587 页；曼弗雷德·克里希，《斯大林格勒：战役分析和相关文件》，第 662—663 页，引自 11 月 11 日和 19 日的报告；马克·阿克斯沃西等人合著的《第三轴心第四盟友：欧战中的罗马尼亚军队，1941—1945 年》，第 89—91、第 109 页；乔尔·S.A. 海沃德，《止步于斯大林格勒：德国空军和希特勒在东线的失败，1942—1943 年》，第 225 页，引自美国空军历史研究处（USAFHRA）K113.106-153：《1942 年东线战机总数量和可用数量一览》（Zusammenstellung der Ist-Starken und der einsatzbereiten Flugzeuge an der Ostfront 1942）。

表 24：1942 年 11 月 19 日—20 日，红军西南方面军和斯大林格勒方面军主要突击地域苏军与轴心国军队的战役兵力对比

部队和兵器	苏军	轴心国军队	比值
西南方面军（第21、坦克第5集团军——22公里）			
人员	207466人 （作战兵力182656人）	166703人 （作战兵力90000人）	1.24：1 （2：1）
火炮和迫击炮	5088	2000（估计）	2.5：1
坦克和突击炮	558	145	3.8：1
斯大林格勒方面军（第57、第51集团军——28公里）			
人员	121962人 （作战兵力80000人）	94315人 （作战兵力44788人）	1.3：1 （1.8：1）
火炮和迫击炮	2104	400（估计）	5.3：1
坦克和突击炮	432	59	7.3：1

※ 资料来源：V.A.佐洛塔廖夫（主编），《伟大卫国战争中的作战部队，1941—1945年》，第587页；曼弗雷德·克里希，《斯大林格勒：战役分析和相关文件》，第662—663页，引自11月11日和19日的报告；马克·阿克斯沃西等人合著的《第三轴心第四盟友：欧战中的罗马尼亚军队，1941—1945年》，第89—91、第109页。

　　虽说兵力对比中存在这些缺陷，但毫无疑问的是，苏军的实力远远强于其轴心国对手，远比我们过去的想法为甚，至少在数量上如此。这一点适用于衡量战斗力的几乎每一项指标，包括兵力、火炮、坦克和作战飞机。这并不令人惊讶，因为在1941—1942年的每一场重要行动中，红军都占有数量优势。对德国人来说，这一次的问题是，红军士兵及其指挥员们证明自己的能力远比前辈们更强。加剧这一现实的是，红军的主要突击将落在罗马尼亚部队头上，以前他们就曾教训过罗马尼亚人。

德军的误判

　　关于兵力对比的这一章，如果不提及"天王星"行动前夕德国人的看法（更准确地说，是他们明显的误判），肯定不够完整。这非常必要，因为除了几个战术例外，保卢斯第6集团军即将遭遇到前所未有的情况。如果说希特勒和他的高级将领们的确低估了苏军的威胁，特别是他们对B集团军群和第6集团军漫长左翼的本能关注不够的话，那么，他们的职业军事情报专家表现得也很差劲。[38]陆军情报机构，东线外军处（FHO）负责人莱因哈德·盖伦上校一直误判了对手的能力和意图。和希特勒一样，盖伦认为红军已在夏季战役中耗尽了预备力量，11月只能发起些有限进攻。另外，红军1942年8月—9月在莫斯科以西的勒热夫和维亚济马地域发起的一连串局部攻势，加之10月份为"火星"行动所做的准备，助长了苏军实施的欺骗，并使盖伦相信，苏军大规模攻势最有可能的目标是"中央"集团军群。[39]

虽然苏联人为保密和行动安全付出了巨大努力，但"天王星"反攻的准备工作不可避免地为德国人提供了一些线索。10月中旬，B集团军群的前线部队和空中侦察飞行发现，苏军沿顿河侧翼大举调动。罗马尼亚第3集团军对自身虚弱的实力深感不安，据其报告，谢拉菲莫维奇登陆场的夜间交通量不断增加，苏军坦克第5集团军正在那里集结。起初，B集团军群参谋人员认为这不过是俄国人在补充物资而已。但到11月3日，集团军群司令部开始意识到，苏军很可能在该地域发起某种类型的进攻；西南方面军司令部的成立加强了这种看法。据苏军战俘交代，进攻将在11月7日发起，但这场进攻并未兑现，这就加剧了德国人的自满。这些报告促使德国人将有限的预备队调入该地域，德军联络官也敦促罗马尼亚人向前线调动预备队。[40]

战后，盖伦称希特勒及其将领们忽略了FHO对于苏军即将发动进攻的明确提醒。但事实上，这些提醒经常被各种警告，以及盖伦依然相信苏军在其他地方发起进攻的可能性所削弱。例如11月6日，东线外军处呈交了另一份评估：

（a）苏军日后对德军东线的进攻重点将落在"中央"集团军群的防区，这一点日益明显。尚不清楚的是，俄国人是打算与此同时沿顿河发起一场大规模进攻，还是在南方实现有限的目标，这是基于这样一种考虑，他们的兵力不足，无法在两个方向同时赢得胜利。不管怎样，我们可以得出结论，他们正准备在南方发起的进攻不会前出得太远，必须预料到，不久的将来他们将在这里发起一场大规模行动，但同时也对"中央"集团军群展开进攻。目前没有情报表明俄国人已彻底放弃渡过顿河实施进攻的想法，这个想法无疑会对他们先前的意图造成影响。他们很可能按时间对行动进行划分，根据当下的优势，暂时将指定用于这场进攻的部队留作预备队，若态势发展允许，便将其投入对"中央"集团军群的进攻……

（b）"中央"集团军群防线的配置，以及从运输和有利出发地域（苏希尼奇—托罗佩茨突出部）来看，现有的集结区适合对斯摩棱斯克发起行动，这两点非常有利于展开大规模行动。应将斯摩棱斯克地域视为苏军对"中央"集团军群发起决定性行动的首要目标。从距离上看，这个目标完全符合苏军指挥部门的资源和能力。

（c）如果这场进攻赢得胜利，歼灭德军防线中央的部队后，敌人有可能继续向西扩大战果，攻入波罗的海诸国，从而切断北翼德军。

（d）与之相比，对罗斯托夫发起进攻，在掌控部队和补给问题上面临的困难更大。[41]

虽然这些报告矛盾百出，但保卢斯越来越担心他的侧翼，并多次向集团军群司令魏克斯提及该地域轴心国军队的虚弱。但是，德国人直到最后一刻才意识到苏军这场攻势的规模和目标。[42]

11月12日，对苏军实施准备的报告深感担心的魏克斯命令保卢斯，"从工兵和炮兵单位抽调10000人，加强罗马尼亚人后方的防线。"[43]当然，由于争夺斯大林格勒的激战旷日持久，第6集团军的实力已严重受损，根本无法抽调任何力量执行这道命令。这方面的一个例子是，魏克斯和保卢斯将5个工兵营调入城内，加强已被耗尽的突击部队。[44]

正如战争中经常发生的情况那样，德国人非常清楚红军的前线部署，但对其后方的兵力集结或后勤活动却知之甚少。就像"天王星"行动发起后霍特将军慨叹的那样："我们高估了前线的俄国人，但完全低估了他们的预备力量。"[45]例如，德国人没有发现苏军坦克第5集团军，而德国空军攻击的许多桥梁都是假目标，苏军以此隐蔽他们真正的渡河点。另外，苏军还发送假电报和另外一些指示，以此让德国人相信，他们对"中央"集团军群发动进攻的同时，将沿顿河实施防御。这些欺骗措施成功地误导了希特勒和盖伦，尽管隐约感觉到威胁的轴心国军队下级指挥官们愈发担心。[46]

但最根本的原因是，德国人过去曾轻松击退苏军多次发起的反突击，因而深信自己可以应对一切威胁。可是，与夏秋季疯狂而又为时过早的进攻不同，即将到来的打击获得了充裕的准备时间和资源，深具决定性。另外，苏军这场新攻势的目标不是第4装甲集团军和第6集团军经验丰富的德国部队，而是装备低劣、占位不佳的罗马尼亚第3集团军和据守在斯大林格勒南面的2个罗马尼亚军。

西南方面军司令员尼古拉·费多罗维奇·瓦图京中将，1942年12月7日晋升为上将

西南方面军军事委员会委员（政委），军政委级阿列克谢·谢尔盖耶维奇·热尔托夫（左二）与西南方面军军事委员（从左至右分别为N. F. 瓦图京、A. S. 热尔托夫、S. A. 克拉索夫斯基、V. I. 沃兹纽克、S. P. 伊万诺夫），热尔托夫1942年12月6日晋升为中将

近卫第 1 集团军司令员瓦西里·伊万诺维奇·库兹
涅佐夫中将

坦克第 5 集团军司令员普罗科菲·洛格维诺维
奇·罗曼年科少将

第 21 集团军司令员伊万·米哈伊洛维奇·奇斯佳
科夫中将

空军第 17 集团军司令员斯捷潘·阿基莫维奇·克
拉索夫斯基空军中将

坦克第1军军长瓦西里·瓦西里耶维奇·布特科夫坦克兵少将

坦克第26军（近卫坦克第1军）军长阿列克谢·格里戈里耶维奇·罗金坦克兵少将

坦克第26军摩托化步兵第14旅旅长格奥尔吉·尼古拉耶维奇·菲利波夫中校，他的部队夺取了顿河畔卡拉奇的桥梁

坦克第4军军长安德烈·格里戈里那维奇·克拉夫钦科坦克兵少将

近卫骑兵第 3 军军长伊萨·亚历山德罗维奇·普利耶夫少将

顿河方面军司令员康斯坦丁·康斯坦丁诺维奇·罗科索夫斯基中将

顿河方面军军事委员会委员（政委）康斯坦丁·费奥多罗维奇·捷列金少将（1942 年 12 月 20 日后）（右二），与顿河方面军军事委员会（从左至右分别为 K.K. 罗科索夫斯基、N.N. 沃罗诺夫、K.F. 捷列金和 M.S. 马拉宁）

第24集团军司令员德米特里·季莫费耶维奇·科兹洛夫少将

第65集团军司令员帕维尔·伊万诺维奇·巴托夫中将

第66集团军司令员阿列克谢·谢苗诺维奇·扎多夫中将

空军第16集团军司令员谢尔盖·伊格纳季耶维奇·鲁坚科空军少将

坦克第16军军长阿列克谢·加夫里洛维奇·马斯洛夫技术兵少将

斯大林格勒方面军军事委员会委员（政委）尼基塔·谢尔盖耶维奇·赫鲁晓夫

斯大林格勒方面军司令员安德烈·伊万诺维奇·叶廖缅科中将①

①译注：上将

第62集团军司令员瓦西里·伊万诺维奇·崔可夫中将

第64集团军司令员米哈伊尔·斯捷潘诺维奇·舒米洛夫中将

第51集团军司令员尼古拉·伊万诺维奇·特鲁法诺夫少将

第57集团军司令员费多尔·伊万诺维奇·托尔布欣中将

第28集团军司令员瓦西里·菲利波维奇·格拉西缅科中将

空军第8集团军司令员季莫费伊·季莫费耶维奇·赫留金空军少将

机械化第4军（近卫第3）军长瓦西里·季莫费耶维奇·沃利斯基坦克兵少将

坦克第13军（后改为机械化军）军长特罗菲姆·伊万诺维奇·塔纳希申坦克兵少将

骑兵第 4 军军长季莫费·季莫费耶维奇·沙普金
中将

B 集团军群司令，男爵马克西米利安·冯·魏
克斯大将

B 集团军群司令马克西米利安·冯·魏克斯大将与保卢斯和赛德利茨将军（从左至右）

第4装甲集团军司令赫尔曼·霍特大将（中）正在下达命令

第4装甲集团军司令赫尔曼·霍特大将

第4航空队司令，航空兵上将沃尔夫冈·冯·里希特霍芬男爵^①（右二）

第14装甲军军长，装甲兵上将汉斯－瓦伦丁·胡贝

①译注：大将

注释

1. 罗科索夫斯基，《伏尔加河畔的伟大胜利》，第252—253页；A.M.萨姆索诺夫，《斯大林格勒战役》，第369—371页。

2. M.E.莫罗佐夫（主编），《1941—1945年，伟大卫国战争，数据中的战役和战略行动，两卷本，第一册》，第481页。

3. 罗科索夫斯基，《伏尔加河畔的伟大胜利》，第253页。

4. 同上。

5. 虽然西南方面军、顿河方面军和斯大林格勒方面军的坦克总实力已经很明了，但许多坦克军、机械化军和坦克旅、团、营的实际作战力量尚不清楚。表13包括了可用坦克的准确信息，但仍有空白和矛盾处，主要因为这些部队的许多坦克处在不同的维修阶段，或因为无法在规定时间投入战斗。斯大林格勒方面军辖下的坦克第13军和机械化第4军同样如此，两个军的可用坦克数与编制数量相近，分别为205和220辆，但只有约三分之二投入了最初的行动；在接下来的几个小时甚至是几天，其余坦克才提供了加强。对各坦克军实力最详尽的描述可参阅伊萨耶夫的《斯大林格勒：伏尔加河后方没有我们的容身处》，第316、第319页，书中引用档案资料，指出了坦克第4、第16军1942年11月19日和23日的实力：

坦克第 4 军

旅	坦克型号			总计
	KV	T-34	T-70	
坦克第45旅	22	—	26	48
坦克第102旅	—	30	18	48
坦克第69旅	—	28	19	47
总计	22	58	63	143

引自档案：*TsAMO RF, f. 3403, op. 1, d. 7,1. 第 39 页*。

坦克第 16 军

旅	坦克型号				总计
	KV	T-34	T-70	T-60	
坦克第107旅	32/29	—	—	17/11	49/40
坦克第109旅	8/6	19/17	—	14/14	41/37
坦克第164旅	—	28/20	10/5	12/3	50/28
总计	40/35	47/37	10/5	43/28	140/105

引自档案：*TsAMO RF, f. 3414, op. 1, d. 25,1. 第 22 页*。
注：斜杠前为现有坦克数，斜杠后为可用数。

6. 乔治·E.布劳，《德国对苏战争：策划和行动，1941—1942年》，第168页。

7. 引自瓦西里·S.格罗斯曼的《战争中的一位作家：瓦西里·格罗斯曼在红军中，1941—1945》，安东尼·比弗、卢芭·维诺格拉多瓦编译（纽约：万神殿书局，2005年），第162页。格罗斯曼的真名是约瑟夫·所罗门诺维奇·格罗斯曼，但他为《红星报》撰写文章使用的笔名是瓦西里·谢梅诺维奇。

8. 对各轴心国关系的详细探讨，可参阅理查德·L.迪纳多的《德国与轴心国军队：从联盟到崩溃》（劳伦斯：堪萨斯大学出版社，2005年），第136—157页。

9. 1941年6—12月，"北方"、"中央"和"南方"集团军群的正面分别为200—400公里、400—600公里、350（将罗马尼亚军队的战区加入则为360公里）—600公里。这就表明德军的过度拉伸成为了"巴巴罗萨"行动失败的一个主要因素。1942年6月末，"北方"、"中央"和"南方"集团军群分别沿400、500、600公里正面展开行动。"蓝色"行动开始时，"南方"集团军群过宽的正面迫使希特勒将该集团军群拆分为A、B集团军群，但新组建的两个集团军群，所辖部队数量与在"南方"集团军群辖内时基本一样。因此，B集团军群的正面在9月和10月超过800公里时，希特勒不得不前调4个卫星国集团军，以弥补这种态势。从本质上说，他组建了一个全新、但极其脆弱的集团军群。

10. 罗科索夫斯基在《伏尔加河畔的伟大胜利》一书第253页指出，轴心国军队在该地域的实力为49个师又2个旅，包括36个步兵师、5个坦克师、4个摩托化师和4个骑兵师。据罗科索夫斯基称，这股力量包括5个意大利师又2个旅和18个意大利师；剩下的是26个德国师，包括2个保安师。

11. 11月9日，为加强罗马尼亚第3集团军的防御，第6集团军派出一个支援群（"西蒙"战斗群），编有1个反坦克连、1个摩托化步兵营、1个重型突击炮分排和823名士兵，进入罗马尼亚集团军后方。次日，第48装甲军奉命集结于第3集团军后方。最后，该军编有第22装甲师、罗马尼亚第1装甲师、1个反坦克营（欠西蒙连）和1个装甲炮兵营。第14装甲师位于上布济诺夫卡的部队本应于11月20日加入第48装甲军，但到那时，一切已成徒劳。参阅瓦尔特·克尔利茨的《保卢斯与斯大林格勒：陆军元帅弗里德里希·保卢斯传，他的笔记、书信和文件》，R.H.史蒂文斯译（纽约：城堡出版社，1963年），第197—199页。

12. B集团军群作战地域内的德军作战序列，可参阅威廉·麦克罗登未出版的5卷本作品，《二战德军作战编成：集团军群、集团军、军、师和战斗群》；罗马尼亚军队的作战序列可参阅马克·阿克斯沃西等人合著的《第三轴心第四盟友：欧战中的罗马尼亚军队，1941—1945年》。

13. 罗尔夫·格拉姆斯，《第14装甲师，1940—1945年》（Die 14. Panzer-Division 1940-1945，埃戈尔斯海姆：德夫勒出版社，2002年），第56页。此时，第14装甲师尚能集结起第4装甲炮兵团、第4装甲猎兵营、第4装甲侦察营[①]。该师第103、第108装甲掷弹兵团各有1个营，第64摩托车营只剩下1个连。经历了斯大林格勒的激战后，第103团的残部（1个虚弱的营）与第36装甲团的1个连、第64摩托车营据守卡尔波夫卡，最终组成一个战斗群，由赛德尔中尉指挥。第108团团部带着1个掷弹兵营、第36装甲团和师后勤单位，在卡缅斯卡亚附近。

14. 罗科索夫斯基，《伏尔加河畔的伟大胜利》，第253页。

15. 同上。

---

① 译注：第64装甲侦察营。

16. 意大利第8集团军和罗马尼亚第3集团军1942年11月15日的详细部署图，可参阅戴维·M. 格兰茨的《斯大林格勒战役地图集》（宾夕法尼亚州卡莱尔：自费出版，2000年），地图7。两个集团军编制和防御的详情，可参阅《顿河畔意大利第8集团军和罗马尼亚第3集团军的编组和构成》（*Gruppirovka i sostav 3 Rumynskoi i 8 talianskoi armii na Donu*），刊登在《战争经验研究资料集》，第8期，第24—36页；以及《意大利第8集团军》（*L "8" Armata Italiana*）。

17. 关于罗马尼亚人竭力应对这种状况的详细探讨，可参阅马克·阿克斯沃西等人合著的《第三轴心第四盟友：欧战中的罗马尼亚军队，1941—1945年》，特别是第85—87页。苏联方面对罗马尼亚军队编成、实力和部署的看法，可参阅《顿河畔意大利第8集团军和罗马尼亚第3集团军的编组和构成》。

18. 参阅瓦尔特·格尔利茨的《保卢斯与斯大林格勒：陆军元帅弗里德里希·保卢斯传，他的笔记、书信和文件》一书第196页，德军派驻罗马尼亚第3集团军联络官费迪南德·海姆将军的报告；另可参阅布格等人合著的《德国与第二次世界大战》，第六册，第1113页。

19. 瓦尔特·格尔利茨，《保卢斯与斯大林格勒：陆军元帅弗里德里希·保卢斯传，他的笔记、书信和文件》，第195—196页。

20. 罗尔夫·施托弗斯，《第22装甲师，第25装甲师，第27装甲师和第233预备装甲师：组建、编制和使用》（弗里德贝格：波德聪-帕拉斯出版社，1985年），第45—49页；保罗·卡雷尔，《斯大林格勒：德国第6集团军的败亡》，戴维·约翰斯顿译（宾夕法尼亚州阿特格伦：希弗出版社，1993年），第154—155页；瓦尔特·格尔利茨，《保卢斯与斯大林格勒：陆军元帅弗里德里希·保卢斯传，他的笔记、书信和文件》，第218—219页；小塞缪尔·W. 米查姆，《装甲军团：二战德军装甲师及其指挥官指南》（西点：格林伍德出版社，2001年），第165—166页。老鼠给第22装甲师造成破坏的故事成了一个小小的传奇，但同样的问题也以更加险恶的方式对苏军造成影响。"天王星"进攻前夕，奉命增援罗科索夫斯基、对罗马尼亚人发起突击的空军第16集团军，发现啮齿动物破坏了一些飞机的线缆。更糟糕的是，老鼠还传染兔热病，导致机组人员染上血液细菌感染。参阅罗科索夫斯基的《军人的天职》，第139页。关于第14装甲师实力的不同报告是，《第51军晨报，1942年11月18日6点签发》（*Morgenmeldung LI. A.K. meldet 06.00 Uhr 18.11.42,*），收录在弗洛里安·冯·翁德·楚·奥夫塞斯男爵的《第6集团军作战日志附件册，第一卷，1942年9月14日至11月24日》一书第294页，报告中指出，第14装甲师尚有5辆二号、9辆三号短身管、17辆三号长身管、5辆四号短身管、12辆四号长身管和2辆指挥坦克，外加5辆三号75毫米主炮坦克，共计55辆；而《1942年11月16日和11月18日，21点—22点，第48装甲军每日报告》（*Tagesmeldung XXXXVIII. Pz. K. vom 16.11.1945 Uhr und vom 18.11.1942,2100/2200 Uhr*）指出，该师只有36辆坦克，包括29辆三号和7辆四号坦克。同时，该师第103和第108装甲掷弹兵团各有1个营，第13装甲工兵营作为"赛德尔"战斗群在斯大林格勒城内作战。

21. 瓦尔特·格尔利茨，《保卢斯与斯大林格勒：陆军元帅弗里德里希·保卢斯传，他的笔记、书信和文件》，第197—199页；亚历山大·斯塔蒂耶夫，"武装力量中的丑小鸭：罗马尼亚装甲部队，1919—1941年"，刊登在《斯拉夫军事研究》1999年6月第2册，总第12期：第220—244页。格尔利茨提供了关于第48装甲军实力和编成的不同说法，但与其他资料并不相符。

22.《第6集团军作战日志附件册，第一卷，1942年9月14日至11月24日》，第285—290页，《*Betr.: Zustand der Divisionen, Armee-Oberkommando 6, Abt. Ia, A.H.Qu.,16. November 1942, 12.00 Uhr,*》（关于：各个师的状况，第6集团军司令部作战处，1942年11月16日12点）。作为10月24

日对辖内各师兵力所提交的长篇报告的增补，11月13日，第6集团军提交了对第389步兵师实力的评估报告。该师10月24日的总兵力为8604人，作战兵力2736人（包括979名步兵和工兵）；到11月13日，该师总兵力下降为7540人，但由于B集团军群提供的战斗工兵和从作战支援单位转入作战单位的其他人员，该师的作战兵力上升为4021人（2279名步兵和工兵）。参见同上，第269页，《关于：总兵力和作战兵力，第6集团军作战处第4548号报告，1942年11月13日》（Betr: Verpflegungs-und Gefechstärkem, Armee-Oberkommando 6, Ia Nr. 4548/geh., A.H.Qu., 13. November 1942,）。

23. 同上，《关于：各个师的状况，第6集团军司令部作战处，1942年11月9日16点20分签发》（Betr.: Zustand der Divisionen, Armee-Oberkommando 6, Abt. Ia, A. H. Qu., 09. November 1942, 16.20 Uhr,），以及《关于：各个师的状况，第6集团军司令部作战处，1942年11月16日12点签发》（Betr.: Zustand der Divisionen, Armee-Oberkommando 6, Abt. Ia, A. H. Qu., 16. November 1942, 12.00 Uhr,）。

24. 约阿希姆·莱梅尔森等人，《第29师：第29步兵师，第29摩步师，第29装甲掷弹兵师》（西德，巴特瑙海姆：波德聪出版社，1960年），第204页。

25. 据伊萨耶夫在《斯大林格勒：伏尔加河后方没有我们的容身处》一书第295页称，第29摩步师的59辆坦克是7辆二号、23辆三号长身管、9辆三号75毫米主炮、18辆四号长身管和2辆指挥坦克。

26. 同上，第16摩步师的43辆坦克是8辆二号、16辆三号长身管、7辆三号75毫米主炮、11辆四号长身管和1辆指挥坦克。

27. 参见曼弗雷德·克里希的《斯大林格勒：战役分析和相关文件》（Stalingrad: Analyse und Dokumentation einer Schlacht, 斯图加特：德意志出版社，1974年），第662—663页，引用1942年11月11日和19日签发的报告。

28. 《第6集团军作战日志附件册，第一卷，1942年9月14日至11月24日》，第284—296页，《截至1942年11月1日的缺员报告，1份附件，第6集团军作战处，第4534号，1942年11月12日签发》（Betreff.: Meldung über personellen Fehlbestand vom 01.11.42 getrennt, Anlage 1, Armee-Oberkommando 6, Abt. Ia, Nr. 4534/42 geh, A.H.Qu., 12. November 1942.）。

29. 伊萨耶夫，《斯大林格勒：伏尔加河后方没有我们的容身处》，第289—290页。

30. 第62集团军作战日志，《1942年10月20日至11月1日，敌军作战行动和编成》（Deistviia i gruppirovka protivnika za period s 20.10 po 1.11.42）。报告中指出，德军的武器装备为17550支步枪、340门迫击炮、1800支自动武器、20门六管火箭炮、228门重型火炮、92门轻型火炮和230支反坦克步枪。报告中还提供了市区各地段德军的准确编组情况。

31. 这些数字基于1942年11月18日第6集团军的兵力计算：

人员类别	前线师（17个）	集团军直属部队	合计
编制兵力	265246	32430	297676
缺员	115414（44%）	6486（20%）	121900（41%）
总兵力（现有兵力）	149832（57）	25944（80%）	175776（59%）

32. 德军步兵师的总兵力和作战兵力是基于16个师中的14个的实力数据，不包括第62和第298步兵师。俄国志愿者和附属士兵（Zugeteilte）的数量基于12个师的数据，不包括第62、第297、第298、第

371步兵师。罗科索夫斯基在《伏尔加河畔的伟大胜利》一书第253页称，轴心国步兵师的兵力为10000—12000人不等。德军装甲师和摩步师的总兵力及作战兵力是基于全部8个师的数据。装甲师和摩步师中俄国志愿者和附属士兵的数量不包括第22装甲师、第16和第29摩步师。

33. 马克·阿克斯沃西等人合著的《第三轴心第四盟友：欧战中的罗马尼亚军队，1941—1945年》，第39、第85—86、第89页。

34. 同上，第85、第89页。

35. V.T.米诺夫，《1942年11月19日—25日，斯大林格勒反攻中坦克第5集团军的进攻行动》【*Nastupatel'naia operatsiia 5-i Tankovoi armii v kontrnastuplenii pod Stalingradom (19-25 noiabria 1942 goda)*，莫斯科：伏罗希洛夫总参军事学院，1979年】，第5页。

36. 苏军对罗马尼亚师兵力的估测较为宽泛，证明这一点的是罗科索夫斯基在《伏尔加河畔的伟大胜利》一书第253页称，罗马尼亚师的兵力多达18000人。这显然是将集团军和各军提供的援兵也纳入其中了，包括各个师的1个独立步兵营和炮兵支援单位。相比之下，红军总参谋部战争经验研究处在《顿河畔意大利第8集团军和罗马尼亚第3集团军的编组和构成》第25—26页的秘密评估报告，准确地判断出罗马尼亚第3集团军编有8个步兵师、2个骑兵师和1个装甲师，总兵力为130000人，各个师的总兵力为13000—14000人。但是，简单的算法表明，尽管步兵、骑兵和装甲师的实力有所差异，但每个师平均兵力13000—14000人，11个师的总兵力则为143000—154000人，还不包括军级和集团军级的非师属部队，这个数字显然过高了。报告中还称，罗马尼亚第3集团军编有4个重型炮兵团（第2、第4、第5、第8团）和1个重型炮兵营（第41营），共有4500挺机枪、1100门迫击炮、680门反坦克炮、480门野炮、92门重型火炮、140—150门高射炮和130辆坦克。

37. 马克·阿克斯沃西等人合著的《第三轴心第四盟友：欧战中的罗马尼亚军队，1941—1945年》，第89页。德国驻罗马尼亚军事代表团团长费迪南德·海姆中将在提交的一份报告中称，罗马尼亚第1装甲师有108辆坦克，其中包括捷克制T-38(t)[①]型，参见瓦尔特·格尔利茨的《保卢斯与斯大林格勒：陆军元帅弗里德里希·保卢斯传，他的笔记、书信和文件》，第199页。

38. 布格等人合著的《德国与第二次世界大战》，第六卷，第1118—1119页。

39. 详情可参阅戴维·格兰茨的《二战中的苏军军事欺骗》（伦敦：弗兰克·卡斯出版社，1989年），第109—110页。

40. 乔治·E.布劳，《德国对苏战争：策划和行动，1941—1942年》，第170—171页；瓦尔特·格尔利茨，《保卢斯与斯大林格勒：陆军元帅弗里德里希·保卢斯传，他的笔记、书信和文件》，第198—199、第227页。

41. V.A.日林（主编），《斯大林格勒战役：编年史、真相和人物》（两卷本）（*Stalingradskaia bitva: Khronika, fakty, liudi v 2 kn*，莫斯科：奥尔玛出版社，2002年），第一卷，第849—850页，引自《OKW作战日志》，第二册，第1305—1306页。盖伦报告的精简版也可参阅戴维·卡恩的《情报案例研究：奥苏加河防御战，1942年》，第248页。盖伦在他的《盖伦将军回忆录》，戴维·欧文译（纽约：世界出版社，1972年）中没有提及11月6日的报告。

_____

① 译注：即PzKpfw 38(t)。

42. 瓦尔特·格尔利茨，《保卢斯与斯大林格勒：陆军元帅弗里德里希·保卢斯传，他的笔记、书信和文件》，第218页。

43. 齐姆克和鲍尔，《从莫斯科到斯大林格勒：东线决战》，第466页。

44. 同上，第464页。关于这些工兵营的部署情况，可参阅本三部曲第二部第九章。

45. 霍特的说法引自保罗·卡雷尔的《斯大林格勒：德国第6集团军的败亡》，第158页。关于德国人发出的红军实施集结的情报报告，可参阅《斯大林格勒攻势中苏军的集结》（美国陆军欧洲司令部历史处，MS P-096号报告，1952年）。

46. 乔治·E. 布劳，《德国对苏战争：策划和行动，1941—1942年》，第171—172页。关于苏军的欺骗措施，可参阅M.科兹洛夫的《斯大林格勒的战略和战役艺术》，VIZH第11期（1982年12月），第9—16页。

第五章

突破

11 月 19 日—20 日

冬季降临俄罗斯南部。1942年11月18日—19日夜间下起雪来，温度降至零下7摄氏度。此时的积雪已达数英寸深，再加上清晨的雾气，能见度几乎降为零，苏军工兵沿顿河前线在雷区清理车道的声音也变得含糊不清。令苏军最高统帅部、西南方面军和顿河方面军司令员为之高兴，也让焦急等待着进攻令的数十万红军士兵松了口气的是，大雪和浓雾造成敌机无法升空，这就使罗马尼亚和德国守军丧失了他们最致命的防御武器。[1]

准 备

侦察阶段，11 月 14 日—18 日

与大多数记述相反，苏军并未在11月19日清晨发起突如其来的进攻。按照已成为红军标准做法的战术，在进攻行动中遂行主要突击的各集团军，应以第一梯队步兵师在H时前实施战斗侦察，以确定敌军防御前沿位置和主要火力点。1942年11月前，遂行进攻的苏军集团军经常在H时前的夜间实施这种侦察，而且只在将发起主要突击的地段进行。因此，在德国人看来，战斗侦察已成为一个最重要的迹象，明确暴露出红军在何时、何处发动进攻的意图。策划"天王星"行动的苏军将领意识到这一情况，决定利用红军过去可预测的行为，令敌人措手不及。他们没有在H时前的夜间沿主要突击地域实施战斗侦察，而是命令三个方面军辖下的诸集团军在反攻发起前的几个夜晚遂行更大规

模的战斗侦察，并沿整条战线实施。他们希望这种打法不仅能探明敌前沿位置和火力配系，还能让敌人弄不清苏军发起主要突击的时间和地点。

遵照总参策划人员的指示，西南方面军、顿河方面军和斯大林格勒方面军司令员将实施战斗侦察的时间错开，从11月14日至19日，一连持续了六晚。实际上，某些集团军早在11月10日就已经开始定期实施侦察，一直延续至14日。[2]西南方面军第21集团军、斯大林格勒方面军第51和第57集团军于11月14日—15日夜间展开战斗侦察；西南方面军坦克第5集团军也于11月17日—18日夜间发起侦察行动；11月19日—20日夜间，就在西南方面军和顿河方面军投入进攻的几个小时后，斯大林格勒方面军第51集团军进行了第二次战斗侦察。由于三个方面军需要沿整个防区实施战斗侦察，因而投入了第一梯队步兵师的加强步兵连和加强步兵营，营级部队沿主要突击方向实施侦察，连级部队沿次要方向展开行动。[3]

例如，在顿河南岸的谢拉菲莫维奇登陆场，11月17日—18日夜间，坦克第5集团军第一梯队的4个步兵师以加强步兵营遂行了战斗侦察。在专为此调拨的炮兵群的支援下，步兵第119、近卫步兵第50、第47、第14师的加强步兵营跨过坦克第5集团军计划中的整条进攻线，对罗马尼亚第3集团军第5、第14、第9步兵师的前沿哨所发起打击。打垮罗马尼亚人的前沿警戒哨，肃清了遇到的障碍后，这些加强营向前推进了1—2公里，到达以下位置：

· 步兵第124师（11月17日改称近卫步兵第50师）——穿过罗马尼亚第5步兵师的前沿警戒区，前出至位于+1.2里程碑的坟丘南面250米和222高地（卡尔梅科夫斯基东北偏东5公里处）

· 步兵第119师——穿过罗马尼亚第14步兵师的前沿警戒区，前出至219.5高地（卡尔梅科夫斯基东南方10公里处）

· 近卫步兵第47师——穿过罗马尼亚第14步兵师的前沿警戒区，前出至博利绍伊北郊花园（科托夫斯基以南6公里处）和+1.8里程碑的坟丘（科托夫斯基东南面3.5公里处）

· 近卫步兵第14师——穿过罗马尼亚第9步兵师的前沿警戒区，前出至220高地南坡（4号国营农场西南方6公里处）和3号国营农场北郊（4号国营农场南面7公里处）[4]

进攻行动的侦察阶段期间，坦克第5集团军的侦察部队发现罗马尼亚人已在其主防区前沿前方2—3公里处修建并占据了一片作战警戒区。这些部队清除了守军布设的大批雷区和障碍物，确定了罗马尼亚人的许多主要防御工事和火力点，并查明了对方主防御地带上的最薄弱处。侦察阶段结束时，坦克第5集团军的突击营已将罗马尼亚人的大多数前沿警戒部队逼退到主防御阵地。在坦克集团军大半个主要突击地域上，进攻方与罗马尼亚第3集团军各防御师主力发生直接接触，这就使罗曼年科集团军得以调整其炮火准备，轰击据守前沿防御阵地的敌军，并把实施进攻的第一梯队师的出发阵地向前推移。因此，11月19日晨苏军发起进攻时，坦克第5集团军第一梯队的大部分步兵师已与罗马尼亚第3集团军防御前沿直接接触。

坦克第5集团军的战斗侦察极具代表性，其他集团军也实施了类似的行动。例如，就像先前指出的那样，在斯大林格勒方面军左侧，顿河方面军第65集团军成功地识别出了德军加强克列茨卡亚地域防御的企图。更南面，在斯大林格勒方面军的主要突击地域上，第51集团军的侦察部队探明罗马尼亚第5骑兵师之一部据守着小杰尔别特（Malaia Derbety）南面的防御阵地，而当时苏军情报部门认为该骑兵师仍在北高加索地区。

虽说苏军在数日内交替遂行侦察的决定取得了许多积极成果，但也造成一些问题。例如，苏军在战后总结中指出，第21集团军和坦克第5集团军分别在11月14日和17日实施侦察行动，使罗马尼亚人得以调整其兵力部署，重新布设雷区和障碍物，并将更多援兵前调。[5]苏军的侦察行动也使B集团军群司令部和罗马尼亚第3集团军、德国第6集团军司令部增加了对苏军可能发动进攻的担忧。因此，集团军群敦促保卢斯将军加强第48装甲军，设法将第14装甲师的更多部队调至第11军后方，并催促罗马尼亚第3集团军向前部署其第1装甲师和第7骑兵师。最终，第48装甲军辖下的第22装甲师和罗马尼亚装甲师严重干扰了坦克第5集团军的进攻日程计划。

基于对这些侦察行动的批评，红军总参谋部的结论是，将侦察阶段延长至六晚是个失策，使敌人得到了五天预警期，足以重新部署部队并加强前沿防御。另外，第一梯队师投入加强营遂行战斗侦察，加之这些营遭受的伤亡，导致第一梯队突击团丧失了高达三分之一的作战兵力，最终削弱了初期突击行动。因此，总参谋部得出结论，首先，最好在进攻即将发起前实施侦察，其次，最有效的侦察力量是连级部队，而非营级，因为其规模较小，敌人不太容易发现并与之交战，即便遭受损失也对所属师影响不大。[6]

侦察战果：各方面军主要突击地域当面之敌的部署

进攻发起前的战斗侦察是苏军缜密的情报收集和处理工作的最后阶段，"天王星"行动开始前，这项工作已进行了数日、数周乃至数月，涉及各级指挥部门专家们对情报的细致收集和分析。情报来源多种多样：连、营、团级侦察部队遂行的突袭、搜索和抓捕的俘虏；各个师执行的战斗侦察；集团军派出的远距离巡逻队实施的深入和突袭行动；方面军通信单位的通信拦截；空中侦察（航拍和直接观察）；各集团军、总参情报总局（GRU）、NKVD、在德军后方展开活动的地下党组织派出的特工人员。最后，这番收集和分析工作完成了一幅详细、相当准确的拼图，使苏军对斯大林格勒地域的轴心国军队，特别是三个方面军主要突击地域当面之敌的部署及实力了如指掌。进攻行动完成后，根据计算结果订正了这些基于情报的评估，从而提供了关于各方面军防区和方面军辖下各集团军主要突击地域对面罗马尼亚和德国军队的性质、编成、有效作战兵力的详细情况（参阅副卷附录5A）。

对这些数据加以分析后，遂行进攻的三个方面军及其辖下诸集团军调整了战役、战术布势，以应对罗马尼亚和德国军队防御配系的更改。最后，这番调整为重新计算实施突击的各方面军和集团军的兵力对比提供了基础，在此阶段强调的重点是双方作战兵力的对比，即可投入的战斗步兵和工兵数量（参见表25）。

如表25和前面的各表所示，与苏联和俄罗斯关于"天王星"反攻的大多数专著中关于双方兵力对比的说法截然相反，在斯大林格勒地域的几乎所有突击方向上，红军的实力在战略、战役和战术层面都远远超过罗马尼亚和德国军队。在战略层面，红军三个方面军的实力远强于对手，兵力达到2比1，坦克数量超过3比1。战役层面，通过集结兵力，西南方面军和斯大林格勒方面军保持着2比1的兵力优势，至于坦克力量，瓦图京的西南方面军将优势扩大为4比1，而叶廖缅科的斯大林格勒方面军更是超过7比1。红军在战术层面同样占有优

表25：西南、顿河、斯大林格勒方面军及遂行主要突击的诸集团军主要突击地域当面之敌的配置和对双方作战兵力（步兵和工兵）战术对比的估计

西南方面军

坦克第5集团军

●主力突击部队：

　　○近卫步兵第14、第47、第50（原步兵第124师）、步兵第119、第159师——平均兵力8800人（战斗兵6500人）

　　○坦克第1军（坦克第89、第117、第159、摩托化步兵第44旅）——约13500人，136辆坦克

　　○坦克第26军（坦克第19、第157、第216、摩托化步兵第14旅）——约13500人，157辆坦克

　　○骑兵第8军（骑兵第21、第55、第112师）——16134人

　　○近卫坦克第8旅、独立坦克第510、第511营——66辆坦克

　　○近卫摩托车第8团

　　○16个最高统帅部预备队火炮/迫击炮团

●作战兵力——80000人，359辆坦克

●敌军：

　　○罗马尼亚第3集团军第2军辖下的第9（半数）、第14步兵师，8230人

　　○罗马尼亚第3集团军第5军辖下的第5步兵师（半数），3800人

　　○德国第48装甲军辖下的第22装甲师（德）、第1装甲师（罗）、第7骑兵师（罗），约28000人，146辆坦克

●估计的作战兵力对比

	坦克第5集团军	罗马尼亚/德国军队	比值
兵力	80000	40000	2∶1
坦克	359	146	2.5∶1

第21集团军

●主力突击部队：

　　○步兵第76、第293、第96、第277、第333师——平均兵力8800人（战斗兵6500人）

　　○坦克第4军（坦克第45、第69、第102、摩托化步兵第4旅）——约12500人，143辆坦克

　　○近卫骑兵第3军（近卫骑兵第5、第6、骑兵第32师）——22512人

　　○近卫坦克第1、第2、第4团——56辆坦克

　　○17个最高统帅部预备队火炮/迫击炮团

●作战兵力——70000人，199辆坦克

●敌军：

　　○罗马尼亚第3集团军第5军辖下的第5（半数）、第6步兵师，11300人

　　○罗马尼亚第3集团军第4军辖下的第13步兵师，5000人

　　○罗马尼亚第3集团军辖下的第15步兵师，6500人

●估计的作战兵力对比

	第21集团军	罗马尼亚军队	比值
兵力	70000	22800	3.1∶1
坦克	199	27＊	7.4∶1

顿河方面军
第65集团军
- 主力突击部队:
  - 近卫步兵第27、步兵第252、第304、第321师——平均兵力8800人（战斗兵6500人）
  - 坦克第91、第21旅——49辆坦克
  - 9个最高统帅部预备队火炮/迫击炮团
- 作战兵力——50000人[①]，49坦克
- 敌军:
  - 罗马尼亚第3集团军第4军辖下的第1骑兵师，6500人
  - 第6集团军第11军辖下的第376步兵师（德），5269人
  - 第6集团军第14装甲师［战斗群］（德），1500人，55辆坦克

- 估计的作战兵力对比

	第65集团军	德国/罗马尼亚军队	比值
兵力	28000	13300	2.1：1
坦克	49	28＊	1.8：1

斯大林格勒方面军
第64集团军
- 主力突击部队:
  - 步兵第204、第157、第38师——平均兵力7000人（战斗兵6000人）
  - 坦克第13、第56旅——40辆坦克
- 作战兵力——20000人，40辆坦克
- 敌军:
  - 第4装甲集团军第4军辖下的第20步兵师（罗），7727人

- 估计的作战兵力对比

	第64集团军	罗马尼亚军队	比值
兵力	20000	7700	2.6：1
坦克	40	—	绝对优势

第57集团军
- 主力突击部队:
  - 步兵第169、第422师——平均兵力7000人（战斗兵6000人）
  - 步兵第143旅——4000名战斗兵
  - 坦克第13军（机械化第17、第61、第62旅，编有坦克第26、第20、第21团）——15000人，171辆坦克
  - 坦克第235、第90旅——54辆坦克
  - 10个最高统帅部预备队火炮/迫击炮团
- 作战兵力——35000人，225辆坦克
- 敌军:
  - 第4装甲集团军第6军（罗）辖下的第2步兵师（罗），4829人
  - 第4装甲集团军第29摩步师（德），12000人，59辆坦克

---

① 译注：该数字与下表（28000）不符。

●估计的作战兵力对比

	第57集团军	德国/罗马尼亚军队	比值
兵力	35000	16800	2.1：1
坦克	225	59	3.8：1

第51集团军
●主力突击部队：
　　○近卫步兵第15、步兵第302、第126师——平均兵力7000人（战斗兵6000人）
　　○机械化第4军（机械化第36、第59、第60旅，编有坦克第26、第20、第21、独立坦克第55、第158团）——15000人，179辆坦克
　　○骑兵第4军（骑兵第61、第81师）——10284人
　　○坦克第254旅——28辆坦克
　　○8个最高统帅部预备队火炮/迫击炮团
●作战兵力——38000人，207辆坦克
●敌军：
　　○第4装甲集团军第6军（罗）辖下的第18、第1步兵师（罗），16580人
　　○第5骑兵师（罗）辖下的第6"龙骑兵"团（罗）（摩托化），1074人

●估计的作战兵力对比

	第51集团军	罗马尼亚军队	比值
兵力	45000	17500	2.6：1
坦克	207	—	绝对优势

★第14装甲师55辆坦克的半数力量。

势。通过进一步集结，西南方面军坦克第5集团军和第21集团军在作战兵力方面的战术优势为2.5：1，坦克实力更是超过3：1。同样，斯大林格勒方面军也将其兵力方面的战术优势提高到近3：1，坦克数量的优势高达近8：1。顿河方面军的实力远弱于相邻的两个方面军，但通过兵力集结，顿河方面军为第65集团军建立起战术优势：作战兵力的优势超过2：1，坦克数量也接近2：1。

　　虽然苏军最高统帅部、总参谋部和在斯大林格勒地域遂行进攻的三个方面军设法在兵力和坦克数量方面创造出一定优势，但这种兵力兵器对比依然没有达到作战条例的要求，也远不及战争后期实现的优势对比。具体说来，红军应形成约3比1的战略优势，并通过集结实现约5比1的战役优势和7—8比1的战术优势，但"天王星"行动的兵力对比没能达到这一理想状态。不过，苏军指挥员和策划者从这样一个事实上获得了安慰：他们的主要打击对象是罗马尼亚人，而不是德国人。

11月19日—20日，西南方面军和顿河方面军的攻势

11月19日

> 西南方面军在其右翼据守原先的阵地，在其左翼和中央地带按计划完成了任务。敌人没有采取积极行动，敌机实施了侦察飞行。
>
> 顿河方面军继续守卫既有阵地，并在右翼实施了战斗侦察。
>
> 红军总参谋部作战概要
1942年11月20日8点[7]

这份含糊其辞的记录极为保守。也许是出于保密原因的谨慎，也许是为避免部队遭遇失败引发尴尬，红军总参谋部只是简单地指出，瓦图京的西南方面军和罗科索夫斯基的顿河方面军"按计划完成了任务"。这一点说的没错，但他们的行动远比作战概要所说的更加引人注目。

坦克第5集团军的突击

11月18日（星期二）午夜前的几个小时，瓦图京方面军完成了"天王星"反攻的准备工作（参见地图9）。坦克第5集团军受领的任务是遂行方面军的主要突击，在其防区内，近卫步兵第14师的步兵们沿集团军防御前沿据守着15公里宽的警戒阵地，掩护近卫步兵第47、步兵第119师向前部署，进入指定出发阵地。在近卫步兵第14师和夜色的掩护下，两个师的步兵、工兵和加强炮兵悄然向前，进入出发阵地，炮兵准备为进攻行动提供火力支援。后方数公里处，师属重型火炮单位和集团军支援的最高统帅部预备队炮兵并排部署，占据了发射阵地。

坦克第5集团军4个突击师的战斗工兵群在冲锋枪手的掩护下，开始清理前方残余的雷区和障碍物，与此同时，支援步兵的坦克隆隆驶入作战步兵编队及其后方的阵地（参见地图10）。其中包括集团军直属的近卫坦克第8旅和独立坦克第511营的64辆坦克，奉命支援近卫步兵第47师；坦克第26军辖下坦克第216旅和集团军直属的独立坦克第510营的74辆坦克，为步兵第124师（近卫

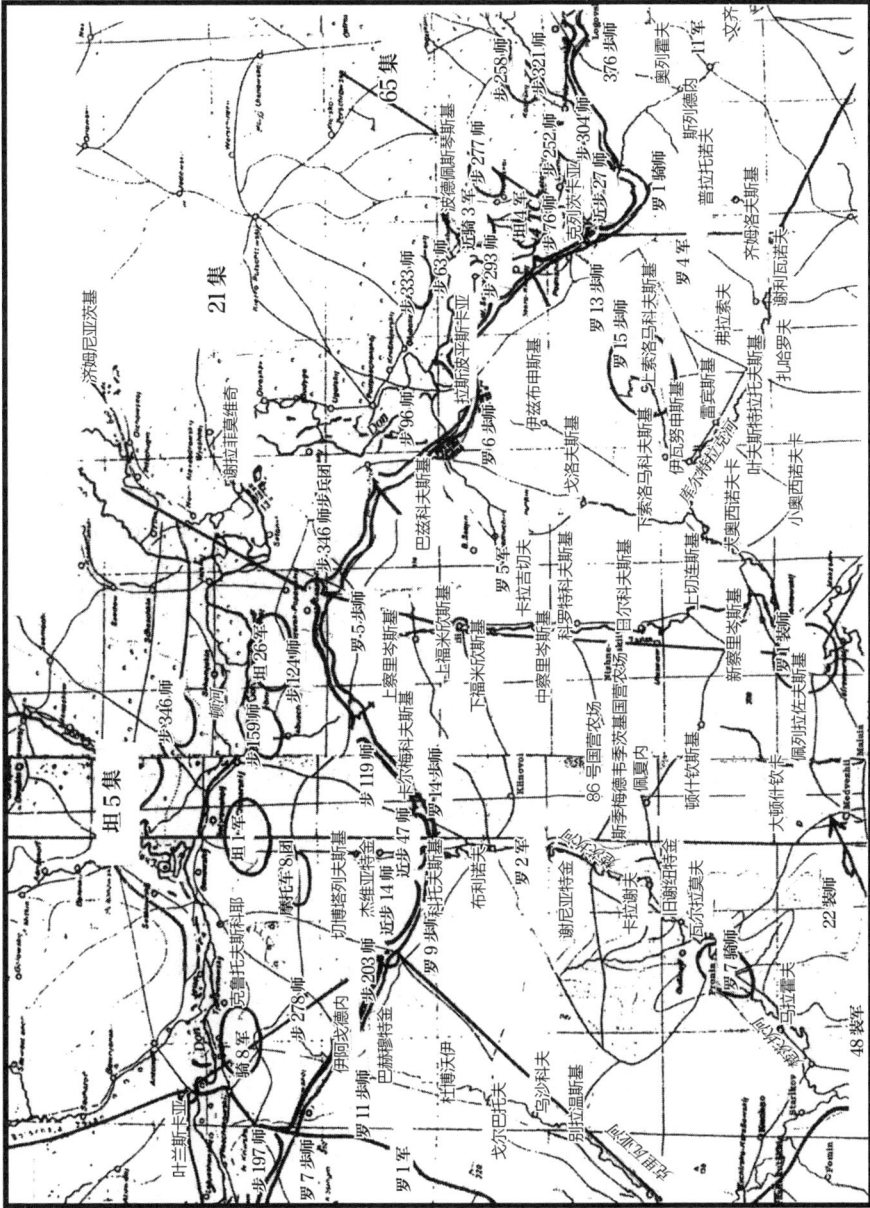

地图 9 西南方面军的攻势：1942 年 11 月 19 日 5 点，谢拉菲莫维奇和克列茨卡亚登陆场的态势

步兵第50师）提供加强。支援步兵的坦克集结在两个步兵师的作战地域内（坦克第1、第26军将从这里穿过），集团军辖下的另外两个突击师，右翼的近卫步兵第14师和左翼的步兵第119师在配属的反坦克歼击炮兵团（前者配备4个团，后者配有1个团）反坦克炮的支援、掩护下推进。在后方数公里的集结区内，坦克第1、第26军（分别配有137和157辆坦克）的坦克和摩托化步兵旅组成两个旅级纵队，等待着出发的命令。坦克军左后方梯次部署着近卫摩托车第8团和骑兵第8军的3个师，待遂行突击的步兵和坦克打垮罗马尼亚人的防御，他们就投入战斗，向纵深发展突破。

东面约50公里处，奇斯佳科夫将军第21集团军的士兵们也在11月18日晚进入了指定出发阵地（参见地图11）。步兵第76、第293、第63师的步兵、战斗工兵和野战炮兵，分别在近卫坦克第4、第2、第1团共56辆坦克的伴随下，占据了12公里宽的出发阵地，这片阵地位于狭窄的登陆场内，从顿河南岸的克列茨卡亚向西北方延伸。但是，由于登陆场深度有限，集团军三个突击师的炮兵仍留在河流北岸的发射阵地上。后方，坦克第4军的4个旅和143辆可用的坦克组建起两个旅级纵队，近卫骑兵第3军的3个骑兵师位于他们后方数十公里处。

第21集团军左侧，巴托夫将军第65集团军辖下的步兵第304和近卫步兵第27师进入了6公里宽的出发阵地，这片阵地从克列茨卡亚东延至顿河南岸的梅洛克列茨基村（Melo-Kletskii）。在步兵第304师左侧，集团军编成内的步兵第321师将其部队集结在4公里宽的地域内，这片阵地从梅洛克列茨基东延至梅洛洛戈夫斯基。三个突击师身后，步兵第252师集结在步兵第304师后方，准备在适当的时候为突击行动提供增援。第65集团军没有快速发展梯队，只能以坦克第91、第121旅的49辆坦克为前进中的步兵和战斗工兵提供装甲支援。不过，第65集团军和第21集团军的主要突击地域离得非常近，后者的快速集群（坦克第4军和近卫骑兵第3军）实际上构成了两个集团军的发展胜利梯队。

据守在西南方面军两个主要突击地域对面的罗马尼亚军队有充分的理由深感忧虑。其高级将领一再提醒上级部门，他们的防御虽说不是完全靠不住，但非常脆弱，但B集团军群和第6集团军没有采取太多措施缓解他们的担忧。罗马尼亚人不仅严重缺乏坦克和反坦克炮，各步兵师的实力也不足，雪上加霜的是，他们据守的阵地非常凶险，沿一条50公里宽的弧线向南深入20公里至谢

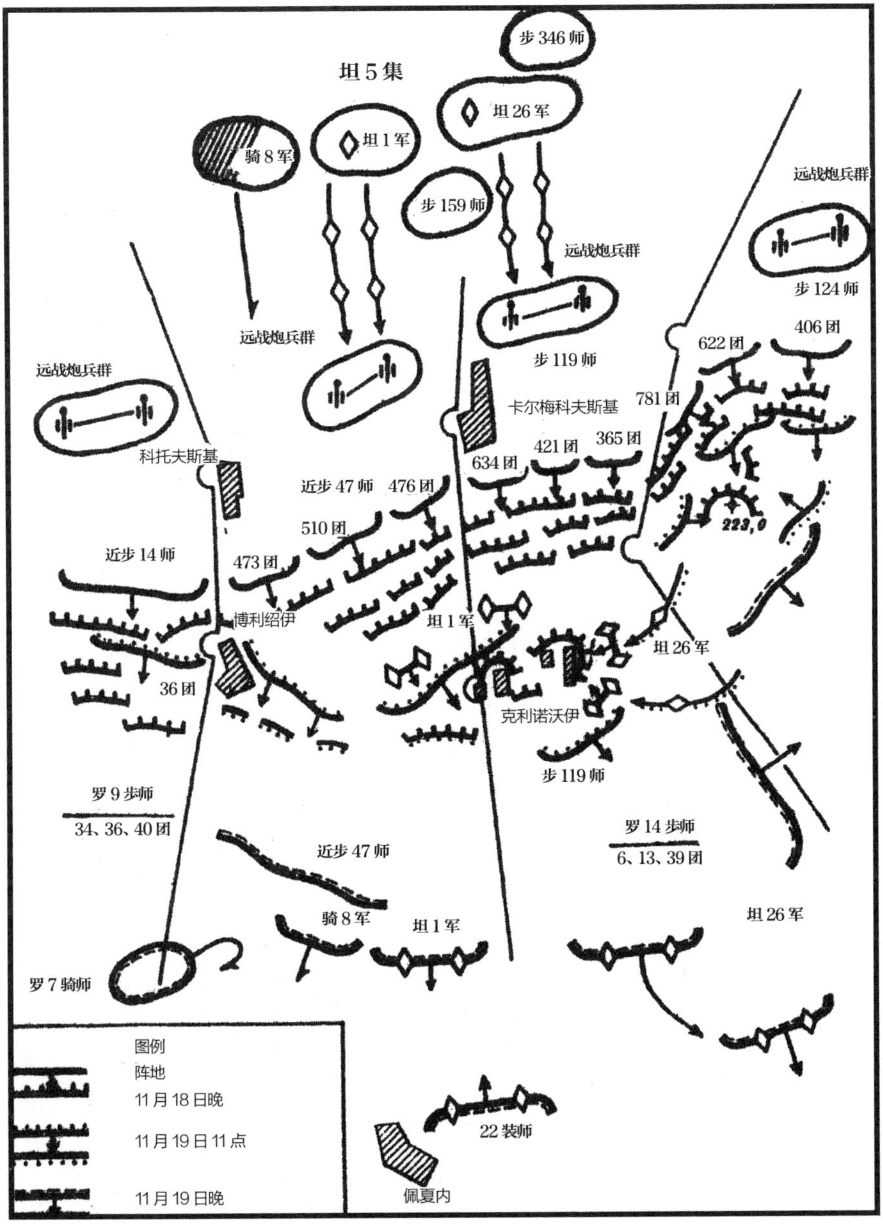

坦5集

步346师

坦1军

坦26军

骑8军

步159师

远战炮兵群

远战炮兵群

步124师

622团 406团

远战炮兵群

步119师

781团

卡尔梅科夫斯基

科托夫斯基

421团 365团

634团

近步47师 476团

223,0

510团

近步14师

473团

坦1军

博利绍伊

坦26军

36团

克利诺沃伊

步119师

罗9步师

34、36、40团

近步47师

罗14步师

6、13、39团

骑8军 坦1军

坦26军

罗7骑师

图例

阵地

11月18日晚

11月19日11点

11月19日晚

22装师

佩夏内

地图 10 1942 年 11 月 19 日，坦克第 5 集团军的战役布势

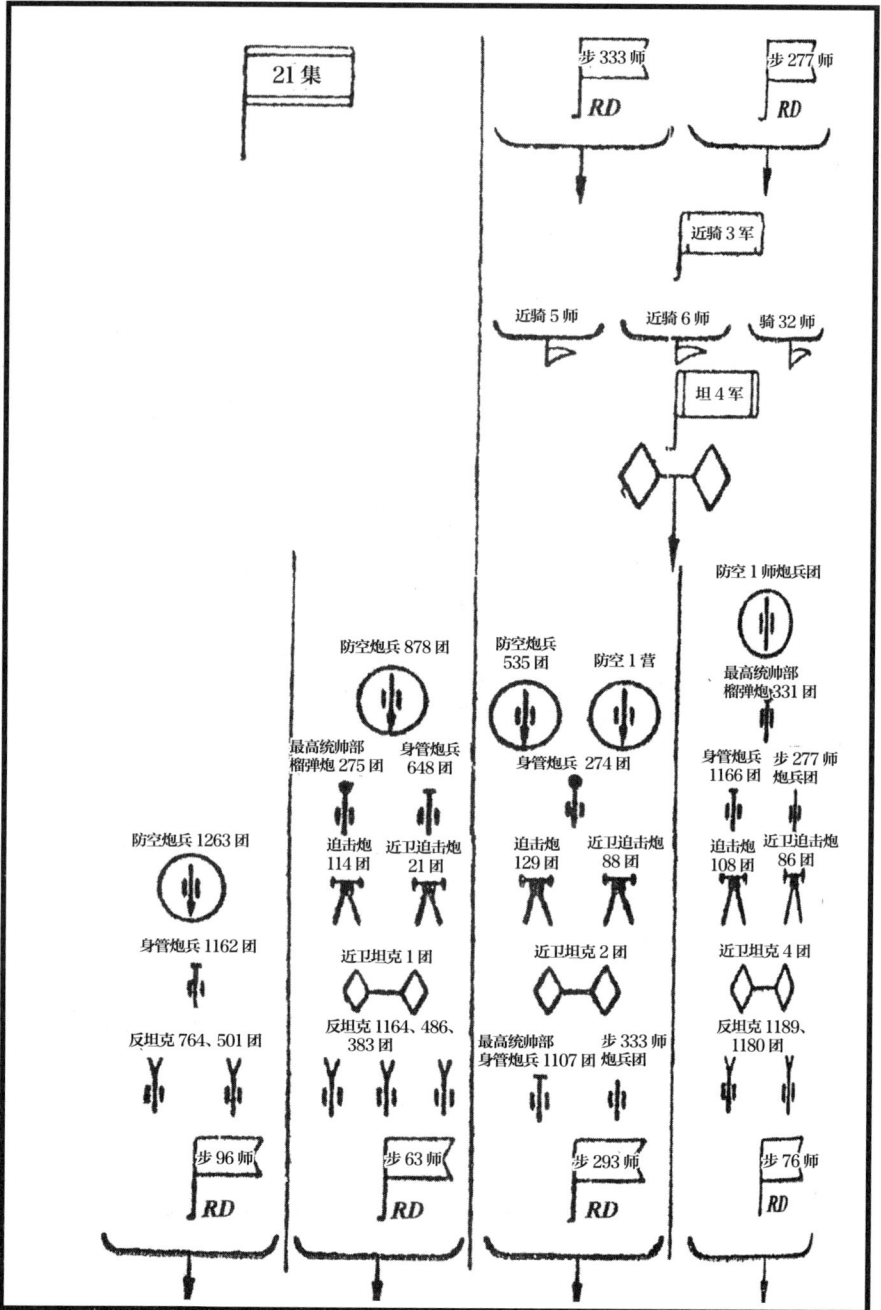

地图 11 1942 年 11 月 19 日，第 21 集团军的战役布势

拉菲莫维奇，在克列茨卡亚，沿一条15公里宽的弧线延伸至河流南面10公里深处。B集团军群的部队8月下旬进入该地域，德军在谢拉菲莫维奇和克列茨卡亚地域沿俯瞰河流的高地构设起强有力的防御阵地。由于河流南面的地势急剧上升，两个地域的平均海拔高度超过200米，顿河南岸非常有利于防御。

可是，意大利第8集团军8月15日接管了谢拉菲莫维奇地域的防御，第6集团军第11军只负责克列茨卡亚地域。5天后，苏军跨过顿河，向南发起了一场突如其来的进攻（参阅本三部曲第二部）。苏军第63和第21集团军8月20日发起的这场联合突击将意大利军队驱离顿河南岸，在此过程中，苏军夺取了控制河流的高地，到8月28日，他们已在顿河南岸建立起一个相当大的登陆场。同样，在更东面，苏军近卫第1集团军8月22日在克列茨卡亚地域渡过顿河向南突击，迫使德国第6集团军第11军辖下实施防御的几个师退往河流南面10公里处的新防线。德军指挥部门非常清楚这些地域潜在的脆弱性，但并未尝试发起反突击，消灭苏军的两个登陆场，因为斯大林格勒城内的激战使他们无暇抽身。1942年10月1日至10日，罗马尼亚第3集团军的部队奉命据守谢拉菲莫维奇地域和克列茨卡亚登陆场西部地段时，情况依然如此。从那时起，罗马尼亚政治和军事领导人不断发出警告：留下苏军登陆场会招致可怕的后果。

就这样，西南方面军第21和坦克第5集团军对面的罗马尼亚军队发现自己所处的位置危险而又令人沮丧。首先，他们设在谢拉菲莫维奇地域的主防线穿过一系列平行的山脊，这些山脊由北向南延伸，位于顿河南面3—20公里处，这使他们无法观察并探明苏军在登陆场深处集结兵力的规模。其次，由于该地域的河流和小溪也是由南向北流淌，罗马尼亚人的防御阵地被打断，这种地形为苏军提供了绝佳的接近途径，他们可以轻松穿过罗马尼亚军队的防御阵地，进入其战役纵深。第三点，罗马尼亚人的防御阵地构设在一片开阔地，几乎没有树木，无法利用地形地貌加强防御。克列茨卡亚的条件同样不利，虽说这里的登陆场较小，苏军无法在不被发现的情况下将大批部队集结其中。因此，从各方面看，罗马尼亚指挥官和他们的部下没有任何理由对防御阵地的牢固性抱以信心。

11月19日7点20分（柏林时间5点20分），西南方面军炮兵主任用电话向方面军各炮兵群下达了"海妖"的戒备令。这道命令的意思是他们将装填火炮和迫击炮，并在10分钟内发起预先计划好的炮火准备。7点30分，接到"开火"指令后,一轮猛烈的火箭炮齐射宣布西南方面军和顿河方面军28公里宽的整个突破地域上80分钟的炮火准备拉开了帷幕。3500多门火炮、迫击炮和多管火箭炮加入炮击,打击重点是反攻发起前侦察部队探明的敌军目标。

前60分钟炮火准备是破坏射击,旨在消灭敌火力阵地、指挥所、通信中心和部队集结地这些特定目标(参见地图12)。后20分钟为压制射击,以破坏或压制其他尚未发现的目标。猛烈但不够准确的火箭炮5分钟内的多轮齐射使这场炮火准备到达顶峰,火箭弹雨点般落下,部分目的是为了令敌军士兵丧魂落魄。虽然这些炮火主要落在罗马尼亚人第一防御地区的前三道战术阵地上,但有远战炮兵群负责打击第二防御地区或敌军后方纵深处的远距离目标。可是,这场可怕、深具破坏性的炮火准备袭向罗马尼亚人时,大雪和浓雾造成的恶劣能见度严重降低了炮击效果,炮兵观察员无法调整炮火打击特定目标。更糟糕的是,大雾和低云导致方面军编成内的空军第17、第2集团军的战机无法遂行计划中的"空中突击"。结果,罗马尼亚人位于苏军意图突破地域侧面的许多火力点、指挥所和部队集结地完好无损,足以在苏军发起地面进攻时进行拦截。

苏军大规模炮击的喧嚣自然吸引了罗马尼亚人的注意力。没等炮击结束,第3集团军司令部便向B集团军群报告了炮火的猛烈程度,无疑还发出警告:对方即将发起地面进攻。B集团军群司令魏克斯将军迅速做出应对,他通知OKH总参谋长蔡茨勒将军,"斯大林格勒西北方,罗马尼亚人的整条防线遭到猛烈炮击",并要求批准停止斯大林格勒城内的行动。就像1944年6月诺曼底遭到入侵时的情况一样,当时,德军指挥官请求希特勒批准他们投入装甲预备队,而在1942年11月的斯大林格勒,他们要求投入的是第48装甲军。魏克斯提出这一要求时,蔡茨勒不得不联系希特勒,后者正乘坐专列从东普鲁士赶往贝希特斯加登。蔡茨勒费了番气力才说服元首将海姆装甲军交给B集团军群指挥。蔡茨勒随即将这道命令传达给魏克斯:"海姆装甲军[第48装甲军]立即做好战斗准备。已向元首申请将该军调出预备队。"[8]但与希特勒的期望相反,该军并未像他设想的那样发挥决定性作用。

8点40分,甚至没等炮火准备结束,大致在罗马尼亚第3集团军司令部向B集团军群报告这场猛烈炮击的同时,西南方面军坦克第5集团军和第21集团军

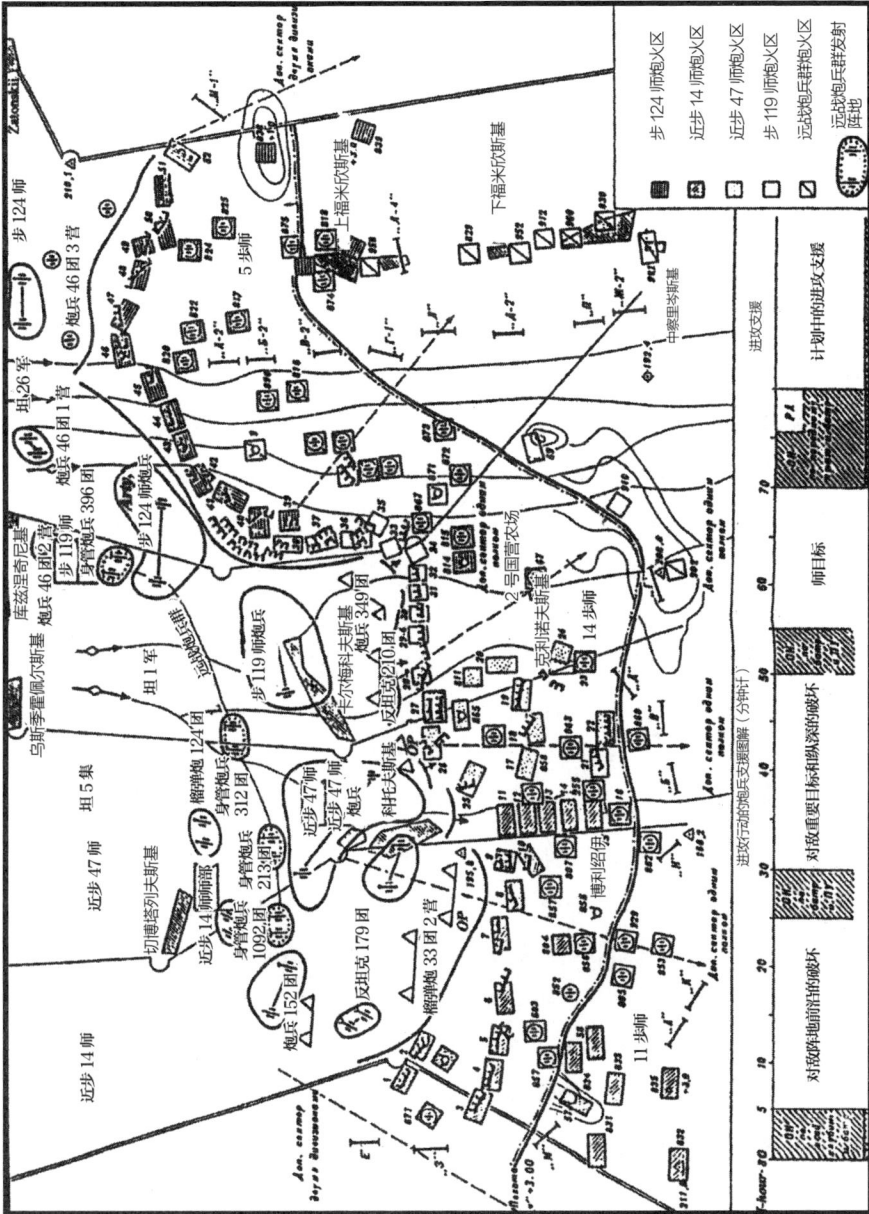

地图 12　1942 年 11 月 19 日，坦克第 5 集团军的炮兵布势

突击群的先遣步兵营，在战斗工兵和少量坦克的支援下向前涌去，距离罗马尼亚和德国军队防御前沿已不到200—300米。位于最前方的工兵们也利用清晨的雾色和阴霾，仔细切割开敌人新布设的铁丝网，为身后的步兵打开通道，并将他们发现的地雷逐一清除。待先遣营到达敌人第一道堑壕线前方时，坦克第5集团军司令员罗曼年科和第21集团军司令员奇斯佳科夫下令发起地面突击。就在炮兵以猛烈的"喀秋莎"火力展开最后5分钟火力急袭，集团军炮兵群将炮火延伸至敌防御纵深时，步兵突击开始了。

莫斯科时间8点48分至8点50分，西南方面军坦克第5集团军、第21集团军和顿河方面军第65集团军第一梯队步兵师的步兵和战斗工兵，几乎同时从顿河南岸的登陆场攻向罗马尼亚和德国军队的防御（参见地图13）。苏军士兵身穿白色伪装服，与遍布积雪的地面浑然一体。瓦图京西南方面军右翼，近卫步兵第50、步兵第119、近卫步兵第47、第14师的士兵们从左至右排列在谢拉菲莫维奇登陆场内，在138辆坦克的支援下，对罗马尼亚第3集团军第5、第14、第9步兵师的防区发起突击，进攻地域约为15公里宽，从察里察河畔（Tsaritsa）上福米欣斯基（Verkhne–Fomikhinskii）西面西延至3号国营农场、楚茨坎河畔（Tsutskan'）博利绍伊村以西5公里处。在东面约45公里处，西南方面军第21集团军步兵第63、第293、第76师的士兵们获得了56辆坦克支援，左翼得到顿河方面军第65集团军近卫步兵第27、步兵第304、第321师的步兵和战斗工兵的掩护，第65集团军这几个师还获得49辆坦克的加强，第21集团军的几个师将从克列茨卡亚登陆场约20公里宽的地域向南突击。他们要对付的是德军第11军第376步兵师、罗马尼亚第3集团军第1骑兵师、第13步兵师和第6步兵师右翼的防御。[9]由于防御中的德国人和罗马尼亚人没有坦克，后者甚至没有足够的反坦克炮，这场战斗被证明是一场不平等的角逐。

反攻发起不到一小时，坦克第5集团军的4个突击步兵师较就为轻松地打垮了罗马尼亚人的第一道防御阵地，不仅仅因为这些师将编成内的三个团悉数投入，还因为4个师中的2个得到大批坦克的支援。在坦克集团军主要突击地域的左侧，A.I.别洛夫上校近卫步兵第50师辖下第781、第622、第406团的士兵们，在坦克第26军坦克第216旅和独立坦克第510营的支援下，沿卡尔梅科夫斯基（Kalmykovskii）与上福米欣斯基村之间的山脊线向南突击。这场猛攻在

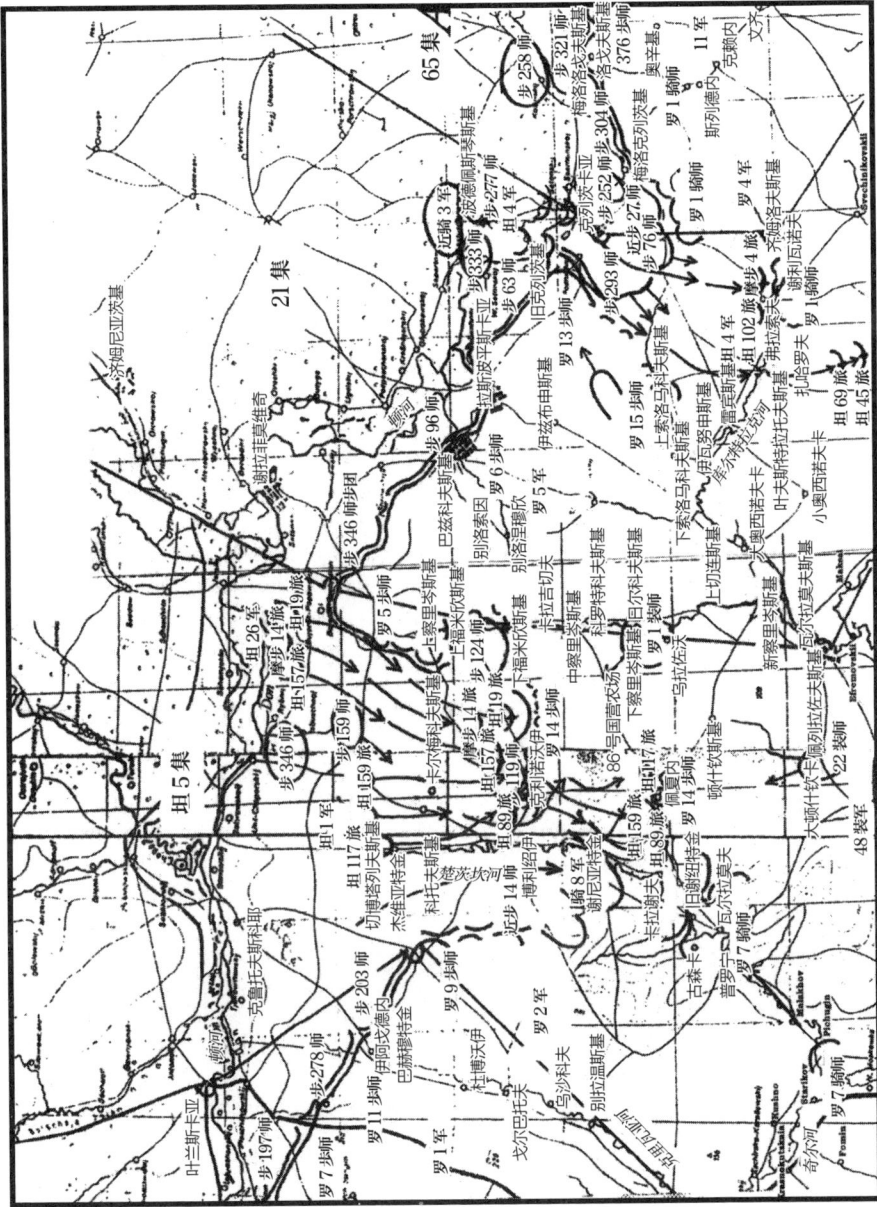

地图13 西南方面军的攻势：1942年11月19日22点，谢拉菲莫维奇和克列茨卡亚登陆场的态势

罗马尼亚第5步兵师的左翼防线上撕开个大口子，11点夺取了罗马尼亚人设在223高地上的支撑点。第5步兵师被迫将左翼残部撤往掩护察里察河西接近地和上、下福米欣斯基村的新防御阵地。

近卫步兵第50师右侧，I.Ia.库拉金上校的步兵第119师虽然没有得到坦克支援，但辖下第634、第421、第365团还是从卡尔梅科夫斯基地域向南发起冲击，攻向罗马尼亚第14步兵师的防御，设法扩大相邻友军取得的战果。进攻中的苏军步兵粉碎了罗马尼亚人的第一道防御阵地，11点逼近了布利诺夫斯基村（Blinovskii）。西面的科托夫斯基（Kotovskii）地域，福卡诺夫少将近卫步兵第47师的第473、第510、第476团沿楚茨坎河及其东部地域向南推进。在近卫坦克第8旅和独立坦克第511营大批坦克的支援下，福卡诺夫的部下一举粉碎罗马尼亚第14步兵师左翼的防御，夺取了对方的第一道防御阵地和博利绍伊村，并准备攻向南面的布利诺夫斯基村。罗马尼亚第14步兵师遭到两个满编苏军师的猛攻，拼死守卫着楚茨坎河东面的第二道防御阵地。

与左翼友军取得的战果形成鲜明对比的是，A.S.格里亚兹诺夫少将的近卫步兵第14师遭遇到极大的困难。该师4公里宽的出发阵地从科托夫斯基南面的楚茨坎河西延至3号国营农场北郊，发起进攻后，勉强削弱了罗马尼亚第9步兵师的防御。由于缺乏坦克支援，近卫步兵第14师的多次冲击都被对方火炮、迫击炮和机枪的侧射火力击退，这些火力来自罗马尼亚人设在农场西北方4公里、228高地上的一个支撑点。此时，罗马尼亚军队沿坦克第5集团军的整个突击地域加强了抵抗，这一点有力地证明，坦克第5集团军的炮火准备远远没有达到预期效果。

因此，到11月19日11点，坦克第5集团军近卫步兵第50、步兵第119和近卫步兵第47师较为轻松地克服了罗马尼亚第3集团军的第一道防御阵地，开始全力攻克罗马尼亚人的第二道防御阵地。虽说三个步兵师取得了些许战果，但只推进了2—3公里，与进攻计划要求的15—18公里相去甚远。雪上加霜的是，罗马尼亚人的一个支撑点未被发现，格里亚兹诺夫的近卫步兵第14师前进了数百米后，右侧突然遭到该支撑点猛烈侧射火力的打击，进攻戛然而止。坦克第5集团军的进攻明显发生动摇，罗曼年科将军面临着一个重要的抉择。首先，他完全清楚自己的炮火准备没能打哑罗马尼亚人的火炮，大雾和低能见度使他的飞机无法升空并粉碎罗马尼亚人的防御，稍稍上升的温度使前进中的坦克和步兵翻搅着未被冻结的地面，人员和坦克的行进远比预期的更加困难。其次，罗马尼亚人的抵抗也比预计的更为顽强，明显延误了他的进攻日程安排。第三点最令人不安，他意识到德国人肯定会利用自己的延误，从预备队抽调装甲力量。面对这些问题，罗曼年科决定将两个坦克军的全部力量悉数投入战斗。

罗曼年科的担心并非杞人忧天，10点（柏林时间9点），B集团军群司令魏克斯将军已批准第48装甲军军长费迪南德·海姆中将投入装甲部队，这样一来，海姆便可以向东北方发起攻击，从佩夏内（Peschanyi）经佩列拉佐夫斯基冲向克列茨卡亚地域，粉碎苏军向南发起坦克突击、将罗马尼亚第3集团军与德国第6集团军沿顿河构设的防御分割开的一切企图。海姆还要求驻扎在佩列拉佐夫斯基的罗马尼亚第1装甲师加入他的军，一同攻向东北方。B集团军群参谋长佐登施特恩少将[①]批准了他的请求。10点10分，魏克斯亲自下达了这道命令。[10]

此时，海姆第48装甲军编有埃伯哈德·罗特上校的第22装甲师和拉杜·格奥尔基少将的罗马尼亚第1装甲师。前者有33辆可用的坦克（22辆三号坦克，11辆四号长、短身管坦克），辅以9辆坦克歼击车（突击炮），其中5辆配备76.2毫米主炮，另外4辆为47毫米主炮。后者拥有12196名士兵和103辆坦克（84辆R-2、19辆三号和四号坦克），外加2辆缴获的苏制坦克。[11]另外，第6集团军显然想以第14装甲师的一个大股战斗群加强第48装甲军，该师尚有55辆坦克，其中36—41辆可用。[12]但这一希望未能实现，因为贝斯勒将军的装甲师正忙着击退苏军第21集团军在克列茨卡亚地域发起的进攻。

获得魏克斯批准后，海姆10点30分开始将第48装甲军及其35—40辆坦克从佩夏内地域调往东北方。他打算与罗马尼亚第1装甲师在日尔科夫斯基（Zhirkovskii）会合，然后以第22装甲师、罗马尼亚第1装甲师和第7骑兵师发起三路突击，挫败从克列茨卡亚向南突破的苏军坦克部队。海姆的计划要求罗马尼亚装甲师从佩列拉佐夫斯基向东北方进击，经上切连斯基扑向克列茨卡

---

① 译注：应为步兵上将。

亚，罗马尼亚第7骑兵师赶往东北方楚茨坎河谷处的普罗宁，该镇位于罗马尼亚第3集团军前沿阵地后方约20公里处。

可是，没等第48装甲军贯彻海姆的计划，插手干预的希特勒下达了新指令。11点50分，第48装甲军军部和第22装甲师接近佩列拉佐夫斯基西南方10公里处的小顿什钦卡村（Malaia Donshchinka）时，海姆接到了希特勒经OKH的蔡茨勒将军发来的一封简短的电文。这份电报命令他更改装甲军的进攻方向：第22装甲师奉命左转90度，经佩夏内地域攻向西北方的布利诺夫（Blinov，苏联方面的资料和地图称之为布利诺夫斯基），该村位于罗马尼亚第3集团军主防线原中央地带后方约12公里处。[13]当然，苏军此时已将该集团军的防线逼退了3公里。希特勒的命令还要求正靠近佩列拉佐夫斯基东北方15公里处上切连斯基的罗马尼亚第1装甲师，将进攻方向转向西面，直奔日尔科夫斯基。罗马尼亚第7骑兵师将于11月20日拂晓继续从普罗宁攻向东北方，拦截并切断苏军坦克第5集团军的先头部队。这道指令还将罗马尼亚第2军（编有第7、第9、第14步兵师，也就是第3集团军整个中央防御地段的部队）划拨给第48装甲军指挥。可是，由于同装甲军军部的无线电联络中断，格奥尔基的罗马尼亚第1装甲师没能收悉电文，因而继续向东北方进击。

第21集团军的突击

与此同时，东北方35—50公里处，西南方面军第21集团军和顿河方面军第65集团军从那里发起他们协同一致的突击，对罗马尼亚第3集团军和右侧相邻的德国第11军而言，一场更加严重的危机正在酝酿之中。与罗曼年科将军的坦克第5集团军一样，一场大规模炮火准备后，8点50分，奇斯佳科夫将军的第21集团军发起了地面突击（参见地图13）。[14]在集团军3个近卫坦克团的支援下，步兵第76、第293和第63师沿14公里宽的地域发起冲击，这片进攻地域从克列茨卡亚西面延伸至拉斯波平斯卡亚以东5公里处的163.3高地。在他们右侧，步兵第96师的2个团对罗马尼亚人设在拉斯波平斯卡亚与巴兹科夫斯基（Bazkovskii）之间的防御发起进攻，以此牵制守军，使其无法顾及苏军在东面遂行的主要突击。与坦克第5集团军进攻地域发生的情况相同，奇斯佳科夫麾下的2个突击师战果显著，但另外2个师进展甚微，进攻发生动摇。

集团军主要突击地域的左翼，N.T.塔瓦尔特基拉兹上校的步兵第76师按计划发起进攻，准确地突向罗马尼亚第4军第13步兵师与第1骑兵师的结合部。到当天中午，塔尔特基拉兹的突击成功地在两个罗马尼亚师之间插入一个3公里深的楔子。对守军来说更加糟糕的是，步兵第76师右侧的步兵第293师在P.F.拉古金上校（译注：少将。）的率领下，取得了更大的进展，拉古金是一位经验丰富的指挥员，自1941年7月该师组建以来一直担任师长。步兵第76师的突击粉碎了罗马尼亚第13步兵师的整个右翼，利用友军取得的这一战果，拉古金的步兵向前推进4公里，克服了罗马尼亚人的第一道防御阵地，12点前突入对方第二道防御阵地。

可是，第21集团军突破地带右翼，N.D.科津上校的步兵第63师在拉斯波平斯卡亚遭遇到罗马尼亚第13步兵师强有力的抵抗，只取得1公里进展，面对敌人猛烈的火力，该师的进攻停滞不前。更西面，G.P.伊萨科夫上校步兵第96师的2个团，在巴兹科夫斯卡亚[①]两侧遭到罗马尼亚第6步兵师的坚决抵抗，没能取得任何进展，实际上，守军已迫使伊萨科夫的部下退回到他们的出发阵地。但是，奇斯佳科夫命令伊萨科夫继续进攻，哪怕仅仅是为了牵制罗马尼亚部队，使其无法增援遭受更大威胁的地域。面对与罗曼年科坦克集团军如出一辙的状况，奇斯佳科夫得出类似的结论：是时候投入他强有力的快速部队了。

第65集团军的突击

第21集团军左侧，巴托夫将军的第65集团军也于11月19日8点50分发起了进攻（参见地图13）。巴托夫突击群的核心力量是S.P.梅尔库洛夫上校的步兵第304师和V.S.格列博夫上校的近卫步兵第27师，前者获得了坦克第91旅的加强；他们部署在（从梅洛克列茨基村西延至克列茨卡亚）5公里宽的地域上，对面是罗马尼亚第1骑兵师的防区。突击群左侧，I.A.马卡连科少将的步兵第321师将沿莫克雷洛格峡谷（Mokryi Log）两侧向南发起进攻，该峡谷是罗马

---

① 译注：疑为巴兹科夫斯基。

尼亚第3集团军第1骑兵师与德国第6集团军第11军第376步兵师之间的分界线。最后是Z.S.舍赫特曼上校的步兵第252师，部署在步兵第304师身后，担任集团军第二梯队，待突击群取得进展后，该师将为他们提供增援。巴托夫突击群的任务是粉碎罗马尼亚第1骑兵师的防御，该师在克列茨卡亚南面和东面据守着罗马尼亚第4军的右翼，随后，巴托夫突击群将向东南方攻击前进，打击德国第6集团军第11军的左翼，掩护第21集团军向南突入敌防御纵深的快速部队的左翼。这就意味着巴托夫集团军既要进攻罗马尼亚人的防御阵地，又要对德军发起打击。

当日清晨，顿河方面军司令员罗科索夫斯基赶至巴托夫第65集团军的前进观察所，亲自察看方面军的主要突击，并对此做出了生动的描述：

> S.I.鲁坚科空军少将深感不安。计划拟定的空军密集突击因天气而中断……
>
> 浓雾使我们看不清战场，任何光学仪器都无济于事。我们所能看见的只是被炮弹爆炸的闪烁映红的乳白色雾幔。隆隆的炮声一刻也未停息……响亮的"乌拉"声混杂着坦克的轰鸣。进攻开始了！我们不由自主地交换了眼神。我们能突破敌人的防御工事吗？
>
> 雾气渐渐散去，战场的情况进入了视线。透过望远镜，我看着我们的士兵攻向克列茨卡亚的白垩崖。可以看见我军士兵攀崖向上。许多士兵滑了下来，但他们爬起身，再次向上攀登，他们相互帮助，攀上陡坡，并向敌人发起冲击。希特勒匪徒绝望地顽抗着，但我们的步兵打垮了他们，并把他们驱离高地。敌军的主要防御地带开始出现逆裂的迹象。第65集团军保持着对敌人的打击，并向前推进——左翼遭遇到困难；右翼，也就是与第21集团军的结合部，前进较为顺利。[15]

巴托夫将军也谈到集团军突击群进攻罗马尼亚和德军防御阵地的情形：

> ［顿河南］河岸高地上的两道战壕线被迅速夺取。战斗随后在附近的高地上发展开来。敌人的防御由独立支撑点构成，并以完善的战壕相连接。每座

高地都成为强有力的据点。山沟和洼地布满地雷，各高地的接近地设有蛇腹铁丝网。

右侧的近卫军士兵［近卫步兵第27师］紧靠着相邻的步兵第76师，进展较为顺利。中央地带的情况不太妙：梅尔库洛夫［步兵第304师］在梅洛克列茨卡亚村前方被迫停顿下来。马卡连科那里［步兵第321师］发生了什么情况？[16]

对巴托夫这一修辞性疑问句的回答是："没有什么积极的消息。"虽然格列博夫的近卫步兵第27师利用左侧第21集团军步兵第76师的成功突破向前推进了3公里，但步兵第304和第321师遭遇到德军熟练据守的加强支撑点，无法将其攻克。更糟糕的是，他们的左翼遭到德军第11军第376步兵师几乎持续不断的反冲击，当天晚些时候，刚刚赶到的德军第14装甲师的部分部队为第376步兵师提供了支援。西南方面军第21集团军进攻的是罗马尼亚军队的防御，而顿河方面军第65集团军突击群的半数力量攻打的是德军阵地，后者缺乏进展并不奇怪。顿河方面军的左翼和中央地带同样如此，第66和第24集团军发起的支援性进攻遭到德国第6集团军第14装甲军和第8军辖内各师的激烈抵抗后，也发生了动摇。

坦克第5集团军发展攻势

11月19日中午，位于坦克第5集团军前进指挥所的罗曼年科将军和待在第21集团军前进指挥所的奇斯佳科夫将军得出了相同的结论。两位集团军司令员都做出决定，这场反攻要想取得胜利，现在必须投入他们的装甲"铁拳"——坦克第1、第26、第4军的约300辆坦克。因此，这些坦克军没有扩大突破并实施机动，深入敌战役纵深，得到瓦图京批准后，两位集团军司令员命令他们的3个坦克军协助突击群完成战术突破，然后在行进间着手扩大突破。

11月19日12点，坦克第5集团军近卫步兵第47师在博利绍伊南面、罗马尼亚第3集团军第二道防御阵地中央2—3公里深处战斗，步兵第119和近卫步兵第50师仍在克利诺沃伊（Klinovoi）北面和东北面、罗马尼亚人的第一道防御阵地上战斗。于是，罗曼年科命令布特科夫将军的坦克第1军和罗金将军的坦克第26军向前部署，进入出发阵地，准备投入进攻。接下来的60分钟，两个坦克军排成旅级纵队向南而行，进入到进攻出发阵地。布特科夫坦克军部署在卡尔梅科夫斯基西面，位于近卫步兵第47和步兵第119师后方；罗金坦克军位于卡尔梅科夫斯基东北方和东北方5公里处的220高地。

12点50分，坦克第1、第26军的主力就位后，瓦图京命令这两个军，抢在德军援兵到达前进入突破口，"加强步兵师的突击，完成突破，向纵深处发展胜利。"[17]遵照瓦图京的指示，两个坦克军14点开始向南推进，坦克第1军的部署宽度为8—9公里，坦克第26军的正面达12—14公里（参见地图14）。每个军都沿预先选定的四条行军路线向南发起突击，每两条路线上都有一个满编坦克旅率领进攻行动。按照罗曼年科的命令，4个坦克旅排成临战行军队形，奉命在行进间发起冲击，并绕过沿途遇到的罗马尼亚人的所有支撑点。

布特科夫的坦克第1军以S.P.海杜科夫中校的坦克第159旅率领其左路纵队，军部和摩托化步兵第44旅尾随其后。D.I.费多罗夫中校的坦克第117旅率领该军右路纵队，紧随其后的是反坦克歼击炮兵第33团和A.V.茹科夫中校的坦克第89旅。坦克第1军左侧，罗金的坦克第26军（该军已将K.G.科扎诺夫中校的坦克第216旅派去支援近卫步兵第50师的突击行动）分别以N.M.菲利片科上校的坦克第19旅和I.I.伊万诺夫中校的坦克第157旅率领左、右路纵队，第二梯队的摩托化步兵第14旅尾随在后。[18]为确保安全，两个军将反坦克和高射炮单位部署在整个行军队形中，部署反坦克炮的原因是，敌人必然会以装甲力量发起反突击。不过，行动第一天，敌装甲部队并未发起反突击，德军战机也没有干扰他们的行进。

两个坦克军向南进击时，他们的先遣坦克旅形成了一堵强大的"坦克墙"，横跨在较为开阔的地带，正面宽达20—22公里——从楚茨坎河畔的博利绍伊村向东北方延伸，经223.0高地直至上福米欣斯基附近的察里察河西岸，几乎与整条山脊线同长。正如档案文件中记载的那样，"遵照坦克集团军司令员的命令，各坦克军向前推进，越过步兵，最终在楚茨坎河与察里察河之间的中央地段突破了敌军防御。敌人开始向南仓促退却，大批敌士兵丢下武器举手投降。"[19]大规模坦克突击造成的"坦克恐惧症"很快使据守在罗马尼亚第14步兵师左翼的团土崩瓦解。没过多久，坦克第26军又对第14步兵师另外两个团发起打击，完成了这场事实上的歼灭战。

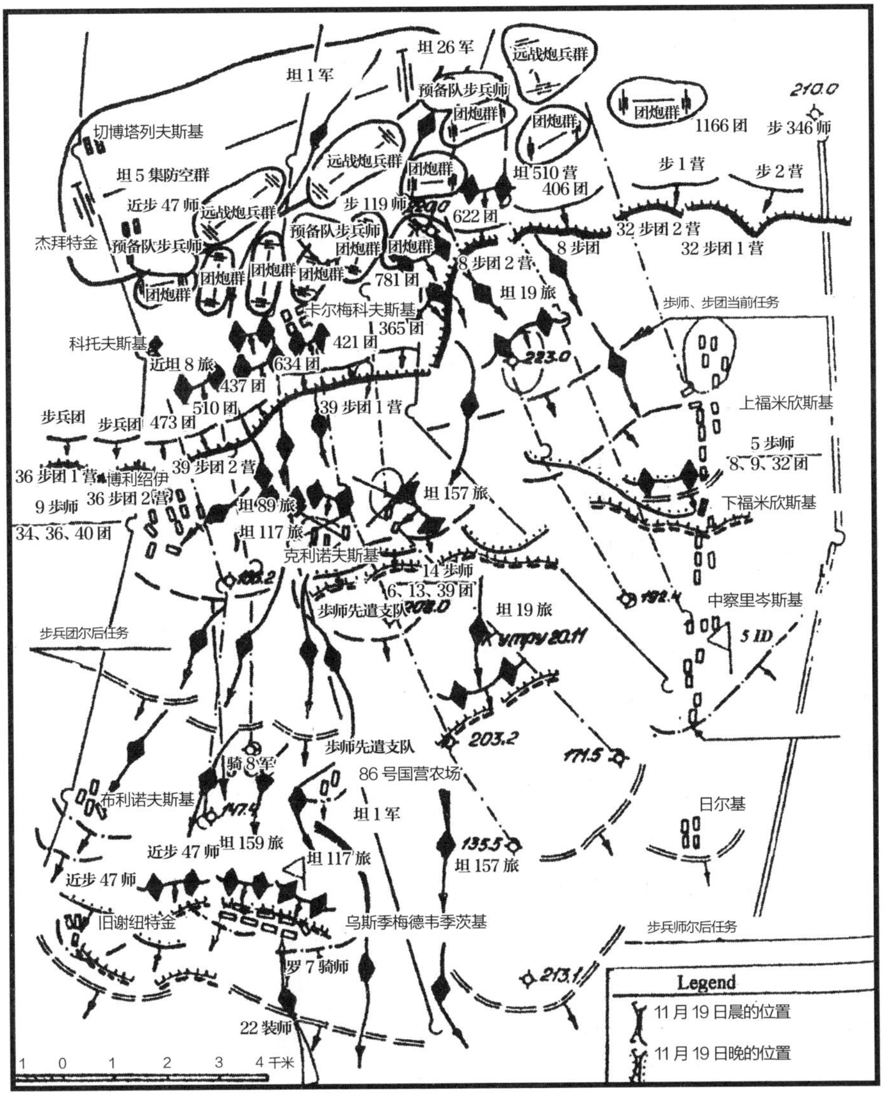

地图 14 1942 年 11 月 19 日，坦克第 5 集团军投入突破

布特科夫坦克第1军的先遣坦克旅加入到这场突破战中，他们直接穿过库拉金上校步兵第119师和福卡诺夫将军近卫步兵第47师的作战队形，此时，近卫步兵第47师正准备对罗马尼亚第14步兵师设在克利诺沃伊村的防御发起冲击。在这紧要关头，布特科夫命令茹科夫中校位于第二梯队的坦克第89旅向前

部署至坦克第159旅右侧。这样一来，他们对罗马尼亚人的防御发起进攻时，三个坦克旅都位于前线，第二梯队只留有摩托化步兵第44旅。对罗马尼亚第2军（防御中的第14步兵师）这场猛烈的坦克冲击在约7公里宽的地域展开，从1号伏龙芝国营农场东部起，沿楚茨坎河西岸延伸，向东跨过河流，直至博利绍伊村东南偏东5公里处的克利诺沃伊村。布特科夫发起进攻时，罗金坦克第26军右翼的伊万诺夫坦克第157旅加入到行动中，攻向罗马尼亚人设在克利诺沃伊村东面的防御。

4个苏军坦克旅发起联合突击，以180多辆坦克打垮了罗马尼亚第14步兵师的防御。这些坦克从四面八方涌来，残存的罗马尼亚士兵陷入"坦克恐惧症"中，混乱不堪地逃离了战场。布特科夫的3个旅与坦克第26军辖下的坦克第157旅相配合，粉碎了罗马尼亚军队的防御，绕过并消灭了对方设在克利诺沃伊村和1号伏龙芝国营农场东郊的支撑点，随后深入罗马尼亚人的防御纵深。整个下午，苏军一路向前，布特科夫的坦克推进了约18公里。

坦克第1军向前疾进时，坦克第159、第117旅夺取了敌人设在147.4高地和克利诺沃伊村南面8—10公里处86号国营农场的支撑点。在他们左侧，坦克第26军编成内的坦克第157旅也一路向南，攻占了罗马尼亚人设在克利诺夫斯基（Klinovskii）东南方4公里处208.0高地上的支撑点。布特科夫坦克军右翼的坦克第89旅，与近卫步兵第47师的步兵相配合，包围并攻占了罗马尼亚人设在克利诺沃伊村东南偏南方12公里、楚茨坎河谷布利诺夫斯基村的支撑点。[20]因此，19日夜幕降临前，坦克第1军的三个坦克旅已逼近乌斯季梅德韦季茨基国营农场（Ust'-Medveditskii）北郊，该农场位于佩夏诺夫斯基（Peschanovskii，佩夏内）西北方1公里、佩列拉佐夫斯基西北方20公里处。到目前为止，他们已深入罗马尼亚第3集团军防线前沿10多公里。但是，该军先遣支队在这里遭遇到罗马尼亚第14步兵师残部的顽强抵抗，据说还有德军第22装甲师的先遣部队，坦克第1军报告，损失17辆坦克（被摧毁或被击伤）。[21]大约在同一时刻，罗马尼亚第7骑兵师的先遣部队也向北面的布利诺夫斯基村发起反冲击。此举迫使近卫步兵第47师停止前进，暂时转入防御。

在此期间，坦克第5集团军编成内的摩托车第8团在P.A.别利克中校的率领下，跟随布特科夫的坦克兵穿过正被打开的突破口。一旦越过罗马尼亚人的防御，这些摩托车兵就将跟随坦克向南疾进，在下午晚些时候到达乌斯季梅德韦季茨基西北方地域。[22]夜幕降临前，他们也遭遇到罗马尼亚第14步兵师的部队，另外还有罗马尼亚第7骑兵师或德国第22装甲师的先遣部队。

　　M.D.鲍里索夫少将的骑兵第8军是最后一支利用坦克军戏剧化推进的大股部队，该军的投入使坦克第1军作战地域内的激烈战斗达到了高潮。骑兵第8军从顿河南面8—12公里的前进集结区出击，跟随布特科夫的坦克和别利克的摩托车兵穿过突破口，在近卫步兵第47师步兵们的伴随下，冲向南面的布利诺夫斯基村。该军辖下M.M.沙伊穆拉托夫少将指挥的骑兵第112师，与近卫步兵第47师第473团相配合，V.G.尼科洛夫少校的近卫坦克第8旅为他们提供支援。这股力量发起突击，一举夺取了罗马尼亚人设在布利诺夫斯基村的支撑点。与骑兵第112师一同向南进击的还有N.P.亚库宁少将的骑兵第21师，该师向西南方推进得更远，攻占了位于布利诺夫斯基村南面5公里、楚茨坎河谷的卡拉谢夫村。日终前，骑兵第112和第21师，与近卫坦克第8旅和步兵第473团的部分部队，也在卡拉谢夫村南面遭遇到罗马尼亚第7骑兵师的部队。海姆将军称，在这场战斗中，第7骑兵师"英勇奋战至20日晨"。[23]

　　更东面，骑兵第8军辖下的骑兵第55师在I.T.恰连科上校的指挥下，配合福卡诺夫将军近卫步兵第47师主力，将乌斯季梅德韦季茨基地域的战斗留给坦克第1军和摩托车第8团，一路向西疾进了约8公里，赶往布利诺夫斯基与普罗宁之间、楚茨坎河谷中的旧谢纽特金村（Staro-Seniutkin）附近。在那里，骑兵师的士兵们也与罗马尼亚第7骑兵师（可能还有德军第22装甲师的先遣部队）发生遭遇战。第7骑兵师报告，在卡拉谢夫和旧谢纽特金地域的战斗中，第4机械化中队的6辆R-1轻型坦克损失了3辆。[24]

　　坦克第1军前进中的坦克旅、摩托车第8团、骑兵第8军的3个骑兵师、德军第48装甲军第22装甲师先遣部队和罗马尼亚第7骑兵师卷入的战斗，完全是海姆19日11点50分接到的命令所致。根据这些命令，德军第22装甲师应赶往东北方，并集结在佩夏内地域，罗马尼亚第1装甲师应赶往西北方的日尔科夫斯基，而罗马尼亚第7骑兵师应从普罗宁冲向东北方——这些部队将在布利诺夫斯基会合。11月19日晚些时候展开的混战持续数日，最终破坏了坦克第1军雄心勃勃的进攻时间表。

布特科夫的坦克第1军猛攻罗马尼亚第3集团军中央防区，并在乌斯季梅德韦季茨基和佩夏内地域与对方展开混战之际，罗金的坦克第26军重创了罗马尼亚第3集团军位于东面一片开阔地带上的防御。罗金坦克军辖下的2个先遣坦克旅（坦克第216旅被派去支援近卫步兵第50师）在坦克第1军左侧投入战斗，意图穿过步兵第119和近卫步兵第50师前进中的队列，完成突破行动。菲利片科上校的坦克第19旅和I.I.伊万诺夫中校的坦克第157旅从左至右并排部署在卡尔梅科夫斯基东南面约8公里宽的地域，前进中的坦克第26军随即遭到罗马尼亚第5步兵师左翼部队和第14步兵师右翼部队的顽强抵抗，掘壕据守的罗马尼亚人掩护着卡尔梅科夫斯基东南面10—12公里处的217、223高地。罗马尼亚军队的激烈抗击遏止了坦克第26军的前进步伐。

面对这种出乎意料的顽强抵抗，罗金决定将左翼和中央的坦克第19、第216旅留在223高地对面和西面，派伊万诺夫的坦克第157旅向西南方疾进，包围罗马尼亚人设在两座高地上的支撑点。于是，伊万诺夫将坦克第157旅约45辆坦克撤出217高地对面的阵地，命令他们转向西南方，穿过坦克第1军作战地域内的克利诺沃伊村。伊万诺夫的坦克在步兵第119师第634团步兵的配合下，穿过罗马尼亚第2军第14步兵师设在克利诺沃伊村东面的防御，随后向南猛冲了22公里，只遭遇到轻微的抵抗。在此过程中，伊万诺夫的坦克夺取了罗马尼亚人设在克利诺沃伊村东面4公里处2号国营农场的支撑点；布利诺夫斯基东面5公里处86号国营农场的支撑点；日终前又拿下了独立3号国营农场的支撑点和乌斯季梅德韦季茨基。

后方，近卫步兵第50师竭力夺取217、223高地，菲利片科上校的坦克第19旅和科扎诺夫中校的坦克第216旅为他们提供支援。战斗持续了一下午，18点，别洛夫上校的近卫步兵第50师在两个坦克旅的支援下，终于打垮了两座高地上罗马尼亚人的抵抗。此后，坦克第216旅和近卫步兵第50师的左翼团转身向东，日终前沿察里察河河谷处的上、下福米欣斯基西接近地作战。仍与近卫步兵第50师主力相配合的坦克第19旅前出至208高地东面，该高地位于克利诺沃伊村东南面5—7公里处，在那里，他们遭遇到罗马尼亚第14步兵师右翼团的余部，对方现在得到了格奥尔基将军罗马尼亚第1装甲师先遣支队少量坦克的加强。罗马尼亚第1装甲师将当日大多数时间耗费在赶往克列茨卡亚地域这场徒劳无获的行动中，现在开始从佩列拉佐夫斯基向西北方部署。

坦克第5集团军的2个坦克军和1个骑兵军一路向南，穿过罗马尼亚第3集团军中央地带的防御时，辖内主力突击群的步兵师竭力跟上发展胜利的坦克和骑兵部队。突击群在中央地带取得的进展最大，福卡诺夫将军的近卫步兵第47师跟随坦克第1军编成内的坦克第89和第159旅向南攻击前进，前出至从乌斯季梅德韦季茨基西北郊和西郊向西延伸约8公里，经旧谢纽特金村，直至楚茨坎河河谷处卡拉谢夫村一线。近卫步兵第47师左侧，库拉金上校的步兵第119师跟随着坦克第1军辖下的坦克第117旅，前出至从克利诺沃伊村东面4公里处的2号国营农场南延至208高地以西和86号国营农场，最终至乌斯季梅德韦季茨基东郊一线。此时，该师左翼的第365团和中央的第421团正面朝东，右翼的第634团正面朝南。别洛夫上校的近卫步兵第50师梯次部署在步兵第119师左翼后方，该师随同坦克第26军坦克第216和第19旅前出至以下位置：从察里察河畔的上福米欣斯基西接近地向西南方延伸至克利诺沃伊村东南方5公里处的208高地。日终前，该师正面朝东和东南方。

最后是坦克第5集团军主力突击群的右（西）翼，格里亚兹诺夫将军的近卫步兵第14师沿（从博利绍伊西延至3号国营农场）4公里宽的地域发起突击，但在罗马尼亚第9步兵师第36团面前进展有限。罗马尼亚人顽强抵抗，格里亚兹诺夫师右翼两个团的进展不超过几百米，但其左翼团却利用近卫步兵第47师和骑兵第8军在博利绍伊取得的战果推进了2公里，前出至博利绍伊西南方约15公里处。

因此，进攻首日日终前，在坦克第5集团军的主要突击地域上，坦克第1军、近卫步兵第47师、步兵第119师第634团彻底粉碎了罗马尼亚第14步兵师的防御和罗马尼亚第9步兵师的右翼部队。此后，布特科夫的坦克军向南推进18公里，到达乌斯季梅德韦季茨基地域，在那里遭遇到德军第48装甲军第22装甲师的先遣支队，这股德军还获得了罗马尼亚第14步兵师残部的支援。但在东面，面对罗马尼亚第14步兵师右翼团和第5步兵师左翼团的抵抗，坦克第26军的3个旅在步兵第119和近卫步兵第50师两个团的协同下进展相当缓慢。罗金坦克军在左侧前进了6公里，到达上福米欣斯基西接近地，在右侧推进了7—8公里，到达208高地以东地域。在坦克第5集团军更东面的作战地域上，罗马尼亚第5、第6步兵师的防御极其顽强，阻止了近卫步兵第50师左翼部队和步兵第346师1个突击团在上福米欣斯基北面和东北面横跨察里察河的进攻。

第21集团军发展攻势

如果说罗曼年科将军坦克第5集团军从谢拉菲莫维奇登陆场发起的突击未能达到瓦图京的预期，那么东面40—50公里处，克列茨卡亚地域的态势更加令人鼓舞（参见地图13）。虽说开始时较为缓慢，但多亏奇斯佳科夫迅速采取措施，第21集团军的进攻取得了突出战果，没用几个小时便构成了将罗马尼亚第3集团军的防御与德国第6集团军左翼防御分割开的威胁。与此同时，苏军成功的突击还吸引了德军宝贵的预备队，使其远离西南方面军的主要突击地域。

11月19日12点左右，奇斯佳科夫将军决定将他的发展梯队投入尚未彻底完成的突破行动，扩大步兵第76、第293师取得的有限战果——先投入坦克第4军，紧跟在坦克兵身后的是近卫骑兵第3军。他迅速命令克拉夫钦科将军前调坦克第4军，在下扎通斯基村（Nizhne-Zatonskii）附近渡过顿河，然后以两个坦克旅率领突击，进入两个步兵师在克列茨卡亚以西4—8公里、波德尼日内村（Podnizhnyi）和卡拉任斯基村（Karazhenskii）南面打开的突破口。遵照奇斯佳科夫的命令，克拉夫钦科将他的军组成两个旅级纵队，排成临战行军队形，沿两条平行的路线向南而去。N.V.科舍列夫上校的坦克第102旅率领左路纵队，摩托化步兵第4旅紧随其后；V.S.阿加福诺夫上校的坦克第69旅率领右路纵队，尾随其后的是P.K.日德科夫中校的坦克第45旅。

坦克第4军的任务是"与坦克第5集团军的快速部队及近卫骑兵第3军协同，攻向［东南方的］叶夫斯特拉托夫斯基（Evstratovskii）和马诺伊林，消灭敌预备队、指挥部和后方勤务单位，切断德寇'佩列拉佐夫斯基'集团的退却路线，防止敌人从后方抽调的战役预备队逼近战场"。[25]克拉夫钦科坦克军主力应于11月19日日终前到达克列茨卡亚南面35公里处克列普卡亚河畔（Krepkaia）的马诺伊林，以其南面数公里处的"五月一日"国营农场1号农庄。位于最前方的坦克军先遣支队将向东南方疾进，赶往卡拉奇北面10—15公里、戈卢宾斯基镇（Golubinskii，第6集团军本应将其司令部设在此处）南面5—10公里处的顿河西岸。对单独一个坦克军来说，这是个雄心勃勃的计划。

经验丰富的老骑兵I.A.普利耶夫将军指挥着近卫骑兵第3军，西南方面军的作战计划要求该军跟随克拉夫钦科的坦克军穿过突破口，在坦克军东面向东南方平行推进，以掩护坦克部队的左翼。11月10日至18日，普利耶夫的骑兵军一直在坦克第4军后方集结区耐心等待。该军编有N.S.切普尔金上校的近卫骑兵第5师、A.I.别洛戈尔斯基上校的近卫骑兵第6师、A.F.丘杰索夫上校的骑兵第32师，全军22000多名经验丰富、技艺娴熟的骑兵都来自中亚。8月下旬，正是普利耶夫的骑兵军率先发起大胆的反突击，一举夺取了谢拉菲莫维奇登陆场。

11月16日，奇斯佳科夫将军给普利耶夫军下达了新命令，就首日进攻行动赋予该军以下任务：

近卫骑兵第3军，辖反坦克歼击炮兵第5旅、反坦克歼击炮兵第1250团、近卫迫击炮兵第21团、近卫坦克第4团和高射炮第3营，并获得1个强击航空兵团的加强，跟随坦克第4军的同时，应穿过步兵第293和第76师的步兵作战队形，沿谢利瓦诺夫和上布济诺夫卡方向遂行进攻，与坦克第4军配合，完成击败并歼灭敌预备队、指挥部和后方勤务单位的任务，防止敌人从后方抽调的战役预备队逼近战场，日终前进抵（含）埃里克（Erik）、上布济诺夫卡和斯韦奇尼科夫斯基（Svechinikovski）地域［克列茨卡亚东南偏南方25—40公里处］，并在那里掘壕据守。[26]

这道命令中唯一的问题是应在行动发起前转隶骑兵军的反坦克歼击炮兵旅和近卫坦克团，由于这两支部队必须先支援第21集团军步兵第76和第293师的突破行动，结果，他们没能及时增援骑兵军的进攻（普利耶夫对"天王星"行动策划工作的回忆可参阅副卷附录5B）。

11月18日—19日夜间，普利耶夫骑兵军向前部署并进入克列茨卡亚车站北面的出发阵地前不久，奇斯佳科夫给他们下达了次日进攻行动的任务：

以现有加强单位攻向奥西诺夫斯基（Osinovskii）和大纳巴托夫斯基［上布济诺夫卡东南方15—30公里处］，继续与坦克第4军协同，击败敌预备队和指挥部，并沿戈卢宾斯基、大纳巴托夫斯基、卡拉奇金（Kalachkin）和叶夫拉姆皮耶夫斯基一线进抵顿河［卡拉奇东北偏北方20—35公里处］，从小纳巴托夫斯基（Malonabatovskii）向东北方派出加强侦察队后，以您的先遣单位夺取顿河上的渡口。[27]

19日13点，克拉夫钦科坦克第4军的两个纵队开始进入突破口。此时，苏军步兵第76和第293师已在克列茨卡亚以西4—8公里处突破了罗马尼亚第13步兵师的第一道防御阵地，正冲向罗马尼亚军队纵深2—3公里处的第二道防御阵地。罗马尼亚第13步兵师位于波德尼日内和卡拉任斯基村南面3公里高地上的右翼几近崩溃。但在后方，伊万·西翁将军第15步兵师（该师一直担任罗马尼亚第4军的预备队，驻扎在克列茨卡亚西南方15公里处的上索洛马科夫斯基）的先遣支队已向前调动，并进入克列茨卡亚以西8—10公里处、186.0高地及其东面的防御阵地，以支援陷入困境的第13步兵师。西翁将军是一位经验丰富的指挥官，曾率领过罗马尼亚第1装甲师，知道如何对付坦克。[28]

克拉夫钦科坦克第4军的右路纵队由阿加福诺夫上校的坦克第69旅率领，日德科夫中校的坦克第45旅尾随其后，他们毫不费力地穿过步兵第293师前进中的队列，一举粉碎罗马尼亚第13步兵师的第二道防线，迅速朝南、西南方冲去。他们绕过途中遇到的敌支撑点，包括变更部署的罗马尼亚第15步兵师，14点，两个坦克旅穿过克列茨卡亚西面10公里处的格罗姆基镇（Gromki）。他们在镇内俘获或打垮了第13步兵师师部，随后向南疾进14公里，16点左右在克列茨卡亚西南方20公里处的叶夫斯特拉托夫斯基村夺取了库尔特拉克河上的渡口。两个坦克旅的右翼，第45旅的一个特遣营转身向西，意图突入罗马尼亚第6步兵师后方，但遭到强有力的抗击，15辆坦克折损了8辆。[29]

坦克第4军的右路纵队没有在库尔特拉克河停留，而是一路向南，赶往他们当日的目标：马诺伊林村和"五月一日"国营农场1号农庄。11月20日凌晨1点，两个坦克旅夺取了这些目标。东面，科舍列夫上校坦克第102旅率领的坦克第4军左路纵队却遇到越来越多的困难。打垮罗马尼亚第13步兵师的右翼团后，这股苏军遭遇到罗马尼亚第15步兵师设在克列茨卡亚西南方5公里、186.0高地东面的防御。虽然得到摩托化步兵第4旅的支援，但科舍列夫坦克旅面对的抵抗远比右侧友军要强。步兵第76师的步兵、近卫坦克第4团和反坦克歼击炮兵第5旅的坦克和反坦克炮全力协同，经过数小时激战，坦克第102旅和摩托化步兵第4旅终于迫使西翁将军的部下在下午晚些时候退往东南方。苏军在战斗中损失的坦克多达25辆（罗马尼亚人的统计），但两个旅还是在夜幕降临前夺取了克列茨卡亚西南偏南方15—18公里、库尔特拉克河畔的扎哈罗夫村（Zakharov）和弗拉索夫村（Vlasov）。此时，科舍列夫的左路纵队已落后于右路纵队20余公里。坦克第4军身后，步兵第76和第293师日终前顺利到达克列茨卡亚以南5—7公里一线。克拉夫钦科的坦克军报告，他们在进攻首日损失了27辆坦克——5辆KV、19辆T-34和3辆T-70。[30]

在此期间，行进在坦克第4军后方的近卫骑兵第3军准备渡过顿河，向南赶往他们位于上布济诺夫卡地域的目标。9—15架德军战机组成的机群不断实施轰炸，从拉斯图申斯基（Lastushinskii）到下扎通斯基这片地域，顿河上的12座浮桥被炸毁11座，普利耶夫的骑兵只能使用下扎通斯基西南郊仅剩的一座浮桥渡河。但是，渡河行动非常危险，浮桥和河水都结了冰，脆弱的浮桥只能承载骑兵和他们的轻武器。因此，普利耶夫接到奇斯佳科夫要求他们穿过突破口的命令时，只有近卫骑兵第5、第6师渡过了顿河，骑兵第32师仍未完成渡河任务。普利耶夫指出，军里的工程兵为安排渡河行动付出了巨大的努力。

对近卫骑兵第3军来说雪上加霜的是，近卫坦克第4团和反坦克歼击炮兵第5旅本应加强骑兵军的突破行动，但目前仍与步兵第76和第293师在一起，无法为普利耶夫提供他所需要的支援。克服了罗马尼亚第13步兵师第一道防御阵地的抵抗后，步兵第76师和为其提供支援的坦克部队刚刚到达普拉托诺夫村（Platonov）、齐姆洛夫斯基村（Tsimlovskii）和谢利瓦诺夫村（这些村庄都位于克列茨卡亚以南13—15公里处的库尔特拉克河畔），便遭到罗马尼亚第15步兵师强有力的抵抗，这场推进戛然而止。东面不到2公里处，罗马尼亚第15步兵师当天下午晚些时候也阻止了坦克第4军坦克第102和摩托化步兵第4旅的推进。另外，没人想到清理罗马尼亚人布设在近卫骑兵第3军进攻路线上的雷区，这也延缓了骑兵军的前进速度。[31]

尽管遭遇到这些难题，但普利耶夫的骑兵终于在17点绕过行速缓慢的步兵，全力向南；近卫骑兵第6和骑兵第32师居左，直奔普拉托诺夫村和齐姆洛

夫斯基村，近卫骑兵第5师居右，冲向弗拉索夫村和谢利瓦诺夫村。切普尔金
上校近卫骑兵第5师辖下的近卫骑兵第20团位于右路纵队最前方，23点30分到
达库尔特拉克河畔齐姆洛夫斯基村西面的187.5里程碑附近，在那里同罗马尼
亚第15步兵师的一部展开激烈交火。近卫骑兵第20团与罗马尼亚步兵发生接触
前不久，师主力向西席卷，意图夺取齐姆洛夫斯基村西面3—6公里、位于河谷
处的谢利瓦诺夫村和弗拉索夫村，从而包围罗马尼亚人的防御。23点，这股部
队到达杜博瓦亚峡谷（Dubovaia）西南方的道路，目标已在望。

观察骑兵军左翼部队的行动时，普利耶夫注意到近卫骑兵第6师师长别洛
戈尔斯基上校没有正确组织部队遂行突破行动，于是当场解除了他的职务，并
派该师副师长P.P.布里克利上校接任师长一职。[32]随着部队的秩序得到恢复，
近卫骑兵第6师迅速向前，冲向为其指定的突破地域，当晚20点到达普拉托诺
夫村接近地。他们在那里遭遇到掘壕据守的罗马尼亚士兵猛烈的机枪、迫击炮
和火炮火力，似乎是罗马尼亚第1骑兵师左翼下马作战的骑兵。苏军一连发起
数次冲击，均未能奏效，战斗持续至23点，据称敌步兵获得数辆坦克的支援。
总之，近卫骑兵第6师没能夺取齐姆洛夫斯基村或普拉托诺夫村。[33]战斗中，
跟随在近卫骑兵第6师身后的骑兵第32师22点30分投入战斗，从东北方攻向普
拉托诺夫村。经过一场激烈的夜战，两个骑兵师终于攻克了罗马尼亚人的两个
支撑点。西面数公里处，近卫骑兵第5师也于次日清晨7点包围并夺取了敌人设
在谢利瓦诺夫村和弗拉索夫村的支撑点。

因此，虽然克拉夫钦科坦克第4军约半数力量在11月19日夜幕降临前一路
杀至克列普卡亚河畔的马诺伊林，但该坦克军的左路纵队和普利耶夫骑兵军主
力仍在后方20公里处，为夺取罗马尼亚人设在库尔特拉克河河谷的四个支撑点
而苦战，直至11月20日拂晓后不久。苏联方面对第21集团军的进攻提出批评，
认为步兵第76和第293师获得了坦克第4军左路纵队和近卫骑兵第3军主力的支
援，却没能包围罗马尼亚第15步兵师部署在克列茨卡亚南面高地上的部队，这
是因为在第65集团军左翼①遂行进攻的近卫步兵第27师没能及时克服罗马尼亚

---

① 译注：右翼。

第1骑兵师设在克列茨卡亚东南方的防御，以支援计划中的合围机动。[34]

尽管西南方面军第21集团军和顿河方面军第65集团军右翼部队的攻势，没能包围守卫罗马尼亚第3集团军与德国第6集团军第11军之间地域的罗马尼亚部队，但苏联方面的资料依然声称克拉夫钦科坦克第4军的半数力量取得了突出战果，他们攻入轴心国军队纵深防御35公里，使德军指挥部得出错误的结论，认为苏军这场攻势的重点是克列茨卡亚地域：

> 其特点是，即便在战争结束许多年后写就的著作中，德方参战人员依然认为，顿河方面军的进攻是导致第6集团军和第4装甲集团军一部被围的主要突击。因此，I.维德尔［约阿希姆·维德尔］写道："俄国人发起进攻，立即给驻扎在我军左翼的罗马尼亚部队造成惨重打击。这发生在克列缅斯卡亚车站南面的顿河大弯曲部。"……但众所周知的是，第65集团军在克列缅斯卡亚车站南面发起打击，而导致第6集团军被围的进攻行动却是从西面发起的，也就是谢拉菲莫维奇镇。[35]

实际上，德国人对苏军攻势的最初反应支持了这种论点。例如，B集团军群起初发给海姆第48装甲军的命令要求德国第22装甲师和罗马尼亚第1装甲师赶往东北方的克列茨卡亚。直到11点50分才命令两个师更改方向，前往西北方的布利诺夫，拦截向南推进的苏军坦克第5集团军[36]。另外，第6集团军也采取了封闭克列茨卡亚"缺口"的措施，苏军坦克第4军和近卫骑兵第3军正从这个缺口穿过。首先，保卢斯将第14装甲师余部派往上布济诺夫卡，希望以这股力量加强第11军左翼并发起反冲击，消灭或至少遏制苏军在克列茨卡亚地域的攻势。其次，19日晨，保卢斯命令第14装甲军将第16和第24装甲师的快速部队西调，派往上布济诺夫卡与卡拉奇北面顿河河段之间地域，从而切断并阻止苏军第21集团军和坦克第5集团军快速部队向东南方的推进（参见下文）。

轴心国军队的应对

11月19日，第48装甲军和第6集团军都采取了措施遏止苏军推进。接到B集团军群攻向西北方克利诺夫（克利诺沃伊）的命令后，12点至16点，第48装甲军辖下的第22装甲师沿不同路线向北而去，这些路线从佩列拉佐夫斯基西面10公里处的大顿什钦卡地域（Bol'shaia Donshchinka）通往乌斯季梅德韦季茨基国营农场和佩夏内（佩夏诺夫斯基）。东面，罗马尼亚第1装甲师仍在赶往克列茨卡亚的途中，但最终在佩列拉佐夫斯基东北方15公里处的上切连斯基停下脚步，转身向西穿过佩列拉佐夫斯基北面17公里处的日尔科夫斯基。其先遣部队到达日尔科夫斯基西北方8公里处的208高地附近，刚好为罗马尼亚第14步兵师右翼团提供增援，抗击苏军坦克第26军的进攻。

16点左右，罗特上校第22装甲师的先遣部队（包括师属侦察营和一些反坦克炮）在乌斯季梅德韦季茨基南面2公里处的佩夏诺夫斯基附近遭遇到苏军强大的坦克部队，但这股德军无法与罗马尼亚第1装甲师协调行动，因为夜幕降临前不久，德军与罗马尼亚军队之间的通信联络中断了。之所以发生这种情况，是因为苏军坦克第5集团军坦克第26军的先遣支队对罗马尼亚第1装甲师设在日尔科夫斯基的师部发起一场突袭，罗马尼亚人击退了苏军，但联络官的电台已被摧毁。此时，德军第22装甲师主力尚有约30辆可用的坦克。[37]

随之而来的一场激战从16点持续至18点后，约20公里宽的交战地域从普罗宁北面7公里处楚茨坎河畔的古森卡延伸，在卡拉谢夫跨过楚茨坎河，直至以下高地：从乌斯季梅德韦季茨基国营农场和佩夏内（农场南面2公里处）到日尔科夫斯基西北方20公里处208高地附近，即佩列拉佐夫斯基西北方33公里处至北面20公里处。从西向东部署的轴心国军队包括罗马尼亚第7骑兵师，该师从普罗宁地域向北、东北方攻击前进；德国第22装甲师，该师从南面和东南面进入该地域；罗马尼亚第1装甲师，该师从东面小心翼翼地进入这片作战地域。这些轴心国部队抗击的是苏军坦克第5集团军向南突击的单位，其中包括（由西向东）近卫步兵第47师的步兵；坦克第1军的坦克第89、第159、第117旅；坦克第26军的坦克第157、第19旅；步兵第119师。当天晚些时候，这股苏军还获得骑兵第8军3个师的加强。这场战斗是典型的遭遇战，各部队混杂其间，夜幕降临之前和之后，新部队从四面八方投入战斗。

希特勒认为海姆装甲军辜负了他的期望，并对此恼怒不已。情况已经很明显，第48装甲军没能阻止坦克第5集团军的发展，据说希特勒愤怒地命令凯特尔："立即召回这位军长，撕掉他的肩章，把他关进监狱。一切都是他的错！"海姆将军未经审判便被投入监牢。顺便说一句，两个多星期后的12月5日，希特勒特地花时间对第48装甲军的作战表现做出详尽的批评，旨在证明"俄国人之所以能从两翼合围罗马尼亚第3集团军，完全是［海姆装甲军的］彻底失败所致"。[38]冲动地指责别人符合人类的本性，但事实是，海姆装甲军的实力完全不足以完成这项任务。具有讽刺意味的是，正因为海姆装甲军阻截了坦克第5集团军的推进，才使得西南方面军的行动远远落后于计划时间表。

至少在24小时内，位于左翼的第48装甲军坚定了第6集团军对其防线稳固性的信心。正如基于德方资料的一本著作中指出的那样，自11月19日中午起，第6集团军将城外的问题交给第48装甲军，他们自己则把重点放在斯大林格勒城内的侦察活动上，书中指出："［11月19日］白天，第6集团军并未感觉到直接威胁，因而集团军司令部认为不需要采取果断措施。18点，集团军司令部报告，他们11月20日打算继续在斯大林格勒城内以各分队遂行侦察行动。"[39]

混乱的遭遇战在佩夏内地域肆虐之际，愈发担心的B集团军群18点30分又给海姆下达了一道命令，要求该军"遂行迟滞行动，鉴于集团军整条防线严重的事态发展，随后应脱离战斗，［向南］赶往彼得罗夫卡［佩列拉佐夫斯基西南方15—20公里处］东面的K线［库尔特拉克河］"。[40]尽管第6集团军认为谢拉菲莫维奇方向得到第48装甲军的掩护，但21点30分，B集团军群又给第6集团军下达了一道命令，再度重申该地域不断恶化的态势。电报中强烈建议第6集团军将重点从斯大林格勒城内的战斗转向西面，立即西调部队，应对顿河大弯曲部出现的威胁（参见副卷附录5C）。命令中特地提及以第14、第24装甲师、1个步兵师和强有力的反坦克部队掩护第6集团军左翼和西面的补给路线。[41]

11月19日一整天，甚至在接到集团军群的命令之前，第6集团军司令部的参谋人员似乎已对苏军异常猛烈的攻势深感不安。例如，19日8点30分，保卢斯已开始同他的参谋长阿图尔·施密特将军、第14装甲军作战参谋商讨当前的态势。他就集结机动部队西调和控制经卡利诺夫卡（Kalinovka）和卡拉奇西延至奇尔河地域的主交通线这两个问题征询他们的意见。虽然第14装甲军认为从斯大林格勒的战斗中脱身会遇到些问题，但同意将第16、第24装甲师、第295、第389装甲猎兵营和第244突击炮营调往西面，具体计划将于当天晚些时候拟定。同时，他们还通知第129炮兵指挥部、各补给和警卫单位、"泽勒"高射炮战斗群沿通往西面的主要补给路线部署。11点，他们又命令第403保安师第354掷弹兵团从莫罗佐夫斯基地域向北调动至沿奇尔河的铁路线，并要求他们特别留意苏罗维基诺地域。[42]

17点左右，保卢斯的副官威廉·亚当上校提出，他认为目前唯一的解决方案是将集团军撤向西南方。[43]但保卢斯甚至不愿考虑违背希特勒的命令。11月19日傍晚，更加令人震惊的报告发至第6集团军司令部。首先，第14装甲师（其先遣部队已进入上布济诺夫卡地域）报告，俄国人的坦克和骑兵在第6集团军后方的突破已达30公里深。第11军提交的报告证实了这一点：俄国人的坦克攻击了克列茨卡亚南面的罗马尼亚军队，迫使他们退却，该地域的德军后勤单位开始惊慌失措。

当晚晚些时候，保卢斯接到了B集团军群司令魏克斯的命令，要求他停止斯大林格勒城内的一切进攻，派第14装甲军率领4个师出城，掩护集团军遭受威胁的左翼。保卢斯随即与几位主要参谋人员商讨如何应对眼前的情况。[44]在这次会议上，第6集团军参谋长施密特将军向保卢斯呈交了已同其他高级参谋人员协商过的一系列建议（参见副卷附录5D）。其中，施密特提出派出第14装甲军，率领第16、第24装甲师的两个装甲团，以"强行军"赶赴顿河前线。到达指定位置后，他们将与第14装甲师从戈卢宾斯基西面的高地共同向西北方发起进攻，打击红军向南推进的侧翼，并将其歼灭。据说保卢斯将军批准了这些建议，并下达了相应的命令。[45]正如俄罗斯历史学家萨姆索诺夫指出的那样："了解这些［建议］的见证人证实了我们得出的结论，就算第6集团军司令部对苏军的反攻准备有所察觉，那也仅仅是个大致，他们既不了解突击的确切方向，更不知道突击的发起日期。"[46]

最后，11月19日深夜，遵照B集团军群的指示，第6集团军命令第14装甲师集结在第11军第376步兵师左翼，以上布济诺夫卡为中心，并将其控制的防区北延至克列茨卡亚东南方。另外，第177突击炮营将向北调动，以支援第8军，而第14装甲军军部和第24、第16装甲师将向西部署至第14装甲师左（南）翼的顿河大弯曲部，阻止苏军逼近顿河畔卡拉奇。第24装甲师将在苏哈诺夫斯基（Sukhanovskii）和叶鲁斯拉诺夫斯基（Eruslanovskii）地域就

位，第16装甲师进驻利波洛戈夫斯基地域（Lipo–Logovskii）。11月20日8点
至11月21日，这些部队将按照精确的时间表分成三个部分向西部署（参见副
卷附录5E）。[47]

这一系列决定意味着继续遂行"什未林"行动已不复可能，该行动指的
是第51军第79步兵师和提供支援的战斗工兵营对斯大林格勒城内"红十月"厂
的突击行动。意识到这一现实，第6集团军辖下的第51军22点05分下达了116号
军部令，这道命令结束了城内的作战行动，将部队调往西面，并重新部署编成
内的部队（参见副卷附录5F）。[48]

第51军军长赛德利茨将军22点45分报告第6集团军："除了在火炮厂
东面展开行动的突击部队，斯大林格勒城内的所有进攻行动立即暂停。第
51军将立即撤出第14、第24装甲师和第244突击炮营，令其赶往卢钦斯科伊
（Luchinskoi）的顿河大桥方向。"[49]

可是，B集团军群和第6集团军改变看法、将注意力转至第6集团军左翼的危
机时，已为时过晚。正如汉斯·德尔少将正确指出的那样："11月19日发起反冲
击的虚弱尝试被敌人阻拦后，一条通往遥远目标的道路就此敞开。"[50]这一事实
很快得到了证实——斯大林格勒方面军11月20日晨发起了进攻。

总 结

苏联方面对"天王星"行动的评述，几乎都承认瓦图京西南方面军没能
在11月19日完成其受领的任务，实际上，远远没有实现最高统帅部作战计划的
苛刻要求。虽说坦克第5集团军和第21集团军设法在罗马尼亚第3集团军的前沿
防御上撕开个大口子，但只有第21集团军的快速部队得以进入敌战役纵深。这
些发展胜利的部队仅仅是坦克第4军三个坦克旅中的两个。基于以往的经验，
如果德军投入装甲预备队，这股深入的苏军部队将沦为炮灰。但德国第6集团
军缺乏重要的装甲预备队，实际上，他们没有任何规模的战役预备队。因此，
第6集团军需要时间重新部署斯大林格勒城附近的装甲和摩托化部队，苏军恰
恰利用这一点发展其胜利。

海姆第48装甲军担任罗马尼亚第3集团军的预备队，尽管接到的命令前后
矛盾，但该军还是在坦克第5集团军两个坦克军的前进路线上部署了足够的力

量，以迟滞对方的前进速度，再加上寡不敌众的罗马尼亚步兵实施的顽强抵抗，第48装甲军的三个师得以将苏军两个坦克军阻挡在浅近战役纵深，从而使红军势如破竹的发展战沦为一场复杂、耗时的遭遇战。克列茨卡亚地域的情况与之类似，罗马尼亚步兵和骑兵顽强抵抗，担任预备队的罗马尼亚第15步兵师及时投入，将苏军第21和第65集团军的步兵、骑兵部队遏制在战术纵深。因此，红军总参谋部对战役的实际进展含糊其辞，仅在其每日作战概要中写道，这支或那支部队"正按计划行事"。

基于11月19日发生的情况，11月20日和21日的一系列复杂战斗已然定型，这片广阔的交战地域从谢拉菲莫维奇和克列茨卡亚登陆场南部边缘向南延伸，直至奇尔河畔奥布利夫斯卡亚镇与顿河畔卡拉奇之间的奇尔河和顿河河段。第48装甲军集结起的部队和罗马尼亚第3集团军的残部卷入了这场战斗，在佩列拉佐夫斯基以西地域抗击坦克第5集团军前进中的步兵、骑兵第8军和坦克第1军，而在马诺伊林和上布济诺夫卡地域南延至卡拉奇及其北面的顿河河段这条宽大的通道内，他们抵御着坦克第5集团军坦克第26军、第21集团军坦克第4军和近卫骑兵第3军这些发展胜利的部队。

在这一连串纷乱的战斗中，第6集团军的命运岌岌可危，如果进攻中的苏军坦克和骑兵部队设法以足够的快速部队冲向卡拉奇及其前方的顿河河段，德国第6集团军就将面临被包围的厄运。

11月20日

西南方面军和顿河方面军右翼11月19日发起冲击，斯大林格勒方面军11月20日转入进攻。

在两天的战斗中，西南方面军和顿河方面军的突击群从谢拉菲莫维奇和克列茨卡亚向南突击，歼灭三个敌步兵师，前进了20—22公里，个别方向甚至达到30公里，同时抓获/缴获了2000多名俘虏、205门火炮和大量其他军用装备。

西南方面军守卫着右翼阵地，在其中央和左翼遵照计划遂行任务。

顿河方面军，11月20日遵照计划以右翼遂行任务，中央和左翼据守既有阵地，并实施了战斗侦察。

敌人未采取行动，［尽管］其飞机实施了侦察飞行。

红军总参谋部作战概要

1942年11月21日8点[51]

正如红军总参谋部每日作战概要所示，斯大林和最高统帅部对"天王星"行动的最终结果深感怀疑。因此，红军总参谋部仅仅提及西南方面军和顿河方面军取得的初步战果和斯大林格勒方面军加入反攻这一事实。个中含义留给读者们自行想象。

西南方面军和顿河方面军的任务

11月19日—20日夜间，瓦图京和罗科索夫斯基与辖内诸集团军司令员协商后，拟制出20日的作战任务。由于各突击部队19日的进展远远落后于"天王星"计划的要求，因此，这些新任务相当简单。实际上就是要求坦克第5集团军和第21集团军在左翼顿河方面军第65集团军的支援下，继续完成先前受领的任务（参见副卷附录5G）。

简言之，这些任务要求坦克第5集团军和第21集团军的步兵部队将罗马尼亚第3集团军第4、第5军主力包围在拉斯波平斯卡亚西南地域，并将罗马尼亚第3集团军的残部和德国第48装甲军的部队逐出卡拉谢夫、乌斯季梅德韦季茨基、佩夏内、佩列拉佐夫斯基北面的察里察河河谷、从克列茨卡亚南延至库尔特拉克河这片地域。因此，这股苏军将向西赶往克里瓦亚河，并向南前出至从车尔尼雪夫斯卡亚地域东延至普拉托诺夫村的库尔特拉克河河段。与此同时，两个集团军的快速部队将向东南方拓展攻势，包围德国第6集团军。在坦克第5集团军的作战地域，鲍里索夫和布特科夫的骑兵第8军和坦克第1军将协助集团军辖下的步兵师，把德国第48装甲军逐向南面的车尔尼雪夫斯卡亚地域和库尔特拉克河下游，而罗金的坦克第26军消灭罗马尼亚人设在克利诺沃伊东南方、阻挡其前进的支撑点后，也将向南推进，夺取佩列拉佐夫斯基。在第21集团军的作战地域，克拉夫钦科的坦克第4军将向卡拉奇北面的顿河河段推进，而普利耶夫的近卫骑兵第3军和后续步兵师将对上布济诺夫卡地域的德国第11军发起突击，并掩护坦克第4军不断延伸的左翼。

德军的防御措施

瓦图京和罗科索夫斯基拟制他们的计划时，轴心国军队的指挥官们竭力弄清形势，然后稳固态势。第6集团军继续调动兵力，0点55分，集团军作战参谋通知第11军："第177突击炮营将穿过上布济诺夫卡赶赴第11军防区。"[52]凌晨2点，派驻罗马尼亚第5军的德国联络官发电报给正进入第11军后方的第14装甲师，电报中称："第14装甲师，以及叶夫斯特拉托夫斯基—克列茨卡亚一线以东的所有部队立即转隶第6集团军。"[53]15分钟后，派驻罗马尼亚第5军的德国联络官又给第6集团军发去一封简短的电报，称"俄国人位于格罗姆基，坦克已突破至卡尔梅科夫〔卡尔梅科夫斯基，马诺伊林西面11公里处〕，罗马尼亚第5军正据守其防线。"[54]在此期间，B集团军群将罗马尼亚第9步兵师交给罗马尼亚第1军，将罗马尼亚第1、第2军交给卡尔·霍利特将军指挥的德国第17军，该军随后将从意大利第8集团军身后向东调动，准备投入战斗。[55]

11月20日拂晓到来时，第6集团军开始接到辖内各军的态势报告，总算稍稍捋顺了情况。例如，清晨6点，第11军报告，第384和第44步兵师对面之敌发起常见的破坏性炮击，该军已安排部队接替第44步兵师第132掷弹兵团，以便将该团西调，于当日晚些时候加强上布济诺夫卡地域的第14装甲师。[56]在该军受到威胁的左翼，罗马尼亚第1骑兵师第12团据守着洛戈夫斯基西南方的阵地，但敌骑兵集团和15辆坦克出现在库尔特拉克河河谷处谢利瓦诺夫以西地域，并发现另外一些敌集团跨过开阔地，冲向南面的马诺伊林。[57]

在此期间，第14装甲师的先遣部队已到达上布济诺夫卡，他们试图据守的防线一路北延至罗马尼亚第12骑兵团设在洛戈夫斯基西南方的阵地，并希望第44步兵师第132掷弹兵团及时赶到，稳定第11军左翼的防御。而第376步兵师报告说伤亡30余人。另外，派驻罗马尼亚第4军的德军联络组7点15分报告，俄国人的坦克位于卡尔梅科夫斯基地域的克列普卡亚河畔，距离佩列拉佐夫斯基已不到15公里。[58]这里提到的苏军坦克部队，很可能是坦克第4军两个先遣坦克旅中的一个。

最后，7点50分，第6集团军向B集团军群提交了一份态势总结报告。报告中提及第376步兵师位于克列茨卡亚东南方的左翼遭到苏军猛烈的炮击和步兵突击，苏军坦克和骑兵在洛戈夫斯基和普拉托诺夫一线发起猛攻，大股苏军一路向南，渡过库尔特拉克河，冲向马诺伊林。报告中确定编有1个骑兵团、1个炮兵连和坦克的苏军战斗群位于上布济诺夫卡西面，其他苏军支队位于第11军在上布济诺夫卡西南方，沿埃里克和罗什科（Roshko）一线构设的警戒线西面。阐述了气温为零度并伴有小雪和冰冻的气候状况后，这份报告又告诉B集团军群，根据集团军群前一天晚上下达的命令，其他部队正从斯大林格勒赶往受威胁地域（参见副卷附录5H）。[59]这些部队包括第14、第24装甲师一部、第295、第389装甲猎兵营和第244突击炮营。

正如报告中指出的那样，第6集团军只掌握着零零碎碎的信息，尚未充分意识到攻入其后方地域的苏军部队的规模，向西抽调部队的措施与苏军构成的威胁并不相称。伴随着当日上午的事态发展，更多、更可怕的消息传至第6集团军司令部，促使德国人立即采取进一步行动巩固其摇摇欲坠的左翼防线。例如，9点45分，按照保卢斯的指示，第51军军长赛德利茨通知"什未林"集群（第79步兵师）：

坚守既有防线的同时，应尽快抽调以下部队开拔：

1. 从"什未林"集群抽调：（a）第14装甲师的"赛德尔"战斗群，先前撤出的部队应于11月20日动身出发，（b）第24装甲师的"舍勒"战斗群。"什未林"集群就地解散。

2. 从第305步兵师抽调：第14装甲师的重型步兵炮应立即返回第14装甲师建制，不得延误。

3. 从第389步兵师抽调：第244突击炮营应于11月20日赶往卢钦斯科伊。第24装甲师突击连应迅速提供给"舍勒"战斗群。[60]

坦克第5集团军的推进

虽然苏军最高统帅部希望坦克第5集团军和第21集团军最终打垮罗马尼亚第3集团军的防御，并将这股敌军和第48装甲军的部队逐向南面的奇尔河和顿河，但这一点未能做到（参见地图15）。由于坦克第5集团军的当前任务是尽快前出至两条河流，其发展梯队（也就是坦克第1、第26军和骑兵第8军）将在

11月20日的战斗中发挥重要作用。可是，罗曼年科的快速部队充其量只取得喜忧参半的结果。布特科夫的坦克第1军和鲍里索夫的骑兵第8军仍被牵制在佩夏内和乌斯季梅德韦季茨基地域混乱的遭遇战中，这场战斗将持续至11月24日，而罗金的坦克第26军突破了罗马尼亚第3集团军残部的防御，只用了一天便将佩列拉佐夫斯基这个重要的道路枢纽拿下。

从拂晓起，坦克第1军便与骑兵第8军辖下的骑兵第55、第112师以及摩托车第8团并肩战斗，在佩列拉佐夫斯基西北方18—22公里处的乌斯季梅德韦季茨基国营农场和佩夏内地域，同罗马尼亚第14步兵师的残部和第48装甲军第22装甲师的坦克及摩托化步兵展开激战。这场交战仍是一场遭遇战，因为第22装甲师的部队不断从南面和东南面进入交战地域。此时，该师第204装甲团仍有约30辆坦克，这些坦克编成一个战斗群，由冯·奥佩尔恩－布罗诺夫斯基上校率领。[61] "奥佩尔恩"战斗群获得师属反坦克营、第129装甲掷弹兵团第1营和几个炮兵连的加强。

布特科夫的坦克军与骑兵第8军辖下的骑兵第55、第112师相配合，两个骑兵师在坦克军右翼的旧谢纽特金和卡拉谢夫地域展开行动，11月20日上午，坦克第1军以坦克第89、第159和第117旅向南发起进攻。该军设法前进了2公里，到中午时已将大半个乌斯季梅德韦季茨基国营农场拿下。可是，德军第22装甲师的部分部队在农场南面数公里处构设起新防御阵地，布特科夫的推进戛然而止。罗曼年科将军对坦克第1军的进展深感不耐，13点命令布特科夫将作战地域移交给鲍里索夫骑兵第8军的骑兵第55和第112师，向南绕过佩夏内至其东面，然后向南进军，赶往佩夏内以南30公里、库尔特拉克河畔及其南面的目标。尽管脱离德军第22装甲师的刺猬防御阵地时遭遇到一些问题，但坦克第1军还是在18点前将阵地顺利移交给骑兵第8军的两个师。该军随后为坦克加油，排成单路旅级纵队向南进击，21点30分到达乌斯季梅德韦季茨基国营农场3号农庄、小顿什钦卡村和大顿什钦卡村，分别位于佩列拉佐夫斯基西面10公里处和西南面10公里处。尽管如此，该军右翼部队还是没能与德军第22装甲师脱离接触。[62]夜幕降临时，第22装甲师报告，他们仍沿"大顿什钦卡村—191.2高地一线"抗击着苏军坦克部队。[63]

坦克第5集团军快速发展梯队中的最后一支单位是摩托车第8团，罗曼年

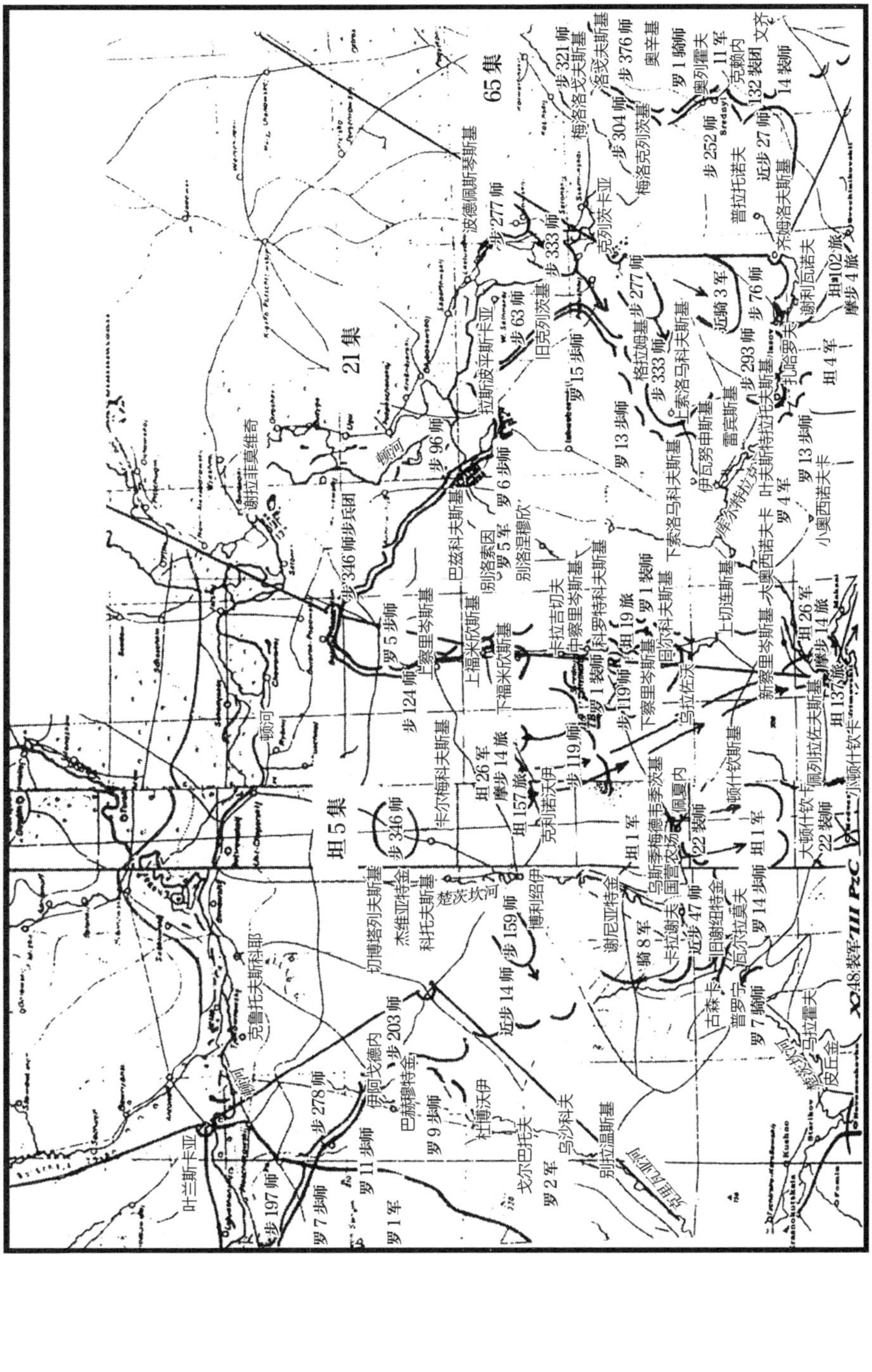

地图 15　西南方面军的攻势：1942 年 11 月 20 日 22 点，谢拉菲莫维奇和克列茨卡亚登陆场的态势

科将该团交给坦克第1军，用于反攻首日的作战行动。虽然该团11月20日上午在佩夏内地域下车参战，但当日下午，罗曼年科命令布特科夫将该团派往东面，因为被包围在拉斯波平斯卡亚地域的罗马尼亚部队有可能突围。于是，布特科夫命令摩托车团将主力集结在独立3号农庄和乌斯季梅德韦季茨基国营农场，派1个摩托车连、1个装甲车连、3辆坦克和1个反坦克歼击炮兵连赶往东面的日尔科夫斯基地域，支援集团军辖下将罗马尼亚部队包围在拉斯波平斯卡亚地域的步兵师。[64]

就在坦克第1军徒劳地试图绕过掘壕据守的德军第22装甲师之际，罗金将军的坦克第26军在其作战地域取得了更大的战果。遵照坦克第5集团军的要求，罗金命令坦克第157旅和摩托化步兵第14旅的几个营，在步兵第119师步兵的支援下，克服或绕过罗马尼亚人设在他前方和左翼的支撑点及其他障碍物，向纵深发展，打击敌军侧翼和后方，并夺取日尔科夫斯基和佩列拉佐夫斯基镇。此时，罗金坦克军辖下的坦克第216和第19旅正为近卫步兵第50师和步兵第119师左翼团提供支援，他们竭力遏制着被包围在坦克第5集团军左翼、察里察河以东地域的罗马尼亚部队（第5步兵师和第1装甲师）。

11月19日—20日夜间夺取了86号国营农场、独立3号农庄和乌斯季梅德韦季茨基国营农场后，坦克第26军坦克第157旅（现在由P.S.马胡尔少校指挥）于11月20日凌晨2点得到了摩托化步兵第14旅2个营的支援。摩托化步兵第14旅辖下的第三个营仍在北面支援坦克第19旅。获得步兵的掩护后，马胡尔的坦克旅向东南方疾进，消灭了沿途遇到的小股罗马尼亚部队。拂晓时，该旅的特遣部队在行进间发起进攻，一举夺取了佩列拉佐夫斯基北面7公里处的新察里岑斯基镇（Novo-Tsaritsynskii）。留下摩托化步兵第14旅的1个营据守该镇，马胡尔的坦克和其他摩托化步兵向南冲去，当日上午晚些时候对佩列拉佐夫斯基发起突击，坦克从北面和西面进攻，摩托化步兵则从东面展开行动。在此过程中，苏军特遣队消灭了罗马尼亚第5军军部，俘虏了大多数军部人员，还缴获大批文件。苏军这场突袭疾如旋风，一名本应向罗马尼亚第5军军部报到的德军联络官赶到时，却成了苏军坦克第26军军部的俘虏，20日中午，该军军部已在镇内开始运作。[65]苏军声称在佩列拉佐夫斯基之战中，除了俘获罗马尼亚第5军军部，还击毁8辆罗马尼亚坦克，俘虏1270名罗马尼亚士兵和155匹马，在附近的一条跑道上缴获3架无法使用的罗马尼亚飞机（击毁2架），还缴获了8个装有大批弹药和其他军用装备的仓库。[66]

佩列拉佐夫斯基落入苏军手中后，马胡尔的坦克旅向南推进3公里，16点逼近了库尔特拉克河畔的叶夫列莫夫斯基镇（Efremovskii），两个小时后从罗马尼亚守军手中夺取了该镇。该旅随即在镇内构设起全方位防御，等待坦克第26军辖内其他旅到来。苏军成功夺取新察里岑斯基镇和佩列拉佐夫斯基镇，还摧毁了罗马尼亚第1装甲师的后方勤务，导致格奥尔基将军的装甲师被孤立在日尔科夫斯基西北方和察里察河以东地域。

在此期间，在佩列拉佐夫斯基以北沿察里察河一线，菲利片科上校的坦克第19旅和摩托化步兵第14旅的1个营，正为争夺208.0高地（科罗特科夫斯基以西6公里处）的步兵第119师提供支援。夺取该高地后，坦克第19旅向东推进，前出至佩列拉佐夫斯基以北17—23公里、从日尔科夫斯基北延至科罗特科夫斯基（Korotkovskii）的察里察河西岸河段。击退罗马尼亚第1装甲师和第14步兵师残部从208.0高地攻向西北方布利诺夫斯基的企图后（他们可能想与向北推进的第22装甲师会合），苏军坦克兵和步兵继续向东推进，将罗马尼亚装甲师的一部隔断在日尔科夫斯基西北方，并前出至察里察河西岸。当然，由于被压制在佩夏内地域，第22装甲师的部队无法按计划行事。结果，格奥尔基将军只能在剩余坦克的加强下向东退却，并拟制了逃向西南方的计划。肃清察里察河以西地域的罗马尼亚部队后，菲利片科的坦克旅和摩托化步兵第14旅提供的支援营转身向南，11月21日晨在佩列拉佐夫斯基镇与坦克第26军军部及其主力会合。

罗金坦克第26军辖下的坦克第157旅和摩托化步兵第14旅夺取佩列拉佐夫斯基镇时，该军编成内的坦克第216旅正与近卫步兵第50师在坦克第5集团军最左翼战斗，继续进攻罗马尼亚第3集团军沿察里察河布防的部队。他们打算将这些敌军驱离察里察河，加入罗马尼亚军队在拉斯波平斯卡亚南面形成的集团。苏军的最终意图，是与正从克列茨卡亚地域沿库尔特拉克河及其北部地域向西推进的第21集团军步兵第277、第333师会合，彻底包围这一股敌军。

由于坦克第5集团军辖内部队已于11月19日打垮并消灭了罗马尼亚第13、第14步兵师师部，20日晨又将罗马尼亚第2、第4、第5军军部切断或驱散，罗马尼亚第3集团军只剩下一个完整的指挥机构：设在佩列拉佐夫斯基以西55公里、奇尔河畔博科夫斯卡亚镇的罗马尼亚第1军军部。11月20日清晨，罗马尼亚第6步兵师师长米哈伊尔·拉斯卡尔将军采取主动，将孤立在拉斯波平斯卡亚以南地域越来越多的罗马尼亚部队纳入他的麾下。"拉斯卡尔"集群编有罗马尼亚第5、第6、第15步兵师，以及第13、第14步兵师、"沃伊库"支队的残部。[67]新组建的"拉斯卡尔"集群控制的防区，西面以察里察河为界，从上福米欣斯基南延至日尔科夫斯基以南10公里处的新察里岑斯基；北面和东北面以顿河南面的高地为界，从谢拉菲莫维奇以南向南延伸，经拉斯波平斯卡亚至克列茨卡亚以西15公里处的格罗姆基以西地域；东南面和南面以库尔特拉克河为界，从上、下索洛马科夫斯基及其西部至日尔科夫斯基附近的察里察河。

据称，沿察里察河及其西部地域短暂而又激烈的战斗使格奥尔基的第1装甲师损失了25辆坦克，其中5辆R—2发生机械故障，至少4辆德制坦克和14辆R—2被击毁。罗马尼亚部队声称他们击毁苏军62辆坦克和61辆汽车，俘虏332名苏军士兵，但鉴于苏军进攻部队的规模，这些数字似乎过于夸大了。[68]至于德军第22装甲师，虽然不清楚其损失，但坦克数量肯定已经不到20辆，迫使该师只能依靠其步兵、炮兵和剩余的装甲运兵车。到目前为止，该师和罗马尼亚第14步兵师残部的顽强防御，很可能击伤、击毁了苏军坦克第1军的50辆坦克。

这样一个事实稍稍安抚了罗马尼亚人对这场战斗的批评：第48装甲军的部队牵制了苏军坦克第5集团军2个坦克军辖下6个旅中的3个，而罗马尼亚第1装甲师，连同第14、第5步兵师的残部，牵制住苏军的另外2个旅。实际上，德国和罗马尼亚部队共同牵制住苏军7个坦克旅中的6个，因为近卫坦克第8旅也卷入到佩夏内的战斗中。这样一来，只剩下坦克第26军坦克第157旅和摩托化步兵第14旅遂行罗曼年科11月20日晨赋予快速部队的"纵深突破"任务。[69]

苏联方面对当日作战行动的批评甚至比罗马尼亚人的评判更加严厉。首先，他们为佩夏内地域的交战申斥布特科夫的坦克第1军：

坦克第1军11月20日缺乏战果的主要原因是，该军没有将德军第22装甲师包围在乌斯季梅德韦季茨基地域，而是与对方展开一场旷日持久的战斗。为了解敌人的部署情况，最重要的是对方敞开的侧翼和防线上缺乏掩护的缺口，必须遂行不间断侦察，与友邻部队保持联系并了解他们所处的位置。但坦克第1军侦察行动不力，与坦克第26军坦克第157旅缺乏联系，对该旅的进展缺乏了解，这是坦克第1军卷入乌斯季梅德韦季茨基地域的交战，未将敌军包围的主要原因。[70]

坦克第26军也受到了批评，用苏联方面另一份战后评述的话来说，"坦克第26军用了一整天将敌人逐出佩列拉佐夫斯基地域，并同罗马尼亚第1装甲师展开战斗，但事实是，各罗马尼亚师得以利用我军行动的延误逃离第21集团军向南发起的打击。"[71]

坦克第5集团军的快速部队竭力从德国和罗马尼亚部队在佩列拉佐夫斯基以西的顽强防御中脱身，并开始向敌战役纵深发展时，瓦图京敦促坦克集团军辖下的步兵和骑兵部队迅速采取行动，包围并歼灭被绕过的罗马尼亚部队，赶往克里瓦亚河和奇尔河。位于集团军左翼的步兵第119师，左侧获得近卫步兵第50师、坦克第26军坦克第216和第19旅的支援，迅速转身向东，11月20日12点前出至察里察河，这片河段从日尔科夫斯基南面10公里处的新察里岑斯基至科罗特科夫斯基北面12公里处的上福米欣斯基。罗马尼亚第14步兵师的右翼团现在获得格奥尔基第1装甲师和罗马尼亚第5步兵师的加强，面对苏军的挤压，他们向东退过察里察河，进入了一个新出现的包围圈内。当日下午，苏军继续向东和东南方突击，2个步兵师面对着罗马尼亚第1装甲师和第6、第13步兵师残部组成的1个混编团几乎持续不断的反冲击和试探，被围的罗马尼亚部队徒劳地试图找到一条向西南方突围的路线。东面约35公里处，第21集团军步兵第63、第333师和提供加强的步兵第277师着手扩大坦克第4军取得的战果，他们转身向西，朝伊兹布申斯基（Izbushenskii）和下索洛马科夫斯基推进了2—12公里。坦克第5集团军步兵师构成的两只铁钳从西面而来，第21集团军的步兵师则从东面杀至，构成了包围、歼灭"拉斯卡尔"集群的威胁。

与此同时，在坦克第5集团军的中央地带，近卫步兵第47师在近卫坦克第8旅的加强下，从卡拉谢夫村沿楚楚坎河向西南方缓缓推进，这令罗马尼亚第7骑兵师措手不及，苏军夺取了分别位于卡拉谢夫西南偏南方6公里、9公里处的瓦尔拉莫夫村（Varlamov）和第二普罗宁村。当天下午早些时候，罗马尼亚骑兵正准备赶往东北方的旧谢纽特金村时，遭到苏军步兵和坦克的突袭。猝不及防的罗马尼亚士兵被苏军坦克旅的重型坦克打得四散奔逃。据近卫步兵第47师称，他们击毙了3000名罗马尼亚骑兵，还俘虏700人并缴获12门火炮。这场战斗彻底耗尽了罗马尼亚第7骑兵师的力量，日终时，该师退向旧普罗宁（Staryi Pronin），11月21日又撤往奇尔河畔的车尔尼雪夫斯卡亚。近卫步兵第47师的推进还迫使罗马尼亚第2军放弃了设在普罗宁附近的指挥部。

近卫步兵第47师夺取普罗宁并冲向西南方的车尔尼雪夫斯卡亚之际，位于坦克第5集团军右翼的师结束了战线上的僵持状态，迫使罗马尼亚第14步兵师左翼残部和罗马尼亚第1军较为新锐的第9步兵师勉强退往西南方的克里瓦亚河。当日中午获得坦克集团军第二梯队步兵第159师的加强后，位于左翼的近卫步兵第14师和骑兵第8军辖下的骑兵第21师，迫使罗马尼亚第9步兵师和第7骑兵师的1个加强团退守新防线，这条新防线从博利绍伊西南方14公里处的212高地延伸，经布利诺夫斯基以西10公里处的2号伏龙芝国营农场，至卡拉谢夫以西5公里处的古森卡村。次日清晨，在苏军坦克和步兵的追击下，罗马尼亚军队的残部撤至伊拉里奥诺夫（Illarionov）西面的奇尔河后。

第21集团军的推进

第21集团军11月20日晨恢复行动时，奇斯佳科夫将军最关心的是消除集团军前一天明显不均衡的进展（参见地图15）。克拉夫钦科坦克第4军的半数力量过度延伸至克列茨卡亚以南35公里处的马诺伊林地域，另一半力量和普利耶夫的近卫骑兵第3军，以及第21集团军提供支援的大多数步兵师，仍位于库尔特拉克河畔的叶夫斯特拉托夫斯基和普拉托诺夫地域，远远落在后方。他的集团军快速部队要想完成前出至顿河的任务，就必须抢在德军发动某种反突击封闭突破口前，打破克列茨卡亚南面的僵局。奇斯佳科夫知道德军第14装甲师的先遣部队已到达上布济诺夫卡地域。以往的经验还告诉他，尽管第6集团军辖下的其他装甲师（第16和第24装甲师）位于斯大林格勒，但他们很可能突然出现在克列茨卡亚地域。因此，奇斯佳科夫敦促、哄骗他的部下正确而又快速地完成受领的任务。

坦克第4军军长克拉夫钦科是一名经历过多次坦克战、经验丰富的老兵，他和奇斯佳科夫抱有同样的担心。因此，他要求麾下各旅全力向前推进，朝卡拉奇北面的顿河河段发起一场急行军。11月20日晨，坦克第4军编成内的坦克第69和第45旅从马诺伊林和克列普卡亚河畔的"五月一日"国营农场向南遂行侦察。可是，在后方25公里处，坦克第4军辖下的坦克第102旅和摩托化步兵第4旅仍与第21集团军步兵第76、第293师并肩作战，力图驱散罗马尼亚第4军辖下的第15步兵师和第1骑兵师，罗马尼亚人据守的阵地位于格罗姆基和从叶夫斯特拉托夫斯基东延至普拉托诺夫的库尔特拉克河河段。因此，除了坦克第4军的两个旅，第21集团军的整个突击群都滞留在了库尔特拉克河及其北面，除了步兵第293和第76师，还包括从第二梯队赶来加强第293师的步兵第277、第333师，另外还有普利耶夫的近卫骑兵第3军，该军已投入到支援步兵第76师的战斗中。[72]

当天昼间，步兵第76师（得到坦克第4军摩托化步兵第4旅和近卫骑兵第3军3个师的支援，第65集团军近卫步兵第27师位于其左侧）对罗马尼亚第1骑兵师设在普拉托诺夫南面的防御发起进攻，该骑兵师现已得到德军第14装甲师一个小股战斗群的加强。经过数小时激战，苏军终于打垮了守军，迫使他们退往东南方的新防御阵地。更西面，从库尔特拉克河畔的叶夫斯特拉托夫斯基北延至格罗姆基这片地域，苏军步兵第293师（获得坦克第4军坦克第102旅和步兵第333师的支援，步兵第63师位于其右翼）以2个步兵营和35—40辆T-34坦克对罗马尼亚第15步兵师的防御发起冲击。罗马尼亚人击退了苏军的数次进攻，并报告击毁5辆敌坦克，俘虏45名苏军士兵，但第15步兵师最终被迫放弃格罗姆基，向西撤往"拉斯卡尔"集群右侧的新防御阵地。[73]

刚一突破罗马尼亚人的防御，科舍列夫上校的坦克第102旅就立即向南，赶往克列茨卡亚以南30公里、克列普卡亚河畔的马约罗夫斯基农场附近，在那里同坦克第69和第45旅的支队会合，后者的主力仍在西南方8公里处的马诺伊林地域。克拉夫钦科巩固坦克第4军向顿河的发展时，日德科夫中校的坦克第45旅向西而去，在马诺伊林西面10公里处打垮了罗马尼亚第4军设在卡尔梅科夫斯基的指挥部。当天晚些时候，摩托化步兵第4旅也摆脱了库尔特拉克河南面的僵局，在马约罗夫斯基重新回到坦克第4军辖下。

坦克第4军身后约30公里处，获得"沃伊库"支队加强的罗马尼亚第1骑兵师策马突向西南方库尔特拉克河与克列普卡亚河之间，试图与罗马尼亚第3集团军重新建立起联系。但这一尝试失败了，他们的进攻被苏军骑兵（可能是近卫骑兵第3军的近卫骑兵第5师）击退。此后，罗马尼亚骑兵"混乱后撤"，向东退却时烧毁了第1机械化中队剩下的4辆R–1坦克。"沃伊库"支队编有第15步兵师的1个团、第13步兵师的残部和第1装甲师的摩托化100毫米榴弹炮单位，该支队也向东撤去，占据了德国第11军第376步兵师左翼的防御。[74]

第21集团军沿库尔特拉克河及其南面对罗马尼亚军队的防御发起进攻时，普利耶夫的近卫骑兵第3军终于加入到发展胜利的行动中。7点，切普尔金上校的近卫骑兵第5师发起突击，在谢利瓦诺夫和弗拉索夫村夺取了罗马尼亚人沿河构设的支撑点，随即向南发展。8点左右，近卫骑兵第5师遭遇并击败了一支由步兵、骑兵和30辆坦克组成的罗马尼亚部队对其左翼和中央的进攻，这片阵地从弗拉索夫村南面1.5公里处至谢利瓦诺夫村东南方5公里处的20号国营农场1号农庄。罗马尼亚方面的资料确认，这支部队的骑兵来自罗马尼亚第1骑兵师，步兵和R—1坦克隶属于"沃伊库"支队，并承认他们被苏军近卫骑兵第5师粉碎，随后向东南方逃去。

此后，坦克第4军辖下两个滞后的旅加快速度，重新回到军里时，普利耶夫的近卫骑兵第3军将谢利瓦诺夫和弗拉索夫村交给步兵第76师，随后向东南方进击，加入坦克第4军的发展行动，并掩护坦克军漫长的左翼。近卫骑兵第5师9点恢复前进，驱散了途中遇到的小股敌军。14点30分到达马约罗夫斯基后，该师继续赶往东面的上布济诺夫卡，在马约罗夫斯基东北方7公里处的切切罗夫峡谷（Checherov）附近遭到了一个罗马尼亚骑兵团发起的反冲击。该师辖下的近卫骑兵第20团击败了这一小股敌军，据称击毙150名罗马尼亚人，缴获800匹马。[75]近卫骑兵第5师继续前进，又遭到敌人的攻击，18辆敌坦克从190.3高地附近而来，13辆敌坦克从207.2高地杀至，他们显然是德军第14装甲师从上布济诺夫卡向西派出的。击退两股敌军的进攻，并给对方造成"严重损失"后，切普尔金的骑兵师撤入切切罗夫峡谷休整，并实施重组。

在此期间，别洛戈尔斯基上校的近卫骑兵第6师，与步兵第76师相配合，攻克了罗马尼亚人设在普拉托诺夫村东北方、库尔特拉克河畔普拉托诺夫农场的支撑点，抓获180名俘虏。别洛戈尔斯基师随后与骑兵第32师会合，向东南方发起缓慢而又稳定的推进。普利耶夫12点赋予他们的任务是夺取上布济诺夫卡西北方10公里处的斯韦奇尼科夫斯基，然后与近卫骑兵第5师会合，对德军设在上布济诺夫卡的防御发起突击。在先遣支队的率领下，两个骑兵师向东南方追击敌人，23点攻克了斯韦奇尼科夫斯基。11月20日—21日夜间，普利耶夫的三个骑兵师准备进攻并夺取上布济诺夫卡的德军支撑点，希望以此打垮德国第11军左翼的防御。

克拉夫钦科的坦克第4军和普利耶夫的近卫骑兵第3军冲向上布济诺夫卡时，第21集团军的步兵部队加强了他们在克列茨卡亚南面控制的突破地带。肃清库尔特拉克河河谷的罗马尼亚部队后，步兵第293师从罗马尼亚第15步兵师手中夺取了格罗姆基，随即将该地域交给提供支援的步兵第333师，16点前进入弗拉索夫村西面10公里、库尔特拉克河畔叶夫斯特拉托夫斯基以西地域。在步兵第293师右翼加入战斗后，步兵第333师向西南方推进，16点前进入克列茨卡亚西南偏西方15公里处的上索洛马科夫斯基地域。位于两个步兵师右侧的步兵第63师已攻向格罗姆基北面，现在，这三个步兵师形成了包围罗马尼亚第3集团军"拉斯卡尔"集群的东钳。[76]

第65集团军的推进

虽然奇斯佳科夫第21集团军顺利扩大了突破，并投入快速部队遂行纵深发展，但在顿河方面军右翼和奇斯佳科夫左翼实施进攻的巴托夫第65集团军遭遇到了更多麻烦（参见地图16）。11月19日—20日夜间，巴托夫集团军的战线向西拓展了30公里，从锡罗京斯卡亚北面的顿河南岸至克列茨卡亚以东15公里处的洛戈夫斯基北接近地，再向南延伸14公里，直至克列茨卡亚东南方15公里处的奥列霍夫斯基（Orekhovskii）西郊。据守这片地域的是德国第6集团军辖下的第11军，他们在锡罗京斯卡亚、布利日尼亚佩列科普卡、奥辛基（Osinki）、洛戈夫斯基和奥列霍夫斯基构设起加强支撑点。巴托夫的部队必须逐一攻克这些支撑点，从而突破第11军的战术防御。

第65集团军11月19日的突击行动仅稍稍影响了德军设在洛戈夫斯基和奥列霍夫斯基的防御，这两处都是经过强化的筑垒地域。奥列霍夫斯基是个尤为坚硬的"硬核桃"，因为该镇从北面到西南面的接近地都得到高地的掩护。19

日日终前，第21集团军步兵第76师已将奥列霍夫斯基西南方16公里处的207.8高地拿下，而格列博夫上校在第65集团军最右翼遂行突击的近卫步兵第27师，攻克了分别位于奥列霍夫斯基西南方12公里、南面7公里处的219.3高地和232.2高地。近卫步兵第27师左侧，梅尔库洛夫上校的步兵第304师在I.I.亚库博夫斯基上校坦克第91旅的支援下，从西北和东北面对奥列霍夫斯基反复发起冲击，但收效甚微。不过，步兵第304师第807团的一个营在切博塔耶夫少校的率领下，成功夺取了镇中心西面2公里高地上的202.2里程碑。[77]

11月19日—20日夜间，巴托夫和他的参谋人员拟制了一份新计划，以扩大第807团的有限进展。经过一番长时间讨论，他们决定组建一个快速集群，扩大步兵第304师在奥列霍夫斯基外围廓夺得的立足地。这个突击群编有亚库博夫斯基坦克第91旅的T-34和重型KV坦克，冲锋枪手攀附在坦克上，外加搭乘卡车的4个步兵营，卡车拖曳的火炮将为进攻行动提供炮火支援。巴托夫选中G.I.阿尼西莫夫上校指挥这个快速集群，担任过师长的阿尼西莫夫曾在争夺叶尔佐夫卡地域的战斗中有过出色表现。阿尼西莫夫的快速集群将跟随步兵部队拓展第807团在奥列霍夫斯基外围廓取得的突破，然后全力深入德军后方。向前推进的该集群首先应夺取奥列霍夫斯基东南方30公里处的上戈卢巴亚（Verkhne-Golubaia），然后攻占顿河北岸的阿基莫夫斯基（Akimovskii），进入德军第11军据守锡罗京斯卡亚正南方地域之部队的后方。巴托夫组建这个快速集群时面临的最棘手的问题是：如何将从事步兵支援任务的坦克抽调出来。11月20日晨，他完成了这番调动，下午早些时候，阿尼西莫夫集群准备投入行动。此时，该快速集群还获得了空军第16集团军和集团军炮兵多管火箭炮的支援。

巴托夫的进攻计划要求位于集团军中央和右翼的近卫步兵第40师和步兵第23师，分别对布利日尼亚佩列科普卡与锡罗京斯卡亚之间的145.0高地和奥辛基支撑点发起冲击，将德军的注意力和预备队从集团军主要突击地点引开。与此同时，梅尔库洛夫的步兵第304师将对洛戈夫斯基和奥列霍夫斯基发起冲击，切博塔耶夫的步兵第807团引领向后者的突击；格列博夫的近卫步兵第27师将从奥列霍夫斯基西南方的219、232高地向东推进。巴托夫还命令舍赫特曼上校的新锐步兵第252师（该师已于前一天夜间渡过顿河进入登陆场）于战斗

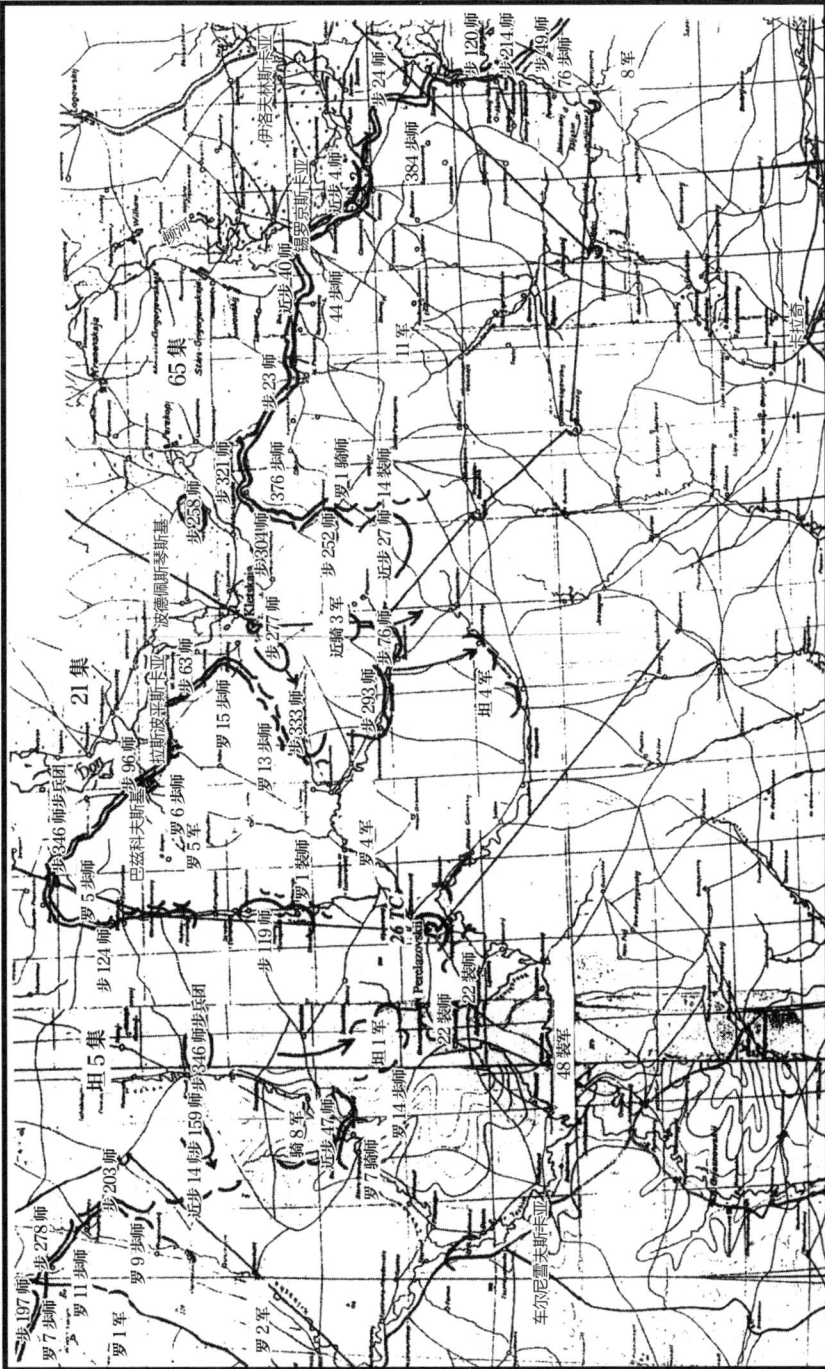

地图16　1942年11月20日22点，西南方面军和顿河方面军的推进

达到高潮时，在步兵第304师与近卫步兵第27师的结合部投入战斗。步兵第252师将沿切博塔耶夫少校步兵第807团的突击方向及其南部穿过奥列霍夫斯基。阿尼西莫夫的快速集群编有约45辆坦克，他们将穿过步兵第252师的作战队形向前推进，迅速突破罗马尼亚人的防御，开始发展胜利。此时，据守奥列霍夫斯基地域的是罗马尼亚第1骑兵师第1、第2团，并获得德国第11军第376步兵师援兵的加强，很可能还有第14装甲师的几辆坦克。

11月20日拂晓后不久，第65集团军编成内的步兵第304师和近卫步兵第27师投入进攻，在数小时的激战中深入罗马尼亚部队的防御。10点左右，舍赫特曼上校的步兵第252师在两个师的结合部发起冲击，一举突破罗马尼亚人的前两道防御阵地。12点后不久，阿尼西莫夫的快速集群投入战斗，穿过进攻中的步兵，开始发展胜利。这场突击迅速而又突然，11月20日夜幕降临前，阿尼西莫夫的坦克和步兵前进了23公里，进入第11军左后方。驱散或消灭罗马尼亚和德国的小股后勤单位后，亚库博夫斯基夺取了奥西金斯基附近的一条跑道，并报告击毁42架德军飞机（这是个不幸的夸大）。阿尼西莫夫搭乘卡车的步兵突入德军第44步兵师师部附近的戈卢宾斯卡亚镇（Golubinskaia），给德军后方造成了恐慌，据报，他们还俘虏了一所德军战地医院。虽说这场突袭的影响很短暂，但加上坦克第4军和近卫骑兵第3军更深的推进，这一切促使德国第11军相信，位于顿河大弯曲部的防御阵地已经摇摇欲坠。[78]

阿尼西莫夫的快速集群遂行纵深突袭，进入德军第11军左后方时，面对罗马尼亚第4军第1骑兵师和德国第11军第376步兵师的顽强防御，第65集团军辖下的步兵第252、近卫步兵第27和步兵第304师向东南方推进了2—4公里。此时，德国第11军军长，步兵上将卡尔·施特雷克尔正以第44步兵师第132团加强该军受到威胁的左翼，并从奥列霍夫斯基以南20公里、第14装甲师设在上布济诺夫卡的支撑点调来坦克。次日，巴托夫突击群的步兵师对阿尼西莫夫的突袭加以扩大，攻占了洛戈夫斯基、奥列霍夫斯基的剩余部分和奥辛基。

近卫第1集团军的冲击

11月20日，罗曼年科坦克第5集团军和奇斯佳科夫第21集团军的部队承担起瓦图京西南方面军最为繁重的任务，并获得顿河方面军第65集团军的有力支援。列柳申科的近卫第1集团军则不然，该集团军受领的任务是在罗曼年科集团军遂行纵深发展时，确保并掩护坦克第5集团军的右翼。11月19日，坦克第5集团军近卫步兵第14师发起冲击，结果被罗马尼亚第2军第9步兵师的防御所阻，近卫第1集团军试图为其提供协助，因而以步兵第203师发起一场突击，进攻地域从克里瓦亚河畔的伊阿戈德内东延至3号国营农场。但是，面对罗马尼亚第1军第11步兵师的坚决抵抗，这场突击失败了。11月19日的失利极为惨重，以至于列柳申科的部队不肯在20日再度发起冲击，而是依靠坦克第5集团军的进攻削弱罗马尼亚人的防御。一些资料称这场失利是列柳申科没有及时投入近卫机械化第1军所致，但列柳申科实际上执行的是瓦图京的命令——将强有力的机械化军留待"天王星"行动发展为"土星"行动时使用。

轴心国军队的应对

罗马尼亚第3集团军在"天王星"反攻的头两天遭到重创。到11月20日中午，集团军辖下的4个军部中已经有3个被消灭或被打散，在谢拉菲莫维奇南面，第6、第5、第15步兵师已编入"拉斯卡尔"集群。拉斯卡尔是一位声望卓著的将领，也是个顽强的斗士，1942年6月和7月初，他的师在塞瓦斯托波尔围困战期间有过出色表现。"拉斯卡尔"集群组建时理应隶属于第48装甲军，但他们之间没有建立起联系。如果向西南方发起一场齐心协力的突围，"拉斯卡尔"集群完全有可能逃出包围圈，但根据身处罗斯托夫的施泰夫莱亚将军的建议（此时苏军坦克第26军正在占领佩列拉佐夫斯基地域），希特勒断然禁止这种突围。[79]因此，苏军坦克第26军11月20日夜间突入战役纵深，冲向顿河畔卡拉奇时，突围的良机就此丧失，"拉斯卡尔"集群最终被歼灭的命运已定。

罗马尼亚第3集团军右翼，克列茨卡亚登陆场南面，苏军第21和第65集团军的4个步兵师（前者的步兵第76和第293师，后者的步兵第304和近卫步兵第27师）发起向心突击，攻入"拉斯卡尔"集群后方，粉碎了罗马尼亚第4军第13步兵师的右翼和第1骑兵师的左翼及中央。可是，第21集团军坦克第4军的半数力量穿过缺口，深入罗马尼亚人后方时，罗马尼亚第15步兵师（其师部设在克列茨卡亚以西25公里处的戈洛夫斯基）从其预备阵地迅速前调，与第1骑兵师在苏军初期突击中幸免于难的部队和小股"沃伊库"机动支队共同承担起守卫克列茨卡亚缺口的任务。在库尔特拉克河一线遂行顽强防御后，面对苏军的重压，第15步兵师与第13步兵师残部和"沃伊库"支队被迫撤离，将防线调整至西南方索洛马科夫斯卡亚峡谷西脊，以掩护"拉斯卡尔"集群的右翼和后方，并等待第48装甲军可能的接防。

更东面，罗马尼亚第3集团军最右翼，第1骑兵师和"沃伊库"支队终于被苏军第21集团军近卫骑兵第3军和第65集团军推进中的步兵师逼退，他们向东调整防线，以掩护奥列霍夫斯基接近地。在此过程中，他们转隶德国第6集团军第11军，没过几天便陷入斯大林格勒包围圈内。

谢拉菲莫维奇以南是罗马尼亚第3集团军最重要的防御地段，在这里，担任预备队的罗马尼亚第1装甲师和第7骑兵师已转隶第48装甲军。但是，11月20日日终前，第48装甲军辖下的罗马尼亚第7骑兵师和德国第22装甲师已卷入从卡拉谢夫东延至大、小顿什钦卡村这片地域的激战中，而格奥尔基的罗马尼亚第1装甲师结束了察里察河畔日尔科夫斯基地域的战斗，被困在拉斯波平斯卡亚以南的包围圈内，位于"拉斯卡尔"集群南部。此后，第48装甲军指示第1装甲师向西南方突围，在顿什钦卡地域加入该军。但罗马尼亚第1装甲师无法做到这一点，因为突围路线已被苏军坦克第5集团军步兵第119和近卫步兵第50师、坦克第26军坦克第19和第216旅堵住，这些苏军还得到1个76毫米反坦克歼击炮兵团和集团军直属的1个喷火坦克营的加强。虽然格奥尔基的部队在中察里岑斯基（Sredne–Tsaritsynskii）的察里察河西岸夺得一片4公里宽的登陆场，但他们没能突破至德军第22装甲师身旁，在此过程中还损失了25辆坦克。

与此同时，罗马尼亚第3集团军中央地带，第48装甲军编成内的第22装甲师和罗马尼亚第14步兵师的残部试图摆脱苏军坦克第5集团军位于佩夏内和乌斯季梅德韦季茨基地域的部队，向南退往安全处。可是，崎岖的地形，加之苏军发起的坚决追击，挫败了该师逃脱的企图。遭到围攻的第22装甲师无法彻底脱离战斗，只后撤了10—15公里，进入佩列拉佐夫斯基以西10—15公里处的大、小顿什钦卡村地域。该师的表现充其量只能说牵制了鲍里索夫骑兵第8军的2个师和布特科夫坦克第1军的主力，使其无法发展胜利。但在此过程中，德国人失去了同罗马尼亚第1装甲师的联系，后者被切断，在日尔科夫斯基及其北部的包围圈中面临着全军覆没的厄运。

罗马尼亚第1军辖下的第7、第11步兵师部署在第3集团军左翼，他们对自己11月20日的作战表现深感自豪。该军与右翼第9步兵师的残部相配合，抗击着苏军近卫第1集团军的部队和坦克第5集团军近卫步兵第14师，只是在迫不得已的情况下稍稍退却。实际上，罗马尼亚人的抵抗的确非常顽强，罗曼年科无计可施，只得将担任预备队的步兵第159师投入战斗。另外，罗马尼亚第9步兵师和第11步兵师的一部还发起一场殊死的反冲击，意图将苏军逐回普罗宁北面的楚茨坎河，此举迫使坦克第5集团军以骑兵第8军辖下的骑兵第21师加强在普罗宁西面和西北面作战的步兵师。但是，这股获得加强的苏军部队，在坦克第1军少量坦克的支援下发起了一场协同一致的进攻，最终逼退了罗马尼亚第7骑兵师，罗马尼亚第1军的右翼敞开了，第9和第11步兵师被迫后撤。

至于第6集团军，由于其左翼的第11军有可能遭到包围，因而11月20日的重点在于加强辖内遭受威胁的军，更重要的是找到并集结可向西部署的装甲力量，以阻止苏军快速部队从谢拉菲莫维奇或克列茨卡亚登陆场向南发展突破、进入集团军深远后方（顿河）的企图，可以明确的是，这些装甲力量将优先分配到克列茨卡亚地域。因此，第6集团军继续从斯大林格勒城内的战斗中撤出部队，并把他们派往西面。

抽调出的部队中最重要的是第14装甲师，该师坦克单位已于11月19日调至上布济诺夫卡地域支援德国第11军。但是，正如该师师史作者所写的那样，经过斯大林格勒废墟中代价高昂的战斗后，11月19日的第14装甲师只剩下一具空壳。虽然师里的第36装甲团已脱离战斗接受休整和补充，目前尚有约30辆坦克，但该师的两个装甲掷弹兵团目前都只剩下1个营，摩托车营也只剩下连级力量（参阅副卷附录5I）。[80]

保卢斯将军11月20日做出的最重要的决定是向西派出一支强有力的部队，抢在苏军到达顿河前挡住其北钳。他在11月20日14点45分发给辖内各军的一封电报中透露了这个计划（参阅副卷附录5J）。这封电报首先简要介绍了当前态势，并特别指出苏军在罗马尼亚第3集团军防线上达成突破的地段，然后命令辖内各部队停止斯大林格勒城内的进攻行动，将部队西调，首先"应组织一条防线"，尔后"从该防线向西……发起一场进攻"。具体说来，第51军应接防第14装甲军在城内的作战地域，第8军和第11军应遵照命令据守既有阵地，并抽调预备队派往第14装甲军。更重要的是，第14装甲军军部设在卡拉奇西北方35公里处的苏哈诺夫，该军负责掩护从第11军左翼向南延伸的集团军西翼，并以第403保安师第354掷弹兵团掩护从奥布利夫斯卡亚西面的帕尔钦（Parchin）东延至奇尔河车站的铁路线。最后，保卢斯将第16、第24装甲师、第295、第389装甲猎兵营、第244突击炮营和第129炮兵指挥部交给胡贝将军的第14装甲军。[81]

因此，保卢斯的计划要求各装甲师一字排开，从洛戈夫斯基南延至斯克沃林（Skvorin）的利斯卡河（Liska），以保安部队掩护奇尔河北面的主铁路线。他所要做的是尽快将足够的兵力向西调动，阻挡西南方面军庞大的力量。考虑到斯大林格勒城内两个月的激战给这些曾经自以为豪的装甲师造成的减员，这是一项毫无意义的任务。

德军11月20日20点的战役态势图表明，第11军辖下的第376步兵师以第673、第672和第767团据守着从洛戈夫斯基东延至布利日尼亚佩列科普卡的防区。但是，该师别无选择，必须奉命抽调援兵，于是，第767团至少抽出一个营，加强罗马尼亚第1骑兵师位于西面的防御。此时，该骑兵师辖下的第12、第1、第2团正竭力抗击苏军第65集团军的进攻，守卫着从洛戈夫斯基南延至奥列霍夫斯基的防区。另外，遵照第11军军长施特雷克尔将军的命令，第44步兵师第132团和第384步兵师第534团正赶往克列茨卡亚东南偏南方32公里处的上布济诺夫卡地域，加强第14装甲师的战斗群。

更南面，第14装甲军刚刚获得的部队正从斯大林格勒向西调动，预计将在11月20日—21日夜间的某个时刻到达。这些部队包括：

·第24装甲师——赶往卡拉奇西北方33公里处的苏哈诺夫斯基地域，地图上所画的一片鹅蛋形阵地；

·第16装甲师——穿过大纳巴托夫斯基和小戈卢宾斯基，赶往卡拉奇北面18—25公里处的利波洛戈夫斯基地域（待罗马尼亚第1骑兵师脱离奥列霍夫斯基地域的战斗后，有可能为第16装甲师提供加强）；

·第3摩步师——经大罗索什卡（Bol'shaia Rossoshka）向西调动，赶往卡拉奇，11月21日—22日前控制顿河大桥。

　　第14装甲师（获得第44步兵师第132团和第384步兵师第534团）、第24装甲师、第16装甲师和第3摩步师都在第14装甲军编成内作战，他们的任务是遏止西南方面军的坦克大军。这些师到达并渡过顿河时，在第6集团军的作战地图上看似威风凛凛，实际上，他们的实力已大不如前，不过是仓促集结起来的营级或多营级战斗群，每个师只有30—35辆坦克。

　　与此同时，在斯大林格勒城内，赛德利茨的第51军22点50分下达了117号军部令。虽然承认西面出现的危机，但该军顽固地在燃烧的城内继续遂行作战行动：

　　强大的敌军部队已在西面友邻集团军的防区达成深远突破。必须估计到敌人会试图以其坦克部队扩大突破。集团军已在暂停斯大林格勒城内进攻的情况下采取反制措施。第51军将中止斯大林格勒城内的进攻，组织起自身的防御，控制通过激战夺取的所有前沿阵地。

　　第305步兵师［获得第245突击炮营的加强］应继续以突击队作战，直到彻底歼灭被紧密包围在火炮厂以东地区的敌军集团……

　　第389步兵师应做好进攻准备，与第305步兵师相配合，夺取"红楼"。另外，火炮厂以东的敌军集团就歼后，该师必须遂行侦察行动，以接管第94步兵师南部防区自奥尔洛夫卡河口以下的区域。[82]

总结

　　与前一天的情况相同，11月20日，瓦图京西南方面军的兵力又一次不足以完成其受领的任务。在谢拉菲莫维奇地域，坦克第5集团军坦克第1军的发展行动被德国第48装甲军第22装甲师的介入彻底挫败。通过巧妙地部署其装甲车和少量坦克，罗特装甲师进行的战斗，远比其实际力量所能保证的更加有效。除了造成布特科夫坦克第1军的进展不足20公里外，罗马尼亚步兵还与罗马尼亚第1装甲师的坦克相配合，导致罗金坦克第26军只取得约25公里的进展。苏军坦克第1军最终实施机动，设法绕过第22装甲师的右翼时，又在距离其目标（库尔特拉克河下游）不远处停顿下来，而鲍里索夫骑兵第8军三分之二的力量卷入到乌斯季梅德韦季茨基和佩夏内地域的战斗中。更糟糕的是，当日日终前，只有坦克第26军坦克第157旅和摩托化步兵第4旅完成了他们受领的任务——夺取佩列拉佐夫斯基地域。可是，完成这项任务后，罗金坦克军为集结部队并加强镇周围的防御阵地耗费了太多时间。

与此同时，在西面，混乱的罗马尼亚第7骑兵师实施了一场顽强抵抗，将苏军坦克第5集团军近卫步兵第47师和骑兵第8军骑兵第21师牵制在距离其目标不远处。但由于严重减员，加之疲惫不堪，最终迫使罗马尼亚骑兵们脱离战斗，退向西南方的奇尔河。

更东面，苏军第21和第65集团军位于克列茨卡亚的作战地域内（西南方面军左翼，顿河方面军右翼），克拉夫钦科的坦克第4军和普利耶夫的近卫骑兵第3军终于使其部队进入敌战役纵深，加之第65集团军临时组建的快速集群发起的戏剧性突袭，坦克第4军和近卫骑兵第3军在克列茨卡亚取得的战果具有两个积极意义。首先，他们将德国人的注意力吸引至这片地域，其次，他们促使德国第6集团军开始商讨这样一种可行性：将第11军撤至更加牢固的防线。

虽然取得了这些战果，但苏联方面对整场反攻行动的评述指出一个主要缺点：由于西南方面军和顿河方面军编成内的空军第17和第16集团军没能为进攻部队提供必要的空中支援，敌机似乎可以不受惩罚地对坦克第5集团军和第21集团军的快速部队发起打击。

11月20日，斯大林格勒方面军发起进攻

如果说西南方面军和顿河方面军发起的攻势使希特勒、B集团军群的魏克斯、罗马尼亚第3集团军的杜米特雷斯库和德国第6集团军的保卢斯乱了章法，那么，叶廖缅科斯大林格勒方面军11月20日发起的进攻则造成了灾难性的恶劣态势。发生这场灾难最重要的原因是，罗马尼亚第3集团军好歹有一个装甲军充当预备队，而霍特将军的第4装甲集团军却只有1个师担任预备队，即第29摩步师。这个原因，再加上第4装甲军辖下的2个罗马尼亚军虚弱不堪，导致霍特从一开始就基本无力维持其防御。

如表25和副卷附录5A所示，第4装甲集团军负责守卫的防区宽约300公里，从斯大林格勒城南郊向南延伸，经伏尔加河以西的湖区至阿斯特拉罕西面的埃利斯塔地域。霍特共有110000名将士守卫这片广阔的区域，分别隶属于经

验丰富的德国第4军（德国第371、第297步兵师和罗马尼亚第20步兵师）、罗马尼亚第6军（罗马尼亚第2、第18、第1、第4步兵师）、罗马尼亚第7军（罗马尼亚第5、第8骑兵师）、德国第16摩步师（掩护装甲集团军漫长的左翼）和德国第29摩步师（位于斯大林格勒西南方，担任预备队）。由于集团军实力太弱，无法守卫如此广阔的防线，霍特将麾下三个军中的两个、约半数力量集中在他认为最具威胁的地域——从斯大林格勒的库波罗斯诺耶南郊南延至巴尔曼察克湖中间，宽度约为90公里。即便如此，也只有德国第4军（该军位于苏军别克托夫卡登陆场对面32公里宽的防区上）辖下的各个师据守着一道拥有足够纵深的连贯防线。而罗马尼亚第6军的各个师只能据守支撑点防御，各支撑点之间的缺口相当大，虽然这些缺口据说得到了火力覆盖。

叶廖缅科斯大林格勒方面军的进攻计划要求第64、第57、第51集团军的突击群直接攻向第4装甲集团军65公里宽的防区，该防区从别克托夫卡西面的叶尔希南延至巴尔曼察克湖北岸。因此，叶廖缅科遂行进攻的兵力远胜于对手，步兵超过2比1，坦克数量约为8比1。不管怎样，斯大林格勒方面军的攻势将是一场不对等的战斗。

11月19日：准备

斯大林格勒方面军，我军部队11月19日击退了敌人在"街垒"厂附近发起的进攻……

第62集团军，北部集群（步兵第124、第149旅）在原有阵地上与敌人交火。

步兵第138师击退敌人1个步兵营和3辆坦克发起的数次进攻，继续坚守既有阵地。该师在极其困难的条件下作战。由于冰流猛烈，无法将弹药和食物运过伏尔加河，为该师提供再补给。运送弹药和食物的任务只能由飞机执行。11月19日为该师提供了10000发步枪子弹和若干箱食物。该师尚有250名战斗兵。

步兵第95师击退敌人1个步兵营11月19日16点30分从图瓦大街发起的冲击，并在燃油贮存库（"街垒"厂东南面）附近战斗。

集团军辖内的其他部队在原有阵地上与敌人交火。

第64、第57、第51和第28集团军继续坚守并加固他们的既有阵地。

红军总参谋部作战概要

1942年11月20日8点[83]

11月19日，瓦图京西南方面军和罗科索夫斯基顿河方面军投入辖内集团军进攻罗马尼亚第3集团军的防御时，叶廖缅科斯大林格勒方面军的几个集团军正忙着完成他们的进攻准备。该地域唯一的战斗发生在斯大林格勒城内，崔可夫第62集团军和舒米洛夫第64集团军继续实施坚决防御，并辅以侦察和突袭，以便将德国第6集团军和第4装甲集团军牵制在战斗中。为此，第62集团军步兵第138师继续在"街垒"厂东面顽强据守已遭到孤立的阵地，也就是所谓的"柳德尼科夫岛"。与此同时，步兵第95师竭力与崔可夫据守"红十月"厂、沿伏尔加河西岸向北延伸的狭长地带的部队，以及柳德尼科夫陷入困境的师恢复联系（参见副卷附录19A）。

斯大林格勒方面军的其他作战地域上，第64、第57和第51集团军的司令员们继续为进攻行动集结兵力，第57集团军11月19日—20日夜间实施了最后一场战斗侦察。正如本书第三章指出的那样，叶廖缅科辖内诸集团军横渡伏尔加河时严重延误主要是气候条件恶化所致，但也同运输工具（火车、驳船、卡车）短缺有关。因此，坦克第13军约三分之一的部队（连同他们的许多卡车）没能在规定时间内渡过伏尔加河，这一事实给该军的作战行动造成严重妨碍——进攻首日晚些时候，坦克第13军遭遇到德军第29摩步师。同样，类似的延误也使一些步兵部队无法将全部兵力投入战斗，将弹药和燃料运过伏尔加河送至别克托夫卡登陆场的工作也被耽搁。但在此阶段，鉴于斯大林格勒方面军对德国第4装甲集团军占据绝对兵力优势，这些延误不过是小小的不便而已。

11月20日

斯大林格勒方面军，11月20日突破敌人设在斯大林格勒城南面的防御后，歼灭2个敌步兵师，取得7—9公里进展。抓获/缴获敌俘虏和战利品……

斯大林格勒方面军占据了阵地，并在个别具有局部重要性的地段遂行战斗。

第62集团军继续坚守原先的阵地，以部分兵力击退小股敌军的进攻，11月20日与敌人交火。

步兵第138师击退了敌人1个连发起的进攻，继续坚守阵地。该师已没有弹药和食物。

集团军辖内的其他部队与敌人交火，并坚守自己的阵地。

第64、第57、第51和第28集团军遵照上级的计划展开行动。

红军总参谋部作战概要

1942年11月21日8点[84]

这份作战概要表明，即便到"天王星"行动的第二天，斯大林和他的高级军事领导人仍不愿透露斯大林格勒方面军作战地域内发生的情况，就像他们前一天对西南方面军和顿河方面军作战地域的态势发展保持沉默一样。总之，11月21日晨，苏联军方高层并不打算宣称赢得了何种胜利，除非其部队取得了重要、显而易见、不可逆转的战果。

尽管苏军高层一直缺乏信心，但斯大林格勒方面军还是在11月20日发起了进攻（参见地图17）。可是，恶化的气候导致进攻发起时间推延了2个小时。20日拂晓前不久，从北面而来的一股冷锋造成降雨、多云的气候条件，斯大林格勒及其南部的湖区大雾弥漫。没过多久，雨水转为降雪。与前一天西南方面军和顿河方面军遇到的情况一样，浓雾和低云使能见度降为200米左右，飞机无法升空，斯大林格勒方面军的炮兵也无法按计划于8点实施炮火准备，更无法对炮火加以调整。[85]此时，叶廖缅科将军待在托尔布欣将军第57集团军的前沿观察所里，这个观察所设在通杜托沃车站东南方5公里处的114.3高地上，他与最高统帅部取得联系，获准将炮火准备和突击行动推延至大雾消散。经过两次推延（每次一个小时），9点30分，叶廖缅科通知第57集团军，10点整发起炮火准备。与托尔布欣集团军遇到的麻烦一样，舒米洛夫将军的第64集团军直到14点20分才发起炮火准备。特鲁法诺夫将军第51集团军作战地域的气候条件稍好些，因而决定执行叶廖缅科的原定计划，7点30分发起炮火准备。

炮火准备的持续时间从40分钟到75分钟不等，由于大雾和降雨妨碍了观

6 集
孔纳亚车站
奥尔洛夫卡
雷诺克
戈罗季谢
古姆拉克车站
上阿赫图巴
犬罗索什卡
斯大林格勒
62 集
阿赫图巴河
中阿赫图巴
Zaplavnoe
卡尔波夫卡
拉兹古利亚耶夫卡
红斯洛博达
卡尔波夫卡车站
沃罗波诺沃叶利尚卡
新罗加奇克
旧罗加奇克
371 步师
步 96 旅
4 军
步 97 旅
步 93 旅步 7 军
拉科季诺
齐边科
297 步师
海步 66 旅
叶尔希
别克托夫卡
64 集
瓦尔瓦罗夫卡
步 29 师
伊阿戈德内
海步 54 旅
步 204 师
步 157 师
红军城
伏尔加河
近步 36 师
萨列普塔
罗 20 步师
步 38 师
坦 13 军
安德烈耶夫卡
伊万诺夫卡
小恰普尔尼基
29 摩师
步 169 师
大恰普尔尼基
57 集
上察里岑斯基
通杜托沃
步 422 步 143 旅
步炮 177 营
赖哥罗德
4 装集
4
科沙雷
机炮 45 营
橡树峡谷
罗 2 步师
萨尔帕湖
京古塔车站
京古塔
近步 15 师
罗 18 步师
74 公里车站
察察湖
罗 6 军
察察
骑 4 军
骑 61 师
骑 81 师
罗 4 集
步 126 师
坦 55 团
阿布加涅罗沃车站
普洛多维托耶
机 4 军
坦 158 团
机 36 旅
机 59 旅
机 60 旅
51 集
阿布加涅罗沃
步 302 师
巴尔曼察克湖
沃佳纳亚
阿克赛
舍列斯托夫
戈罗多维科沃
小杰尔别特
机炮 51 营
罗 8 骑师

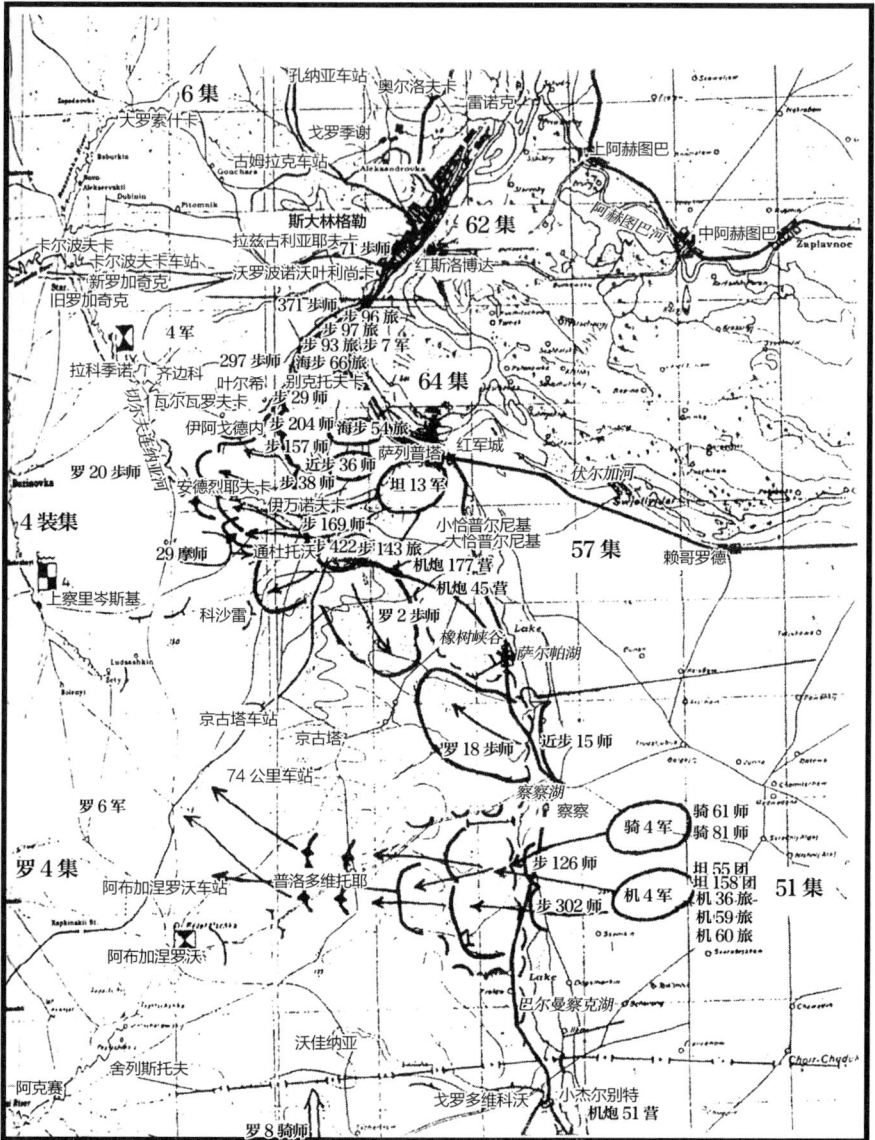

地图 17 斯大林格勒方面军的攻势：1942 年 11 月 20 日 22 点的态势

察，只对预先确定的目标发起炮击。观察和调整的缺乏严重限制了炮火准备的有效性。天气条件也使空军第8集团军无法参与进攻准备并为地面部队的突击提供空中支援——当天下午，坦克第13军非常希望己方战机出现在空中。

虽然缺乏有效的炮火和空中支援，但除了第64集团军的作战地域，其他各处发起的步兵初步突击都进展顺利。因此，第57和第51集团军按照计划在中午前后投入了他们的快速部队。

第64集团军的突击

舒米洛夫将军的集团军14点20分展开75分钟的炮火准备，15点35分发起地面突击。[86]在坦克第13、第56旅约40辆坦克的支援下，步兵第157、第38、第204师沿12公里宽的地域向西发起突击，这片地域从伊万诺夫卡西面的切尔夫连纳亚河（Chervlenaia）北岸向北延伸至叶尔希东面。行动中，他们同第57集团军的突击群密切配合，第57集团军投入的是步兵第169和第422师，这两个师从切尔夫连纳亚河南部向西发起突击。第64集团军的3个突击师攻向德军第297步兵师第523团，该团据守着叶尔希镇及其周边的筑垒地域，另外还有罗马尼亚第20步兵师，该师的两个团守卫着从叶尔希南延至切尔夫连纳亚河北岸这片地域，第三个团位于第4装甲集团军第4军最右翼，据守着一片3公里宽的防区，从河流南岸至哈拉乌松（Khara-Uson）和通杜托沃车站。

除了叶尔希地域，舒米洛夫的突击部队在各处迅速取得进展。突击群右翼和中央地带，步兵第157和第38师取得4—5公里进展，较为轻松地克服了罗马尼亚第20步兵师左翼的前沿战术阵地。步兵第38师夺取了伊万诺夫卡以西4公里、切尔夫连纳亚河北岸的安德烈耶夫卡后，步兵第157和第38师向西、西北方推进，赶往别克托夫卡西南方10—18公里处纳里曼（Nariman）和亚戈德内（Iagodnyi）的接近地。可是，在突击群右翼，面对德军第297步兵师第523团在叶尔希及其北面的顽强防御，步兵第204师的进攻发生了动摇，尽管当天下午和傍晚发起多次冲击，但进展极其有限。

第57集团军的突击

当日最具戏剧性的进展发生在托尔布欣将军第57集团军的进攻地域。[87]10

点至11点15分，集团军实施了75分钟炮火准备，最后5分钟是"喀秋莎"火箭炮齐射。11点15分，突击群投入进攻，集团军远程炮兵开始将炮火向敌防御纵深延伸。[88]突击群编成内的步兵第143旅、步兵第422和第169师从左至右部署，沿8公里宽的作战地域发起突击，这片地域从库利图尔内（Kulturnyi）向北延伸，经哈拉乌松至切尔夫连纳亚河南岸的埃尔杰什金（Erdeshkin）。据守该地域的是罗马尼亚第20步兵师的右翼团和罗马尼亚第2步兵师，该师的实力令人沮丧，只有4个步兵营外加1个连。[89]苏军突击群从中央和右翼发起进攻，步兵第422和第169师分别获得坦克第235、第90旅共54辆坦克的支援。另外，在当日的进攻中，要么是叶廖缅科，要么是托尔布欣，决定以坦克第13军独立坦克第176团的28辆坦克加强步兵第422师的突击。有趣的是，此举违反了机械化和坦克部队的使用原则，按照规定，坦克部队应当完整投入，而不能以零零碎碎的方式从事支援步兵任务。[90]

在大批坦克的支援下，两个苏军步兵师12点前轻而易举地突破了罗马尼亚第2步兵师的防御，据称，产生"坦克恐慌症"的守军四散奔逃。到当日下午，两个师已取得6—8公里进展。步兵第422师与坦克第235旅和坦克第176团相配合，一举夺取了京古塔车站北面10公里处的"54公里"会让站，日终前到达科沙雷（Koshary）东郊。步兵第169师和为其提供支援的坦克第90旅同样进展顺利，先后攻克哈拉乌松、埃尔杰什金和纳里曼，当日下午到达铁路线以西3—5公里处绍沙峡谷（Shosha）东接近地。

与此同时，第57集团军突击群左翼的步兵第143旅发起进攻，在罗马尼亚第2与第18步兵师的结合部附近突破了罗马尼亚第6军的防御，随即转身向南，以夺取萨尔帕湖以西10—12公里处的莫罗佐夫（Morozov）村和霍米亚科夫（Khomiakov）村。他们的任务是与第51集团军近卫步兵第15师会合，该师正从京古塔东北方10—15公里处、卡缅斯基（Kamenskii）村附近、萨尔帕湖南面的沙利莫夫（Shalimovo）地域向西北方攻击前进。叶廖缅科希望以第57和第51集团军毗邻侧翼发起的这场钳形攻势包围罗马尼亚第2步兵师主力和第18步兵师左翼团。正如叶廖缅科预期的那样，两股突击部队会合，并于11月20日—21日夜间接受了被困在萨尔帕湖以西包围圈内的罗马尼亚军队的投降。第57集团军初步突击取得的胜利，使得罗马尼亚第2、第18步兵师的残部陷入了混乱。

按照托尔布欣将军的进攻计划，如果突击群2个步兵师的地面进攻取得胜利，塔纳希申上校的坦克第13军将于11月20日中午前后穿过哈拉乌松与库利图尔内之间5公里宽的突破地域，沿前进中的步兵第422和第169师的结合部发展胜利。11月10日—19日从塔季扬卡（Tat'ianka）和斯韦特雷亚尔（Svetlyi Iar）渡过伏尔加河后，该军将以两个旅级纵队组成的两路梯队投入战斗，机械化第62和第61旅从左至右部署在第一梯队，机械化第17旅位于第二梯队，跟随在第62旅身后。三个机械化旅各编有1个坦克团，分别是第17旅的坦克第44团、第61旅的坦克第176团、第62旅的坦克第163团，每个团拥有41辆中型、轻型坦克。另外，该军还有两个独立坦克团（第166和第35团），各有约35辆坦克。两个旅级纵队投入战斗时，相距3—4公里。[91]

可是，恶劣的天气给部队的重新部署造成延误，11月20日清晨，塔纳希申坦克军的三分之一仍在伏尔加河东岸，其中包括独立坦克第35和第166团。因此，叶廖缅科将该军投入战斗的时间推迟至当日晚些时候。另外，托尔布欣还抽调了该军机械化第61旅的坦克第176团以及军里的大部分车辆，将其交给步兵第422师，支援步兵的进攻。这就意味着坦克第13军进入突破口时，只有约78辆坦克，攀附在坦克上的步兵也只有三分之一。

遵照托尔布欣的命令，塔纳希申坦克第13军16点20分投入行动，但此时天色已晚，战场上的硝烟和悄然来临的夜色使该军很难穿越积雪覆盖的地形和不时打断单调平地的诸多峡谷和冲沟。[92]由于该军的大部分卡车被抽调，机械化步兵第61和第62旅的摩托化步兵们只能步行前进。但是，两个旅各自派出其摩托化步兵第1营，搭乘坦克第176和第163团的30辆坦克率领这场突击。每辆坦克搭载6—10名步兵，两个团排成连级纵队全速投入战斗，每个旅辖内另外两个摩托化步兵营的步兵们在身后步行跟进。

机械化第62、第61旅的坦克第163、第176团，以及步兵第169和第422师以这种多少有些笨拙的方式，越过了罗马尼亚第2步兵师退却中的残部，进入敌战役纵深。但是，由于大部分步兵依靠步行，坦克第13军的先遣坦克团朝西北方只取得10—15公里进展，夜幕降临前到达纳里曼东接近地，未能实现沿纳里曼、瓦尔瓦罗夫卡和拉科季诺方向推进30—40公里的计划。塔纳希申的先遣坦克团逼近纳里曼时，他的步兵远远落在坦克后方，整个军已过度拉伸。由于电台性能不佳或车组人员操作不善，前进中的各坦克排失去了相互间的联系，这给指挥控制工作造成极大妨碍。

另外，11月20日—21日夜间，机械化第62旅辖下的摩托化步兵第2营在黑暗中迷失方向，偏离了他们的进攻路线。该营没有跟随坦克第163团（机械化第62旅辖下的摩托化步兵第1营搭乘该团的坦克），而是向西赶往泽特（Zety）村，该村位于机械化第4军的作战地域内。因此，机械化第62旅最需要支援的时候，却无法得到援兵。德军第4装甲集团军利用坦克第13军进攻的延误和行军队列的过度拉伸，将担任预备队的第29摩步师投向对方的前进路线，引发了一场最引人注目的激战，并使斯大林格勒方面军本应取得胜利的进攻突然间受挫。德军第29摩步师偶然出现在苏军蔚为壮观的推进中，这是暗淡阴郁的一天中出现的一个亮点，为结束凄惨的后撤和沮丧提供了一丝希望。

11月19日—20日夜间，汉斯-格奥尔格·莱泽中将的第29摩步师位于卡尔波夫卡南面、切尔夫连纳亚河以西的集结区。这个较为新锐的师拥有59辆坦克（7辆二号、32辆三号、18辆四号、2辆指挥坦克），大部分隶属第129装甲营。该师正在休整，准备进军阿斯特拉罕，但进行野外训练时，突然接到了投入战斗的命令。是斯大林格勒方面军发起进攻后霍特将军通过电话与B集团军群取得了联系，还是他主动采取了行动，这一点不得而知，但10点30分，霍特命令莱泽师，待苏军快速部队逼近纳里曼时，从南面对其左翼发起打击。

第29摩步师连续发起进攻，先打击第57集团军从纳里曼向西北方进军的步兵第169师和坦克第90旅的先遣部队，后又攻向坦克第13军机械化第62旅以及伴随该旅的坦克第163团。第29摩步师的反冲击不仅出乎苏军的意料，而且适逢塔纳希申坦克第13军最脆弱的时刻，该军辖下各坦克连尚未从行军队形转为战斗队形（德国和苏联方面对这场遭遇战所作描述的夸大和矛盾之处，可参见副卷附录5K）。[93]莱泽的装甲掷弹兵和坦克先是攻向Ia.F.叶廖缅科上校的步兵第169师，迫使该师退却。M.I.马雷舍夫中校的坦克第90旅迅速做出应对，与第29摩步师装甲部队展开战斗并击毁对方数辆坦克，这才挽救了态势。但是，这场不平等的交锋导致纳里曼暂时丢失，马雷舍夫损失了8辆坦克（2辆T-34被烧毁，3辆KV和1辆T-34被击毁，1辆T-34和1辆T-70被地雷炸毁）。叶廖缅科上校的步兵师阵亡93人，负伤257人。[94]

　　叶廖缅科上校的步兵和马雷舍夫中校的坦克夺取纳里曼，随后同德军第29摩步师发生遭遇战时，I.K.莫罗佐夫上校的步兵第422师和为其提供支援的坦克第176团从"54公里"会让站赶往科沙雷期间也遇到些问题。坦克第176团下午3点左右开始发展胜利，但误入罗马尼亚军队布设的雷区，行动发起时的28辆坦克损失了24辆：19辆T-34和3辆T-70被地雷炸毁，1辆T-34和1辆T-70被反坦克炮火击毁。[95]

　　德军第29摩步师在纳里曼附近击败苏军步兵第169师和坦克第90旅后，莱泽的坦克和装甲掷弹兵还将坦克第13军机械化第62旅的坦克第163团打得措手不及，重创该团和支援该团的摩托化步兵第1营，以及步兵第169和第422师的一些步兵部队。最新出版的俄罗斯军事史勉强提及第29摩步师的凶猛反击，但对其造成的损失避而不谈：

　　11月20日晚，［第29摩步师］对I.K.莫罗佐夫上校的步兵第422师发起反突击，当时第422师已将纳里曼夺取。与优势敌军展开一场激战后，来自远东的士兵们被迫弃守该镇。"三月八日"国营农场附近也爆发了激烈的战斗。遵照集团军司令员的命令，坦克第13军前调，以击退敌人的反突击。11月20日—21日一整晚，该军辖下的各个旅与步兵部队相配合，击退了敌人的猛烈冲锋。参加过止这场反突击的士兵和其他摩托化步兵使德军坦克兵没能完成他们受领的任务。[96]

　　第29摩步师与坦克第13军随后展开的拉锯战持续了一整晚，直到莱泽接到返回北面并加入第6集团军的命令。尽管如此，第29摩步师又于11月21日晨以其主力和全部坦克向切尔夫连纳亚河北面发起一场反突击，支援并解救被困的罗马尼亚第20步兵师，并为第297步兵师的右翼提供掩护，该师正忙着击退苏军第64集团军重新发起的进攻。最后，苏军坦克第13军逼近中的机械化第17旅和坦克第44团，在步兵第422和第169师步兵单位的支援下，设法稳定住切尔夫连纳亚河南面的态势。没等莱泽师向南打击苏军机械化第4军，魏克斯便于11月21日晚将该师调回斯大林格勒包围圈。直到这时，苏军坦克第13军才将残余部队集结起来，恢复了推进，但速度已大为减缓。

11月20日的战斗结果是，托尔布欣第57集团军粉碎、并在很大程度上歼灭了罗马尼亚第2步兵师，重创罗马尼亚第20步兵师的一个团。正如这场战斗的一份历史记述中所说的那样："第4装甲集团军的记录中写道，罗马尼亚军解体得如此之快，致使阻止溃兵的一切举措全然无效。傍晚时，集团军得出结论，罗马尼亚第6军当日上午已不具备任何值得一提的战斗力。"[97]霍特将军的参谋长范戈赫尔上校的说法支持了这一判断："数周的努力毁于一旦，在许多地段，罗马尼亚人根本没有实施抵抗——他们已沦为'一种难以形容的坦克恐慌症'的受害者。"[98]

随后，第51集团军近卫步兵第15师和第57集团军步兵第143师将罗马尼亚第2步兵师包围、歼灭在萨尔帕湖以西地域。获得第29摩步师坦克的救援后，该师寥寥无几的残部向北退却，加入罗马尼亚第20步兵师设在瓦尔瓦罗夫卡、切尔夫连纳亚河东岸的新防御阵地。

第51集团军的突击

斯大林格勒方面军第51集团军作战地域的能见度更好些，因而按计划于7点30分发起炮火准备。但气候条件还是不太好，战机无法加入这场炮击，薄雾也使炮兵无法观察并调整他们的炮火。进攻发起前，集团军司令员特鲁法诺夫将军待在他的观察所里，斯大林格勒方面军军事委员会委员尼基塔·谢尔盖耶维奇·赫鲁晓夫、方面军副司令员M.M.波波夫中将、机械化第4军军长瓦西里·季莫费耶维奇·沃利斯基和骑兵第4军军长T.T.沙普金也来到这里。拟制进攻计划时，特鲁法诺夫故意将集团军两个地面突击的时间错开，以此混淆罗马尼亚人对其主要突击地域的判断。因此，他打算于8点30分从集团军右翼的萨尔帕湖与察察湖之间地域发起突击，8点45分再从集团军左翼的察察湖与巴尔曼察克湖之间地域遂行进攻。右（北）翼，K.I.瓦西连科少将的近卫步兵第15师将与独立坦克第125营相配合，从谢姆金和沙利莫夫村附近的阵地发起进攻，突破罗马尼亚第6军第18步兵师第1、第2营的防御。左（南）翼，E.F.马卡尔丘克上校的步兵第302师和D.S.库罗帕坚科上校的步兵第126师，将在坦克第254旅的支援下，突破罗马尼亚第6军第1步兵师第93团第1营和第75团第1、第2营的防御。在最后时刻，特鲁法诺夫还命令沃利斯基将军的机械化第4军以独立坦克第55团支援步兵第302师，以坦克第158团支援步兵第126师——这又是一个明显违背机械化和坦克部队使用原则的例子。[99]

第51集团军的北突击群（瓦西连科的近卫步兵第15师和为其提供支援的坦克）8点30分发起进攻，轻而易举地突破了罗马尼亚第18步兵师两个营的防御，残敌向西和西北方逃去。瓦西连科的近卫步兵和提供支援的坦克转向西北方，18点前推进了11公里，几乎没有遭遇到抵抗，并在卡缅斯基村附近与第57集团军步兵第143旅的步兵会合。苏军已将罗马尼亚第2步兵师主力和第18步兵师约半数力量包围，近卫步兵第15师报告，日终前俘房/缴获2500名敌军士兵、550支步枪、50挺机枪、15门火炮、13门迫击炮和其他装备。[100]

第51集团军左翼攻势的发展与右翼同样顺利，尽管突击部队遭遇到罗马尼亚军队几个支撑点更加顽强的抵抗。在这里，步兵第302和第126师8点45分投入进攻，各自获得坦克第254旅（28辆坦克）约半数力量的支援。进攻发起后不久，机械化第4军派坦克第55和第158团（各有40辆坦克）支援两个突击步兵师，以加快他们的推进速度，并率领机械化第4军的后续发展。A.A.阿斯拉诺夫中校的独立坦克第55团沿步兵第302师的推进路线而行，F.V.切尔内中校的独立坦克第158团穿过步兵第302师的作战队形。苏军步兵的突击轻而易举地突破了罗马尼亚第1步兵师设在察察湖与巴尔曼察克湖之间6公里宽的防线。罗马尼亚人的防御极其松散，毫无连贯性，纵深也只有4—5公里，达成突破后，苏军突击部队向西疾进，13点前取得10公里进展。

苏军进攻部队遭遇到的唯一顽强抵抗发生在罗马尼亚防御前沿以西7公里处的87.0高地。据守该高地的是罗马尼亚第1步兵师预备第2营和第85团，据说还有2个德军88毫米高射炮连。由于87.0高地坐落在步兵第302和第126师的结合部，因而这两个师的部队和支援他们的坦克都试图以正面进攻和包围的方式夺取该高地。薄雾终于在10点消散，但罗马尼亚人继续坚守他们的支撑点，直到苏军独立坦克第55和第158团11点赶至。随后，经过一场20分钟的战斗，守军放弃该高地并后撤，据称，他们混乱地向西逃窜。[101]方面军副司令员波波夫将军在第57集团军的观察所里注视着战斗的进展，他打电话给叶廖缅科，汇报了集团军取得的战果，并获准命令沃利斯基的机械化第4军和沙普金的骑兵第4军发起进攻，穿过突破口。攻克87.0高地后，步兵第126师和提供支援的坦克向西疾进，而步兵第302师主力前出至出发阵地以西10公里处的扎哈罗夫农场郊区。[102]

虽然11点20分已接到发起进攻的命令，但沃利斯基机械化第4军的两个先遣机械化旅直到13点左右才离开他们的出发阵地。苏联方面的评述将这一延误归咎于几个因素：该军高级指挥人员缺乏经验，前进接敌训练不足；由东向西的某些道路被运送伤员和战俘离开战场的车辆堵塞；在机械化第59旅的作战地域，需要肃清罗马尼亚人布设的地雷。

另外，机械化第4军还把150辆卡车移交给第51集团军辖下的步兵师，以加快他们的前进速度，致使该军许多摩托化步兵只能步行或搭乘坦克向前推进。这场延误造成了极大的麻烦和混乱，方面军政委赫鲁晓夫亲自赶到A.G.卡拉佩强中校的机械化第60旅（位于机械化第4军右路纵队），设法弄清并解决问题，并对该旅旅长"大加责备"。[103]在这场近2小时的延误期间，步兵第302和第126师继续前进，后者夺取了出发阵地以西12公里处的别西洛夫（Bessilov），前者到达巴尔曼察克湖西岸的卡祖韦耶夫（Kazuveev）接近地。

13点，沃利斯基将军的机械化军终于发起推进，卡拉佩强的机械化第60旅居右，V.F.斯坚申斯基上校的机械化第59旅居左，M.I.罗季奥诺夫中校的机械化第36旅位于第59旅身后。该军的任务是纵深突破至顿河畔卡拉奇东南方18公里处的苏维埃茨基村附近，在那里同西南方面军的快速部队会师。第51集团军辖内其他部队的任务是沿顿河和阿克赛河构设合围对外正面，阻止德军从东南方向斯大林格勒发起反突击。

尽管沃利斯基的机械化军终于发起了推进，但前进速度太过缓慢，这是因为罗马尼亚人布设的地雷、缺乏像样的道路，以及穿越大致平坦但遍布峡谷和冲沟的地形时所遭遇的困难。到达战役纵深后，机械化第4军向西发展，赶往其前进集结区以西20公里处的普洛多维托耶（Plodovitoe），最前方的机械化第36旅基本沿一条行军路线向前推进。该旅逼近普洛多维托耶时，罗季奥诺夫派N.A.多罗什克维奇少校的坦克第26团在行进间夺取该镇。可是，据守该镇的是罗马尼亚第18步兵师的侦察营和工兵营，并得到至少一个德军88炮连的支援，他们实施了顽强抵抗。机械化第36旅和坦克第26团与镇内意志坚定的守军展开一场激战，机械化第4军的部队最终于11月21日清晨以合围的方式攻占了普洛多维托耶镇。该军辖下的主力旅20点前进入普洛多维托耶地域，但是，这与他们的既定目标，西北方48公里处的上察里岑斯基（Verkhne-Tsaritsynskii）相距甚远。

11月20日—21日夜间，没等普洛多维托耶的战斗结束，第51集团军司令员特鲁法诺夫便命令沃利斯基将机械化第60旅和坦克第21团派往西北方20公里外的京古塔车站，派机械化第59旅、坦克第20团和独立坦克第55团向西赶往20公里外的"74公里"会让站和阿布加涅罗沃车站。他们应夺取这两座火车站，切断从萨利斯克（Sal'sk）北延至斯大林格勒的铁路线。特鲁法诺夫要求沃利斯基的部队立即出发，通过夜间强行军夺取目标。奉命行事的机械化第59和第60旅从北面和南面绕过普洛多维托耶，在夜色中向前推进，消灭或俘虏了沿途遇到的罗马尼亚散兵游勇，11月21日拂晓夺取了两个目标。该军向京古塔车站推进时，包围并消灭了罗马尼亚第2步兵师试图从萨尔帕湖地域向西逃窜的一个团，缴获大批武器装备。日终前，沃利斯基的200辆坦克损失了50辆，其中20辆被敌军火力击毁，其他的发生了机械故障。[104]

由于机械化第4军投入第51集团军突破口的行动有所延误，沙普金骑兵第4军辖下的骑兵第61和第81师直到11月20日22点才得以加入发展行动。投入战斗后，两个骑兵师跟随机械化第4军赶往普洛多维托耶。骑兵第81师向西疾驰，冲向阿布加涅罗沃车站，以切断萨利斯克—斯大林格勒铁路线，而骑兵第61师开始夺取普洛多维托耶西南方18公里处的阿布加涅罗沃镇。该骑兵军的总体任务是掩护机械化第4军的左翼，阻挡敌预备队逼近，最终前出至集团军左翼的顿河河段。

尽管沃利斯基的机械化第4军遭遇到一些困难，但第51集团军的突击取得了出色的战果。他们重创了罗马尼亚第1、第18步兵师，包围并俘虏了对方大部分士兵，随后又将罗马尼亚第2步兵师切断并俘虏了其大部分残部，该师当时正企图逃离第57集团军从萨尔帕湖西北方发起的进攻。罗马尼亚第6军的预备队——第6"龙骑兵"团第2机械化中队和1个摩托化105毫米炮兵连——试图发起反冲击，但这一尝试失败了，第6"龙骑兵"团的一部遭到包围后悉数就歼。11月20日日终时，罗马尼亚第6军已不再是一个有效的军事组织。第51集团军快速部队前方的道路敞开了，他们可以完全不受阻碍地向前推进。

第 28 集团军

作为斯大林格勒方面军进攻首日遂行的军事行动的组成部分，V.F.格拉西缅科中将规模较小的第28集团军的任务是固守方面军位于阿斯特拉罕地域和卡尔梅克草原的左翼，并同高加索地区的苏军保持松散的联系（参见地图18）。11天前的11月9日，格拉西缅科集团军奉命对德军第16摩步师位于胡尔胡塔镇（Khulkhuta）及其周边的先遣部队展开行动，该镇位于乌塔（Utta）以东40公里处，与该师设在埃利斯塔的主基地相距175公里。[105]

根据这一指示，格拉西缅科11月13日下达了9号令，要求他的集团军向西推进，肃清胡尔胡塔、乌塔和埃利斯塔公路之敌。I.I.古巴列维奇少将的近卫步兵第34师，将在独立坦克第565营、步兵第248师第905团搭乘卡车的1个快速营、近卫迫击炮第76团的支援下，沿乌塔公路向西实施集团军的主要突击，并夺取胡尔胡塔镇。独立步兵第152旅沿与近卫步兵第34师平行、但稍稍偏南的路线推进，负责夺取相齐克村（Siantsik），并派一个加强连火速向前，攻占德军设在乌塔镇的机场。北面，步兵第248师第899团将从100公里外的萨尔帕地域攻向乌塔镇。

第28集团军的初步推进以失败而告终，德军第16摩步师第60团第2营的一个摩托化战斗群和第116装甲营，在通往乌塔镇主公路南面的一条道路上拦截并消灭了独立步兵第152旅的先遣支队（获得加强的第4营）。只有4名红军士兵在战斗中生还，红军总参谋部为此严厉申斥了格拉西缅科。[106]第28集团军其他地段的行动同样进展甚微，德军摩托化步兵利用其机动性挡住了苏军的推进。

遵照斯大林格勒方面军的最新指示，11月19日2点，格拉西缅科为"天王星"行动的初期阶段向辖内部队下达了52号令：

1. 遵照52号作战令，11月19日—20日夜间展开行动。

2. 对敌发起进攻：

　a. 近卫步兵第34师1942年11月20日3点投入进攻。

　b. 近卫坦克第6旅，以其摩托化步兵营和独立步兵第152旅的1个营，1942年11月20日3点投入进攻，余部应于1942年11月20日6点前出至相齐克村。

　c. 独立步兵第152旅（欠摩托化步兵营），在一个摩托化步兵连的加强下，应于1942年11月20日3点占领乌塔机场，余部应于1942年11月20日6点前出至相齐克村。[107]

　　根据这道命令，第28集团军辖内部队对胡尔胡塔镇发起进攻。据守该镇的是第16摩步师第60摩步团，11月17日，该团刚刚接替了师里的第156摩步团。古巴列维奇的近卫步兵第34师将对德军防御发起正面冲击，而坦克和步兵旅将绕过该镇，分别从北面和南面攻向胡尔胡塔镇西面公路上的相齐克村。另外，步兵旅辖下的快速连将完成对乌塔机场的突袭，步兵第248师第899团则从北面赶往乌塔镇。此时，德军第156摩步团的一个营守卫着相齐克村，另一个营在第116装甲营30—40辆坦克的支援下据守亚什库利（Iashkul'），第60摩步团则以15—20辆坦克守卫着胡尔胡塔镇。[108]

　　一场空中突击后，11月19日16点至20点，第28集团军各部队前进接敌，11月20日3点30分至4点到达突击阵地。接下来便是一场持续一整天的激战，在

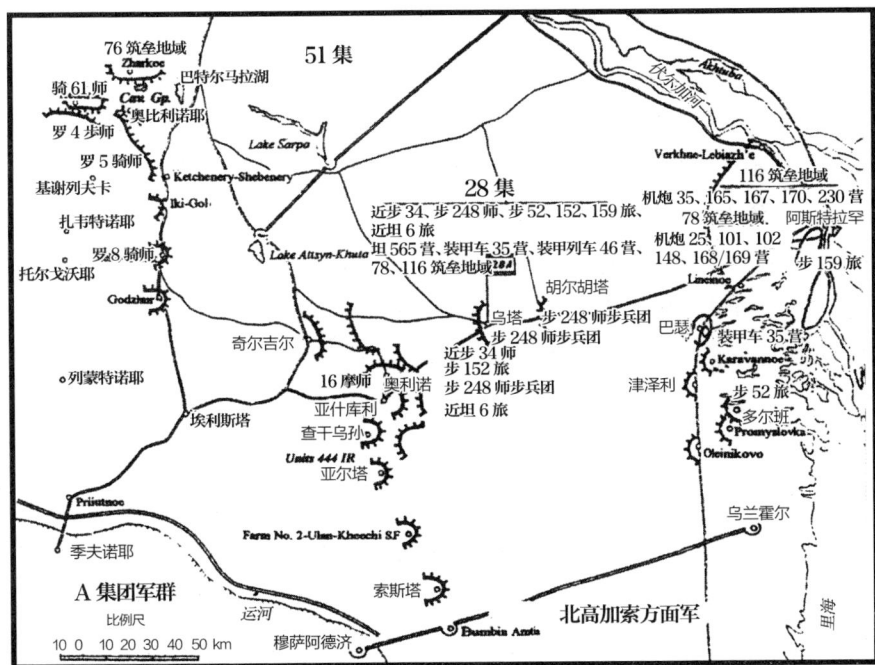

地图 18 第 28 集团军的作战地区

此期间，近卫步兵第34师占领胡尔胡塔镇东郊，德军第16摩步师第156摩步团的一部解救了镇内守军。11月20日—21日夜间，格拉西缅科命令辖内部队晨时恢复进攻，可没等他们再度发起冲击，什未林将军便命令第60摩步团撤退，将该镇丢给苏军第28集团军。

A集团军群在11月21日的作战日志中称，第156摩步团差一点被彻底包围在胡尔胡塔镇，最终被第60摩步团解救：

16点，第16步兵师（摩托化）师长冯·什未林少将报告，驻守在胡尔胡塔镇附近的团昨日差一点被包围。当晚，第二个团（第60装甲掷弹兵团）发起救援，这才避免了一场包围。三个连（包括其装备）被消灭。俄国人没有发起追击。他（冯·什未林）打算在乌塔留下一支后卫部队（他也在那里），将师主力撤至亚什库利附近的既设阵地。[109]

经过这场突击，第28集团军的部队11月21日占领了胡尔胡塔镇，迫使第16摩步师一路退至亚什库利附近更加坚固的筑垒地域，并留下一支小股部队守卫乌塔镇。

第28集团军为胡尔胡塔镇的胜利付出了高昂的代价：近卫步兵第34师报告，阵亡680人，800人负伤；步兵第152旅阵亡91人，82人负伤；近卫坦克第6旅损失9辆坦克，其中5辆发生机械故障，另外4辆被烧毁。[110]德军在这场战斗中的伤亡情况不明。虽说付出了高昂的代价，但第28集团军踏上了赶往埃利斯塔的征途，而德军第16摩步师跨过贫瘠的卡尔梅克草原，开始了一路向西的漫长撤退。

总结

对德国第4装甲集团军而言，斯大林格勒方面军11月20日的攻势不啻为一场灾难。叶廖缅科的突击基本上歼灭了罗马尼亚第6、第7军，在此过程中摧毁了B集团军群大半个右翼。虽然第29摩步师的突然出现令前进中的第57集团军和方面军司令部猝不及防，但事实证明，该师的介入效果很短暂。德方观点坚信，如果批准莱泽继续遂行反突击，第29摩步师也许能重创第57集团军的坦克第13军和第51集团军的机械化第4军, 但以此来彻底挫败斯大林格勒方面军的攻势纯属妄想, 原因有以下几个。

首先, 莱泽师赢得重大胜利是因为塔纳希申坦克军没能将其全部力量投入战斗, 德军装甲部队和摩托化步兵在苏军进攻首日迎战的是坦克第13军不到半数力量——3个机械化旅中的2个, 5个坦克团只投入了2个, 约90辆坦克。塔纳希申剩余的力量, 1个机械化旅和3个坦克团, 100余辆坦克, 直到11月20日晚或21日晨才到达战场, 加强并恢复了该军的进军势头。尽管如此, 塔纳希申此后的推进速度远比叶廖缅科和托尔布欣希望的要慢。

其次, 第29摩步师遂行反突击的背景情况使该师赢得的显著胜利全然无效, 也使其影响变得非常短暂。第一天的战斗结束时, 第57和第51集团军的攻势已重创罗马尼亚第6、第7军, 导致莱泽的装甲掷弹兵几乎是在战场上孤身奋战。反过来看, 罗马尼亚军队的崩溃也使霍特别无选择, 只能将莱泽师撤往西北方, 掩护罗马尼亚第20步兵师后撤, 从而确保德国第4军脆弱的右翼。德军第29摩步师和罗马尼亚第20步兵师安全撤离的唯一方向是西北方, 进入即将形成的斯大林格勒包围圈。

至于罗马尼亚第6军, 苏军发起进攻不到24小时, 该军辖下第2和第18步兵师的大部分士兵便被击毙或俘虏。幸存者跟随罗马尼亚第1步兵师支离破碎的残部逃向西南方。为挽救态势, 罗马尼亚第7军将第5、第8骑兵师之一部(第4 "龙骑兵" 团、第3摩托化 "轻骑兵" 团、第2骑炮兵团的1个营)作为一支机动预备队派至阿克赛地域。这股微薄的力量, 加上罗马尼亚第2、第18步兵师的残部, 是轴心国守卫从顿河东延至阿克赛地域70公里宽的防线唯一可用的兵力。

东南方更远处, 罗马尼亚第7军辖下的第4步兵师和第5骑兵师, 据守着从小杰尔别特和萨多沃耶(Sadovoe)南延至奥比利诺耶(Obil'noe)55公里宽的防区, 德军第16摩步师掩护着亚什库利和埃利斯塔的接近地, 而第2 "轻骑兵" 团不得不守卫奥比利诺耶与第16摩步师之间80多公里宽的地域。简言之, 德国第4装甲集团军在斯大林格勒南面的防御极其脆弱, 这意味着阿克赛和科捷利尼科沃地域很快将成为B集团军群(霍特装甲集团军的实力已所剩无几)与斯大林格勒方面军争夺的重点。

注释

1. 许多资料证实了11月19日晨的恶劣气候，其中包括红军总参谋部的每日作战摘要；苏军保密的作战行动研究报告，例如克拉夫钦科的《斯大林格勒反攻中，坦克第5集团军的进攻行动，1942年11月19日—25日》，第26页；作战行动分析报告，例如罗科索夫斯基的《伏尔加河畔的伟大胜利》，第261页；第6集团军生还者的记述；主要基于德方资料的专著，例如齐姆克和鲍尔的《从莫斯科到斯大林格勒：东线决战》，第468页；还包括一些更受欢迎的著作，例如安东尼·比弗的《斯大林格勒：决定命运的围攻，1942—1943年》（纽约：维京出版社，1998年），第239页。苏军刻意选择恶劣的天气发起进攻，从而使罗马尼亚人和德国人丧失了他们通常都很致命的空中支援。

2. 例如，顿河方面军第65集团军辖下的步兵第304师11月10日实施了一场战斗侦察，据该师报告，他们从罗马尼亚第1骑兵师抓获了31名俘虏。两天后，步兵第24师发起突袭，据说俘虏了德军第376步兵师的30名士兵。参见巴托夫的《在行军和战斗中》，第180—181页。巴托夫称，由于这些和另外一些侦察行动，他的情报处和顿河方面军情报部确定了德军坦克和步兵集结在第6集团军左翼后方的上布济诺夫卡地域。他明确指出："11月13日获得的情报［表明］40辆坦克（第14装甲师）位于齐姆洛夫斯基和奥列霍夫斯基［克列茨卡亚南面和东南面15公里处］，30辆坦克位于洛戈夫斯基［克列茨卡亚以东15公里处］，12辆坦克位于奥辛基［克列茨卡亚东南偏东20公里处］，锡罗茨基和卡梅申卡各有10辆坦克。11月14日—16日，侦察行动确定第14装甲师第32团从伏尔加河调至上布济诺夫卡。"虽说这些报告存在某些错误之处，一些德军坦克被重复统计，但报告表明第6集团军最终将第14装甲师调至上布济诺夫卡地域。当时，该师第36装甲团（巴托夫误判为第32团）共有50—55辆坦克，但这些坦克并非都能随时投入战斗。

3. 罗科索夫斯基，《伏尔加河畔的伟大胜利》，第260—261页。

4. 克拉夫钦科，《斯大林格勒反攻中，坦克第5集团军的进攻行动，1942年11月19日—25日》，第26页。

5. 罗科索夫斯基，《伏尔加河畔的伟大胜利》，第261页。

6. 同上，第260—262页。

7. 《红军总参谋部1942年11月20日8点的324号作战概要摘录》（*Izvlechenie iz operativnoi svodkoi No. 324 General'nogo shtaba Krasnoi Armii na 8.00 20.11. 42 g*），V.A.日林（主编）的《斯大林格勒战役：编年史、真相和人物，两卷本》，第二卷；档案引自*TsAMO RF, f. 16, op. 1072ss, d. 11,11.* 第125—131页。

8. V.E.塔兰特，《斯大林格勒：对这场痛苦的剖析》（伦敦：利奥·库珀出版社，1992年），第105页，作者没有提及信息的来源。

9. 对苏军突击行动的详细阐述及其时间表，可参阅罗科索夫斯基的《伏尔加河畔的伟大胜利》，第261—265页；克拉夫钦科的《斯大林格勒反攻中，坦克第5集团军的进攻行动，1942年11月19日—25日》，第26—29页；奇斯佳科夫的《奉祖国之命：伟大卫国战争中近卫第6集团军的战斗历程》，第36—38页；马克·阿克斯沃西等人合著的《第三轴心第四盟友：欧战中的罗马尼亚军队，1941—1945年》，第89—92页。11月19日—21日及之后的详细作战地图，可参阅戴维·M.格兰茨的《斯大林格勒战役地图集：红军的攻势，1942年11月19日—1943年2月2日》（宾夕法尼亚州卡莱尔：自费出版，2000年）。

10. 瓦尔特·格尔利茨，《保卢斯与斯大林格勒：陆军元帅弗里德里希·保卢斯传，他的笔记、书信和文件》，第201页；海因茨·施勒特尔，《斯大林格勒》（纽约：百龄坛出版社，1958年），第61—62页。施勒特尔是派驻第6集团军的一名记者，1948年撰写了该书，但这本著作被认为不太可信。

11. 参见第48装甲军作战处26 775/2文件中的《第48装甲军每日报告，1942年11月18日21/22点签发》（Tagesmeldung, XXXXVIII Pz. K., 18.11.1942 2100/2200 Uhr）。关于罗马尼亚第1装甲师的实力，不同的数字可参阅马克·阿克斯沃西等人合著的《第三轴心第四盟友：欧战中的罗马尼亚军队，1941—1945年》，第89页。海姆的报告收录在瓦尔特·格尔利茨《保卢斯与斯大林格勒：陆军元帅弗里德里希·保卢斯传，他的笔记、书信和文件》一书第199页，报告中称，第22装甲师只有40辆坦克，包括5辆捷克制38(t)型，罗马尼亚第1装甲师有108辆坦克，包括87辆38(t)型。实际上，罗马尼亚人的坦克大多为R-2型，这是按照T-35(t)的生产许可证制造的。

12. 第14装甲师的坦克数量也是个颇具争议的话题。例如，瓦尔特·格尔利茨在《保卢斯与斯大林格勒：陆军元帅弗里德里希·保卢斯传，他的笔记、书信和文件》一书第199页引用海姆的报告，称第14装甲师有51辆坦克；马克·阿克斯沃西等人合著的《第三轴心第四盟友：欧战中的罗马尼亚军队，1941—1945年》，第89页指出该师只有36辆坦克；而第6集团军的报告则指出，该师11月18日尚有55辆坦克：5辆二号、9辆三号短身管、17辆三号长身管、5辆四号短身管、12辆四号长身管、5辆三号75毫米主炮、2辆指挥坦克，参见《第6集团军作战日志附件册，第一卷，1942年9月14日至11月24日》，第296页，第51军晨报，1942年11月18日6点签发（Morgenmeldung L I . A.K. A.O.K. 6,1.a, 0600 Uhr, 18.11–42）。

13. 与希特勒商讨后，11点50分，蔡茨勒将这道命令发给B集团军群，要求第48装甲军停止前进，立即转身向左。参见第48装甲军作战处26 775/2文件中的《B集团军群作战处致第48装甲军，1942年11月19日11点50分签发》（HGr B/la an XXXXVIII Pz. K. vom 19.11.1942, 1150 Uhr）。

14. 第21集团军进攻行动的详情，可参阅奇斯佳科夫的《奉祖国之命：伟大卫国战争中近卫第6集团军的战斗历程》，第36—37页；A.M.萨姆索诺夫，《斯大林格勒战役》，第371页；马克·阿克斯沃西等人合著的《第三轴心第四盟友：欧战中的罗马尼亚军队，1941—1945年》，第91页。

15. K.K.罗科索夫斯基，《军人的天职》，第200页。

16. P.I.巴托夫，《在行军和战斗中》，第190页。

17. 克拉夫钦科，《斯大林格勒反攻中，坦克第5集团军的进攻行动，1942年11月19日—25日》，第27页。

18. 对于坦克第157旅旅长究竟是谁这个问题，苏联方面的资料较为混乱。官方保密资料《1941—1945年，伟大卫国战争期间苏联武装力量军、师级指挥员》（Komandovanie korpusnogo i divizionnogo zvena Sovetskikh vooruzhennykh sil perioda Velikoi Otechestvennoi voiny, 1941—1945 gg., 莫斯科：苏联国防部总干部部，1964年），第448页指出，1942年6月6日至12月8日，该旅旅长是A.S.舍夫佐夫少校。但是，M.F.帕诺夫编撰的坦克第26军军史，《在主要突击方向上》（Na napravlenii glavnogo udara，莫斯科：谢尔宾卡出版社，1995年），第14—20页指出，I.I.伊万诺夫中校在进攻发起前夕替代了舍夫佐夫，11月19日—20日夜间，该旅对乌斯季梅德韦季茨基北面8公里的86号国营农场发起突击，伊万诺夫死于德军炮火，该旅参谋长P.S.马胡尔少校接替了他。

19. A.M.萨姆索诺夫，《斯大林格勒战役》，第368页，引自档案TsAMO SSSR, f. 331, op. 5041, d. 20,1. 第31页。

20. 据守布利诺夫斯基村支撑点的据说是罗马尼亚的两个炮兵团和罗马尼亚第14步兵师的一个预备步兵营，参阅克拉夫钦科的《斯大林格勒反攻中，坦克第5集团军的进攻行动，1942年11月19日—25日》，第27页。

21. 同上。据瓦尔特·格尔利茨在《保卢斯与斯大林格勒：陆军元帅弗里德里希·保卢斯传，他的笔记、书信和文件》一书第200页称，海姆将军报告，守卫布利诺夫斯基村（德国人称之为布利诺夫）的是罗马尼亚第9步兵师的第36团，该师炮兵单位据守着东面的支撑点。海姆还指出，第22装甲师的反坦克单位13点到达佩夏内地域，下午晚些时候与苏军坦克第1军交火，罗马尼亚第7骑兵师的先遣部队从普罗宁地域向前部署，对近卫步兵第47师位于布利诺夫斯基村的部队发起反冲击，但只是短暂地封锁了该村，随后便被迫退却。

22. 乌斯季梅德韦季茨基国营农场是一座庞大的农庄，位于佩夏内村北面约2—5公里处。

23. 瓦尔特·格尔利茨，《保卢斯与斯大林格勒：陆军元帅弗里德里希·保卢斯传，他的笔记、书信和文件》，第200页。

24. 马克·阿克斯沃西等人合著的《第三轴心第四盟友：欧战中的罗马尼亚军队，1941—1945年》，第91—92页。

25. 奇斯佳科夫，《奉祖国之命：伟大卫国战争中近卫第6集团军的战斗历程》，第36—37页。

26. I.A.普利耶夫，《在近卫军的旗帜下》（Pod gvardeiskim znamenem，奥尔忠尼启则：Ir出版社，1976年），第120页。与20世纪70年代的许多苏联回忆录一样，普利耶夫将军经常夸大他的军取得的战果和德国人遭受的损失。

27. 同上，第121页。

28. 海姆将军的报告收录在瓦尔特·格尔利茨的《保卢斯与斯大林格勒：陆军元帅弗里德里希·保卢斯传，他的笔记、书信和文件》一书第199—200页，这份报告准确地总结了罗马尼亚军队在克列茨卡亚地域的作战行动："第1骑兵师19日全天据守着他们的阵地，当日下午转隶第6集团军。第13步兵师的防线上，第87步兵团7点被迫退却，但其残部很快停止了后退，并再次投入战斗。第1步兵团死守阵地，最终与'拉斯卡尔'集群一同被包围［在克列茨卡亚西面］。19日，第13步兵师在防线上击毁25辆敌坦克。第15步兵师的反冲击最终被敌坦克［坦克第4军］击退，但依然控制着通过反冲击重新夺回的高地。第15步兵师在格罗姆基西面据守着分配给该师的第二道防御阵地，抗击敌人发起的后续冲击。14点，25辆敌坦克到达格罗姆基，不久，少量敌坦克前出至卡尔梅科夫［谢拉菲莫维奇西南方30公里处］。罗马尼亚第4军（第14装甲师当日调派给该军）无力采取任何有效的反击措施。19日晚，第13步兵师的残部转隶第6、第15步兵师，克列茨卡亚—叶夫斯特拉托夫斯基一线以东的所有部队转隶第6集团军。敌人在18公里宽的战线上成功达成7—8公里深的突破。另外，在格罗姆基地域，罗马尼亚人的防线已被突破，目前尚不清楚这一突破的范围。"

29. 马克·阿克斯沃西等人合著的《第三轴心第四盟友：欧战中的罗马尼亚军队，1941—1945年》一书第91页描述了克列茨卡亚地域的作战行动，书中指出，15辆苏军坦克转身向西，试图进入第6步兵师后方，西翁将军的第15步兵师也击毁了其中的8辆。根据这一记述，罗马尼亚人75毫米野战炮发射的穿甲弹很可能被苏军坦克直接弹飞了。

30. 伊萨耶夫，《斯大林格勒：伏尔加河后方没有我们的容身处》，第317页。伊萨耶夫的著作是1991年苏联解体以来对斯大林格勒战役描述得最完整、最准确的一部。

31. 普利耶夫，《在近卫军的旗帜下》，第124页。

32. 同上，第125页；《1941—1945年，伟大卫国战争期间苏联武装力量军、师级指挥员》，第367页。布里克尔担任代理师长，1943年1月1日才被正式任命为师长。1944年2月22日，他晋升为少将，并在战争后期获得"苏联英雄"称号。

33. 在谢利瓦诺夫村和弗拉索夫村战斗的罗马尼亚步兵和坦克显然是沃伊库上校的支队，该支队当时编有第15步兵师1个团的残部、第13步兵师的一部、1个摩托化100毫米榴弹炮营，可能还有罗马尼亚第1装甲师派出的一些R-2坦克。参见马克·阿克斯沃西等人合著的《第三轴心第四盟友：欧战中的罗马尼亚军队，1941—1945年》，第93页。

34. 奇斯佳科夫，《奉祖国之命：伟大卫国战争中近卫第6集团军的战斗历程》，第38页。

35. A.M.萨姆索诺夫，《斯大林格勒战役》，第405—407页，引自I.维德尔的《伏尔加河上的灾难》（Katastrofa na Volge，莫斯科：军事出版社，1965年），这是约阿希姆·维德尔《斯大林格勒的悲剧：一名幸存者的回忆录》（Die Tragödie von Stalingrad. Erinnerungen eines Überlebenden，西德：德根多尔夫出版社，1955年）一书的俄文版。

36. 实际上，B集团军群命令第48装甲军停止前进，转向北面和西北面，是因为魏克斯接到了陆军总参谋长蔡茨勒的命令，蔡茨勒已同希特勒商讨过这个问题。参见B集团军群作战处发给第48装甲军，1942年11月19日11点50分签发（H.Gr. B, Ia an XXXXVIII. Pz.K. vom 19.11.1942, 1150 Uhr），收录在第48装甲军作战处的作战日志，BA-MA, RH 26 775/2。此时的希特勒身兼二职，既是国防军最高统帅，又是陆军总司令。

37. 保罗·卡雷尔，《斯大林格勒：德国第6集团军的败亡》，第159页。卡雷尔的著作严重倾向于德国一方，经常夸大德军取得的胜利，阅读时需要特别留意。虽然他在书中指出第22装甲师有20辆坦克，但很可能接近30辆。

38. 蔡茨勒引述希特勒的话（第三手），可参阅西摩·弗里丁和威廉·理查森（合编）的《致命的决定》（纽约：威廉·斯隆联合出版社，1956年），第155页；霍斯特·布格、尤尔登·弗斯特、约阿希姆·霍夫曼等，《德国与第二次世界大战，全球战争：冲突扩大为世界大战及战争主动权的转移，1941—1943》，第1123—1124页；齐姆克和鲍尔，《从莫斯科到斯大林格勒：东线决战》，第471页。另可参阅弗雷德里希·舒尔茨的《南翼的逆转，1942—1943年》，军事研究T-15号（美军欧洲司令部），第25—30页。最后一份资料有些可疑，不仅是在事后写就的，而且显然打算将整场失败归咎于希特勒。

39. G.德尔，《进军斯大林格勒》（Pokhod na Stalingrad，莫斯科：军事出版社，1957年），第69页。这是汉斯·冯·德尔《斯大林格勒战役》（Der Feldzug nach Stalingrad，西德，达姆施塔特：E.S.米特勒&泽恩股份有限公司，1955年）一书的俄文译本。苏德战争爆发时，冯·德尔是一名上校，先后担任第52军参谋长、派驻罗马尼亚第4集团军第二联络组主任、第384步兵师师长、第17军参谋长，1943年8月任派驻西班牙马德里的武官，在那里一直待到战争结束，德尔的最终军衔为少将。

40. 海因茨·施勒特尔，《斯大林格勒》，第62页。

41. B集团军群司令部发给第6集团军的急电，1942年11月19日21点30分（KR-Fernschreien an AOK.6," Oberkommando der Heeresgruppe B, 19.11.1942 21.30 Uhr）刊登在《第6集团军作战日志附件册，第一卷，1942年9月14日至11月24日》，第302页。

42. 同上，第300—301页。

43. A.M.萨姆索诺夫，《斯大林格勒战役》，第378页，引自威廉·亚当《艰难的决定》（东柏林：1965年）一书的俄文版。第6集团军司令部内的这番商讨源自保卢斯副官的记述。

44. 齐姆克和鲍尔，《从莫斯科到斯大林格勒：东线决战》，第470页。

45. V.亚当，《艰难的决定：德国第6集团军一名上校的回忆录》（*Trudnoe reshenie: Memuary polkovnika 6th Germanskoi armii*，莫斯科：军事出版社，1967年），第167—168页。这是威廉·亚当《艰难的决定》一书的俄文译本。由于亚当在斯大林格勒被苏军俘虏，战后居住在东德，因而他的记述受到苏联和俄罗斯历史学家们的青睐。与大多数描述这场战役的德国历史学家相比，亚当对苏联人的态度较为友善，对保卢斯也不乏赞誉之词，但对希特勒的批评较为激烈。

46. A.M.萨姆索诺夫，《斯大林格勒战役》，第378页。

47. 没有标题的电报，刊登在《第6集团军作战日志附件册，第一卷，1942年9月14日至11月24日》，第300—301页。

48. 詹森·D.马克，《烈焰之岛：斯大林格勒"街垒"火炮厂之战，1942年11月—1943年2月》（澳大利亚悉尼：跳跃骑士出版社，2006年），第256页。

49. 同上，第257页。

50. G.德尔，《进军斯大林格勒》，第69页。

51.《斯大林格勒战役：编年史、真相和人物，两卷本》，第二卷，第36页，《325号作战概要摘录》（*Izvlechenie iz operativnoi svodkoi No. 325*），档案引自*TsAMO RF, f. 16, op. 1072ss, d. 11,11.*第132—136页。

52. 第6集团军司令部作战处发给第11军军部的急电，1942年11月20日0点55分签发（*KR-Fernschreiben an Gen. Kdo. XI. A.K. nachr: O.Q./AOK. 6, Armee-Oberkommando 6, Abt. la, A.H.Qu., 20.11.1942 00.55 Uhr*），刊登在《第6集团军作战日志附件册，第一卷，1942年9月14日至11月24日》，第302页。

53. 罗马尼亚第5军发给第14装甲师转隶第6集团军第11军的电报，1942年11月20日2点签发（*Funkspruch an 14. Pz. Div. bei XI. A. K. über AOK. 6, rum. V. A. K., 20.11.1942 02.00 Uhr*），同上，第303页。

54. 同上。这里所说的卡尔梅科夫斯基，不能与另一个名为卡尔梅科夫斯基的村子相混淆，后者位于谢拉菲莫维奇西南方30公里处、坦克第5集团军的作战地域内。

55. 瓦尔特·格尔利茨，《保卢斯与斯大林格勒：陆军元帅弗里德里希·保卢斯传，他的笔记、书信和文件》，第201—202页，海姆将军的报告中指出，造成第48装甲军混乱的原因是该军11月19日和20日接到相互矛盾的命令。但最终结果没什么不同：11月20日—23日，该军在佩夏内地域遂行了决定性战斗。

56. 第11军发给第6集团军作战参谋的晨报，1942年11月20日6点（*Morgenmeldung XI. A.K. 0600 Uhr, A.O.K. 6 la., 20.11.1942*），刊登在《第6集团军作战日志附件册，第一卷，1942年9月14日至11月24日》，第304页。

57. 同上。

58. 罗马尼亚第4军发给第6集团军的电报，1942年11月20日签发（*Funkspruch an AOK. 6, rum. IV. A.K., 20.11.1942*），同上，第306页。

59. 第6集团军司令部作战处日间报告，1942年11月20日7点50分签发（*Zwischenmeldung,*

Armee-Oberkommando 6, Abt. la., A.H.Qu., 20.11.1942, 0750 Uhr），同上，第307—308页。

60. 第51军作战参谋发给"什未林"集群，1942年11月20日9点45分【*LI. AK/la an Gruppe Schwerin vom 20.11.1942 0945 Uhr (79. ID/la, 33077/2)*】，詹森·D. 马克，《烈焰之岛：斯大林格勒"街垒"火炮厂之战，1942年11月—1943年2月》，第258页。

61. 对第22装甲师11月19日—24日的编成和战斗情况最详细的描述莫过于罗尔夫·施托弗斯的《第22装甲师，第25装甲师，第27装甲师和第233预备装甲师：组建、编制和使用》，第53—66页。11月19日，该师编有师部、第140装甲侦察连、第204装甲团（4个装甲连）、第129装甲掷弹兵团（2个营）、第24摩托车营、第140装甲炮兵团（3个混编炮兵营）、第289摩托化高射炮营（2个88炮连和1个混编高炮连）、第140装甲侦察营（3个连）、第140装甲猎兵营（4个连）、第140装甲工兵连（5个排和1个多管火箭炮排）和各种小规模支援单位。

62. 克拉夫钦科，《斯大林格勒反攻中，坦克第5集团军的进攻行动，1942年11月19日—25日》，第30—31页，详细描述了坦克第5集团军11月20日的作战行动。

63. 罗尔夫·施托弗斯，《第22装甲师，第25装甲师，第27装甲师和第233预备装甲师：组建、编制和使用》，第56页。

64. 克拉夫钦科，《斯大林格勒反攻中，坦克第5集团军的进攻行动，1942年11月19日—25日》，第31页。

65. 佩列拉佐夫斯基之战的详情，可参阅帕诺夫的《在主要突击方向上》，第22页；以及克拉夫钦科的《斯大林格勒反攻中，坦克第5集团军的进攻行动，1942年11月19日—25日》，第31页。

66. 帕诺夫，《在主要突击方向上》，第22—23页。

67. 拉斯卡尔将军是一名经验丰富、作风顽强的战地指挥官，曾在塞瓦斯托波尔围困战期间获得德国人颁发的骑士铁十字勋章。参见马克·阿克斯沃西等人合著的《第三轴心第四盟友：欧战中的罗马尼亚军队，1941—1945年》，第95页。

68. 同上，第94页。

69. 同上。

70. 克拉夫钦科，《斯大林格勒反攻中，坦克第5集团军的进攻行动，1942年11月19日—25日》，第48页。

71. 《坦克第5集团军快速部队在突破期间的行动》（*Deistviia podvizhnoi gruppy 5 Tankovoi armii v proryve*），刊登在《战争经验研究资料集》，第6期，第57页。这是红军总参谋部撰写的报告，机密级。

72. 克列茨卡亚地域11月20日的态势，可参阅萨姆索诺夫的《斯大林格勒战役》，第374—376页；罗科索夫斯基的《伏尔加河畔的伟大胜利》，第268—269页；马克·阿克斯沃西等人合著的《第三轴心第四盟友：欧战中的罗马尼亚军队，1941—1945年》，第92—93页。

73. 马克·阿克斯沃西等人合著的《第三轴心第四盟友：欧战中的罗马尼亚军队，1941—1945年》，第92—93页。

74. 同上。

75. 普利耶夫，《在近卫军的旗帜下》，第126页。考虑到罗马尼亚人的实力，这个数字很可能夸大了。

76. 格罗姆基之战的详情，可参阅奇斯佳科夫的《奉祖国之命：伟大卫国战争中近卫第6集团军的战斗历程》，第39—40页。扩大克列茨卡亚突破口前，奇斯佳科夫将突破登陆场称为一块"松软的糕点"，因为敌人此时的防御已过度延伸，很容易被彻底消灭。

77. 第65集团军11月19日的行动，可参阅巴托夫的《在行军和战斗中》，第193—195页。

78. 同上，第196—202页。描述第65集团军快速集群突袭行动的其他资料甚少提及其细节。例如，罗科索夫斯基在回忆录中确认了巴托夫对阿尼西莫夫突袭行动的记述，但未提供细节，他在《伏尔加河畔的伟大胜利》一书中也没有详细阐述。德国一方，第6集团军和第11军11月21日和22日的态势图，以及第65集团军发起进攻的部分情况，可参阅第6集团军司令部作战处发给B集团军群的电报，1942年11月20日7点10分的晨报（Fernspruch an Heeresgruppe B, Morgenmeldung, 0710 Uhr, Armee-Oberkommando 6 Abt. Ia, A.H.Qu., 20.11.1942）、第6集团军司令部作战处发给B集团军群的电传电报，1942年11月20日7点50分的日间报告（Fernschreiben an Heeresgruppe B, Zwischenmeldung, 0750 Uhr, Armee-Oberkommando 6 Abt. Ia, A.H.Qu., 20.11.1942）、第6集团军司令部作战处发给B集团军群的电传电报，1942年11月20日21点55分的夜间报告（Fernschreiben an Heeresgruppe B, Tagesmeldung. 2155 Uhr, Armee-Oberkommando 6 Abt. Ia, A.H.Qu., 20.11.1942），均收录在《第6集团军作战日志附件册，第一卷，1942年9月14日至11月24日》，第306—307、第314页。

79. 马克·阿克斯沃西等人合著的《第三轴心第四盟友：欧战中的罗马尼亚军队，1941—1945年》，第94页。

80. 罗尔夫·格拉姆斯，《第14装甲师，1940—1945年》，第56页。

81. 参见第6集团军司令部作战处发给第14装甲军军部、第51军军部、第8军军部、第11军军部的电传电报，转呈第8航空军，1942年11月20日14点45分签发（Fernschreiben an Gen. Kdo. XIV. Pz.K, Gen. Kdo. LI. A.K., Grn.Kdo. VIII. A.K., Gen. Kdo. XI. A.K., nachr.: VIII. Fliegerkorps, 1445 Uhr, Armee-Oberkommando 6, Abt. Ia, A.H.Qu., 20.11.1942），收录在《第6集团军作战日志附件册，第一卷，1942年9月14日至11月24日》，第311—312页。

82. 詹森·D. 马克，《烈焰之岛：斯大林格勒"街垒"火炮厂之战，1942年11月—1943年2月》，第262页。

83. 红军总参谋部1942年11月20日8点的324号作战概要摘录（Izvlechenie iz operativnoi svodkoi No. 324 General'nogo shtaba Krasnoi Armii na 8.00 20.11. 42 g），V.A.日林（主编）的《斯大林格勒战役：编年史、真相和人物，两卷本》，第二卷，第29—31页；档案引自TsAMO RF, f. 16, op. 1072ss, d. 11,11. 第125—131页。

84. 同上，第36页，《红军总参谋部1942年11月21日8点的325号作战概要摘录》（Izvlechenie iz operativnoi svodkoi No. 325）。

85. 关于斯大林格勒方面军进攻行动的详情，可参阅罗科索夫斯基的《伏尔加河畔的伟大胜利》，第268—270页；萨姆索诺夫的《斯大林格勒战役》，第382—385页；A.I.叶廖缅科的《斯大林格勒：方面军司令员笔记》（Stalingrad: Zapiski kornanduuishchevo frontoni，莫斯科：军事出版社，1961年），第325—351页。

86. 第64集团军突击行动的详情，可参阅萨姆索诺夫的《斯大林格勒战役》，第384页；D.A.德拉贡斯基（主编）的《从伏尔加河到布拉格》，第42—43页；马克·阿克斯沃西等人合著的《第三轴心第四盟友：欧战中的罗马尼亚军队，1941—1945年》，第101—102页。

87. 第57集团军突击行动的详情，可参阅罗科索夫斯基的《伏尔加河畔的伟大胜利》，第270页；萨姆索诺夫的《斯大林格勒战役》，第384页。对坦克第13军作战行动的详述，可参阅V.F.托卢布科和N.I.巴雷舍夫的《在南翼：近卫机械化第4军的征途，1942—1945年》，第49—57页。

88. 伊萨耶夫在《斯大林格勒：伏尔加河后方没有我们的容身处》一书第326页称，第57集团军9点30分实施炮火准备，10点30分发起地面突击。

89. 从哈拉乌松到大恰普尔尼基西南方3公里处这片15公里宽的地域上，罗马尼亚第2步兵师从左至右部署着第2营和第1营，第1步兵团以第1、第2营，第26步兵团以1个步兵连守卫着左侧的铁路地域，参见第6军1942年11月14日的作战态势图。

90. 伊萨耶夫，《斯大林格勒：伏尔加河后方没有我们的容身处》，第325页。

91. 关于坦克第13军计划和进攻的详情，可参阅V.F.托卢布科和N.I.巴雷舍夫的《在南翼：近卫机械化第4军的征途，1942—1945年》，第52页。

92. 伊萨耶夫在《斯大林格勒：伏尔加河后方没有我们的容身处》一书第328页称，坦克第13军13点30分投入行动。这种差异可能反映出该军先遣部队和主力投入行动的时间差，因为后者过了几个小时才发起进军。

93. 德国和苏联方面对德军第29摩步师反突击行动的描述差异较大。例如，罗科索夫斯基在《伏尔加河畔的伟大胜利》一书第270页指出，德军第29摩步师只是"延缓了该军［坦克第13军］向纳里曼的推进"，这一说法基本正确，但掩盖了坦克第13军遭遇挫败的程度。相比之下，坦克第13军军史（托卢布科和巴雷舍夫的《在南翼：近卫机械化第4军的征途，1942—1945年》，第56—57页）则对这场交战持更加乐观的态度，尽管书中称这场战斗发生在21日，而不是20日（同样参见副卷附录5K）。通过关注11月21日的战斗，托卢布科和巴雷舍夫掩盖了坦克第13军11月20日遭遇的挫败。

94. 伊萨耶夫，《斯大林格勒：伏尔加河后方没有我们的容身处》，第327页。苏联方面的记录表明，步兵第422师11月20日阵亡7人、负伤129人，步兵第143旅阵亡7人、负伤174人。

95. 同上。

96. V.A.佐洛塔廖夫（主编），《伟大卫国战争1941—1945：军事历史调查，四卷本，第二册：转折点》，第59页，此后简称为VOV。书中错误地认为夺取纳里曼的是步兵第422师，夺取该镇的其实是叶廖缅科上校的步兵第169师。

97. 齐姆克和鲍尔，《从莫斯科到斯大林格勒：东线决战》，第470页。

98. 曼弗雷德·克里希，《斯大林格勒：战役分析和相关文件》，第148页。马克·阿克斯沃西等人合著的《第三轴心第四盟友：欧战中的罗马尼亚军队，1941—1945年》一书第103页支持了这一说法，书中指出，罗马尼亚第6和第7军的态势已呈"灾难性"，罗马尼亚第18和第2步兵师的主力被包围在京古塔与京古塔车站之间，"次日在很大程度上被以下步兵师歼灭……第6军辖下尚属完好的部队是位于包围圈外、驻扎在通杜托沃周围第1步兵师最南侧的团，该团将防线调整为面朝北方，并击退了局部进攻，另外还有第4步兵师，该师未遭到攻击。"

99. 伊萨耶夫，《斯大林格勒：伏尔加河后方没有我们的容身处》，第325页。

100. 第51集团军进攻行动的详情，可参阅S.M.萨尔基西扬的《第51集团军》，第101—102页；A.M.萨姆索诺夫的《从伏尔加河到波罗的海》，第40—45页。

101. A.M.萨姆索诺夫，《从伏尔加河到波罗的海》，第40页，书中称苏军进攻87.0高地期间，2辆

T-34被烧毁，另外两辆被击毁。高地上的大部分守军最后举手投降。

102. 伊萨耶夫在《斯大林格勒：伏尔加河后方没有我们的容身处》一书第325页指出，独立坦克第158团报告，11月20日他们消灭了8门火炮和23个暗堡（及守军），独立坦克第55团称，他们消灭了12门火炮和42个暗堡，大多位于87.0高地上。另外，两个团还报告击毁敌人18门反坦克炮，其中包括数门88炮。第158团报告，损失8辆T-34（5辆被烧毁，3辆被地雷炸毁），4辆T-70和6辆T-34陷入沼泽地。第55团报告，2辆T-34和3辆T-70被敌人击毁，另外3辆坦克陷入沼泽地。

103. A.M.萨姆索诺夫，《从伏尔加河到波罗的海》，第43页。一些德方资料称，沃利斯基推迟进攻是因为他担心坦克第13军的进攻取得胜利后，德军第29摩步师会转身向南，对他的军发起打击。但是，机械化第4军的延误（从11点20分推延到13点）发生在德军第29摩步师投入行动前，因而上述解释不太可信。

104. 同上，第46页。

105. 关于第28集团军作战行动的详情，可参阅奥列格·舍恩的《伟大卫国战争中不为人知的战线》（Neizvestnyi front Velikoi Otechestvennoi，莫斯科：亚乌扎–艾克斯摩出版社，2009年）。

106. 该先遣支队拥有2门45毫米反坦克炮、6支反坦克步枪、2挺重机枪和3门82毫米迫击炮。次日，该步兵旅在战场上找到50名死者和2名伤员。德军的实力为200名士兵、13辆坦克和8—10辆装甲运兵车。这场战斗的详情可参阅奥列格·舍恩的《伟大卫国战争中不为人知的战线》，第166—167页；红军总参谋部的申斥可参阅佐洛塔廖夫的《总参谋部1942》，第393页。

107. 奥列格·舍恩，《伟大卫国战争中不为人知的战线》，第170页。

108. 同上，第171页。据苏联方面的档案记载，第16摩步师有43辆坦克：8辆二号、23辆三号、11辆四号和1辆指挥坦克。第28集团军共计47891人、1196门火炮/迫击炮和80辆坦克。

109. 威廉·蒂克，《高加索和石油：1942—1943年高加索地区的苏德战事》，约瑟夫·G.威尔士译（温尼伯：J.J.费多罗维奇出版社，1995年），第134—135页。

110. 奥列格·舍恩，《伟大卫国战争中不为人知的战线》，第185页。根据苏德双方的资料，舍恩对11月20日的战斗所做的描述非常详细。

"东线文库"总策划 王鼎杰

ENDGAME AT STALINGRAD

斯大林格勒

—— 三部曲 ★ 苏德战争1942.11 ——

终局

第三部·卷一

下册

6

[美] 戴维·M.格兰茨　　[美] 乔纳森·M.豪斯　著

小小冰人　译

台海出版社

版贸核渝字（2015）第205号

图书在版编目（CIP）数据

斯大林格勒三部曲. 第三部. 终局. 卷一 / （美）戴维·M. 格兰茨,（美）乔纳森·M. 豪斯著；小小冰人译. -- 北京：台海出版社, 2017.5（2025.2重印）

书名原文: Endgame at Stalingrad:Book One: November1942; The Stalingrad Trilogy,Volume3

ISBN 978-7-5168-1499-4

Ⅰ.①斯… Ⅱ.①戴… ②乔… ③小… Ⅲ.①斯大林格勒保卫战(1942-1943) - 史料 Ⅳ.①E512.9

中国版本图书馆CIP数据核字(2017)第180639号

斯大林格勒三部曲 . 第三部 . 终局 . 卷一

著　者：[美]戴维·M. 格兰茨　[美]乔纳森·M. 豪斯　　译　者：小小冰人

责任编辑：高惠娟　　　　　　　　策划制作：指文文化
视觉设计：舒正序　　　　　　　　责任印制：蔡　旭

出版发行：台海出版社
地　　址：北京市东城区景山东街20号　　邮政编码：100009
电　　话：010－64041652（发行、邮购）
传　　真：010－84045799（总编室）
网　　址：www.taimeng.org.cn/thcbs/default.htm
E－mail：thcbs@126.com

经　　销：全国各地新华书店
印　　刷：重庆长虹印务有限公司
本书如有破损、缺页、装订错误，请与本社联系调换

开　本：787mm×1092mm　　　　　1/16
字　数：600千　　　　　　　　　　印　张：40.5
版　次：2017年9月第1版　　　　　印　次：2025年2月第2次印刷
书　号：ISBN 978-7-5168-1499-4

定　价：149.80元（此卷共2册）

第六章
包围圈封闭
11 月 21 日—23 日

德军11月21日的困境

在德军指挥部看来，斯大林格勒方面军11月20日发起的进攻使糟糕的态势更趋恶化。罗马尼亚第3集团军11月19日和20日已然崩溃，苏军显然打算派大股坦克和骑兵快速部队向南推进，赶往斯大林格勒以西的顿河河段，德国人现在掌握了明确证据，表明俄国人意图完成一场两翼合围，困住斯大林格勒地域的所有德军。苏军统帅部采取如此大胆的行动已经够糟糕了，更糟糕的是，11月20日日终时，这个大胆的计划似乎即将完成。

第6集团军司令保卢斯对他的副官亚当上校恰如其分地总结了岌岌可危的态势：

> 今天清晨［11月20日］，一场猛烈的炮火准备后，敌人向我第4装甲集团军和罗马尼亚第4集团军的阵地发起冲击。目前尚不清楚那里的情况。北面的红军继续进攻，其左翼正冲向东南方的上布济诺夫卡。我们应该考虑到，要不了几个小时，第11军通往南面的道路就将被切断。这将给莫罗佐夫斯克和奇尔河车站造成最为严重的威胁。[1]

考虑了第14和第48装甲军能否应付这些威胁、如果对付不了将会发生什么情况后，亚当上校描述了德军指挥部面临两难境地的症结所在（参见副卷附录5L）。他回忆道："我们经历了一些令人痛苦的日子，"并描述了混乱的态势，谣言四起，没人能确定苏军的目标或如何应对他们的进攻。渐渐掌握了一些情况后，他写道："我们的神经紧张到了极限。"但敌人"正在突破我军防线"，而且"没有任何预备队可用于阻止这一致命威胁"，在这位副官看来，情况已经很明确，"如果德军统帅部不迅速采取有效行动，等待我们的将是一场可怕的灾难。"[2]

斯大林格勒方面军参谋长克雷洛夫将军后来对保卢斯和亚当的评论加以补充，他写道："这只是证明11月20日—21日夜间，敌人已决定放弃彻底攻占斯大林格勒的一切企图。他们暂停了城内的进攻（柳德尼科夫的防区除外，21日全天，乃至22日，敌人继续在那里发起冲击），开始将某些部队撤出，特别是其装甲单位。"[3]仅这一点就表明德国人对目前的态势是多么重视。

地面上，苏军反攻行动的迅速发展也迫使斯大林格勒地域的轴心国军队转移其指挥部，这使指挥控制工作更趋复杂，而这种指挥和控制对有效应对日益增长的危机至关重要。例如，德军第4装甲集团军的前进指挥所设在上察里岑斯基，集团军司令部位于第51集团军前进路线上的布济诺夫卡，因此，霍特不得不迅速疏散至下奇尔斯卡亚。同样，第6集团军司令部位于卡拉奇以北20公里处顿河西岸的戈卢宾斯基，已受到推进中苏军第21集团军的威胁。因此，11月21日晨，保卢斯只得命令全体司令部人员转移至顿河与奇尔河交汇处南面、戈卢宾斯基西南方65公里处，顿河西岸的下奇尔斯卡亚。保卢斯将司令部设在下奇尔斯卡亚是因为那里有完善的通信设施，早已被选作集团军冬季指挥部所在地。

希特勒本人现在全神贯注于东线作战事务，不得不做出或至少批准关乎B集团军群生死存亡的决定。实际上，一些评述者认为，希特勒的集权助长了他那些军事下属的不作为，他们在潜意识中认为自己无须为所发生的事情负责。[4]希特勒不在大本营时，这一点尤为危险，他缺席期间，该大本营已从乌克兰的文尼察（狼人）迁回东普鲁士的腊斯登堡（狼穴）过冬。结果，在蔡茨勒和OKH（陆军总司令部）参谋人员缺席的情况下，约德尔、凯特尔和OKW（国防军最高统帅部）高级参谋军官在希特勒的专列上为他提供建议。两个月来，希特勒故意将OKW排除在东线战事外，这就意味着约德尔和凯特尔对B集团军群的虚弱和苏军威胁的严重性缺乏真正的了解。例如，"天王星"风暴爆发时, 他们的第一个建议是从"北方"集团军群抽调一个装甲师, 派至南线充当预备队。[5]这段时期, 由于盟军在北非登陆, 德国人将大批部队和战机派往突尼斯。虽然隆美尔元帅反对这种增援, 但希特勒却执意将东线急需的兵力调至北非。指挥A集团军群的两个月里, 希特勒还直接插手作战部队的指挥工作。苏军发起"天王星"行动三天前的11月16日, 希特勒将曼施泰因元帅的第11集团军调拨给"中央"集团军群。11月20日, 面对危机, 这位独裁者做出了明智的应对, 命令曼施泰因以他的集团军司令部组建起"顿河"集团军群, 希特勒和OKH要求该集团军群指挥受威胁地域的所有部队——德国第6集团军、第4装甲集团军、罗马尼亚第3集团军和第4集团军(如果该集团军组建的话)(参见副卷附录5M)。指挥层变动的结果是: 第1装甲集团军司令克莱斯特出任A集团军群司令, B集团军群司令魏克斯继续指挥苏军突破地域西北方的德国第2集团军、匈牙利第2集团军和意大利第8集团军。鉴于眼前的情况, 曼施泰因不得不做无米之炊。B集团军群司令魏克斯已命令第4军和第29摩步师撤往斯大林格勒, 掩护刚刚出现的斯大林格勒包围圈的南翼。因此, 德国第4装甲集团军辖内的几乎所有部队都在保卢斯控制下, 最终进入包围圈内。曼施泰因甚至没有一个可用于指挥战斗的完整司令部和相关通信人员, 他不得不以极其微薄的兵力遏止苏军的突破。[6]

为协助曼施泰因履行任务, 步兵上将卡尔·霍利特很快奉命指挥一个临时组建的战役集群, 以一道薄弱的防线守卫斯大林格勒西南方的奇尔河。如果"顿河"集团军群据守奇尔河防线, 并以此作为救援第6集团军的出发阵地, "霍利特"集团军级支队必不可少, 该支队以霍利特的第17军军部和第62、第294步兵师组建而成, 第17军此前一直负责支援沿顿河布防的轴心国军队。[7]

由于希特勒坚持由他亲自做出基本决策, 致使曼施泰因的任务变得更加困难。11月20日, 德国空军参谋长汉斯·耶顺内克将军赶至贝希特斯加登, 商讨空军在即将实施的突围或救援行动中的任务。德国空军名义上的总司令, 帝国元帅赫尔曼·戈林, 此时正在他的庄园卡琳宫主持一场关于石油的会议。希特勒预见到苏军包围圈即将形成, 因而问耶顺内克, 空军能否在曼施泰因实施救援前的短暂时期(估计)内以空运的方式为第6集团军提供补给。耶顺内克回答道, 如果空军控制住前进机场, 这种空运是可以做到的。这位空军参谋长引用了去年冬季的一个例子：德国第2军的10万名将士被包围在杰米扬斯克，最终成功脱困。但这个例子并不恰当，当时，在苏联空军几乎没有介入的情况下，德国空军却差一点未能给那支人数少得多的部队提供补给。第6集团军的规模是第2军的三倍，为其提供补给需要更多物资，手无寸铁的德军运输机将遭到苏联空军和防空火力的猛烈打击。公正地说，必须承认，德国最高统帅和空军参谋长都没有想到这场空运会持续很长时间。

第一次商讨后没过几个小时，耶顺内克便派他的手下粗略估计空运的需求量，他还打电话给好友冯·里希特霍芬将军讨论态势。直言不讳的第4航空队司令很快便说服了这位空军参谋长，这场空运无法做到。可当耶顺内克试图劝阻希特勒时，元首却对此未加理会。可以预见到的是，希特勒日后的所有决定都建立在对耶顺内克考虑不周的初步赞同上，即，空军可以完成空运任务。戈林11月22日赶至贝希特斯加登时，他觉得自己不得不保证空军能够完成这项任务，此时，他们甚至没有计算这一行动涉及的吨数。[8]

次日，保卢斯和魏克斯请求批准他们撤离伏尔加河以免被包围时，遭到断然拒绝。希特勒绕过B集团军群和刚刚组建的"顿河"集团军群直接做出回复："1352号电，紧急，发给第6集团军司令部，元首决定：尽管存在暂时被包围的危险，但第6集团军应尽可能长久地确保铁路线的畅通。空运补给的命令随后下达。"[9]保卢斯和第6集团军的下属们对这一决定深感震惊。11月21日晚，蔡茨勒通过电话与希特勒进行了一番长谈，他认为应立即将第6集团军撤至顿河下游和奇尔河，这样便可以实施机动，击败苏军先遣部队。但希特勒坚持己见，决不考虑放弃斯大林格勒。几乎每一位身处苏联南部的德军指挥官都认为，只有立即突围才能挽救第6集团军。就在这时，保卢斯，这位第三帝国忠诚而又飞黄腾达的军官，对违背希特勒的命令犹豫起来。自5月份的哈尔科夫战役以来，他一直处在巨大的精神压力下。此刻，面对包围圈即将形成的危机，他似乎太过自控，太过被动，仿佛不愿吐露自己的担忧。[10]

11月21日，西南方面军和顿河方面军的攻势

西南方面军、顿河方面军右翼和斯大林格勒方面军继续在他们原先的位

置成功发展其攻势。

西南方面军继续坚守其右翼阵地，中央和左翼按计划遂行任务。

顿河方面军11月21日在其右翼按计划遂行任务，中央和左翼继续坚守阵地，实施战斗侦察，并以步枪和机枪与敌人交火。

11月21日9点至13点，发现敌人的1000辆汽车、14辆坦克和一个炮兵团向西南方穿过库兹米希，720辆汽车和50辆坦克从苏哈亚梅切特卡峡谷（叶尔佐夫卡西南方6公里处）附近赶往杰列维扬内瓦尔车站（戈罗季谢西北方8公里处）。

红军总参谋部作战概要

1942年11月22日8点[11]

尽管苏军最高统帅部和红军总参谋部还是不愿公开谈论斯大林格勒地域发生的事情，但后者在每日作战概要中提及的德军调动，表明了德国第6集团军对迫在眉睫的威胁做出的应对。该集团军的确将一些快速部队和坦克从斯大林格勒城内调往西面，但最令人关注的问题是：有多少？为何？调往何处？

西南方面军和顿河方面军的任务

就像前一晚所做的那样，瓦图京和罗科索夫斯基11月20日—21日晚与麾下几位高级指挥员会晤，以确定辖内诸集团军次日的任务。最紧迫的任务显然是以方面军快速部队（发展梯队）向前推进，因为他们距离顿河畔卡拉奇及其北部的目标尚有三分之二路程。这场进攻至少落后于计划时间表36小时，斯大林和最高统帅部密切留意着可能发生的情况，并要求他们抢在德军制订出挫败苏军企图的计划（就像他们以前经常做的那样）前，采取一切措施让快速部队向前推进，到达并越过卡拉奇。因此，两个方面军拟制的任务必然会与前两天的行动相呼应，这一点不足为奇（参见副卷附录5N）。

遵照根据这些任务下达的新指令，西南方面军编成内的坦克第5集团军和第21集团军以其快速兵力为先锋，继续攻向西南方、南方和东南方，日终前进抵距离顿河15—20公里处。在他们身后，坦克第5集团军和第21集团军辖下的步兵部队负责将罗马尼亚第3集团军"拉斯卡尔"集群的残部包围在拉斯波平斯卡亚西南方地域。

西南方面军的攻势

坦克第 5 集团军

鉴于发展行动对"天王星"攻势的成败至关重要，苏军最高统帅部和方面军司令部的目光紧密注视着坦克第5和第21集团军快速部队的进展。最重要的是坦克第1军的进展，因为该军与德军第48装甲军的激战严重破坏了"天王星"计划目标的完成。

罗曼年科将军要求布特科夫的坦克第1军脱离乌斯季梅德韦季茨基国营农场和佩夏内地域徒耗时间的战斗，根据这一指示，该军辖下的各个旅排成单路纵队，已于11月20日—21日夜间从国营农场向南进击（参见地图19）。茹科夫中校的坦克第89旅位于最前方，4点30分到达大顿什钦卡地域。但是，茹科夫的坦克没能与德军脱离接触，而是再次遭遇到德军第22装甲师的部队，该旅很快报告："从行进间夺取大顿什钦卡的一切尝试均告失败。"[12]几个小时前的11月21日清晨，第48装甲军命令罗特上校的第22装甲师脱离战斗向南撤退，并在库尔特拉克河构筑一道强化阵地，以免被包围。[13]可是，该师后撤中的右翼到达库尔特拉克河北面10公里、佩夏内以南12公里处的梅德韦日村（Medvezhyi）时，却接到了一项新任务：向东北方进击，救援罗马尼亚第3集团军被包围的"拉斯卡尔"集群。该师准备遂行新任务时，却在大顿什钦卡附近一头撞上前进中的坦克第1军，第22装甲师再次转入防御，激战随之而来。经过数小时徒劳的厮杀，坦克第1军的先遣旅未能驱散第22装甲师，罗曼年科再次命令布特科夫率领军主力脱离与第48装甲军的缠斗，完成受领的任务。于是，布特科夫决定以茹科夫的坦克第89旅担任掩护，坦克第117、第159和摩托化步兵第4旅从东面绕开第22装甲师。

11点，坦克第1军的三个旅开始从小顿什钦卡地域向北撤往乌斯季梅德韦季茨基国营农场3号地区。[14]与第22装甲师的部队脱离接触后，他们转向东北方，然后向东穿过86号国营农场和新察里岑斯基镇，13点左右到达佩列拉佐夫斯基，该镇仍由罗金坦克第26军的一部据守。当天下午剩下的时间里，布特科夫的部队向南急转，在佩列拉佐夫斯基南面约5公里处夺取了库尔特拉克河畔88号国营农场的4号地区。与此同时，其先遣支队继续向南，日终前集结在分别位于佩列拉佐夫斯基以南10公里和18公里处的利波夫斯基和中古森卡

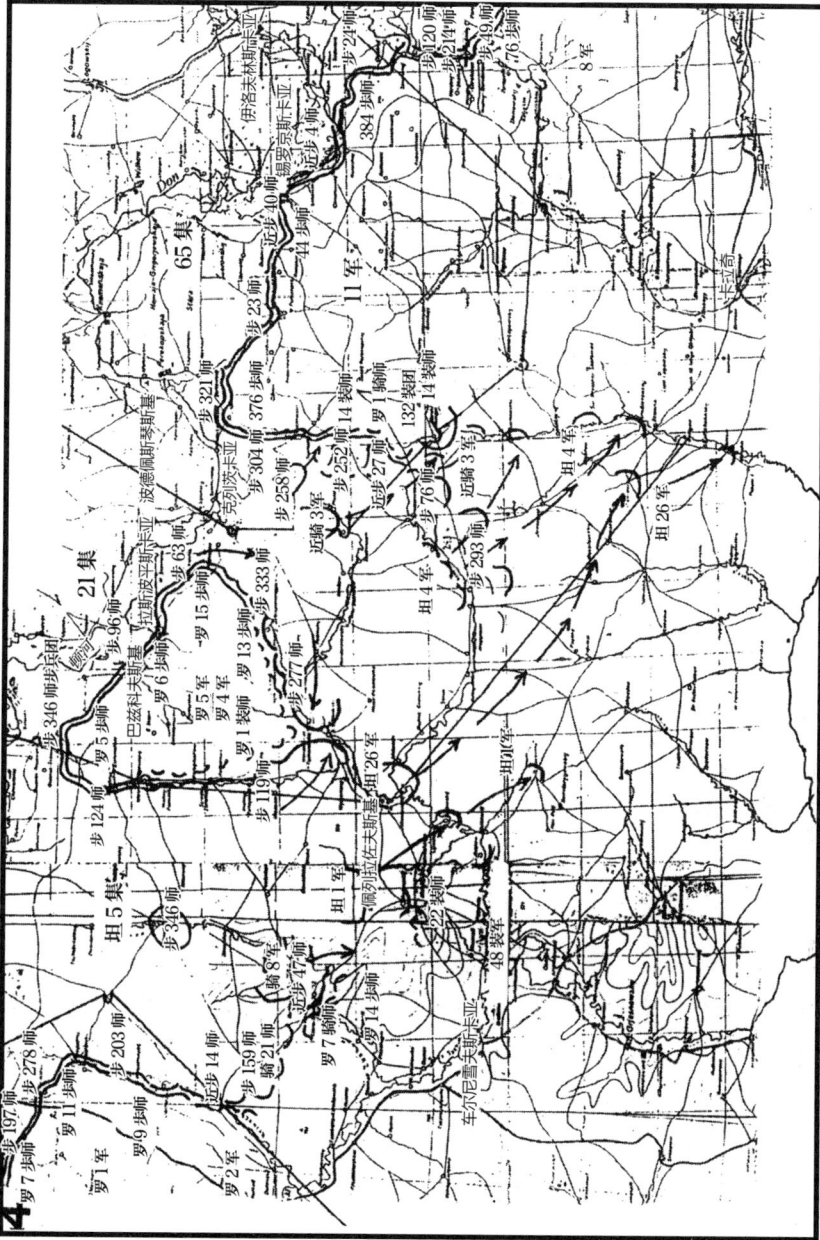

地图19 1942年11月21日22点，西南方面军和顿河方面军的推进

地域。坦克第1军位于小顿什钦卡地域的坦克第89旅被骑兵第8军骑兵第55和第112师接替，当晚晚些时候在佩列拉佐夫斯基以南归建。鲍里索夫骑兵军辖内两个骑兵师受领的任务是歼灭第22装甲师，该师此时几乎已经被包围在了小顿什钦卡及其南部。因此，21日日终时，虽然布特科夫的坦克军在三天通常都很激烈的战斗中前进了66公里，但距离顿河畔卡拉奇西面和西南面的目标仍有70—80公里。

布特科夫坦克军终于同阻挡其前进的第22装甲师脱离接触时，罗金坦克第26军军部和坦克第157旅整个上午仍停留在佩列拉佐夫斯基和叶夫列莫夫斯基镇，休整部队、补充弹药、为车辆添加燃料。此时，该军编成内的坦克第216旅还在北面，沿察里察河及其西部地域支援近卫步兵第50师；而坦克第19旅，连同摩托化步兵第14旅的3个营，拦截着被包围在北面的罗马尼亚军队，阻止对方沿察里察河河谷向南逃窜。不过，坦克第19旅和摩托化步兵第14旅当日上午重新归建。

受到罗曼年科一上午多道命令的连番催促后，罗金坦克军13点恢复进军，迅速向南推进，进入马诺伊林以西10—15公里处的库尔特拉克河河谷，马诺伊林镇几天前已被克拉夫钦科的坦克第4军攻占。坦克第26军夺取了河谷中的科托夫斯基、卡尔梅科夫（Kalmykov）和罗日基农场（Rozhki），向南渡过库尔特拉克河，然后转向东南方，朝顿河冲去，意图攻克其目标——卡拉奇及其北面的顿河渡口。

坦克第26军辖下的各个旅冲开敌人轻微的抵抗，穿过罗马尼亚第3集团军看似无穷无尽的溃兵，当日前进了60—70公里，夜幕降临后到达利斯卡河一线。在这场奔袭中，马胡尔少校的坦克第157旅驱散了罗马尼亚第5、第6步兵师逃离拉斯波平斯卡亚包围圈、已溃不成军的残部，向东南方疾进，以夺取奥斯特罗夫镇（Ostrov）和卡拉奇西北偏西方25公里处利斯卡河上的渡口。北面，菲利片科上校的坦克第19旅消灭了罗马尼亚第15步兵师的两个营，一举攻占奥斯特罗夫镇西北方13公里处的普列西斯托夫斯基村（Plesistovskii）。在两个坦克旅之间向前推进的摩托化步兵第14旅占领了奥斯特罗夫镇北面3公里处的卡恰林斯卡亚村。

当晚，罗金坦克军报告："从叶夫列莫夫斯基一线至多布林卡

（Dobrinka）的道路上满是敌人载有弹药、食物、军用物资和尸体的大车，另外还有罗马尼亚战俘队列。"[15]罗金还向坦克第5集团军汇报，菲利片科的坦克第19旅迅速夺取了普列西斯托夫斯基村，导致罗马尼亚守军混乱逃离，丢下了300名红军战俘，他们中的大多数人要求加入该旅的行动。另外，坦克第19旅还缴获了一个完好无损的维修车间、两个食品被服仓库、400多辆汽车和300辆摩托车。[16]

但罗金不知道的是，此时，坦克第26军先遣部队正在德军第14装甲军第24装甲师一个小股战斗群西南方约12公里处，该师刚刚逼近利斯卡河畔的苏哈诺夫镇（Sukhanov）。苏哈诺夫镇在顿河北岸的小戈卢宾斯基镇以西约35公里处，第14装甲军辖下第16装甲师的战斗群正穿过小戈卢宾斯基镇，赶往卡拉奇西北偏北方20公里处的利波洛戈夫斯基镇。因此，几乎可以肯定，罗金的坦克第26军和在该军左侧推进的克拉夫钦科坦克第4军将遭遇到第14装甲军第24和第16装甲师的战斗群，保卢斯将军从斯大林格勒城内西调这些部队，以阻止苏军的猛攻。11月21日晚，最重要而又悬而未决的问题是：双方会在何时、何处遭遇？这场遭遇又会对西南方面军前进中的快速部队造成怎样的影响？

坦克第5集团军辖下的坦克第26军终于向顿河畔卡拉奇发展胜利时，骑兵第8军编成内的骑兵第55和112师（接替了坦克第1军坦克第89旅后）开始解决第48装甲军越来越孤立的第22装甲师。虽然接到的命令是从东面绕过德军第22装甲师，向南发起突击，夺取库尔特拉克河河谷内的彼得罗夫卡镇，但鲍里索夫获得独立坦克第511营支援的2个骑兵师，在大顿什钦卡西北方与罗特上校几乎已没有坦克的装甲师迎头相遇。当日白天剩下的时间和整个晚上，两个苏军骑兵师和提供支援的坦克与罗特倒霉透顶的装甲师展开激战。虽然这场近乎僵持的战斗挫败了第22装甲师向南撤入相对安全的库尔特拉克河河谷的企图，但也导致鲍里索夫骑兵军未能完成其首要任务——向南进军，肃清奇尔河北岸的轴心国军队。

就在坦克第5集团军的坦克和骑兵军竭力赶往纵深目标之际，集团军辖下的步兵部队巩固着他们的战果，在拉斯波平斯卡亚以南完成了对罗马尼亚第3集团军残部的包围，或向南进击，支援、协助向前推进的快速部队。坦克集团军左翼别洛夫上校的近卫步兵第50师，在坦克第26军坦克第216旅的加强下，沿察里察河部署在上福米欣斯基南延至中察里岑斯基12公里宽的地域上。别洛夫的部队正面朝东，对付被包围的"拉斯卡尔"集群的罗马尼亚第5步兵师。上午击退了罗马尼亚人的几次反冲击后，近卫步兵第50师当日下午向东突击，以两个团渡过察里察河，一举突破罗马尼亚军队的防御，向东推进了6公里，距离其目标戈洛夫斯基已不到半数路程。位于拉斯波平斯卡亚西南偏南方15公里处的戈洛夫斯基镇也是第21集团军步兵第333师的目标，该师正从克列茨卡亚地域向西进击。近卫步兵第50师与步兵第333师的会合将完成对"拉斯卡尔"集群的合围。

别洛夫的近卫军士兵们冲入"拉斯卡尔"集群防御阵地中央时，在他们左侧，丹尼洛夫上校的步兵第119师①将其部队沿察里察河向南部署至科罗特科夫斯基、日尔科夫斯基和佩列拉佐夫斯基地域，他们向东突击，面对罗马尼亚第1装甲师的残部推进了5公里。此时，格奥尔基将军的罗马尼亚第1装甲师正与"拉斯卡尔"集群作战地域南部的步兵协同行动。步兵第119师的任务是从佩列拉佐夫斯基以北16—18公里处的日尔科夫斯基地域向东突击，并与第21集团军步兵第277师会合，后者正从戈拉亚河畔（Golaia）的上切连斯基镇向西突击。

当日昼间，格奥尔基的罗马尼亚第1装甲师留下部分部队抗击苏军步兵第119师的进攻，主力渡河至察里察河西岸，并向南推进，试图与第22装甲师会合，他们误以为第22装甲师正向东北方推进穿过大顿什钦卡地域。[17]但是，这支罗马尼亚军队遭到苏军骑兵第8军骑兵第55师的阻截。这场战斗使罗马尼亚第1装甲师损失了20多辆R-2坦克，尽管该师声称击毁21辆苏军坦克。北面，罗马尼亚第1装甲师辖下的其他部队在日尔科夫斯基东南方与苏军步兵第119师展开战斗，并在科罗特科夫斯基以西约8公里处抗击苏军近卫步兵第50师的右翼部队和坦克第216旅。更要命的是，第1装甲师主力向南发起的突围使他们与罗马尼亚第5步兵师（该师在上福米欣斯基及其南部沿察里察河布防）之间出现了一个缺口。别洛夫上校的近卫军士兵利用这个缺口，从南面包围并迅速夺取了上福米欣斯基。在此过程中，他们向东推进数公里，缴获了罗马尼亚第

---

① 译注：丹尼洛夫11月20日接替了库拉金上校。

6、第13步兵师的大部分辎重队。这场灾难迫使拉斯卡尔将军命令他的部队退回察里察河以东的新阵地。

令罗马尼亚人的态势明显恶化的是，坦克第5集团军步兵第119师与第21集团军步兵第277师当晚20点在上切连斯基西面会合，困住"拉斯卡尔"集群和罗马尼亚第3集团军残部的包围圈砰然关闭。"拉斯卡尔"集群目前包括罗马尼亚第5、第6、第13、第14、第15步兵师的残部，以及第1装甲师的一部，现在被彻底包围在拉斯波平斯卡亚以南地域。拉斯波平斯卡亚西南方这个包围圈的面积为30公里乘30公里，坦克第5集团军近卫步兵第50、步兵第119师位于西面，坦克第5集团军步兵第346师的一个团和第21集团军步兵第96、第63师位于东北面，第21集团军步兵第333、第277师位于东南面。科罗特科夫斯基以东11公里、上切连斯基以北10公里处的戈洛夫斯基镇的情况最为危急，"拉斯卡尔"集群的车辆和伤员都集结在那里。罗马尼亚第6步兵师为求自保，派第15"多罗班蒂"团的一个营和数门火炮据守该镇。东面，罗马尼亚第13和第15步兵师当日下午击退了苏军第21集团军步兵第333师重新发起的进攻。

坦克第5集团军将对付德军第22装甲师残部这一乏味的任务移交给骑兵第8军的两个师，朝南面的顿河发展胜利的同时，集团军辖下的近卫步兵第47师开始肃清佩夏内以西、楚茨坎河谷内的罗马尼亚军队。拂晓时，福卡诺夫将军的近卫军士兵突破了罗马尼亚第7骑兵师设在普罗宁南面的防御，并向西南方追击退却中的罗马尼亚骑兵达10—15公里，夺取了楚茨坎河谷中的马拉霍夫（Malakhov）、霍赫拉切夫（Khokhlachev）和皮丘金村。当日日终前，近卫步兵第47师距离楚茨坎河与奇尔河的交汇部只差3公里，位于罗马尼亚第7骑兵师设在奇斯佳科夫斯卡亚（Chistiakovskaia）的师部北面不到10公里处。

近卫步兵第47师右侧，骑兵第8军骑兵第21师、新投入战斗的步兵第159师和近卫步兵第14师从左至右部署，近卫坦克第8旅提供支援。他们将罗马尼亚第1军第9步兵师的残部缓缓推向西面和西南面的克里瓦亚河。在恰连科少校①近卫坦克第8旅坦克的支援下，亚库宁将军的骑兵第21师进攻并打垮了罗

---

① 译注：此处疑为尼科洛夫少校。

马尼亚第9步兵师左翼的防御，取得约18公里进展，在克里瓦亚河与奇尔河交汇部东北方15公里处夺取了克里瓦亚河畔的别拉温斯基村（Belavinskii）。大多数骑兵并未骑马，而是搭乘坦克发起冲击，罗马尼亚第9步兵师师部没来得及转移便被打垮，大批士兵被俘，剩下的溃兵混乱不堪地逃向西南方。

骑兵师右侧，N.I.费多托夫上校[1]新锐的步兵第159师突破了罗马尼亚第9步兵师的中央防线，追击后撤中的敌军达16公里，日终前夺取了上戈尔巴托夫斯基以南10公里、克里瓦亚河畔的下戈尔斯基村（Nizhnegorskii）。更右侧，格里亚兹诺夫将军的近卫步兵第14师一扫他们在进攻首日的糟糕表现，粉碎了罗马尼亚第9步兵师位于上戈尔巴托夫斯基以东12—14公里处的右翼。格里亚兹诺夫的步兵在上戈尔巴托夫斯基以东11公里处包围并俘虏了一个罗马尼亚团的大部，向西追击残敌至克里瓦亚河，日终前将上戈尔巴托夫斯基镇拿下。近卫步兵第14师的迅猛推进对罗马尼亚第1军第11步兵师构成迂回之势，迫使该军将其右翼撤至克里瓦亚河。当晚，坦克第5集团军的3个右翼师将他们的正面向东南方拓展，在克里瓦亚河与奇尔河交汇部附近与近卫步兵第47师的右翼相连接。

罗曼年科后来受到批评，说他保留的预备队太多。当时，他将步兵第346师（欠一个团）留在卡尔梅科夫斯基地域，掩护拉斯波平斯卡亚以西的集团军后方。这位坦克集团军司令员还把他保留的摩托车第8团派往乌斯季梅德韦季茨基国营农场3号地区北部，防止"拉斯卡尔"集群从拉斯波平斯卡亚以南地域向西南方逃窜。

尽管罗曼年科的进展远好于前一天，特别是他的快速部队，但整个集团军还是远远落后于计划时间表。11月21日日终前（进攻行动的第三天），布特科夫的坦克第1军终于完成了第一天的任务，罗金的坦克第26军即将完成第二天的任务。苏联方面对这场进攻的批评，普遍将行动的延误归咎于倒霉的德军第22装甲师和罗马尼亚部队，因为他们拒不投降：

德军第22装甲师负隅顽抗，加之罗马尼亚"拉斯波平斯卡亚"集团企图

---

[1] 译注：应为阿纳什金上校。

避免被歼灭的厄运,不惜代价向西南方突围,这一切使我集团军无法完成受领的任务。截至11月21日日终时,即进攻行动的第三天,坦克第1军只完成了首日的任务,而坦克第26军差不多完成了第二天的任务。[18]

第21集团军

　　与坦克第5集团军一样,第21集团军11月21日的行动重点是以其快速部队尽快赶往他们的预定目标——卡拉奇及其北面的顿河河段。在斯大林、最高统帅部和方面军司令员瓦图京的敦促下,奇斯佳科夫催促克拉夫钦科的坦克第4军和普利耶夫的近卫骑兵第3军冲开德国人在他们前进路线上布设的一切障碍,尽快前出至顿河。这些障碍中最重要的是巴斯勒将军的第14装甲师,他的装甲战斗群守卫着上布济诺夫卡地域,不过辖内其他规模较小的支队在北面的洛戈夫斯基和奥列霍夫斯基地域支援第11军第376步兵师。虽然目前仍在第11军编成内,但过不了几个小时,巴斯勒的装甲师将转隶第14装甲军。

　　此时,胡贝将军的第14装甲军正忙着将辖内各师从斯大林格勒向西部署,受领的任务是阻截苏军朝顿河的一切推进。胡贝装甲军编有第24装甲师的“顿河”战斗群,该战斗群有49辆坦克,已沿利斯卡河部署在苏哈诺夫和斯克沃林地域,另外还有第16装甲师战斗群(34辆坦克)。第16装甲师的部队已渡过顿河,正穿过韦尔佳奇以西8公里、小纳巴托夫斯基以东10公里处的卢钦斯基(Luchinskii),向西赶往顿河北部(参阅副卷附录5O)。[19]如果第14装甲军顺利集结起三个装甲师,就能掌握一股拥有110多辆坦克的力量。但此时,该军的坦克分散在70—80公里宽的战线上,任何一处的坦克都不超过30辆。因此,该军面临着一项几乎不可能完成的任务——击败苏军的三个坦克军,每个军的坦克数超过100辆,他们正相互配合,赶往东南方的顿河河段。

　　除了遂行纵深作战,第21集团军还有另一项重要任务——协助坦克第5集团军歼灭被围在拉斯波平斯卡亚南面的“拉斯卡尔”集群。为完成这一任务,奇斯佳科夫最初派4个步兵师(第96、第63、第277、第333师)构成包围圈的东半部,另外2个步兵师(第76、第293师)支援向东南方发展胜利的快速部队。后来,奇斯佳科夫留下3个师(第96、第63、第333师)消灭“拉斯卡尔”集群,步兵第277师加入向东南方开进的快速部队。

第21集团军的首要任务是迅速前出至顿河，为完成这一任务，克拉夫钦科的坦克第4军当日清晨开始从马诺伊林和马约罗夫斯基地域赶往东南方。该军辖下的四个快速旅冲开小股罗马尼亚后方勤务部队，夺取了利斯卡河畔的两个镇子：卡拉奇西北方25公里处的叶鲁斯拉诺夫斯基和北面10公里处的苏哈诺夫（苏哈诺夫斯基）。面对苏军的迅猛推进，第14装甲军第24装甲师的"顿河"战斗群别无选择，只得放弃苏哈诺夫，向东退往叶鲁斯拉诺夫斯基东北方10公里处的"红色畜牧饲养员"农场附近，并于8点到达。[20]此后，该战斗群力图迟滞或遏止苏军坦克第4军的推进，但未能奏效。克拉夫钦科麾下的坦克旅向前猛冲，打垮了德军的一切抵抗，截至16点，其先遣支队已拿下顿河以西8公里、卡拉奇西北偏北方20公里处的利波洛戈夫斯基镇。推进期间，克拉夫钦科的巡逻队前出至距离第6集团军司令部不到15公里处，该司令部设在卡拉奇以北20公里、顿河西岸的戈卢宾斯基。克拉夫钦科21日的损失几乎可以忽略不计，总共只折损了16辆坦克（3辆KV、3辆T-34和10辆T-70），该军报告，他们缴获550辆敌军车辆、一个停有25架飞机的机场和几座仓库，其中一个仓库存放着150挺"马克西姆"重机枪。[21]

对于对24装甲师的作战行动，第6集团军的记录中只有两份报告。第一份是第593后方地域司令部5点30分签发的报告，指出敌坦克正从基谢列夫地域（Kiselev）赶往多布林卡，报告中提及的很可能是苏军坦克第5集团军的坦克第26军。7点40分的第二份报告称，第24装甲师的一个支队与前进中的敌军（近卫骑兵第3军近卫骑兵第5师）在苏哈诺夫以北9公里处的下布济诺夫卡附近激战。次日清晨，第6集团军提及"红色畜牧饲养员"农场的战斗，但没有提供任何细节，报告中称，20辆敌坦克到达波波夫1号农场和奥斯特罗夫地域，这里提及的很可能也是罗金坦克第26军的先遣部队。[22]

与此同时，坦克第4军右侧，普利耶夫将军的近卫骑兵第3军在上布济诺夫卡地域和该镇南面击退了德军第14装甲师发起的进攻。苏军从东南方绕过德军装甲师的支撑点，将其骑兵师梯次部署在坦克第4军右翼后方。21日拂晓，切普尔金上校的近卫骑兵第5师从上布济诺夫卡西北偏西方10公里处的斯韦奇尼科夫斯基地域冲向东南方，直奔下布济诺夫卡镇，但在接近目标时遭到了德军战机的打击。虽说受到一些损失，但经过一场短暂的战斗，该师于8点30

分夺取了下布济诺夫卡镇，据该师报告，他们驱散了2个罗马尼亚步兵连，缴获7辆坦克、17辆汽车和几座仓库。但是，11点30分，近卫骑兵第5师遭遇了对方一场强有力的反冲击，敌步兵和12辆坦克从北面而来，另一股步兵在15辆坦克的支援下从南面的苏哈诺夫杀至——这两股兵力显然都隶属于德军第24装甲师。击退对方的进攻后，切普尔金的骑兵向南前进了9公里，18点攻克苏哈诺夫。当晚，德军第24装甲师派出一个步兵营和8辆坦克发起进攻。和先前一样，苏军骑兵师击退了这场进攻。[23]

近卫骑兵第5师绕过上布济诺大卡向南而去时，骑兵军辖下的骑兵第32和近卫骑兵第6师从库尔特拉克河向南推进40公里，11月21日为夺取上布济诺夫卡战斗了一整天。当日上午费时而又血腥的激战使双方付出了高昂的代价，苏军没能突破德军第14装甲师的防御，普利耶夫决定，在该镇留下一支掩护部队，直至第21集团军提供支援的步兵第76和第293师到达该地域。同时，他派两个骑兵师深入德军后方。中午后不久，冒着德军猛烈的炮火，骑兵第32和近卫骑兵第6师绕过上布济诺夫卡和该镇南面的格里希纳峡谷（Grishina Balka）向南而去。他们随后转身向东，穿过下布济诺夫卡，赶往东面10公里处的奥西诺夫斯基镇，经过一番激战，丘杰索夫上校的骑兵第32师攻克该镇。别洛戈尔斯基上校的近卫骑兵第6师为丘杰索夫的突击提供支援，随后向东而行，赶往奥西诺夫斯基镇以东20公里处的叶夫拉姆皮耶夫斯基镇，与顿河畔的大纳巴托夫斯基镇仅相距9公里。[24]

到目前为止，普利耶夫的骑兵军已在三天的战斗中前进了100多公里，并夺取了下布济诺夫卡和奥西诺夫斯基镇。在此过程中，他的军攻破了德军第11军左翼，并对该军（如果不能说第6集团军的话）的深远后方造成严重威胁。实际上，11月21日夜幕降临前，通过夺取下布济诺夫卡、苏哈诺夫、叶鲁斯拉诺夫斯基和利波洛戈夫斯基，克拉夫钦科的坦克第4军和普利耶夫的近卫骑兵第3军已在德军第14装甲军预定的部署线上撕开个大口子，这条部署线从北面的上布济诺夫卡沿利斯卡河向南延伸，穿过苏哈诺夫和斯科沃林，直至卡拉奇以西25公里处的卡恰林斯卡亚地域。保卢斯和B集团军群希望第14装甲军能从这道部署线发起协同突击，挫败苏军的合围企图。第14装甲军无法守住这道防线是一场新的灾难。

　　第6集团军密切留意着态势的发展，但根本无法有效解决其左翼即将到来的危机。拂晓前，集团军记录下第14和第24装甲师正在卡拉奇西北方的指定位置作战，但第16装甲师严重滞后。[25]17点25分，第6集团军报告，第16装甲师17点10分仍在卢钦斯基跨过顿河大桥，20点30分，该集团军又报告，第14和第24装甲师正向西调动。[26]后一份报告还补充道，第51军正将第3、第60摩步师的部分部队（"冯·汉施泰因"集群）派往卡拉奇以东的卡尔波夫卡地域，上布济诺夫卡发生激战，奥西诺夫斯基镇已落入苏军骑兵之手。这份报告最后证实，已派第44和第384步兵师的部分部队加强第11军左翼及第14装甲军沿利斯卡河的预定阵地。[27]但此时的态势已经很明显，利斯卡河防线不过是空中楼阁而已。

　　如果说第21集团军的快速部队令保卢斯的第6集团军痛苦不堪，那么，奇斯佳科夫的步兵部队也没有消极等待。集团军右翼，V.G.切尔诺夫上校的步兵第277师在前一天晚些时候从集团军第二梯队投入战斗，自下索洛马科夫斯基和伊瓦努申斯基（Ivanushenskii）地域向西推进，夺取了察里察河以东7公里处的上切连斯基镇。当晚，该师在那里同坦克第5集团军步兵第119师会合，后者从佩列拉佐夫斯基向东赶往新察里岑斯基镇和东北方。这一会合完成了对拉斯波平斯卡亚以南地域罗马尼亚第3集团军"拉斯卡尔"集群的合围。

　　包围"拉斯卡尔"集群后，第21集团军步兵第96、第63、第333师构成东北方和东南方封锁线，而切尔诺夫的步兵第277师加入步兵第76和293师，一同赶往东南方，加强坦克第4和近卫骑兵第3军的推进。虽说这三个步兵师的主力由于步行前进而严重落后，但奇斯佳科夫为步兵第76和第293师三分之一的步兵提供了卡车，这使他们的前进速度得以加快。

　　关于西南方面军11月21日的作战行动，还要提及的是近卫第1集团军，该集团军部署在坦克第5集团军右侧，继续发挥次要作用。但这是刻意的安排。遵照最高统帅部的指示，瓦图京将列柳申科集团军留下，以发挥更大的作用——"天王星"行动成功后，该集团军将率领拓展攻势。因此，11月21日全天，列柳申科以步兵第203、第278、第197师沿克里瓦亚河下游和顿河畔叶兰斯卡亚以南地域遂行战斗侦察、偷袭和试探，以此牵制罗马尼亚第1军辖下的第7和第11步兵师。

顿河方面军的攻势

第 65 集团军

　　与西南方面军终于在"天王星"行动第三天取得重大进展的坦克第5集团军和第21集团军不同，巴托夫第65集团军继续在进攻行动中发挥牺牲作用，在奇斯佳科夫第21集团军右侧掩护其推进（参见地图19）。第65集团军辖内各师对德国第6集团军第11军发起正面进攻，力图突破德军构设的防御，结果遭受到严重损失，取得的战果微乎其微。当日昼间，巴托夫率领着集团军司令部人员组成的一个作战指挥组，时间基本上耗费在师一级。但他不得不承认，"集团军领导成了旁观者。"[28]当日晚些时候，集团军编成内的步兵第321、第304、第252和近卫步兵第27师得到集团军第二梯队I.Ia.富尔欣上校步兵第258师的加强，他们在巴托夫的注视下，迎着施特雷克尔将军第11军辖下第376步兵师的激烈抵抗，逐渐向前推进。

　　虽然获得第44步兵师第131团第177突击炮营和罗马尼亚第1骑兵师主力的加强，但冯·丹尼尔斯将军的第376步兵师依然饱受重压。该师左侧有第14装甲师掩护，第44步兵师第132团也赶来增援，据守的防线从布利日尼亚佩列科普卡西延至洛戈夫斯基，然后向南穿过奥列霍夫斯基至第14装甲师右翼、上布济诺夫卡北面的某处。"某处"这个含糊的术语表明，截至11月20日日终时，第376步兵师左翼与第14装甲师右翼之间存在一个明显的缺口，阿尼西莫夫上校临时组建的小股快速集群前一天晚上已从这个缺口穿过。11月21日，"阿尼西莫夫"集群据说位于奥列霍夫斯基与上戈卢巴亚（奥列霍夫斯基西南方25公里处）之间的某处。但是，俄罗斯方面的资料一直对该集群的实际位置和情况保持着神秘的沉默。

　　不管怎样，11月21日一整天，第65集团军辖下的5个步兵师取得了1—10公里不等的进展，日终前到达从奥列霍夫斯基西南方17公里处的斯韦奇尼科夫斯基北延至洛戈夫斯基一线。最重要的是，主要是因为阿尼西莫夫的突袭，德军第376步兵师无计可施，只得在11月21日—22日晚间将其部队撤至东面的一道新防线。更东面，尽管德军第11军辖下的第44和第384步兵师已将半数以上兵力调去增援在其他地方战斗的德军部队，但第65集团军编成内的近卫步兵第4、第40和步兵第23师还是耐心等待着加入战斗的命令。[29]

第6集团军的记录证实了苏联方面对第65集团军作战地域内战斗情况的描述。实际上，施特雷克尔的第11军不断将定期报告发至保卢斯的司令部。证明战斗激烈度的是，在5点22分发给第6集团军司令部的晨报中，第11军承认第376步兵师至少阵亡25人，另有66人负伤。[30]在次日的晨报中，第11军称苏军已到达奥列霍夫斯基与斯列德内（Srednyi，奥列霍夫斯基以东1.5公里处）之间的高地，这就意味着罗马尼亚第1骑兵师已弃守该镇。[31]

轴心国军队的应对

西南方面军快速部队11月21日取得的成功对罗马尼亚第3集团军和德国第6集团军造成了严重影响。苏军彻底打垮了罗马尼亚第3集团军中央和左翼的防御，并将该集团军残部包围在拉斯波平斯卡亚以南地域，显然，奇尔河以北和克里瓦亚河以东的所有地域很快就将落入坦克第5集团军手中。因此，当日16点，苏军越来越大的压力迫使杜米特雷斯库将军将集团军司令部从上奇尔河畔的车尔尼雪夫斯卡亚迁至更加安全的莫罗佐夫斯克镇，该镇是个重要的交通枢纽，位于奇尔河畔奥布利夫斯卡亚西南方55公里处的铁路线上。此举相当于公开承认，罗马尼亚第3集团军已不复存在。[32]

与此同时，罗马尼亚皇家陆军总参谋长施泰夫莱亚将军与第3集团军司令杜米特雷斯库将军磋商后，要求批准"拉斯卡尔"集群从包围圈内发起突围行动。但是，根据希特勒前一天下达的命令，魏克斯将军重申，"拉斯卡尔"集群必须原地据守。施泰夫莱亚和杜米特雷斯库决心尽力挽救第3集团军，22点，他们秘密命令拉斯卡尔将军做好向西南方突围的准备。可是，次日晨，派驻罗马尼亚军队的德军联络组负责人阿图尔·豪费将军声称此举破坏了罗马尼亚人在包围圈内坚守的决心，他认为"拉斯卡尔"集群应为大局牺牲自己。据称，B集团军群也软化了态度，命令第48装甲军杀开血路，退向西南方的车尔尼雪夫斯卡亚。[33]

如果说灾难弥漫在罗马尼亚人的圈子里，那么，11月21日晚些时候，一种即将来临的厄运感出现在了第6集团军司令部。鉴于当日令人不安的态势发展，毋庸置疑的是，集团军此时面临着极大的危险。正如德尔将军所描述的那样：

　　11月21日，第6集团军前线开始出现严重危机。敌人的两个集团军将原先的突击方向旋转90度并合兵一处，开始赶往卡拉奇地域的顿河河段和北面，也就是德军斯大林格勒战线的后方。

　　早上，约40辆俄国坦克向卡拉奇附近的登陆场发起冲击。这些进攻被击退后，他们转向东北方，中午时出现在戈卢宾斯基东南方数公里处高耸的顿河西岸，第6集团军司令部就设在戈卢宾斯基。[34]

　　亚当上校后来描述了他对保卢斯指挥部内气氛的看法，还生动地叙述了第6集团军司令部从戈卢宾斯基疏散至卡拉奇西南方50公里、顿河西岸较为安全的下奇尔斯卡亚的过程（参见副卷附录5P）。亚当指出，第6集团军受到的威胁来自四面八方，特别是克拉夫钦科的坦克第4军。他继续谈到第4装甲集团军司令部的搬迁，亚当称之为"逃离"，但又强调，保卢斯将司令部迁至更安全处是绝对必要的。[35]最后，亚当描述了第6集团军司令部疏散至新地点的过程以及这一过程中的混乱景象。

　　当日上午晚些时候，司令部转移前，第14装甲军军长胡贝将军带着他的军部人员赶至戈卢宾斯基（参见地图20）。他告诉保卢斯，第24和第16装甲师的装甲单位已离开斯大林格勒，将于下午或傍晚到达利斯卡河畔的指定位置。保卢斯随即交给胡贝一项任务，以第14、第16、第24装甲师的装甲团对苏军快速部队之侧翼发起打击，消除第6集团军后方的威胁。[36]

　　保卢斯和他的参谋长施密特将军，以及他们的私人副官，搭乘飞机赶赴第6集团军设在下奇尔斯卡亚的新前进指挥所。司令部其他人员乘坐汽车，沿一条迂回路径前往该镇。他们分成五路纵队，从戈卢宾斯基出发，在佩列波利内（Perepolnyi）渡过顿河，赶至第8军设在佩斯科瓦特卡（Peskovatka）的军部集合。这五支队伍随后合并，一同赶往西南方的下奇尔斯卡亚。

　　11月21日—22日夜间，第6集团军司令部人员遇到了第16装甲师的行军队伍，该师正由东向西渡过顿河，赶往利波洛戈夫斯基地域的集结区；他们将从那里加入第14、第24装甲师的突击行动，打击西南方面军前进中的快速部队。第16装甲师不知道的是，两个姊妹师的先遣部队已投入战斗，并被迫退却，苏军坦克第4军的先遣支队已夺取利波洛戈夫斯基镇。第6集团军司令部人员11月

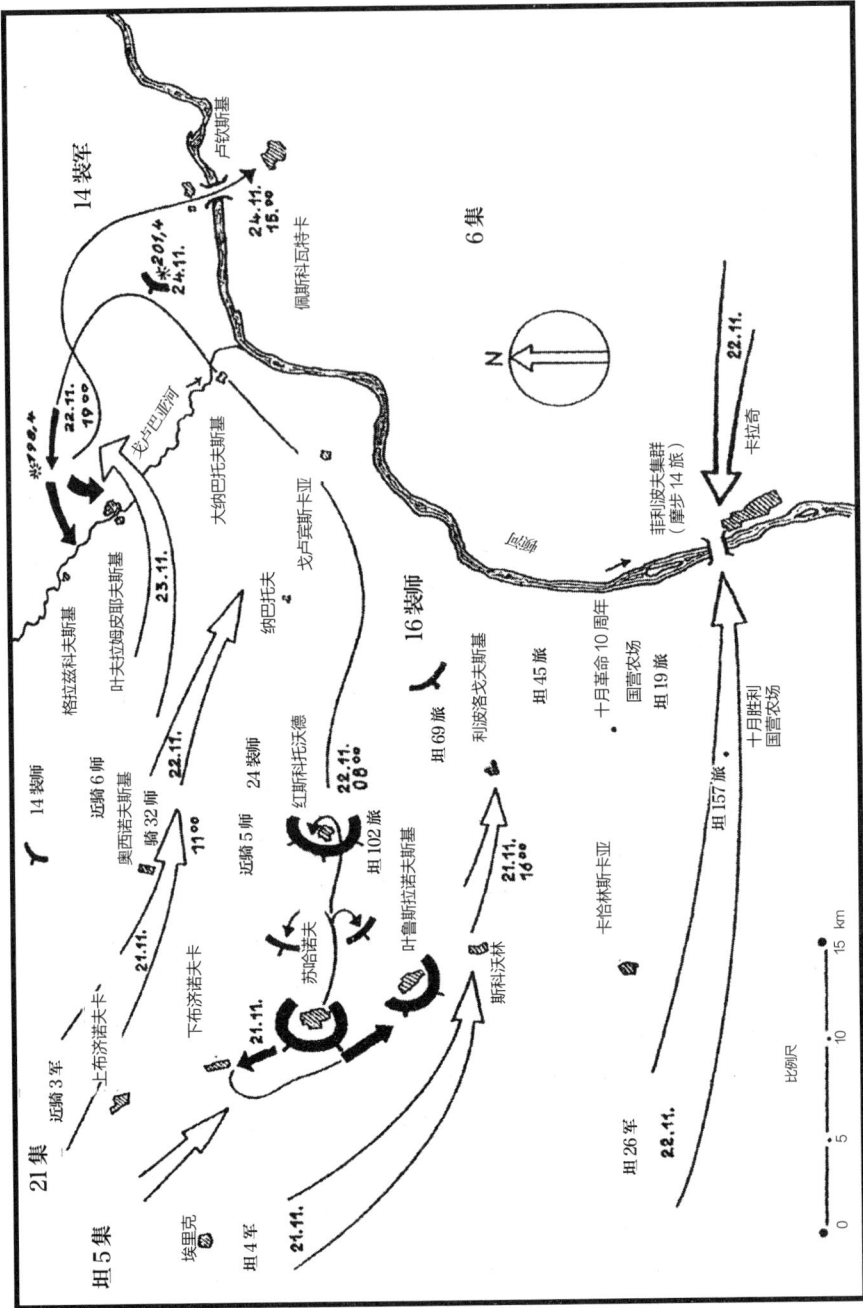

地图 20　1942 年 11 月 21 日—24 日，第 14 装甲军沿顿河实施的反突击

22日晨赶往卡拉奇，随后转向下奇尔斯卡亚，当天晚些时候到达那里。[37]保卢斯和施密特迎接了他们的到来，第4装甲集团军司令霍特将军也在这里，他没有像亚当上校所说的那样"逃离"，而是在11月21日晚将他的司令部迁至该镇。

B集团军群在斯大林格勒地域的指挥结构一片混乱，魏克斯将军的唯一希望是以胡贝第14装甲军恢复顿河北面的态势。现在，一切都取决于胡贝麾下几个实力受损的装甲师能否集结起足够的力量和决心，击败苏军这场相当成功（双方都承认这一点）的纵深发展行动。当然，集团军群的防御能否坚持下去，还取决于霍特第4装甲集团军的情况，11月21日，该集团军已同叶廖缅科斯大林格勒方面军辖内诸集团军在城市南面的草原上展开决战。但斯大林格勒南面传来的消息毫不令人鼓舞。

11月21日，斯大林格勒方面军的攻势

西南方面军、顿河方面军右翼和斯大林格勒方面军继续从他们先前的位置成功发展其攻势……

斯大林格勒方面军：

第62集团军，步兵第138师击退了敌人1个步兵营和坦克发起的数次进攻，继续坚守原先的阵地。

步兵第284师和步兵第92旅攻向马马耶夫岗，日终前夺取了102.0高地顶峰。

集团军辖内的其他部队继续坚守其阵地，并与敌军交火。

第64、第57、第51、第28集团军按计划展开行动。

红军总参谋部作战概要

1942年11月22日8点[38]

与斯大林格勒北面、西北面的西南方面军和顿河方面军一样，红军总参谋部不太确定斯大林格勒方面军在城市南面取得的胜利，故而没有向全体红军宣布该消息。因此，叶廖缅科的快速部队继续冲向西北方，力图与瓦图京的快速部队会师时，红军总参谋部再次将斯大林格勒方面军辖内诸集团军正遵照最

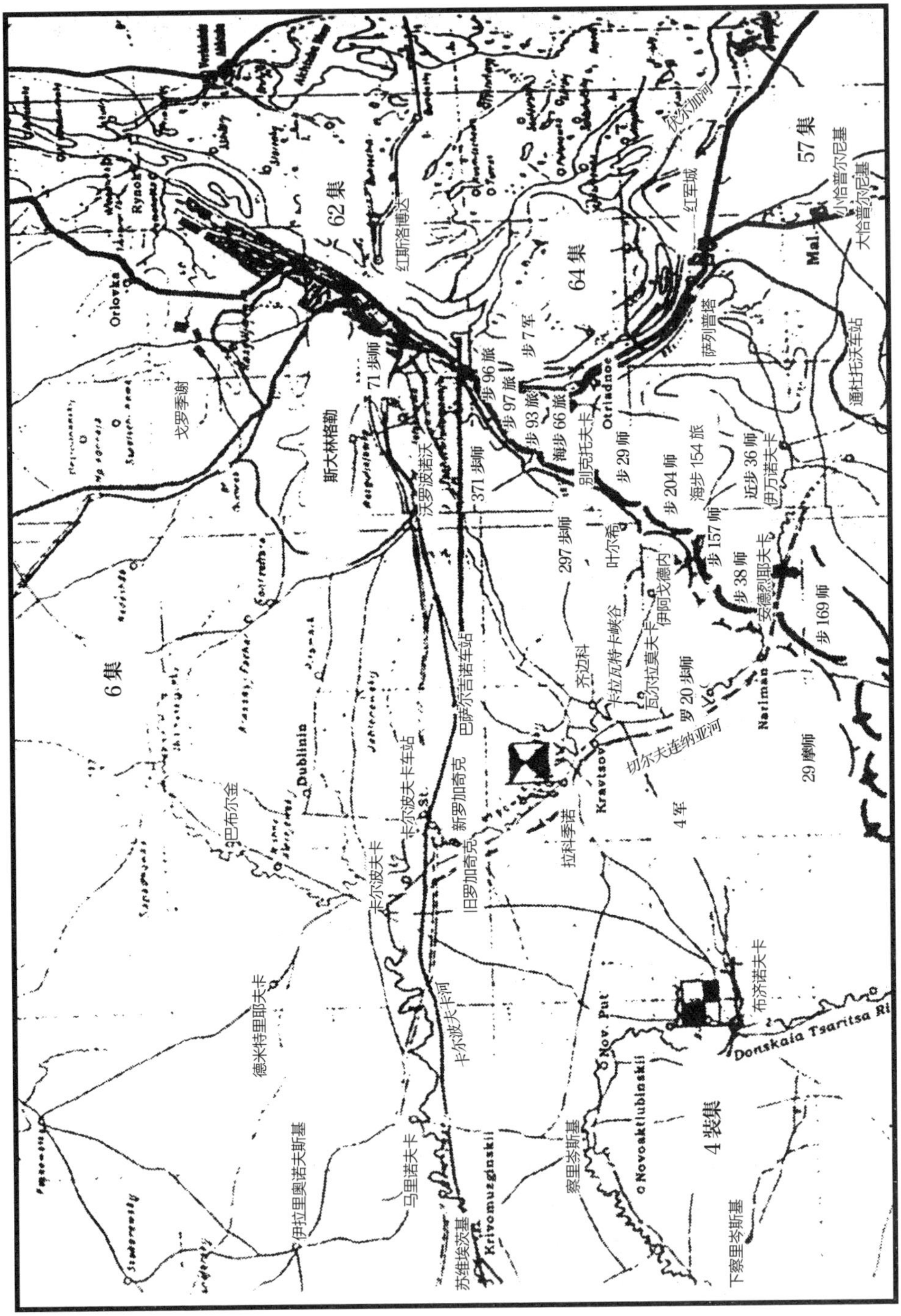

62集
红斯洛博达
64集
57集
伏尔加河
红军城
小恰普尔尼基
大恰普尔尼基
Mal.
萨列普塔
通杜托沃车站
Rynok
Orlovka
步7军
步96旅
步97旅
步93旅
海步66旅
Otriadnoe
71步师
斯大林格勒
戈罗季谢
沃罗波诺沃
371步师
别克托夫卡
步29师
海步154旅
近步36师
伊万诺夫卡
步204师
步157师
297步师
叶尔希
伊阿戈德内
步38师
安德烈耶夫卡
步169师
巴萨尔吉诺车站
6集
齐边科
卡拉瓦特卡峡谷
瓦尔拉莫夫卡
罗20步师
Nariman
切尔夫连纳亚河
29摩师
Dublinin
卡尔波夫卡车站
新罗加奇克
巴布尔金
卡尔波夫卡
旧罗加奇克
拉科季诺
Kravtsov
4军
布济诺夫卡
卡尔波夫卡河
德米特里耶夫卡
Donskaia Tsaritsa Ri
Nov. Put
马里诺夫卡
伊拉里奥诺夫斯基
察里岑斯基
Novoaktiubinskii
4装集
Krivomuzginskii
苏维埃茨基
下察里岑斯基

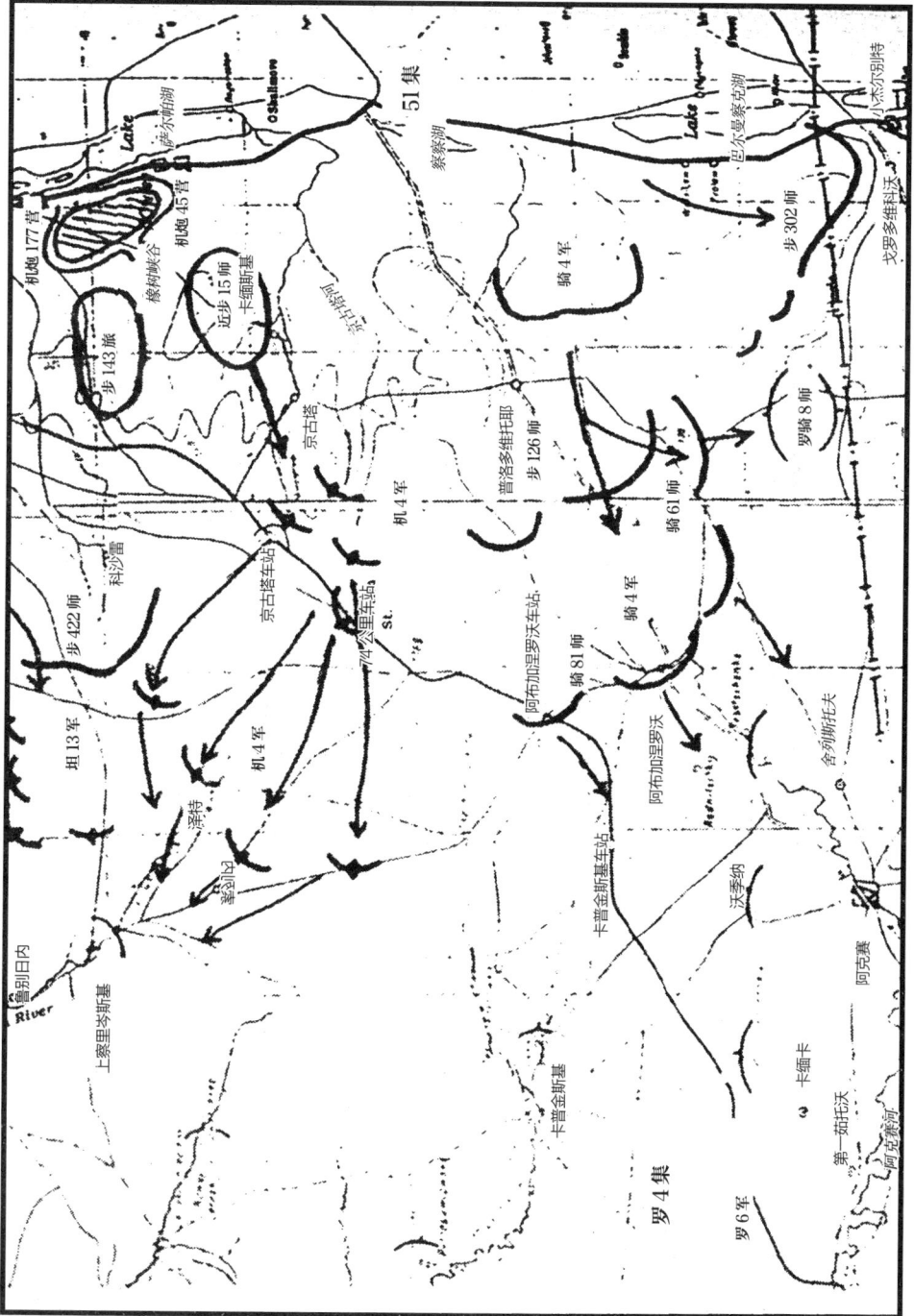

地图 21 （本页及上页）斯大林格勒方面军的攻势：1942 年 11 月 21 日 22 点的态势

高统帅部计划行事的消息仅仅告知那些需要知道的人。

11月21日清晨，叶廖缅科的斯大林格勒方面军中，对第4装甲集团军发起主要突击的三个集团军恢复了进攻。他们的任务与前一天基本相同，重点是派第57集团军的坦克第13军和第51集团军的机械化第4、骑兵第4军冲向他们的深远目标（参见地图21）。

在叶廖缅科部队的当面，霍特第4装甲集团军的防御已摇摇欲坠。苏军在德国第4军与罗马尼亚第6军之间撕开个大口子；后者的第1、第2、第18步兵师几乎全军覆没；第4军辖下的罗马尼亚第20步兵师遭到重创，位于切尔夫连纳亚河南面的一个团被打垮，该河北面的两个团被迫仓促退却。德军第29摩步师投入战斗，总算给令人失望的一天带来些许亮点，该师遏止了苏军第57集团军坦克第13军向西发起的推进，并重创其辖下的两个机械化旅。可是，由于罗马尼亚第20步兵师发生崩溃，第4军的整体防御遭到威胁，11月20日—21日夜间，B集团军群命令第29摩步师向北后撤并加强第4军右翼，因为该军右翼太过偏向西北方，无法占据第6集团军右翼的防御。与此同时，霍特将他的指挥部从上察里岑斯基迁至布济诺夫卡。

鉴于南面的灾难性态势和莱泽师已击败坦克第13军小半力量这一事实，霍特的决定无疑是明智的。另外，如果第29摩步师继续向南搜寻新的猎物，第4军的防御就将彻底崩溃，导致第6集团军敞开的右翼得不到任何部队的掩护。因此，11月21日拂晓到来时，莱泽将装甲掷弹兵主力撤往切尔夫连纳亚河南面，并将大部分装甲力量向北渡过该河，以加强第4军的防御。最有趣的一天即将开始。

第 64 集团军

拂晓后不久，经过一场短暂的炮火准备，舒米洛夫将军的第64集团军重新发起进攻，投入的突击力量与前一天相同——步兵第38、第157、第204师的进攻地域从安德烈耶夫卡以西4公里处的切尔夫连纳亚河向东北方延伸，直至德军据守的叶尔希支撑点南郊。苏军这场突击再次攻向罗马尼亚第20步兵师位于切尔夫连纳亚河北面的两个团，以及据守叶尔希的德军第297步兵师的右翼，这两股部队守卫着德军第4军右翼。B集团军群前一天晚上已将第29摩步师转隶第6集团军，但保卢斯几个小时后才获知此事。尽管如此，莱泽还是以师里的大部分装甲力量加强了第4军的防御。

因此，第64集团军发起进攻后没多久，其中央和右翼便遭到猛烈的反冲击，德军第297步兵师投入两个团，据说还获得50—70辆坦克的支援。虽说这些坦克的来源尚不清楚，数量显然也有些夸大，但最大的可能性是来自第29摩步师，该师11月21日受领的任务是支援罗马尼亚第20步兵师。[39]这场反冲击不仅遏止了苏军步兵第157、第204师在亚戈德内地域的推进，还使G.B.萨菲乌林上校的步兵第38师损失惨重，被迫在纳里曼地域的切尔夫连纳亚河北面后退了一段距离。

第57集团军

苏联方面的资料大多声称，在托尔布欣将军第57集团军的作战地域内，塔纳希申坦克第13军11月21日继续同德军第29摩步师激战了一整天。但是，大部分作战行动实际发生在11月20日下午和晚上。可以明确的一点是，前一天晚上给莱泽师造成损失后，坦克第13军编成内的机械化第62旅和坦克第163团21日晨几乎已丧失了战斗力。因此，被击败的苏军21日晨与第422、第169师的步兵们在纳里曼南面转入防御。当天晚些时候，德军第29摩步师北撤后，塔纳希申坦克军才将机械化第17和第61旅（辖坦克第44、第176团）、新锐的军属独立坦克第35和第166团一部、集团军属坦克第90和第235旅的一部投入战斗。

当日剩下的时间里，坦克第13军机械化第62旅和坦克第163团的残部，在步兵第422和第169师部分部队的支援下，为重新夺回纳里曼与德军第29摩步师的后卫部队展开战斗。西面，莱泽师向北遂行迟滞行动时，坦克第13军辖下的机械化第17旅和坦克第44团缓缓向前推进，赶往纳里曼以西13公里处的"三月八日"国营农场附近。[40]莫罗佐夫上校的步兵第422师仍在舔舐前一天的伤口，他们紧紧跟随在机械化第17旅身后，夜幕降临前到达"三月八日"国营农场以东地域。日终时，第57集团军左翼的推进势将包抄德军第29摩步师从纳里曼向西延伸的阵地，促使德国第4军军部命令莱泽师于11月21日午夜开始撤至卡尔波夫卡以南更加安全的防御阵地上。

第6集团军11月23日日终时统计了第4军的防御给当面之敌造成的损失，称该军在三天的战斗中击毁69辆敌坦克，抓获871名俘虏。第4军的受害者可能大多来自苏军坦克第13军和为其提供支援的两个步兵师。[41]

第51集团军

特鲁法诺夫将军的第51集团军也于21日拂晓恢复了进攻，以机械化第4和骑兵第4军率领这场突击。在他们后方，瓦西连科将军的近卫步兵第15师和第57集团军的步兵第143旅，在萨尔帕湖西面的"橡树峡谷"地域肃清了罗马尼亚第2步兵师的残部。瓦西连科师在湖泊西南方12公里处的卡缅卡地域重新集结，随后转身向西，尾随沃利斯基的坦克和机械化部队向前而去。南面，库罗帕坚科上校的步兵第126师进入普洛多维托耶地域，那里刚刚被机械化第4军肃清；普洛多维托耶东南面，马卡尔丘克上校的步兵第302师将辖内步兵团转向东南方和南方，直奔巴尔曼察克湖西南方12公里处的通杜托沃。就这样，步兵第126和第302师与骑兵第4军配合，开始构设合围对外正面，这道防线从阿克赛地域东延60公里，至巴尔曼察克湖南面4公里处的小杰尔别特。[42]

11月21日最大的进展由沃利斯基的机械化第4军取得。该军20日的开端并不理想，但21日取得了最为惊人的战果。前一天攻克普洛多维托耶后，沃利斯基将他的军分成三股，沿三个截然不同的方向前进：向北冲向京古塔车站；向西北方赶往"74公里"会让站的铁路线；向西奔向普里沃利内（Privol'nyi）和尤尔基诺国营农场（Iurkino）。该军的北钳由机械化第60旅和坦克第21团构成，16点前夺取了萨尔帕湖以西28—32公里处的京古塔车站和3号农场。在此过程中，他们俘虏了罗马尼亚第2步兵师的一个团，还缴获了一个大型物资仓库。南面，机械化第59旅和坦克第20团遭遇到轻微抵抗，但还是夺取了"74公里"会让站，17点前向西北方推进了14公里，准备攻占泽特，该镇位于萨尔帕湖正西面40公里、第4装甲集团军设在上察里岑斯基的前进指挥所东南方约15公里处。他们在那里又俘虏了500名罗马尼亚人，稍晚些时候，军属坦克第158团加入到他们的行列。最后，16点前，机械化第36旅和坦克第55团在阿布加涅罗沃车站北面3公里处，跨过了从科捷利尼科沃通往斯大林格勒的铁路线；协助骑兵第4军夺取阿布加涅罗沃车站；占领了察察湖以西约40公里处的尤尔基诺国营农场；并在尤尔基诺以北10公里处的2号农场宿营。[43]

前一晚迫使霍特将军转移司令部后，现在，沃利斯基的机械化军又对第4装甲集团军设在布济诺夫卡的新指挥所构成了明确的威胁，他的坦克距离德军指挥所仅有20公里。这促使霍特11月21日—22日夜间再次将指挥所转移至顿河西岸的下奇尔斯卡亚，以宽阔的河流作为掩护。

更南面，沙普金将军的骑兵第4军，在叶廖缅科的副手M.M.波波夫将军的密切注视下，也于11月21日拂晓恢复了进攻。当天上午夺取阿布加涅罗沃和阿布加涅罗沃车站后（据说俘虏了5000名罗马尼亚士兵），该军辖下的骑兵第81和第61师继续向前进击。但这一次，波波夫命令沙普金的两个师沿稍稍偏离的方向推进，因为敌人的抵抗非常微弱。据此，V.G.包姆施泰因上校的骑兵第81师冲向西南方的阿克赛镇，A.V.斯塔文科上校的骑兵第61师向南赶往巴尔曼察克湖以西地域，以前出至罗马尼亚第7军第4步兵师后方。骑兵第61师这样做是因为罗马尼亚第4步兵师设在小杰尔别特以西的防御挡住了M.V.加里宁少将步兵第91师的推进，该师部署在第51集团军左翼。两个骑兵师赶往他们的目标时，焦急地等待着步兵第126师的到达，按照计划，该师应于第二天赶上并加强骑兵部队。要牢固建立合围对外正面，粉碎第4装甲集团军发起反突击并与辖下第4军恢复联系的一切企图，步兵力量必不可少。

第62集团军

遂行斯大林格勒方面军主要突击的三个集团军攻向他们的最终目标时，崔可夫第62集团军继续坚守着斯大林格勒城内所剩无几的防区，并发起局部进攻，防止德军第51军向西抽调部队，使其无法协助遏制西南方面军和斯大林格勒方面军会聚的铁钳（参见地图22和副卷附录19A）。崔可夫的部队在右翼的"街垒"厂和"红十月"厂附近实施防御，但在中央地带的马马耶夫岗发起猛烈突击。实力严重受损的步兵第138师仍被困在"柳德尼科夫岛"这片"街垒"厂与伏尔加河之间的狭长地带，但他们击退了德军一个步兵营发起的三次冲击，据称对方还获得7辆突击炮的支援（可能来自德军第51军第305步兵师），夜幕降临时又击退了德军的第四次突击。柳德尼科夫上校的部队损失惨重，还带着180名伤员，但经过更加积极的努力，他们终于获得了一些弹药和食物，运送补给物资的船只还设法疏散了150名伤员。同样，步兵第45师和近卫步兵第39师也在"红十月"厂击退了第51军第79步兵师以营级兵力对其阵地发起的数次进攻。[44]

遵照受领的任务，第62集团军辖下的步兵第284师在步兵第92旅一部的支援下，14点以第1047和1045团对德军第100猎兵师设在马马耶夫岗的防御发起冲击。虽然他们在日终前夺取了102.0高地的部分峰顶，但红军总参谋部认为巴秋克师只取得了"有限的战果"。黄昏时，崔科夫给麾下损失惨重的部队下达了新命令，要求他们"坚守阵地，以局部进攻改善现有阵地，大幅度增加你们的作战行动，以此支援方面军的进攻，并牵制敌军"。[45]

第 28 集团军

阿斯特拉罕以西，在斯大林格勒方面军遥远的左翼，格拉西缅科将军的第28集团军11月21日晨发起了一场意料中的全面突击，以夺取胡尔胡塔镇。凌晨时，集团军给近卫步兵第34师下达了这一命令，但当晚，德军第16摩步师第60掷弹兵团收集起伤员、武器和可用车辆，开始撤离这一支撑点，并将无法带走的装备和物资彻底摧毁。疏散期间，第16摩步师第156团承担起守卫后撤通道（第60团将从这条通道穿过）的任务，并防范第28集团军有可能从南北两面发起的进攻。

11月21日1点，德军第60团第2营开始撤离，师主力集结，准备在凌晨3点接应他们的突围。5点破晓时，第156团对威胁其侧翼和第60团逃生通道的苏军发起骚扰性进攻。苏军并未意识到自己占据的优势，"以猛烈、持续不断的火力覆盖整片地域，但没有发现守军已撤离胡尔胡塔镇。"[46]后来，在后续行动报告中，近卫步兵第34师师长古巴列维奇将军承认："进攻胡尔胡塔镇期间，［我们］12小时后才发现敌人已撤离，致使敌人与我军脱离了接触。11月21日晨，师里报告，敌人继续遂行顽强抵抗，但当时，胡尔胡塔地域已没有敌军。"[47]该师炮兵主任支持了古巴列维奇的说法，并补充说，德国人从北面绕过独立步兵第152旅设在相齐克村的防御；师里上午10点才发现敌人已然撤离。[48]

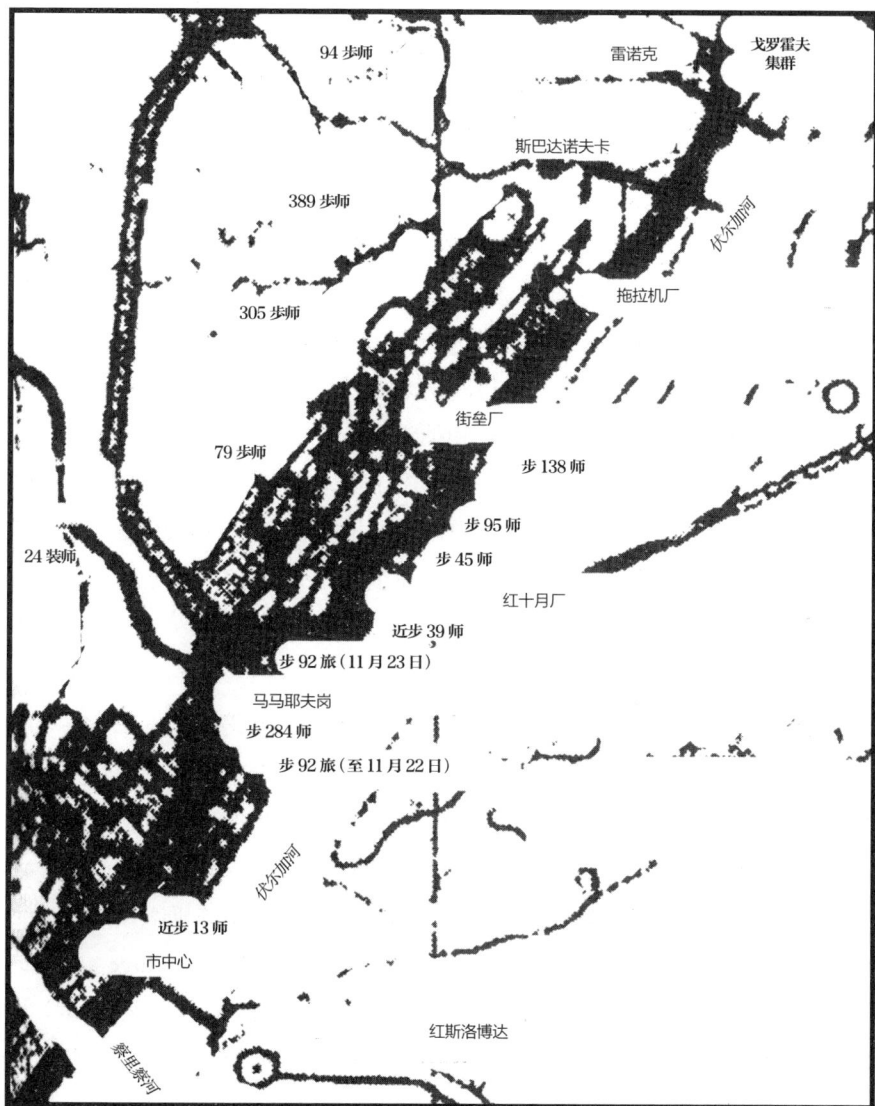

地图22 1942年11月19日斯大林格勒城内的态势

该地域的第一场战斗发生在10点过后。德军第156掷弹兵团的两个营在15辆坦克的支援下，对苏军独立步兵第152旅设在相齐克村的防御发起冲击，以掩护第60掷弹兵团后卫部队撤离，他们已于8点离开胡尔胡塔镇。上午10点，阿列克谢恩科上校独立步兵第152旅的先遣支队占领了该镇，近卫步兵第34师第105团紧随其后，在此过程中损失了2辆坦克和20名士兵。[49]

第28集团军总结了胡尔胡塔地域历时两天的战斗，并在报告中指出，给德军第16摩步师造成1100人伤亡，摧毁或缴获了约40辆坦克和大批其他武器装备（参见附卷附录5Q）。第28集团军为此付出的代价是1300人阵亡、至少1100人负伤、14辆坦克被击毁，这使该集团军只剩下约40辆坦克。[50]另外，从胡尔胡塔至亚什库利这场初步追击期间，第28集团军还缴获了10辆坦克、5门76毫米火炮、4门45毫米火炮、6门37毫米火炮、1门120毫米迫击炮、2门高射炮、32辆无法行驶的汽车、7辆维修中的汽车、9辆摩托车和15公里长的电话线。但是，这些数字似乎过于夸大，因为第16摩步师最初只有52辆坦克（4辆三号、48辆四号），11月20日只剩下43辆。如果第28集团军所说的战果属实，第16摩步师就只剩下18辆坦克。A集团军群在11月22日的作战日志中承认，第16摩步师在胡尔胡塔地域的战斗中"损失了三个连和大批物资"。[51]总之，该师阵亡人数约为300—350人，约700人负伤。[52]

夺取胡尔胡塔镇后不久，格拉西缅科将军下令发起追击。近卫步兵第34师接替了相齐克村的独立步兵第152旅，该旅赶往西面的乌塔。没过多久，第28集团军辖下的步兵第248师到达尔胡塔，与近卫步兵第34师第905团会合。

至于第16摩步师，A集团军群11月22日的作战日志中写道：

第16步兵师（摩托化）的消息：师主力位于亚什库利东面和南面的一个半圆形防御阵地内。位置较为有利。师部设在乌兰埃尔格（Ulan Erge）。后卫部队被迫离开乌塔；敌人位于乌塔以西20公里处。显然，他（冯·什未林）抗击的是苏军近卫步兵第28师、摩托化步兵第152旅和重型坦克第6旅。面对这些敌军实施防御后，他（冯·什未林）希望以尽可能多的部队对北面之敌发起进攻。又，17点电，第16步兵师（摩托化）将转隶第4装甲集团军。该师与罗马尼亚第4步兵师将隶属于霍特大将的"霍特"集群，任务是据守亚什库利—通杜托沃一线，并在阿克赛地域掩护北翼。[53]

这道命令基本上结束了第16摩步师的相对独立性。此后，尽管依然守卫着埃利斯塔以东宽大的正面，但什未林的师紧紧依附于第4装甲集团军，后者试图在斯大林格勒西南方构设起一道稳固、连贯的防线，随后发起救援行动，解救被孤立在斯大林格勒口袋中的第6集团军。

轴心国军队的应对

罗马尼亚第6、第7军在斯大林格勒方面军进攻行动头两日遭受的挫败太过严重，导致罗马尼亚第4集团军无法组建，更别说掌管斯大林格勒南面的作战行动了。11月21日，B集团军群将罗马尼亚第6、第7军未被包围在斯大林格勒的部队悉数交给第4装甲集团军指挥。同时，霍特还得到了第16摩步师。鉴于大部分罗马尼亚师遭受的惊人损失，以及他们令人失望的作战表现，将第16摩步师掌握在手中，对霍特而言是个小小的安慰。

截至11月21日日终时，第51集团军机械化第4军向泽特的戏剧性推进已将罗马尼亚第2、第18步兵师的残部围住；这些罗马尼亚士兵或单独或三五成群地逃窜时，又被跟随在机械化军身后向西推进的第57集团军步兵第143旅和第51集团军近卫步兵第15师逮住。苏军的迅猛突击打垮了罗马尼亚人位于阿克赛河以北的大部分后勤单位，导致罗马尼亚第6军军部既没有弹药又没有燃料。尽管如此，该军部还是竭力将第6"龙骑兵"团和第1、第2、第18步兵师的残部集结在阿克赛镇附近，并以这些部队构设起一道松散的防线，这条防线从阿布加涅罗沃以南15公里处的舍列斯托夫（Shelestov）沿阿克赛河向西延伸，穿过阿布加涅罗沃西南方15公里处的沃金斯基（Vodinski，沃季纳），直至阿布加涅罗沃西南偏西方25公里、阿克赛镇东北方[①]12公里处的格尼洛阿克赛斯卡亚（Gniloaksaiskaia）。第4装甲集团军迅速从维修车间抽调了一些坦克和突击炮加强这些部队。但是，罗马尼亚第6军的残部，甚至包括第4装甲集团军，已然丧失了大部分重武器和装备，弹药和燃料也严重短缺。

---

① 译注：西北方。

罗马尼亚第7军的状况也好不到哪里去。该军辖下的作战部队包括罗马尼亚第1步兵师最南面的一个团（第6军唯一未被包围的单位），该团从北面掩护着通杜托沃接近地，还有尚未遭受损失的罗马尼亚第4步兵师，该师依然据守着从巴尔曼察克湖西岸中部南延至巴特尔—马拉湖（Batyr-Mala）北面的阿尔马努特茨（Ar-Manutc）这片区域。另外，第7军还将第5骑兵师调至阿布加涅罗沃以南的防区，将第8骑兵师第2"轻骑兵"团调入第5骑兵师与通杜托沃之间的防御阵地。这就使第8骑兵师的残部得以守卫从阿尔马努特茨南延至奇尔吉尔（Chilgir）以北25公里处的广阔地域。[54]

总 结

截至11月21日日终时（苏军进攻行动的第三天），西南方面军坦克第4、第26军和近卫骑兵第3军已将攻势朝卡拉奇发展了110—120公里，前出至奥斯特罗夫、叶鲁斯拉诺夫斯基和奥西金斯基一线。他们的先遣支队距离卡拉奇北面的顿河河段仅有20公里，位于卡拉奇顿河河段以西35公里处。南面，斯大林格勒方面军的快速部队已向西北方推进了40—60公里，前出至从8号国营农场向东穿过泽特，直至切尔夫连纳亚河畔的纳里曼北面一线。两个方面军的快速部队先遣支队之间仅相隔80公里。但是，随着最高统帅部的最终目标（两个方面军会师并包围德国第6集团军）即将完成，最高统帅部和两个方面军司令部里的每个人都意识到，确保胜利前仍有一个问题有待解决：第6集团军辖下的第14装甲军会不会调集起足够的装甲力量遏止苏军快速部队的迅猛推进？11月22日日终前，他们将得到这个问题的答案。

11月22日，西南方面军和顿河方面军的攻势

11月22日，西南方面军以部分部队向西、西南方攻往戈尔巴托夫斯基和车尔尼雪夫斯卡亚，并遂行战斗，歼灭罗马尼亚第5军被围在拉斯波平斯卡亚、巴兹科夫斯基和戈洛夫斯基地域的部队；其主力会同顿河方面军右翼部队，向卡拉奇这一总方向发起猛攻，以前出至德军沿斯大林格勒方向这股主力集团的侧翼和后方。突击部队日终前夺取了卡拉奇和莫斯托夫斯基

（Mostovskii）地域，并在小戈卢巴亚（Malogolubaia）和大纳巴托夫斯基地域
到达顿河右岸。

红军总参谋部作战概要

1942年11月23日8点[55]

西南方面军和顿河方面军的任务

两个方面军的快速部队11月21日—22日夜间到达罗马尼亚第3集团军和德国第6集团军战役后方地域，进入到卡拉奇顿河河段及其北部的打击距离内，瓦图京和罗科索夫斯基给辖内诸集团军下达了任务，他们希望最终实现"天王星"行动的主要目标——包围保卢斯的第6集团军。他们还同诸集团军司令员密切协调，给两个方面军辖内其他部队部署了新的任务（参见副卷附录5R）。西南方面军将以坦克第5集团军和第21集团军的快速部队前出至顿河，强渡该河后夺取卡拉奇镇，然后赶往东南方的苏维埃茨基，在那里与斯大林格勒方面军快速部队会师，包围德国第6集团军。瓦图京的骑兵和步兵部队将渡过奇尔河，攻克敌人设在博科夫斯卡亚、车尔尼雪夫斯卡亚、奥布利夫斯卡亚、苏罗维基诺的支撑点。顿河方面军将以第65集团军向东南方发展胜利，并向卡恰林斯卡亚西南偏南方20公里处的韦尔佳奇发起突击，而第24集团军负责将第6集团军第11军包围、歼灭在顿河大弯曲部东北端。

斯大林和苏军最高统帅部的信心有所加强，他们相信西南方面军和顿河方面军辖内诸集团军可以完成这些任务，证明这一点的是，从11月23日8点起，他们终于批准总参谋部在其每日作战概要中将突击部队取得的战果详细到师和独立旅一级。

西南方面军的推进

坦克第 5 集团军

坦克第5集团军11月22日最重要的进展是，集团军快速部队（坦克第1、第26军）终于到达了顿河畔卡拉奇及其西南方地域。坦克第26军军长罗金将军（他麾下的坦克第216旅仍在北面支援近卫步兵第50师）决定清晨时以坦克第19、第157和摩托化步兵第14旅恢复进攻（西南方面军11月22日的进展可参阅

地图23和副卷附录5S）。此时，三个旅占据的阵地从卡拉奇西北方35公里处的普列西斯托夫斯基村向南延伸至卡拉奇西北偏西方23—25公里、利斯卡河畔的卡恰林斯卡亚和奥斯特罗夫。罗金赶至奥斯特罗夫后，将摩托化步兵第14旅旅长G.N.菲利波夫中校召至指挥所，命令他的旅"作为先遣支队展开行动，从行进间［在卡拉奇地域］夺取一座渡口，坚守至军主力到达"。[56]

作为菲利波夫这场突袭的背景，苏联方面的一份机密资料阐述了坦克第26军11月22日的行动："该军于11月21日—22日夜间恢复进攻，遭到德军第3摩步师所辖分队沿利斯卡河实施的顽强防御，这股敌军从顿河后方赶至，任务是阻止苏军渡河。"[57]罗金没有理会坦克第26军遇到的抵抗，在该军发起进攻前便组建起菲利波夫的先遣支队。该支队编有摩托化步兵第14旅的两个摩托化步兵连，以及军属独立侦察第15营的装甲车。[58]

清晨3点，菲利波夫支队离开卡拉奇西北方23公里处的奥斯特罗夫地域。该支队以最大速度沿卡拉奇公路迅速前进，装甲车开着大灯，清晨6点到达卡拉奇对面的顿河西岸，顿河大桥就在那里。对于德军掩护卡拉奇的防御，保卢斯的副官威廉·亚当上校后来写道："汉斯·米克施上校指挥的一个工兵学校和一个航校在各种后勤单位的加强下，于顿河西岸占据了一座无法被绕过的登陆场。苏沃罗夫斯基的军官学校也被调来加强战备。"[59]亚当指出，米克施在卡拉奇对面和别列佐夫斯基村（Berezovskii）南面的顿河东岸①高地（161.0）组织起防御，并做好了炸毁桥梁的准备。

菲利波夫的先遣支队没有发现完好的桥梁，于是他们下车，步行发起突击，以5辆装甲车和50名摩托化步兵成功突破了德军防御。没过多久，他这支小股部队获得马胡尔少校坦克第157旅一个坦克连（6辆坦克）的加强，这个坦克连也毫发无损地穿过了德军的防御。虽然马胡尔的一辆坦克转身返回，从后方对德军发起打击，此后音讯全无，但菲利波夫的支队畅通无阻地向前推进，直到他们遇到一位当地居民，他告诉这些红军，德国人已将卡拉奇的桥梁炸毁。这位居民随即带着菲利波夫支队向北前进了3公里，来到德国人在卡拉奇

① 译注：疑似为西岸

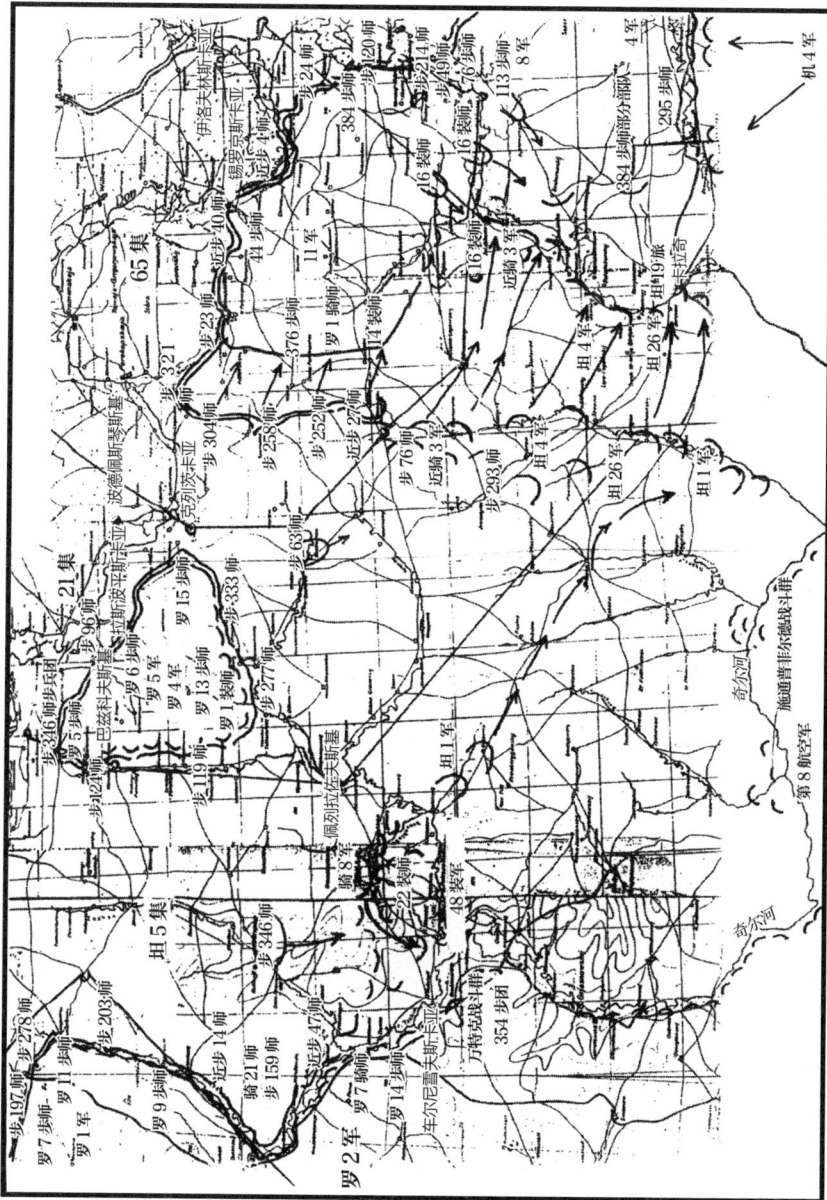

地图23 1942年11月22日22点，西南方面军和顿河方面军的推进

镇中心西北偏西方4公里处的别列佐夫斯基村刚刚架设起的一座新桥。此处的顿河河段宽600米，河中央有一座小岛，所以，实际上是两座桥梁连接着小岛和两岸。按照菲利波夫的命令，一辆搭载着步兵的坦克驶过冰面，夺取了河中央的小岛，其他坦克和士兵沿道路而行，赶至渡口处。此时是8点至9点之间，桥上的德军哨兵起初并未留意这支车队，因为德国人经常使用缴获的苏制T–34坦克。菲利波夫的队伍到达河岸、逼近桥梁时，德军哨兵开火了，但已为时过晚。经过一场短暂的交火，菲利波夫支队夺取了桥梁，随即拆除桥上的炸药，并清理了埋设在桥梁接近地的地雷。

汉斯·德尔后来从德方角度解释了所发生的事情，他写道："俄国人的坦克部队抵近大桥，未经战斗便将其夺取，因为桥上的哨兵误以为这是一支德军训练单位，该单位配备着缴获来的苏制坦克，经常从桥上驶过。"[60]德军工兵未能炸毁这座桥梁，在很大程度上导致了德国人最终的失败。如果炸毁该桥，很可能使苏军的会师耽搁1—3天，并影响德军最高统帅部的决策。

11月22日6点19分，第14装甲军给第6集团军发去一封加密电报，称第24装甲师在奥斯特罗夫发现敌军；该师师部设在东北偏北方23公里处的"红色畜牧饲养员"农场；苏军部署情况不明；交通线已中断。报告中还指出："卡拉奇登陆场：8—9辆敌坦克在966控制点［卡拉奇西北方12公里处的162.9高地］达成突破。据推测，他们是想驶过卡拉奇的桥梁。保安部队在966控制点与敌步兵交火。1点15分，从北面而来的20辆敌坦克位于波波夫1号农场。奥斯特罗夫已在夜间被敌人占领。"[61]

当晚19点，第6集团军向B集团军群承认："虽然实施了英勇牺牲的抵抗，但整个察里察河河谷、从苏维埃茨基至卡拉奇的铁路线、卡拉奇的顿河大桥，直至戈卢宾斯卡亚、奥斯金斯基和克赖内的顿河西岸高地均已落入俄国人之手。"[62]

有趣的是，菲利波夫支队是在完全孤立的情况下夺取了顿河上的桥梁，坦克第26军或与他友邻的旅对此一无所知，因为菲利波夫当时缺乏同任何部队联系的无线电通信。菲利波夫本人将突袭的胜利归功于好运气和出其不意。不管怎样，菲利波夫支队仍被包围在一个环形防御阵地内，但他们在这座关键的桥梁坚守了11个小时，直到援兵赶到，期间击退了德军发起的数次反击。由于该支队夺取桥梁的英勇行动，菲利波夫后来获得了"苏联英雄"称号。

至于坦克第26军辖内的其他部队，拂晓后不久，他们从位于利斯卡河河谷的阵地向东南方推进。当日白天前进了15—18公里，击败了沿途遭遇到的德国和罗马尼亚军队，其战线从卡拉奇以西15—17公里处的"十月胜利"和"十月革命10周年"农场向东北方延伸，穿过卡拉奇西北偏西方15公里处的162.9和159.2高地，直至卡拉奇西北方12公里处的洛日基镇。[63]当天晚些时候，该军的三个旅到达位于卡拉奇的顿河河段及以北地域，坦克第19旅日终前夺取了河上的渡口。

在反坦克歼击炮兵第1241团的加强下，菲利片科上校的坦克第19旅于清晨时分到达利斯卡河，当日上午以其摩托化步兵营击败了敌人的一个步兵营（据称来自罗马尼亚第15步兵师）。在河畔展开战斗时，菲利片科命令先遣坦克营以坦克炮轰击罗马尼亚人，并以步兵营和反坦克歼击炮兵第1241团对罗马尼亚人的防御阵地发起冲击，迫使对方四散奔逃。[64]抓获大批俘虏后，该旅步兵向东推进了12公里，到达洛日基镇接近地，中午时在这里与旅里的坦克和轮式车辆单位会合，后者已从奥斯特罗夫渡过利斯卡河。在洛日基镇击败德军第16装甲师的先遣部队后，该旅又向东南方前进了12公里，17点在别列佐夫斯基渡过顿河，他们接替了菲利波夫的先遣支队，20点前占据了卡拉奇西北方树林中的阵地。[65]

在此期间，马胡尔少校坦克第157旅的推进较为困难。拂晓时从奥斯特罗夫向东进击后，该旅在"十月胜利"和"十月革命10周年"农场遭遇到激烈抵抗，那里的德军据守着1942年7—8月战斗中残留下的防御阵地，据说配有50辆缴获后加以翻新的苏制坦克。马胡尔少校在战斗初期阵亡，该旅由政委V.Ia.库德里亚舍夫少校暂时指挥。坦克第157旅在前方留下一股牵制部队，余部向南机动，寻找德军防御薄弱点。14点，坦克第157旅发起进攻，打垮了罗马尼亚第6步兵师的一部和德军后勤单位（隶属于"米克施"战斗群）组成的一股部队；该旅随即向北进击，挫败了河流以西2—3公里处、米克施据守162.9和159.2高地的部队，并朝卡拉奇推进，夜晚前到达该镇南部对面的顿河西岸。摩托化步兵第14旅的余部在坦克第19与第157旅之间推进，遭到据守159.2高地之敌的牵制，但夜间打垮了这股敌人。他们随即进入卡拉奇以北的别列佐夫斯基地域，次日清晨加强了坦克第19旅。

被坦克第5集团军打垮后，据守卡拉奇以西的德军要么退入镇内，要么在米克施上校的指挥下向南后撤，在雷奇科夫斯基（Rychkovskii）和奇尔河车站占据防御，这两个至关重要的交通中心位于顿河西岸，铁路线经此向东通往斯大林格勒。

11月22日晚，罗金将军赶至前线，并将指挥所设在"十月胜利"国营农场。他随即命令坦克第19和摩托化步兵第14旅在菲利片科上校的统一指挥下展开行动，于次日晨夺取卡拉奇。军内其他部队集结在卡拉奇北面和莫斯托夫斯基地域，等待命令赶往卡拉奇东南方10—12公里处的苏维埃茨基和马里诺夫卡（Marinovka），并与斯大林格勒方面军机械化第4军会师。该军刚刚占领苏维埃茨基。11月22日—23日深夜，克拉夫钦科将军坦克第4军的一个旅也在别列佐夫斯基渡过顿河，而该军主力已到达卡拉奇以北12—16公里处的利波列别杰夫斯基（Lipo–Lebedevskii）及其北部。

罗金坦克军攻向顿河畔卡拉奇时，布特科夫将军位于西面的坦克第1军于3点50分从佩列拉佐夫斯基以南10—15公里处的利波夫斯基和戈卢宾卡（Golubinka）地域开始推进。该军攻向西南方，进入库尔特拉克河河谷，打垮了佩列拉佐夫斯基西南方18公里、卡拉奇—库尔特拉克以东的罗马尼亚第1装甲师后勤单位，据称俘虏260名罗马尼亚人，并缴获大批装备。他们还在西面2公里处的卡拉奇—库尔特拉克驱散了一股较大的敌军，德军第22装甲师的后勤单位就驻扎在那里。当日上午，布特科夫全军转动180度，向东南方疾进，跨过开阔的草原，推进了80公里，途中夺取了一连串城镇和村庄，并将守军消灭或驱散。日终前，该军辖内各旅集结在利斯卡河下游的雷索夫、兹里亚宁斯基（Zrianinskii，兹里亚宁）、图佐夫（Tuzov）和波戈金斯基（Pogodinskii）镇附近。此时，布特科夫的部队位于卡拉奇以西25公里，卡拉奇西南方35公里，奇尔河车站和雷奇科夫斯基镇（车站以东8公里处）以北10—20公里处。由北至南，坦克第159旅驻扎在雷索夫，坦克第89旅位于兹里亚宁斯基，坦克第117旅位于图佐夫，摩托化步兵第44旅据守波戈金斯基。[66]因此，进攻第四天结束时，布特科夫坦克军终于完成了本应在第二天日终前完成的任务。

坦克第1军冲向东南方时，从担任先遣支队的摩托化步兵第44旅抽调出一个摩步营遂行侦察任务，向西进入奇尔河车站西北方25公里处的苏罗维基诺以北和东北方地域，掩护突击部队右翼。傍晚时，该军完成了受领的任务，但原有的136辆坦克只剩下24辆。损失的坦克中，约有40辆在几天前的战斗中被德军第22装甲师击毁或击伤，另外30—40辆在赶往奇尔河的漫长途中被德国空军击毁，还有30—40辆是因为机械故障。[67]苏联方面批评该军的表现时感叹道，尽管大雾弥漫，但小股敌机还是设法击中了前进中的坦克队列。机械故障造成的损失成为1942—1943年冬季坦克军作战行动的标准特征之一。在这种情况下，布特科夫军所剩无几的坦克使他们很难完成沿奇尔河的任务。但12月初，西南方面军为该军提供了100多辆新坦克，使该军得以渡过奇尔河展开行动。

坦克第5集团军两个坦克军的后方，鲍里索夫骑兵第8军辖下的骑兵第55和第112师受领了一项令人不快的任务：解决第48装甲军编成内的德国第22装甲师和罗马尼亚第1装甲师。前者仍在大顿什钦卡地域战斗，后者位于察里察河以东、"拉斯卡尔"集群所在的包围圈的南部。鲍里索夫骑兵部队的主要任务是阻止德军装甲师与被困在拉斯波平斯卡亚南面和西南面的任何一支罗马尼亚部队（特别是罗马尼亚装甲师）会合并营救对方。前一天晚上，罗马尼亚第3集团军司令杜米特雷斯库将军和罗马尼亚皇家陆军总参谋长施泰夫莱亚将军给"拉斯卡尔"集群和第1装甲师下达了密令，批准他们突围。这直接违反了希特勒坚守到底、必要时奋战至死的命令。

苏军骑兵第55和第112师竭力将德军装甲师困在大、小顿什钦卡地域时，格奥尔基将军的罗马尼亚第1装甲师再次试图突出包围圈。22日清晨，格奥尔基师以约20辆R-2坦克和220辆卡车及其他车辆组成的力量冲向西南方、新察里岑斯基与日尔科夫斯基之间的察里察河河段。该师的目标是与德军第22装甲师在大、小顿什钦卡附近的某处会合。坦克第5集团军步兵第119师猝不及防，这场进攻迅速突破了苏军步兵师沿河流及其东部构设的防御，并使格奥尔基的装甲部队进入苏军骑兵第8军后方、佩夏内以东约8公里处。[68]

鲍里索夫迅速做出应对，他命令恰连科上校的骑兵第55师投入战斗，阻截罗马尼亚装甲部队。与此同时，遵照罗曼年科将军的命令，沙伊穆拉托夫将军的骑兵第112师向西南方而去，随即转身向南，绕过德军第22装甲师左翼，赶往车尔尼雪夫斯卡亚以东8公里处奇尔河畔的克拉斯诺亚罗夫卡（Krasnoiarovka）。到达目的地后，沙伊穆拉托夫将派出部分部队赶往库尔特拉克河畔的彼得罗夫卡，在罗马尼亚师到达奇尔河前将对方拦住；师里的另一部将向南赶往车尔尼雪夫斯卡亚东南方17公里、奇尔河畔的阿尔扎诺夫斯基（Arzhanovskii），沿奇尔河西岸构设拦截阵地。

突破苏军步兵第119师的防御后，格奥尔基的第1装甲师冲向南面的梅德韦日，苏军骑兵第55师和提供支援的独立坦克第511营发起一场追击战，投入战斗的可能还有近卫坦克第8旅的一部，该旅主力仍在西面支援步兵第159和骑兵第21师的推进。从此刻起，苏联和罗马尼亚方面对战斗的记述出现了很大差异。苏联方面称，骑兵第55师和提供支援的坦克部队击退了第1装甲师的冲击，击毁27辆坦克和60辆卡车，击毙约600名罗马尼亚士兵，俘虏150人。[69]但罗马尼亚方面的资料指出，格奥尔基的装甲师击退了苏军发起的一场进攻，俘虏256名苏军士兵，击毁65辆坦克、10门反坦克炮、129辆汽车和108辆摩托车，自身只有10辆罗马尼亚坦克被击毁，但师属反坦克营和侦察营遭受到极大损失。[70]鉴于参战部队的规模，双方的记述似乎都夸大了对方的实力和损失。

不管怎样，罗马尼亚第1装甲师主力成功突破了苏军骑兵第55师的拦截阵地，一路向南而去。但他们没能与德军第22装甲师会合，后者这一整天都忙着在大、小顿什钦卡与梅德韦日之间的地域抗击苏军骑兵和步兵，罗马尼亚第1装甲师的残部随即进入彼得罗夫卡东面的库尔特拉克河河谷，据罗马尼亚方面的资料称，他们夺取了彼得罗夫卡镇。但苏联方面的资料却指出，绕过德军第22装甲师左翼后，沙伊穆拉托夫的骑兵第112师一举攻占彼得罗沃①，日终前到达库尔特拉克河。随后，遵照上级的命令，该师在奇尔河畔的克拉斯诺亚罗夫卡设立起拦截阵地，防止罗马尼亚装甲师残部沿库尔特拉克河向西逃窜。[71]

格奥尔基装甲师设法逃离时，罗特上校的第22装甲师基本上仍被困在一个松散的包围圈内，这个包围圈从梅德韦日向东北方延伸8公里，至顿什钦卡河畔的大顿什钦卡，沿该河南延5公里至小顿什钦卡，然后向西延伸5公里，跨

---

① 译注：就是彼得罗夫卡。

过一道山脊至梅德韦日。包围圈内的是第22装甲师"奥佩尔恩"战斗群，他们以第204装甲团、第129装甲掷弹兵团第2营、第24摩托车营和第140装甲猎兵营据守包围圈北围，以第129装甲掷弹兵团第1营、第140装甲炮兵团第3营沿包围圈南围防御。当然，这些单位的实力严重不足，只获得少量坦克的支援。[72]

作为坦克第5集团军快速部队最后的组成部分，摩托车第8团11月22日发起了一场深远却短暂、纯属多余的突袭。前一天晚上，罗曼年科命令该团迅速向南，夺取奇尔河畔的奥布利夫斯卡亚。占领这个至关重要的镇子，苏军摩托车部队就将切断德国人从莫罗佐夫斯克后勤基地通往斯大林格勒的铁路交通线，瓦解罗马尼亚第3集团军沿奇尔河构设的纵深防御，这条河是坦克第5集团军前进途中的下一个主要天然障碍。

清晨7点，摩托车团向南开拔，起初跟随在坦克第1军身后。穿过佩列拉佐夫斯基和该镇南面18公里处的中古森卡镇后，该团向南推进了20公里，只遇到轻微抵抗，他们穿过奥布利夫斯卡亚以北30公里处的博卡切夫卡（Bokachevka）村，17点攻占了红谢洛（Krasnoe Selo）村。可是，利用大雾和土路在9个半小时内前进了90—95公里后，摩托车第8团没有直接赶往奥布利夫斯卡亚，而是分成了五个独立支队，在奥布利夫斯卡亚地域及其北部遂行牵制行动。[73]

随后，五个支队各自在罗马尼亚第3集团军后方实施牵制性袭击（参见副卷附录5T）。虽说这些行动没有取得任何重要战果，但他们给第3集团军后方造成了混乱。苏联方面批评坦克第5军作战行动的一份秘密报告中引用了德军第22装甲师一名被俘军官的说法，他认为实施这些袭击的是"年轻的斯大林主义者组成的一个执行侦察和牵制活动的特别师……他们总是出人意料地出现，从后方对德国和罗马尼亚军队发起突然袭击"。但这份研究得出的结论是，"摩托车第8团分成五个支队，并未完成他们的主要任务——夺取奥布利夫斯卡亚，切断斯大林格勒—利哈亚铁路线。"[74]

坦克第5集团军的快速部队较为沉着地完成其纵深任务时，集团军辖内的步兵部队稳步推进，迫使罗马尼亚第3集团军的残部退向克里瓦亚河和奇尔河，并肃清被困在拉斯波平斯卡亚南面和西南面的"拉斯卡尔"集群。当日，罗曼年科集团军右翼和中央偏右处的各个师前出至以下一线：从车尔尼雪夫斯卡亚以北35公里处克里瓦亚河畔的别拉温斯基村，向南延伸至克里瓦亚河与奇尔河的交汇处，然后沿奇尔河向东南方延伸，经皮丘金和杰明（Demin）至车尔尼雪夫斯卡亚地域。但在此之前，瓦图京将军已命令罗曼年科将集团军最右翼的近卫步兵第14师和为其提供支援的炮兵团转隶列柳申科将军的近卫第1集团军。这一调动使步兵第159师成为坦克第5集团军最右翼的部队。

转隶刚一完成，M.B.阿纳什金上校的步兵第159师便在尼科洛夫少校近卫坦克第8旅的支援下，拂晓时向西南方发起突击，迫使罗马尼亚第1军第9和第11步兵师的残部慢慢退向克里瓦亚河和奇尔河。推进中，阿纳什金师获得近卫第1集团军近卫步兵第14、步兵第203和第278师在右翼提供的支援，这些师向北面的克里瓦亚以东地域发起局部进攻和突袭。步兵第159师日终前夺取了车尔尼雪夫斯卡亚以北20—32公里处的卡缅卡、阿斯塔霍夫（Astakhov）和别拉温斯基村，这样一来，从别拉温斯基村南延至克里瓦亚河与奇尔河交汇处的克里瓦亚河东岸，从奇尔河北岸向东南方延伸至车尔尼雪夫斯卡亚西北方18公里处的伊拉里奥诺夫，罗马尼亚军队均被苏军肃清。

此时，罗马尼亚第1军辖下的两个师实力已然耗尽，并彻底陷入混乱。但次日清晨，遵照B集团军群的命令，步兵上将卡尔·霍利特一直担任预备队的第17军，以第62和第294步兵师，沿博科夫斯卡亚以北的克里瓦亚河加强了罗马尼亚第3集团军的防御。两个较为新锐的德军步兵师赶来，强化了罗马尼亚集团军左翼的防御，或许还使罗马尼亚第1军避免了苏军的后续包围。霍利特第17军的出现，使得"霍利特"这个名字在整个苏联南部声名远扬了很长一段时间，这支部队最初只是一个军级集群，后来成为一个正式的集团军级支队。另外，霍利特军的及时投入不仅防止了苏军打垮罗马尼亚第3集团军的左翼，还防范了苏军对意大利第8集团军潜在的直接威胁。[75]

激战沿克里瓦亚河、上奇尔河两岸及其东部展开，在这片地域的南面，亚库宁上校[①]的骑兵第21师从卡缅卡地域向西南方发起冲击，该师一直脱离鲍里索夫骑兵军，奉命加强坦克第5集团军右翼步兵师的进攻。打垮罗马尼亚第9步兵

---

① 译注：少将。

师右翼的防御后，骑兵第21师日终前到达车尔尼雪夫斯卡亚西北方13—18公里、从伊拉里奥诺夫南延至皮丘金这片地域。日终前，骑兵师左侧福卡诺夫将军的近卫步兵第47师，将（正与罗马尼亚第14步兵师残部并肩战斗的）罗马尼亚第7骑兵师残部驱赶到从皮丘金南延至车尔尼雪夫斯卡亚的奇尔河西岸。

除了罗金的坦克第26军在卡拉奇渡过顿河，以及布特科夫坦克第1军在卡拉奇西南方的发展行动，11月22日苏军最引人注目的进展发生在坦克第5集团军左翼。在那里，沿察里察河及其东部地域，集团军左翼的步兵部队竭力肃清被围的罗马尼亚"拉斯卡尔"集群。拂晓前，别洛夫上校的近卫步兵第50师，连同坦克第26军坦克第216旅和库拉金上校的步兵第119师，由步兵第346师掩护其左翼，沿察里察河及其东部攻向"拉斯卡尔"集群的防御。与此同时，第21集团军步兵第96、第63、第333师从东面和东南面出击，与坦克第5集团军辖内各师会合，歼灭被困在拉斯波平斯卡亚、上福米欣斯基与戈洛夫斯基之间的罗马尼亚军队。

别洛夫的近卫步兵第50师和坦克第216旅攻向"拉斯卡尔"集群的第6步兵师，将罗马尼亚人逐向东南方，夺取了上福米欣斯基的剩余部分和东南方7公里处的别洛索因村（Belosoin）。与此同时，库拉金的步兵第119师从察里察河河谷冲向东、东北方，攻克了科罗特科夫斯基，面对敌人的顽强抵抗，他们经过苦战夺取了日尔科夫斯基。就在此时，格奥尔基装甲师向西发起突围，清晨时渡过察里察河，向西南方而去，试图赶至德军第22装甲师设在大顿什钦卡的防御阵地。近卫步兵第50和步兵第119师没有理会突围的罗马尼亚人，他们向东冲往戈洛夫斯基镇，该镇位于科罗特科夫斯基以东10公里处，"拉斯卡尔"集群的指挥部就设在该镇。

早在当日凌晨2点30分，坦克第5集团军已给"拉斯卡尔"集群被包围的部队发去一封电报，要求他们立即无条件投降。收到这份最后通牒，罗马尼亚第6、第5、第15步兵师师长米哈伊·拉斯卡尔、尼古拉·马扎里尼、亚翁·西翁对此的回复是："我们将继续战斗，决不考虑投降。"据说这份回复"赢得了德军联络官前所未有的尊敬之情"。[76]

针对罗马尼亚人的负隅顽抗，近卫步兵第50师当日早晨攻向东南方的别洛涅穆欣（Belonemukhin），前出至罗马尼亚第5步兵师左翼后方，迫使马扎里尼将军把他的部队撤至从别洛涅穆欣至巴兹科夫斯卡亚的新防御阵地。这就使"拉斯卡尔"集群所在包围圈北部的三分之一落入苏军手中。此时，第5步兵师开始瓦解。整个上午，拉斯卡尔将军向罗马尼亚第3集团军发出一连串越来越绝望的电报，请求提供支援。这种情况反过来又造成罗马尼亚人与德军联络官之间尖锐的指责。从罗马尼亚人的角度看，事态极为严峻：

炮弹下降为每门火炮40发，迫击炮弹也不够，许多人已有几天没吃东西，伤员无法获得充分的照料，就连近期提供的德制75毫米反坦克炮也被证明效果有限。德国人后来指出，弹药和食物短缺，缺乏医疗疏散，是罗马尼亚人管理不善所致，但罗马尼亚人将其归咎于德国人对铁路线的控制和他们缺乏运输车辆。[77]

各罗马尼亚师没有足够的反坦克武器，特别是反坦克炮，尽管德国人和希特勒本人一再承诺提供这些武器。一般说来，虽然亚当上校和其他人对罗马尼亚人惯于逃跑的习性大加讽刺，但罗马尼亚人的战斗实际上远远好于许多德国人给予他们的评价。然而，很多德国人习惯于为自身的不足而谴责其他人。

鉴于"拉斯卡尔"集群面临的绝望态势，罗马尼亚第3集团军再次请求希特勒批准该集群实施突围；但是，这一请求遭到拒绝。不久后，苏军通过电台向"拉斯卡尔"集群发出第二份劝降通牒，上午10点，该集群的指挥官们再次拒绝了这份通牒。在此期间，从9点起，德军飞机试图为该集群提供空中补给。德军一架轻型飞机9点在戈洛夫斯基降落后，10架He-111运输机11点为被困的罗马尼亚军队空投了补给物资，13点，5架罗马尼亚Ju-52运输机卸下食物、燃料和弹药，还疏散了60名负伤的军官。[78]罗马尼亚人对缺乏支援深感沮丧，16点，拉斯卡尔、马扎里尼和西翁将军再次在戈洛夫斯基会晤，决定22点发起协同一致的突围。按照拉斯卡尔的突围计划，他的第6步兵师将率先向西南方的佩夏内突围，西翁第15步兵师的突围路线与第6步兵师相平行，但位于其南面，向大顿什钦卡突围。为掩护部队撤离，第6步兵师第15"多罗班蒂"团的一个营和师直属部队将在日尔科夫斯基地域替代已离去的罗马尼亚第1装甲师，并在突围期间担任侧翼掩护。[79]

尽管"拉斯卡尔"集群精心策划了逃脱计划，但苏军抢先发起进攻，导致态势愈发恶化。当日中午向东和东南方恢复进攻后，坦克第5集团军步兵第119和近卫步兵第50师16点左右攻向罗马尼亚第6步兵师设在戈洛夫斯基西面和西北面的防御，激战一直持续到21点，库拉金和别洛夫的步兵终于攻克了该镇。与此同时，第21集团军G.P.伊萨科夫上校的步兵第96师从位于巴兹科夫斯卡亚以西的阵地向南发起冲击，打垮了罗马尼亚第5步兵师的防御，向前推进20公里，到达戈洛夫斯基东北方10公里处的伊兹布申斯基村附近。在那里，该师与第21集团军从东面攻向该村的步兵第63师的一个团会合。戈洛夫斯基镇遭到坦克第5集团军和第21集团军从三个方向发起的攻击，于11月22日21点落入近卫步兵第50师手中。[80]

　　苏军对该镇的最终突击切断了"拉斯卡尔"集群的交通线，迫使罗马尼亚守军要么向北退却，加入第6步兵师，要么向南撤退，与第15步兵师的残部会合。这就使"拉斯卡尔"集群分成了两部分。拉斯卡尔将军的副手特罗扬·斯特内斯库准将逃向北面，去指挥被包围在拉斯波平斯卡亚西面的第6步兵师，西翁将军率领步兵第15师的残部逃向南面，进入戈洛夫斯基南面的包围圈。至于拉斯卡尔将军，向北逃脱未果后被苏军俘虏，他后来的命运不得而知[①]。[81]德国政府后来追授他骑士铁十字勋章的橡叶饰，对一名外国军官来说，这是一项罕见的荣誉。不管怎样，整个拉斯卡尔"事件"给罗马尼亚人留下了苦涩的滋味。罗马尼亚最高领导人安东内斯库元帅亲自介入，给元首发去电报，要求他批准"拉斯卡尔"集群突围，希特勒回复说他已批准突围，但显然已为时已晚（往来电报可参阅副卷附录5U和5V）。

第 21 集团军

　　西南方面军的铁钳威胁着德国第6集团军左翼和后方，在这只铁钳的左翼，奇斯佳科夫将军第21集团军的快速部队取得了与罗曼年科坦克第5集团军快速部队同样惊人的进展。与此同时，第21集团军右翼的步兵部队会同坦克第5集团军的步兵兵团粉碎、歼灭了罗马尼亚"拉斯卡尔"集群。总之，对奇斯

---

　　① 译注：1945年4月，苏联以战俘营里的罗马尼亚志愿者组织起一个师，拉斯卡尔出任师长，1946—1947年他还担任过罗马尼亚国防部长。

佳科夫的部队来说，11月22日是个好日子（参见地图23和副卷附录5S）。

克拉夫钦科坦克第4军的几个旅率领第21集团军冲向顿河，22日拂晓前不久，该军投入约90辆坦克展开行动。三个坦克旅一刻不停地向前推进，军主力前进了30—45公里，日终前到达卡拉奇北面和东北面6—15公里处，戈卢宾斯基、利波列别杰夫斯基和鲁别日内地域的顿河河段。到达利波列别杰夫斯基前，科舍列夫上校位于军左翼的坦克第102旅与近卫骑兵第3军近卫骑兵第5师相配合，8点后不久对德军第24装甲师设在"红色畜牧饲养员"国营农场附近的防御发起冲击。虽然遭到附近189.2高地的火力打击，但苏军坦克兵和骑兵打垮了第24装甲师的防御，17点前将农场拿下。而在坦克第4军的中央地带，阿加福诺夫上校的坦克第69旅约一个小时后对德军第16装甲师的战斗群发起打击，该战斗群主力仍在利波洛戈夫斯基东北方，沿顿河北面的公路西调。[82]

经过一场短暂的战斗，德军第24装甲师损失了几辆坦克，剩下的35辆坦克向东退却，穿过戈卢宾斯基撤往戈卢巴亚河畔的大纳巴托夫斯基，他们渡过戈卢巴亚河，在顿河畔戈卢宾斯基以北19—24公里处占据了格拉兹科夫（Glazkov，也称格拉兹科夫斯基）与叶夫拉姆皮耶夫斯基之间的防御阵地。[83]第24装甲师左侧，在戈卢宾斯基西面击退坦克第4军第69旅后，德军第16装甲师战斗群沿顿河北面的公路向东撤往小纳巴托夫斯基，在那里沿戈卢巴亚河占据防御阵地，这片阵地从戈卢巴亚河与顿河交汇处北延至叶夫拉姆皮耶夫斯基。此时，第16装甲师战斗群的坦克可能已不到25辆。[84]

坦克第4军从利波列别杰夫斯基派出侦察部队赶往东面不到10公里处、顿河北岸的戈卢宾斯基，第6集团军司令部刚刚从这里疏散。与此同时，克拉夫钦科将坦克第45旅旅长日德科夫中校召至指挥所，命令他把坦克第45旅编为先遣支队后向南推进，夺取卡拉奇附近的一座桥梁。一旦组建完毕，该先遣支队将突破德军虚弱的抵抗，利用卡拉奇以北8公里、鲁别日内一座未炸毁的桥梁渡过顿河，与河东岸的坦克第26军坦克第157旅建立联系。[85]渡过顿河后，日德科夫旅将在卡拉奇北面5公里处的卡梅什村（Kamyshi）宿营，并加强该村的防御，等待军主力次日晨到达。

坦克第4军的先遣旅在卡拉奇北面渡过顿河时，普利耶夫的近卫骑兵第3军继续与克拉夫钦科的坦克部队保持同步，掩护着坦克第4军不断延伸的左翼。与坦克第4军坦克第102旅共同夺取"红色畜牧饲养员"国营农场后，切普尔金上校的近卫骑兵第5师休息了两个小时，然后向东进击，再次打击德军第16装甲师位于戈卢宾斯基北面的战斗群，据称击毁德军8辆坦克、20辆汽车和6门火炮，并缴获许多辆满载弹药的大车。[86]骑兵军右翼和中央，别洛戈尔斯基上校的近卫骑兵第6师和丘杰索夫上校的骑兵第32师夺取了戈卢巴亚河西面的151.9、112.6、188.9高地；但是，他们突然遭遇了德军第16装甲师战斗群的猛烈火力，该战斗群已撤入从叶夫拉姆皮耶夫斯基沿戈卢巴亚河南延至顿河北岸大纳巴托夫斯基的防御阵地。两个骑兵师对第16装甲师的防御发起数次冲击，但普利耶夫称："他们的努力没能赢得胜利。"正如普利耶夫所说的那样：

> 近卫骑兵第6和骑兵第32师按计划对叶夫拉姆皮耶夫斯基匆匆发起冲击。敌人反复实施果断的反冲击，并投入30—45辆坦克。但敌人被赶回了东面。
>
> 这场激战的结果是，我们击毙了200多名敌官兵，还缴获300辆汽车，敌机场上的20架飞机，许多弹药、食物、被服仓库以及大量枪支和装备。这些物资都是敌人为补给斯大林格勒集团而准备的。
>
> 第21集团军突击部队的打击，特别是其快速部队（坦克第4军和近卫骑兵第3军），令敌人惊恐万状，他们企图阻止我们在大纳巴托夫斯基地域的胜利推进。但我们反而加快了进攻速度。[87]

虽然普利耶夫的说法较为夸张，但他的近卫骑兵第3军11月22日日终前已在卡拉奇北面22—28公里处的小戈卢巴亚和大纳巴托夫斯基地域到达顿河右岸。与克拉夫钦科的坦克第4军一样，骑兵们当日白天前进了30多公里。

因此，坦克第5集团军坦克第26军和第21集团军坦克第4、近卫骑兵第3军的成功发展挫败了保卢斯的计划——以第14装甲军辖下的第24和第16装甲师阻止西南方面军北钳在卡拉奇及其北面到达并渡过顿河。两个德军装甲师根本没有足够的力量迟滞，更别说击败发展胜利的苏军快速军。坦克第26军牢牢固守在卡拉奇地域，坦克第4和近卫骑兵第3军位于从卡拉奇北延至戈卢宾斯基的顿河西岸，导致保卢斯的计划摇摇欲坠。更糟糕的是，北面沿顿河一线，顿河方面军编成内的第24集团军22日晨加入了苏军的攻势，制造出另一场威胁到第6

集团军第11军存亡的危机。

　　与坦克第5集团军的情况相同，第21集团军快速部队火速赶往东南方的顿河河段时，集团军右翼的步兵部队与被困在后方的罗马尼亚军队展开战斗。第21集团军辖下的步兵第96、第63、第333师与坦克第5集团军从西面而来的近卫步兵第50、步兵第119师、第346师的一个团相配合，从东面和东南面挤压着罗马尼亚"拉斯卡尔"集群的防御。如上文所述，这三个师从巴兹科夫斯基、拉斯波平斯卡亚、伊兹布申斯基和上切连斯基地域发起冲击，22日日终前将"拉斯卡尔"集群切为两段。与此同时，第21集团军的步兵第277师（该师一直在进攻"拉斯卡尔"集群）转向东南方，与集团军编成内的步兵第76、第293师会合，跟在坦克和骑兵军身后发展胜利。当日日终时，步兵第76和第293师到达快速部队身后10—18公里处的奥西诺夫卡（Osinovka）、下布济诺夫卡、苏哈诺夫斯基一线，步兵第277师在他们后方约20公里处宿营。向前推进时，这些师还抑制着被快速军绕过的罗马尼亚部队。

近卫第1集团军

　　11月22日，列柳申科将军的近卫第1集团军继续在进攻行动中发挥次要作用。但在集团军左翼，步兵第203、第278师与坦克第5集团军辖下的近卫步兵第14师（该师23日转隶列柳申科集团军）相配合，当日下午发起进攻，以扩大坦克第5集团军步兵第159师和近卫坦克第8旅上午取得的战果。三个步兵师发起的进攻突破了罗马尼亚第1军第9、第11步兵师的防御，夺取了谢拉菲莫维奇西南偏西方50—55公里、博科夫斯卡亚东北偏北方25—45公里处的杜博沃伊（Dubovoi，又称杜博夫斯科伊）、鲁巴什金（Rubashkin）、巴赫穆特金（Bakhmutkin）和伊阿戈德内镇（参见副卷附录5S）。

　　这一推进极为关键，因为位于克里瓦亚河与奇尔河交汇处正西面的博科夫斯卡亚是一个要紧目标，具有三方面的重要性。首先，这是罗马尼亚军队的一个支撑点；其次，它横跨着一个重要路口，这个路口控制着罗马尼亚第3集团军位于顿河以南的交通线；第三点最为重要，该镇刚刚被指定为霍利特将军第17军的行动基地，该军辖下的第62、第294步兵师将为北面的罗马尼亚第1军和南面的第2军提供支援。此时，罗马尼亚第2军正将支离破碎的部队（包括罗马尼亚第7骑兵师和第14步兵师）集结在奇尔河畔的车尔尼雪夫斯卡亚附近，并等待第48装甲军残部的到达，该军的两个师仍被半包围在河流东面。

与此同时，在近卫第1集团军的右翼和中央，沿顿河及其南部地域，步兵第1、第153、第197师，连同后方的近卫机械化第1军，耐心等待着为"土星"行动发挥作用。

轴心国军队的应对

西南方面军前两天的攻势结束后，遭受重创的罗马尼亚第3集团军根据德国人的建议和忠告，沿克里瓦亚河西岸、奇尔河上游和下奇尔河南岸全力构设新防线。到11月22日夜间，第3集团军以第1军辖下相对完整的第11和第9步兵师沿克里瓦亚河据守其左翼。南面，罗马尼亚第2军第14步兵师和第7骑兵师的残部试图据守从博科夫斯卡亚南延至车尔尼雪夫斯卡亚的奇尔河防线，并希望获得德军第48装甲军第22装甲师和罗马尼亚第1装甲师向西突围后渡过奇尔河的残部的加强。更南面，罗马尼亚第5军所剩无几的残部（主要是后勤单位）守卫着奇尔河西岸，其防区从车尔尼雪夫斯卡亚南延至奥布利夫斯卡亚西面的河流向东弯曲部，并加强有德国保安部队和仓促集结起来的一些警戒部队。

11月22日晚，B集团军群以临时组建的"霍利特"集群加强罗马尼亚第3集团军的防御，该集群编有德国第17军军部和第62、第294步兵师，B集团军群命令该集群加强罗马尼亚第3集团军的左翼。最后，"霍利特"集群又将罗马尼亚第1、第2军的各个师，以及德军第48装甲军杀开血路渡过奇尔河的部队纳入麾下。魏克斯将军命令"霍利特"集群不惜一切代价坚守克里瓦亚河和奇尔河西岸，其防线从顿河南延至车尔尼雪夫斯卡亚南面。他还命令罗马尼亚第3集团军，以遭受重创的第4、第5军残部和第6集团军的后勤单位，在该地域各种保安、警戒部队和德国空军高射炮部队的加强下据守左翼。这就意味着要为从奥布利夫斯卡亚西面东延至顿河上雷奇科夫斯基的奇尔河沿线地区配置守军，尤其是加强、守卫奥布利夫斯卡亚、河流北岸的苏罗维基诺、奇尔河车站、奇尔河与顿河之间的雷奇科夫斯基镇，以及雷奇科夫斯基镇对面、顿河东岸至关重要的登陆场。雷奇科夫斯基登陆场非常重要，因为这是德军从西面增援或解救第6集团军唯一的行动基地。[88]

同时，B集团军群向第6集团军传达了希特勒的命令，要求该集团军尽可能长久地据守卡拉奇以西阵地，特别是从上布济诺夫卡南延至多布林斯卡亚（多布林卡），再至第6集团军后方地域司令部在卡拉奇以东所建警戒线的这片地域。[89]当然，这道命令毫无意义，因为西南方面军的三个坦克军现在都已位于这道防线的东面和东南面。

总 结

西南方面军11月22日的作战行动非常出色，特别是坦克第5集团军和第21集团军快速部队迅猛的纵深推进。其中包括坦克第5集团军坦克第26军、第21集团军坦克第4军和近卫骑兵第3军攻向卡拉奇北延至小戈卢宾斯基的顿河河段，从叶夫拉姆皮耶夫斯基北延至格拉兹科夫斯基的戈卢巴亚河河段；坦克第5集团军坦克第1军攻入奇尔河车站和雷奇科夫斯基以北地域；坦克第5集团军摩托车第8团向奇尔河畔奥布利夫斯卡亚决定性的突袭。这场令人印象深刻的坦克突击蔚为壮观，不过，为其喝彩为时尚早。尽管这是一场成绩斐然的推进，但坦克第1军没能夺取其最终目标——奇尔河和顿河畔的苏罗维基诺、奇尔斯卡亚车站、雷奇科夫斯基——主要是因为该军只剩下约24辆坦克。这股力量不足以重创德军仓促集结起来的警戒和后勤单位沿奇尔河北岸铁路线各村镇构设的防御。同样，摩托车第8团也没能攻占其目标——奥布利夫斯卡亚。

最后，由于坦克第5集团军的快速部队没能夺取这几个重要目标和奇尔河对岸的登陆场，瓦图京和罗曼年科将军不得不于12月初发起另一场攻势，突破这条河流防线。这也使坦克集团军的推进延误了整整一个月，直到德军沿奇尔河的防御彻底崩溃。更糟糕的是，坦克第1军没能从行进间夺取奇尔河车站和雷奇科夫斯基，这就意味着德国人继续控制顿河东岸登陆场，他们可以从这个登陆场发起行动，救援被困于斯大林格勒的部队。苏军直到12月14日—15日才将雷奇科夫斯基附近德军深具威胁的登陆场消灭，届时，夺取该登陆场需要苏军组建并投入一个新集团军，即突击第5集团军。

最后需要指出的是，虽然苏军前出至顿河、卡拉奇和卡拉奇以北地域，致使保卢斯的防御计划全然无效，但坦克第26和第4军是在进攻第四天完成了这番壮举，而非计划中的第二天。这就使德国人获得了足够的时间重新部署其兵力并构设起必要的防御，以防止刚刚出现的斯大林格勒包围圈迅速崩溃。

除去这些缺点，西南方面军的步兵兵团完成了包围、遏制、最终歼灭罗马尼亚第3集团军被困于拉斯波平斯卡亚南面和西南面部队的任务，向南推进至奇尔河，向西前出至克里瓦亚河。这番推进，加之罗马尼亚第3集团军唯一的预备队——德国第48装甲军——遭到重创，迫使这个已然支离破碎的集团军沿奇尔河设立起漏洞百出的防御，这条防线注定要在不久的将来彻底崩溃。这就给德国人造成了严重的时间限制，他们想救援被困的第6集团军，但紧迫的时间使他们无法做到这一点。

顿河方面军的推进

11月22日晨，罗科索夫斯基顿河方面军辖下的第二个集团军（加拉宁将军的第24集团军）投入进攻，这是在"天王星"行动开始以来还是首次（参见地图23）。第24集团军以A.G.马斯洛夫少将经验丰富但实力受损的坦克第16军担任其快速部队，将从顿河东面的潘希诺地域（Panshino）向南发起突击，夺取卡拉奇东北方40公里处的韦尔佳奇镇，在韦尔佳奇和佩斯科瓦特卡附近与第21集团军从西面而来的近卫骑兵第3和坦克第4军会合。如果这场突击进展顺利，加拉宁和奇斯佳科夫的集团军，与巴托夫从北面和西北面发起进攻的第65集团军相配合，将抢在德国第6集团军第11军向东逃离这片血腥战场前，将其包围、歼灭在顿河大弯曲部的西北端。

第 65 集团军

11月22日拂晓，东面的隆隆炮声宣布第24集团军投入进攻时，巴托夫将军第65集团军右翼的各个师恢复了对施特雷克尔将军固守中的第11军的进攻。此时，第11军辖下的第376步兵师，在第14装甲师主力（位于第11军左后方的上布济诺夫卡地域）的支援下，已从洛戈夫斯基南面12公里处的奥列霍夫斯基支撑点撤离。第376师的步兵和第14装甲师的坦克目前据守着一个伸向西北方的突出部，该突出部从下佩列科普卡（Nizhnaia Perekopka）起，穿过奥辛基至洛戈夫斯基，然后急转向南，经奥列霍夫斯基至上布济诺夫卡地域。施特雷克尔军坚守这片地带的难度越来越大，因为苏军第21集团军的近卫骑兵第3军已夺取了第11军深远后方的奥西诺夫斯基，正迅速逼近顿河畔大纳巴托夫斯基北面的戈卢巴亚河西岸。

为掩护第11军越来越脆弱的左翼和后方，施特雷克尔已从军防区中央的锡罗京斯卡亚以南地域抽调了第44步兵师第132团的主力和第131团之一部，加强第14装甲师设在上布济诺夫卡的防御。施特雷克尔还从军防区右翼抽调了第384步兵师第534团，用于加强第14装甲师，或沿戈卢巴亚河构设面朝西南方的新防线，以掩护该军后方。这就导致据守第11军中央和右翼的第44、第384师遭到严重削弱，实际上，苏军几天前发起进攻时，这两个师的实力已大打折扣。因此，虽然希特勒要求斯特雷克尔军不惜一切代价坚守阵地，但巴托夫第65集团军恢复进攻，再加上第24集团军在东面投入战斗，导致第11军根本无法守住他们的防线。

巴托夫第65集团军的右翼部队，目前编有步兵第321、第258、近卫步兵第27和步兵第252师（从左至右排列），11月22日拂晓后不久，他们攻向第11军第376步兵师和第14装甲师从洛戈夫斯基南延至上布济诺夫卡的防区。[90]该突击群左翼，马卡连科将军的步兵第321师对德军第376步兵师设在洛戈夫斯基的防御发起冲击，并沿莫克雷洛格峡谷向南进击，I.P.西瓦科夫上校的步兵第23师[①]在其左侧提供支援，并对德军第376步兵师位于奥辛基地域的右翼发起进攻。步兵第321师右侧，富尔欣上校的步兵第258师对德军第376师设在奥列霍夫斯基以东的防御发起猛烈冲击，第376步兵师据守此处的部队已获得第14装甲师一个小股战斗群约20辆坦克的支援。更南面，格列博夫上校的近卫步兵第27师和舍赫特曼上校的步兵第252师对德军第14装甲师的防御发起冲击，这片防区从奥列霍夫斯基南面10公里处的克列普卡亚峡谷东北端向南延伸至上布济诺夫卡东北方接近地。

经过数小时激战，10点左右，施特雷克尔将军命令第376步兵师弃守洛戈夫斯基，实施战斗后撤，退守东面约5公里处的新防线，这道防线沿奥辛基和南面10公里处文齐镇（Ventsy）以西3公里的一条山脊线由北向南延伸。巴托

---

① 译注：西瓦科夫上校12月10日任步兵第23师师长，此时的师长应为瓦赫拉梅耶夫上校。

夫的部队发起追击，激烈的战斗一直持续至下午。夜幕降临前不久，巴托夫部队施加的沉重压力，加之第24集团军在东面发动进攻构成的新威胁，以及第21集团军近卫骑兵第3军在南面进抵戈卢巴亚河西岸，迫使施特雷克尔再次下令后撤，这次涉及第376步兵师和第14装甲师。据此，第376步兵师放弃了奥辛基和文齐，退守一道山脊线，这条防线从下佩列科普卡以西2公里处向南延伸，直至奥西金斯基以西2公里处。

与此同时，巴斯勒将军的第14装甲师和为其提供支援的第132步兵团，放弃了上布济诺夫卡地域及其以东14公里处的奥西金斯基，撤至设立在高地上的一条新防线，该防线从奥西金斯基以西2公里处向东南方延伸至格拉兹科夫斯基的戈卢巴亚河河段以西5公里处的捷普雷村（Teplyi）。11月22日午夜，第14装甲师据守的防线，与第14装甲军第24和第16装甲师沿戈卢巴亚河东岸（从格拉兹科夫斯基南延至大纳巴托夫斯基附近的顿河）设立的防御松散地连接起来（参见地图20）。第11军的态势岌岌可危，表明这一点的是，下午晚些时候或傍晚，施特雷克尔命令第384步兵师将第536团派往南面，在韦尔佳奇北面守卫顿河上至关重要的桥梁，并命令第44步兵师以第134团接替第384师被抽调的团。

与此同时，遭到德军一整日顽强抵抗后，夜幕降临时，巴托夫向上级汇报了其部队取得的战果，以及11月22日14点时各部队的确切位置（参见副卷附录5W）。提交报告后，巴托夫的部队占领了洛戈夫斯基、奥辛基、文齐、上布济诺夫卡和奥西金斯基，并于24点前逼近第11军的新防线。

第11军第376步兵师和第14装甲师的后撤，加之第14装甲军第24和第16装甲师的退却，在第11军第376步兵师位于大纳巴托夫斯基的左翼与海茨将军第8军位于上格尼罗夫斯基的右翼之间的顿河河段上留下一个30公里宽的缺口。如果加拉宁的第24集团军夺取韦尔佳奇，从而封闭这个缺口，施特雷克尔的整个第11军，以及胡贝将军第14装甲军三分之二的部队（第24和第16装甲师）将被包围在顿河西岸，有可能全军覆没。这一切取决于加拉宁第24集团军的表现。

第24集团军

加拉宁将军的集团军从上格尼罗夫斯基东北方4公里、顿河东岸潘希诺镇及其东面的出发阵地发起进攻。他的计划要求步兵第49和第214师组成的突击群——左侧获得步兵第298师一个团的加强，右侧得到步兵第120师两个团的支援——从8公里宽的出发地域发起突击，这片区域从上格尼罗夫斯基东南方12公里处的野外站向西北方延伸至上格尼罗夫斯基北面3公里处的44.2里程碑。步兵第49和第214师将其兵力集中在突击群中央4.5公里宽的地域内。这场向心突击攻向西南方和南方，三个师将突破德军第76步兵师的防御，该师守卫着第6集团军第8军的左翼防线。一旦突破德军防御，进攻中的苏军师将在第二梯队步兵第84师和坦克第10旅的支援下，夺取上格尼罗夫斯基和向东南方延伸的格拉西莫夫卡峡谷（Gerasimovka），然后，他们将为马斯洛夫将军的坦克第16军投入突破口铺平道路。马斯洛夫的坦克军（步兵师尾随其后）将以105辆坦克向南发展胜利，夺取韦尔佳奇，与第65集团军从西南方韦尔佳奇或佩斯科瓦特卡地域某处而来的部队会合。[91]集团军的任务是防止德军第11军逃离锡罗京斯卡亚地域，包围并歼灭施特雷克尔军。

11月22日晨，一场炮火准备过后，第24集团军投入进攻。但面对德军猛烈的火炮、迫击炮和机枪火力，这场地面突击立即发生了动摇。加拉宁在日终时的报告中指出："面对德寇的顽强抵抗，我集团军取得的进展微乎其微。"报告中随后列举了集团军辖内各师的位置和状况（参见副卷附录5W）。

罗科索夫斯基后来评论道，第24集团军甚至没能给德国人的防御造成任何破坏：

> 第24集团军这场突击的目的是切断遭受第65和第21集团军进攻之敌的后撤路线，但这一行动未能成功。希特勒分子顽强据守着一道精心构设的防线，击退了加拉宁部队发起的所有冲击。我们感到遗憾的是，没能把用于加强第24集团军的兵力和武器调拨给那些进展顺利的部队。
>
> 当然，第24集团军牵制、吸引了相当数量的敌军，在某种程度上协助了整个战役。这场进攻的失利不能完全归咎于集团军司令员加拉宁。无疑，他犯了一些错误，但问题在于，该集团军的力量不足以克服敌人如此强大的防御。[92]

罗科索夫斯基对第24集团军未能突破德军防御所造成的影响分析得完全正确。保卢斯担心苏军第24集团军的进攻得手，日终时，他命令施特雷克尔的第11军将第384步兵师第536团调往南面，渡过顿河加强第76步兵师的防御，并确保韦尔佳奇及其北面顿河上的桥梁保持畅通。这就导致第384步兵师只剩下一个团（第535团）据守着师属防区，于是，施特雷克尔命令第44步兵师将第134团东调，加强第384师或在需要时支援第76步兵师。加拉宁的进攻还促使保卢斯当天晚些时候做出决定，命令施特雷克尔将整个第11军尽快从过于暴露的位置向南撤过顿河。

顿河方面军右翼的其他地方，扎多夫将军的第66集团军按兵不动，等待着加入斯大林格勒北部战斗的有利时机。

轴心国军队的应对

11月22日一整天，第6集团军继续执行保卢斯将军11月20日下午签发的命令，特别是要求胡贝第14装甲军第24和第16装甲师调至相应位置，阻挡西南方面军快速部队推进的命令（参见地图20）。由于胡贝麾下的大部分部队中午前已达到指定位置，保卢斯和胡贝不得不做出调整，以应对迅速变化的态势。首先，这意味着在深具威胁的苏军快速部队掠过第14装甲军战斗群、直扑卡拉奇及其北面的顿河时，加强集团军左翼第11军摇摇欲坠的防御并掩护该军后方。

这些调整中，最微妙的是协调第11军第14装甲师与第14装甲军第24、第16装甲师的行动，面对苏军的重压，他们别无选择，只能退却。最后，巴斯勒的第14装甲师，在第44步兵师第132团一个营级战斗群的加强下（后获得第384步兵师第534团的支援），向东撤至上戈卢巴亚河畔上、下戈卢巴亚以西临时构设的新防线。这些防御最终与第24和第16装甲师当晚晚些时候沿上戈卢巴亚河构设的新防线紧密连接起来。

除了应对苏军快速部队向顿河的稳步推进和卡拉奇即将失陷的现实，保卢斯还必须对付第24集团军进攻行动构成的新威胁，尽管苏军22日的这场突击以失败告终。因此，保卢斯命令施特雷克尔将第384步兵师第536团调往东南方的韦尔佳奇，并以第44步兵师第134团替代第384师失去的一个团。但这些措施治标不治本，现在的情况非常明显，为第11军的存亡计，必须放弃该军占据的突出部，向东南方退却，渡过顿河。第14装甲军预料到这一举措，于是将军部撤过顿河，设立在戈卢宾斯卡亚东面，并希望辖下的两个装甲师能在几天内归建。

尽管采取了这些措施，但第6集团军对此并不乐观。在19点发给B集团军群的一份电报中，第6集团军承认："我们能否通过削弱强有力的北部战线，成功构设一道经马里诺夫卡—戈卢宾至卡尔波夫卡的薄弱防线，这一点值得怀疑。顿河已冻结，可以步行通过。物资即将耗尽，坦克和重武器将无法使用。弹药情况很紧张，现有的食物仅够维持六天。"[93]

最后，为加强第6集团军位于卡拉奇（该镇即将落入苏军手中）及其东面的防御，保卢斯命令原本在科特卢班南面据守第8军中央防区、位于第76步兵师右侧的第113步兵师的一部，与第3摩步师辖内其他部队向东南方开拔，赶往卡拉奇东面和东北面的索卡列夫卡（Sokarevka）和伊拉里奥诺夫斯基（Illarionovskii）地域。这些部队将加强第3摩步师"冯·汉施泰因"战斗群，该战斗群已在卡拉奇地域投入战斗，并在卡拉奇东面的马里诺夫卡附近设立起防御。

对第6集团军来说，令人沮丧的事实是，苏军快速部队的大举推进突破了他们的防御，深入到他们的战役后方，迫使该集团军实施全面调整和再部署，这一过程在未来几天内还将加速进行，因为保卢斯的部队不得不应对一个无法想象的现实：他们即将被包围。

总结

顿河方面军11月22日的作战行动并未像西南方面军三个快速军那样取得深远、令人印象深刻的进展。相反，巴托夫第65集团军继续对第11军的防御发起有条不紊但代价高昂的突击，他们施加的压力迫使施特雷克尔将军不断调整防御部队，最终屈从于苏军毫不松懈的重压，命令遂行分阶段战斗后撤，退往顿河及其暂告安全的东岸。

罗科索夫斯基试图以第65和第24集团军实施一场精心策划的合围，困住施特雷克尔的第11军，但加拉宁将军的突击行动从一开始就失败了，集团军编成内的坦克第16军根本来不及投入战斗。最后，与第65集团军的情况相同，海茨将军第8军辖下第76步兵师的顽强抵抗使第24集团军的大胆推进沦为一场代价高昂的厮杀，苏军只取得几百米进展，而非计划中的数十公里。尽管第24集团军损失惨重，但罗科索夫斯基要求他们继续进攻，哪怕只是为了阻止德军抽调部队增援更具威胁的西面和西南面。

结果可想而知。虽然加拉宁没能实现计划中的突破，但他对第8军左翼施加的巨大压力迫使保卢斯削弱了施特雷克尔位于顿河以西的第11军，向东派遣更多部队，以加强海茨的防御。但最终，第14装甲军第24、第16装甲师在顿河以西防御的崩溃，以及西南方面军坦克第26和第4军次日渡过顿河，迫使第6集团军抢在第11军也被包围前将其撤过顿河。

11月22日，斯大林格勒方面军的攻势

斯大林格勒方面军的部队继续朝克里沃穆兹金斯卡亚车站（Krivomuzginskaia，即苏维埃茨基）这一总方向发展攻势，并占领了这些地点。

西南方面军和斯大林格勒方面军的部队夺取卡拉奇和克里沃穆兹金斯卡亚车站后，切断了敌人所有的补给路线，从而完成了对斯大林格勒方向德国第4装甲集团军和第6集团军的战役合围。

红军总参谋部作战概要

1942年11月23日8点[94]

斯大林格勒方面军的任务

由于叶廖缅科斯大林格勒方面军辖下的集团军前一天已基本将第4装甲集团军右翼的两个罗马尼亚军击溃，11月22日，叶廖缅科的重点是命令方面军快速部队尽快向西北方推进，实现"天王星"行动的主要目标——包围德国第4装甲集团军和第6集团军。为此，与几位集团军司令员协商后，叶廖缅科命令第64和第57集团军，连同第51集团军辖下的机械化第4军，继续向西北方攻击前进，与西南方面军快速部队会师，围绕德军斯大林格勒集团形成合围对内正面。与此同时，第51集团军余部向西南方推进，沿阿克赛河设立一道合围对外正面，阻止敌战略预备队救援第6集团军（参见附卷附录5X）。

第64集团军

舒米洛夫将军的第64集团军11月22日晨恢复进攻，打算重新夺回前一天因德军第297步兵师发起反冲击而丢失的左翼阵地（参见附卷附录5Y）。为此，舒

米洛夫将进攻重点集中在集团军左翼，集团军中央和右翼部队继续保持防御。当天上午，舒米洛夫将萨菲乌林上校的步兵第38师撤出战斗，因为该师在前一天的战斗中损失惨重，并以M.I.杰尼先科上校较为新锐的近卫步兵第36师接替。另外，他还以坦克第56旅、炮兵第1104团、近卫迫击炮第4团的一个营加强近卫步兵第36师。[95]近卫步兵第36师就位后，右翼获得步兵第157和第204师的掩护，于13点发起进攻。与前一天的情况一样，三个步兵师组成的突击群，在坦克第13和第56旅的支援下，对罗马尼亚第20步兵师的防御发起冲击，这片防区从切尔夫连纳亚河向北延伸至德军第297师设在叶尔希的支撑点。但此时，罗马尼亚人获得了左翼德军第297步兵师几个营级战斗群的支援。[96]

第64集团军中央和右翼，步兵第29师和步兵第7军第93、第97、第96旅据守着德国第4军第297和第371步兵师对面的阵地，依然保持防御状态。最后，舒米洛夫将海军步兵第66和第154旅留作预备队，如果集团军突击群取得胜利，他们就将提供增援。

集团军突击群左翼的近卫步兵第36师13点向西发起进攻，力图夺取别克托夫卡以西10—12公里处的卡拉瓦特卡峡谷（Karavatka）。经过一整天的激战，近卫军士兵们前进了大约5公里，17点30分前到达从110.9高地东坡延伸至纳里曼以东3公里、瓦尔瓦罗夫卡和卡拉瓦特卡峡谷以南约8公里处的浅滩一线。近卫步兵第36师右侧，步兵第157师攻向纳里曼北面6公里处1.7标高的一群墓葬堆，17点30分前推进了约3公里。更右侧，步兵第204师向西发起突击，攻向叶尔希南面，17点30分前推进了约4公里，并拿下了罗马尼亚人设在伊阿戈德内的支撑点。[97]

面对沉重的压力，20点，德国第4军军长耶内克将军（该军前一天已转隶第6集团军）命令彻底混杂在一起的德国第297步兵师和罗马尼亚第20步兵师，弃守纳里曼以北8公里、切尔夫连纳亚河东岸的瓦尔瓦罗夫卡，撤至位于纳里曼以北10公里、卡拉瓦特卡峡谷谷口齐边科镇（Tsybenko）的新防线。第4军的新防线从齐边科沿卡拉瓦特卡峡谷向东延伸10公里，直至叶尔希支撑点，该镇仍在德军第297步兵师的控制下。

因此，11月22日夜幕降临前，舒米洛夫集团军已将德国第6集团军辖下的第4军逐至卡拉瓦特卡峡谷，这片有利的防御地带与叶尔希支撑点紧密相连。

耶内克第4军被迫后撤前，利用这条防线尚能有效防御数周。此后，斯大林格勒南面的苏军仅在切尔夫连纳亚河西面有所进展，第64集团军左侧的第57集团军已在那里开始了一场蔚为壮观的进军。

第 57 集团军

36小时前，托尔布欣将军的第57集团军在德军第29摩步师的手上遭遇到几次挫败，11月22日晨，该集团军沿先前指定的方向恢复了攻势（参见副卷附录5Y）。数小时前，莱泽的第29摩步师已从纳里曼西面的阵地向北退却，撤往沿切尔夫连纳亚河构设的新防线。这条新防线从别克托夫卡西北方35公里，卡拉奇以东35公里处，卡尔波夫卡这个至关重要的铁路和公路枢纽向南延伸至齐边科西北方5公里处的拉科季诺。德国第4军的部队11月22日晚向北撤退后，获得加强的齐边科镇便成了该军防线的最右翼。

由于德国人向北退却，第57集团军11月22日在切尔夫连纳亚河西面的推进较为轻松。集团军编成内的步兵第422和第169师拂晓时发起进攻，驱散了德军后卫部队，一举攻克纳里曼和北面4公里处的加夫里洛夫卡村（Gavrilovka）。苏军报告，这一进展是在"敌人顽强抵抗"的情况下取得的，但实情并非如此。[98]

与此同时，第57集团军快速部队，塔纳希申上校的坦克第13军，也于11月22日向西北方进击。该军受领的目标是别克托夫卡以西15—20公里、位于瓦尔瓦罗夫卡、齐边科和拉科季诺地域内的切尔夫连纳亚河渡口。坦克军右翼，机械化第61、第62旅再次获得坦克第176团和坦克第163团残部的加强，冲向北面的齐边科和瓦尔瓦罗夫卡，只遭遇到轻微抵抗。坦克军左翼，凌晨时已达到"三月八日"国营农场的机械化第17旅和坦克第44团，拂晓后不久被莫罗佐夫上校的步兵第422师接替，随后向东赶往拉科季诺和瓦尔瓦罗夫卡。[99]这一行动又促进了机械化第61、第62旅的进军，并迫使德军第29摩步师和罗马尼亚第20步兵师残部放弃了纳里曼西北地域和加夫里洛夫卡村，24点前退至第4军沿卡尔波夫卡、别列斯拉夫斯基（Bereslavskii，又称别列斯拉夫卡）和拉科季诺一线构设的新防御。就这样，托尔布欣第57集团军11月22日前进了12—15公里，将德国第4军辖下的第29摩步师和罗马尼亚第20步兵师逐入一条新防线，

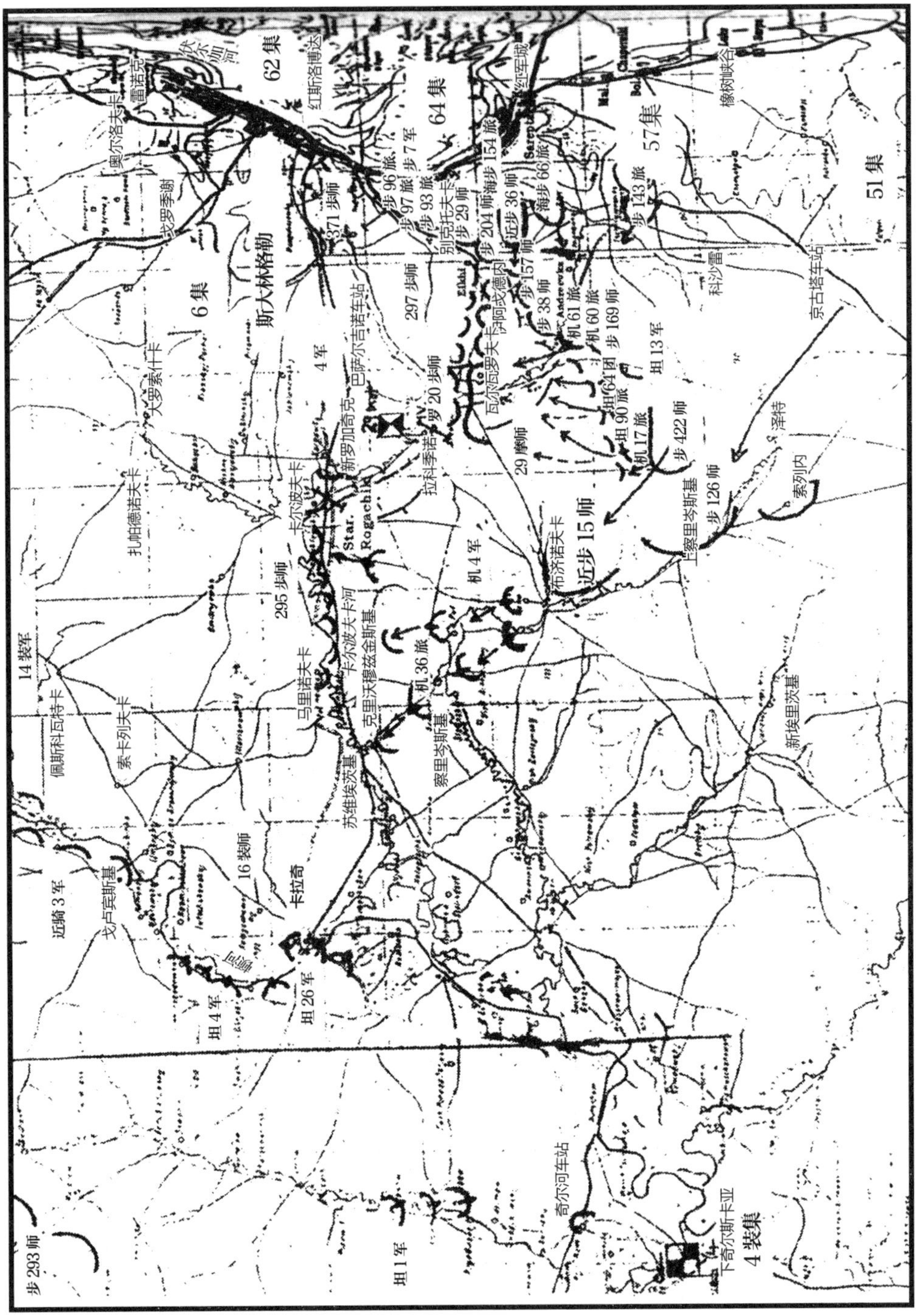

62集
伏尔加河
雷诺克
奥尔洛夫卡
红斯洛博达
64集
红军城
橡树峡谷
57集
51集
步96旅
步97旅
步7军
步93旅
371步师
别克托夫卡
步29师
步204师
海步154旅
近步36师
海步66旅
步143旅
步157师
步38师
机61旅
机60旅
步169师
坦13军
坦64团
坦90旅
机17旅
步422师
泽特
索列内
步126师
上察里岑斯基
近步15师
布济诺夫卡
29摩师
瓦尔瓦罗夫卡
拉科季诺
罗20步师
巴萨尔吉诺车站
297步师
4军
斯大林格勒
6集
戈罗季谢
大罗索什卡
扎帕德诺夫卡
卡尔波夫卡
新罗加奇克
Star. Rogachik
295步师
机4军
卡尔波夫卡河
克里沃穆兹金斯基
马里诺夫卡
机36旅
察里岑斯基
苏维埃茨基
科沙雷
京古塔车站
新埃里茨基
14装军
佩斯科瓦特卡
索卡列夫卡
16装师
卡拉奇
戈卢宾斯基
近骑3军
坦4军
坦26军
奇尔河车站
下奇尔斯卡亚
4装集
坦1军
步293师

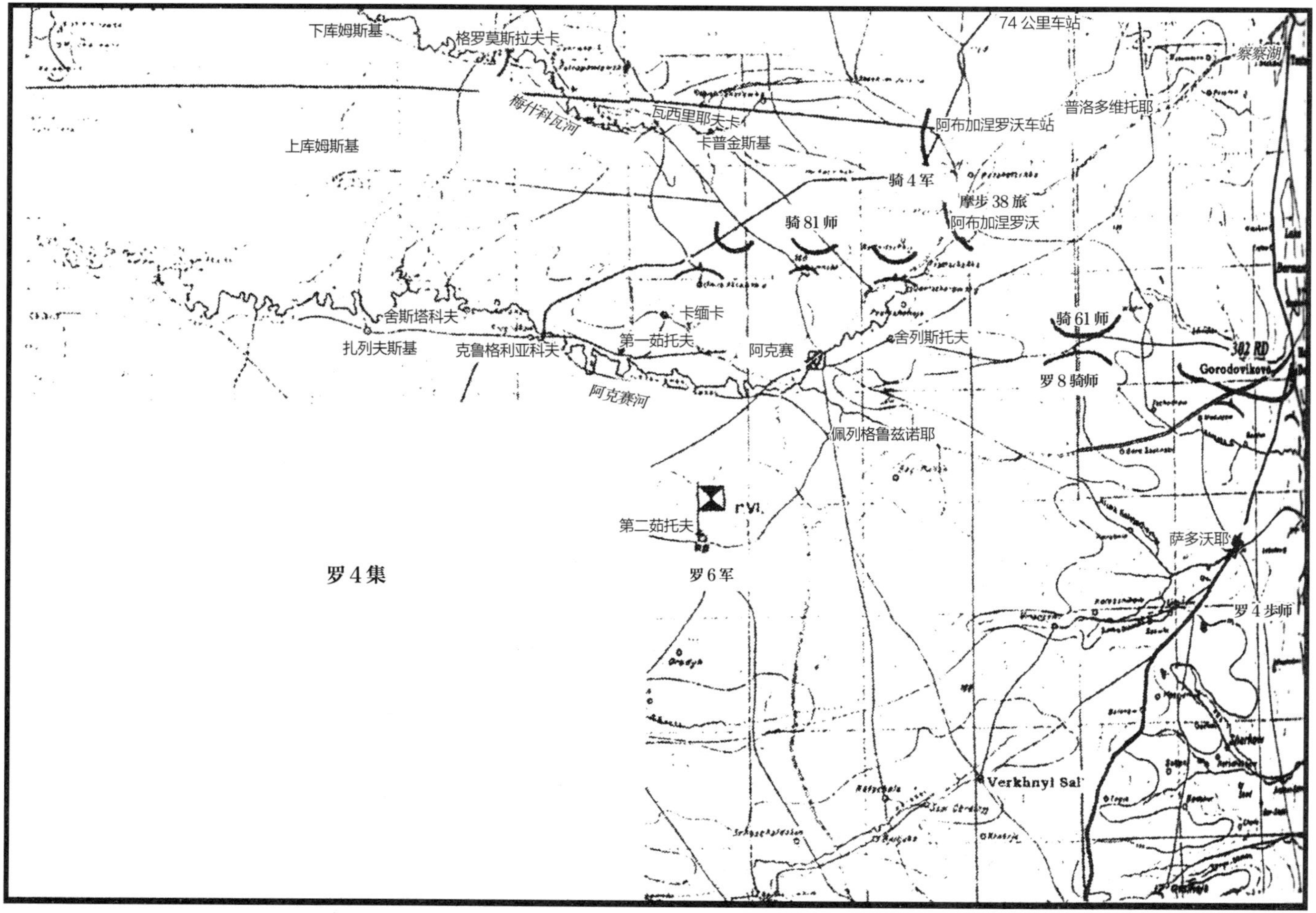

地图24（本页及上页）斯大林格勒方面军的攻势：1942年11月22日22点的态势

这道坚固的防线将在接下来的几周阻挡住苏军所有的后续进攻。

东面更远处，第57集团军的步兵第143旅过去两天一直忙着消灭或警戒被困在萨尔帕湖西面的罗马尼亚军队残部，现在也向西调动，集结在切尔夫列内（Chervleny）和京古塔地域，担任托尔布欣的预备队。

第51集团军

斯大林格勒方面军11月22日的攻势中，最重要的是特鲁法诺夫将军第51集团军的行动（参见副卷附录5Y）。集团军辖下沃利斯基将军的机械化第4军发起强有力的突击，取得了极大的战果，与西南方面军快速部队会师，合围了德国第6集团军。[100]集团军向南发起的突击也毫不逊色，面对罗马尼亚军队虚弱的抵抗，沙普金将军的骑兵第4军率领着进攻行动，任务是构设合围对外正面。集团军战史简单地指出："11月22日，敌人没有遂行有组织的抵抗，只是以小股部队在各不同地段展开战斗。"[101]

机械化第4军的推进看似轻而易举，实际上受到许多问题的困扰，如果该军希望继续发展胜利，就必须解决这些问题。叶廖缅科对该军先前的表现感到不安，11月21日—22日夜间，他派一名信使搭乘轻型飞机赶往沃利斯基设在泽特的军部。这位方面军司令员后来回忆道：

> 机械化第4军歼灭罗马尼亚第18和第20步兵师后（这些敌人在我军打击下退却），夜幕降临前到达泽特地域……毫无理由地停在那里。鉴于这种延误表明军长沃利斯基同志的犹豫，11月22日凌晨，我派飞机给他送去一封信，在信中，我明确要求他加快速度，迅速前出至克里沃穆兹金斯卡亚（苏维埃茨基）和卡尔波夫卡一线，不得迟于当日12点。他们准确地完成了这项任务。[102]

机械化第4军战史也强调了同样的问题：

> 应当指出，11月21日—22日夜间，该军在泽特地域的情况极具挑战性：他们必须将后方部队前调，集结各单位，为车辆添加燃料，还要为坦克和其他分队补充耗尽的弹药储备。M.M.波波夫将军对当时情况的描述如下："11月22

日凌晨，方面军司令员向沃利斯基将军发出严厉警告，提醒他机械化军第4军已滞后于完成任务的规定时间。但正如现在已知道的那样，接到这一警告前，该军辖下的部队已瞄准苏维埃茨基，并于拂晓时向前发展攻势。敌人的抵抗不断加强。克服敌防御是在弹药和燃料都不充裕的情况下完成的。" [103]

叶廖缅科的警告萦绕在耳，沃利斯基思考着各种维系行动的办法，他的军必须沿通往苏维埃茨基的单向道路前进50公里。鉴于德军前一天的空袭严重妨碍了机械化第4军的推进，这无疑是一项艰巨的任务。最后，沃利斯基决定以罗季奥诺夫中校的机械化第36旅率领这场突击，该旅的任务是尽快夺取苏维埃茨基农场。多罗什克维奇少校经验丰富的坦克第26团担任该旅先遣部队。据说沃利斯基告诉这两人："你们必须全力向前，11月22日中午前赶至苏维埃茨基。不仅仅是你们旅，全军的荣誉都取决于你们的行动。" [104]沃利斯基又命令斯坚申斯基上校的机械化第59旅及其所辖的坦克第20团，尾随机械化第36旅前进，而卡拉佩强中校的机械化第60旅和布里日涅夫上校的坦克第21团担任后卫，并掩护军主力，应对两侧的威胁。[105]

沃利斯基的机械化军拂晓前出发，天没亮便到达泽特北面12公里处的上察里岑斯基村。赶至该村前，沃利斯基又收到叶廖缅科用飞机交付的一封信，命令他的军夺取旧罗加奇克、新罗加奇克、卡尔波夫斯卡亚和卡尔波夫卡。这基本上更改了该军的任务，他们将向东北方攻击前进，进入德国第6集团军后方，而不是冲向北面的苏维埃茨基。可是，大约90分钟后，沃利斯基又收到第51集团军副司令员尤金上校[①]的一封电报。没过多久，尤金驱车赶到，证实了他下达的命令，要求沃利斯基的机械化军夺取苏维埃茨基，并前出至卡尔波夫卡和马里诺夫卡一线——也就是苏维埃茨基东面和西面的斯大林格勒—卡拉奇铁路线。这些相互矛盾的命令要求机械化第4军夺取两个目标，沃利斯基"妥协了"，命令机械化第36旅继续赶往苏维埃茨基，待他们到达布济诺夫卡，便命令机械化第59和第60旅赶往东北方的卡尔波夫卡。[106]

---

① 译注：尤金是第51集团军坦克部队副司令员。

22日破晓后，侦察队确认德军已在几个小时前放弃了布济诺夫卡，机械化第4军随即进入该镇。但该军没有得到任何空中侦察的帮助，恶劣的飞行条件致使苏德双方的飞机都无法升空。全军恢复推进前，沃利斯基派出侧翼支队，沿计划中的两条进军路线实施掩护。他还派搭乘装甲车和其他车辆的小股巡逻队，与右侧的坦克第13军取得了联系。穿过布济诺夫卡后，沃利斯基将全军分成两股纵队，并予以加强，以便他们有足够的力量完成各自受领的任务。他把机械化第59旅辖下的坦克第20团交给罗季奥诺夫的机械化第36旅，与坦克第26团一同攻向苏维埃茨基，坦克第21团留在卡拉佩强机械化第60旅辖下，与斯坚申斯基的机械化第59旅一同冲向卡尔波夫卡。

多罗什克维奇少校的坦克第26团沿机械化第4军的主要突击方向赶往苏维埃茨基，在苏维埃茨基农场南面不到1公里处的克里沃穆兹金斯卡亚车站遭遇到敌人的抵抗。经过约三个小时的激战，坦克第26团的三个连，在罗季奥诺夫机械化第36旅摩托化步兵的支援下打垮了这一抵抗。这些守军显然由德军保安和后勤单位组成，他们分成一个个小组，沿铁路线消失在东面或西面。克里沃穆兹金斯卡亚车站和附近的苏维埃茨基村12点20分落入机械化第36旅之手，罗季奥诺夫和多罗什克维奇立即构设起环形防御。据该旅称，在争夺苏维埃茨基和附近火车站的战斗中，他们毙伤数百名德寇，抓获大批俘虏，还缴获许多装备，包括1000辆各种车辆、维修厂、各种口径的大批火炮，以及装满弹药、食物和燃料的仓库。[107]最重要的是，克里沃穆兹金斯卡亚车站和苏维埃茨基农场的陷落切断了德国第6集团军与西面的所有地面交通。

在此期间，机械化第59和第60旅与机械化第36旅分开后赶往东北方的卡尔波夫卡，但遭遇到的抵抗远比罗季奥诺夫旅在苏维埃茨基遇到的猛烈。第6集团军担心苏军在其后方达成深远突破，已派"冯·汉施泰因"战斗群据守从卡尔波夫卡向西穿过伏罗希洛夫夏令营至马里诺夫卡这片11公里宽的防区，该战斗群目前编有第3和第60摩步师的几个营级集群，还有第295步兵师的一个营级战斗群。东面，莱泽的第29摩步师已完成北撤，到达从卡尔波夫斯卡亚向东南方延伸至拉科季诺、沿卡尔波夫卡河和切尔夫连纳亚河构设的新防线。该师以多个营级战斗群守卫这片区域，并以"沃尔茨"战斗群据守卡尔波夫斯卡亚和新罗加奇克这两个重要镇子的接近地。[108]

11月22日夜幕降临时，机械化第59旅第1营向北穿过铁路线上的普鲁德博伊车站（Prudboi），前出至马里诺夫卡与卡尔波夫卡中间的伏罗希洛夫夏令营的南面，在这里构设起防御阵地。经过一番侦察，苏军确定据守该营地的是两个德军连，并有一些坦克和火炮支援，4点，该营对德军阵地发起冲击。三次进攻未果后，苏军突击部队终于在该营地夺得一处立足地，但又被德军发起的反冲击逼退。于是，斯坚申斯基上校将机械化第59旅辖下的另一个营投入战斗，终于肃清了据守该营地的德军。没过多久，卡拉佩强中校的机械化第60旅赶来增援斯坚申斯基位于伏罗希洛夫夏令营的部队，确保该旅击退敌人在11月22日—23日夜间发起的反冲击。

与此同时，东面，苏军机械化第59旅第3营进攻并夺取了卡尔波夫卡火车站，但德军第29摩步师11月23日清晨发起反冲击将其夺回。[109]虽然伏罗希洛夫夏令营和卡尔波夫卡地域的激战一直持续至11月23日，但沃利斯基的部队牢牢据守着苏维埃茨基，完成了他们的主要任务。结果，11月22日夜幕降临前，机械化第4军机械化第36旅与西南方面军坦克第26军位于卡拉奇北郊的先遣部队相距不到20公里。无论德国人在这两个军之间还有哪些部队实施防御，即便没有陷入彻底的混乱，实力也远逊于深入第6集团军后方的苏军坦克部队。

沃利斯基的机械化军报告，从普洛多维托耶到苏维埃茨基这场近乎戏剧性的突击期间，他们在三天的战斗中击毙14000多名轴心国士兵，俘虏13000人，还缴获360门各种口径的火炮和大批其他武器装备。[110]虽然这些战利品大多来自被歼灭或遭到重创的罗马尼亚第6军和德国第4军辖下的罗马尼亚第20步兵师，但也有一些缴自据守第6集团军补给基地和仓库的德军部队，这些基地和仓库坐落在从苏维埃茨基东延至卡尔波夫卡的铁路线上。

沃利斯基的机械化军推进35公里，进入第6集团军深远后方，并给德国第4装甲集团军造成混乱和损失时，掩护方面军突击群左翼的沙普金将军的骑兵第4军，也出色地完成了自己的任务。骑兵军跟随在机械化第4军身后，从普洛多维托耶向阿布加涅罗沃地域进击，辖下的两个骑兵师向南而去，奔向他们位于阿克赛河及其北面和东南面的目标。斯塔文科上校骑兵第61师的目标是萨多沃耶西北方10公里、位于列斯纳亚峡谷（Lesnaia）的科罗布金村（Korobkin），他们在途中遭遇到罗马尼亚第8骑兵师的一部，该师刚刚从罗马尼亚第7军的作战地域向北重新部署。在科罗布金村北面20公里基托夫国营农场（Kitov）附近的战斗中，斯塔文科的骑兵将罗马尼亚骑兵逼退了4公里，迫使对方退至沃佳纳亚村（Vodianaia）附近。与此同时，西北方，包姆施泰因上校的骑兵第81师前出至阿克赛镇北接近地，并从罗马尼亚第6军支离破碎的第1和第18步兵师残部手中夺取了附近的格尼洛阿克赛斯卡亚（Gniloaksaiskaia）、沃金斯基（Vodinskii）和舍列斯托夫村。

更南面，第51集团军最左翼，马卡尔丘克上校的步兵第302师肃清了巴尔曼察克湖西岸的罗马尼亚军队，然后向南赶往通杜托沃地域，据守该地域的是罗马尼亚第6军第4步兵师。马卡尔丘克师的先遣部队中午时到达该镇郊外，此时，第76筑垒地域的"机枪-火炮"第51营也开始从位于萨尔帕湖西南岸小杰尔别特的阵地向西发起试探。该筑垒地域辖下的其他"机枪-火炮"营留守小杰尔别特周边阵地，等待着态势发生重大变化。[111]

南面，加里宁少将的步兵第91师在萨尔帕湖南面和萨多沃耶以东15公里处占据阵地，依然保持防御状态。该师准备与骑兵第4军骑兵第61师相配合，对罗马尼亚第4步兵师位于萨多沃耶及其周围的防御发起突击，按照计划，骑兵第61师将从北面攻向该镇。

第51集团军主力冲向西北面或南面的纵深目标时，在过去两天给罗马尼亚军队的防御造成严重破坏的步兵师重新回到集团军第二梯队，他们缓慢向前，为发展梯队的战友们提供支援。在集团军作战地域的北半部，瓦西连科将军的近卫步兵第15师肃清了萨尔帕湖西面的罗马尼亚军队，跟随在沃利斯基机械化第4军身后进入布济诺夫卡地域。在其左侧，库罗帕坚科上校的步兵第126师将萨尔帕湖西南方的罗马尼亚散兵游勇扫荡一空，随后向西而去，进入别克托夫卡西南方40公里处的上察里岑斯基地域。在那里，该师接替了机械化第4军辖下的机械化第60旅，该旅随即赶往东北方，加强位于伏罗希洛夫夏令营的机械化第59旅。最后是集团军辖下唯一的快速预备队，独立摩托化步兵第38旅，该旅进入阿布加涅罗沃地域支援骑兵第4军。

第62集团军

斯大林格勒方面军主力突击群编成内的三个集团军完成他们的主要任务

时，崔可夫第62集团军的残部遂行着辅助但依然重要的任务。该集团军顽强战斗，竭力将第6集团军第51军辖下的各个师牵制在斯大林格勒工厂区厂房和建筑物废墟的战斗中（参见副卷附录19A）。

第51军第305和第389步兵师一如既往地对柳德尼科夫上校的步兵第138师发起突击，该师据守着"柳德尼科夫岛"，这是位于"街垒"厂与伏尔加河之间的一条狭窄地带。但柳德尼科夫的部队击退了德军的冲击。同样，第62集团军辖下的步兵第95师击退了德军第305步兵师以营级兵力对"街垒"厂东南方储油区及其周边发起的试探性进攻。

斯大林格勒城内最重要的行动发生在北郊的雷诺克村和斯巴达诺夫卡村、"红十月"工厂和马马耶夫岗（102.0高地）。遵照叶廖缅科的命令，崔可夫在这些地点发起猛烈进攻，意图将德军牵制在城内。在北郊，步兵第124旅11点发起突击，试图收复斯巴达诺夫卡村西部，他们从德军第51军第94步兵师手中夺得几座建筑，除此之外，进攻行动进展甚微。与此同时，在南面的工厂区，步兵第95师徒劳地试图与步兵第138师会合，但截至18点，只夺取了机器大街上的几座建筑。步兵第95师左侧，步兵第45师和近卫步兵第39师的突击群12点对德军第79步兵师设在"红十月"厂的支撑点发起冲击，但没能取得进展。步兵第45师的其他突击群17点夺回了"红十月"厂内的3号车间，还俘虏了德军第79步兵师第226团的几名士兵。最后是血腥的马马耶夫岗（102.0高地），步兵第284师及其右侧的步兵第92旅，对德军第100猎兵师位于水塔附近的防御发起徒劳的冲击。

虽然第62集团军汇报，他们在22日的行动中毙伤700名德寇，但所有地段均未取得进展，崔可夫不得不向上级报告："德寇的防御同原先一样坚强。"[112]这位集团军司令员还告知总参谋部，步兵第138师坚守"柳德尼科夫岛"的士兵只剩下300人，步兵第95师还有547名战斗兵。虽说补充兵已到达，但持续不断的进攻行动迅速消耗了这些新来的士兵。

尽管第62集团军艰苦战斗，但在激战过程中，红军总参谋部的博科夫将军却批评崔可夫集团军没能支援柳德尼科夫仍在"街垒"厂东面孤军奋战的步兵第138师：

据总参谋部掌握的情况，步兵第138师被隔断在伏尔加河右岸，一直在包围圈内战斗，漂浮装置、切冰机和破冰船未能确保为其提供补充兵、弹药和食物。因此，该师没能获得补充兵，弹药也没有运抵，他们甚至没有得到食物，过去几天里，该师的伤员也没能从后方疏散至左岸。

另据总参谋部所知，近卫步兵第39、步兵第45和第95师指挥部没有组织搬运、埋葬战场上阵亡将士的遗体，这给作战人员的士气造成了负面影响。

我要求你们改正这些问题，并向总参谋部汇报你们采取的措施。[113]

第 28 集团军

在斯大林格勒方面军遥远左翼的阿斯特拉罕以西地域，格拉西缅科将军的第28集团军继续将德军第16摩步师逐向西面的埃利斯塔（参见地图18和副卷附录5Y）。什未林将军的摩步师11月21日弃守胡尔胡塔镇后，第28集团军独立步兵第152旅在近卫坦克第6旅至少一个坦克连的支援下，向德国人设在乌塔的基地发起追击。他们迅速向西，第1营位于道路北面，第3营和提供支援的坦克沿道路而行，第2营位于道路南面，该旅前进了7公里，上午晚些时候到达乌塔郊外。该旅立即发起攻击，驱散了敌人据守该镇的两个排和数辆坦克，苏军击毁2辆德军坦克，自身毫发无损。德军后卫部队放弃该镇向西退却，苏军步兵第248师第899团经过两天的强行军，终于在19点到达乌塔镇。[114]

随着德军第16摩步师的全面后撤，格拉西缅科命令近卫步兵第34师（该师仍在乌塔以东35公里处的相齐克村）用卡车搭载第103团的步兵，向西穿过乌塔镇，赶往亚什库利，24日凌晨2点前沿亚什库利东接近地集结。这位集团军司令员将步兵第248师第905团留在胡尔胡塔镇。近卫步兵第103团18点离开相齐克村，沿通往亚什库利的道路而行。

格拉西缅科夺取亚什库利的计划要求独立步兵第152旅的一个摩托化步兵营，在近卫坦克第6旅余部的支援下，在通往亚什库利的道路的北面向西推进；与此同时，近卫步兵第34师和步兵第248师第899团将在近卫步兵第103团身后，沿通往亚什库利的道路前进。集团军司令员的意图是沿奥林格（Oling）和亚什库利战线打击德军摩步师。尽管突击部队的规模由于卡车数量不足而受到严重限制，但格拉西缅科向叶廖缅科保证，他的突击部队足以对付德军第16摩步师。但是，为确保进攻行动赢得胜利，格拉西缅科请求叶廖缅科命令特鲁法诺夫第51集团军, 派一个搭乘卡车的加强营向南赶往埃利斯塔。叶廖缅科拒绝了这一要求, 他认为第51集团军的任务很繁重, 不能向南抽调兵力。

因此, 11月22日日终前, 什未林第16摩步师占据的新防御阵地, 从奇尔吉尔北面15公里处向南延伸至亚什库利以南15公里处。该师的任务是掩护埃利斯塔东接近地。什未林派第811突厥斯坦志愿者步兵营据守奇尔吉尔, 第782突厥斯坦志愿者步兵营掩护奇尔吉尔以北地域, 编有第60、第156掷弹兵团和第165摩托车营的第16摩步师主力在亚什库利周围守卫新防线。[115]由于德军作战地图上标注的 "Turk", 这些营 (第450、第782和第811营) 经常被误认为是土耳其人 (Turkish), 实际上是由原突厥斯坦苏维埃社会主义自治共和国的志愿者组成。

轴心国军队的应对

由于罗马尼亚第6军基本上丧失了战斗力, 斯大林格勒方面军得以在11月22日肆意完成其主要目标。在方面军司令员叶廖缅科恳求和威逼的驱使下, 各集团军迅速前进, 对罗马尼亚军崩溃后留下的巨大缺口加以利用; 这些缺口从切尔夫连纳亚河向南延伸至阿克赛西北方, 从舍列斯托夫东延至通杜托沃。北面, 托尔布欣第57集团军辖下的塔纳希申坦克第13军突向西北方, 然后转向北面和东北面, 迫使德国第4军编成内的第29摩步师、罗马尼亚第20步兵师和德军第297步兵师退守沿卡尔波夫卡河和切尔夫连纳亚河构设的防御。第57集团军左侧, 特鲁法诺夫第51集团军辖下的沃利斯基机械化第4军如入无人之境, 前进了35公里, 沿着从苏维埃茨基东延至卡尔波夫卡车站的宽大正面进抵莫罗佐夫斯基—斯大林格勒铁路线。最重要的是, 该军确保了苏维埃茨基附近的出发阵地, 这样便能向北发起最后的冲刺, 与西南方面军辖下的坦克第26军会师。

南面, 沙普金将军骑兵第4军辖下的骑兵第81师在阿克赛地域对付罗马尼亚第6军的残部时, 骑兵第61师开始冲向萨多沃耶以西和西北方地域。与此同时, 第51集团军辖下的步兵第302和第91师, 在第76筑垒地域两个 "机枪-火炮" 营强大火力的支援下, 准备从北面和东面攻向萨多沃耶。

获得第4装甲集团军小股支队支援的罗马尼亚第6军，沿阿克赛河竭力构设起牢靠的防御。但是，目前的态势清楚地表明，要想抵挡苏军的进攻，必须迅速加强第4装甲集团军。由于霍特装甲集团军的部分德国部队即将被包围在斯大林格勒地域，援兵的唯一来源就只有A集团军群了。

总 结

如果说斯大林格勒方面军的中央和左翼取得了实质性进展，那么，其右翼却不能这样说。这部分是因为叶廖缅科最初的进攻计划将方面军主力部队集结在第57和第51集团军，另一部分原因是德军第29摩步师在苏军进攻首日发起的戏剧性反冲击，给坦克第13军造成意想不到的重创，斯大林格勒方面军右翼部队所能做的不过是逼迫第4装甲集团军辖下的德国第4军退至斯大林格勒南部接近地。在叶廖缅科看来更糟糕的是，右翼部队的有限进展将德国第4军逼入沿卡尔波夫卡河、切尔夫连纳亚河和东面卡拉瓦特卡峡谷构设的出色防御。这就意味着斯大林格勒方面军右翼发起的后续突击都将沦为代价高昂的围攻战。

叶廖缅科接受了这一现实，他把注意力转向另外两项同样重要的任务：第一，确保合围德国第6集团军的铁钳迅速合拢；第二，确保方面军左翼的第51集团军强大到足以应对德军从西面或西南面发起的一切救援行动。由于德军发起救援行动还需要数日（如果不是数周的话），封闭叶廖缅科机械化第4军与瓦图京坦克第26军之间的狭窄地段成为首要任务。

至于德国第6集团军，在19点发给B集团军群的电报中，保卢斯将军告诉魏克斯："集团军打算坚守直至顿河两侧的剩余区域，为此已采取一切措施。前提是成功地封闭南部战线，并能持续获得充足的空运补给物资。"[116]随后，保卢斯首次提出日后他将多次提出的请求："如果南部的刺猬阵地无法奏效，请给予自主行事权。态势有可能迫使我们放弃斯大林格勒和北部战线，以便集中力量打击南部战线顿河与伏尔加河之间的敌人，并与那里的罗马尼亚第4集团军会合。"[117]保卢斯索要的"自主行事权"，实际上就是批准他逃离即将封闭的斯大林格勒包围圈，从一开始，希特勒便断然拒绝了这一请求。毫无疑问，第6集团军的每一位将领都赞同其司令官的看法，但在希特勒的宏伟蓝图中，这一点无足轻重。

11月23日，西南方面军和顿河方面军的攻势

11月23日，西南方面军继续以部分部队向西、西南方发起进攻，对盘踞在巴斯科夫斯卡亚和博科夫斯卡亚地域的罗马尼亚—意大利军队发起打击，其他部队粉碎了被包围在拉斯波平斯卡亚和戈洛夫斯基地域的罗马尼亚军队的抵抗，彻底俘虏了罗马尼亚第5、第6步兵师、第15步兵师的两个团和罗马尼亚第5军第13步兵师的残部；另外，该方面军还以辖内其他部队与顿河方面军右翼部队相配合，对德国第8军据守锡罗京斯卡亚、卡梅申卡（Kamyshinka）、小纳巴托夫斯基和特廖赫奥斯特罗夫斯卡亚（Trekhostrovskaia）的部队发起进攻，并从西面将困住德国第4装甲集团军和第6集团军的包围圈逼向斯大林格勒。

红军总参谋部作战概要

1942年11月24日8点[118]

西南方面军和顿河方面军的任务

罗科索夫斯基的部队11月22日进展困难，瓦图京却对辖内诸集团军前一天的表现感到高兴和振奋。尽管他的三个坦克军落后于计划时间表数日，但其中两个军已在卡拉奇地域渡过或即将渡过顿河，第三个军正逼近顿河畔的雷奇科夫斯基。另外，目前的情况已经很明显，保卢斯在卡拉奇顿河河段西面和西北面构设装甲拦截线的企图彻底落空。截至11月22日日终时，第14装甲军辖下的第24和第16装甲师已开始勘察向东退过顿河的路线，面对苏军的沉重压力，第14装甲师与第6集团军第11军辖下的步兵师开始了艰难的后撤。第11军向东退却时，辖内虚弱的师分成一个个团、营级战斗群，向南渡过顿河，以加强第6集团军摇摇欲坠或已不复存在的防线，这些防线从佩斯科瓦特卡向西南方延伸至卡拉奇，再从卡拉奇沿主铁路线东延至卡尔波夫卡。如果说目前的态势对保卢斯不啻为一场噩梦，在瓦图京看来却令人振奋（参见地图25）。

因此，随着胜利在望，11月22日—23日夜间，瓦图京、罗科索夫斯基和他们麾下的集团军司令员们商讨了次日的作战任务。根据最高统帅部不惜一切

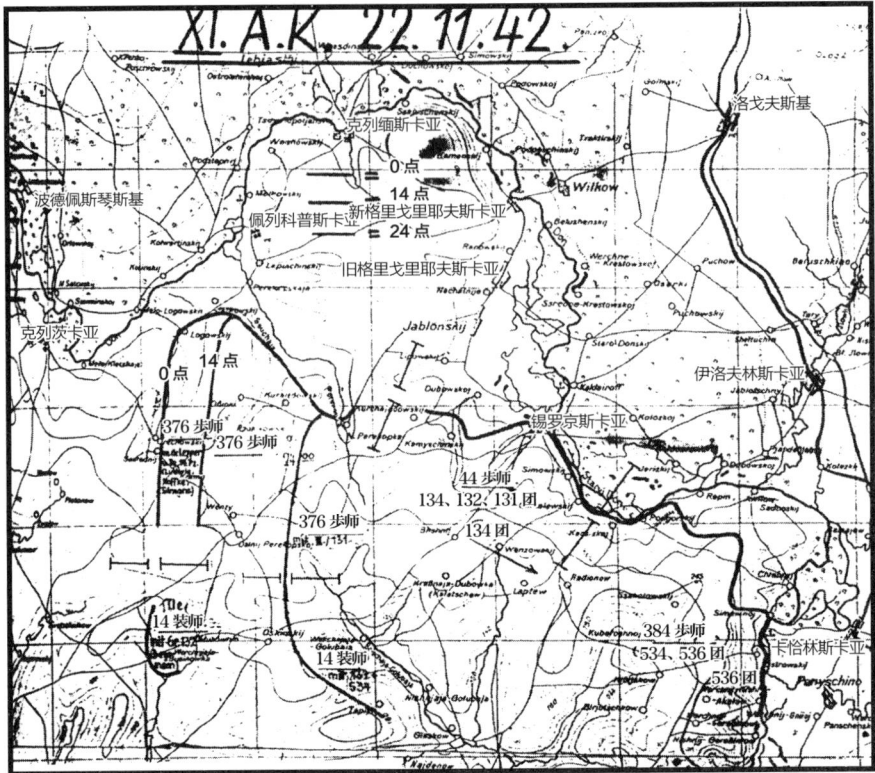

地图 25 1942 年 11 月 22 日，德国第 11 军的防御

代价完成合围行动的指示，瓦图京和罗科索夫斯基为辖内部队制定了任务，如
果这些行动取得成功，就将完成"天王星"计划的初始目标——彻底包围斯大
林格勒的德国军队，并沿克里瓦亚河和奇尔河及其对岸构设起合围对外正面
（参见副卷附录5Z）。

西南方面军的攻势

坦克第 5 集团军

　　与前一天一样，坦克第5集团军辖下的两个坦克军，以及第21集团军编成
内的坦克第4军，他们的作战表现给方面军司令员瓦图京留下了深刻印象，并
给德军防御造成了最大的破坏（参见地图26）。利用前一天取得的战果以及德军

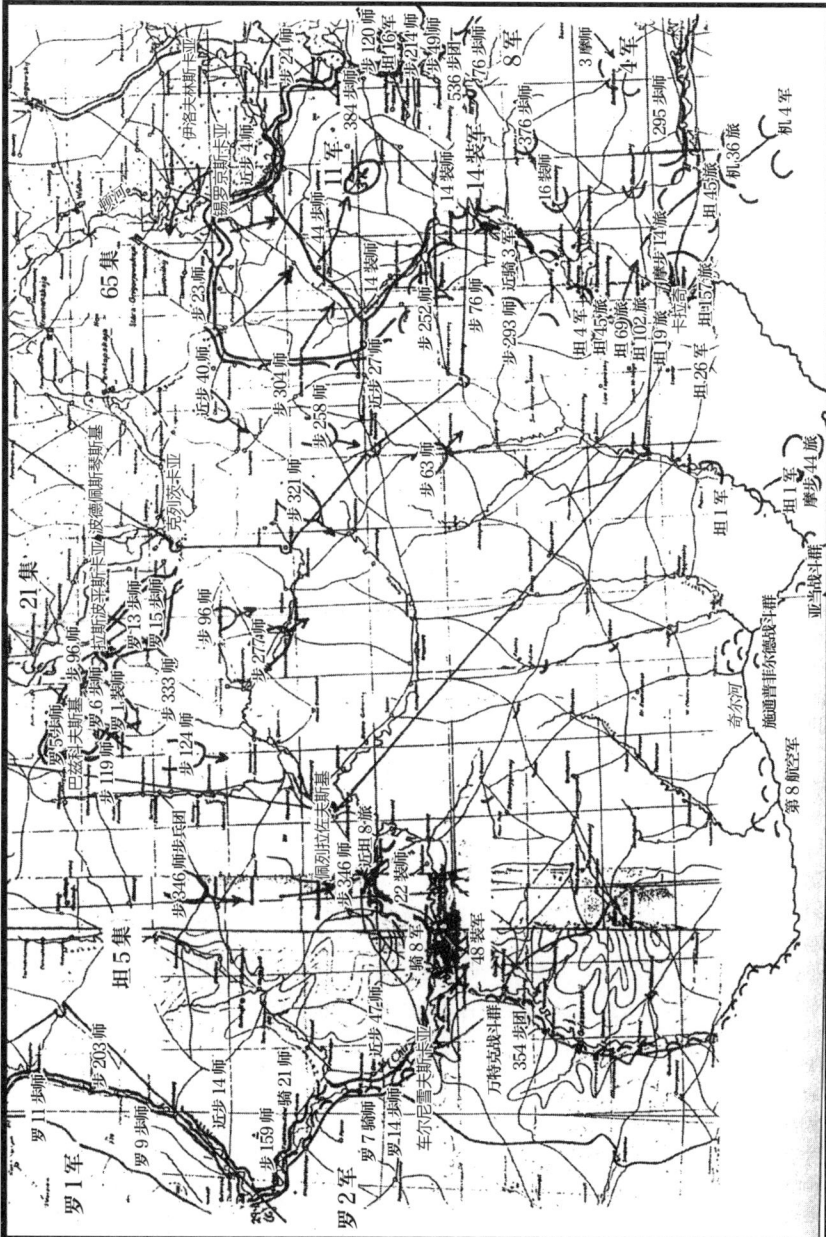

地图 26 1942 年 11 月 23 日 22 点，西南方面军和顿河方面军的推进

虚弱的防御，11月23日，西南方面军辖下的坦克第26军与斯大林格勒方面军编成内的机械化第4军，在卡拉奇东南方18公里处的苏维埃茨基村会师，完成了对德国第6集团军的合围。从更大范围来看，11月23日日终前，西南方面军坦克第5集团军辖下的坦克第1和第26军、第21集团军辖下的坦克第4军、斯大林格勒方面军第51集团军辖下的机械化第4军已将卡拉奇和苏维埃茨基拿下，他们散布在向西延伸30公里至雷奇科夫斯基北郊、向东延伸5公里至马里诺夫卡西接近地的广阔区域内。与此同时，苏军这四个快速军还在至关重要的铁路线上夺取了超过15公里长的路段，从卡拉奇东南方12公里处向东延伸至马里诺夫卡西郊。这就切断了德国第6集团军与顿河西面的罗马尼亚第3集团军，以及德军沿奇尔河及其南部设立的补给基地和后勤网之间的所有铁路和公路交通（参见副卷附录5AA）。

布特科夫的坦克第1军位于四个快速军最西侧，任务是夺取苏罗维基诺、雷奇科夫斯基和奇尔河车站。11月23日一整天，该军在利斯卡河谷对辖内三个坦克旅加以休整和补充。他们别无选择，因为坦克第89、第117和第159旅现在总共只剩下24辆可用的坦克。[119]尽管被迫停止了行动，但布特科夫还是派摩托化步兵第44旅的几个支队赶往新马克西莫夫斯基、雷奇科夫斯基和奇尔河车站，这几个关键地点都位于南面10—15公里、莫罗佐夫斯克—斯大林格勒铁路线上。此时，德军保安和后勤部队临时组成的小股支队，在亚当和彻克尔上校的指挥下，以他们所能搜罗到的一切人员和武器守卫着这些地点。经过短暂而又激烈的战斗，摩托化步兵第44旅的支队设法夺取了德军设在上奇尔斯基（Verkhne–Chirskii）这一支撑点东北方2公里处的奇尔河车站，以及布利日涅奥西诺夫斯基村（Blizhne–Osinovskii），该村位于苏罗维基诺东南方15公里，奇尔河车站以西13公里处。苏军夺取莫罗佐夫斯克—斯大林格勒铁路线上的这两个地点，就切断了第6集团军与他们沿奇尔河部署的后勤单位之间的联系。摩托化步兵第44旅报告，缴获200辆汽车、20门火炮以及满载糖、马匹和飞机的火车车皮，还在战斗中击毙350名轴心国士兵。

尽管丢失了奇尔河车站，但目前在罗马尼亚第3集团军指挥下战斗的"彻克尔"战斗群，继续在奇尔河车站以东7公里处坚守顿河北岸的雷奇科夫斯基村。他们还在雷奇科夫斯基村南面的河流东岸据守着一个小型登陆场。对德军而言，坚守这片小小的地带至关重要，因为一旦第6集团军被围，这座登陆场将是德军在顿河东岸控制的唯一一片地域。因此，这也是德国人从西面向斯大林格勒发起救援行动唯一的出发地。当然，德国人竭力控制这座登陆场时，它也成为苏军进攻行动的主要目标。

由于缺乏可用的坦克，布特科夫的坦克第1军几乎丧失了战斗力，而罗金将军的坦克第26军尚有30—40辆坦克，但坦克第216旅仍未归建，该旅还在遥远的北面支援近卫步兵第50师。罗金命令坦克第19、第157和摩托化步兵第44旅①完成两项任务：夺取卡拉奇，然后向南推进，在苏维埃茨基或其北面与斯大林格勒方面军辖下的机械化第4军会师。11月23日拂晓，菲利片科上校的坦克第19旅集结在卡拉奇东北方的树林中，摩托化步兵第14旅驻扎在附近。库德里亚舍夫少校的坦克第157旅集结在顿河西岸，对面就是卡拉奇镇的南半部。在坦克第26军左侧，第21集团军坦克第4军辖下日德科夫中校的坦克第45旅也在卡拉奇东北面的顿河东岸上。克拉夫钦科坦克第4军的余部正沿河流西岸向南而行，赶去增援其先遣旅，加入坦克第26军对卡拉奇的进攻，并向南赶往苏维埃茨基。

位于苏军坦克第26和第4军各个旅对面的是德国第6集团军向西调动、守卫卡拉奇地域的部队。其中包括第14装甲军刚刚赶到的第295、第389装甲猎兵营和第244突击炮营，并获得了第16装甲师先遣部队的加强，据守的防区从卡拉奇东北方35公里处的佩斯科瓦特卡向南延伸至该镇东北方约12公里处；"米克施"战斗群的余部守卫着卡拉奇镇；第3摩步师、第6集团军后勤单位和第71步兵师这些零零碎碎的部队占据了该镇东面和东南面的阵地。第3摩步师还掌握着宪兵部队、1个反坦克营和1个空军高射炮连，以协助守卫卡拉奇镇。鉴于这些临时拼凑的守军零零散散，加之隶属于各个不同的单位，卡拉奇并不是一个难啃的"硬核桃"。坦克第26军军史将守军描述为"保安部队、高射炮单位、维修和后勤分队，以及从医院送来、尚能使用武器的伤员。这些人在城防司令的指挥下抗击我方部队。"[120]尽管守军的来源五花八门，但他们实施了顽强抵抗，一股守军甚至试图突破至顿河渡口处，但被苏军击退。

---

① 译注：第14旅。

15分钟炮火准备和两轮"喀秋莎"齐射后，菲利片科上校的坦克第19旅，在摩托化步兵第14旅的步兵和近卫迫击炮第85团、反坦克歼击炮兵第1241团的支援下发起突击，攻入卡拉奇北郊。但是，德军猛烈的火力阻挡住对方的冲击，经过数小时激战，苏军才突入镇内。菲利片科的部队从北面攻向卡拉奇时，罗金将军命令库德里亚舍夫少校的坦克第157旅占据顿河西岸的发射阵地，准备炮击镇南部的德军阵地。坦克第19旅的进攻停顿下来后，13点左右，库德里亚舍夫坦克旅的摩托化步兵营跨过河上的冰面发起冲锋，在卡拉奇西南部的东岸夺得一处立足地。由于河面上的冰层太薄，无法承受坦克的重量，库德里亚舍夫的坦克没能跟上步兵的前进步伐，但德国守军意识到新的威胁，放弃了卡拉奇镇，向东撤往马里诺夫卡。

到14点，坦克第26军辖下的两个旅已将卡拉奇镇彻底拿下。次日，罗金报告，他的坦克军在争夺卡拉奇的战斗中击毙600名敌军，缴获25辆坦克、600辆汽车、150辆摩托车、150匹马和5个仓库，还救出3000名被敌人关押的红军战俘。[121]罗金的部队进攻卡拉奇时，克拉夫钦科坦克第4军辖下的几个坦克旅从东面绕过该镇，转向东南方，直奔苏维埃茨基，在那里与斯大林格勒方面军机械化第4军的先遣部队会师（参见下文）。

罗曼年科坦克第5集团军的两个坦克军遂行包围德国第6集团军的重要任务时，集团军辖下的步兵和骑兵部队也在加紧完成他们的任务：前出至克里瓦亚河和奇尔河，肃清迟滞集团军进军步伐近三天之久的德国和罗马尼亚部队残部。这些"胜利的障碍"包括，德国第48装甲军第22装甲师的残部，他们被半包围在库尔特拉克河北面的大、小顿什钦卡地域；罗马尼亚"拉斯卡尔"集团，仍在拉斯波平斯卡亚西南地域负隅顽抗；罗马尼亚第1装甲师，其残部已向南逃入库尔特拉克河河谷。

坦克第5集团军右翼阿纳什金上校的步兵第159师，接替了与之相配合的骑兵第21师，肃清了罗马尼亚第9、第14步兵师位于奇尔河东岸的残部。该师的作战地域从博科夫斯卡亚东面、克里瓦亚河与奇尔河的交汇处南延至皮丘金，在那里，楚茨坎河向西流入车尔尼雪夫斯卡亚西北方14公里处的奇尔河。阿纳什金的步兵加强了这一地域，并向西遂行侦察，渡过奇尔河赶往博科夫斯卡亚。罗曼年科将军下令实施侦察是因为坦克第5集团军的情报机构估计，霍利特将军的第17军有可能渡过奇尔河发起反突击，该军辖下的第294和第62步兵师刚刚到达博科夫斯卡亚镇，加强罗马尼亚第1军的防御。

获得步兵第159师接替后，亚库宁将军骑兵第21师的主力在后方接受休整和补充，准备重新加入骑兵第8军的建制，从库尔特拉克河地域向南进击，肃清奇尔河北面的德军。尽管德方记录中没有提及，但坦克第5集团军报告，亚库宁的一个骑兵团发起突袭，在博科夫斯卡亚北面25公里处渡过克里瓦亚河，短暂地占领了罗马尼亚军队后方的上、下马克赛村（Maksai），给罗马尼亚第9步兵师造成400人阵亡、100人被俘的损失。[122]如果苏军的确实施了这场突袭，其目的很可能是试探罗马尼亚人在该地段的防御强度，并确认德军援兵的到达。不管怎样，骑兵第21师当日晚些时候赶往东南方，重新加入骑兵第8军。

步兵第159师左侧福卡诺夫将军的近卫步兵第47师，终于结束了与罗马尼亚第7骑兵师在楚茨坎河河谷旷日持久的激战，迫使该骑兵师残部向东退却，并于11月22日—23日夜间在车尔尼雪夫斯卡亚北面渡过奇尔河。此后，近卫步兵第47师前出到皮丘金南延至车尔尼雪夫斯卡亚的奇尔河河段，并对该地域实施加强。沿这条河流防线，福卡诺夫的近卫军士兵们面对着罗马尼亚第14步兵师和第7骑兵师残部，罗马尼亚第2军将这些部队仓促集结起来据守河流西岸。

东面，在坦克第5集团军中央地带，库尔特拉克河河谷和北面的大、小顿什钦卡地域，鲍里索夫骑兵第8军辖下的骑兵第55、第112师，继续与德军第22装甲师和罗马尼亚第1装甲师的残部进行着苦战。这场激战极其混乱，以至于11月23日日终时，坦克第5集团军和红军总参谋部只能说"正在核实骑兵第8军的位置"。[123]但其他资料证实，苏军这两个骑兵师力图歼灭轴心国两个师的残部，阻止他们向西逃过奇尔河。另外，深感不耐的罗曼年科将军决心解决集团军中央地带的问题，他从预备队调出步兵第346师和近卫坦克第8旅，以消除集团军前进途中这一令人恼火的障碍。

混乱的战斗中，格奥尔基将军率领罗马尼亚第1装甲师残部向南推进，进入彼得罗夫卡镇东面的库尔特拉克河河谷，但沙伊穆拉托夫将军的骑兵第112师（该师前一天晚上已夺取彼得罗夫卡镇）堵住了第1装甲师向西渡过奇尔河的逃生路线。北面，格奥尔基的装甲师突破封锁线、向南进入库尔特拉克河河谷后，恰连科上校的骑兵第55师向南疾进，与德军第22装甲师位于南面的部队在小顿什钦卡以西5公里处的梅德韦日村展开激战。大约在同一时刻，西翁将军率领罗马尼亚第15步兵师残部（这股部队前一天晚上突破了坦克第5集团军步兵第119师的封锁，逃出困住"拉斯卡尔"集群的包围圈）也向南突破了骑兵第55师的防御，在大顿什钦卡与德军第22装甲师位于北面的部队会合（参见下文）。西翁携带着3680名部下、18辆卡车、1045匹马和2门野炮。[124]

西翁的小股力量留下消灭大顿什钦卡残存的苏军骑兵，德军第22装甲师的北部部队向南而行，赶去增援该师在梅德韦日村战斗的南部部队。[125]后来，恰连科骑兵第55师将阵地移交给新赶到的步兵第346师和近卫坦克第8旅，脱离了这场混战。恰连科的骑兵随即向南、东南方疾进，从东面合围整个第22装甲师，前出至车尔尼雪夫斯卡亚东面、东南面15公里，奥布利夫斯卡亚北面25—35公里处的彼得罗夫斯卡亚村（Petrovskaia）和奥泽雷村（Ozery）。凭借这场大胆的机动，鲍里索夫骑兵军至少有一个师成功摆脱了苏军、德军、罗马尼亚军在车尔尼雪夫斯卡亚东面和东北面混战的僵局。

与此同时，鲍里索夫骑兵军辖下的另一个师，沙伊穆拉托夫将军的骑兵第112师，击退了格奥尔基罗马尼亚第1装甲师沿库尔特拉克河河谷向西杀开血路、撤至奇尔河西岸的多次尝试。格奥尔基装甲师的兵力已不到最初的半数，燃料也已耗尽，他们先向西发起冲击，意图突破苏军骑兵第112师的防御。可是，在反坦克歼击炮兵第179团和喷火坦克第511营的支援下，沙伊穆拉托夫的骑兵击退了格奥尔基的进攻，据称击毁一辆罗马尼亚R-2坦克，但61名骑兵被对方俘虏。格奥尔基装甲师遭到骑兵第112师的阻截，遂炸毁了19辆燃料耗尽和9辆无法使用的R-2坦克，随后向南撤退，渡过库尔特拉克河，赶往彼得罗夫卡西南偏南方8公里处的奥泽雷地域。在那里，该师重新集结部队，他们还剩下11辆三号、四号坦克，外加19辆R-2坦克，后者由德军装甲车拖曳。[126]虽然格奥尔基遭受重创的装甲师黄昏时设法同罗马尼亚第3集团军重新建立起联系，但他们不得不等到次日再设法突围。

罗马尼亚第1装甲师竭力逃生之际，北面，苏军新锐部队加入到打击德军第22装甲师的战斗中。在大顿什钦卡地域接替骑兵第55师后，A.I.托尔斯托夫上校的步兵第346师（调自坦克第5集团军预备队）和尼科洛夫少校的近卫坦克第8旅（从步兵第159师和骑兵第21师的作战地域东调），对西翁位于大顿什钦卡的支队和第22装甲师位于梅德韦日地域的部队发起攻击。但据红军总参谋部称，下午的这场突击失败了，因为"进攻准备时间不足，对敌军防御的侦察不佳，缺乏炮兵支援，坦克旅辖下的各个营零零碎碎地投入战斗"。[127]

苏军进攻行动的失败使德军第22装甲师得以将其部队较为完整地向南撤入车尔尼雪夫斯卡亚以东20公里处的库尔特拉克河河谷。但在那里，罗特上校第22装甲师的残部再次发现他们被困在苏军骑兵第112师（该师堵住了河谷的西端出口）与骑兵第55师（该师继续在河谷东端遂行包围）之间。不过，根据坦克第5集团军的命令，恰连科上校的骑兵第55师与德军第22装甲师脱离接触，夜幕降临后向南而去，第22装甲师的残部这才幸免于难。库尔特拉克河河谷及其北面的战斗还将持续一天，坦克第5集团军最终摆脱了德军第48装甲军残部制造的这个"令人恼火的障碍"。

库尔特拉克河南面，完成向奥布利夫斯卡亚地域的突袭后，摩托车第8团凌晨2点接到集团军司令部的命令，要求该团立即集结于佩列拉佐夫斯基地域，似乎是为了协助阻止罗马尼亚军队逃离拉斯波平斯卡亚包围圈。但事实证明，罗曼年科下达的这道命令并不正确，于是，坦克第5集团军当日下午派该团沿奥布利夫斯卡亚和莫罗佐夫斯克方向发起一场纵深突袭，深入敌军后方。在一份明显夸大的报告中，该团称击毙1000多名敌官兵，还在奥布利夫斯卡亚附近的一座机场上缴获25架飞机和70辆汽车。该团指出，他们把缴获的5000头牲畜转交给当地居民，并炸毁了几座仓库，其中一座大型仓库装满了弹药。[128]

最后，坦克第5集团军左翼的步兵部队11月23日完成了集团军第二重要的任务——歼灭被困在拉斯波平斯卡亚西南方的罗马尼亚军队。苏军前一天已将"拉斯卡尔"集群切为两段，并俘虏了他们的指挥官，因此，罗曼年科当日上午命令别洛夫上校的近卫步兵第50师和提供支援的坦克第216旅，脱离福米欣斯基地域的战斗，向南重新部署至奇尔河。这样一来，歼灭包围圈内罗马尼亚军队的任务将由库拉金上校的步兵第119师与第21集团军的部队协同执行。苏军最终的计划要求库拉金步兵师从西面发起突击，而第21集团军辖下的步兵第96、第63、第333师从东北面、东面和东南面遂行冲击。此时，拉斯波平斯卡亚西面和西南面50平方公里的包围圈困住了罗马尼亚第5、第6、第13、第14、第15步兵师的残部，这些部队都由特罗扬·斯特内斯库将军指挥，他已接替拉斯卡尔将军担任第6步兵师师长。[129]

当日清晨，库拉金的步兵第119师攻克了罗马尼亚人设在日尔科夫斯基的支撑点。该师随即向南派出一个团，防止西翁将军向西南方逃窜的部队渡过察里察河；师里的其他部队向东推进，攻入收紧的包围圈的中央。虽然步兵第119师派出的一个团未能阻止西翁部队的逃窜，但该主力14点夺取了上切连斯基，并与第21集团军步兵第333师会合。两个步兵师的部分部队歼灭被围在伊兹布申斯基南面的罗马尼亚军队时，步兵第119师的左翼团和第21集团军步兵第96、第63师忙着消灭被困于伊兹布申斯基北面的罗马尼亚军队。11月22日—23日夜间，大批罗马尼亚士兵在这两个包围圈内被俘，其中包括第6步兵师师长拉斯卡尔将军、第5步兵师师长马扎里尼将军、第6步兵师参谋长尼古拉·坎布雷亚中校和第9步兵师的一名团长阿纳特斯库上校。[130]

罗马尼亚军队正式投降是在11月23日日终时，斯特内斯库将军派出一名手持白旗的军使与苏军商谈相关事宜。双方在苏军步兵第63师第291团团部会晤，经过一番磋商，罗马尼亚军队23点20分停止战斗，次日凌晨2点30分，斯特内斯库将军和他的参谋人员举手投降。接下来的12小时里，所有罗马尼亚士兵放下了武器，共计27000名官兵。[131]

为罗马尼亚第3集团军的覆灭画上句号的是，第15步兵师残部和西翁将军指挥的另外一些部队拒绝投降。相反，西翁率领8000余人在11月23日拂晓前突出包围圈，逃向西南方的察里察河。率领突围的前卫部队由1个反坦克营、2个炮兵连、1个车载侦察排组成，2个步兵团和其他单位的数百名散兵游勇紧随其后。据称行进中的队列长达12公里。尽管西翁的部队与苏军脱离了接触，但他们设法将重装备运过察里察河时，河上的冰面破裂了。就在这时，刚刚夺取日尔科夫斯基的苏军步兵第119师的一个团对这支队伍的后方和中央发起攻击，迫使除了前卫部队外的所有罗马尼亚人向南奔逃，当晚悉数投降。苏联方面的资料称，西翁的部队在这场战斗中约有5000人阵亡或被俘。但西翁的前卫部队继续前进，渡过察里察河，上午晚些时候到达大顿什钦卡，3000余名侥幸逃脱的罗马尼亚士兵在那里与德军第22装甲师会合，并接管了该镇的防御。

因此，截至11月23日日终时，罗曼年科将军的坦克第5集团军完成了以两个坦克军攻向卡拉奇地域和下奇尔河的主要任务，还完成了两项次要任务中的一项：消灭被包围的"拉斯卡尔"集群。但是，该集团军将轴心国军队逐过克里瓦亚河和奇尔河的第三项任务只完成了一部分。由于德军第48装甲军长时间的顽强抵抗，位于坦克第5集团军中央的部队没能到达奇尔河，夺取河流北岸或附近的三个主要城镇。相反，该集团军中央的步兵师和骑兵军仍被牵制在沿库尔特拉克河展开的战斗中。利用对方这一延误，临时抽调的德国和罗马尼亚部队围绕奇尔河北岸两个最重要的镇子设立起仓促但有效的防御——奥布利夫斯卡亚和苏罗维基诺镇，还包括顿河畔的雷奇科夫斯基。虽说罗曼年科23日黄昏前从拉斯波平斯卡亚西南方的包围战中调出近卫步兵第50和步兵第119师，但这两个师需要数日才能加入坦克集团军沿奇尔河的战斗。这三个至关重要的支撑点落入苏军手中前，德国人在此坚守了数周。

第21集团军

如果说罗曼年科将军的坦克第5集团军11月23日取得了出色的战果，那么，奇斯佳科夫第21集团军的战绩更加辉煌（参见附卷附录5AA）。前者的坦克第26军夺取卡拉奇时，后者的坦克第4军与斯大林格勒方面军辖下的机械化第4军在苏维埃茨基会师，完成了对德国第6集团军的合围。当然，克拉夫钦科的坦克兵必须与在其他地段牵制德国第6集团军部队、导致保卢斯无法抽调足够兵力有效守卫集团军后方漫长交通线的成千上万名红军战士分享这一荣誉。

11月22日晚些时候，克拉夫钦科的坦克第4军以坦克第45旅为先导，开始在别列佐夫斯基渡过顿河，截至11月23日10点，该军的四个旅已集结在顿河东岸。克拉夫钦科将坦克军编为两个旅级纵队，各个旅排成临战队形，以便在必要时迅速投入战斗。位于左路纵队的是日德科夫中校的坦克第45旅，该旅已位于卡拉奇北面的顿河东岸，阿加福诺夫上校的坦克第69旅和科舍列夫上校的坦克第102旅尾随其后，他们在卡拉奇以北6公里处的卡梅什村西面渡过顿河。该纵队的任务是以日德科夫旅为先锋，绕过东面的卡拉奇，赶往东南方的莫罗佐夫斯克—斯大林格勒铁路线，与斯大林格勒方面军已于22日占领苏维埃茨基的部队会师。步行前进的摩托化步兵第4旅将向东赶往马里诺夫卡西北方10公里、瓦纽科瓦峡谷（Vaniukova）附近的伊拉里奥诺夫斯基，然后转身向南，冲向马里诺夫卡西南偏西方4公里处的普拉托诺夫村。[132]克拉夫钦科派第4旅向东横扫是为了掩护坦克第4军的左翼，以防该军向东南方推进时遭到敌人的突袭。

作为坦克第4军先遣旅，日德科夫的坦克第45旅专门配备了炮兵和工兵分队，作为一支前进支队遂行独立任务。10点后不久，该旅出发，迅速向东前进，中午前夺取了卡拉奇北面5公里处的卡梅什村，随即转向南方，又前进了12公里，途中攻克了德军几个孤立的支撑点，16点在苏维埃茨基国营农场北部与第51集团军机械化第4军辖下罗季奥诺夫中校的机械化第36旅会师。这样一来，苏军正式包围了德国第6集团军。没过多久，克拉夫钦科的政治副军长I.N.普洛特尼科夫上校给第21集团军政治部主任P.N.索科洛夫上校发去一封电报，索科洛夫又将这封电文转发给方面军司令部。普洛特尼科夫用铅笔将这封电报写在了他的笔记本上："1942年11月23日16点，坦克第4军的部队渡过顿河，在苏维埃茨基地域与斯大林格勒方面军机械化第4军的部队会师。"[133]

坦克第45旅的余部和右路纵队坦克第69旅、第102旅的部分部队向南推进，协助坦克第26军夺取卡拉奇。日终时，他们也逼近了各自的目标。具体说来，阿加福诺夫上校的坦克第69旅19点到达苏维埃茨基，科舍列夫上校的坦克第102旅夺取了苏维埃茨基北面3公里处的普拉托诺夫村。当晚晚些时候，摩托化步兵第4旅的部队赶了上来，该旅在伊拉里奥诺夫斯基与德军发生小规模交火，故而受些耽搁。克拉夫钦科的坦克部队顺利进入苏维埃茨基地域，这要得益于沃利斯基机械化第4军的大力协助，该军辖下的机械化第59和第60旅以持续却有些徒劳的进攻，牵制住据守从卡尔波夫卡西延至马里诺夫卡这些前哨支撑点的德军。

几周后，克拉夫钦科的军部汇报了该军从克列茨卡亚前出至苏维埃茨基所取得的战果，击毁德军坦克的数量显然有些夸大："我军缴获或击毁了580辆坦克、276门火炮、4130辆汽车、38座仓库和大批武器装备。共消灭6600名敌官兵，俘虏16000人。"[134]正如俄罗斯方面的资料后来指出的那样，击毁德军坦克的数量高得令人难以置信，这是因为该军把1942年8月击毁在该地域的大批坦克也统计在内。

克拉夫钦科的坦克隆隆向东，穿过卡拉奇奔向苏维埃茨基时，普利耶夫的近卫骑兵第3军正向东驰骋，冲向卡拉奇以北25—30公里、位于顿河西岸的戈卢宾斯基和大纳巴托夫斯基。11月22日晚些时候夺取叶夫拉姆皮耶夫斯基后，普利耶夫将军给麾下的三个骑兵师分配了新任务，以便这些部队尽快前出至顿河西岸（参见副卷附录5AB）。简言之，该军各个师的任务是向东、东南方疾进，渡过顿河，有可能的话，威胁德国第11军退过顿河的后撤路线，并与第24集团军坦克第16军相配合，夺取韦尔佳奇镇，坦克第16军正从北面而来（参见下文"顿河方面军的攻势"）。最起码，普利耶夫应迫使胡贝第14装甲军辖下的第16装甲师撤出沿下戈卢巴亚河构设的防御，在韦尔佳奇南面渡过顿河。因此，骑兵军的主要任务是将第14装甲军与第11军隔开，为歼灭这两股敌军创造条件。

切普尔金上校的近卫骑兵第5师11月23日拂晓前出发，一路向东驰骋，进入戈卢宾斯基和小戈卢宾斯基地域，在这两处夺取了顿河上的渡河点。日终时，据说该师缴获了德国人遗留在机场上的36架飞机、55辆遗弃或处于维修状态的坦克、12辆装甲运兵车、700多辆卡车和100部轻型车辆、25门火炮和1500支步枪，在骑兵们看来更重要的是，他们还缴获了600多匹马。另外，该师还"解放"了许多装有被服和弹药的仓库，外加一个维修基地。[135]这些数字将德国人1942年8月作战期间武器装备的损失也统计在内，因而显得过于夸大，飞机的数目也太过夸张。

相比之下，近卫骑兵第3军骑兵第32师向大纳巴托夫斯基的进军更加困难，因为他们遭遇到据守该镇的德军第16装甲师。据骑兵军情报部门称，德军装甲师以一个摩步营守卫该镇，外加炮兵和30辆坦克——这个数字与当时第16装甲师实际拥有的坦克数量相符。[136]丘杰索夫上校的骑兵第32师当日对据守该镇的德军发起数次冲击，并击退了对方的几次反冲击。日终前，该师占领了镇北郊和西北郊，但没能取得更大进展。双方的激战一直持续至11月23日—24日夜间，次日早晨仍在继续，大纳巴托夫斯基镇最终落入了骑兵第32师手中。

丘杰索夫的骑兵第32师争夺大纳巴托夫斯基镇之际，别洛戈尔斯基上校的近卫骑兵第6师向北绕过该镇，随即向东而去，以夺取小纳巴托夫斯基东北方3—9公里处的160.2和201.4里程碑。这场进攻突破了德军第16装甲师的防御，切断了该镇通往东北方的道路。但德军装甲师迅速做出应对，在距离卢钦斯基农场和卡拉奇金3—4公里处成功遏止了别洛戈尔斯基的推进，顿河西岸这两个地点是苏军骑兵的目标。

普利耶夫前进中的骑兵部队威胁到第11军后方地域和第14装甲军沿戈卢巴亚河的防御，迫使该装甲军将第24、第16装甲师剩下的大部分（如果不是全部的话）坦克和摩托化步兵集结在戈卢巴亚河东面。胡贝将军意图对别洛戈尔斯基近卫骑兵第6师的右翼发起打击，迫使其向西退过戈卢巴亚河（普利耶夫将军对11月23日作战行动的描述可参阅副卷附录5AB）。

顺便说一句，红军总参谋部在23日的作战概要中指出："近卫骑兵第3军击退了德军第16和第14装甲师部分部队（据称投入180辆坦克）发起的猛攻，并与步兵第76师一同前出至大纳巴托夫斯基北郊的顿河河段。"[137]此时，德军第14、第24和第16装甲师所有坦克加在一起也不超过80—90辆，这份报告无疑过分夸大了德军的实力。

至于第21集团军的步兵部队，11月23日中午，塔瓦尔特基拉兹上校的步兵第76师赶上了普利耶夫近卫骑兵第3军的左翼，并沿戈卢巴亚河西岸占据阵地。当日，骑兵军向东挺进时，塔瓦尔特基拉兹的步兵掩护着他们的左翼。该师迫使德军第14装甲师战斗群和第44步兵师第132团、第384步兵师第534团提供支援的步兵撤离奥西金斯基东面的防线，从而完成了自己的任务。此后，第14装甲师向东遂行战斗后撤时，步兵第76师发起追击。他们前进了5—7公里，当日下午穿过叶夫拉姆皮耶夫斯基，日终前在上戈卢宾斯基和小戈卢宾斯基地域到达戈卢巴亚河西岸。由于自11月19日以来该师的杰出表现，苏军最高统帅部11月23日授予该师"近卫步兵第51师"的新番号。

南面，拉古金上校的步兵第293师继续在近卫骑兵第3军右翼后方稳步前进，日终前进抵小戈卢宾斯基和戈卢宾斯基地域的顿河西岸。在其身后，切尔诺夫上校的步兵第277师已脱离集团军右翼的战斗，匆匆赶往东南方，加强第21集团军沿顿河西岸部署的部队。最后是在奇斯佳科夫集团军最右翼展开行动的步兵第96、第63和第333师，这一整天，他们忙着歼灭或俘虏被困在巴兹科夫斯基和拉斯波平斯卡亚地域的罗马尼亚"拉斯卡尔"集群。24日凌晨，步兵第63师接受了"拉斯卡尔"集群的投降后，与步兵第96师准备向东南方进击，加入集团军位于顿河的主力。

近卫第 1 集团军

西南方面军坦克第5集团军和第21集团军11月23日取得了重大胜利，相比之下，列柳申科将军的近卫第1集团军没有什么可资一谈的战绩。和前几天一样，该集团军的行动仅限于在前一天占据的阵地上与罗马尼亚军队交火。唯一的战斗发生在集团军左翼，由步兵第278、第203师遂行，从上克里夫斯卡亚（Verkhne–Krivskaia）南延至戈尔巴托夫斯基，苏军渡过克里瓦亚河，实施了试探和侦察突袭。行动的目的仅仅是为了确定罗马尼亚第1军第9、第11步兵师的确切位置和实力，并判明德国第17军第62和第294步兵师提供的增援部队，据悉，这两个师可能已介入罗马尼亚人的防线。近卫第1集团军一如既往地焦急地等待着，一旦"天王星"行动取得成功，他们就将投入到更大规模的"土星"攻势中。

总结

瓦图京西南方面军的部队11月23日表现得非常出色，除了协助将德国第6集团军主力合围在斯大林格勒地域，他们还歼灭了几天前被包围在方面军后方地域的大部分罗马尼亚军队。尽管德国第48装甲军残部的顽强抵抗给瓦图京的部队造成了妨碍，但这一障碍相对较小，用不了几个小时就将不复存在。

随着顿河以西地域的罗马尼亚第3集团军从轴心国军队作战序列中消失，瓦图京将他的注意力转向后续行动。在这方面，他最担心的是坦克第5集团军未能到达并夺取奇尔河防线。罗曼年科的失利不仅使策划和遂行日后的攻势（例如"土星"行动）变得更加复杂，还留下一扇敞开的大门，德国人会以此从西面发起行动，救援被围的第6集团军。具体说来，布特科夫的坦克第1军没能夺取雷奇科夫斯基，这是德国人位于顿河东岸最后的登陆场，德军很可能从这里遂行救援行动。因此，除非雷奇科夫斯基落入苏军之手，否则，瓦图京和苏军最高统帅部必须时刻留意这个小而重要的地点。总之，雷奇科夫斯基现在取代了苏维埃茨基，成为斯大林格勒地域苏军最主要的目标。

11月23日以一份乐观的报告宣告结束，当晚，被围的罗马尼亚第3集团军主力尚未投降，瓦图京将军的参谋长G.D.斯捷利马赫少将便向总参谋部汇报了西南方面军在这五天的战斗中给罗马尼亚和德国军队造成的损失。他宣布，根据不完整的数据，"11月19日—23日，方面军辖内部队俘虏25000多名敌军，缴获158辆坦克、32架飞机、630门火炮、124门迫击炮、820挺机枪、1700辆汽车、180辆摩托车、2780匹马、约300万发炮弹、1500万发子弹和大批燃料、食物、饲料仓库，并消灭了35000名敌军，摧毁了67架飞机、90辆坦克、142门火炮和400支自动武器。"[138]这些数字中有一些是可信的，但248辆坦克显然不在此列：这个数字远远超过了德国第6集团军和罗马尼亚第3集团军的坦克总数。

顿河方面军的攻势

第65集团军

与前几天一样，罗科索夫斯基较为虚弱的顿河方面军继续遂行着"天王星"行动中的"苦活"，而瓦图京西南方面军和叶廖缅科斯大林格勒方面军的各集团军却分享了包围德国第6集团军的声望和荣誉（参见地图26和副卷附录5AC）。11月23日一整天，巴托夫将军的第65集团军继续打击施特雷克尔将军第11军辖下实力不济的各个师，迫使德国人向东发起一场艰难但依然有序的退却，撤离他们位于锡罗京斯卡亚南面、顿河西岸脆弱而又危险的突出部（参见地图27）。第65集团军右翼的步兵师向东南方紧追后撤中的德军第14装甲师、第376、第44和第384步兵师，14点到达从锡罗京斯卡亚西南方10公里处的卡梅申斯基（Kamyshinskii）南延至奥西金斯基东北方5公里处的戈卢巴亚一线。当晚，第11军又后撤了5—10公里，最终停在了从锡罗京斯卡亚东南方8公里处的赫梅列夫斯基（Khmelevskii）向西南方延伸至奥西金斯基以东7公里处的上戈卢巴亚这片防御阵地上。位于苏军第65集团军中央和左翼的各个师一直沿顿河及其南部对德军第11军的中央和右翼实施攻击，但进展极其有限。

在第65集团军最右翼和集团军突击群右翼，舍赫特曼上校的步兵第252师当日从佩列科普斯基地域（Perekopskii）向东南方推进了约5公里，迫使防御中的第14装甲师和提供支援的第132、第534步兵团24点前退守上、下戈卢巴亚之间的防御。在步兵第252师左侧，格列博夫上校的近卫步兵第27师，面对德军第14装甲师右翼和第376步兵师左翼第767团的抵抗，向前推进了约4公里。格列博夫的近卫军士兵们12点前夺取了231.3高地，午夜前到达戈卢巴亚东北方6公里处的235.0高地。

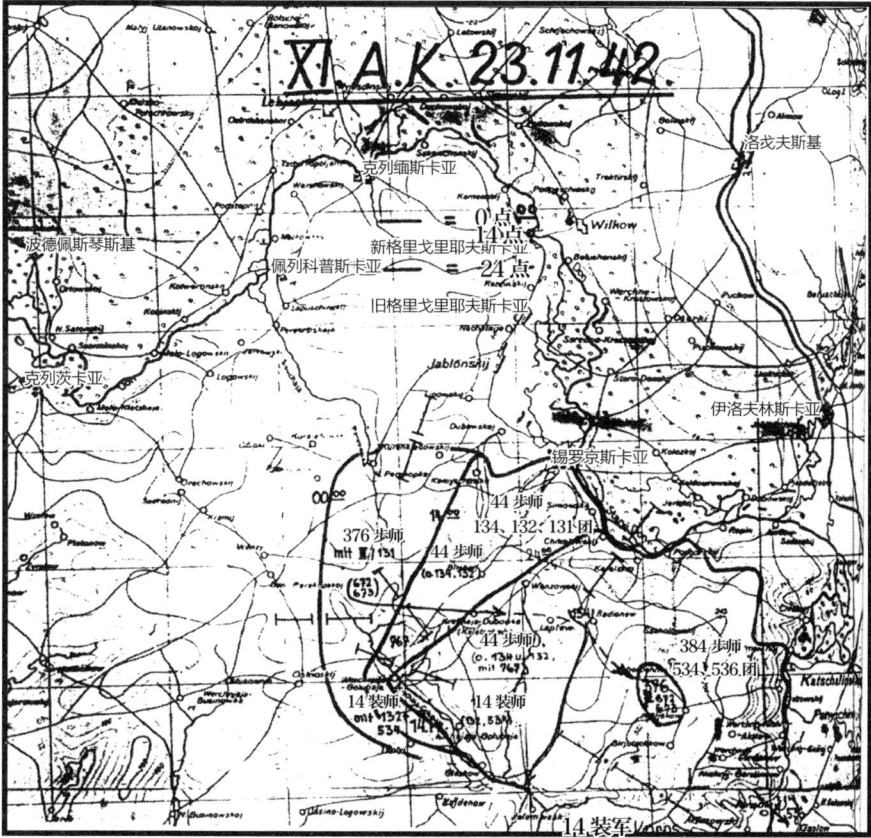

地图 27 1942 年 11 月 23 日，德国第 11 军的防御

北面，富尔欣上校的步兵第258师，从德军第376步兵师第673团手中夺取了上布济诺夫卡东北方15公里处的文齐和佩列科普斯基，日终前向戈卢巴亚东北偏北方前进了约8公里。第65集团军突击群左翼，西瓦科夫上校的步兵第23师在左侧步兵第321师一个团的支援下，在布利日尼亚佩列普卡北面和西面对德军第376步兵师右翼第672团的防御发起冲击。经过一番激战，西瓦科夫的部队16点前到达184.1高地西南坡至布利日尼亚佩列普卡西郊一线。尔后，该师派出一个先遣支队追击敌人，而德军则退至戈卢巴亚东北方约3—8公里处高地上的新防线。

第65集团军右翼的各个师11月23日取得了10公里进展，而集团军中央和左翼部队遭遇到的抵抗更为激烈。从某种程度上说，这是因为德军在那里的防御构设得较为完善，而且部署在顿河高耸的南岸上。尽管如此，A.I.帕斯特列维奇少将的近卫步兵第40师还是从布利日尼亚佩列科普卡东延至锡罗京斯卡亚以西8公里处的霍赫拉切夫村这片地域发起冲击，扩大第65集团军右翼部队的胜利推进。守军是德军第44步兵师第131团（欠第3营，该营仍在支援第376步兵师），帕斯特列维奇的步兵当日上午攻克了布利日尼亚佩列科普卡东面1.5—5.5公里处的145.0、180.2和172.4高地。下午，该师夺取了卡梅申斯基，随后跨过两道巨大的峡谷，前出至卡梅申斯基西南方约9公里处243.0高地的西接近地。

在第65集团军右翼，清晨6点，近卫步兵第4和步兵第24师，对位于德军第44步兵师右翼、锡罗京斯卡亚及其南面、第384步兵师第535团的防御发起进攻，两个苏军师13公里宽的进攻地域从锡罗京斯卡亚东南方12公里处的波德戈尔斯基地域（Podgorskii）向东南方延伸至特廖赫奥斯特罗夫斯卡亚北面3公里处。尽管第11军辖下的第44和第384步兵师只投入四个加强步兵营据守整片地域，但这里的战斗异常激烈。由于德军的防御较为虚弱，G.P.利连科夫少将的近卫步兵第4师设法夺取了锡罗京斯卡亚西面2—3公里处的180.9和146.6高地，并在日终前到达锡罗京斯卡亚北郊、南面5公里处济莫夫斯基东郊、赫梅列夫斯基东郊。这时，随着利连科夫的步兵从西面包围赫梅列夫斯基，巴托夫将军命令马卡连科将军几天前已撤出战斗接受休整和补充的步兵第321师增援近卫步兵第4师，次日晨夺取赫梅列夫斯基。与此同时，在近卫步兵第4师左侧，F.A.普罗霍罗夫上校的步兵第24师日终前夺取了波德戈尔内（Podgornyi）以东4公里处顿河南岸的169.8高地，以及顿河畔特廖赫奥斯特罗夫斯卡亚北面1公里处的110.2高地。[139]11月23日—24日夜间，普罗霍罗夫的"铁"师发起冲击，一举攻克特廖赫奥斯特罗夫斯卡亚。

就在这时，苏军第65与第24集团军爆发了一场激烈的争执，争论的焦点是：未能突破德军防御并夺取韦尔佳奇，结果没能抢在德国第11军向东撤过顿河加入第6集团军主防线之前将其包围，究竟是谁的责任？第24集团军11月23日晚开始了这场争执，因为情况很明显，集团军辖内部队无法赶至韦尔佳奇这个目标（对第24集团军作战行动的描述参见下文）。

如果说巴托夫第65集团军的进展遇到了困难，那么，对施特雷克尔的第11军而言，眼前的态势同样令人沮丧。尽管实施了一场巧妙而又坚决的防御，但第11军除了逐步退却别无选择，因为第6集团军没有给他们调派任何援兵。就连罗科索夫斯基也意识到第11军为何节节败退，他认为德国第6集团军面临着同样的问题："敌军妄图制止我军的推进，但为时已晚。从斯大林格勒地区调往被突破地段的敌坦克兵团和摩托化兵团分散参战，在我优势兵力的打击下遭到惨败。"[140]

因此，就像前一天那样，施特雷克尔将军不太情愿地命令他的军实施一场持续一整天的战斗后撤，不断在遂行防御的各个师之间来回调遣部队，甚至遵照第6集团军的命令将某些部队调出自己的防区。因此，施特雷克尔的第11军，当日以第14装甲师（获得第44步兵师第132团和第384步兵师第534团的加强）和第376步兵师第767团据守其左翼，以第376步兵师第672、第673团（获得第131团第3营的加强）和第44步兵师第131团（欠第3营）守卫中央防线，以第44步兵师第131团的一个营和第384步兵师第535团据守右翼。可是，施特雷克尔第11军14点撤至中间防线，午夜前又退守最终防线，该军的布势发生了变化：第14装甲师和提供加强的两个团位于左翼，第44步兵师第131团（获得376步兵师第767团的加强）部署在中央，第384步兵师第535团据守着右翼。此时，由于收缩了战线，该军得以将第376步兵师第672和第673团留作预备队。

第11军各部队之所以进行如此疯狂的调动，是因为第6集团军命令施特雷克尔派第384步兵师第536团向南渡过顿河，加强卡拉奇以东的防御，就像该集团军几天前抽调第44步兵师第134团那样。虽说这个调来的团加强了集团军沿顿河的防御，但对施特雷克尔陷入困境的第11军毫无帮助。尽管采取了这些措施，但第11军的命运牢牢掌握在加拉宁第24集团军手中，他的部队本应在11月23日日终前夺取至关重要的韦尔佳奇镇。对德国第11军来说幸运的是，第24集团军没能做到这一点。

第 24 集团军

第24集团军11月22日没能粉碎德军第76步兵师的防御，司令员加拉宁将军决心23日做得更好些。当晚,他命令集团军突击群23日晨恢复进攻,但更改了马斯洛夫将军坦克第16军的任务。该军不再以辖下的三个旅担任集团军快速部队,作为一个整体投入战斗,而是抽调两个坦克旅为突击群的步兵师直接提供坦克支援。于是,突击群编成内的步兵第120、第214、第49和第233师向南发起向心突击,穿过上、下格尼罗夫斯基直奔韦尔佳奇(参见副卷附录5AC)。可是,进攻期间,坦克第16军的两个旅遭遇到工兵们没有及时清理的苏军和德军雷区,14辆坦克被苏军埋设的地雷炸毁,另外12辆被德国人的地雷炸毁。如果这还不算太糟糕,那么,德军反坦克炮又击毁了他们的7辆坦克(3辆KV、2辆T-34、2辆T-60),使该军当日损失的坦克数量增加到55辆。[141]在次日8点签发的每日作战概要中,红军总参谋部写道:"第24集团军试图恢复攻势,以右翼部队(步兵第120、第214、第49、第233师)攻向韦尔佳奇,但遭遇到敌人强大、组织完善的火力,行动没能取得成功,[该集团军]仍在原先的位置上战斗。"[142]

第24集团军进攻失利,引发了该集团军司令员和高级指挥员与第65集团军相关人员之间激烈的相互指责,第65集团军认为,加拉宁集团军应对德国第11军没能在顿河以北地域就歼负责(巴托夫将军对此的评论可参阅副卷附录5AD)。正如次日表明的那样,这番交流并未结束加拉宁与其友军和上司之间的不愉快。

第66集团军

与"天王星"行动前四天的情况一样,扎多夫将军的第66集团军仍部署在顿河方面军左翼,11月23日仅仅是在既有阵地上用火炮和迫击炮与敌人交火。尽管没能在包围德国第6集团军期间分享到任何荣誉,但扎多夫的部队将在几个小时内开始为胜利做出贡献。

总结

与西南方面军和斯大林格勒方面军在"天王星"行动戏剧性的第一阶段取得的战绩相比,顿河方面军发挥的显然是次要作用,但该方面军将在日后遂行一项重要任务——歼灭德国第6集团军。由于这项任务远远超出了顿河方面军的能力，罗科索夫斯基方面军将在规模、能力和重要性方面获得大力加强。最终，罗科索夫斯基将顿河方面军的作战表现放在一个更大的背景下加以考量，从而使加拉宁摆脱了第24集团军作战失利的责任。罗科索夫斯基强调了第24集团军与巴托夫第65集团军牵制德军的重要性，否则，这股敌军很可能挡住西南方面军和斯大林格勒方面军向卡拉奇和苏维埃茨基发起更具戏剧性的进攻。

轴心国军队的应对

在保卢斯和第6集团军看来，11月23日与顿河方面军第65和第24集团军的战斗中最令人不安的问题是，当日日终时的态势已经很清楚，施特雷克尔的第11军和胡贝的第14装甲军无法守住顿河以西的任何阵地。两天来，施特雷克尔的第11军一直在退却，先是撤至奥西金斯基、布利日尼亚佩列科普卡、锡罗京斯卡亚一线，随后又退守上戈卢宾斯基和赫梅列夫斯基一线。同样，胡贝的第14装甲军也在后撤，先是退至捷普雷、奥西金斯基、"红色畜牧饲养员"农场一线，后又撤至沿戈卢巴亚河的大纳巴托夫斯基和格拉兹科夫斯基一线。两个军逐步后撤时，保卢斯抽调第384步兵师第534团和第44步兵师第134团，派他们向南渡过顿河，并从第6集团军防线北缘抽调第113步兵师主力和第3摩步师余部，向西南方开拔，赶往卡拉奇东北面和东面的索卡列夫卡和伊拉里奥诺夫斯基。

加强第6集团军西部防御的工作将以削弱北部防线为代价，在接下来的几个小时加速进行，经过数日的努力，第6集团军终于设立起一道相对连贯而又可靠的西部防线。集团军内部实施的这番调动（摩步师和装甲师都被调至南面和西南面），清楚地表明保卢斯正在考虑突出包围圈的可能性。反过来看，正是这种可能性引发了保卢斯、位于旧别利斯克（Starobel'sk）B集团军群司令部的魏克斯、身处柏林的陆军总司令部（OKH）、希特勒和他的国防军最高统帅部（OKW）之间旷日持久的讨论。尽管这些讨论起初谈及第6集团军逃脱的可能性，可没过几天，他们的重点就转至外部补给、救援该集团军的必要性。虽说商讨的是逃离或救援，但实际上涉及的是保卢斯集团军生死存亡的问题。

11月23日，斯大林格勒方面军的攻势

斯大林格勒方面军以其突击集群的部分部队攻占了阿克赛和第一茹托夫（Zhutov）地域，其主力克服了敌人的顽强抵抗，从叶尔希、伊阿戈德内、瓦尔瓦罗夫卡和纳里曼地域向西北方发起突击，同时逼迫着斯大林格勒西南方的德军包围圈。

红军总参谋部作战概要

1942年11月24日8点[143]

如果说第65集团军和瓦图京西南方面军第21集团军11月23日取得了惊人的战果，那么，斯大林格勒方面军辖下第51集团军的战绩与北面的姊妹集团军相比毫不逊色。实际上，除了与西南方面军快速部队在苏维埃茨基会师外，叶廖缅科方面军还在两天的战斗中歼灭了斯大林格勒南面的一个罗马尼亚集团军，而瓦图京方面军消灭罗马尼亚第3集团军却用了超过五天的时间。

斯大林格勒方面军的任务

11月22日完成了夺取位于莫罗佐夫斯克—斯大林格勒铁路线上的克里沃穆兹金斯卡亚车站和稍北面的苏维埃茨基这一主要任务后，11月22日—23日夜间，叶廖缅科给辖内各集团军分配了新任务（参见副卷附录5AE）。苏军最高统帅部赋予该方面军的诸多任务中，最重要的是完成对德国第6集团军的合围。这就意味着他们不仅要坚守苏维埃茨基地域，还要在西南方面军快速部队向南赶往会师地点时为其提供协助。与这项任务密切相关的是，斯大林格勒方面军辖内部队必须沿铁路线推进，加大对莫罗佐夫斯克—斯大林格勒铁路线和附近东西向道路的控制。换句话说，扩大苏维埃茨基东西两面约5公里宽的通道，更加牢固地将斯大林格勒地域的第6集团军与西面顿河、奇尔河的德国第6集团军、罗马尼亚第3集团军的后勤及保安部队分隔开。实际上，这意味着苏军沿铁路、公路线及其北部对德军防御发起冲击，开始消灭被围的第6集团军，其战线从苏维埃茨基向东穿过马里诺夫卡、普鲁德博伊车站和卡尔波夫卡，直至卡尔波夫斯卡亚车站，约长25公里。

同时，斯大林格勒方面军仍承担着沿阿克赛河及其南面构设一道合围对外正面的责任，以掩护方面军左翼，并防范敌人从南面或西南面发起对第6集团军的增援或救援。这也表明该方面军必须从卡拉奇南面12公里、科尔帕奇基（Kolpachki）北面的阿克赛河河口向西派遣部队，确保顿河东岸。至于方面军辖下的第62和第64集团军，将继续遂行局部进攻、突袭和佯动，把尽可能多的德军牵制在斯大林格勒及其南部。方面军遥远左翼的第28集团军继续向埃利斯塔展开行动，牵制德军第16摩步师。

斯大林格勒方面军的攻势

第 64 集团军

舒米洛夫将军的第64集团军继续以别克托夫卡西面的左翼部队遂行进攻，位于斯大林格勒南郊库波罗斯诺耶及其西南方的右翼部队依然保持防御状态（斯大林格勒方面军11月23日的战果可参阅地图28和副卷附录5AF）。与前一天一样，集团军突击群编有近卫步兵第36、步兵第157、第204和第29师，并获得集团军全部坦克和大部分火炮的支援。突击群的四个师从左至右（由西向东）部署，其战线从齐边科南面、卡拉瓦特卡峡谷西端的北脊向东延伸近12公里，直至叶尔希的德军支撑点。四个步兵师恢复进攻时，遭到德国第4军第297步兵师的顽强抵抗，该师还获得罗马尼亚第20步兵师第82团、德国第371步兵师第670团和第671团第3营的加强。尽管如此，苏军突击群还是在当日取得8公里进展，夺取了别克托夫卡西南方11公里处的伊阿戈德内支撑点，以及别克托夫卡以西18公里处的齐边科南部接近地。

杰尼先科上校的近卫步兵第36师在突击群左翼向前推进，仍由坦克第56旅支援，该师追击后撤中的德国和罗马尼亚军约8公里，并于16点前在齐边科东面2公里处突破了德军第297步兵师设在卡拉瓦特卡峡谷西端的防御。德军（可能是第371步兵师第670团）发起强有力的反冲击，将近卫步兵第36师的推进阻挡在齐边科南郊，但杰尼先科的部队牢牢据守着他们在峡谷北脊111.6高地南坡夺得的立足地。[144]

当日，近卫步兵第36师右侧A.V.基尔萨诺夫上校的步兵第157师，在坦克第13旅的支援下发起了卓有成效的追击，取得约4公里的进展，16点前从罗马

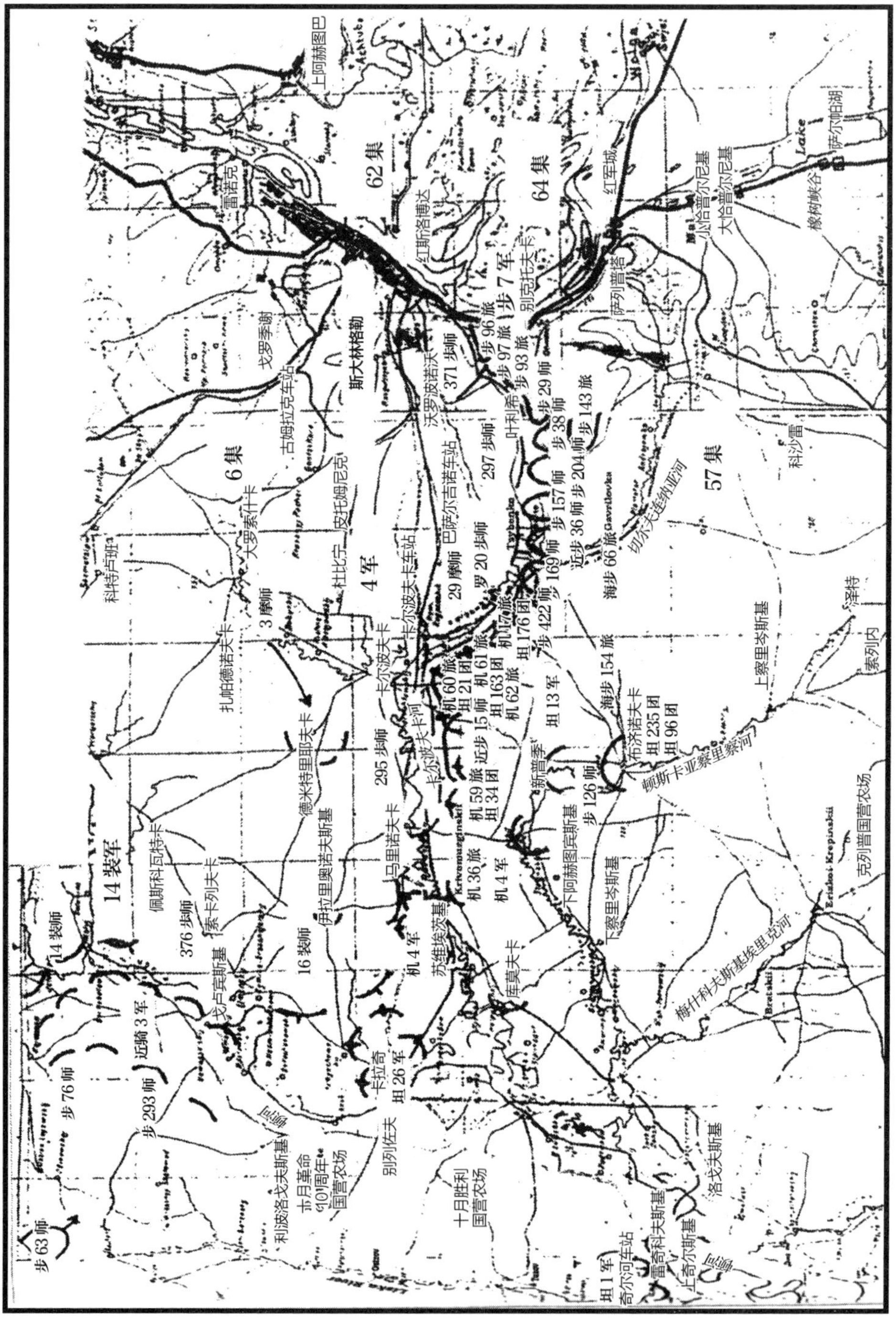
上阿赫图巴
62集
64集
雷诺克
红斯洛博达
红军城
萨尔帕湖
小哈普尔尼基
大哈普尔尼基
橡树峡谷
萨列普塔
别克托夫卡
步7军
斯大林格勒
戈罗季谢
古姆拉克车站
沃罗波诺沃
371步师
步96旅
步97旅
步93旅
步29师
叶利希
步38师
步143旅
科沙雷
57集
6集
大罗索什卡
科特卢班
皮托姆尼克
杜比宁
4军
29摩师
巴萨尔吉诺车站
297步师
罗20步师
步157师
步204师
近步36师
切尔夫连纳亚河
海步66旅
3摩师
扎帕德诺夫卡
卡尔波夫卡
卡尔波夫卡车站
机60旅
坦21团
机61旅
坦163团
机62旅
机17旅
坦176团
步422师
步169师
坦13军
海步154旅
泽特
索列内
上察里岑斯基
布济诺夫卡
坦235团
坦96团
顿斯卡亚察里察河
步126师
新普季
卡尔波夫卡河
近步15师
机59旅
坦34团
295步师
德米特里耶夫卡
伊拉里奥诺夫斯基
马里诺夫卡
机36旅
机4军
下阿赫图宾斯基
下察里岑斯基
克列普国营农场
梅什科夫斯基埃里克河
库莫夫卡
苏维埃茨基
机4军
14装军
佩斯科瓦特卡
索卡列夫卡
376步师
14装师
16装师
戈卢宾斯基
近骑3军
步63师
步76师
步293师
卡拉奇
坦26军
别列佐夫
利波洛戈夫斯基
十月革命10周年国营农场
十月胜利国营农场
洛戈夫斯基
雷奇科夫斯基
上奇尔斯基
奇尔河车站
坦1军
Lake

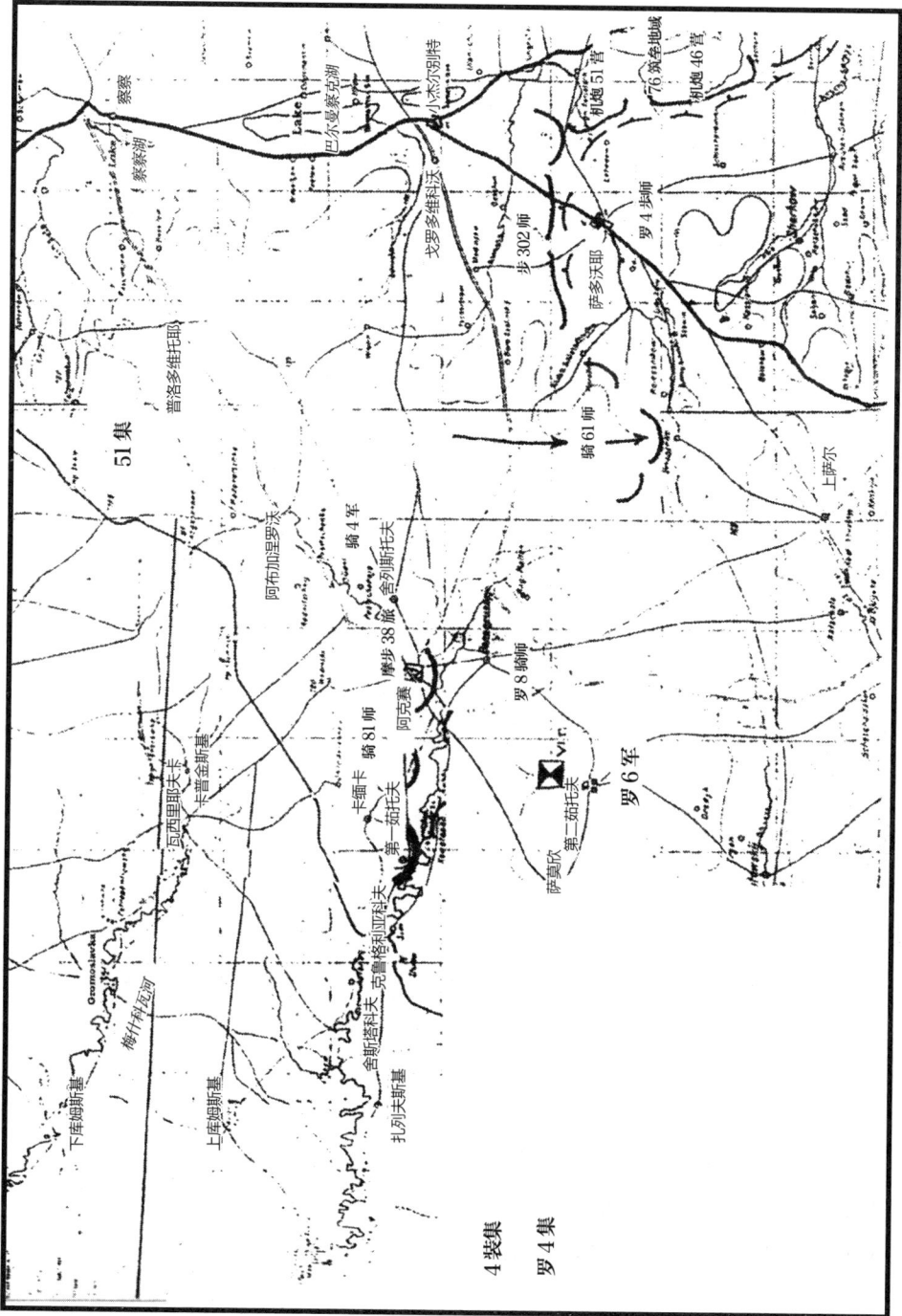

地图 28 （上页及本页）斯大林格勒方面军的攻势：1942 年 11 月 23 日 22 点的态势

尼亚第20步兵师第82团手中夺取了叶尔希西南方4公里、纳里曼以北8.5公里处的伊阿戈德内（伊阿戈德尼基）支撑点。基尔萨诺夫师继续向前，日终前到达伊阿戈德内北面2公里的波波夫村南部接近地。[145]

第64集团军突击群右翼，A.V.斯克沃尔佐夫上校的步兵第204师和A.I.洛谢夫上校的步兵第29师对叶尔希支撑点及其西面的高地发起向心突击。步兵第204师取得些进展，16点前攻克了叶尔希西面2公里处的116.3高地，但步兵第29师遭遇到德军猛烈的火炮、迫击炮和机枪火力，以及第297步兵师第523团第1、第3营顽强而又熟练的抵抗，进攻发生了动摇。

这些进攻推动第64集团军突击群冲向德国第4军沿卡拉瓦特卡峡谷北脊构设的一道强大的防线，这条防线从切尔夫连纳亚河东延至叶尔希西部接近地，并将叶尔希支撑点环绕其中，四个苏军步兵师为此付出了大量人员伤亡。舒米洛夫的部队要想克服这些防御，还需要经历六个多星期的血腥激战。

第64集团军突击群向西赶往卡拉瓦特卡峡谷和叶尔希之际，在其右翼，步兵第7军辖下的步兵第97、第93、第96旅、海军步兵第66、第154旅和歼击第20旅据守着既有阵地，偶尔对前方强有力的德军防御发起袭击和侦察。基于以往的经验，舒米洛夫明智地避免了在这片已浸满鲜血的地域发起冲击。

虽然只取得微不足道的进展，但第64集团军完成了他们的主要任务：对斯大林格勒包围圈的南部施加压力，防止德国第4军向西抽调部队，填补第6集团军沿顿河及其东部构设的西部防线上敞开的缺口。

第57集团军

在第64集团军左侧，切尔夫连纳亚河西面，托尔布欣将军的第57集团军11月23日晨恢复了向西北方的进军，穿过切尔夫连纳亚河西岸的德军防御，赶往德国人设在卡尔波夫卡及其附近卡尔波夫卡车站的支撑点（参见副卷附录5AF）。[146]这片地域的战斗尤为激烈，这是因为前一天北撤后，莱泽将军的第29摩步师在河流西面1—2公里处构设起强有力的防御阵地。该师的防线从卡尔波夫卡南面2.5公里处的铁路线向东南方穿过切尔夫连纳亚河畔的罗加奇克、别列斯拉夫斯基和拉科季诺镇，然后转而向东，在克拉夫措夫（Kravtsov）南面跨过该河，与德军第297步兵师设在齐边科防御的西部边缘相接。因此，渡过已开始结冻的切尔夫连纳亚河前，托尔布欣集团军必须先克服德军位于河流西岸的防御。第57集团军11月23日投入行动时，辖下部队一头撞上了德军第29摩步师的防御。尽管第57集团军迫使德国人退过河去，但他们随后面临着进攻德军第29摩步师在河东岸构设的第二道防线的挑战。第29摩步师是第6集团军辖内最具战斗力的一个师，击败该师绝非易事，特别是第57集团军辖下的坦克第13军已在先前的战斗中遭受到一定程度的损失。

与斯大林格勒方面军前三天的进攻行动一样，塔纳希申上校的坦克第13军为第57集团军的推进担任先锋。可是，由于德军第29摩步师11月20日和21日发起反击给机械化第61旅和坦克第163团造成的损失，坦克第13军11月23日只剩下120辆坦克。尽管如此，塔纳希申的部队还是对第29摩步师的防御发起冲击，主要从克拉夫措夫南延至瓦尔瓦罗夫卡这片8公里宽的地域实施，该军投入机械化第62和第17旅，这两个旅配有坦克第176和第44团，步兵第422和第169师的步兵提供支援。托尔布欣的计划是在该地域突破敌人的防御，渡过切尔夫连纳亚河，从西面和西南面攻向德军第297师据守的齐边科。与此同时，第64集团军辖下的近卫步兵第36师将从南面和东南面攻向齐边科。不用说，托尔布欣的进攻失败了。

因此，截至23日日终时，托尔布欣集团军几乎没有给第29摩步师的防御造成任何破坏，自己却在人员和坦克方面遭受到了严重损失。不过，托尔布欣麾下的其他部队设法在克拉夫措夫北面数公里处的拉科季诺镇北面，将集团军左翼与第51集团军右翼连接起来。此后，该集团军主要沿新构成的包围圈的南部战线遂行围困行动。

第 51 集团军

除了沿阿克赛河构设合围对外正面，第51集团军11月23日最重要的任务是让沃利斯基的机械化第4军赶往西北方的苏维埃茨基地域，以便同西南方面军的快速部队会师。但沃利斯基还有另一项任务：在从普拉托诺夫斯基向东穿过马里诺夫卡至卡尔波夫卡这片16公里宽的地域内，尽可能多地夺取至关重要的莫罗佐夫斯克—斯大林格勒铁路线。结果，与托尔布欣沿卡尔波夫卡河和切尔夫连纳亚河展开行动的坦克第13军一样，第51集团军机械化第4军辖下的三分之二部队，沿着从伏罗希洛夫夏令营至卡尔波夫卡的铁路线卷入到激烈、代价高昂的战斗中（参见副卷附录5AF和5AG）。

机械化第4军辖下机械化第59旅的摩托化步兵第1营在伏罗希洛夫夏令营投入战斗，第3营在东面6—8公里处的卡尔波夫卡郊区卷入到同样激烈的战斗中。当晚，第51集团军辖下的近卫步兵第15师到达战场，卡尔波夫卡附近的这场遭遇战终于告一段落。近卫步兵第15师师史后来略带自夸地写道："11月23日拂晓，近卫步兵第15师受领了任务——切断斯大林格勒至苏维埃茨基的铁路线，夺取卡尔波夫斯卡亚车站、卡尔波夫卡村和新罗加奇克村，沿这些地点占据防御，防止敌人向南面和西南面渗透。该师出色地完成了这些任务，没有一个希特勒分子穿过其战斗队形。"[147]

德国第6集团军当日下午发给B集团军群的报告证实，在明显恶化的态势下，苏军在伏罗希洛夫夏令营和卡尔波夫卡地域发起了进攻，"敌人当日晨在马里诺夫卡和伏罗希洛夫夏令营达成的突破已被肃清……敌人投入坦克，从南面和东南面对马里诺夫卡发起猛烈突击（2个团和坦克），经过激烈的战斗，中午时将其击退。"（参见副卷附录5AH）。[148]另外，第6集团军11月23日的作战态势图表明，第3摩步师的"冯·汉施泰因"战斗群守卫着伏罗希洛夫夏令营，第29摩步师的一个战斗群在卡尔波夫卡和新罗加奇克地域战斗，并发起反冲击。[149]

据苏联方面的资料称，机械化第59旅摩托化步兵第1营沿普鲁德博伊车站和伏罗希洛夫夏令营南郊的铁路线牢牢据守着他们夺得的立足地，但德军强有力的反冲击迫使该旅第3营和近卫步兵第15师11月23日夜晚前放弃了卡尔波夫卡和卡尔波夫斯卡亚车站，24日夜幕降临前撤至铁路线南面的阵地。不过，这份资料正确地指出："机械化第59旅各分队的行动阻止了敌人对军主力［机械化第36旅］侧翼和后方发起打击，从而确保了军主力遂行其主要任务［在苏维埃茨基会师］。"[150]

第51集团军16点取得了当日的最大战果，在多罗什克维奇少校坦克第20团[①]

---

① 译注：第26团。

的支援下，罗季奥诺夫中校率领着机械化第4军辖下的机械化第36旅，在苏维埃茨基北郊与第21集团军坦克第4军坦克第45旅的先遣支队会师（关于这场激动人心的会师，可参阅副卷附录5AI）。[151]第51和第21集团军官兵们举行的会师庆祝表明这一标志性事件是多么不同寻常：他们包围了一个完整的德国集团军，这是战争爆发以来还是首次。

当晚早些时候，斯大林格勒方面军军事委员会委员（政委）尼基塔·谢尔盖耶维奇·赫鲁晓夫和叶廖缅科的副手M.M.波波夫将军赶至机械化第4军军部，向沃利斯基将军表示祝贺，并同他协商后续行动事宜。互致问候后，沃利斯基介绍了他这个军取得的战果，也强调了一些问题。他告诉赫鲁晓夫，机械化第59旅正在争夺伏罗希洛夫夏令营，而机械化第36旅夺取苏维埃茨基后，已渡过卡尔波夫卡河，正赶往马里诺夫卡西南方4公里处的普拉托诺夫斯基。虽然他手上还掌握着担任预备队的机械化第60旅，但全军的弹药已不足，而此时，德国人正从斯大林格勒抽调新锐部队，把他们部署在铁路沿线的旧防御阵地，实施的抵抗越来越强。

赫鲁晓夫问他有没有见到克拉夫钦科，沃利斯基说没有。但他承认，两个军的会师并非一切顺利，他指出："事实是……双方都没有辨认出对方，我们击毁了克拉夫钦科的几辆坦克。"他又补充道，虽然克拉夫钦科的坦克兵"负有责任，因为他们没有停下来并发出绿色信号，但我们也有错，我们的坦克兵没有认出己方的T–34坦克"。[152]

当晚晚些时候，两位将军和赫鲁晓夫在苏维埃茨基西边的一所房屋里见到了克拉夫钦科，但方面军政委并未提及两个军发生的误击事件。克拉夫钦科汇报了坦克第4军的行动后，三位将领一致认为，保卢斯集团军有可能向南逃窜，希特勒很可能拼凑一股援兵，派他们向北支援保卢斯的突围。克拉夫钦科对此并不在乎，他指出："仅在卡拉奇和苏维埃茨基这片小小的地域就集结着两个坦克军和一个机械化军，T.I.塔纳希申将军的机械化第13军就驻扎在附近。如果获得步兵师的接替，我们便可以把这些军派往科捷利尼科沃，加强第51集团军的部队，敌人根本无法从南面逃脱。"[153]

当然，在这个喜庆的日子里，除了苏维埃茨基的会师，第51集团军辖内部队还取得了另外一些引人注目的战果。南面，沙普金将军的骑兵第4军在摩托化步兵第38旅的支援下，继续向南推进，以便沿阿克赛河构设一道合围对外正面。他们只遭遇到罗马尼亚第8骑兵师一个团微乎其微的抵抗，包姆施泰因上校的骑兵第81师及其配属的摩托化步兵第38旅发起突击，夺取了阿布加涅罗沃西南方12公里、阿克赛河畔至关重要的阿克赛镇，以及阿克赛镇以西15公里处的第一茹托夫村。这就使骑兵第4军沿阿克赛河牢牢控制住20公里宽的地域，这是一片理想的阵地，可以掩护方面军南翼，抗击敌人从西南方发起的一切进攻。

更东面，斯塔文科上校的骑兵第61师配合步兵第302、第91师和第76筑垒地域，赶去夺取萨多沃耶镇，他们攻占了萨多沃耶西南方10公里处的乌曼采沃（Umantsevo）地域，这样便从西面迂回了罗马尼亚第4步兵师的防御。与此同时，马卡尔丘克上校的步兵第302师夺取了萨多沃耶以北18—20公里处的通杜托沃地域，并向南追击退却中的罗马尼亚第4步兵师与第5骑兵师的一部，还占领了通杜托沃西南偏西方15公里至南面5公里处的102.6和78.0高地。骑兵第61师和步兵第302师的协同进攻绕过阿克赛镇南面的罗马尼亚军队，迫使罗马尼亚第8骑兵师的一个团丢下炮兵主力，撤往阿克赛镇南面18公里处的第二茹托夫村。

苏军从西北面和北面对罗马尼亚人设在萨多沃耶的防御发起冲击的同时，第76筑垒地域辖下的"机枪-火炮"第51和第45营从小杰尔别特以南地域向西发起突击，前出至萨多沃耶镇东北部和东部接近地。第76筑垒地域左侧，加里宁将军的步兵第91师向西攻往萨多沃耶以南30公里处的奥比利诺耶，并从东南方冲向萨多沃耶，日终前到达奥比利诺耶东部接近地。四支苏军部队从西北面、西面、东面和东南面冲向萨多沃耶，罗马尼亚第4步兵师和第5骑兵师根本无法守住该镇，他们别无选择，只能于次日清晨弃守该镇。库罗帕坚科上校的步兵第126师匆匆向前，穿过阿克赛镇增援骑兵第4军骑兵第81师，并加强第51集团军设立的合围对外正面，就此结束了第51集团军11月23日的作战行动。

当晚，特鲁法诺夫将军致电斯大林格勒方面军司令部的叶廖缅科，汇报道："主要任务已完成。集团军辖内部队正沿卡尔波夫卡、苏维埃茨基、阿克赛、乌曼采沃和萨多沃耶一线与敌交战。"[154]

第62集团军

11月23日一整天，根据叶廖缅科的指示，崔科夫将军残破的第62集团军在斯大林格勒保持着对第6集团军第51军的最大压力，以防保卢斯从城内抽调兵力增援斯大林格勒包围圈周边其他受威胁地域（参见附卷附录19A）。日终时，第62集团军报告，"击退了小股敌军发起的进攻，继续坚守既有阵地，并发起进攻，以改善己方阵地，"另外，"敌人基本没有采取积极行动，但抵抗较强，并在'红十月'厂发起反冲击。三架敌运输机降落在马马耶夫岗西面，另外一架降落在阿维亚戈罗多克机场。"[155]此时，汇报敌机飞抵包围圈的情况已成为惯例，主要是为了评估德国人为被围部队提供补给的情况。显然，保卢斯集团军没有获得足够的补给物资，其作战行动已无法维系太久。

据崔可夫报告，当日稍具战果的行动是巴秋克上校的步兵第284师和步兵第92旅对102.0高地（马马耶夫岗）和"红十月"厂的进攻，但他们只取得150—200米进展。证明崔可夫集团军实力锐减的是，集团军辖下的步兵第95师称，第241团只剩下230名战斗兵，第161团还有303人。对第62集团军奋战在城内的各个师和旅来说，这种情况非常典型，这就意味着这些部队所能做的不过是骚扰第51军各部队而已。就像每晚所做的那样，崔可夫命令他的部队"拂晓时沿集团军全线发起突击，歼灭敌军"，在此情况下前出至斯大林格勒大街西部边缘。[156]

当日作战行动中一个有趣的插曲是，第6集团军对突围犹豫不决，第51军军长赛德利茨将军焦虑不已，因而下达了一道他认为会鼓励保卢斯将军做出突围决定的命令，第51军第118号令指示辖内各师做好突围准备，并命令位于包围圈最东北部的师退守奥尔洛夫卡周围的新阵地，将突围行动不需要的所有装备摧毁殆尽。[157]11月23日—24日夜间，该军辖内部队奉命行事，但这道命令给德军第94步兵师造成了极为不利的后果（参见下文）。

第28集团军

结束斯大林格勒方面军11月23日军事行动的是第28集团军，在方面军最左翼的卡尔梅克草原上，格拉西缅科将军的集团军继续以主力突击群向西推进，并以其先遣支队进攻亚什库利。此举引发了一场旷日持久的激战，直到12

月29日，第28集团军才攻克亚什库利镇。根据第28集团军的报告，红军总参谋部对该集团军11月23日的作战行动做出如下记述：

· 近卫坦克第6旅与步兵第152旅的分队——与敌第16摩步师的一个团和40辆坦克在亚什库利镇北面和东北面5—6公里处激战；

· 步兵第152旅——加强乌塔地域；

· 其他部队——继续坚守既有阵地。[158]

此时，什未林将军的第16摩步师已围绕该镇构设起强大的防御，还建立起一道防线，从奇尔吉尔北面25公里、亚什库利西北偏北方40公里处南延至亚什库利镇，然后向南延伸15公里，直至扎甘乌班（Zagan-Uban）。这条长长的防线是为了掩护埃利斯塔东面的所有接近地。第16摩步师以第811突厥斯坦志愿者营据守奇尔吉尔，第782突厥斯坦志愿者营位于奇尔吉尔与亚什库利中间，该营右侧的第156摩步团第3营位于亚什库利—乌兰埃尔格公路北面，而第60摩步团和第156摩步团第1、第2营在亚什库利周边占据环形防御。什未林将师属第165摩托车营留作预备队，部署在亚什库利与乌兰埃尔格之间。正如后来的激战证明的那样，德军的防御部署极为强大。

轴心国军队的应对

截至11月23日深夜，第4装甲集团军残余的部队（德军第371、第297步兵师、第29摩步师和罗马尼亚第20步兵师的残部）完成了向叶尔希、波波夫、齐边科、别列斯拉夫斯基和卡尔波夫卡地域的后撤，终于沿卡拉瓦特卡峡谷和切尔夫连纳亚河一线挡住了苏军追兵。这些部队在此加入第6集团军辖下埃尔温·耶内克将军指挥的第4军。第4军的左翼牢牢倚靠着斯大林格勒南郊的库波罗斯诺耶，右翼以卡尔波夫斯卡亚车站和旧罗加奇克两个支承点为依托。位于该军右侧、卡尔波夫斯卡亚车站以西的是"克尔费斯"战斗群，该战斗群以几个步兵营为核心，还编有第295步兵师的一些勤务支援单位，据守的防区从卡尔波夫卡西延至马里诺夫卡支撑点。"克尔费斯"战斗群由东向西部署，其编成如下：

· "赛德尔"战斗群（第103摩步团的1个营、第64摩托车营、第14装甲师第36装甲团的1个燧发枪手连，由赛德尔中校指挥）——部署于卡尔波夫卡至普鲁德博伊车站。

· "冯·汉施泰因"战斗群（第3摩步师的1个摩步营，由男爵冯·汉施泰因上校指挥）——部署于普鲁德博伊车站至马秋钦库尔甘（Matiuchin Kurgan）。

· "维利希"战斗群（第60摩步师的1个摩步营，由卡尔·维利希少校指挥）——部署于从马秋钦库尔甘至马里诺夫卡。[159]

至于该地域的罗马尼亚部队，骑兵第8师位于最北面的团无计可施，只能弃守阿克赛地域，撤至阿克赛南面10公里、第二茹科夫的新防御阵地。罗马尼亚第4步兵师放弃了通杜托沃，撤至萨多沃耶地域，却发现自己再次遭到苏军从三个方向发起的攻击。在阿克赛以西，罗马尼亚第1、第2、第18步兵师的残部退守阿克赛镇西面沿阿克赛河构设的虚弱防线，没有遭到苏军的猛烈进攻。

罗马尼亚第6军军长康斯坦丁·康斯坦丁内斯库将军强烈主张将他的军撤至科捷利尼科沃，但这一要求被第4装甲集团军司令霍特将军拒绝，他命令康斯坦丁内斯库据守前沿阵地，直到集团军向斯大林格勒发起救援行动。但此时，救援行动不过是个遥远的希望而已。[160]

总 结

事实证明，11月23日对叶廖缅科将军来说是个好日子。1941年秋季在古德里安手上遭到令人尴尬的严重挫败后，被称为"苏联的古德里安"的叶廖缅科终于得到了复仇的机会。突入德军战役纵深后，斯大林格勒方面军辖下的机械化第4军与西南方面军的快速部队按计划取得会师，并夺取了连接斯大林格勒与西面顿河之间的一段主铁路线和公路。行动中，该方面军消灭了至少三个罗马尼亚师，并将数十万德军士兵包围在斯大林格勒地域——这是红军此前从未完成过的壮举。与此同时，方面军辖下的骑兵第4军在摩托化部队和几个步兵师的支援下，一路向南冲至并渡过阿克赛河，这给德国人解救或支援第6集团军的行动造成了极大困难。

经过四天作战行动，叶廖缅科的部队完成了他们11月20日开始遂行的任务，基本击败了德国第4装甲集团军，并歼灭了罗马尼亚第6、第7军主力，从而使轴心国组建罗马尼亚第4集团军的希望化为泡影。虽然德国人没过几天便重建起第4装甲集团军，但该集团军再也无法与五个月前粉碎苏军防御和两个集团军的那支强大力量相提并论了。

11月23日晚的态势

轴心国军队的损失

出于各种原因，对苏军反攻期间毙伤、俘虏德国和罗马尼亚士兵人数及击毁、击伤或缴获武器的数量依然存有争议。首先，苏军反攻造成的混乱导致罗马尼亚第3集团军的部分部队和罗马尼亚第6军几乎彻底失去了指挥。其次，由于第6集团军内部实施的再部署和部队调动，不太可能存有各种损失的准确记录。第三，我们永远无法知道轴心国军队在这场反攻和后续行动中确切的阵亡人数，以及1943年2月初包围圈被消灭后被俘的人数。

德国和苏联方面的资料都指出，西南方面军歼灭了罗马尼亚第3集团军的主力，包括集团军编成内的3个军、5个步兵师、1个装甲师，还重创了另外2个步兵师和1个骑兵师。这些资料还一致认为，斯大林格勒方面军重创了罗马尼亚第6、第7军，包括3个步兵师和1个骑兵师。苏军发起反攻前，罗马尼亚第3集团军共计155492人，位于斯大林格勒南面的罗马尼亚军队共计75380人，因此，11月18日位于斯大林格勒地域的罗马尼亚军队总计230000人左右。根据12月8日的部队实力报告，罗马尼亚第3集团军尚有83000人，而构成罗马尼亚第4集团军的部队尚有39000人（大多是先前战斗的幸存者），因此，其总兵力为122000人。[161]由于约20000名罗马尼亚士兵被困于斯大林格勒，这就意味着罗马尼亚人11月19日—23日期间总共损失了大约90000人，包括苏军声称俘虏的37000人。

近期俄罗斯方面重新评估了11月19日—23日的战斗，认为德军约有34000人阵亡或被俘，另外39000人逃出了包围圈。[162]这份资料指出，加上罗马尼亚人的损失，轴心国军队在这四天损失了约124000人。这份资料和其他一些资料还认为，轴心国军队在战斗中损失了457辆坦克、370门火炮、1100门迫击炮、1000挺机枪、1266门反坦克炮、2500支冲锋枪、35000支步枪、100万发炮弹、500万发轻武器子弹和200辆汽车。[163]虽然在大多数情况下，这些总数与苏军三个方面军汇报的"战利品"数目密切相关，但坦克的数字还是过高了。例如，苏军发起反攻时，德军在斯大林格勒地域共有340辆坦克和44辆突击炮或步兵炮，共计384辆战车。罗马尼亚军队共有140多辆坦克，包括那些需要修理的坦克。这就是说，轴心国军队的战车共约520辆左右，另外还有些需要维修的坦克和德国人、罗马尼亚人使用的T-34（参见第四章表20）。截至11月23日，德军只剩下约140辆坦克和30辆突击炮，也意味着德国人和罗马尼亚第3集团军最多只会损失350辆战车。

斯大林格勒包围圈

截至11月23日21点，西南方面军、顿河方面军和斯大林格勒方面军的部队，以一个相当连贯的包围圈将德国第6集团军和第4装甲集团军一部困在斯大林格勒。在西面和西南面，西南方面军和斯大林格勒方面军构设起合围对外正面，尽管顿河南面的半条对外正面只被部分占据，步兵和骑兵部队据守着并不连贯的阵地（参见表26）。

被困于斯大林格勒包围圈内的部队包括德国第6集团军几乎所有作战部队和第4装甲集团军第4军；各种战斗群、保安和宪兵单位；罗马尼亚第20步兵师和第1骑兵师；罗马尼亚"沃伊库"集群。总计5个军、22个师、1个高射炮师和大批作战支援和战斗勤务支援部队及分队（参见表27）。

德军11月23日的困境

11月23日的戏剧性事件证实了保卢斯越来越大的担心。经过几个小时的震惊和怀疑，接着又是几天仓促构思和实施的反制措施后，灾难实实在在地发生了。大批苏军坦克牢牢横跨在第6集团军的交通线上。接受这一现实后，身处下奇尔斯卡亚新指挥部的保卢斯、B集团军群司令部的魏克斯和柏林的希特勒都在考虑下一步应该采取何种措施。

在希特勒看来，第6集团军唯一能做的是原地据守、继续战斗。他想起

表 26：1942 年 11 月 23 日，斯大林格勒包围圈对内、对外正面的范围

合围对内正面

● **西南方面军**（40公里）——从卡拉奇东南偏东方17公里处的苏维埃茨基向北延伸约40公里，穿过卡拉奇东北偏东方16公里处的伊拉里奥诺夫斯基和卡拉奇东北偏北方30公里处的大纳巴托夫斯基，直至卡拉奇东北偏北方37公里处的戈卢巴亚［戈卢宾斯基］

● **顿河方面军**（131公里）——从卡拉奇东北偏北方37公里处的戈卢巴亚［戈卢宾斯基］向西北偏北方延伸30公里至布利日尼亚佩列科普卡；向东延伸16公里至锡罗京斯卡亚；向东南方沿顿河及其南部延伸32公里至潘希诺；在萨莫法洛夫卡南面向东南偏东方延伸53公里至叶尔佐夫卡南面的伏尔加河河段

● **斯大林格勒方面军**（71公里）——斯大林格勒城内15公里，从库波罗斯诺耶南面的伏尔加河西岸向西南方和西方延伸23公里，经叶尔希和波波夫至齐边科；向西北方延伸17公里，经拉科季诺和旧罗加奇克至卡尔波夫卡南面5公里处；向西延伸16公里，经马里诺夫卡南郊至卡拉奇东南偏东方17公里处的苏维埃茨基

● **总距离**——242公里

合围对外正面

● **西南方面军（165公里）**——从上克里夫斯卡亚沿克里瓦亚河至戈尔巴托夫斯基和博科夫斯卡亚，从博科夫斯卡亚沿奇尔河至车尔尼雪夫斯卡亚，经过从车尔尼雪夫斯卡亚至苏罗维基诺这段不连贯的防线后，再从大奥西诺夫卡至奇尔河车站和雷奇科夫斯基北面

● **斯大林格勒方面军**（111公里）——从布济诺夫卡至泽特、阿布加涅罗沃、阿克赛，从乌曼采沃至萨多沃耶东南面

● **总距离**——450公里，其中276公里有部队掩护

合围对内、对外正面之间的距离

● **西南方面军**——沿苏维埃茨基和下奇尔斯卡亚方向，距离最大处100公里，最小处15-20公里

● **斯大林格勒方面军**——沿苏维埃茨基和下奇尔斯卡亚方向，距离最大处75—80公里，最小处15—20公里

※ 资料来源：罗科索夫斯基（主编），《伏尔加河畔的伟大胜利》，第283—284页；A.M. 萨姆索诺夫，《斯大林格勒战役》，第398—399页。

1941年12月在莫斯科城下，他命令"中央"集团军群坚守不退，从而挽救了态势，希特勒决心在斯大林格勒重演这一幕。另外，由于第6集团军只差一点点就将把这座以斯大林的名字命名的城市彻底拿下，如果能夺取斯大林格勒，他的脸面将得到极大的挽回。相比之下，作为一名经验丰富的军事指挥官，魏克斯本能地意识到第6集团军面临着巨大的危机。保卢斯和他麾下的各位军长同样如此，尽管取悦于元首的愿望可能会影响他们做出更好的判断。因此，至少在最初，该地区的高级军事将领都认为突围是最佳选择。

表27：被包围在斯大林格勒的轴心国军队

● **集团军**——2个（德国第6集团军和第4装甲集团军）

● **军**——5个（德国第4、第8、第11、第51军、第14装甲军）

● **师**——23个（21个德国师和2个罗马尼亚师）

  ○15个步兵师（德国第44、第71、第76、第79、第94、第113、第295、第297、第305、第371、第 376、第384、第389步兵师、第100猎兵师、罗马尼亚第20步兵师）

  ○3个装甲师（德国第14、第16、第24装甲师）

  ○3个摩步师（德国第3、第29、第60摩步师）

  ○1个骑兵师（罗马尼亚第1骑兵师）

  ○1个高射炮师（第9高炮师），编有第37、第91和第104高炮团（11个重型和19个轻型高炮连）

● **额外的团和营[支队]**——苏联方面统计为160个，德国方面统计为149个，具体如下：

  ○1个炮兵指挥部（第310炮兵指挥部）

  ○5个炮兵团（第4、第46、第64、第50、第70炮兵团）

  ○1个高射炮团（第91高炮团）

  ○1个通信团（第248团）

  ○1个要塞团（第16团）

  ○2个工兵团（第413、第604工兵团）

  ○3个重型火箭炮团（第2、第51、第53团）

  ○4个突击炮营[支队]（第177、第243、第244、第245营）

  ○14个炮兵营（第46团第2营、第53团第2营、第65团第2营、第72团第2营、第101、第430、第501、第616、第631、第733、第800、第849、第851、第855营）

  ○3个独立高射炮营（第602、第608、第614高炮营）

  ○3个独立反坦克营（第521、第611、第670反坦克营）

  ○15个独立工兵营（第6、第41、第45、第50摩托化、第294、第336、第501、第605、第652、第672、第685、第912、第921、第925工兵营，另一个营番号不明）

  ○3个独立舟桥营（第255、第522、第655营）

  ○2个建设营（第110、第540营）

  ○3个道路修建营（第521、第540、第245营）

● **人员**——估计值从25万至33万不等，最有可能的数字是284000人，包括264000名德国人（第6集团军175000人，第4装甲集团军50000人，各种辅助部队24000—27000人，空军部队12000—15000人）和大约20000名罗马尼亚人。另外还有约60000名俄国志愿者和配属给各德军师的其他士兵，这就使包围圈内的轴心国人员增加至31—36万，与苏联方面早些时候估计的33万人相近。

● **坦克**——139辆

● **突击炮**——31辆

● **反坦克炮**——322门

● **火炮（轻型和重型）**——535门

● **火箭炮**——270具

● **高射炮**——238门

● **车辆**——约10000辆

※ 资料来源：弗洛里安·冯·翁德·楚·奥夫塞斯男爵，《第6集团军作战日志附件册，第一卷，1942年9月14日至11月24日》，第330—336页；《第6集团军作战日志附件册，第二卷，1942年11月24日至12月24日》，第4—25页；汉斯·德尔，《进军斯大林格勒》，第79—80页；《斯大林格勒：胜利的代价》，第66—67页；V.E.塔兰特，《斯大林格勒：对这场痛苦的剖析》，第123页；1942年11月19日至25日，红军总参谋部每日作战概要。

早在11月21日晨，魏克斯和保卢斯实施突围的本能意愿便与希特勒的想法发生了冲突，当时，保卢斯意识到自己遏止苏军进攻大潮的计划可能会彻底落空，但元首拒不接受突围这一选择。于是，保卢斯将司令部迁至下奇尔斯卡亚后，便与第8航空军司令马丁·菲比希将军、第6集团军参谋长施密特将军进行了商讨，结论非常明了：德国空军无法通过空中再补给维系斯大林格勒地域的第6集团军。德国空军第9高射炮师（该师为第6集团军提供支援）师长沃尔夫冈·皮克特将军一个小时后证实了菲比希的观点。在这种情况下，11月22日晨，希特勒命令保卢斯将司令部迁至更靠近前线的古姆拉克机场，显然是为了打消保卢斯有可能下达突围令的一切想法。

可是，有证据表明架设一道通往斯大林格勒的空中桥梁很可能纯属徒劳，于是，在11月22日19点发给B集团军群的一封电报中，保卢斯再次表达了他倾向于突围的主张（电报全文可参阅副卷附录5AJ）。他在电报中承认第6集团军已被"彻底包围"，敌人正从"东南方经布济诺夫卡向北推进，另有大股敌军从西面奔向马雷（Malyi）"，但他仍希望"能在顿河以东沿戈卢巴亚一线构设一道西部防线"。[164]尽管顿河东面的南部防线"依然敞开着"，但保卢斯称，他的集团军打算"坚守斯大林格勒与顿河之间仍在他们控制下的地域"，而完成这一任务的先决条件是"封闭南部防线，并通过空运获得足够的补给物资"。最后，保卢斯提出，"如果南部的刺猬阵地无法奏效，请给予自主行事权。"具体说来，如果态势迫使第6集团军放弃斯大林格勒和北部防线，那么他建议"集中力量打击南部防线顿河与伏尔加河之间的敌军，以便与罗马尼亚第4集团军重新建立联系"。[165]

当晚22点，希特勒亲自做出回复，给保卢斯发去一封文不对题但语态亲密的电报。第6集团军22点15分收悉的这封电报中写道："第6集团军暂时遭到包围。我了解第6集团军及其指挥官，我知道该集团军会在这种艰难情况下英勇地坚守。集团军应知道，我将尽一切努力为你们提供帮助和救援。我会在适当的时候下达新命令。"[166]

保卢斯发出电报约24小时后，11月23日18点45分，B集团军群司令魏克斯给陆军总司令部发去一封电报，谈及他对正在恶化的态势的看法，并向OKH推荐了一个行动方案（参见副卷附录5AK）。魏克斯首先承认了接受"保卢斯将军撤出第6集团军的建议"的必要性。[167]魏克斯这样做是因为他对该集团军能否获得空运补给，弹药和食物耗尽前能否得到包围圈外部队的救援深感怀疑。因此，他认为"第6集团军朝西南方突围会给整体态势带来有利的发展"，首先，因为第6集团军是"唯一能给敌人造成破坏的作战部队"，其次，即便在突围过程中遭受到严重损失，该集团军也能为"现在必须建立起的新防线提供必要的加强，并为我们的反突击作准备"。[168]

　　收到魏克斯的电报前，希特勒已从贝希特斯加登赶往他的前进指挥所——设在东普鲁士腊斯登堡的"狼穴"。凯特尔、约德尔和德国空军参谋长汉斯·耶顺内克将军同行。由于气候恶劣，他们没有搭乘飞机，而是乘坐专列，24小时的行程期间，身处柏林的陆军总参谋长蔡茨勒将军与元首取得联系，谈及撤离第6集团军的事宜，但希特勒告诉他，次日晨（11月23日）再进一步讨论此事。[169]可是，到那时，苏军坦克已在赶往苏维埃茨基会师的途中。

　　11月22日晚，离苏军23日下午晚些时候在苏维埃茨基取得会师尚有一段时间，保卢斯和他的参谋人员（可能是与麾下的某些指挥官商讨后）开始拟制向西南方突围的计划，行动代号"换位"。此时，集团军司令部参谋人员可能已制定了相关计划，以便将第6集团军所属部队分阶段撤至南面发起突围的出发阵地。当然，这一切并未得到希特勒的批准。

　　可就在这时，第51军军长赛德利茨将军下达了恶名昭著的118号令，要求辖下的第3摩步师和第94步兵师11月23日—24日夜间撤离包围圈东北角（叶尔佐夫卡南面）。赛德利茨肯定知道第6集团军的计划，毫无疑问，他希望这道命令能促使保卢斯尽快下定决心，组织一场向西南方的突围。[170]但赛德利茨错了，他的鲁莽之举将使第6集团军辖下的一个满编步兵师折损大半。

　　11月23日晚，与麾下各位军长进一步商讨后，保卢斯23点45分又给希特勒发去一封电报，再次要求获得自主行事权，以便将第6集团军撤出（参见附卷附录5AL）。这位第6集团军司令强调了迅速恶化的态势，他告诉元首，集团军已无法"封闭西面和西南面的缺口"、"敌人即将在这些地段达成突破"、"燃料和弹药几乎已耗尽"。因此，保卢斯坚持认为，尽管突围会付出高昂的代价，但如果要挽救第6集团军主力，以便将其用于日后的战斗，突围是唯一的选择。[171]

希特勒11月23日午夜到达"狼穴"时收到了保卢斯的急电。此时，蔡茨勒也乘飞机赶至希特勒的前进指挥所。他竭尽全力说服元首，将第6集团军撤至安全处不失为明智之举，但这番劝说无济于事。希特勒上床休息，没有做出决定。蔡茨勒凌晨2点左右打电话给B集团军群参谋长佐登施特恩将军，称元首可能会在早上7点—8点间批准第6集团军撤离。正如事实证明的那样，蔡茨勒的估计并不正确。魏克斯仍执着于撤出第6集团军的想法，实际上他已起草了这样一道命令，并转发给保卢斯，待元首批准后立即遂行突围。[172]

结束这番交流后，OKH（陆军总司令部）11月24日1点40分发了封电报给B集团军群。B集团军群5点40分将其转发给第6集团军，第6集团军8点30分收悉电文。这封标题为"元首决定"的电报中指出，希特勒希望第6集团军坚守目前的伏尔加河战线、北部防线和564参照点一线（马里诺夫卡至卡尔波夫卡），同时守卫从下格拉西莫夫（Nizhnyi Gerassimov）至马里诺夫卡的顿河河段后方地域，尽量将重武器和装备撤至河流南面。这一"决定"还提及以两个装甲师从科捷利尼科沃地域发起救援，以100架运输机提供空运补给的事宜。[173]24日18点30分，OKH又给B集团军群发去一份后续电报，这封电报也转发给第6集团军，电报中宣布，希特勒明令禁止任何人违反他先前命令中的要求——也就是说，不批准第6集团军撤离指定的前线地段。[174]

这些电报以及电报中传达的元首的决定，导致撤离第6集团军的一切后续讨论，甚至是后撤的想法都化为泡影。从这之后，所有讨论只集中在救援事宜上。仿佛是为了提出这个新的话题，从魏克斯处获知第6集团军已无法据守其阵地后不久，11月23日13点38分，新组建的"顿河"集团军群司令冯·曼施泰因元帅亲自给保卢斯发去一封电报："［我］奉命于11月26日指挥'顿河'集团军群。我们将尽全力救你们出去。另外，［第6］集团军的当务之急是，遵照元首的命令坚守伏尔加河和北部防线的同时，还应尽快组织起强有力的部队做好准备，以便在必要情况下，（至少暂时）打开一条通向西南方的补给通道。"[175]这份电报发自曼施泰因，远离战场的他尚未充分意识到第6集团军所处的困境，其观点自然与魏克斯、保卢斯和第6集团军全体将领的看法不太一样，后者明确主张立即突围。不经意间，或是出于疏忽，这位"顿河"集团军群司令发现自己同希特勒和戈林站在同一阵营。

"赛德利茨"事件后，11月23日晨，希特勒下令，不许再谈什么撤退，并要求对赛德利茨如何和为何下达后撤令展开彻查，但同时又委派赛德利茨负责包围圈北部防务。获知此事后，保卢斯批评了赛德利茨的决定，据称他对这位军长说："现在你得到了指挥权，你可以突围了。"[176]没过多久，11点15分，保卢斯给该军下达指示，解释了希特勒的命令。赛德利茨14点45分也签发了一道命令。作为这起事件的后记，赛德利茨11月25日向保卢斯提交了一份正式书面备忘录，阐述了他的反对意见：

由于收悉集团军11月24日继续战斗的命令，加之充分意识到态势的严重性，因而感到自己有义务再次以书面形式提出我的意见，过去24小时内所发生的事件使这些意见得到进一步加强。

集团军面临着非此即彼的局面。

要么向西南方科捷利尼科沃这一总方向突围，要么在几天内遭到毁灭。

这个结论是根据对实际情况的冷静评估得出的……

陆军总司令部要求我们固守待援的命令显然是根据错误的前提下达的，因而并不可行，将不可避免地把集团军引向灾难。要挽救集团军，就必须立刻另下命令或另做决定……

如果陆军总司令部不立即取消就地坚守的命令，那么我的良心和对军队及德国人民的责任就要求我必须取得被上一道命令禁止的行动自由，利用所剩无几的时间发起进攻，以避免彻底的灾难。20万将士和他们所有的装备都处在全军覆没的危险下。

我们别无选择。[177]

因此，11月22日和23日降临在第6集团军头上的一连串灾难，给集团军司令保卢斯将军造成了日益紧迫的问题。22日晚，保卢斯面临的最紧迫的问题是，胡贝将军第14装甲军的坦克能否在苏军坦克大潮彻底或部分包围第6集团军前阻挡住对方。11月23日，苏军以响亮的"不能"回答了这个问题。随后，11月23日—24日夜间，保卢斯又面临着两个更加严重的新问题：第11军和第14装甲军能否在全军覆没前向东逃过顿河？他的整个集团军能否逃出苏军的陷阱？12小时后，鉴于希特勒禁止任何突围企图的命令，保卢斯的困境实际上只剩下一个问题：他的集团军是否能坚持到获救的那一天。回答这个问题所需的时间远远超过24小时。

总 结

事实证明，对斯大林、苏军最高统帅部、参战的三个方面军和全体红军来说，"天王星"行动的第一阶段是个了不起的胜利。从11月19日至23日，西南方面军、顿河方面军和斯大林格勒方面军辖下诸集团军突破了罗马尼亚第3集团军和德国第4装甲集团军的防御；将庞大的坦克、机械化和骑兵部队投入突破；深入德国第6集团军战役后方100公里；这些部队在卡拉奇和苏维埃茨基地域会师，几乎合围了保卢斯的整个集团军。在此过程中，苏军歼灭了罗马尼亚第3集团军超过四分之三的部队，重创了德国第4装甲集团军三分之二的部队，还彻底击败了第6集团军辖下最具战斗力的第14装甲军。通过这些胜利，瓦图京、罗科索夫斯基和叶廖缅科的方面军完成了最高统帅部赋予他们的大部分任务。唯一的例外是瓦图京西南方面军辖下的坦克第5集团军没能夺取奥布利夫斯卡亚、苏罗维基诺和雷奇科夫斯基，也没能占领奇尔河对面的登陆场。

三个方面军在"天王星"行动的初始阶段实现了许多"第一次"。首先，从苏军最高统帅部的角度看，最重要的是苏联红军第一次包围了一整个轴心国集团军。1942年11月23日前，红军最成功的合围是将德国第16集团军辖下的第2军困在杰米扬斯克地域，但德国人还是在被围部队与"北方"集团军群主防线之间设立起一道陆桥。因此，如果苏军能阻止德国人救援被困在斯大林格勒的部队，这将是他们第一次包围并歼灭德军的大编制部队。

其次，"天王星"行动的第一阶段标志着红军在这场战争中第一次彻底突破轴心国军队的战术防御，深入其战役纵深，并围绕被围德军设立起看上去相当牢固的合围对内、对外正面。1941年12月在莫斯科城下，随后发起的1941—1942年冬季战役期间在另一些地点，红军也曾设法突破过德军防御，但这些突破较为脆弱，既无法构设起合围对内、对外正面，也无法在德军后方纵深设立起连贯的新防线。

第三，"天王星"行动标志着苏联红军在战争中第一次以快速部队在轴心国军队战役纵深击败敌战役预备队，尽管从任何一个角度看，德军虚弱的第48装甲军几乎没有构成一支真正可用的战役预备队。第四，"天王星"行动的第一阶段，红军后勤机构提供的支援，特别是在至关重要的燃料和弹药再补给方面提供的支援，使他们的快速部队得以深入得比过去更远。第五，苏军坦克和机械化部队能够自我防御，在敌战役纵深抵抗、甚至挫败了德军装甲部队发起的反突击（这里指的是德军第14装甲军的三个装甲师），这在战争中还是首次。此前，红军唯一类似的经历发生在1941年8月的斯摩棱斯克地域，当时，科涅夫将军的第19集团军成功击败了德军第7装甲师发起的一场反突击。但是，红军在斯摩棱斯克取得的是战术，而非战役层面的胜利。

尽管红军在"天王星"反攻的第一阶段赢得了许多重要的"第一次"，但也有些不尽如人意之处，需要认真审视一些最显著的战果。首先，虽然苏军的三个方面军11月23日包围了德国第6集团军，但他们是否能真正歼灭被围德军，这一点需要数周才能见分晓。其次，苏军的突破和会师用了五天才完成，而不是"天王星"计划设想的三天。第三，虽说这是红军首次成功的突破战，但从斯大林格勒南北两面发起的突破针对的是罗马尼亚军队，而非德国军队的防御。实际上，苏军试图突破德军防御时，例如在第65、第24和第64集团军的作战地域，进攻要么彻底失败，要么仅仅因为据守相邻地域的罗马尼亚军队败退才取得成功。

第四，虽然西南方面军辖下的坦克第5集团军最终击败了轴心国的战役预备队，但为对付这些实力大不如前的预备队，坦克第5集团军用了五天。实际上，第48装甲军的顽强抵抗牵制了苏军一个坦克军达三天之久，并严重打乱了方面军和集团军的进攻时间表。同样，苏军坦克和骑兵军击败了德军第14装甲军的三个装甲师，但这些装甲师徒有其表，其实力已在斯大林格勒城内的战斗中消耗殆尽。最后一点，苏军坦克、机械化和骑兵军发展胜利，比以往更深地进入到德军后方，最终完成了受领的任务，但他们的坦克也遭到严重耗损，这主要是敌军空袭和机械故障所致。正如红军总参谋部战后总结批评的那样，推进中的快速军在五天作战行动中损失了多达80%的坦克。如果面对的是更加强大的对手，这个问题很可能是致命的。

但不管怎么说，这场成功的合围令人欢欣鼓舞，因为这是前所未有的胜利。通过这场不可思议的行动，红军遂行"天王星"行动的三个方面军不仅使轴心国军队遭遇到一场战略性失败，还在这支军队和这个国家迫切需要胜利之际激励起他们的士气。对这样一场雄心勃勃的攻势而言，这的确是个了不起的开端，但许多后续任务仍有待完成。

"天王星"反攻期间，罗科索夫斯基和巴托夫将军在第 65 集团军的观察所

苏军"喀秋莎"火箭炮为"天王星"行动实施炮火准备

苏军炮兵为"天王星"行动实施炮火准备

"天王星"行动中，苏军坦克投入突破口

"天王星"行动中，苏军步兵发起突击

苏军步兵在烟幕的掩护下向前推进

苏军步兵和坦克攻向顿河畔卡拉奇

西南方面军和斯大林格勒方面军的部队在苏维埃茨基村会师

注释

1. V.亚当，《艰难的决定：德国第6集团军一名上校的回忆录》，第170页。

2. 同上。

3. N.I.克雷洛夫，《斯大林格勒战线》（*Stalingradskii rubezh*，莫斯科：军事出版社，1979年），第302—303页。

4. 布格等人合著的《德国与第二次世界大战》，第六册，第1139页。

5. 西摩·弗里丁和威廉·理查森（合编）的《致命的决定》，第147—150页。

6. 杰弗里·朱克斯，《希特勒的斯大林格勒决策》，第104—105页；约翰·埃里克森，《通往柏林之路》（科罗拉多州博尔德：西景出版社，1983年），第7页。

7. 可参阅BA-MA, RH 20-6/249, box 56/222中的"霍利特"集团军级支队1号作战日志中的附件和每日报告，这些文件记录下该集团军级支队自1942年11月23日起的作战行动。

8. 关于他们商讨空运事宜的详情，可参阅乔尔·S.A.海沃德的《止步于斯大林格勒：德国空军和希特勒在东线的失败，1942—1943年》，第234—239页。

9. 《B集团军群作战参谋发给第6集团军的1352号急电，1942年11月21日》（*H.Gr.B/Ia, Funkspruch Nr. 1352 an AOK 6 vom 21.11.1942*），收录在BA-MA, RH 20-6/241中。

10. V.E.塔兰特，《斯大林格勒：对这场痛苦的剖析》，第112—113页；安东尼·比弗，《斯大林格勒：决定命运的围攻，1942—1943年》，第245页。

11. 《红军总参谋部1942年11月22日8点的326号作战概要摘录》（*Izvlechenie iz operativnoi svodkoi No. 326*），V.A.日林（主编）的《斯大林格勒战役：编年史、真相和人物，两卷本》，第二卷，第41—42页；档案引自*TsAMO RF, f. 16, op. 1072ss, d. 11,11.* 第137—142页。

12. 萨姆索诺夫，《斯大林格勒战役》，第386页，引自*TsAMO SSSR, f. 331, op.5041, d. 20,1. 1.*

13. 关于第22装甲师11月21日行动和战斗的详情，可参阅罗尔夫·施托弗斯的《第22装甲师，第25装甲师，第27装甲师和第233预备装甲师：组建、编制和使用》，第57—59页。书中称，11月19日和20日击毁26辆敌坦克（可能隶属于坦克第1军）后，该师又在梅德韦日以东数公里处的192.4高地附近击毁6辆敌坦克。此时，第22装甲师剩下的坦克已寥寥无几。

14. 对坦克第1军作战行动的详细介绍和尖锐批评，可参阅克拉夫钦科的《斯大林格勒反攻中，坦克第5集团军的进攻行动，1942年11月19日—25日》，第33页；罗科索夫斯基，《伏尔加河畔的伟大胜利》，第271页；《快速集群的行动》（*Deistviia podvizhnoi gruppy*）和《关于坦克和机械化军在突破行动中使用问题的一些结论》（*Nekotorye vyvody po ispol'zovaniiu tankovykh i mekhanizirovannykh korpusov dlia razvitiia proryva*），刊登在《战争经验研究资料集》，第8期，第48—80页。这两份批评文章的英文译本可参阅戴维·M.格兰茨的《苏联的战争经验：坦克战》（宾夕法尼亚州卡莱尔：自费出版，1998年）。

15. 萨姆索诺夫，《斯大林格勒战役》，第386页，引自*TsAMO SSSR, f. 1st Guards Tank Corps, op. 33764, d. 2,1. 3.*

16. 帕诺夫，《在主要突击方向上》，第23页。

17. 马克·阿克斯沃西等人合著的《第三轴心第四盟友》，第95—96页，详细描述了罗马尼亚第3集团军11月21日的行动。

18. 克拉夫钦科，《斯大林格勒反攻中，坦克第5集团军的进攻行动，1942年11月19日—25日》，第34页。

19. 参见《第6集团军司令部作战处每日报告，1942年11月20日》（*Tagesmeldung, Armee-Oberkommando 6, Abt.-Ia, A.H.Qu.20.11.1942*），刊登在《第6集团军作战日志附件册，第一卷，1942年9月14日至11月24日》，第314页，1942年11月20日21点55分，第6集团军Ia（作战参谋）将这份报告发给B集团军群。报告中谈及第11军防区的态势，第14装甲师的实力和所处位置，以及赶去加强第14和第24装甲师的部队的状况，他们的先遣部队部署在上布济诺夫卡和苏哈诺夫地域。

20. 对于"顿河"战斗群（第24装甲师）作战行动的完整叙述，可参阅费迪南德·冯·森格尔·翁德·埃特林的《第24装甲师（原第1骑兵师），1939—1945年》（*Die 24. Panzer-Division vormals 1. Kavallerie-Division 1939-1945*，内卡尔格明德：库尔特·福温克尔出版社，1962年）。第24装甲师战斗群编该师师部、第86装甲侦察营的一部、第4摩托车营第1中队、温特费尔德上校指挥的2个虚弱的装甲营、第89装甲炮兵团第4营和第40装甲猎兵营（欠1个排），共45辆坦克。该战斗群的任务是沿利斯卡河据守防线，该防线从苏哈诺夫（师部设在这里）向南穿过叶鲁斯拉诺夫斯基直至斯科沃林，并将警戒部队派往上布济诺夫卡—埃里克一线，与北面的第14装甲师相配合。

21. 伊萨耶夫，《斯大林格勒：伏尔加河后方没有我们的容身处》，第317页。克拉夫钦科的坦克军不太可能缴获那些飞机。

22. 参见《第593后方地域司令部晨报，1942年11月21日5点30分发给第6集团军作战参谋》（*Morgenmeldung, Korück 593, 0530 Uhr, A.O.K. 6 Ia, 21.11.42*）、《第6集团军司令部作战处发给B集团军群的急电，1942年11月21日7点40分》（*KR-Fernschreiben an Heeresgruppe B, nachr.: Fernscrib. an Stab Don usw, 0740 Uhr, Armee-Oberkommando 6, Abt.-Ia, A.H.Qu., 21.11.1942*）以及《第14装甲军晨报，1942年11月22日6点19分发给第6集团军作战参谋》（*Morgenmeldung, XIV. Pz. K., 0619 Uhr, A.O.K. 6 Ia, 22.11.42*），收录在《第6集团军作战日志附件册，第一卷，1942年9月14日至11月24日》，第318、第320、第326页。

23. 近卫骑兵第3军21日的作战行动可参阅普利耶夫的《在近卫军的旗帜下》，第126—128页。

24. 同上，第128—129页。

25.《第6集团军司令部作战处发给B集团军群的急电，1942年11月21日7点40分》（*KR-Fernschreiben an Heeresgruppe B, nachr.: Fernscrib. an Stab Don usw, 0740 Uhr, Armee-Oberkommando 6, Abt.-Ia, A.H.Qu., 21.11.1942*），收录在《第6集团军作战日志附件册，第一卷，1942年9月14日至11月24日》，第320页。

26.《第8军态势报告，1942年11月21日发给第6集团军作战参谋》（*Lagenmeldung, VIII. A.K. meldet 1725 Uhr, A.O.K. 6 Ia, 21.11.42*），同上，第321页。

27.《第51军日间报告，1942年11月21日20点30分发给第6集团军作战参谋》（*Zwischen-meldung, Ll. A.K. meldet 2030 Uhr, A.O.K. 6 Ia, 21.11.42*），同上，第320—323页。第51军这份报告中指出，"冯·汉施泰因"战斗群最终在卡尔波夫卡地域设防，编有第3摩步师的1个掷弹兵营、炮兵团团部、1个轻型炮兵连、1个反坦克排，还编有第60摩步师的1个掷弹兵营、1个炮兵营营部、1个反坦克排和1个装甲连（10辆坦克）。

28. 巴托夫，《在行军和战斗中》，第202页。

29. 对第65集团军11月21日作战行动寥寥无几的评述，可参阅同上，以及罗科索夫斯基的《军人的天职》，第200—201页。

30.《第11军晨报，1942年11月21日5点22分发给第6集团军作战参谋》（*Morgenmeldung XI A.K., 0522 Uhr, A.O.K. 6 Ia, 21.11.42*），收录在《第6集团军作战日志附册，第一卷，1942年9月14日至11月24日》，第318页。

31.《第11军晨报，1942年11月22日5点40分发给第6集团军作战参谋》（*Morgenmeldung XI A.K., 0540 Uhr, A.O.K. 6 Ia, 22.11.42*），同上，第325页。

32. 马克·阿克斯沃西等人合著的《第三轴心第四盟友》，第96页；瓦尔特·格尔利茨，《保卢斯与斯大林格勒：陆军元帅弗里德里希·保卢斯传，他的笔记、书信和文件》，第201—203页，海姆将军的报告。

33. 曼弗雷德·克里希，《斯大林格勒：战役分析和相关文件》，第158—159页。

34. G.德尔，《进军斯大林格勒》，第70页。

35. 威廉·亚当，《艰难的决定》，第174—175页，引自A.M.萨姆索诺夫的《斯大林格勒战役》，第387—389页。亚当使用"逃离"而不是"迁移"，是因为他是在战后的东德写就的此书。虽然是一份重要的资料来源，但亚当认为，应对第6集团军全军覆没负责的是其他人，而不是保卢斯，"其他人"指的当然是希特勒，但也包括其他将领。

36. 同上。

37. 据亚当上校记载，第6集团军司令部人员组成的纵队，11月22日中午与第8军军部一同穿过卡拉奇，他们在那里协助第6集团军军需主任销毁了由于运输车辆不足而无法疏散的物资装备。亚当对这番场景的生动描述，可参阅A.M.萨姆索诺夫的《斯大林格勒战役》，第389页（完整引用于副卷附录5P）。

38. 红军总参谋部1942年11月22日8点的326号作战概要摘录，V.A.日林（主编）的《斯大林格勒战役：编年史、真相和人物，两卷本》，第二卷，第41—42页。

39. 对于第64集团军11月21日作战行动的整体概述，可参阅K.S.别洛夫等人主编的《从伏尔加河到布拉格》（Ot Volgi do Pragi，莫斯科：军事出版社，1966年），第43—44页，这是近卫第7集团军（第64集团军）战史。50—70辆坦克这个数字是第64集团军的夸大之词，因为第29步兵师是德军在该地域唯一的装甲部队，苏军发起进攻时，该师总共只有52辆坦克（4辆三号，48辆四号）①，此后肯定又损失了几辆。不过，罗科索夫斯基在《伏尔加河畔的伟大胜利》一书中支持了第64集团军的说法，他在第272—273页指出，"在右翼［11月21日］，第64集团军的突击部队不得不击退敌第297步兵师发起的一场强有力的反冲击。除了步兵，敌人还投入60—70辆坦克，这场反冲击的结果是，敌人在纳里曼地域成功逼退了该集团军辖下的步兵第38师。"同样，萨姆索诺夫在《斯大林格勒战役》一书第397页断言，"为挫败我方的进攻，德军指挥部采取了措施；夜间，1个德军师在70辆坦克的支援下投入第64集团军作战地域，11月21日晨对步兵第38师发起反冲击。与此同时，德军还在［东北方的］亚戈德内地域对步兵第204和第157师发起强有力的反冲击。击退敌人的猛烈冲击后，由于损失过大，步兵第38师不得不于日终前撤至

---

① 译注：第29摩托化步兵师的坦克数量与第4章表格中的数据不符，此处提及的坦克数量很可能是错的。

128.2高地地域。右翼的第57集团军步兵第169师当日也没能取得战果。"这些描述，加之德方资料几乎没有提及第29摩步师11月21日的行动，表明该师很可能以全部或部分装甲力量支援了第297步兵师的反冲击。他们很可能投入了突击炮和反坦克炮，结果被苏军误判为坦克。不管怎样，德军对第64集团军发起强有力的反冲击，使第4军得以将其部队秩序井然地撤离，最终在斯大林格勒包围圈内据守南部防线。

40. 托卢布科和巴雷舍夫，《在南翼：近卫机械化第4军的征途，1942—1945年》，第57页。

41.《第6集团军司令部作战处每日报告，1942年11月23日》（*Tagesmeldung, Armee-Oberkommando 6, A.H.Qu., 23.11.1942*），刊登在《第6集团军作战日志附件册，第一卷，1942年9月14日至11月24日》，第331页。

42. 斯大林格勒方面军的作战行动可参阅罗科索夫斯基的《伏尔加河畔的伟大胜利》，第270—271页；第51集团军的作战详情，可参阅S.M.萨尔基西扬的《第51集团军》，第101—102页。

43. 机械化第4军20日[1]的作战详情可参阅萨姆索诺夫的《从伏尔加河到波罗的海》，第48—49页。

44. 可参阅这几个师11月21日的每日报告，以及第62集团军作战日志。

45. 同上。

46. 奥列格·舍恩，《伟大卫国战争中不为人知的战线》，第187页。

47. 同上，引自档案*TsAMO, f. 382, op. 8465, d.* 第81页。

48. 同上。

49. 同上。

50. 同上，第191—192页。

51. 威廉·蒂克，《高加索和石油：1942—1943年高加索地区的苏德战事》，第135页。

52. 奥列格·舍恩，《伟大卫国战争中不为人知的战线》，第193页，引自威廉·蒂克《高加索和石油：1942—1943年高加索地区的苏德战事》一书俄文版第165页。

53. 威廉·蒂克，《高加索和石油：1942—1943年高加索地区的苏德战事》，第135页。

54. 马克·阿克斯沃西等人合著的《第三轴心第四盟友》，第103页；第4装甲集团军截至1942年11月21日22点的每日态势图。

55.《红军总参谋部1942年11月23日8点的327号作战概要摘录》（*Izvlechenie iz operativnoi svodkoi No. 327*），V.A.日林（主编）的《斯大林格勒战役：编年史、真相和人物，两卷本》，第二卷，第47页；引自档案*TsAMO RF, f. 16, op. 1072ss, d. 11,11.* 第143—150页。

56. 帕诺夫，《在主要突击方向上》，第23页。

57. 克拉夫钦科，《斯大林格勒反攻中，坦克第5集团军的进攻行动，1942年11月19日—25日》，第38页。实际上，坦克第26军在卡拉奇西北方12公里处的洛日基地域遭遇到德军第16装甲师的一部，在卡拉奇以西15—17公里处的"十月胜利"和"十月革命10周年"国营农场遭遇到德国和罗马尼亚保安和后勤单位、第3摩步师的一部以及其他部队的零碎单位。他们遇到的也可能是第3摩步师"冯·汉施泰因"战斗群派去加强卡拉奇以西防御的小股部队。但"冯·汉施泰因"战斗群只有2个掷弹兵营可用，其中大多数据守着从马里诺夫卡东延至卡尔波夫卡的铁路线。

---

① 译注：疑似为21日。

58. 帕诺夫，《在主要突击方向上》，第25—26页。过去对这场突袭的记述中称，菲利波夫的部队编有马胡尔少校坦克第157旅的5辆坦克，但坦克第26军军史作者帕诺夫和菲利波夫本人都指出，罗金下令组建先遣支队的会议上，马胡尔并未谈及派遣一个坦克排。不过，马胡尔的坦克的确在突袭期间加强了菲利波夫的先遣支队。

59. V.亚当，《艰难的决定：德国第6集团军一名上校的回忆录》，第167—168页。

60. G.德尔，《进军斯大林格勒》，第70—71页。

61.《第14装甲军晨报，1942年11月22日6点15分签发》（*Morgenmeldung, XIV. Pz.K. 0615 Uhr, A.O.K. 6, Ia, 22.11.42*），收录在《第6集团军作战日志附件册，第一卷，1942年9月14日至11月24日》，第326页。

62.《第6集团军作战处发给B集团军群的急电，1942年11月22日19点》（*Funkspruch an Heeresgruppe B, 1900 Uhr, Armee-Oberkommando 6 Abt.-Ia, A.H.Qu., 22.11.1942*），同上，第327页。

63. 帕诺夫，《在主要突击方向上》，第27—28页；A.M.萨姆索诺夫，《斯大林格勒战役》，第391页，提供了坦克第19和第157旅在卡拉奇以西作战行动的详情。

64. 帕诺夫，《在主要突击方向上》，第27页。

65. 同上，第27—28页。

66. 克拉夫钦科，《斯大林格勒反攻中，坦克第5集团军的进攻行动，1942年11月19日—25日》，第35—37页。

67. 同上，第37页。

68. 骑兵第55师与罗马尼亚第1装甲师的战斗详情，可参阅同上，第35—36页；马克·阿克斯沃西等人合著的《第三轴心第四盟友》，第96页。

69.《战争经验研究资料集》，第6期，第91页；机密文件。

70.《第三轴心第四盟友》，第96页。

71. 克拉夫钦科，《斯大林格勒反攻中，坦克第5集团军的进攻行动，1942年11月19日—25日》，第36页。

72. 第22装甲师11月22日部署和行动的详情，可参阅罗尔夫·施托弗斯的《第22装甲师，第25装甲师，第27装甲师和第233预备装甲师：组建、编制和使用》，第61—62页。瓦尔特·格尔利茨，《保卢斯与斯大林格勒：陆军元帅弗里德里希·保卢斯传，他的笔记、书信和文件》，第202页，海姆将军称，"拉斯卡尔"集群的部分部队向西南方突围，加入了第22装甲师。

73. 克拉夫钦科，《斯大林格勒反攻中，坦克第5集团军的进攻行动，1942年11月19日—25日》，第36—37页，这份研究资料中没有明确解释为何摩托车第8团决定实施牵制行动，而不是夺取奥布利夫斯卡亚。不过，最合理的解释是德国空军第8航空军和第108炮兵指挥部在该镇周围设立起牢固的防御，这股力量很快组成了"施塔赫尔"战斗群。

74. 同上，第37页。

75. 至少在最初，B集团军群将沿克里瓦亚河和上奇尔河赶至的第17军视为一种潜在手段，可以解救被围的整个罗马尼亚第3集团军或其部分部队，如果第6集团军被围，也可以对其加以救援。但现实情况迅速证明，区区两个德军步兵师根本不足以完成这项任务。

76. 马克·阿克斯沃西等人合著的《第三轴心第四盟友》，第96页；罗科索夫斯基，《伏尔加河畔的伟大胜利》，第277—278页。

77. 马克·阿克斯沃西等人合著的《第三轴心第四盟友》，第97页。

78. 同上。

79. 同上。

80. 同上；克拉夫钦科，《斯大林格勒反攻中，坦克第5集团军的进攻行动，1942年11月19日—25日》，第38—39页。

81. 马克·阿克斯沃西等人合著的《第三轴心第四盟友》，第97页；奇斯佳科夫，《奉祖国之命：伟大卫国战争中近卫第6集团军的战斗历程》，第42—44页，详细阐述了消灭罗马尼亚军队包围圈的过程。

82. 罗科索夫斯基，《伏尔加河畔的伟大胜利》，第278页；A.M.萨姆索诺夫，《斯大林格勒战役》，第391页。

83. 费迪南德·冯·森格尔·翁德·埃特林，《第24装甲师（原第1骑兵师），1939—1945年》，第129—130页，提供了第24装甲师11月22日的作战详情。此时，第24装甲师的"冯·贝洛"战斗群编有第21装甲掷弹兵团第2营、第89装甲炮兵团第1营、第40装甲工兵营第3连、第4摩托车营第2连、第24装甲团团部和第89装甲炮兵团团部。

84. 第16装甲师11月20日尚有34辆坦克（23辆三号长身管和11辆四号长身管），第6集团军的作战日志再次提及该师时称，11月26日该师尚有15辆坦克（在"西克纽斯"战斗群内）。参见《第14装甲军日中报告，1942年11月26日发给第6集团军作战参谋》（*Zwischenmeldung XIV. Pz. K., 1810 Uhr, A.O.K. Ia, 26.11.42*），刊登在《第6集团军作战日志附件册》，第二卷，第24页。

85. 安娜·斯特罗耶娃，《集团军司令员克拉夫钦科》，第38页；伊萨耶夫在《斯大林格勒：伏尔加河后方没有我们的容身处》一书第318页指出，"保卢斯以其快速部队派出的支队据守顿河西岸登陆场，这种策略害了他，因为顿河上的许多桥梁未被炸毁。"

86. 普利耶夫，《在近卫军的旗帜下》，第129页。

87. 同上，第130页，普利耶夫在这里再次将德军的损失夸大了数倍。

88. 马克·阿克斯沃西等人合著的《第三轴心第四盟友》，第98页。

89. 参见B集团军群的电报，"*Ia Nr. 4018/42.g. Kdos, Chefsache, Heeresgruppe B, O. Qu., 22.11.1942*"，收录在《第6集团军作战日志附件册，第一卷，1942年9月14日至11月24日》，第326—327页。

90. 第65集团军进攻行动的详情，可参阅巴托夫的《在行军和战斗中》，第202—204页。

91. 伊萨耶夫，《斯大林格勒：伏尔加河后方没有我们的容身处》，第319页；对马斯洛夫坦克第16军坦克力量的介绍，可参阅本书第三章。

92. 罗科索夫斯基，《军人的天职》，第201页。

93. 《第6集团军作战处发给B集团军群的急电，*1942年11月22日19点*》（*Funkspruch an Heeresgruppe B, 1900 Uhr, Armee-Oberkommando 6 Abt.-Ia, A.H.Qu., 22.11.1942*），收录在《第6集团军作战日志附件册，第一卷，1942年9月14日至11月24日》，第327页。

94. 《红军总参谋部1942年11月23日8点的327号作战概要摘录》，V.A.日林（主编）的《斯大林格勒战役：编年史、真相和人物，两卷本》，第二卷，第50—51页。作战概要中"完成了对斯大林格勒方向德国第4装甲集团军和第6集团军的战役合围"这句话造成了关于苏军何时会师、何时完成包围的一些混乱。虽然坦克第4军与机械化第4军直到11月23日下午才真正取得会师，但红军总参谋部认为，坦克第26军和坦克第4军的一个旅在卡拉奇渡过顿河，机械化第4军攻占苏维埃茨基，相当于取得了会师，完成了合围，因为此举切断了第6集团军与深远后方的铁路和公路交通联系。

95. K.V.阿米罗夫，《从伏尔加河到阿尔卑斯山：荣获苏沃洛夫勋章和库图佐夫勋章的近卫红旗上третье聂伯罗夫斯克步兵第36师的征途》（*Ot Volgi do Alp: Boevoi put' 36-i Gvardeiskoi strelkovoi . Verkhnedneprovskoi Krasnoznamennoi ordenov Suvorova i Kutuzova II stepeni divizii*，莫斯科：军事出版社，1987年），第47页。

96. 第64集团军11月22日作战行动的简略介绍，可参阅别洛夫等人主编的《从伏尔加河到布拉格》，第44页；以及德国第4军11月22日的每日作战态势图。

97. 《红军总参谋部1942年11月23日8点的327号作战概要摘录》，V.A.日林（主编）的《斯大林格勒战役：编年史、真相和人物，两卷本》，第二卷，第50—51页。

98. 罗科索夫斯基，《伏尔加河畔的伟大胜利》，第277页；托卢布科和巴雷舍夫，《在南翼：近卫机械化第4军的征途，1942—1945年》，第57页；德国第4军11月22日的每日作战态势图。

99. 《红军总参谋部1942年11月23日8点的327号作战概要摘录》，V.A.日林（主编）的《斯大林格勒战役：编年史、真相和人物，两卷本》，第二卷，第50—51页。

100. 第51集团军作战行动的详情，同上。

101. S.M.萨尔基西扬，《第51集团军》，第102页。

102. 萨姆索诺夫，《从伏尔加河到波罗的海》，第51页，引自叶廖缅科的回忆录。

103. 同上，引自波波夫的回忆录。

104. 同上，第52页。

105. 同上。

106. 伊萨耶夫，《斯大林格勒：伏尔加河后方没有我们的容身处》，第329—330页。

107. 萨姆索诺夫，《从伏尔加河到波罗的海》，第55页。

108. 参见德国第4军11月22日的每日作战态势图。

109. 萨姆索诺夫，《从伏尔加河到波罗的海》，第55—56页。

110. 同上，第55页，引自档案*TsAMO, f. 605, op. 64614, d. 1,1.* 第7页。

111. 《红军总参谋部1942年11月23日8点的327号作战概要摘录》，V.A.日林（主编）的《斯大林格勒战役：编年史、真相和人物，两卷本》，第二卷，第50—51页。第51集团军第76筑垒地域作战行动的详情，可参阅《斯大林格勒战役中的筑垒地域》（*Polevye ukreplennye raiony v srazhenii za Stalingrad*），刊登在《战争经验研究资料集》，第7期，第54—59页。红军总参谋部战争经验研究处完成的这些资料研究被列为机密。第76筑垒地域编有独立"机枪-火炮"第46和第51营、迫击炮第161连、通信兵第376连，还有步兵第302师第827团配属的一个步兵连。该筑垒地域原有的第45营留作第57集团军预备队，第49营经历过1942年9月的激战后解散。

112. 参见第62集团军11月22日的作战概要，以及《红军总参谋部1942年11月23日8点的327号作战概要摘录》，V.A.日林（主编）的《斯大林格勒战役：编年史、真相和人物，两卷本》，第二卷，第50页。

113. 《总参谋部发给斯大林格勒方面军参谋长的158028号指令，关于采取措施消除第62集团军各部队的缺点》（*Direktiva General'nogo shtaba no. 158028 nachal'niku shtaba Stalingradskogo fronta o merakh po ustraneniiu nedostatkov v soedineniiakh 62-i Armii*），佐洛塔廖夫，《总参谋部1942》，第397页，引自档案*TsAMO, f. 48a, op. 3408, d. 114,1.*第102页。

114. 第28集团军11月22日的作战详情，可参阅奥列格·舍恩的《伟大卫国战争中不为人知的战线》，第193—194页。

115. 参见第4装甲集团军每日作战态势图中的《截至1942年11月25日22点，第16摩步师的态势图》（*Lagenkarte 16. I.D. (Mot), Stand 25.11.42. 2200 Uhr*）。

116. 《第6集团军司令部作战处发给B集团军群的急电，1942年11月22日19点》（*Funkspruch an Heeresgruppe B, 1900 Uhr, Armee-Oberkommando 6 Abt.-Ia, A.H.Qu., 22.11.1942*），收录在《第6集团军作战日志附件册，第一卷，1942年9月14日至11月24日》，第327页。

117. 同上。

118. 《红军总参谋部1942年11月24日8点的328号作战概要摘录》（*Izvlechenie iz operativnoi svodkoi No. 328*），V.A.日林（主编）的《斯大林格勒战役：编年史、真相和人物，两卷本》，第二卷，第57页，引自档案*TsAMO RF, f. 16, op. 1072ss, d. 11,11.* 第151—158页。

119. 克拉夫钦科，《斯大林格勒反攻中，坦克第5集团军的进攻行动，1942年11月19日—25日》，第39—40页。另可参阅罗科索夫斯基的《伏尔加河畔的伟大胜利》，第278—280页。

120. 帕诺夫，《在主要突击方向上》，第29页。

121. 同上，第40页。罗金的说法显然有些夸大，因为德军第24装甲师没有这么多坦克可供损失。但这个数字无疑与德国人在"十月胜利"和"十月革命10周年"农场战斗中的损失相符，德军据守卡拉奇以西地域时，使用了许多原先缴获的T-34坦克。

122. 《红军总参谋部1942年11月24日8点的328号作战概要摘录》，V.A.日林（主编）的《斯大林格勒战役：编年史、真相和人物，两卷本》，第二卷，第58页。

123. 同上。

124. 马克·阿克斯沃西等人合著的《第三轴心第四盟友》，第98—99页。

125. 第22装甲师11月23日的作战详情，可参阅罗尔夫·施托弗斯的《第22装甲师，第25装甲师，第27装甲师和第233预备装甲师：组建、编制和使用》，第62—63页。

126. 马克·阿克斯沃西等人合著的《第三轴心第四盟友》，第99页。

127. 罗科索夫斯基，《伏尔加河畔的伟大胜利》，第281页。11月28日，D.I.斯坦克夫斯基少将接替了步兵第346师师长托尔斯托夫上校，可能是因为该师在大顿什钦卡地域遭遇败绩所致。

128. 《红军总参谋部1942年11月24日8点的328号作战概要摘录》，V.A.日林（主编）的《斯大林格勒战役：编年史、真相和人物，两卷本》，第二卷，第58页。

129. 罗马尼亚军队中好几名将军都姓斯特内斯库，不应将这里的特罗扬·斯特内斯库与后来指挥罗马尼亚第4集团军的斯特内斯库混淆。

130. 萨姆索诺夫，《斯大林格勒战役》，第392页。

131. 同上，第393页。消灭拉斯波平斯卡亚西面和西南面罗马尼亚军队的详情，也可参阅奇斯佳科夫的《奉祖国之命：伟大卫国战争中近卫第6集团军的战斗历程》，第44—47页。

132. 萨姆索诺夫，《斯大林格勒战役》，第392页；罗科索夫斯基，《伏尔加河畔的伟大胜利》，第

280—281页。

133. 安娜·斯特罗耶娃，《集团军司令员克拉夫钦科》，第39页。

134. 同上，第40页。

135. 普利耶夫，《在近卫军的旗帜下》，第130—131页。

136. 同上，第131页。

137. 《红军总参谋部1942年11月24日8点的328号作战概要摘录》，V.A.日林（主编）的《斯大林格勒战役：编年史、真相和人物，两卷本》，第二卷，第58页。

138. 普利耶夫，《在近卫军的旗帜下》，第130—131页。

139. 《红军总参谋部1942年11月24日8点的328号作战概要摘录》，V.A.日林（主编）的《斯大林格勒战役：编年史、真相和人物，两卷本》，第二卷，第59页。

140. 罗科索夫斯基，《军人的天职》，第201页。

141. 伊萨耶夫，《斯大林格勒：伏尔加河后方没有我们的容身处》，第320—321页，涵盖了第24集团军的每日作战行动。

142. 《红军总参谋部1942年11月24日8点的328号作战概要摘录》，V.A.日林（主编）的《斯大林格勒战役：编年史、真相和人物，两卷本》，第二卷，第59页。

143. 同上。

144. 同上；别洛夫等人主编的《从伏尔加河到布拉格》，第44页。

145. 阿米罗夫，《从伏尔加河到阿尔卑斯山：荣获苏沃洛夫勋章和库图佐夫勋章的近卫红旗上第聂伯罗夫斯克步兵第36师的征途》，第48—49页。

146. 切尔夫连纳亚河和卡尔波夫卡河的上游分别靠近旧罗加奇克和卡尔波夫卡车站。前者向东南方流经卡拉瓦特卡峡谷西端汇入伏尔加河，后者向西流经卡尔波夫卡汇入顿河。

147. S.I.瓦西里耶夫和A.P.季坎，《近卫步兵第15师的征途》（Gvardeitsy piatnadtsatoi: Boevoi put' Piatnadtsatoi Gvardeiskoi strelkovoi divizii，莫斯科：军事出版社，1960年），第69页。

148. 《第6集团军作战参谋发给B集团军群司令部的急电，1942年11月23日》（K.R. Funkspruch, Geh. Kdos.! An Heeres gruppe B-I a，23.12.42），收录在《第6集团军作战日志附件册，第一卷，1942年9月14日至11月24日》，第328页。

149. 《第4军1942年11月23日、25日的态势》参见（Lage IV. A. K. vom 23.11.1942" 和 "Lage IV A. K. vom 25.11.1942），第6集团军1942年11月—1943年1月作战日志—态势图，30155/37，NAM T-312，第1459号。

150. 萨姆索诺夫，《从伏尔加河到波罗的海》，第58页。

151. 同上，第58—59页。

152. 同上，第59页。

153. 同上，第60页。虽然塔纳希申12月7日才晋升为少将，但此处和另外一些资料几天前便称他为将军，可能是出于一种礼貌。

154. S.M.萨尔基西扬，《第51集团军》，第104页。另可参阅《红军总参谋部1942年11月24日8点的328号作战概要摘录》，V.A.日林（主编）的《斯大林格勒战役：编年史、真相和人物，两卷本》，第二卷，第59页，关于第51集团军的条目，证实了其他资料对第51集团军11月23日作战行动的描述。

155. 参见第62集团军作战日志中的每日作战报告。

156. 同上，另可参阅第62集团军辖内各师的作战日志。

157. 詹森·D.马克，《烈焰之岛：斯大林格勒"街垒"火炮厂之战，1942年11月—1943年2月》，第282—283页。

158.《红军总参谋部1942年11月24日8点的328号作战概要摘录》，V.A.日林（主编）的《斯大林格勒战役：编年史、真相和人物，两卷本》，第二卷，第59页。

159. 参见第6集团军11月23日晚的态势图，30155/37，NAM T–312，第1459号；以及《发给顿河集团军群的急电，第6集团军司令部作战处每日报告，1942年11月23日》（*Funkspruch an Heeresgruppe Don, Tagesmeldung, Armee-Oberkommando 6, Abt. Ia, A.H.Qu., 23.11.1942*），收录在《第6集团军作战日志附件册，第一卷，1942年9月14日至11月24日》，第331页。

160. 马克·阿克斯沃西等人合著的《第三轴心第四盟友》，第104页。

161. 同上，第101、第109页。苏军报告称，俘虏37000名罗马尼亚士兵。

162. V.A.佐洛塔廖夫（主编），VOV，第二卷，第66页。

163. V.E.塔兰特，《斯大林格勒：对这场痛苦的剖析》，第123页。虽然塔兰特没有提供这些数字的来源，但与现有资料数据相比后发现，这些数字是可信的。

164.《第6集团军司令部作战处发给B集团军群的急电，1942年11月22日19点》（*Funkspruch an Heeresgruppe B, Armee-Oberkommando 6, Abt.-Ia, A.H.Qu., 22.11.1942, 1900 Uhr*），收录在《第6集团军作战日志附件册，第一卷，1942年9月14日至11月24日》，第327—328页。

165. 同上。

166.《1942年11月21日22点发给第6集团军的1368号元首指示》（*Führer-Spruch Nr. 1368 an 6. Armee, 2200 Uhr, 21.11.42*），同上，第329页。

167. 魏克斯11月23日18点45分发给OKH（陆军总司令部）/GenstdH（陆军总参谋部）/OpAbt（作战处）的电报可参阅曼弗雷德·克里希的《斯大林格勒：战役分析和相关文件》，第561页。

168. 同上。

169. 关于这番商谈的详情，可参阅瓦尔特·格尔利茨的《保卢斯与斯大林格勒：陆军元帅弗里德里希·保卢斯传，他的笔记、书信和文件》，第208—212页。

170. 詹森·D.马克，《烈焰之岛：斯大林格勒"街垒"火炮厂之战，1942年11月—1943年2月》，第282—283页。

171.《集团军司令部发给陆军总司令部的急电，最优先级，1942年11月23日23点45分》（*Funkspruch geh. Kdos., Chefsache! An OKH, 2345 Uhr, 23.11.42*），收录在《第6集团军作战日志附件册，第一卷，1942年9月14日至11月24日》，第333页。

172. 蔡茨勒、佐登施特恩和希特勒11月23日—24日夜间商谈的详情，可参阅贝恩德·韦格纳的"*Der Krieg gegen die Sowjetunion 1942/43*,"（1942—1943年的对苏战争），刊登在《德国与第二次世界大战，第六卷》（*Das Deutsche Reich und der 2. Weltkrieg, Band 6*，斯图加特：军事历史研究所，1990年），第1028—1029页，及相关脚注。

173.《B集团军群军需长发给第6集团军的急电，1942年11月24日5点40分》（*Funkspruch an AOK 6, 0540 Uhr, Heeresgruppe B, O. Qu., 24.11.1942*），收录在《第6集团军作战日志附件册，第

二卷》，第5—6页；OKH/GenStdH/OpAbt发给B集团军群，Nr. 420 960/42。

174.《陆军总司令部发给第6集团军的急电，1942年11月24日18点30分》（*Funkspruch an AOK 6, 1830 hours, OKH, 24.11.1942*），同上，第6页。

175. B集团军群，《发给第6集团军的急电，1942年11月23日，13点38分》（*Funkspruch an AOK 6, Q. Qu., 23.11.1942 1338 Uhr*），同上，第5页。

176. 詹森·D. 马克，《烈焰之岛：斯大林格勒"街垒"火炮厂之战，1942年11月—1943年2月》，第283页。

177. 同上，第284页。

第七章

消灭斯大林格勒包围圈，构设合围对外正面

11 月 24 日—27 日

西南方面军与斯大林格勒方面军的快速军在卡拉奇和苏维埃茨基地域会师时，苏军反攻的性质发生了变化。随着德国第6集团军被包围在斯大林格勒地域已成事实，苏军最高统帅部开始沿不同战役方向同时组织三场独立但又相互关联的进攻，每一场攻势都深深地影响着另外两场进攻行动的结果。第一场攻势最为重要，沿斯大林格勒包围圈周边进行，三个方面军辖下的部队负责肃清包围圈内的第6集团军。这一行动的最初目标是孤立并歼灭第6集团军辖下的第51军和第14装甲军，这两个军仍在锡罗京斯卡亚南面、顿河大弯曲部西北角负隅顽抗。行动第一阶段将于11月27日日终前完成，顿河方面军辖下的第65集团军配合左侧的第24集团军和右侧西南方面军第21集团军，逼迫第6集团军将那两个军向南撤过顿河，进入即将恶名昭著的斯大林格勒包围圈。

遂行这一行动的同时，西南方面军和斯大林格勒方面军将沿斯大林格勒包围圈对外正面发起两场进攻，竭力将德军逼向更西面和西南面。在这场进攻中，瓦图京将军的西南方面军（欠第21集团军）将向西南方和南方推进，赶往奇尔河，夺取轴心国军队设在北岸的重要支撑点，迫使对方退过该河，并切断奇尔河南面轴心国军队至关重要的交通线。瓦图京的主要目标是奇尔河北岸的奥布利夫斯卡亚、苏罗维基诺镇和顿河畔的雷奇科夫斯基镇，以及奇尔河以南48公里、德军设在雷奇科夫斯基和托尔莫辛（Tormosin）对面的顿河东岸小型登陆场。夺取前两个镇子将确保苏军对奇尔河的控制，而攻克

雷奇科夫斯基、托尔莫辛或二者兼得，将使德军丧失从西面向斯大林格勒发起救援行动的出发阵地。

瓦图京部队向南攻往奇尔河时，叶廖缅科斯大林格勒方面军辖下的第51集团军同时沿两个不同方向发起进攻：从布济诺夫卡地域向西赶往上奇尔斯基和下奇斯卡亚的顿河河段；向南渡过阿克赛河，冲向科捷利尼科沃。第51集团军的主要目标是科捷利尼科沃和顿河东岸对面的下奇尔斯卡亚，夺取这个重要的铁路和公路枢纽将使德国人从西南方向斯大林格勒发起救援行动的计划更加复杂。

第6集团军遭到灾难性合围后，德国人仍在竭力恢复态势，以手头现有的一切力量抗击苏军的攻势。首先，OKH和魏克斯将军的B集团军群将他们所能腾出的所有预备队派往斯大林格勒地域，陆军元帅冯·曼施泰因新组建的"顿河"集团军群准备将这些预备队纳入罗马尼亚第3集团军和德国第4装甲集团军，以便这两支部队稳定住他们的防线，加强或救援第6集团军。

罗马尼亚第3集团军司令部在德国人的严格监督下，以临时拼凑起来的德国陆军、警卫、宪兵和空军单位沿顿河西面的奇尔河遂行防御。侥幸逃脱的第48装甲军向西渡过奇尔河后，迅速加强了罗马尼亚第3集团军。在左侧为其提供支援的是"霍利特"集群，该集群以霍利特将军第17军辖下的两个德国步兵师组成，外加罗马尼亚第1、第2军残部。

顿河东面，霍特将军的第4装甲集团军（集团军辖下的德国部队目前在斯大林格勒包围圈内战斗，接受第6集团军指挥）以罗马尼亚第6、第7军残部沿阿克赛和科捷利尼科沃方向实施防御，希望迟滞或遏止斯大林格勒方面军向南的推进。同时，霍特焦急地等待着援兵，以便向斯大林格勒发起救援行动，这是OKW、OKH和位于斯大林格勒地域及其附近的各集团军群商讨的重要议题。最后，希特勒决定从A集团军群和西线抽调部队加强霍特集团军，这使德军得以在12月月初和中旬发起一场真正的救援，并沿奇尔河和科捷利尼科沃方向展开新的战斗。[1]

激战沿斯大林格勒包围圈对外正面肆虐之际，保卢斯将军的第6集团军继续在包围圈内战斗，其抵抗远比苏军预料的更加顽强，尽管该集团军的补给状况越来越趋于绝望。不过，到12月初，第6集团军的存亡显然依赖于德国空军提供足够物资支援的承诺和"顿河"集团军群的救援行动。该集团军群根据希特勒11月21日姗姗来迟的决定组建而成，以协调斯大林格勒包围圈外的作战行动，冯·曼施泰因元帅11月26日赶至设在新切尔卡斯克（Novocherkassk）的司令部后，该集团军群正式投入运作。由于希特勒的决定拒绝了第6集团军要求的"行动自由"，"顿河"集团军群的第一项任务是设法解救保卢斯陷入包围圈的集团军。

苏军的计划

位于斯大林格勒地域的三个方面军合围了德国第6集团军后，苏军最高统帅部11月23日—24日夜间最为关注的是德国人试图增援或解救保卢斯集团军的可能性。从防线配置、地形和轴心国军队的防御态势考虑，这样一场救援行动最有可能沿以下方向展开：从雷奇科夫斯基和下奇尔斯卡亚地域的顿河东岸登陆场向东攻往马里诺夫卡；或从西南方的科捷利尼科沃突入斯大林格勒地域，苏军在那里构设的包围圈对外正面最为薄弱。

具有讽刺意味的是，"天王星"反攻取得的胜利给苏军的决策制造了困难，最高统帅部和各方面军司令员必须对一个全新因素加以考虑：西南方面军和斯大林格勒方面军已在轴心国军队位于斯大林格勒西面和西南面的战略防御上撕开一个300公里宽的巨大缺口。这个缺口从德国第17军位于上奇尔河畔博科夫斯卡亚地域的右翼起，沿奇尔河向东南方延伸至顿河畔雷奇科夫斯基，跨过顿河，向东南方延伸至罗马尼亚第7军位于阿克赛南面和萨尔帕湖西面的左翼。截至11月23日傍晚，据守这一缺口的轴心国部队仅仅是罗马尼亚第3集团军第2、第5军辖内各师的残部和一些后勤部队，外加警卫、宪兵部队和第6集团军后勤单位组成的大量小股德军，另外还有德国空军的几个高射炮和机场支援部队。很自然地，这些部队沿重要的铁路和公路线据守着主要城镇，他们在那里组建起一个个临时战斗群。

苏军指挥员们本能地意识到，在这个缺口南半部后方的某处，很可能是科捷利尼科沃地域及其南部，德军上级指挥部门正忙着重建霍特的第4装甲集团军，以增援或解救第6集团军。但问题是：这股力量何时出现？出现在何处？其实力如何？因此，在苏军最高统帅部看来，迅速歼灭被围德军至关重要，可能的话，抢在德国人发起救援前完成这一任务。苏军最高统帅部认为，困在斯大林格勒地域的德军人数估计为8—9万，如果以相邻方面军的几个集团军加强顿河方面军，他们就能较为轻松地完成这项任务。为掩护这场消灭被围敌军的行动，西南方面军和斯大林格勒方面军的对外正面应尽量从斯大林格勒地域向西推进，从而彻底孤立被围之敌，这一点同样重要。但是，由于这是红军在战争中的第一场大规模合围，苏军最高统帅部和总参谋部仍无法确定应以多少部队、以何兵种构设对外正面。目前，他们决定主要依靠骑兵军（骑兵第8军在北面，骑兵第4军在南面），必要的话投入坦克和机械化军。

在这种情况下，斯大林和最高统帅部委派红军总参谋长华西列夫斯基将军制定完成这两项任务的计划。通过电话，身处西南方面军司令部的华西列夫斯基与顿河方面军、斯大林格勒方面军司令员密切协调，完成了这项工作。华西列夫斯基拟制的计划主要基于这样一种判断：德国人会竭尽全力解救第6集团军。因此，尽快消灭这个包围圈至关重要，但红军还必须构设一道合围对外正面，并以尽可能多的快速部队提供加强，从而彻底孤立被围之敌。故此，三个赢得初步胜利的方面军应于11月24日晨立即发起歼灭被围敌军的行动。最高统帅部批准了华西列夫斯基的计划，11月23日—24日夜间给三个方面军下达了指令，赋予他们如下任务：

·总任务——向古姆拉克发起向心突击，分割被包围的敌斯大林格勒集团，各个击破。

·针对被包围的敌斯大林格勒集团，各方面军任务如下：

⊙西南方面军——在坦克第26、第4军的支援下，第21集团军沿索卡列夫卡、大罗索什卡和古姆拉克方向发起由西向东的突击，迫使敌军从顿河退至伏尔加河，坦克第26和第4军应于11月24日日终前到达韦尔佳奇、德米特里耶夫卡（Dmitrievka）一线，步兵部队前出至这一线不得迟于11月25日。

⊙顿河方面军——以第65、第24和第66集团军从北面发起突击，第65集团军应于11月24日日终前歼灭顿河右岸之敌集团，第24集团军应于11月24日日终前夺取韦尔佳奇，孤立顿河以西之敌，然后与第21集团军向东攻往波德索布诺耶农场（Podsobnoe），第66集团军应从叶尔佐夫卡地域攻向奥尔洛夫卡，突破德军防御，与斯大林格勒方面军辖下的第62集团军在雷诺克会合。

⊙斯大林格勒方面军——以第62、第64、第57集团军从东面和南面发起突击，11月24日日终前，第51集团军主力应前出至德米特里耶夫卡和卡尔波夫卡地域，第57集团军应肃清切尔夫连纳亚河一线之敌；尔后，第51、第57、第64集团军应从库波罗斯诺耶、卡尔波夫卡和德米特里耶夫卡一线发起突击，与从东面遂行进攻的第62集团军相配合，攻向古姆拉克。

·对于合围对外正面，各方面军任务如下：

⊙西南方面军——以近卫第1集团军沿克里瓦亚河掘壕据守；以近卫第1集团军左翼和中央部队打击克里瓦亚河以西之敌；以坦克第5集团军沿奇尔河北岸的铁路线夺取并加强奥布利夫斯卡亚、苏罗维基诺和雷奇科夫斯基地域；阻挡敌人从西南方发起的一切推进。

⊙斯大林格勒方面军——以第51集团军机械化第4军的一部在卡拉奇以南25公里处的利亚皮切夫（Liapichev）夺取顿河上的渡口，从南面掩护作战行动；以骑兵第4军据守从格罗莫斯拉夫卡（Gromoslavka，位于阿克赛以北27公里处的梅什科沃[①]河畔）至伊万诺夫卡（格罗莫斯拉夫卡以东6公里处）的地域，以第51集团军辖下的步兵师守卫阿布加涅罗沃和乌曼采沃。[2]

11月24日，西南方面军和顿河方面军的攻势

11月24日，西南方面军辖内部队继续攻向博科夫斯卡亚、奥布利夫斯卡亚和苏罗维基诺，并与顿河方面军右翼部队相配合，对德国第11军的部队发起打击，并将敌人驱至顿河南岸。

顿河方面军右翼部队与西南方面军左翼部队相配合，继续对德国第11军辖下部队发起进攻，粉碎了敌人的抵抗，并夺取了锡罗京斯卡亚、卡梅申卡和特廖赫奥斯特罗夫斯卡亚地域；位于方面军中央的部队攻向韦尔佳奇；左翼部队在斯大林格勒北面发起进攻，克服敌人的顽强抵抗后，与斯大林格勒方面军

---

① 译注：应该是梅什科瓦（myshkova），而非梅什科沃（myshkovo）。

第62集团军的部队在雷诺克地域会合。

红军总参谋部作战概要

1942年11月25日8点[3]

西南方面军和顿河方面军的任务

  与前几晚一样，瓦图京和罗科索夫斯基23日—24日夜间接到华西列夫斯基的指令，随即为麾下各集团军制订了任务——这一次是朝两个方向展开行动。他们怀着一种既欣慰又焦虑的心情，欣慰的是他们的部队终于完成了一项重要的战略任务，焦虑的是德国人仍有可能夺走他们手中的胜利。但这一次，他们果断行事，这种果断源自他们赢得的显而易见的胜利。大体说来，西南方面军辖下的坦克第5集团军（近卫第1集团军沿克里瓦亚河掩护其右翼）将夺取奥布利夫斯卡亚、苏罗维基诺和雷奇科夫斯基，并据守从博科夫斯卡亚向东南方延伸至奇尔河与顿河交汇处的奇尔河河段。与此同时，第21集团军将沿索卡列夫卡、大罗索什卡和古姆拉克方向向东进击，粉碎斯大林格勒包围圈。东面，顿河方面军辖下的第65和第24集团军负责夺取韦尔佳奇，进而包围并歼灭顿河北面的德国第11军，而第66集团军将从叶尔佐夫卡地域向奥尔洛夫卡发起一场辅助突击（具体任务可参阅副卷附录6A）。

  这些计划看似完善，但存在两个潜在缺陷。第一，苏军情报部门认为被包围的德军约有8—9万人，这个估计太过离谱，兵力对比对进攻方不利。其次，计划要求西南方面军和斯大林格勒方面军将他们的注意力和部队一分为二：斯大林格勒包围圈和合围对外正面。瓦图京和叶廖缅科能否顺利完成任务，这一点有待观察。

西南方面军

  11月24日，瓦图京西南方面军面临的最困难的任务是肃清奇尔河以北地域的轴心国军队，夺取奇尔河畔奥布利夫斯卡亚、苏罗维基诺和顿河畔雷奇科夫斯基这几个至关重要的镇子（参见地图29）。同时，这也是最令人烦心的任务，有两个原因。第一，尽管经历了四天激战，但第48装甲军辖下第22装甲师和罗马尼亚第1装甲师的残部仍盘踞在大顿什钦卡及其南面的库尔特拉克河河谷之间，故而继续扰乱西南方面军进攻行动的有序发展。第二，由于第48装甲军坚守不退，加之"拉斯卡尔"集群在拉斯波平斯卡亚西南方的包围圈内顽强抵抗，坦克第5集团军的进展仍落后于计划时间表，特别是没能夺取奇尔河和顿河畔三个至关重要的目标。因此，瓦图京又是鼓励又是威胁，一再催促麾下各集团军司令员，生怕他们无法完成任务，从而使德国人从雷奇科夫斯基登陆场向斯大林格勒发起救援行动。

坦克第 5 集团军

和前几天一样，罗曼年科将军的坦克第5集团军在进攻行动这一阶段面对着最艰巨的任务。将辖下大部分坦克力量投入斯大林格勒包围圈战斗的同时，该集团军还要对付第48装甲军并夺取奇尔河一线，特别是雷奇科夫斯基。但罗曼年科现在只有一个坦克军可用于上述任务，因为瓦图京命令他，24日让罗金将军的坦克第26军休整一天，25日晨转隶奇斯佳科夫第21集团军，用于消灭斯大林格勒包围圈。这样一来，罗曼年科手上只剩下布特科夫的坦克第1军，而该军目前只有约20辆坦克。无论其实力如何，坦克第1军仍承担着集团军最重要的任务——日终前夺取苏罗维基诺和雷奇科夫斯基。完成这项任务的同时，布特科夫还要与东面卡拉奇地域的第21集团军保持联系。这就迫使罗曼年科将部队分散在宽达35公里的作战地域，并把所有坦克集中在一个旅内。

尽管实力不济，但布特科夫坦克军还是向南攻往上奇尔斯基和雷奇科夫斯基，据称是"追击退却之敌"（西南方面军11月24日取得的战果可参阅副卷附录6B）。夜幕降临时，坦克第1军报告，该军已"到达德米特里耶夫卡（苏罗维基诺东南方11公里处）和雷奇科夫斯基一线，攻占了那里的铁路线"，正以"部分部队夺取苏罗维基诺"。[4]报告中还指出，该军不得不击退大批敌军发起的反冲击，并遭到20—30架德军战机的打击。[5]但该军和红军总参谋部只字未提的是，坦克第1军没能夺取任何一处目标。东面，罗金坦克第26军完成了卡拉奇地域的行动，重新集结部队，接到转隶第21集团军的命令后，开始向东重新部署，加入坦克第4军对马里诺夫卡及其北部的进攻。

与此同时，坦克第5集团军中央地带，罗曼年科继续将新锐部队投入大顿什钦卡和库尔特拉克河地域，试图彻底消灭德国第22装甲师和罗马尼亚第1装

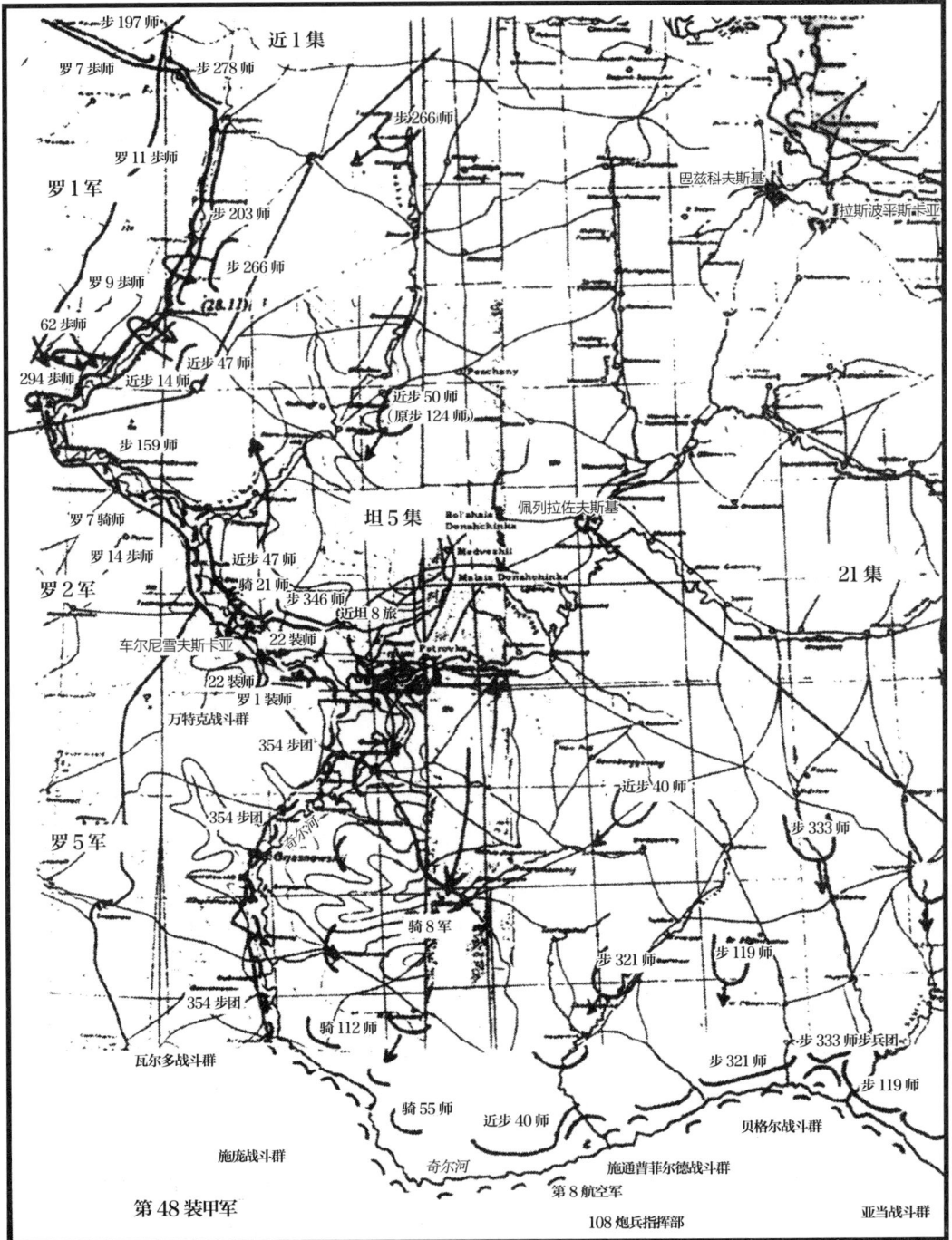

地图 29 （本页及下页）1942 年 11 月 25 日—28 日，西南方面军和顿河方面军的推进

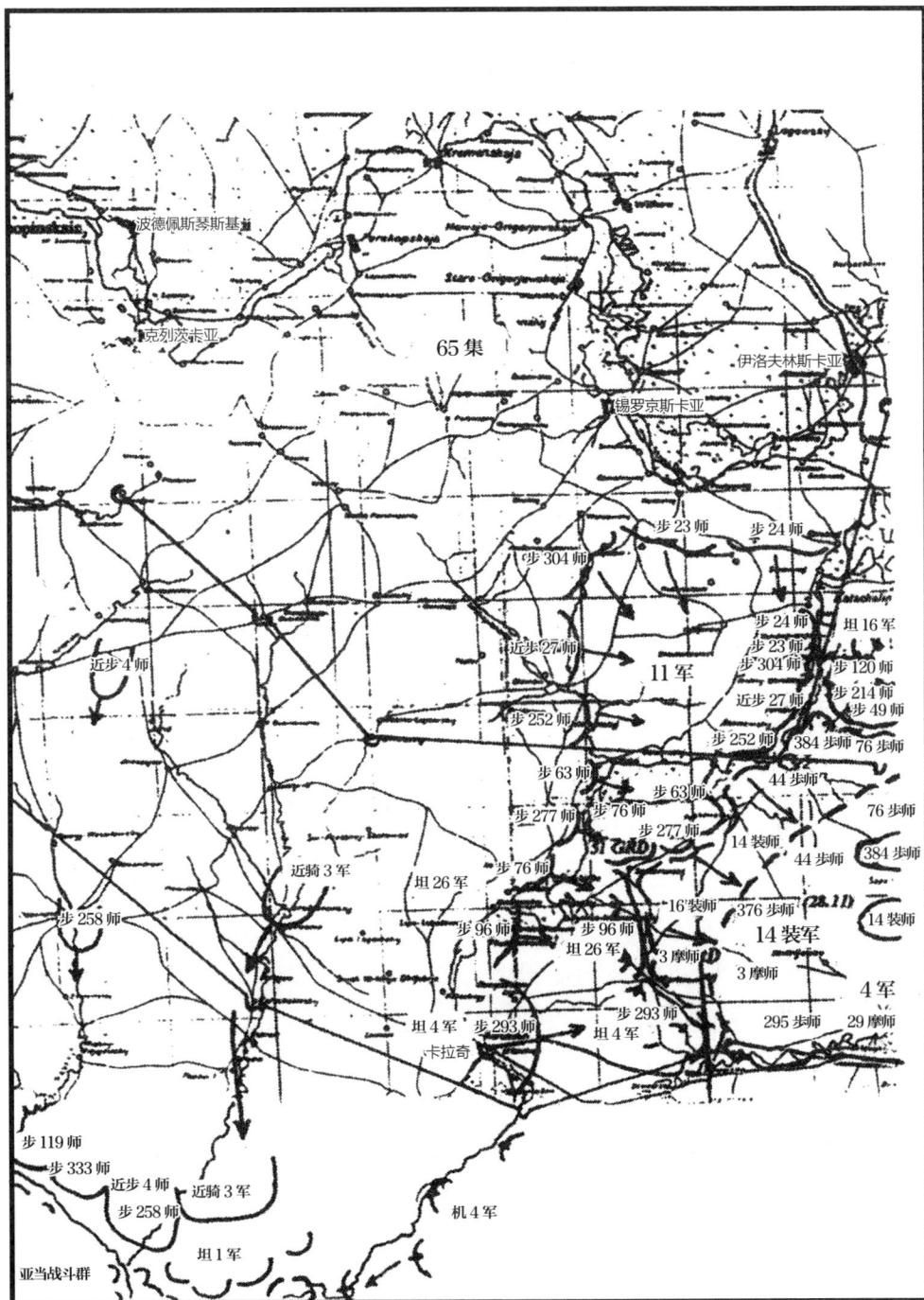

波德佩斯琴斯基

克列茨卡亚

65集

伊洛夫林斯卡亚

锡罗京斯卡亚

步23师　　步24师

步304师

步24师　　坦16军
近步4师　　　　　　　　　　　　近步27师　　11军　　步23师
　　　　　　　　　　　　　　　　　　　　　　　步304师　　步120师
　　　　　　　　　　　　步252师　　　　　　　　近步27师　　步214师
　　　　　　　　　　　　　　　　　　　　　　　　　　　　步49师
　　　　　　　　　　　　　　　　　　　步252师　384 步师　76师
　　　　　　　　　　　　步63师　　步63师　44 步师
　　　　　　　　　　步277师　步76师　　　　　　　　76 步师
　　　　　　　　　　　　　　　　步277师　14 装师　44 步师　384 步师
近骑3军　　　坦26军　　步76师　　　　　　　　　　　　　14 装师
步258师　　　　　　　　　　　　　　16装师　376 步师
　　　　　　　　　　　　　　步96师　步96师　　　　　　14 装军
　　　　　　　　　　　　　　坦26军　3摩师　3 摩师
　　　　　　　　　　　　　　　　　　　　　　　　　　4 军
　　　　　　　　　　　步4军　步293师　步293师　295 步师　29 摩师
　　　　　　　　　　　　　卡拉奇　坦4军
步119师
步333师　近步4师
步258师　近骑3军
坦1军
亚当战斗群　　　　　机4军

甲师的残部。此时，第22装甲师分成一个个连、营级战斗群，据守着从大顿什钦卡向西南方延伸7公里至梅德韦日，向南延伸7公里至小顿什钦卡这片大致呈三角形的地带。前一天，西翁上校①罗马尼亚第15步兵师3500余人的残部逃出拉斯波平斯卡亚包围圈，在大顿什钦卡占据了防御阵地，并获得第22装甲师反坦克炮的加强。南面，罗马尼亚第1装甲师的残部，可能还有1500人和少量坦克，集结在库尔特拉克河南面，继续抗击苏军骑兵第8军辖下的骑兵第55和第21师。[6]

罗曼年科投入步兵第346、近卫步兵第50、步兵第119师、近卫坦克第8、坦克第216旅和摩托车第8团对付被困在库尔特拉克河北面的德军第22装甲师。同时，骑兵第8军辖下的骑兵第55和第21师继续沿库尔特拉克河及其南面打击罗马尼亚第1骑兵师。7点左右，仍由托尔斯托夫上校指挥的步兵第346师，在近卫坦克第8、坦克第216旅和摩托车第8团的支援下，从西面、北面和东面对第22装甲师设在大顿什钦卡的防御发起突击。据罗马尼亚资料称，苏军发起进攻前不久，罗特上校撤走了调拨给该镇的反坦克炮，留下西翁的罗马尼亚步兵自行防御。进攻中的苏军包围了据守该镇的罗马尼亚部队，西翁徒劳地请求德军装甲师提供增援；没过多久，在从该镇向南突围的过程中，西翁阵亡。

随着战斗的加剧，近卫步兵第50和步兵第119师投入其中，对被困在大顿什钦卡的罗马尼亚人发起进攻。当日下午和傍晚，步兵第346师和提供支援的坦克部队绕过该镇，追击德军第22装甲师，赶往西南方的奇尔河。日终时，近卫步兵第50师重新集结在佩列拉佐夫斯基，准备向南冲往奇尔河，留下步兵第119师消灭群龙无首的西翁集团。据罗马尼亚资料称，尽管德军第22装甲师的一个支队在夜幕降临前设法救出西翁的800名部下，但其他人要么阵亡，要么消失在了战俘营中。[7]

与此同时，就在第22装甲师向南进入库尔特拉克河河谷，随后向西赶往奇尔河之际，苏军骑兵第21和第55师沿库尔特拉克河及其南部向东突击，以堵

---

① 译注：西翁的军衔是准将，阵亡后追授少将。

住向南、向西退却的德军装甲师。此时，罗马尼亚第1装甲师的一部已加入德军第22装甲师的队列。随后便是一场激烈而又混乱的战斗，激战中，鲍里索夫将军的骑兵军弹药不济，被迫停止进攻，转而占据阵地，以阻止德军逃脱。亚库宁将军的骑兵第21师在车尔尼雪夫斯卡亚以东12公里处的新里亚布欣地域（Novoriabukhin）占据防御，恰连科上校的骑兵第55师在新里亚布欣与彼得罗夫卡之间设防，阻截德军的一切推进。在此期间，骑兵第8军编成内的第三个师（沙伊穆拉托夫将军的骑兵第112师）设法脱离了这场战斗，向南进入车尔尼雪夫斯卡亚东南方12—15公里处的奥泽雷和阿尔扎诺夫斯基地域。

鲍里索夫的骑兵没能将第22装甲师歼灭于库尔特拉克河河谷及其南部，此后，德军第48装甲军重新将其残部编为两个行军队列：一个编有第22装甲师主力（"奥佩尔恩"战斗群）和第48装甲军军部，由海姆将军指挥；另一个编有第22装甲师余部和罗马尼亚第1装甲师残部，由罗特上校率领。[8]11月24日—25日夜间，两股队列向西而去，最终到达车尔尼雪夫斯卡亚以北、鲁萨科夫村（Rusakov）西面奇尔河西岸的安全处。罗马尼亚第1装甲师的另一部向西突围，但遭到苏军骑兵第55和第112师的阻截，随即向南退往库尔特拉克河南面12公里处的奥西诺夫斯基，11月24日—25日夜间，他们从那里渡过奇尔河向西逃窜。[9]刚一到达相对安全的奇尔河西岸，第48装甲军和辖下两个支离破碎的师立即接到罗马尼亚第3集团军的命令，要求他们据守车尔尼雪夫斯卡亚南北两侧的河段。该军马不停蹄地投入了部署。

随着打击第48装甲军的战斗临近尾声，罗曼年科采取措施粉碎轴心国军队沿奇尔河的防御。11月24日夜间晚些时候，他命令鲍里索夫的骑兵第8军，完成车尔尼雪夫斯卡亚以东的作战行动后，投入三个骑兵师夺取奥布利夫斯卡亚，以及车尔尼雪夫斯卡亚南北两侧奇尔河对岸的登陆场。为此，鲍里索夫派骑兵第55和第112师向南赶往奇尔河东面的奥布利夫斯卡亚，骑兵第21师冲向车尔尼雪夫斯卡亚北面的奇尔河河段，具体任务如下：

· 骑兵第55师（恰连科上校）——夺取奥布利夫斯卡亚，切断奇尔河北面由东向西的铁路和公路。

· 骑兵第21师（亚库宁将军）——与近卫步兵第47师相配合，在车尔尼雪夫斯卡亚北面的奇尔河西岸夺取一座登陆场。

· 骑兵第112师（沙伊穆拉托夫将军）——在车尔尼雪夫斯卡亚南面的奇尔河西岸夺取一座登陆场。[10]

显然，罗曼年科的意图是待各步兵师从打击第48装甲军的战斗中腾出后，立即为鲍里索夫的几个骑兵师提供增援。他暂时将近卫步兵第50师用于车尔尼雪夫斯卡亚以北，步兵第346师投入车尔尼雪夫斯卡亚以南，步兵第119师用于奥布利夫斯卡亚地域。另外，瓦图京已通知罗曼年科，待顿河以西包围、歼灭德国第11军和第14装甲军的行动结束后，坦克第5集团军将从第21和第65集团军获得额外的几个师。

坦克第5集团军辖下的大部分骑兵和相当一部分步兵、坦克部队最终消除中央地带的第48装甲军这一障碍时，集团军右翼的步兵师也加强了他们位于奇尔河右（西）岸的阵地，其防线从车尔尼雪夫斯卡亚向西北方延伸至奇尔河与克里瓦亚河交汇处。具体说来，福卡诺夫将军的近卫步兵第47师强化了从车尔尼雪夫斯卡亚北延至楚茨坎河河口部皮丘金的防区，等待着骑兵第8军辖下的骑兵第21师脱离在车尔尼雪夫斯卡亚东面打击第48装甲军的战斗，待两个师会合后，他们将渡过奇尔河向西发起突击。近卫步兵第47师右侧，阿纳什金上校的步兵第159师沿奇尔河加强了自己的防区，这段防区从皮丘金对面的霍赫拉切夫向西北方延伸至博科夫斯卡亚东北偏东方6公里处的杜连斯基（Dulenskii），该师还以右翼部队向博科夫斯卡亚发起试探性进攻。

近卫第 1 集团军

坦克第5集团军右侧，西南方面军最右翼，列柳申科将军的近卫第1集团军11月24日拂晓发起了向心突击，旨在包围并粉碎罗马尼亚第1军辖下的第7和第11步兵师，这两个师在顿河与克里瓦亚河之间占据的楔形阵地形成了一个90度角的突出部（参见副卷附录6B）。集团军最右翼，步兵第1、第153师和步兵第197师的一个团仍沿顿河北岸实施防御，其防区从下马蒙东延至韦申斯卡亚（Veshenskaia）东南方10公里处的埃里茨基地区（Eritskii）。集团军中央地带，步兵第197师的两个团和步兵第278师向南发起突击，攻向罗马尼亚第7步兵师设在从鲁布内（Rybnyi）东延至克里瓦亚河畔伊阿戈德内的防御。与此同时，集团军左翼，步兵第203和近卫步兵第14师在从戈尔巴托夫斯卡亚（Gorbatovskaia）南延至乌沙科夫（Ushakov）这片6公里宽的地域渡过克里瓦亚河，向西发起突击，攻向罗马尼亚第11步兵师据守的防区。列柳申科的计划要求突击部队沿切尔纳亚河（Chernaia）、上卢奇基（Verkhnyi Luchki）和维斯洛古博夫一线（穿过突出部底部）会合，歼灭两个罗马尼亚师。由于担心德军介入，当日中午，列柳申科将担任预备队的步兵第266师投入步兵第203师与近卫步兵第14师的结合部，以加强突击行动。该师受领的任务是击退敌人有可能发起的一切反冲击。[11]

可是，接下来的战斗并未像列柳申科预期的那样发展。相反，面对罗马尼亚人猛烈的火炮、迫击炮和机枪火力，步兵第197和第278师在北面的突击发生了动摇。步兵第203师的情况与之类似，该师在克里瓦亚河西岸夺得一个2公里深的登陆场后陷入停滞。[12]当日，只有格里亚兹诺夫将军的近卫步兵第14师在右翼L.V.韦托什尼科夫少将步兵第266师的支援下取得了显著进展。经过一整天的激战，两个师突破了罗马尼亚第11步兵师的防御，向西推进16公里，前出至从博科夫斯卡亚北面5公里处的孔科夫（Kon'kov）北延至克里瓦亚河以西4公里、博科夫斯卡亚东北偏北方30公里处的巴赫穆特金农场一线。傍晚时，格里亚兹诺夫报告，他的近卫步兵第14师"沿第二区国营农场（戈尔巴托夫斯卡亚西南方10公里处）—伊利因（Ilin）—杜连斯基一线对敌人发起进攻，向前推进5—16公里，前出至孔科夫、维斯洛古博夫和上卢奇基一线后停止下来"。[13]但没过几个小时，德军第17军军长兼"霍利特"集群司令霍利特将军从克鲁日林（Kruzhilin）和博科夫斯卡亚派出第62、第294步兵师，命令他们加强罗马尼亚军队，发起反冲击，将苏军逐过克里瓦亚河。[14]

因此，罗曼年科的坦克集团军11月24日只完成了一项重要任务：消灭了第48装甲军长时间留存在集团军中央的拦截阵地。但该集团军没能完成最重要的任务——夺取奥布利夫斯卡亚和雷奇科夫斯基，并派部队向南赶往下奇尔河。此时，方面军司令员瓦图京肯定对罗曼年科有效指挥坦克第5集团军的能力开始产生怀疑，尽管该集团军的失利情有可原，至少部分原因是其辖下坦克第1军的实力太过虚弱。

第21集团军

坦克第5集团军沿斯大林格勒包围圈对外正面努力完成至关重要的任务时，西南方面军辖下的第21集团军在战斗中发挥着同样重要的作用——歼灭斯大林格勒包围圈内的第6集团军（参见附卷附录6B）。为在最短时间内完成这项任务，奇斯佳科夫将军几乎完全依赖于集团军辖内的快速军，这三个军将从西面对第6集团军的防御发起打击。他命令克拉夫钦科将军的坦克第4军从苏维埃茨基向东北方重新部署后，立即沿顿河南岸冲向东北方，夺取卡拉奇东北方22公里处的索卡列夫卡。在克拉夫钦科坦克军左侧，普利耶夫将军的近卫骑兵第3军将沿顿河北岸向东突击，夺取卡拉奇东北方55公里处的特廖赫奥斯特罗夫斯卡亚。克拉夫钦科右侧，待（调自坦克第5集团军的）坦克第26军次日加入第21集团军的行动后，该军将向东进击，夺取卡拉奇东北偏东方30公里处的德米特里耶夫卡。为支援奇斯佳科夫的部队，斯大林格勒方面军第51集团军辖下的机械化第4军，将从苏维埃茨基地域赶往东北方的马里诺夫卡，并以辖下的机械化第36旅与坦克第4军坦克第102旅协同，攻向德米特里耶夫卡，第102旅在克拉夫钦科最右翼行动，直至坦克第26军到达。

奇斯佳科夫这一计划中最主要的弱点是，坦克第26军赶到前，坦克第4军不得不沿一条15公里宽的战线展开行动，这条战线太宽，部队很难发挥效力。另外，普利耶夫的三个骑兵师（至少获得一个步兵师的加强）必须击败德国第14装甲军第16装甲师沿戈卢巴亚河及其东面构设的防御。瓦图京显然认为这些任务完全可以做到，因为当面之敌的实力极为虚弱。至于第21集团军的步兵部队，步兵第76、第293、第96和第333师将跟随快速军一同推进，为其提供支援，而步兵第277和第63师将从拉斯波平斯卡亚地域消灭"拉斯卡尔"集群的战斗中调出，以强行军赶往顿河。

11月23日—24日夜间，克拉夫钦科将日德科夫中校的坦克第45旅和阿加福诺夫上校的坦克第69旅从苏维埃茨基地域北调，又把摩托化步兵第4旅从普拉托诺夫国营农场向北调动。当日上午，几个旅在卡拉奇东面和东北面集结休整，下午向东北方开拔。在此过程中，日德科夫和阿加福诺夫旅在军左侧缓缓赶往东北方的索卡列夫卡，科舍列夫上校位于军右侧的坦克第102旅向东赶往马里诺夫卡北面，与机械化第4军辖下的机械化第36旅会合。由于这些部队当日上午的再部署、休整和补充弹药需要时间，下午，德军的抵抗又有所加强，导致几个旅行速缓慢，日终前，坦克第45和第69旅到达卡拉奇东北方17公里处的伊利缅斯基（Il'menskii）和留米诺—克拉斯诺亚尔斯基（Riumino–Krasnoiarskii）地域。南面，向东推进的坦克第102旅到达普拉托诺夫国营农场东北方。[15]

此时，克拉夫钦科的几个旅面对着德军第3摩步师第29和第8摩步团的部队，这股德军已建立起一道薄弱的防线，从索卡列夫卡向南延伸，经伊拉里奥诺夫斯基至马里诺夫卡，并在西面数公里处部署了小股掩护部队。[16]第3摩步师很快获得第14装甲师部分部队的加强，该师撤离第11军位于顿河以西的登陆场向西退却，穿过佩斯科瓦特卡，在第3摩步师右侧接管了封锁顿河南面公路的阵地。与此同时，第24装甲师战斗群也从登陆场撤离，15点到达佩斯科瓦特卡。[17]第14装甲军军长胡贝将军已命令第24和第16装甲师分阶段撤离第11军的登陆场，11月26日夜晚前在顿河东面据守包围圈西部防线。胡贝打算以这两个装甲师加强包围圈西侧，而第14装甲师转隶他麾下后，将担任第14装甲军的预备队。但是，这三个师脱离战斗并进入新阵地还需要些时间。

与此同时，顿河北面，坦克第4军左侧，普利耶夫近卫骑兵第3军辖下的三个师将对第11军左翼发起打击，11月23日—24日夜间，该军从奇斯佳科夫处接到了修改过的任务：

近卫骑兵第3军，连同步兵第76师和加强部队，应将敌人歼灭在138.0、118.4高地［叶夫拉姆皮耶夫斯基以东3公里处至东南方4公里处］和卡尔图利（Kartuli）［小纳巴托夫斯基东北偏东方5公里处］北面2公里处的路口附近，右翼前出至顿河地域，左翼前出至小纳巴托夫斯基［应为叶夫拉姆皮耶夫斯基］和基斯利亚科夫（Kisliakov）［叶夫拉姆皮耶夫斯基东北方15公里处］。歼灭敌集团后，前出至特廖赫奥斯特罗夫斯卡亚地域［叶夫拉姆皮耶夫斯基东北方25公里处］。[18]

这道命令要求普利耶夫的部队突破德国第14装甲军第16装甲师位于戈卢巴亚河东面的防御，并向东北方前进约25公里，切断胡贝第14装甲军和施特雷克尔第11军的后撤路线。但是，这项任务对三个骑兵师和一个步兵师来说实在太难。普利耶夫11月24日—25日夜间发给总参谋部的每日报告描述了行动结果："近卫骑兵第3军追击退却之敌，击退了对方偶尔发起的反冲击，到达叶夫拉拉姆皮耶夫斯基—奥西金斯基一线（卡拉奇以北35—45公里处，锡罗京斯卡亚西南方28公里处至南面28公里处），其正面朝向东北方。"[19]如果将其绘制在地图上，这份报告就表明，11月24日，骑兵军的推进在德军第16装甲师的防御前突然停顿下来，普利耶夫后来证实了这一事实："〔11月25日〕骑兵军和步兵第76师的部队继续从事夺取卡尔图利的激烈战斗，敌人已将该镇构设成一个支撑点。"[20]这就意味着11月24日，面对德军第16装甲师的防御，该军没能取得任何进展。

11月24日傍晚，仍在第21集团军后方的各步兵师开始靠近顿河，准备为集团军战斗中的各快速军提供关键性支援。集团军左翼，步兵第76师（番号已改为近卫步兵第51师）与近卫骑兵第3军位于顿河北岸叶夫拉姆皮耶夫斯基地域的师相配合；近卫骑兵第3军还获得步兵第277师的加强，该师集结在大纳巴托夫斯基以西7公里处的十字路口附近，随即转向东北方，为骑兵军奋战于大纳巴托夫斯基至叶夫拉姆皮耶夫斯基地域的部队提供支援。更南面，集团军中央和右翼，步兵第333师前出至卡拉奇以北24公里处的小戈卢巴亚；步兵第96师进入卡拉奇以北20公里处的戈卢宾斯基；步兵第293师到达卡拉奇以北5—15公里处的别列佐夫斯基和卡缅斯基地域。集团军编成内的最后一个步兵师，步兵第63师（11月27日改为近卫步兵第52师），集结在集团军深远后方的拉斯波平斯卡亚地域，用几天时间加以休整和补充。[21]

如果说西南方面军第21集团军辖下的各快速军在计划合围并歼灭德国第11军及第14装甲军的行动中充当南钳，那么，顿河方面军辖下的第65和第24集团军将承担起构成北钳并歼灭被围德军的责任。加里宁将军的第24集团军将向南攻往顿河东面，夺取韦尔佳奇，巴托夫将军的第65集团军继续对第11军的防御发起正面突击，消灭被围之敌。但这项计划说起来容易做起来难。

顿河方面军

第65集团军

11月24日，巴托夫将军的集团军继续对第11军位于顿河西面、不断萎缩的防线施加毫不松懈的压力（顿河方面军11月24日的战果可参阅地图29和30，以及副卷附录6C）。巴托夫仍对加拉宁将军前一天指责第65集团军作战不力一事耿耿于怀，因而对麾下部队加以督促。当日，集团军主力突击群的步兵第252、近卫步兵第27、步兵第258师迫使防御中的德军第14装甲师和第44步兵师向东退却，从戈卢巴亚河畔上戈卢宾斯卡亚向东北方斜向延伸并穿过登陆场的阵地，撤至济莫夫斯基（Zimovskii）与赫梅列夫斯基之间的顿河南岸。与此同时，集团军辖下的近卫步兵第4师从赫梅列夫斯基西面攻向东南方，步兵第24师从赫梅列夫斯基东面、集团军位于顿河南岸的登陆场向南发起突击。当日，施特雷克尔将军的第11军实施战斗后撤，退往新防御阵地时，第65集团军辖下的各个师前进了7—15公里。双方都为这场激烈的战斗付出了高昂的代价，第65集团军的损失尤为惨重，因为他们除了发起正面进攻外别无选择。

傍晚时，巴托夫麾下的步兵第252、近卫步兵第27、步兵第258师到达了俯瞰苏哈亚戈卢巴亚峡谷（Sukhaia Golubaia）的位置，这条基本上已干涸的河床从叶夫拉姆皮耶夫斯基附近的戈卢巴亚河向北延伸约20公里，直至赫梅列夫斯基南面。在其左侧，近卫步兵第4师前出至赫梅列夫斯基西部接近地，再往左，普罗霍罗夫上校的步兵"铁"24师一路向南，杀至从顿河西岸的特廖赫奥斯特罗夫斯卡亚南面向西延伸的位置上。可是，尽管第11军的登陆场不断萎缩，但并未遭到包围。巴托夫左侧，加里宁第24集团军向韦尔佳奇的进军未取得任何进展。正如巴托夫将军后来感叹的那样："第24集团军没有向韦尔佳奇推进，［顿河上的］渡口一如既往地在敌人手中。"[22]

第24集团军

巴托夫说的没错。11月22日和23日进攻失利后，加拉宁将军的第24集团军于11月24日拂晓再度发起突击。和前一天一样，加拉宁没有以马斯洛夫坦克第16军剩下的59辆坦克为破城槌，一路突破至韦尔佳奇，相反，他再次将该军辖下的坦克第109、第107和第164旅提供给步兵，支援步兵第49、第214和第120师的进攻行动。不过，加拉宁投入了新锐步兵第84师，在步兵第49与第214师之间遂行战斗，但未能取得战果。在这场持续一整天的激战中，坦克第16军又损失了33辆坦克（3辆KV和4辆T–34烧毁，7辆KV、3辆T–34和2辆T–60被炸毁在雷区

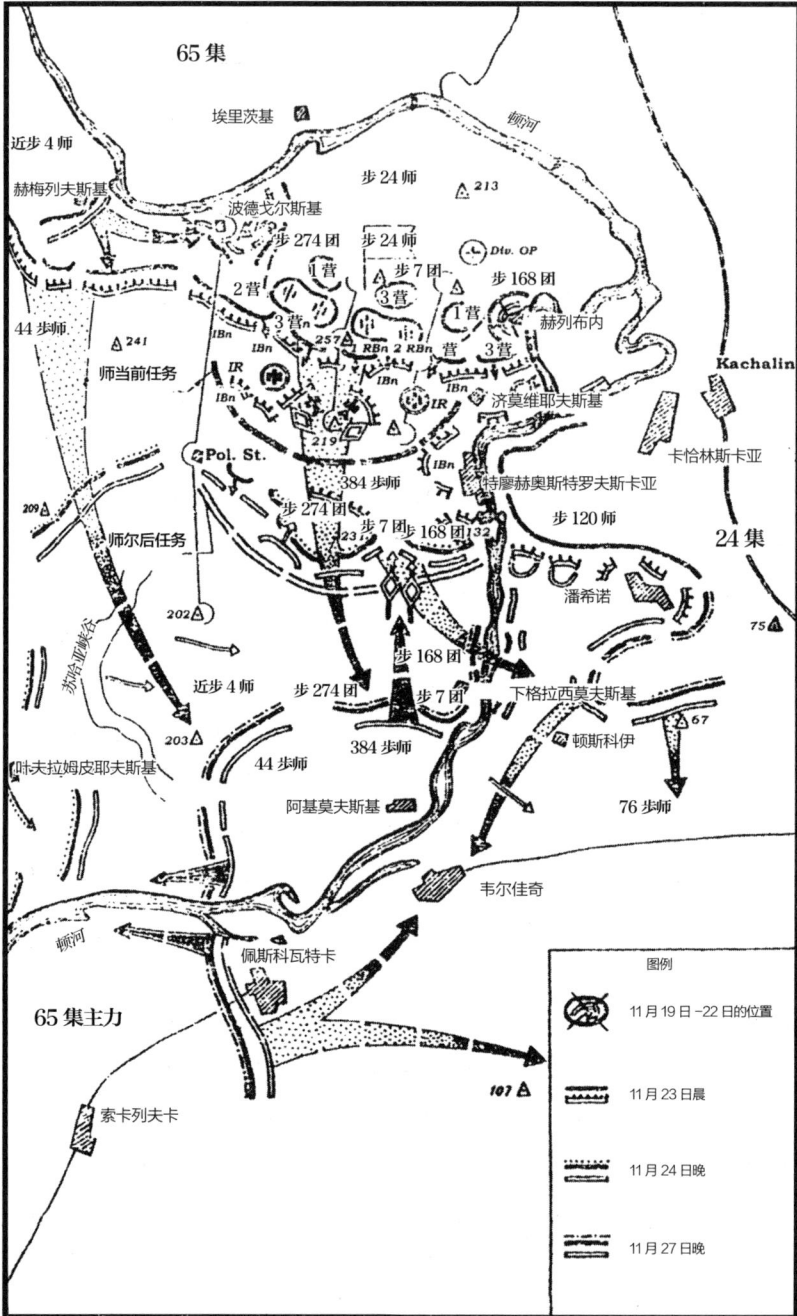

图例

- ⊗ 11 月 19 日 –22 日的位置
- ▬▬ 11 月 23 日晨
- ▬▬ 11 月 24 日晚
- ▬▬ 11 月 27 日晚

地图 30 1942 年 11 月 19 日—27 日，顿河方面军第 65 和第 24 集团军攻向韦尔佳奇

内），进攻中的各个师只取得不足4公里的进展（参见副卷附录6C）。[23]

　　虽然红军总参谋部11月24日未对第24集团军缺乏进展一事发表评论，但次日却在一份战后报告中表达了不满之情："步兵们没有［站起身］发起进攻，而是一直趴在铁丝网前方。"[24]在德军炮手看来，没有步兵的支援，马斯洛夫的坦克不过是活靶而已。

第66集团军

　　第24集团军的进攻行动没能取得进展，扎多夫将军的第66集团军却赢得了战果，但不过是利用了德国第6集团军第51军造成的问题而已。如前所述，罗科索夫斯基将军11月23日—24日夜间赋予第66集团军的任务是：24日拂晓从叶尔佐夫卡地域向南攻往奥尔洛夫卡，突破德军防御，在奥尔洛夫卡和雷诺克地域与斯大林格勒方面军辖下的第62集团军会合。可是，前一天晚上22点40分，第51军军长赛德利茨将军下达了118号令。这道命令的部分目的是为了催促保卢斯尽快将第6集团军撤出斯大林格勒包围圈，命令要求第51军据守奥尔洛夫卡北部和雷诺克地域的部队将突围行动不需要的所有装备炸毁，11月23日—24日夜间撤至奥尔洛夫卡周边的新阵地。[25]

　　除了激起希特勒强烈的斥责，这道命令还将第94步兵师置于一个危险的境地，苏军第66集团军迅速对其加以利用。次日8点，红军总参谋部描述了第66集团军取得的惊人战果："11月24日清晨，第66集团军向奥尔洛夫卡地域发起进攻，克服了敌人的顽强抵抗，在中央和左翼取得2—8公里的进展。"这份作战摘要随后又列举了该集团军6个步兵师和1个坦克旅夺取的具体目标（红军总参谋部的作战摘要可参阅副卷附录6C，第66集团军军史对这场进攻的描述可参阅副卷附录6D）。[26]

　　德国第6集团军的记录证实，第94步兵师的后撤混乱不堪，结果，该师损失了几名军官和200名士兵，对这支实力已严重受损的部队来说，这是个沉重的打击。该师11月25日损失了50多人，11月26日又折损200人。因此，到月底时，该师辖下的第274团只剩下2个"虚弱"营，第267团的3个营均为"虚弱"，第276团只剩下1个"耗尽"营。第6集团军匆匆将第24装甲师调回奥尔洛夫卡地域，把第94步兵师的防区和残部都交给该装甲师。[27]

总 结

西南方面军和顿河方面军11月24日恢复进攻，拓展对德国第6集团军的包围，但首日的行动并未达到预期效果。尽管瓦图京方面军最终迫使第48装甲军向西撤过顿河，但坦克第5集团军和第21集团军都没能取得更大战果。罗曼年科集团军未能夺取奇尔河畔的任何一处目标，奇斯佳科夫也只是稍稍扩大了顿河东岸的登陆场。两个集团军失利的原因是，华西列夫斯基赋予他们的任务太过雄心勃勃。经过5天持续不断的进军和激战，坦克第5集团军和第21集团军需要时间对部队加以休整和补充，但华西列夫斯基没有给他们这个时间。尽管如此，第21集团军辖下的坦克第4军还是将11月24日的大部分时间用于休整，坦克第26军也没有投入行动，而是准备加入奇斯佳科夫集团军。集团军辖下的近卫骑兵第3军倒是没有休整，但事实证明，即便获得步兵支援，该军也无法突破第14装甲军设在顿河西面的防御。

罗科索夫斯基顿河方面军的情况也好不到哪里去。虽说第66集团军在叶尔佐夫卡西南方取得了出色的战绩，但这仅仅是局部性战果，扎多夫的集团军实力太弱，没有配备大股坦克部队，因而无法取得更大进展。正如历史学家萨姆索诺夫后来所写的那样："第66集团军无法完成受领的主要任务。敌人在奥尔洛夫卡北面和东北面的高地上构设了防御。为加强斯大林格勒的北部防线，〔11月27日〕德军指挥部将第16和第24装甲师从马里诺夫卡地域调回到这里。"[28]罗科索夫斯基所做的总结更加尖锐："第66集团军辖内部队推进缓慢，故而使敌人得以将部队撤至（奥尔洛夫卡北面和东北面）更具战术优势的高地上，并沿新防线组织起防御。"[29]

黄昏时，瓦图京和罗科索夫斯基得到的唯一安慰是，他们获悉叶廖缅科斯大林格勒方面军11月24日取得的战果也很有限。

11月24日，斯大林格勒方面军的攻势

11月24日，斯大林格勒方面军以突击集群的部分部队在别克托夫卡以西地域发起进攻，但进展甚微，方面军辖下另一部继续向科捷利尼科沃地域发展攻势，占领了包括萨多沃耶在内的几个居民点。

红军总参谋部作战概要

1942年11月25日8点[30]

斯大林格勒方面军的任务

11月23日—24日夜间为麾下各集团军部署任务时，叶廖缅科和瓦图京一样必须兼顾两个方向。华西列夫斯基赋予斯大林格勒方面军的两项任务看似同样重要——协助肃清斯大林格勒包围圈，沿顿河和阿克赛河或其南面某处设立起牢靠的合围对外正面。根据华西列夫斯基的指示，叶廖缅科命令第62、第64、第57和第51集团军的一部参加消灭包围圈的战斗；第51集团军余部负责设立合围对外正面；第28集团军掩护方面军最左翼（各项具体任务参见副卷附录6E）。

为消灭斯大林格勒包围圈，叶廖缅科斯大林格勒方面军投入的部队数量与罗科索夫斯基的顿河方面军相差无几。罗科索夫斯基投入第65、第24和第66集团军，而叶廖缅科部署了第62、第64、第57集团军，外加第51集团军之一部。随后发生的情况表明，叶廖缅科的部队遭遇到的问题同罗科索夫斯基的部队如出一辙，即，经过激烈的战斗，只取得微乎其微的战果。实际上，斯大林格勒方面军11月24日的作战行动，对华西列夫斯基的计划做出的积极贡献仅仅是扩大了德国第6集团军与顿河西面轴心国军队之间的距离，并将方面军的合围对外正面推向阿克赛河南面。而方面军对德国第6集团军沿马里诺夫卡至卡尔波夫卡的铁路线东面、沿卡尔波夫卡河和切尔夫连纳亚河至卡拉瓦特卡峡谷、从峡谷到斯大林格勒库波罗斯诺耶南郊的东面和东北面构设的筑垒防御发起的进攻，基本都停滞不前（参见地图31）。

第64集团军

11月24日晨，舒米洛夫将军的集团军恢复了对第6集团军第4军防御的进攻（斯大林格勒方面军11月24日的战果可参阅副卷附录6F）。集团军主力突击群编有近卫步兵第36、步兵第157、第204、第29师，在集团军左翼和中央发起突击，进攻地域从切尔夫连纳亚河沿卡拉瓦特卡峡谷东延至叶尔希。集团军右翼，步兵第7军三个旅据守的防区从叶尔希北面向东北方延伸，直至斯大林格勒南郊库波罗斯诺耶的南部边缘。

突击群左翼杰尼先科上校的近卫步兵第36师向111.6高地顶峰反复发起冲击，力图从东面突破德军设在齐边科的支撑点。尽管这些进攻没能克服德军第371步兵师第670团（该团目前转隶第4军辖下的第297步兵师）第1、第2营的顽强防御，但杰尼先科的部队在卡拉瓦特卡峡谷北脊牢牢地守住一片小小的登陆场。东面，步兵第157和第204师沿峡谷发起进攻，面对罗马尼亚第82步兵团和德军第297步兵师第523团的激烈抵抗，这场进攻失败了。步兵第29师对防御严密的叶尔希镇发起冲击，据守该镇的是德军第523团第1、第3营，步兵第29师损失惨重，进攻行动随之崩溃。为加强集团军的阵地，防范德军有可能发起的反冲击，舒米洛夫投入反坦克歼击炮兵第20旅，据守峡谷南面数公里处的伊阿戈德内北部接近地。[31]

面对第6集团军第4军构设的强大防御，舒米洛夫11月24日遭遇的挫败将持续至月底。

第57集团军

与第64集团军一样，托尔布欣第57集团军在舒米洛夫左侧发起的进攻开始后没多久便以失败告终，部分原因是德军第29摩步师的顽强抵抗，另外也是德军立即发起持续不断的反冲击所致（参见附卷附录6F）。第57集团军的进攻行动投入了塔纳希申坦克第13军辖下的机械化旅和坦克团，以及步兵第422和第169师，这些部队从左至右部署在切尔夫连纳亚河西面和与之平行的30公里宽的地域内，从旧罗加奇克向东北方延伸至齐边科南部接近地。集团军右翼，叶廖缅科上校的步兵第169师配合第64集团军位于河流东面的近卫步兵第36师，反复冲击德军第297步兵师设在齐边科的支撑点。叶廖缅科的部队几次突入支撑点，但夜幕降临前，这些突破均被德军击退。与此同时，步兵第169师左侧，莫罗佐夫上校的步兵第422师也对德军第29摩步师第71装甲掷弹兵团守卫克拉夫措夫及其西北部的第1、第2营发起猛攻，尽管经历了激烈的战斗并付出惨重的损失，但莫罗佐夫的步兵还是没能突破德军的防御。

在西北方，沿切尔夫连纳亚方向，坦克第13军机械化第62和第61旅对德军第29摩步师第15装甲掷弹兵团100.5高地至别列斯拉夫斯基和旧罗加奇克的

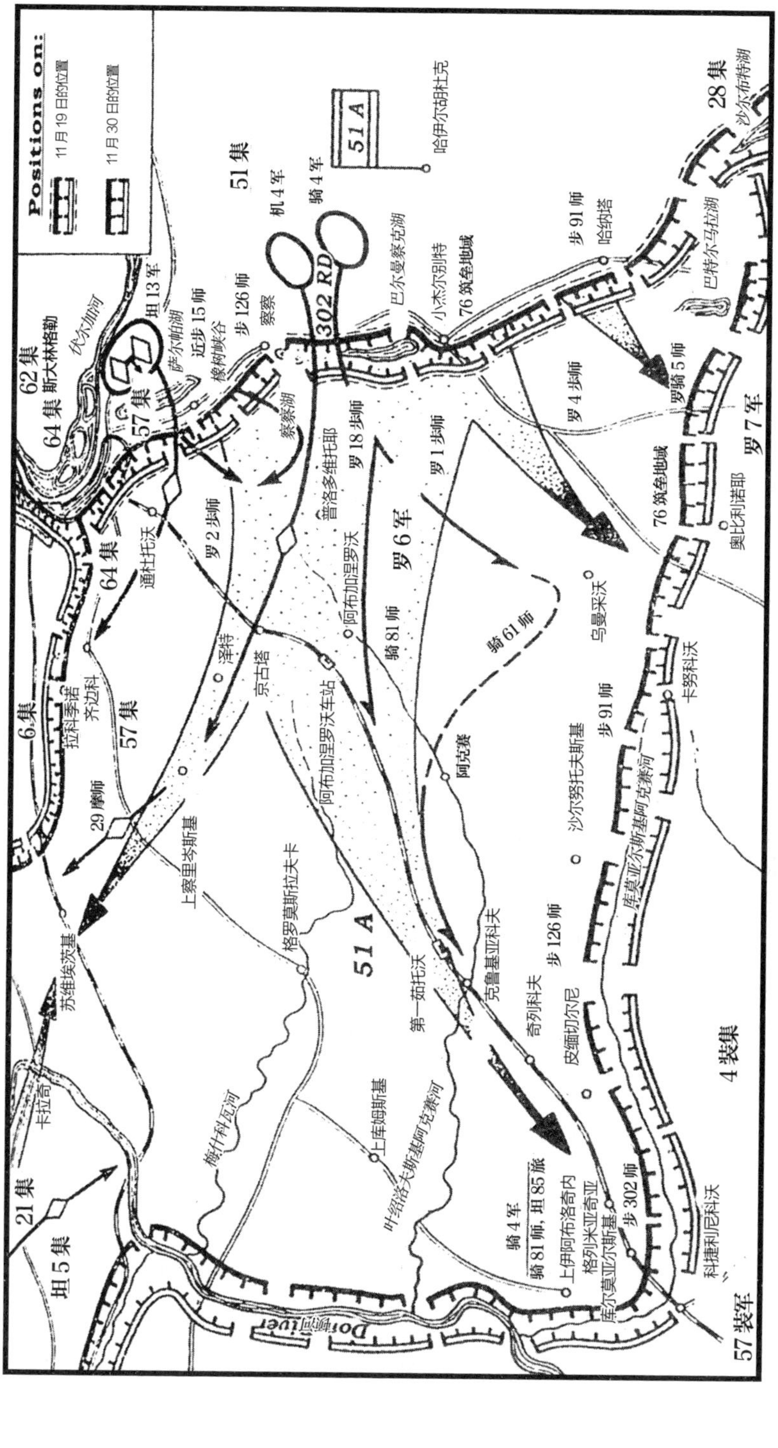

地图 31 1942 年 11 月 19 日—30 日，第 51 集团军的推进

446

防御反复发起的冲击也宣告失败，这是因为德军以摩托化步兵频频发起反冲击，据称他们还投入了45辆坦克。第29摩步师很可能为这些反冲击投入了第129装甲营［支队］，尽管该营在这段时间里只有约30辆坦克。[32]

因此，托尔布欣的部队没能突破第6集团军设在包围圈南部的防御。但日终时，坦克第13军最左翼的部队（可能是机械化第17旅）在伏罗希洛夫夏令营南面、卡尔波夫卡与马里诺夫卡之间，与第51集团军机械化第4军的右翼部队建立起稳固的联系。

第51集团军

特鲁法诺夫将军的第51集团军在斯大林格勒方面军的左翼作战，是唯一一个同时沿合围对内、对外正面展开行动的集团军，这份"殊荣"并不令人羡慕。沃利斯基将军的机械化第4军和瓦西连科将军的近卫步兵第15师为夺取斯大林格勒包围圈内的马里诺夫卡和伏罗希洛夫夏令营遂行战斗。特鲁法诺夫集团军余部则沿梅什科瓦河和阿克赛河及其南部，以及向东南方延伸至乌曼采沃和萨多瓦亚接近地的这片地域，打击罗马尼亚第6、第7军的残部（参见附卷附录8F）。

斯大林格勒包围圈的西南防线上，沃利斯基将军的机械化第4军竭力包围并歼灭德军第3摩步师的"维利希"战斗群，该战斗群据守着得到强化的马里诺夫卡支撑点和通往东面的铁路线上的几处地点。沃利斯基命令斯坚申斯基上校的机械化第59旅和利特维诺夫中校的坦克第20团，从西面的普拉托诺夫（普拉托诺夫斯基）对德军支撑点发起突击，而罗季奥诺夫中校的机械化第36旅和多罗什克维奇少校的坦克第26团则从西北方攻向德军支撑点。在这场进攻中，多罗什克维奇的坦克将与坦克第102旅密切协同，该旅部署在坦克第4军右翼。

11月24日拂晓前的一场战斗侦察拉开了苏军对马里诺夫卡这场联合进攻的帷幕，当天上午，侦察行动拓展为对该支撑点的全面突击。利特维诺夫在随后的战斗中身负重伤，这场激战持续了两天。近卫步兵第15师投入交战，对马里诺夫卡与伏罗希洛夫夏令营之间地域发起突击。尽管反复实施冲击，但沃利斯基的机械化军和瓦西连科的步兵师没能将坚守筑垒防御的德军驱离。两个机械化旅进攻马里诺夫卡之际，机械化第4军辖下的机械化第60旅和坦克第21团

仍在东面14公里处，徒劳地试图夺取卡尔波夫斯卡亚车站。日终时，沃利斯基
报告："机械化第4军的机械化第59旅正为夺取卡尔波夫卡—伏罗希洛夫夏令
营地域遂行战斗，机械化第36旅在马里诺夫卡—苏维埃茨基地域战斗，机械化
第60旅在卡尔波夫斯卡亚车站战斗，而独立坦克第55团位于新阿赫图宾斯基地
域（苏维埃茨基南面10公里处）。"但这份报告中没有提及任何进展。[33]第6
集团军的晨报指出："敌人此时正以坦克从西面和西南面进攻马里诺夫卡。"
但稍后又证实，这番进攻几乎未造成什么破坏。[34]

　　斯大林格勒方面军当日沿合围对外正面取得了出色的进展，第51集团军
中央和左翼部队分别从阿克赛河向南推进，从斯大林格勒以南65—75公里处的
湖区南半部向西推进。沙普金将军的骑兵第4军位于第51集团军左翼，他命令
骑兵第81和第61师向南进军，进入阿克赛与萨多瓦亚镇之间的开阔地带，这两
个镇子相距45公里。特鲁法诺夫希望此举能迫使罗马尼亚第6军放弃沿阿克赛
河的防御，并迫使罗马尼亚第7军弃守萨多瓦亚地域。当日，包姆施泰因上校
的骑兵第81师和斯塔文科上校的骑兵第61师，分别从罗马尼亚第4步兵师手中
夺取了阿克赛和南面8公里处的佩列格鲁兹内（Peregruznyi），以及萨多瓦亚
西南偏西方18公里处的乌曼采沃镇。库罗帕坚科上校的步兵第126师在两个骑
兵师之间向南赶往阿布加涅罗沃，并向捷别克捷涅罗沃（Tebektenerovo）、卡
普金斯基车站（Kapkinskii）、舍列斯托夫和阿克赛东南方17公里处的索利亚
诺伊坎冢（Solianoi）派出先遣支队。步兵第126师左侧，马卡尔丘克上校的步
兵第302师将两个团集中在阿克赛东北方40公里处的普洛多维托耶附近，派第
三个团赶往萨多沃耶西北方6公里处的卡尔梅茨克坎冢（Kalmytskie）附近。

　　由于从北面和东面而来的苏军骑兵和步兵部队切断了轴心国军队的交通
线，罗马尼亚第4步兵师不得不从萨多沃耶撤向西南方。第51集团军第76筑垒
地域的士兵们发起追击，11月24日8点占领该镇。与此同时，加里宁少将的步
兵第91师从东面和东北面冲向萨多沃耶，夺取并占据了该镇东北方10公里处的
制高点。后方，根据特鲁法诺夫的命令，（集团军预备队）摩托化步兵第38旅
前出至泽特周围的集结区，随时准备为任何一个需要加强的方向提供增援。此
时，尽管德国第4装甲集团军下令坚守阵地，但罗马尼亚第8骑兵师和第4步兵
师已然后撤，前者向南退往阿克赛西南偏南方20公里处的第二茹托夫附近，后

者撤向萨多沃耶以南30公里处的奥比利诺耶。

截至11月24日傍晚，第4装甲集团军位于斯大林格勒南面的防御已摇摇欲坠。阿克赛镇的失守使罗马尼亚第6军坚守阿克赛河防线的一切希望化为泡影，该军孤立无援，只得将沿阿克赛河部署的第8骑兵师和另外一些支离破碎的步兵师的残部撤离，向南退往科捷利尼科沃，并将第4步兵师西撤，经奥比利诺耶退向科捷利尼科沃。但是，情况突然间发生了变化。次日，德军"潘维茨"战斗群的先遣部队开始到达科捷利尼科沃。指挥该战斗群的是赫尔穆特·冯·潘维茨上校，这位德国军官颇具兴风作浪的能力，一直致力于募集俄国志愿者（特别是哥萨克人）加入德国军队。数千人组成的"潘维茨"战斗群编有一个哥萨克志愿者骑兵旅、第4装甲集团军的后勤和补充人员、从装甲集团军维修厂搞来的18辆坦克和一个罗马尼亚摩托化炮兵营。[35]两天后，该战斗群将偕同罗马尼亚第8骑兵师首次挫败沙普金的骑兵。但这场胜利并不代表德军能击败苏军第51集团军左翼的所有部队。

第62集团军

虽然崔科夫将军严重受损、实力不济的第62集团军几天来一直以奇袭、突击和战斗侦察对德国第6集团军第51军的部队加以骚扰，但华西列夫斯基11月23日的指令要求该集团军11月24日发起一场真正的进攻。崔可夫以特有的方式做出回应，命令他的集团军"11月24日拂晓沿整条战线发起突击，歼灭敌人，前出至斯大林格勒大街西部边缘"。这场进攻将于10点打响。

进攻行动准时发起，崔可夫后来向斯大林格勒方面军司令部和红军总参谋部报告："第62集团军10点沿整条战线发起进攻，尽管克服了敌人猛烈火力的抵抗，但进展微乎其微。"（参见副卷附录6G和19B）在崔可夫看来，11月24日血腥激战的一整天并没有什么特别之处，当晚，他命令麾下各部队"次日继续进攻，前出至市区西部边缘"。

此时，奋战于斯大林格勒市区和北部工厂区的德军士兵已成为防御者，而非进攻方。尽管赛德利茨将军14点45分取消了前一天下达的后撤令，但次日早晨8点45分获悉这道命令的希特勒，对这位军长的自作主张大发雷霆。元首立即重申了他的坚守令，并指示保卢斯将第6集团军占据的阵地改造成"斯大林格勒要塞"。而保卢斯又借助希特勒的命令，迫使沮丧不已的赛德利茨取消他的命令。[36]保卢斯已将所有快速部队、坦克、突击炮调离市区，甚至还包括一些步兵部队，因为包围圈的西部防线急需增援。这些部队包括第14、第16和第24装甲师的主力；第3摩步师的大部和第60摩步师的一部；集团军辖下的三个突击炮营。尽管如此，但第62集团军各部队的实力太过虚弱，无力发起任何卓有成效的进攻，进而重新夺回市内的主要街区。

第28集团军

从伏尔加河西延至克里瓦亚河、奇尔河和阿克赛河，激烈的战斗在这片广阔地带肆虐之际，格拉西缅科将军位于斯大林格勒方面军最左翼的第28集团军继续向西，赶往亚什库利和埃利斯塔（参见地图32）。但是，集团军突击群在距离他们的第一个目标亚什库利东面不到10公里处突然停顿下来，中断了第28集团军的进攻，因为德国人已将该镇打造成一个真正的堡垒，并在镇北面和南面构设起强大的前哨防御予以加强。24日日终时，集团军突击群（编有近卫步兵第34师、近卫坦克第6旅、步兵第248师第899团）报告，他们到达该强化镇西北面、东面、东南面6—8公里处的1.2里程碑、阿茨哈（Atskha）—霍尔（Khor）—托尔加（Tolga）和8.0里程碑一线。格拉西缅科起初发给斯大林格勒方面军的报告中称："敌人在奥林格和亚什库利地域以一个步兵团、炮兵和坦克据守着预有准备的抵抗中心。"[37]但事实证明，守军远不止一个团。

什未林将军的第16摩步师目前在第4装甲集团军辖内作战，北面的态势进一步发展时，该师奉命坚守亚什库利。这就意味着霍特集结起必要的兵力，发起一场救援行动增援或解救斯大林格勒包围圈内的第6集团军时，第16摩步师必须坚守阵地，掩护装甲集团军右翼。因此，什未林摩步师构设起所谓的"托布鲁克"防线，掩护亚什库利和西面的埃利斯塔。这道防线从奇尔吉尔北面25公里处向南延伸40公里至亚什库利，然后向该镇南面延伸15公里。第16摩步师左翼，第811突厥斯坦志愿者营守卫着奇尔吉尔，并在东南方10公里处的纽基温村（Niukiun）派驻了一个连。更南面，第782突厥斯坦志愿者营据守的防线从杰德胡尔孙干湖（Ded-Khulsun）向南延伸6公里，直至亚什库利西北方19—25公里处多尔特胡尔孙干湖（Dort-Khulsun）北岸的奥林格地域。第782

营获得德军第60摩步团第3营的加强。第782突厥斯坦志愿者营防线的前方设有雷区，德国人在多尔特胡尔孙干湖东面的坟冢部署了反坦克炮，还在数百米外的草原上布设了一系列前哨阵地。

亚什库利镇获得一个半圆形防御阵地的掩护，由第16摩步师第60和第156摩步团据守，其防线从该镇向北延伸10公里，向东延伸6公里，向南延伸约15公里。第60摩步团第2、第1、第3营守卫着镇子北面和东北面的一圈高地，并获得第156团第1营和第2营的支援——第1营担任预备队，第2营在镇子东面和东南面占据防御阵地。第450突厥斯坦志愿者营和第16摩步师编成内的第160装甲营［支队］在镇西面担任预备队。最后是该师辖下的第165摩托车营，在丘杜克村（Chuduk）据守预备阵地，该村位于亚什库利镇与西面40公里处的乌兰埃尔格镇中间。[38]

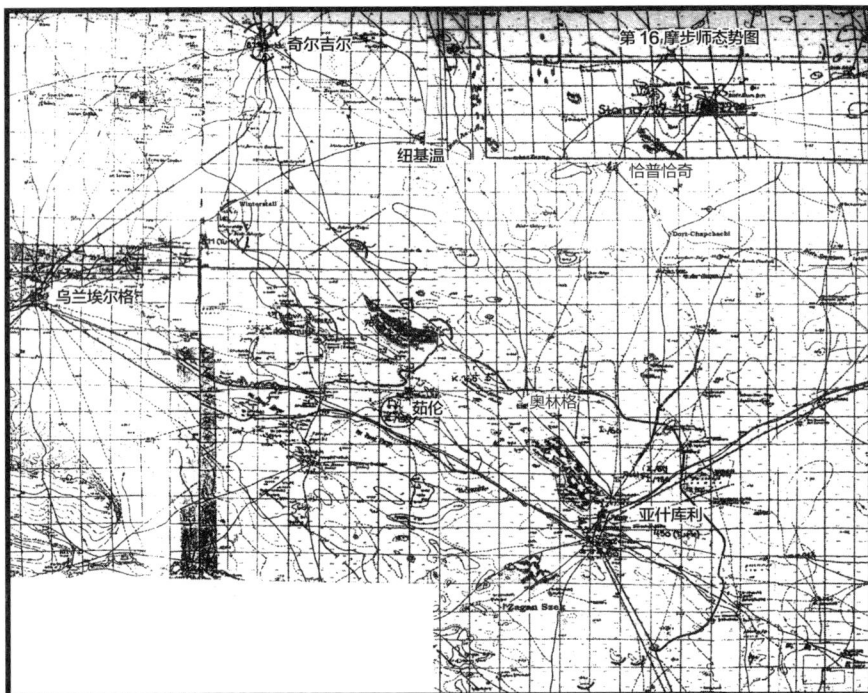

地图32 1942年11月27日22点，第16摩步师的防御

第16摩步师围绕亚什库利镇构设的强大防御解释了第28集团军历时一个多月才攻克该镇的原因。实际上，第16摩步师在亚什库利镇的坚守，就是第6集团军在斯大林格勒包围圈内顽强防御的缩影。

总 结

与西南方面军和顿河方面军（除了一个值得注意的例外）一样，叶廖缅科的斯大林格勒方面军也没能完成华西列夫斯基计划中提出的雄心勃勃的目标。接下来的两天，叶廖缅科麾下各集团军还是没能做到这一点。第62、第64、第57和第51集团军对斯大林格勒包围圈东部、南部、西南部防线的突击未能取得任何显著进展，并在人员伤亡方面付出了高昂的代价。苏军失利的原因是，各突击部队在先前的进攻行动中遭受到损失，缺乏足够的坦克力量突破德军预有准备的防御。对德军各个师来说，尽管遭到先前失败的冲击，但之所以能实施成功的防御，主要归功于他们能保持冷静，并来回调动部队，围绕斯大林格勒包围圈周边设立起可靠的防御。不过，从更大程度上说，这一功劳应归于大批小规模战斗群，虽说这些仓促组建的战斗群多由厨师、机修工、补给文员、其他后勤人员和伤愈的士兵、补充兵和休假归队者组成，但不知何故，他们设法击退了经验丰富但疲惫不堪的红军步兵、坦克兵和工兵们发起的进攻。总之，不管是出于绝望还是有效的训练，经历了五天接连不断的溃败后，被围的德军士兵设法将斯大林格勒包围圈改造成一座名副其实的堡垒。

令华西列夫斯基稍稍挽回颜面的是，他知道这种源于绝望的殊死抵抗有其局限性，另外，沿斯大林格勒方面军合围对外正面展开行动的部队仍在向西南方推进，似乎毫无障碍。因此，他继续进攻，期盼德国人的绝望会导致不可避免的崩溃。

11月25日—27日，西南方面军、顿河方面军和斯大林格勒方面军的攻势

11月25日，西南方面军、顿河方面军和斯大林格勒方面军的部队继续进攻，克服了敌人的顽强抵抗，收紧了将敌人困在斯大林格勒的包围圈。同时，

西南方面军的部队攻向奥布利夫斯卡亚和苏罗维基诺，斯大林格勒方面军的部队攻向科捷利尼科夫斯基，并占领了一些居民点。

我方部队肃清了先前被包围在大顿什钦卡地域的敌军。

红军总参谋部作战概要
1942年11月26日8点[39]

11月26日，西南方面军以部分部队遏制住敌人在博科夫斯卡亚以东发起的反突击，并以其快速部队进攻、包围了奥布利夫斯卡亚，同时在卡拉奇东北地域的顿河东岸继续进攻，从西面挤压斯大林格勒包围圈。

顿河方面军辖内部队继续在韦尔佳奇和奥尔洛夫卡地域遂行进攻，但遭遇到敌人的顽强抵抗，个别地段的进展微乎其微，基本上未取得战果。

斯大林格勒方面军继续以部分部队向科捷利尼科沃发起进攻。

红军总参谋部作战概要
1942年11月27日8点[40]

11月27日，西南方面军击退了敌人在博科夫斯卡亚东北地域和车尔尼雪夫斯卡亚发起的反突击，并以部分部队夺取了奥布利夫斯卡亚，另一部分部队在卡拉奇东北地域与被围之敌展开战斗。

顿河方面军继续以部分部队在顿河东岸的上、下格尼罗夫斯基遂行进攻，粉碎敌人的抵抗后夺取了这些地点。

斯大林格勒方面军以部分部队攻占了卡尔波夫卡（苏维埃茨基东北方17公里处），并继续攻向科捷利尼科沃。

红军总参谋部作战概要
1942年11月28日8点[41]

11月24日的战斗为接下来三天的作战行动定下了基调。称之为顽固也好，不屈不挠也罢，总之，在最高统帅部的支持下，华西列夫斯基决心付诸全力，尽快消灭困住第6集团军的包围圈。驱使他做出这一决定的是：德国人增援或解救第6集团军的行动有可能取得成功。经历了18个月经常令人沮丧不已的战事后，苏军最高统帅部没有谁愿意放弃任何机会。这一次，苏联军方领导人下定决心，绝不能让德国人阻止他们赢得胜利。因此，如同沿奇尔河和阿克赛河以南地域进行的战斗，围绕斯大林格勒包围圈展开的代价高昂的激战丝毫没有减弱。

各方面军的任务

基于斯大林和最高统帅部的建议，华西列夫斯基坚持己见，11月24日—25日夜间给瓦图京、罗科索夫斯基和叶廖缅科下达了新命令，指示他们继续进攻。这些命令听上去与他昨晚下达的指令非常相似，因为三个方面军的任务基本没有发生变化（参见副卷附录6H）。西南方面军辖下的近卫第1集团军和坦克第5集团军将沿克里瓦亚河和奇尔河据守阵地，并夺取奥布利夫斯卡亚、苏罗维基诺和雷奇科夫斯基。方面军辖下的第21集团军，应与顿河方面军第65和第24集团军相配合，在德国第6集团军第11军渡过顿河向南逃窜前将其歼灭。包括顿河方面军第66集团军、斯大林格勒方面军第64和第57集团军以及斯大林格勒城内实力较弱的第62集团军在内的其他集团军，负责对斯大林格勒包围圈的周边防御发起打击，以此支援苏军的主要行动。最后是斯大林格勒西南方，斯大林格勒方面军辖下的第51集团军应继续推进，夺取科捷利尼科沃。

华西列夫斯基新指令中唯一的变动是将第51集团军辖下的机械化第4军转隶第57集团军，并以沃利斯基机械化军的一部夺取雷奇科夫斯基以南和下奇尔斯卡亚对面的顿河东岸。这一变更非常必要，有两个原因：第一，第51集团军主力向南赶往科捷利尼科沃时，可以为其提供掩护；第二，向顿河东岸部署力量将消灭德国人在雷奇科夫斯基对面的顿河东岸构设的登陆场。除此之外，三个方面军辖下的各集团军应更加有效地继续遂行前一天的任务。最重要的是，华西列夫斯基没有更改他对这些部队的指挥和控制所做的安排。和原先一样，瓦图京和罗科索夫斯基[①]必须指挥沿合围对内、对外正面同时展开的战斗。

---

① 译注：应为叶廖缅科。

西南方面军

和前几天的情况相同，瓦图京西南方面军辖下的两个集团军在进攻行动这一阶段继续从事艰难的任务，朝相反的方向展开行动（西南方面军11月25日—27日的战果，可参见地图29和副卷附录6I）。罗曼年科的坦克第5集团军将沿奇尔河遂行主要行动，而奇斯佳科夫的第21集团军将沿斯大林格勒包围圈的西部防线战斗。对那些习惯于从前进观察所观察并指挥战斗的指挥员来说，这种安排的确有些别扭。

第 21 集团军

奇斯佳科夫将军的第21集团军11月25日恢复行动以完成受领的任务时，实力应该强于前一天，因为罗金将军（调自坦克第5集团军）的坦克第26军经过前一天的休整和补充，开始为该集团军提供支援。但是，正如随后的事情证明的那样，经过五天高强度的作战行动，罗金坦克军恢复实力所需要的时间远远超过24小时。首先，该军编成内的坦克第216旅尚未归建，经过大顿什钦卡的战斗后，该旅的实力严重受损，不得不转入坦克第5集团军预备队接受休整和补充。另外，截至11月25日，罗金麾下的两个坦克旅所拥有的坦克很可能不到30辆，这使该军日后的军长M.F.帕诺夫将军得出结论："当时，该军辖下的部队已在先前的战斗中严重受损，无法发起一场快速进攻。"[42]实际上，该坦克军所能做的不过是为步兵提供些支援而已。

尽管如此，奇斯佳科夫还是命令罗金坦克军，在步兵第293师的支援下，11月25日日终前夺取索卡列夫卡和佩斯科瓦特卡镇。这就意味着向前推进20公里，即便对一个满编坦克军来说也是一项艰巨的任务。罗金坦克军前进时，与克拉夫钦科位于右侧的坦克第4军相配合，后者从苏维埃茨基和普拉托诺夫斯基地域向东推进，经伊拉里奥诺夫斯基赶往德米特里耶夫卡，这段距离同样是20公里。这项任务远远超出了坦克第4军（只剩下不到40辆坦克）的能力。此时，奇斯佳科夫的两个快速军面对的是德国第6集团军第14装甲军辖下的第3摩步师，该师据守的防御阵地并不连贯，从索卡列夫卡向南延伸，穿过伊拉里奥诺夫斯基至马里诺夫卡。但第3摩步师很快得到第14装甲师的支援，五天来，后者一直在顿河以西加强第11军对锡罗京斯卡亚登陆场的防御。11月25日上午，第14装甲师在佩斯科瓦特卡附近渡过顿河东撤，下午在第3摩步师右侧的索卡列夫卡地域占据了防御阵地。巴斯勒的装甲师11月19日尚有50多辆坦克，但现在只剩下24辆。

在第21集团军位于顿河北面的左翼，普利耶夫将军的近卫骑兵第3军奉命继续从叶夫拉姆皮耶夫斯基和小纳巴托夫斯基向东赶往特廖赫奥斯特罗夫斯卡亚——基本上与前一天的任务相同。该军将与塔瓦尔特基拉兹上校的步兵第76师相配合，后者昨天已获得"近卫步兵第51师"的荣誉番号。但午夜时，普利耶夫接到奇斯佳科夫下达的新命令："收悉电报后，立即向'十月胜利'国营农场、库莫夫卡（Kumovka）和别列佐夫斯基地域派遣一个骑兵师，任务是掩护下奇尔斯卡亚方向。该师应尽快赶至指定地域，不得迟于11月25日16点。"[43]普利耶夫随即命令近卫骑兵第6师迅速向南，在卡拉奇西北方6公里、西面和西南面占据周边防御阵地，防范德军从下奇尔河发起突袭。任务的这一更改使普利耶夫不得不以两个实力受损的骑兵师、步兵第76师和正在赶来的步兵第277师对德国第14装甲军第16装甲师的战斗群发起攻击，在没有坦克力量支援的情况下将对方驱离戈卢巴亚河东面的加强防御阵地。

尽管罗金、克拉夫钦科坦克军和普利耶夫骑兵军的实力都偏弱，但奇斯佳科夫的部队还是在11月25日恢复了进攻（参见附卷附录6I）。顿河北面，近卫骑兵第3军获得近卫步兵第51师的支援，左翼由新赶到的步兵第277师加以掩护，他们向东发起突击，攻往顿河畔的阿基莫夫斯基和特廖赫奥斯特罗夫斯卡亚镇。顿河南面，坦克第26和第4军与步兵第293师相配合，向东攻往索卡列夫卡和德米特里耶夫卡镇，这两个镇子位于刚刚形成的斯大林格勒包围圈的西端。普利耶夫骑兵军（欠近卫骑兵第6师，该师正赶往卡拉奇以西地域）向东发起突击，攻向德军第16装甲师设在小纳巴托夫斯基东北方的防御。普利耶夫麾下的近卫骑兵第5和骑兵第32师在近卫步兵第51和步兵第277师的支援下，对第16装甲师据守的169.2高地发起冲击，这座高地位于小纳巴托夫斯基东北方3公里，北延至叶夫拉姆皮耶夫斯基以东约5公里处，经过一番激战，苏军夺取了该高地。[44]第16装甲师当日渡过顿河撤向东南方时，获得第44步兵师第132团的接替，第44步兵师此前一直为第14装甲师提供支援，现在负责守卫第11军日趋萎缩的登陆场的南半部。普利耶夫的骑兵和步兵继续进攻，施特雷克尔将军遂以第44步兵师第131团加强第132团的防御。

11月25日傍晚，近卫骑兵第3军的两个师和近卫步兵第51师突破了第11军在小纳巴托夫斯基东北方的防御，随即转身向南，赶去夺取大纳巴托夫斯基以东10公里、顿河北岸的卢琴斯基村（Luchenskii）。丘杰索夫上校骑兵第32师的一个团随即强渡顿河，在佩斯科瓦特卡西北方数公里处的顿河东南岸夺得一个小小的登陆场，但在该镇北郊被德军第16装甲师的防御所阻。不过，在西面数公里处，德军第16装甲师设法在卡尔图利村的顿河西北岸留下一个小型登陆场，并在那里阻挡住苏军近卫骑兵第5军的推进。在骑兵军左翼，顿河以北，步兵第277师继续从叶夫拉姆皮耶夫斯基东面向前推进，前出至卡拉奇金以北地域，在那里为德军第44步兵师第132团所阻，此时，第132团的实力不过是一个加强营而已。

南面，罗金的坦克第26军当日清晨从卡拉奇沿顿河赶往东北方，他们穿过卡梅什村，上午晚些时候逼近索卡列夫卡。克拉夫钦科坦克第4军的几个旅与第26军相配合，在罗金右侧向东进击，奉命以其右翼部队包围马里诺夫卡的守军。菲利片科上校的坦克第19旅谨慎地率领着坦克第26军的推进，夺取了卡拉奇东北方14公里处的留米诺—克拉斯诺亚尔斯基，而库德里亚舍夫少校的坦克第157旅上午10点前出至留米诺—克拉斯诺亚尔斯基东南方5—6公里处+31和+35的两个坟冢。更南面，该军辖下的摩托化步兵第4旅[1]中午时夺取了留米诺—克拉斯诺亚尔斯基南面10公里处的103.6高地。

坦克第26军右侧，距离马里诺夫卡更近处，克拉夫钦科的坦克第4军中午前后从普拉托诺夫斯基向东推进，但立即遭遇到德军第3摩步师强有力的抵抗和该师布设的大范围雷区及障碍物。这使克拉夫钦科的推进戛然而止。日终时，坦克第4军的各个旅面对着德军沿瓦组科瓦峡谷构设的强大防御，这条深邃的峡谷从马里诺夫卡以西5公里处的卡尔波夫卡河向北延伸，直至马里诺夫卡西北方10公里处的伊拉里奥诺夫斯基村。拉古金上校的步兵第293师为向东推进的坦克第26和第4军提供支援，但该师也沿从索卡列夫卡西面南延至伊

---

① 译注：第14旅。

拉里奥诺夫斯基西面一线停顿下来。[45]在深远后方，第21集团军辖下的步兵第63和第96师以强行军赶往东南方归建。但是，第21集团军编成内的步兵第333师，在拉斯波平斯卡亚西南地域肃清罗马尼亚军队后接到了新命令，正准备加强坦克第5集团军向奇尔河的进军。

近卫骑兵第3军从西面发起猛攻，第65集团军从北面和西北面展开猛烈突击，面对沉重的压力，施特雷克尔将军陷入困境的第11军不得不在11月25日傍晚前将第44步兵师和第384步兵师的半数力量撤出顿河西北方不断收缩的包围圈。与此同时，胡贝将军将第14装甲师撤过顿河，进入索卡列夫卡地域的新防御阵地。这就使第16装甲师战斗群和隶属于第44、第384步兵师的两个团留在登陆场内，以击退苏军第21和第65集团军的进攻。胡贝还把第14装甲军军部留在顿河西北方，以便在最终后撤期间协调第16装甲师与第11军辖内各部队的行动，这场后撤计划于次日晚些时候进行。

第21集团军11月26日拂晓恢复进攻时，接到的命令是彻底粉碎德国第16装甲师在顿河以西的防御，强渡该河，夺取佩斯科瓦特卡和韦尔佳奇。和原先一样，该集团军受领的任务是孤立并歼灭德国第11军和第14装甲军的残部，不得使其渡过顿河，逃向东南方。但这项任务无法完成。奇斯佳科夫的集团军不仅坦克力量极为虚弱，就连步兵和炮兵也不足。此时，步兵第63、第96师和集团军炮兵主力正从克列茨卡亚地域向东南方艰难跋涉。这些问题并未难倒奇斯佳科夫，他决心依靠步兵和骑兵部队，在手头可用的坦克的支援下克服德国人的防御。

顿河北面，近卫骑兵第3军担任第21集团军的先锋，沿两个方向发起精心策划的突击。普利耶夫留下步兵第277师的一个团掩护骑兵军左翼（从201.4高地至卢琴斯基北面），派丘杰索夫骑兵第32师的余部和切尔诺夫步兵第277师的两个团在卢琴斯基向南渡过顿河。这股力量将加强丘杰索夫前一天已渡过顿河的骑兵部队，可能的话，他们将夺取佩斯科瓦特卡镇。同时，普利耶夫还派切普尔金的近卫骑兵第5师和塔瓦尔特基拉兹的近卫步兵第51师在卢琴斯基以西5公里处的卡尔图利向南渡过顿河，从北面对第14装甲军设在索卡列夫卡的防御发起打击。[46]

渡过顿河并与位于南岸的骑兵团会合后，丘杰索夫派A.G.巴卡诺夫少校指挥的骑兵第86团对南面5公里处的佩斯科瓦特卡镇发起突袭。此时，镇内挤满了正向西或向东赶往新防御阵地的德军。苏军这场突袭近乎完美，巴卡诺夫团几乎一路突破至镇中心，彻底打乱了德军的有序调动，第14装甲师以坦克和摩托化步兵组成的一股力量发起反冲击，切断了巴卡诺夫团的退路。在随后的战斗中，巴卡诺夫少校、他的参谋长和团里的许多骑兵阵亡，逃出包围圈的苏军士兵寥寥无几。[47]尽管损失了一个满编团，但骑兵第32师和步兵第277师成功地从两侧包围了佩斯科瓦特卡镇，导致德军无法据守该镇。[48]

与此同时，更南面沿顿河一线，切普尔金的近卫骑兵第5师和塔瓦尔特基拉兹尾随在后的近卫步兵第51师在卡尔图利向南渡过顿河，到达索卡列夫卡北郊，在那里对德军第14装甲师的防御发起进攻。德国人的报告指出，向南赶往卡拉奇地域前，别洛戈尔斯基上校的近卫骑兵第6师加入到索卡列夫卡争夺战中，从西北面对该镇发起进攻。[49]苏军骑兵和步兵师从北面和西北面进攻索卡列夫卡时，坦克第26军的一个坦克旅从南面对该镇发起突击。面对苏军从三个方向施加的沉重压力，德军第14装甲师的防御岌岌可危，但是，德军第376步兵师第672和第767团，11月24日撤离了第11军位于锡罗京斯卡亚南面的登陆场后赶至索卡列夫卡。获得步兵增援的第14装甲师设法阻挡住近卫骑兵第3军的部队，不过，德军在此处的防御过于薄弱，很难长时间坚守。

在第21集团军位于顿河南面的作战地域内，罗金的坦克第26军只剩下不到25辆坦克，编入以坦克第19、第157旅和摩托化步兵第4旅①为核心的两个战斗群。尽管如此，该军还是在留米诺—克拉斯诺亚尔斯基东南方6公里、卡拉奇东北偏北方14公里的这片地域，对第14装甲军辖下的第14装甲师（该师得到第376步兵师部分部队的加强）发起打击。罗金还派出一个坦克战斗群，在卡拉奇东北方20公里处加入索卡列夫卡南郊的战斗。

坦克第26军右侧，拉古金上校步兵第293师的一个团在卡拉奇东北偏东方16公里处的伊拉里奥诺夫斯基西郊战斗，打击德军第3摩步师的部队。步兵第293师的另外两个团在南面支援坦克第4军辖下各个旅的战斗。克拉夫钦科坦克

① 译注：第14旅。

第4军实力严重不足的各坦克旅，在卡拉奇以东15公里、苏维埃茨基东北方8公里处沿瓦纽科瓦峡谷竭力克服第14装甲军辖下第3摩步师的防御，但几乎未取得任何进展。

11月27日，华西列夫斯基粉碎斯大林格勒包围圈的首次尝试达到了高潮，奇斯佳科夫第21集团军的所有部队几乎都已集结在顿河东岸，沿着从佩斯科瓦特卡南延至马里诺夫卡的整条战线对德军防御发起突击。但此时，该集团军猛烈的进攻行动有所减退。根据最高统帅部前一天晚上下达的指示，瓦图京命令普利耶夫的整个骑兵军，连同第65集团军辖下的步兵第321、第258、近卫步兵第40师向南部署，加强坦克第5集团军的进攻，夺取奇尔河畔奥布利夫斯卡亚、苏罗维基诺和顿河畔雷奇科夫斯基的德军支撑点。

尽管近卫骑兵第3军被调离，但奇斯佳科夫继续以5个步兵师（步兵第63和第96师终于赶到了）遂行作战，并以坦克第26和第4军的残余部队为步兵提供支援。但此时，面对德国第6集团军沿西部防线（从佩斯科瓦特卡南延至马里诺夫卡）临时构设但异常强大的防御，奇斯佳科夫的攻势基本陷入了停滞。11月27日午夜，华西列夫斯基下达命令，这一阶段的战斗暂告结束，并将第21集团军从西南方面军转隶顿河方面军。

奇斯佳科夫集团军转隶罗科索夫斯基的顿河方面军，清楚地表明华西列夫斯基和苏军最高统帅部终于承认了作战部队编成存在严重缺陷。简言之，他们现在知道要求西南方面军同时沿两个方向遂行攻势为何会事与愿违了。瓦图京似乎根本无法同时兼顾两个方向。最高统帅部将第21集团军从西南方面军转隶顿河方面军，这样一来便把进攻斯大林格勒包围圈北部和西部防线的所有部队统一到罗科索夫斯基麾下，但斯大林格勒南部的指挥体系暂时保持不变。

11月27日日终时，奇斯佳科夫的第21集团军已"黔驴技穷"，无法在德国第6集团军的防御上取得任何实质性进展。尽管如此，午夜前，罗科索夫斯基还是将佩斯科瓦特卡北面的顿河河段列为奇斯佳科夫第21集团军与巴托夫第65集团军的分界线。这就使奇斯佳科夫集团军的作战地域宽达40公里，从顿河向南延伸，经佩斯科瓦特卡、索卡列夫卡、伊拉里奥诺夫斯基至马里诺夫卡西部接近地。此时，第21集团军辖下的步兵第277、近卫步兵第51、步兵第96和第293师沿这条战线部署，这就意味着每个师的战线宽达10公里。而奇斯佳科夫麾下的第五个师（步兵第63师）正忙着改编为近卫步兵第52师，要到11月30日才能到达前线。

奇斯佳科夫的两个坦克军情况也不太好。罗金的坦克第26军实力太弱，他不得不把剩下的坦克（可能还有25辆）悉数纳入菲利片科上校的坦克第19旅，所有摩托化步兵纳入摩托化步兵第4旅[1]。克拉夫钦科的坦克第4军几乎同样虚弱，目前尚有30—35辆坦克，这些坦克也被纳入到一个旅内。第21集团军的步兵和坦克部队目前面对的是德军第44、第376步兵师和第3摩步师，这些德军还获得了第16、第14装甲师约35—40辆坦克的支援。德国人据守着佩斯科瓦特卡、索卡列夫卡、伊拉里奥诺夫斯基、马里诺夫卡的支撑点，以及位于其间的希罗基（Shirokii）和瓦纽科瓦峡谷。这些部队目前均由第14装甲军指挥。

因此，尽管第21集团军沿整条战线在顿河达成突破，但无力更进一步。唯一值得庆幸的是，德国人的实力已然耗尽，与奇斯佳科夫的步兵和坦克兵同样虚弱。因此，24小时内，第21集团军当面之敌不得不后撤了大约15公里，退守沿山脊构设的更有利的防御阵地，其防线从马里诺夫卡向东北方延伸至博罗金村（从卡拉奇东面20公里处至东北面50公里处）。

坦克第5集团军

在华西列夫斯基11月25日攻势的第一阶段，罗曼年科坦克第5集团军最重要的任务是前出至下奇尔河地域，攻占轴心国军队设在奥布利夫斯卡亚、苏罗维基诺和雷奇科夫斯基的支撑点。夺取雷奇科夫斯基尤为重要，因为对德国人来说，如果从西面向斯大林格勒发起救援行动，雷奇科夫斯基是最理想的出发地点。罗曼年科将这项任务交给布特科夫的坦克第1军和鲍里索夫骑兵第8军主力，并以脱离车尔尼雪夫斯卡亚以东、库尔特拉克河及其北面的战斗并赶至奇尔河车站及时参加战斗的所有步兵部队提供支援。除了确保下奇尔河一线，坦克第5集团军还必须肃清第48装甲军位于上奇尔河以东地域的部队，在车尔尼

---

[1] 译注：第14旅。

雪夫斯卡亚或其附近的河流西岸夺取一座登陆场，赶在罗马尼亚第3集团军得到第48装甲军支援前粉碎其防御。罗曼年科将这些任务赋予坦克第5集团军辖内的大部分步兵师和骑兵第8军的骑兵第21师。

对苏军作战行动而言，速度至关重要，因为轴心国军队沿奇尔河的防御依然虚弱无力、支离破碎（罗马尼亚第3集团军11月23日的作战序列可参阅副卷附录1）。罗马尼亚第3集团军辖下的第1、第2军在车尔尼雪夫斯卡亚北面沿克里瓦亚河和奇尔河据守，现在归临时组建的"霍利特"集团军级集群指挥（从字面意思看，该集群名为Angriffsgruppe，也就是突击集群），该集群的编成如下：

· 德国第17军辖下的第62、第294步兵师和罗马尼亚第1军辖下的第7、第11步兵师，在博科夫斯卡亚北面沿克里瓦亚河及其西北方据守；

· 罗马尼亚第2军辖下的第9步兵师和第7骑兵师，据守从博科夫斯卡亚南延至车尔尼雪夫斯卡亚的奇尔河防线；

· 第48装甲军辖下的第22装甲师和罗马尼亚第1装甲师（待他们渡过奇尔河到达西岸后），在车尔尼雪夫斯卡亚及其南面据守奇尔河防线；

· 罗马尼亚第5、第4军向西撤过奇尔河的残部。

罗马尼亚第3集团军负责守卫的奇尔河防线，从车尔尼雪夫斯卡亚南面约10公里处向南、向东延伸，经奥布利夫斯卡亚和苏罗维基诺至顿河畔的雷奇科夫斯基，该集团军处于德国人的严密监督下。据守该地域的是以德军保安部队、各种警戒单位、补给、建设和铁路部队、第6集团军和辖内各师的后勤单位、补充兵和伤愈士兵、空军高射炮和机场支援部队临时组建的令人眼花缭乱的战斗群，大多以其指挥官的名字命名。[50]这些战斗群中最重要的一些（从左至右部署）及其编成和位置如下：

· "万特克"战斗群（11月24日加入"施庞"集群）（第403保安师第610团）——从车尔尼雪夫斯卡亚南延至乌斯季格里亚兹诺夫斯基；

· "瓦尔多"战斗群（11月24日加入"施庞"集群）（第403保安师第

354团）^①——从乌斯季格里亚兹诺夫斯基南延至奥布利夫斯卡亚西南方7公里处的拉古京（Lagutin）；

· 第8航空军战斗群（"菲比希"战斗群）（11月24日前为"施塔赫尔"战斗群）——奥布利夫斯卡亚地域；

· "冯·施通普菲尔德"战斗群（第108炮兵指挥部）——苏罗维基诺地域；

· "亚当"战斗群（11月24日改为"格贝尔"战斗群和"亚伯拉罕"战斗群）——奇尔斯基车站地域，由保卢斯的副官亚当上校指挥；

· "乔克尔"战斗群（原卡拉奇守军）——雷奇科夫斯基地域，由第53重型迫击炮团团长乔克尔上校指挥；

· "施密特"战斗群（第14装甲师后方单位）——11月24日位于雷奇科夫斯基以东；11月27日前调至苏罗维基诺地域；

· "克恩特内尔"战斗群（11月28日加入"泽勒"战斗群）——奥斯特罗夫斯基地域；

· "泽勒"战斗群（第14装甲师后方单位）——下奇尔斯卡亚地域，11月30日前调至奥斯特罗夫斯基（Ostrovskii）地域，由第6集团军工兵司令指挥。

坦克第26军准备将部队调至第21集团军时，11月25日，布特科夫将军的坦克第1军恢复了行动，打算肃清卡拉奇以南顿河西岸的德军，并夺取雷奇科夫斯基和苏罗维基诺（参见副卷附录6I）。坦克军辖下实力不济的各个旅设法将德军警戒哨驱离苏罗维基诺东南方20—25公里处的新、旧马克西莫夫斯基，但由于"冯·施通普菲尔德"战斗群的顽强抵抗，苏军夺取苏罗维基诺的尝试遭到挫败。不过，该军的侦察支队前出至分别位于卡拉奇西南方25公里和12公里处、萨莫杜罗夫卡（Samodurovka）和皮亚季兹比扬斯基地域的顿河北岸，并与斯大林格勒方面军位于河流南岸的机械化第4军侦察部队取得联系。在坦克军右翼，其侦察部队报告，据守苏罗维基诺的是德军两个步兵团和一个炮兵

---

① 译注：应为第213保安师。

团。日终时，由于只剩下20辆可用的坦克，该军转入防御，等待提供支援的步兵师赶到。

西面约30公里处，摩托车第8团11月25日傍晚时逼近奥布利夫斯卡亚北郊。由于该团实力较弱，无法从行进间夺取该镇，只得转入防御，等待骑兵第8军的援兵赶到。在摩托车团的深远后方，鲍里索夫将军麾下的骑兵第55和第112师从库尔特拉克河谷向南而去，25日12点夺取了奥布利夫斯卡亚西北偏北方28公里处的红谢洛村和格涅拉洛夫斯基村（Generalovskii）。随后，鲍里索夫命令恰连科上校的骑兵第55师向南疾进，增援位于奥布利夫斯卡亚的摩托车第8团；他又命令沙伊穆拉托夫将军的骑兵第112师向西赶往车尔尼雪夫斯卡亚东南偏南方18公里、奥西诺夫斯基村的奇尔河河段，在对岸夺取一座登陆场。日终时，恰连科的骑兵第55师前出至奥布利夫斯卡亚北面10—15公里处的弗罗洛夫和涅斯捷尔金（Nesterkin）地域，而沙伊穆拉托夫的骑兵第112师夺取了奥西诺夫斯基村和奇尔河西岸的一座小型登陆场。[51]面对这一威胁，罗马尼亚第3集团军的"瓦尔多"战斗群派第354保安团第2营和戈尔洛夫卡警戒营的一部阻挡沙伊穆拉托夫前进中的骑兵部队。一场旷日持久的猫鼠游戏随之而来，在此过程中，坦克第5集团军辖下的骑兵和步兵部队利用一切机会夺取奇尔河西岸立足地，而罗马尼亚第3集团军和"霍利特"集群竭力挫败这种可能性。

亚库宁将军的骑兵第21师落在骑兵第8军主力右翼的后方，目前在车尔尼雪夫斯卡亚北面、近卫步兵第47师的作战地域内独立行动，11月24日晚接到命令，要求该师次日晨渡过奇尔河，在西岸构设登陆场。亚库宁留下一个团协助守卫车尔尼雪夫斯卡亚西北方14公里处的皮丘金村，以另一个团的部分部队据守车尔尼雪夫斯卡亚东面2公里处的鲁萨科夫村，师主力随后在车尔尼雪夫斯卡亚西北方6公里处的奇斯佳科夫斯卡亚镇附近渡过奇尔河，并前进了2公里，深入到罗马尼亚第2军后方。日终前，骑兵第21师在车尔尼雪夫斯卡亚以西10公里至西北方10公里处夺取了斯塔维德尼扬斯基村（Stavidnianskii）和马诺欣村（Manokhin），在此过程中包围了罗马尼亚第7骑兵师的一个团。[52]亚库宁的骑兵构设起防御，将被围的罗马尼亚部队隔开，并获得近卫步兵第47师一个团的增援。苏军骑兵渡过奇尔河发起的突袭，迫使霍利特将军命令"万特克"

战斗群次日以第610保安团发起救援，刚刚向西逃过奇尔河的罗马尼亚第1装甲师和德国第22装甲师则以部分力量提供支援。

亚库宁的骑兵11月25日晨发起突袭，留下福卡诺夫将军的近卫步兵第47师据守超过25公里宽的地域，这段防区从皮丘金南延至奥西诺夫斯基。尽管该师已过度延伸，但福卡诺夫利用骑兵第21师的深入推进，设法将自己的右翼团向西渡过奇尔河，在车尔尼雪夫斯卡亚西面7公里处、骑兵第21师左侧的178高地东坡占据了防御。与此同时，近卫步兵第47师的左翼团为骑兵第112师①的突袭提供支援，在车尔尼雪夫斯卡亚东南方15公里处的奥西诺夫斯基渡过奇尔河，只留下第437团据守该师中央防区，这片防区包括车尔尼雪夫斯卡亚镇及其南、北部地域。

罗马尼亚第3集团军急于利用苏军近卫步兵第47师部署上的这个明显弱点，迅速命令手上唯一一支作战经验丰富的部队——第22装甲师和罗马尼亚第1装甲师残部——发起反冲击，重新夺回奇尔河畔至关重要的镇子。匆匆逃至奇尔河对岸后没过几个小时，两个轴心国装甲师的残部再次投入战斗，据称他们投入30—40辆坦克和多达100部搭载着步兵的车辆。两个装甲师发起联合突击，攻向车尔尼雪夫斯卡亚东南方2公里、近卫步兵第47师第437团后方。据第22装甲师的作战记录称，该师"奥佩尔恩"战斗群从大顿什钦卡南面的176.1高地出发，向西南方穿过小顿什钦卡、梅德韦日和别列江卡（Berezianka），经过彻夜行军，清晨8点到达鲁萨科夫村。赶至鲁萨科夫村东北方的高地后，"奥佩尔恩"战斗群以第204装甲团的坦克为先锋，11点发起突击。苏军猝不及防，进攻中的德军将他们驱散，驶过奇尔河上的桥梁，12点30分进入车尔尼雪夫斯卡亚镇，15点前将其夺取。[53]

由于另外两个团在支援范围外，福卡诺夫的近卫步兵第47师第473团②缺乏足够的力量重新夺回该镇。因此，傍晚时，罗曼年科将军命令别洛夫上校的近卫步兵第50师（经过大顿什钦卡的战斗后，该师在后方休整和补充）赶往西

---

① 译注：骑兵第21师。
② 译注：应为步兵第437团，该团12月26日改为"近卫步兵第137团"。

南方、从红库茨卡亚（Krasnokutskaia）向东南方延伸至鲁萨科夫的上奇尔河河段。在那里，该师将与近卫步兵第47师和骑兵第21师会合，从北面实施包围，重新夺回车尔尼雪夫斯卡亚。

激烈的战斗在车尔尼雪夫斯卡亚地域肆虐之际，坦克第5集团军辖下的部队已将第48装甲军的各个师驱离大顿什钦卡和库尔特拉克河。坦克集团军夺取这两个地域并短暂休整后，奉命向南、西南方推进，支援集团军辖下沿上、下奇尔河作战的部队。这股援兵包括托尔斯托夫上校的步兵第346师、尼科洛夫少校的近卫坦克第8旅和近卫步兵第50、步兵第119师的一部。第一支接到新命令的部队是近卫步兵第50师，11月25日—26日夜间，罗曼年科派该师赶往车尔尼雪夫斯卡亚，支援陷入困境的近卫步兵第47师。坦克第5集团军的记录表明，11月26日在梅德韦日地域伏击、给"大股敌军"造成严重损失后，尼科洛夫的坦克旅奉命接受休整和补充。与尼科洛夫坦克旅、近卫步兵第50、步兵第119师协同肃清敌人的步兵第346师，奉命将第二梯队团和预备队留在梅德韦日和小顿什钦卡地域，向南赶往库尔特拉克河河谷的彼得罗沃和卡拉奇库尔特拉克。该师将在那里接替近卫步兵第47师位于车尔尼雪夫斯卡亚及其南面的团，协助并替换位于奥西诺夫斯基以西登陆场内的骑兵第112师。最后是库拉金上校的步兵第119师，该师将向南推进，夺取苏罗维基诺，接替坦克第1军，以便该军集结于雷奇科夫斯基地域，随后将向南进军，渡过下奇尔河。日终前，库拉金的步兵师集结在佩列拉佐夫斯基东南方15公里处的佐托夫斯基地域。

至于坦克第5集团军最右翼的其他部队，阿纳什金上校的步兵第159师将继续沿上奇尔河实施防御，其防区从近卫步兵第47师右侧、楚茨坎河畔的霍赫拉切夫向西北方延伸至博科夫斯卡亚东南方5公里处的叶夫兰季耶夫斯基（Evlant'evskii）。阿纳什金确保步兵第159师右翼与近卫第1集团军近卫步兵第14师的左翼紧密相连。最后是坦克第26军辖下的坦克第216旅，由于一直在支援近卫步兵第50师（原步兵第124师），该旅没能归建，坦克第5集团军将其留作预备队，12月4日，罗曼年科将该旅划拨给坦克第1军，参加该军向南渡过奇尔河的进攻行动。[54]

11月25日日终时，罗曼年科将军将一份报告提交给瓦图京司令部，总结了坦克第5集团军在"天王星"行动第一周取得的战果。这位司令员在报告中称，坦克第5集团军前进140公里，解放了35000平方英里领土。在此过程中，集团军歼灭了罗马尼亚第9、第14步兵师、第7骑兵师、第1装甲师、德国第22装甲师和罗马尼亚第5步兵师的大部。这份报告还略带夸张地指出，集团军击毙24108名敌军；击毁221辆坦克、605门火炮/迫击炮、1107辆汽车、43架飞机和482辆大车；俘虏/缴获27632名敌官兵、254辆坦克、787门火炮/迫击炮、1664匹马、1566辆汽车、1380挺机枪、2架飞机、939辆摩托车、101个仓库、289部运输工具、6部火车头和15节火车车厢；还解放了5450名红军战俘。[55]集团军为这一胜利付出的代价是伤亡5315名官兵，其中884人阵亡，4187人负伤。[56]尽管这些数字中有一部分可能比较真实，但肯定不包括摧毁/缴获的坦克和火炮数量。例如，坦克第5集团军声称击毁/缴获的坦克总数为475辆，这种说法极不准确，因为1942年11月，德国人在整个东线和北非只损失了400余辆坦克。[57]

罗曼年科并未在报告中谈及坦克第5集团军的坦克实力，但他指出，坦克第1军尚有20—25辆坦克，坦克第26军的坦克更少，因为该军辖下的坦克第216旅仍在支援近卫步兵第50师，尚未归建。报告中还承认，虽然坦克集团军的结构有其合理性，但在指挥上遇到些问题，因为辖内各部队的性质和机动性各不相同。[58]

在苏军指挥部门看来，截至11月25日晚最明显的问题是，坦克第5集团军没能完成最关键的任务——夺取奇尔河畔的奥布利夫斯卡亚、苏罗维基诺和顿河畔的雷奇科夫斯基，并歼灭第48装甲军。令罗曼年科聊以自慰的是，鲍里索夫的骑兵已在上奇尔河对岸夺得几个登陆场，另外，烦人的德国装甲军已不在他的身后。但罗曼年科知道，这些立足地的规模较小，也很脆弱，要想控制住这些登陆场，并把德军逐出奥布利夫斯卡亚、苏罗维基诺和雷奇科夫斯基，他的集团军需要更多步兵。故此，11月25日—26日夜间，除了敦促麾下部队前调，他还恳请瓦图京提供步兵支援。方面军迅速做出回应，将第21集团军辖下的步兵第333师交给罗曼年科，26日晚些时候又以第65集团军的步兵第321、第258和近卫步兵第40师增援坦克第5集团军。但这些师赶至奇尔河畔的指定位置至少需要24小时。在此期间，罗曼年科命令麾下部队继续完成前一天受领的任务。

布特科夫坦克第1军的实力已大不如前，只剩下不到20辆坦克，11月26日恢复了有限的进攻行动。为了把顽强防御的德军逐出雷奇科夫斯基，拂晓后不久，布特科夫派出一个坦克旅，在摩托化步兵的支援下，攻向雷奇科夫斯基以东6公里处"乔克尔"战斗群据守的斯基特村（Skity）和南面5公里处顿河上的铁路桥。德方记录证明这些进攻相当虚弱，进攻铁路桥的苏军步兵只得到4辆坦克的支援，进攻斯基特村的苏军也只有200名士兵和4辆坦克。[59]两场突击均告失败后，坦克第1军简单地报告道，辖内部队"到达苏罗维基诺东南方15—35公里处的大奥西诺夫卡、新马克西莫夫斯基和雷奇科夫斯基一线"。[60]

　　如果说坦克第1军未能完成任务是因为实力太弱，那么，坦克第5集团军位于奇尔河更西面一线的部队的状况更加糟糕。由于第48装甲军的坚决抵抗阻挡了坦克第5集团军的推进达五天之久，罗曼年科麾下的大部分部队被牵制在从车尔尼雪夫斯卡亚北面南延至奥布利夫斯卡亚的奇尔河河段。结果，从奥布利夫斯卡亚向东穿过苏罗维基诺至顿河畔雷奇科夫斯基的奇尔河河段上，坦克第5集团军的部队寥寥无几。罗曼年科意识到这一弱点，故而在25日派库拉金上校的步兵第119师向南推进，填补这一空白，随后又把刚刚转隶来的步兵第333、第321、第258、近卫步兵第40师派往南面。但在这些部队赶至奇尔河前，罗马尼亚第3集团军据守的这片防区依然毫发无损，临时组建的各德军战斗群利用这一喘息之机加强防御。坦克第5集团军突击部队这个巨大缺口的西面，摩托车第8团在奥布利夫斯卡亚地域战斗，但该团的实力太弱，没能给德国空军"施塔赫尔"战斗群的防御造成任何破坏。不过，11月25日下午，态势开始发生变化，骑兵第8军辖下骑兵第55师的先遣部队赶来增援摩托车团，奥布利夫斯卡亚的守军及时地注意到了这一点。

　　下奇尔河战线依然保持着平静，但车尔尼雪夫斯卡亚南北两面的上奇尔河战线却并非如此。在那里，坦克第5集团军的部队与罗马尼亚第3集团军辖内部队展开角逐，态势不断变化。镇南面，骑兵第8军辖下的骑兵第112师11月26日扩大了位于奥西诺夫斯基的登陆场。面对德军第354掷弹兵团第2营和数个警戒单位的抵抗，沙伊穆拉托夫将军的骑兵向北推进了约2公里，夺取了河西面3公里、车尔尼雪夫斯卡亚以南13公里处的瓦尔拉莫夫斯基村（Varlamovskii）。[61]此时，骑兵第112师向北的进攻方向表明，坦克第5集团军打算以骑兵第112和第21师从南北两面合围车尔尼雪夫斯卡亚，近卫步兵第47和第50师从北面、步兵第346师从南面提供支援。但这一计划奏效的前提是，近卫步兵第50师及时赶至骑兵第21师的防区，步兵第346师迅速到达骑兵第112师的作战地域。令罗曼年科深感失望的是，这两个师没能做到这一点。

车尔尼雪夫斯卡亚及其北面，由于第48装甲军辖下第22装甲师和罗马尼亚第1装甲师的残部前一天夺回了该镇，坦克第5集团军的进攻放缓。[62]坦克第5集团军报告说，在更北面"击退敌人的数次进攻后"，骑兵第21师位于奇尔河西岸登陆场内的部队"日终时沿新莫斯科夫卡和新谢尔格耶夫卡（车尔尼雪夫斯卡亚西北方8—10公里处）一线停顿下来"。另外，骑兵第21师左侧，福卡诺夫的近卫步兵第47师"抗击着敌人对其左翼发起的反冲击，日终前占据了从车尔尼雪夫斯卡亚西郊至178.0高地（车尔尼雪夫斯卡亚以西7公里处）和奥西诺夫斯基（车尔尼雪夫斯卡亚东南方16公里处）的阵地"。[63]事实是，德军第22装甲师重新夺回车尔尼雪夫斯卡亚镇，而"万特克"战斗群在该镇西面和西北面发起反冲击，挡住了骑兵第112师[①]和近卫步兵第47师提供支援的一个团的所有后续推进。

但是，坦克第5集团军在车尔尼雪夫斯卡亚以北地域的态势，随着别洛夫近卫步兵第50师11月26日的到达而获得极大改善。[64]完成20公里强行军后，别洛夫近卫师辖下的近卫步兵第148、第150和第152团当日中午到达鲁萨科夫与伊拉里奥诺夫之间的奇尔河河段，这两个镇子分别位于车尔尼雪夫斯卡亚东面2公里和西北方15公里处。别洛夫的几个团投入战斗，对奇斯佳科夫斯卡亚北面的罗马尼亚第14步兵师和车尔尼雪夫斯卡亚镇内的第22装甲师发起冲击，强渡奇尔河，一举夺取车尔尼雪夫斯卡亚、列翁季耶夫斯基（Leont'evskii）、新谢尔格耶夫卡（Novosergeevka）、新莫斯科夫卡（Novomoskovka）、斯塔里科夫（Starikov）这几个最重要的村落。进展最大的是近卫步兵第150团，该团从新谢尔格耶夫卡向西推进6公里，攻占了斯塔维德尼扬斯基村西北方2公里处的188.0高地。此时，骑兵第21师的右翼部队和近卫步兵第47师提供支援的一个团就在斯塔维德尼扬斯基村南面4公里处。因此，除非设法解救，否则，大

---

① 译注：第21师。

半个罗马尼亚第14步兵师就有可能陷入合围并被彻底消灭。

为应对这场危机，霍利特将军投入所有可用部队，全力遏制车尔尼雪夫斯卡亚及其北面的苏军登陆场，包括"万特克"战斗群的第610保安团、各种警戒营、罗马尼亚第14步兵师和第7骑兵师、第48装甲军实力已然耗尽的第22装甲师和罗马尼亚第1装甲师。接踵而来的激战一直持续到12月初，战斗结束时，车尔尼雪夫斯卡亚仍在德国人手中。但是，由于第48装甲军和罗马尼亚第2军的注意力和兵力主要集中在车尔尼雪夫斯卡亚北面，坦克第5集团军位于该镇南面的部队取得了比北面友军更大的战果。11月26日，位于坦克第5集团军右翼（克里瓦亚河与奇尔河交汇处以东）的步兵第159师，继续在车尔尼雪夫斯卡亚西北方17—25公里处、沿叶夫兰季耶夫斯基和伊拉里奥诺夫一线击退小股敌军发起的进攻。

11月27日，坦克第5集团军沿下奇尔河的进攻行动充其量只能说依然停滞不前。在那里，苏军缺乏必要的预备力量重振攻势，导致从奥布利夫斯卡亚东延至雷奇科夫斯基这片地段毫无进展。但是，在上奇尔河，车尔尼雪夫斯卡亚镇南北两面，情况截然不同。在那里，德军第48装甲军辖下的第22装甲师和罗马尼亚第1装甲师，作为一股可靠的作战力量又奋战了一天，使"霍利特"集群得以遏制坦克第5集团军辖下的骑兵和步兵部队扩大他们位于车尔尼雪夫斯卡亚北面登陆场的行动。但是，苏军步兵第346师赶至镇南面，加之德国和罗马尼亚部队在南面的实力较为虚弱，使苏军取得了些许进展。

布特科夫依然虚弱无力的坦克第1军与防御中的德军各战斗群沿下奇尔河展开激战，其战线从苏罗维基诺东北方6公里处的日尔科夫村（Zhirkov）向东南方延伸，穿过大奥西诺夫卡村和埃里茨基村，直至苏罗维基诺东南偏东方28公里处的雷奇科夫斯基北部和东部接近地。德军"乔克尔"战斗群报告，敌人以营级兵力从北面对他们设在雷奇科夫斯基的防御发起冲击，"施密特"战斗群在苏罗维基诺也遭到敌人的攻击，估计对方投入了一个步兵营，但只有2辆坦克提供支援。[65]对德国人来说，下奇尔河地带唯一令人不安的消息是，苏军一个步兵营和3辆T–34对"泽勒"战斗群最北端的子群发起进攻，该子群据守着下奇尔斯卡亚对面的顿河东岸。尽管守卫"泽勒"战斗群左翼的200名士兵击退了这股苏军，但事实证明，对方是斯大林格勒方面军第51集团军沃利斯基机械化第4军辖下一个坦克团的先遣部队。[66]这就意味着，德军沿下奇尔河的防御面临着来自东面和东南的新威胁。

虽然坦克第5集团军沿下奇尔河没能取得太大进展，在后续战斗中也不太活跃，但德国人在该地区的防御依然虚弱而又危险。例如，罗马尼亚第3集团军的记录表明，据守苏罗维基诺的"施密特"战斗群只有4500人。另外，"克恩特内尔"战斗群在苏罗维基诺东南方守卫着15公里宽的防区，却只有500名士兵；"亚当"战斗群守卫着10公里长的防线，从新马克西莫夫斯基南面至奇尔斯基车站东南面，总共只有2500人；据守雷奇科夫斯基的"乔克尔"战斗群只有约1000人；"泽勒"战斗群辖下的四个子群，在下奇尔斯卡亚周围守卫着顿河防线，总共只有750人。[67]这些守军的总兵力超过9000人，对付实力虚弱的坦克第1军肯定没有问题，但很难有效抗击正朝这里涌来的3—4个苏军步兵师。

坦克第1军的阵地位于雷奇科夫斯基附近，在西面40多公里处，骑兵第8军辖下骑兵第55和第112师的主力11月27日终于投入战斗，对据守奥布利夫斯卡亚的第8航空军战斗群发起打击。前一天晚上，沙伊穆拉托夫将军的骑兵第112师已将奇尔河西岸的奥西诺夫斯基登陆场移交给步兵第346师，随即向南赶往奥布利夫斯卡亚北面，与恰连科上校的骑兵第55师会合。接替摩托车第8团后，两个骑兵师对守卫该镇的德国空军高射炮部队发起数次冲击。26日傍晚，鲍里索夫向瓦图京报告，他的骑兵部队已"从西面、北面和东面将敌人［"施塔赫尔"战斗群］半包围在奥布利夫斯卡亚地域，并前出至里亚博夫斯基（Riabovskii）以南2公里、奥布利夫斯卡亚西南方5公里处的铁路线"。[68]德国方面的记录证实了这一说法，称苏军两个骑兵师的部队对镇北面的106.0高地发起一场协同一致的突击，但被击退。[69]"施塔赫尔"战斗群5000多名官兵的坚定防御表明，要夺取该镇，苏军必须投入更多兵力。

11月27日，坦克第5集团军作战地域内最激烈的战斗发生在车尔尼雪夫斯卡亚附近。在该镇及其北面，德军对别洛夫将军近卫步兵第50师的防御发起冲击，该师前一天夺回了车尔尼雪夫斯卡亚镇，并在镇北面的奇尔河西岸夺得一个大型登陆场（苏联方面对近卫步兵第50师夺取车尔尼雪夫斯卡亚镇之战的描述，可参阅副卷附录6J）。红军总参谋部11月27日的作战概要含糊地指出："近卫步兵第50师沿克拉斯诺亚罗夫卡、扎哈尔琴斯基（Zakharchenskii）和新里亚布欣一线（车尔尼雪夫斯卡亚东南方5—12公里处）占据防御，并与近卫步兵第47师相配合，在车尔尼雪夫斯卡亚镇东郊战斗。"[70]这份作战概要还指出："自11月27日晨时起，近卫步兵第47师一直在车尔尼雪夫斯卡亚地域及其南面作战。"[71]作战摘要中没有提及德军重新夺回了车尔尼雪夫斯卡亚镇。

罗马尼亚第3集团军的记录证实，在右侧罗马尼亚第1装甲师的支援下，德军第22装甲师确实在11月27日重新夺回了车尔尼雪夫斯卡亚镇。记录还指出，"万特克"战斗群对苏军骑兵第21师当日早些时候占领的帕拉莫诺夫（Paramonov，位于车尔尼雪夫斯卡亚镇西面9公里处）发起进攻，但这场突击失败了。[72]这一失利意味着亚库宁的骑兵师和近卫步兵第47师提供增援的步兵团仍在车尔尼雪夫斯卡亚镇西北面和西面据守着一个相当规模的登陆场。在德国人看来更具威胁的是，亚库宁的登陆场距离主公路不到1公里，这条公路将第48装甲军军部、罗马尼亚第7骑兵师和第1装甲师师部所在地，西南方20公里处的库捷伊尼科夫（Kuteinikov）与他们位于车尔尼雪夫斯卡亚的部队连接起来。因此，苏军在该地域发起的任何后续推进，都将切断第48装甲军与在车尔尼雪夫斯卡亚地域战斗的辖内部队之间的主要补给和交通路线。

沿着车尔尼雪夫斯卡亚南面的奇尔河河段，近卫步兵第47师的一个团接替了奥西诺夫斯基和河流以西瓦尔拉莫夫登陆场（Varlamov）内的骑兵第112师，这使沙伊穆拉托夫将军的骑兵得以向南赶往奥布利夫斯卡亚。但红军总参谋部的作战概要还指出："步兵第346师沿彼得罗夫卡和戈卢宾卡一线（车尔尼雪夫斯卡亚以东15—28公里处）占据防御。"[73]如果这一情况属实，那么很可能是托尔斯托夫上校的步兵第346师派先遣支队赶至该师当日应该到达的奇尔河防线。步兵第346师主力的明显延误可能与师长托尔斯托夫上校即将被撤换有关，D.I.斯坦克夫斯基少将11月28日正式接替他担任师长一职。[74]

最后说说坦克第5集团军沿上奇尔河部署的最右翼，阿纳什金上校步兵第159师的防区基本保持着平静。该师仍在北岸据守着防御，其防区从车尔尼雪夫斯卡亚西北方15公里处的伊拉里奥诺夫，经叶夫兰季耶夫斯基至博科夫斯卡亚东面4公里处的杜连斯基，位于近卫步兵第50师右侧。27日一整天，该师面对着罗马尼亚第2军第14步兵师的左翼，而第14步兵师主力正在南面同近卫步兵第50师激战。据称，阿纳什金师派出左翼团的部分部队，协助近卫步兵第50师第152团击退了罗马尼亚部队从车尔尼雪夫斯卡亚西北方18公里、福明村（Fomin）东面发起的几次进攻。

因此，华西列夫斯基重新发起进攻的头三天，罗曼年科的坦克第5集团军没能完成其最重要的任务——夺取雷奇科夫斯基、苏罗维基诺、奥布利夫斯卡亚和下奇尔河北岸。聊以自慰的是，该集团军声称他们在车尔尼雪夫斯卡亚地域突破了轴心国军队的防御。但即便在那里，该集团军的战果也很有限，主要是因为他们未能阻止第48装甲军的大批部队渡过奇尔河向西逃窜。虽说没有证据表明上级部门批评了坦克第5集团军司令员，但华西列夫斯基和瓦图京肯定对罗曼年科的指挥不太满意。罗曼年科集团军的糟糕表现没能消除德国人日后从至关重要的雷奇科夫斯基登陆场向斯大林格勒发起救援行动的可能性。但他们暂时接受了罗曼年科的借口——没能完成任务是因为他的集团军实力太弱，并回应了他提供增援的请求，又给他调拨了4个步兵师。他们只能寄希望于罗曼年科有效地使用这些部队。

近卫第1集团军

西南方面军辖下的第21、坦克第5集团军沿斯大林格勒包围圈对内、对外正面这两个截然不同的方向展开激战时，列柳申科将军的近卫第1集团军与据守突出部的德国和罗马尼亚军队进行着不甚激烈的战斗，这个突出部在顿河与克里瓦亚河之间形成了一个直角。11月23日和24日，列柳申科的各个师发起进攻，意图打垮罗马尼亚第1军第11、第7步兵师位于突出部北侧和东侧的防御。与此同时，他们还威胁到意大利第8集团军的右翼，该集团军在更远的西北方守卫着顿河防线。进攻期间，集团军辖下的步兵第203、第266、近卫步兵第14师在克里瓦亚河西岸夺得一座登陆场，纵深达5—16公里。这就促使德军第17军军长兼新组建的"霍利特"突击集群司令霍利特将军命令德军第62和第294步兵师从克鲁日林（Kruzhilin）和博科夫斯卡亚地域发起反突击，歼灭克里瓦亚河以西的苏军，收复失地。

11月25日晨，近卫第1集团军将步兵第1、第153、第197和第278师部署在突出部北翼，这段战线从顿河南面的下马蒙向东延伸至伊阿戈德内村南面的克里瓦亚河河段。这股力量的左翼，D.P.莫纳霍夫上校的步兵第278师据守的防区从克里瓦亚河畔巴赫穆特金以西2公里处向西延伸，直至伊阿戈德内西北方6公里处的上克里夫斯科伊（Verkhnyi Krivskoi）。沿突出部东翼，近卫步兵第14、步兵第266和第203师在28公里宽的地域内据守着克里瓦亚河西面的一座登陆场，这片地域从博科夫斯卡亚北面4公里处的孔科夫北延至204.0高地，具体部署如下：

· 近卫步兵第14师（格里亚兹诺夫少将）——从克里瓦亚河以西10公里、博科夫斯卡亚以北10公里处的孔科夫东部接近地向北延伸8公里，经维斯洛古博夫和下卢奇基，至杜博沃伊西南偏西方10公里处的戈尔巴托夫斯基国营农场南部边缘；

· 步兵第266师（韦托什尼科夫少将）——从克里瓦亚河畔戈尔巴托夫斯基西南偏西方10公里处戈尔巴托夫斯基国营农场的南部边缘向北延伸8公里，至杜博沃伊以西8公里处的222.0高地南坡；

· 步兵第203师（G.S.兹达诺维奇少将）[①]——从克里瓦亚河畔鲁巴什金村和杜博沃伊村以西7公里处的222.0高地东坡向北延伸12公里，至巴赫穆特金以西2公里处的204.0高地。

11月25日拂晓，"霍利特"突击集群对近卫第1集团军设在克里瓦亚河西岸的登陆场发起反突击。该集群的记录表明，德国第17军此时的总兵力（即领取口粮的人数）为62294人，但不清楚罗马尼亚第7和第11步兵师是否包含在内。[75]第62和第294步兵师的总兵力都超过12000人，而罗马尼亚第7和第11步兵师的兵力稍少些。相比之下，列柳申科近卫第1集团军的总兵力超过14万，还有162辆坦克。[76]但是，沿克里瓦亚河及其西部地域展开行动的近卫步兵第14、步兵第266、第203、第278师，兵力可能只有40000人左右。

---

① 译注：兹达诺维奇此时仍是上校。

　　"霍利特"集群的反突击构成一场两翼合围,担任北钳的第62步兵师从克鲁日林向东进击,担任南钳的第294步兵师从博科夫斯卡亚向东北方突击。苏军近卫步兵第14和步兵第203师刚刚加入新组建的步兵第14军,结果被这场进攻打得措手不及。两个德军师发起追击,迫使两个苏军师混乱不堪地退过克里瓦亚河(参见副卷附录6I)。当晚,列柳申科命令步兵第14军27日晨发起反冲击,并以前一天晚上转入军预备队的步兵第266师担任先锋(步兵第266师对这场战斗的描述,可参阅副卷附录6K)。[77]

　　虽然红军总参谋部的作战概要对近卫第1集团军作战地域内的态势持乐观态度,但对头两天战事的严峻描述清楚地表明,"霍利特"集群辖下的第62和第294步兵师确实粉碎了近卫第1集团军位于克里瓦亚河西岸的防御;在某些地段,德国人甚至渡过河去,攻入该集团军左翼的纵深后方。面对不断恶化的态势,列柳申科集团军11月27日晨以步兵第266和近卫步兵第14师发起强有力的反冲击。红军总参谋部在记录中默然承认步兵第14军的反冲击失败了,但未解释失败的原因。其他资料填补了这一空白,指出步兵第14军的反冲击组织不善,两个步兵师以零零碎碎的方式投入战斗,每次几个团。结果,这场反冲击未能成功,步兵第266师损失了一个团。[78]霍利特的第62步兵师迫使苏军步兵第278和第203师退守沿克里瓦亚河西岸构设的浅近防御,而第294步兵师不仅将苏军近卫步兵第14师赶过河去,还在东岸夺得一个很大的登陆场。两个实力相对较强的德军师的部分部队仅仅到达克里瓦亚河及其东岸,便立即威胁到坦克第5集团军的右翼。如果德国人继续进攻,如果霍利特的两个师设法沿奇尔河北岸继续向东南方推进,不仅对坦克第5集团军位于车尔尼雪夫斯卡亚地域的部队,甚至对整个西南方面军都将构成致命的威胁。

　　近卫第1集团军出师不利,为缓解这个令人不安的消息带来的烦恼,红军总参谋部将该集团军的"战利品统计"纳入作战概要,在"[西南]方面军缴获的战利品"这一标题下指出,"击毙1400名敌军,俘虏1400名敌官兵,缴获19门火炮、44挺机枪、30辆汽车和300匹马,还解放了300名红军战俘。"[79]

总　结

　　实际上,在三天通常都很激烈的战斗中,瓦图京西南方面军辖下的第

21、坦克第5和近卫第1集团军取得的战果相当有限。虽然奇斯佳科夫的第21集团军在佩斯科瓦特卡和索卡列夫卡地域渡过顿河，但德国第11军和第14装甲军以一场井然有序的后撤离开顿河大弯曲部西北角的登陆场。渡过顿河后，奇斯佳科夫集团军向东挤压第6集团军据守的斯大林格勒包围圈西部防线，但进展缓慢。

罗曼年科的坦克第5集团军也没能实现任何一个主要目标。11月27日傍晚，奇尔河畔的苏罗维基诺、奥布利夫斯卡亚镇和顿河畔的雷奇科夫斯基镇仍牢牢控制在德国人手中，另外还有下奇尔河南北两岸的大部分河段。罗曼年科集团军取得的唯一战果来自车尔尼雪夫斯卡亚地域，即便在那里，"霍利特"集群也挫败了近卫第1集团军位于克里瓦亚河南岸的部队，也给坦克第5集团军的右翼造成了致命威胁。

但情况正在发生变化，主要是因为瓦图京决定将普利耶夫的近卫骑兵第3军转隶罗曼年科的坦克第5集团军。罗曼年科为上级允诺的这一增援欢欣鼓舞，他于11月26日晚下达了一道命令，准确地阐述了他打算如何使用普利耶夫的骑兵军。这道命令采用了任务说明的方式，其中写道："骑兵第8军，连同反坦克歼击炮兵第174团和步兵第321师，应占领并牢牢据守帕尔申（Parshin）、奥布利夫斯卡亚和弗罗洛夫……坦克第1军，会同反坦克歼击炮兵第33团和［近卫］骑兵第3军，应夺取并牢牢据守上索隆措夫斯基（Verkhne–Solontsovskii）［奇尔河以南25公里处］。"[80]这道命令要求坦克第1军和近卫骑兵第3军突破轴心国军队沿下奇尔河的防御，并向该河以南推进25—30公里。但对罗曼年科来说不幸的是，这道命令没能付诸实施，因为普利耶夫的骑兵军直到11月28日才到达下奇尔河的指定集结区。到那时，罗曼年科又用了一周才组织起新的攻势。

基于西南方面军11月25日—27日平庸的表现，华西列夫斯基有充分的理由怀疑，派瓦图京方面军沿两个截然不同的方向展开行动是否可行。

顿河方面军

与瓦图京的西南方面军不同，罗科索夫斯基顿河方面军辖下的三个集团军遂行的是同一个任务——粉碎第6集团军的北部防线，着手歼灭被围之敌

（参见地图29）。为完成这项任务，巴托夫第65集团军和加拉宁第24集团军将包围并歼灭盘踞在顿河大弯曲部西北角突出部内的德国第11军和第14装甲军，然后打垮第6集团军位于顿河南面的北部防线。与此同时，扎多夫第66集团军将沿包围圈西北部防线①粉碎第6集团军第51军的防御，在戈罗季谢附近与斯大林格勒方面军辖下的第62集团军会合，协助歼灭德国第6集团军（顿河方面军11月25日—27日的战果可参阅副卷附录6L）。

任务看似简单，但罗科索夫斯基依然面对着自"天王星"行动开始以来就一直困扰着他的两个主要问题。第一，与另外两个进攻中的方面军相比，他麾下的各集团军兵力较少；第二，除了巴托夫的第65集团军，其他集团军进攻的是德军精心构设、拥有纵深防御的阵地。没过24小时，巴托夫将面对第三个问题：华西列夫斯基下令，将他的几个师转隶另外两个方面军。由于西南方面军遭遇到严重困难，无法完成受领的任务，华西列夫斯基不得不从罗科索夫斯基处抽调兵力加强瓦图京方面军，这进一步削弱了顿河方面军编成内的各集团军。德国第6集团军将第11军和第14装甲军从顿河大弯曲部暴露的突出部撤至河流南面更加连贯的防御阵地上，给罗科索夫斯基造成了更大的难题。起初，德军此举至少有助于第65集团军的推进，但也促使华西列夫斯基将顿河方面军的部队调拨给西南方面军，后者赢得胜利的希望似乎更大。再加上德军的后撤，这一切导致罗科索夫斯基遭到削弱的诸集团军更难克服第6集团军设在顿河南面的防御。

但从乐观的一面看，德国第6集团军后撤时，其部队开始丧失他们传统的高度凝聚力。许多德方资料描述了德军与日俱增的混乱，甚至是一种极度的恐慌，特别是第11军和第14装甲军撤过顿河时的后勤部队。类似情况也发生在奥尔洛夫卡地域，尽管程度稍好些，第94步兵师11月24日在叶尔佐夫卡南面突然遭遇的挫败破坏了该师残部和友邻部队士兵们的士气。但是，第6集团军随后围绕斯大林格勒包围圈实施的顽强抵抗，无疑证明了那些关于德军普遍存在混乱和恐慌的报告显然有些夸大。

---

① 译注：应为包围圈东北部防线。

第 65 集团军

11月25日清晨，巴托夫第65集团军辖下的各个师恢复了对第6集团军第11军和第14装甲军的进攻（参见地图30和副卷附录6L）。两个德国军对此的应对是，将部队撤往从佩斯科瓦特卡北延至上阿卡托夫（Verkhnyi Akatov）的顿河河段。以往对该地域战斗的描述使我们很难弄清德国人撤离了哪些部队、第65集团军辖下的哪些部队参加了战斗以及具体时间。但新近公布的红军总参谋部11月26日—28日的每日作战概要，彻底揭开了第65集团军这场进攻行动中的谜团。

为顿河大弯曲部东北角最后三天的战斗奠定基础的是，11月23日前获得第14装甲军加强的德国第11军，已于11月22日开始将部队撤往顿河南面。这些部队，一个团接一个团向南渡过顿河，要么赶去加强第76步兵师（该师在韦尔佳奇北面的顿河东岸遭到苏军第24集团军的攻击），要么在斯大林格勒包围圈西部或东北部防线据守阵地（参见表28）。

11月25日晨，守卫第11军18×18平方公里登陆场的德国部队包括第14装甲军第16装甲师的战斗群，他们据守着从小纳巴托夫斯基向北延伸至叶夫拉姆皮耶夫斯基以东和戈卢宾斯基的登陆场西段，另外还有第11军第44和第384步兵师的5个步兵团，他们守卫着一条宽大的弧线，从戈卢宾斯基东面向东北方延伸至库博罗日内（Kuborozhnyi）北面，然后向东南方延伸至特廖赫奥斯特罗夫斯卡亚南面的顿河河段。[81]

表28：1942年11月22日—27日，第11军和第14装甲军在锡罗京斯卡亚登陆场的防御和撤离

11月22日
- 第11军的撤离：
  - ○第384步兵师第536团撤离，加强第76步兵师
  - ○第44步兵师第134团撤至顿河南面
- 日终时登陆场的防御（从左至右）
  - ○第14装甲师、第44步兵师第132团、第384步兵师第534团
  - ○第376步兵师第672、第673、第767团、第44步兵师第131团第3营
  - ○第44步兵师第131团（欠第3营）
  - ○第384步兵师第535团

478

表 28（接上页）

11月23日
- 第11军的撤离：
  - ○第376步兵师第672、第673团撤至第11军后方地域
- 日终时登陆场的防御：
  - ○第14装甲军：
    - ▲第16装甲师战斗群
    - ▲第24装甲师战斗群
  - ○第11军：
    - ▲第14装甲师、第44步兵师第132团、第384步兵师第534团
    - ▲第44步兵师第131团、第376步兵师第767团
    - ▲第384步兵师第535团

11月24日
- 第14装甲军的撤离：
  - ○第24装甲师撤至顿河南面和奥尔洛夫卡地域
- 第11军的撤离：
  - ○第376步兵师第672、第673团撤至撤至顿河南面
  - ○第14装甲师撤至顿河南面
- 日终时登陆场的防御：
  - ○第14装甲军：
    - ▲第16装甲师战斗群
  - ○第11军：
    - ▲第44步兵师第131、第132团、第376步兵师第767团
    - ▲第384步兵师第534、第535团

11月25日
- 第11军的撤离：
  - ○第376步兵师第767团撤至顿河南面
- 日终时登陆场的防御：
  - ○第14装甲军：
    - ▲第16装甲师战斗群
  - ○第11军：
    - ▲第44步兵师第131、第132团
    - ▲第384步兵师第534、第535团

11月26日（至16点）
- 第11军的撤离：
  - ○第384步兵师第534、第535团撤至顿河南面
- 中午后登陆场的防御：
  - ○第14装甲军：
    - ▲第16装甲师战斗群
  - ○第11军：
    - ▲第44步兵师第131、第132团

表 28（接上页）

11月26日（16点后）
● 第11军的撤离：
　○ 第44步兵师第131、第132团
● 第14装甲军的撤离：
　○ 第16装甲师战斗群撤至顿河南面，第64装甲掷弹兵团的一个连提供掩护

※ 资料来源：弗洛里安·冯·翁德·楚·奥夫塞斯男爵，《第6集团军作战日志附件册》，第二卷，第18—42页，第6集团军的每日记录；"1942年11月—1943年1月，第6集团军作战日志－地图"，30155/37号文件，收录在NAM T-312，第1459卷。

　　巴托夫集团军发起了进攻，更准确地说，是一场缓慢的追击，集团军辖下的步兵第24、第304和第252师从左至右部署在一片弧形地带，这条战线从顿河畔特廖赫奥斯特罗夫斯卡亚的南面向西北方延伸14公里，至顿河畔波德戈尔斯基南面，然后向南延伸24公里，至戈卢宾斯基东北地域。巴托夫的进攻计划要求普罗霍罗夫上校位于集团军左翼的步兵第24师，从特廖赫奥斯特罗夫斯卡亚南面向西北方延伸至波德戈尔斯基南面这片地域向南推进。步兵第24师右侧，梅尔库洛夫上校调自第二梯队的步兵第304师，将从罗季奥诺夫（Rodionov）南延至叶夫拉姆皮耶夫斯基以北8公里处的库班采瓦峡谷（Kubantseva）这片地域攻向东北方。而在巴托夫集团军右翼，舍赫特曼上校的步兵第252师将从库班采瓦峡谷南延至戈卢宾斯基东北方这片地域向东进击。为了给突击部队提供坦克支援，巴托夫派坦克第91旅支援梅尔库洛夫师，派坦克第121旅加强普罗霍罗夫师。舍赫特曼步兵第252师的右翼与第21集团军步兵第76师的左翼紧密相连，后者与近卫骑兵第3军辖下的骑兵第32师相配合，从叶夫拉姆皮耶夫斯基地域向东发起突击。另外，巴托夫还命令格列博夫上校担任集团军预备队的近卫步兵第27师，从集团军左翼后方向北调动，集结在锡罗京斯卡亚东南方4—9公里处的济莫夫斯基、赫梅列夫斯基和卡赖茨基（Karaitskii）地域。巴托夫计划于11月26日对德国第11军的登陆场发起最后的突击，这一行动将由格列博夫的近卫师遂行。

拂晓后不久，苏军发起进攻，3个步兵师和2个坦克旅当日推进8公里，只遭到德军后卫部队的轻微抵抗，这些搭乘卡车的德军后卫掩护着第16装甲师、第44和第384步兵师的后撤。[82]巴托夫将军后来对这场战斗做出如下描述：

撤往渡口的同时，敌人留下快速支队担任掩护：冲锋枪手、坦克、反坦克炮和六管火箭炮。现在，我们的部队不得不着手解决德军第44和第384师的残部，他们被迫搭乘卡车从顿河大弯曲部北部退至中央。这场战斗的性质是对败退之敌的一场平行追击。快速支队在舍赫特曼、普罗霍罗夫和V.S.格列博夫师前方展开行动。他们肃清了峡谷和高地上的敌火力点，截断了敌人的后撤路线。步兵第252师师部11月25日报告："当日缴获103辆汽车、3架飞机、52门火炮和32门反坦克炮。"

同一天，普罗霍罗夫打电话告诉我："我们缴获的战利品是60辆汽车、45门各种口径的火炮……您问俘房？不多，只有30名，但我们今天解放了116名被法西斯匪徒俘房的红军战士。他们看上去很奇怪，指挥员同志！一个个骨瘦如柴，憔悴不堪，身上的衣服破破烂烂。"[83]

第65集团军11月25日的推进使德军设在顿河大弯曲部的登陆场缩小了近一半。日终时，德军第44和第384步兵师四个虚弱无力的团，在韦尔佳奇西北方3公里、顿河西岸的阿基莫夫斯基镇坚守着6—10公里深的登陆场。

巴托夫集团军的三个师争夺登陆场时，这位集团军司令员正准备将麾下另外几个师调至其他地方。前一天晚上，遵照最高统帅部的命令，罗科索夫斯基通知巴托夫，他必须把三个师调拨给西南方面军的坦克第5集团军。这还不包括步兵第321师，华西列夫斯基11月23日晚已命令巴托夫做好将该师调给坦克第5集团军的准备。这就意味着总共四个师（近卫步兵第4、第40、步兵第258、第321师）将转隶瓦图京方面军。这四个师，外加第65集团军辖下的步兵第23师，11月25日傍晚时集结在集团军后方，等待着后续命令。[84]

11月25日夜间，战斗结束后，罗科索夫斯基命令巴托夫次日将近卫步兵第4、第40、步兵第258、第321师转隶罗曼年科的坦克第5集团军。这样一来，巴托夫集团军只剩下格列博夫上校的近卫步兵第27师，该师集结在锡罗京斯卡亚东南方8—10公里处的赫梅列夫斯基和卡赖茨基地域，准备在11月26日重新投入战斗，另外还有P.P.巴赫拉梅耶夫上校[①]担任预备队的步兵第23师。

尽管如此，第65集团军还是在11月26日清晨以剩下的力量恢复了追击行动。实际上，这场追击开始于前一天晚上，第11军辖下的第44和第384步兵师刚刚执行下一步后撤行动后。与昨晚一样，第65集团军前进中的各个师派出先遣支队，在黑暗中试探着两个德军师后续防御的位置。步兵第24、第304、第252师主力将在拂晓时恢复进攻。[85]

由于追击行动的复杂性，日终时，就连第65集团军也无法确定各攻击部队的确切位置。例如，普罗霍罗夫上校的步兵铁24师应该向南推进，穿过特廖赫奥斯特罗夫斯卡亚南面的高地，打垮德军第384步兵师的后卫部队，在上格拉西莫夫斯基农场（Verkhnyi Gerasimovskii）附近强渡顿河，然后沿顿河南岸向西南方攻击前进，夺取韦尔佳奇。但当日晨发起进攻后，普罗霍罗夫师只取得4公里进展，在上格拉西莫夫斯基北面2—3公里处的下阿卡托夫附近遭遇到敌人猛烈的火力，随即停滞不前。普罗霍罗夫的进攻陷入停顿时，巴托夫将格列博夫上校的近卫步兵第27师投入战斗。格列博夫的近卫师从卡赖茨基地域向前推进15公里，12点左右投入战斗。他们的任务是沿库博罗日内和基斯利亚科夫方向朝东南方攻击前进，夺取步兵铁24师右侧的上格拉西莫夫斯基。格列博夫的部队进展顺利，17点前到达上阿卡托夫北部和西部接近地。

巴托夫集团军的中央地带，梅尔库洛夫上校的步兵第304师在坦克第91旅的支援下，11月26日清晨从罗季奥诺夫发起突击，沿安托诺夫斯基山沟（Antonovskii）与基斯利亚科夫斯基峡谷（Kisliakovskii）中间的山脊攻向东南方。该师设法前出至比留奇科夫（Biriuchkov）南面2公里处的204.0高地北坡，但被高地上德军的猛烈火力所阻。梅尔库洛夫右侧，舍赫特曼上校的步兵第252师从别列佐瓦亚峡谷（Berezovaia）与安托诺夫斯基山沟中间的185.0高地东坡发起进攻。该师步兵向前推进4公里，到达204.0高地西南方，在那里停顿下来。为加快突击部队的进展，下午晚些时候，巴托夫命令P.P.巴赫拉梅耶

---

① 译注：应为瓦赫拉梅耶夫。

夫上校的步兵第23师从别列佐瓦亚峡谷南面向东赶往卡尔图利，从右侧包围德军登陆场。夜幕降临时，巴赫拉梅耶夫师靠近了集团军右翼后方12公里处的苏哈亚峡谷（Sukhaia）。

与此同时，在日趋萎缩的登陆场内，施特雷克尔将军已于11月25日将第376步兵师第767团从第44步兵师据守的登陆场南部防区撤出，派该团渡过顿河。26日，他继续把麾下各步兵团逐一撤离。接下来要疏散的是第384步兵师第534、第535团，11月26日拂晓，这两个团撤离登陆场北半部后渡过顿河。此时，这座登陆场已缩小到8公里宽、6公里深，从北面的格拉西莫夫斯基峡谷到南面阿基莫夫斯基以南2公里处，从西面的204.0高地到东面的顿河西岸。第16装甲师战斗群守卫着阿基莫夫斯基地域，第44步兵师第131和第132团据守着从204.0高地东延至下格拉西莫夫的防区，各获得一个炮兵连的加强。

26日中午前后，德军第44步兵师的两个团开始撤离登陆场北部三分之二处，并渡过顿河，第16装甲师战斗群的主力尾随其后，这一过程一直持续到27日凌晨2点。第16装甲师辖下的第64装甲掷弹兵团为后撤中的士兵们提供掩护，此时该团仅为营级规模。3点30分，渡河行动结束后，第64装甲掷弹兵团最后一个后卫连也平安撤离。3点40分，最后渡河的几名士兵炸毁了328米长的桥梁[86]，第11军长时间遭受的磨难宣告结束，但对整个第6集团军来说，一场新的、历时更久的严酷考验即将开始。

第11军撤离顿河北面的阿基莫夫斯基登陆场，某些记述强调了这场后撤的混乱和疯狂（德国战地记者海因茨·施勒特尔的记录极其生动，但不太可信，详情可参阅副卷附录6M）。尽管第11军的后撤似乎有些凄惨，但施特雷克尔较为完整地将麾下部队撤过顿河。这些逃离登陆场的守军没有得到休整，最后一名德军士兵跨过河上那条著名的桥梁后没过几个小时，他们便在河流南岸占据新阵地。这些部队随后实施的防御极为凶猛，从这一点看，第44和第384步兵师的士兵们已不再歇斯底里或惊慌失措，如果他们曾有过这种情绪的话。

第6集团军密切留意着第11军的后撤行动，不断发出相关报告。例如，11月26日22点32分，集团军通知"顿河"集团军群，第11军"正从顿河登陆场撤至格尼罗夫斯基—韦尔佳奇—佩斯科瓦特卡一线"。[87]施特雷克尔报告，他已命令第16装甲师余部撤至大罗索什卡地域，担任集团军预备队。但是，佩斯科瓦特卡地域的激烈战斗迫使该军将第16装甲师的装甲核心力量（"西克纽斯"战斗群）留下，以提供至关重要的坦克支援。

从苏军一方看，巴托夫突击群的4个步兵师11月27日完成了消灭第11军登陆场的任务，用巴托夫的话来说：

> 格列博夫的近卫军士兵［近卫步兵第27师］和步兵第23师进入叶夫拉姆皮耶夫斯基的新集结地。11月27日晨，舍赫特曼上校［步兵第252师］从上戈卢巴亚迅速前出至顿河，并派先遣支队赶往东岸。普罗霍罗夫上校［步兵铁24师］从北面发起进攻，在下格拉西莫夫卡地域到达东岸。步兵第304师11月25日投入第一梯队，其先遣支队冲至佩斯科瓦特卡渡口处，11月27日白天，该师主力夺取了卢琴斯基，东岸的先遣部队突然转向东北方，在韦尔佳奇接近地投入战斗。第65集团军突击群（及其团属炮兵）已位于顿河另一侧。[88]

虽然第65集团军发给总参谋部的每日报告证实了巴托夫对战斗的描述，但并未提及普罗霍罗夫上校的步兵第24师或步兵第23师。[89]这是因为11月26日拂晓前，巴托夫已命令两个师进入阿基莫夫斯基农场及其西面的集结区，担任集团军预备队。巴托夫的报告中默认，守军设法逃脱，几乎毫发无损，因为步兵第252师9点夺取阿基莫夫斯基，此时离第16装甲师第64装甲掷弹兵团最后一批士兵弃守该镇并炸毁桥梁已过去四个半小时。

第11军将辖内部队彻底撤过顿河后不久，27日上午晚些时候，第6集团军通知"顿河"集团军群，由于沿佩斯科瓦特卡和韦尔佳奇的防线已无法据守，集团军打算在11月28日—29日夜间撤至一条新的、更利于防御的防线上。这条防线将成为恶名昭著的斯大林格勒包围圈的西北面和西面，其延伸如下："102.3高地南面1公里处—阿克罗诺瓦峡谷—115.4高地以西—126.1高地—卡扎奇以西—117.6高地—131.7高地—马里诺夫卡。"[90]简单说来，这条防线从科特卢班车站西南方10公里处的博罗金村（Borodin）向西延伸6公里，至阿克罗诺瓦峡谷（Akronova）上端，然后在罗索什卡河西面向西南偏南方延伸5—6公里，至马里诺夫卡，防线总长34公里。保卢斯选中这条防线是因为其大部分地段位于山脊线顶部，这条山脊线是罗索什卡河与西面顿河之间的分水岭。更重要的是，这份意向性报告还指出："第384步兵师和第14装甲师已脱离战斗并回到集团军辖下。"[91]

11月27日16点35分，海茨将军（他指挥的第8军将负责守卫斯大林格勒包围圈西北部）向第6集团军报告："第11军已如期撤离，返回中间防线。顿河上的桥梁4点被炸毁。敌人使用舟筏从佩列波尔尼（Perepolni）渡过顿河。"[92]后续报告又补充道，截至17点15分，第14装甲师战斗群在佩斯科瓦特卡战斗，第376步兵师守卫着伊拉里奥诺夫斯基地域，第3摩步师据守着从伊拉里奥诺夫斯基南延至马里诺夫卡这片区域。

当晚21点45分，"海茨"集群汇报了第11军在顿河南面重组后的战斗编成。此时，该军编有第535步兵团第1、第2营；第534步兵团第1营；第131掷弹兵团；第44自行车营［支队］；第134掷弹兵团（欠第2营）；第132掷弹兵团；第134掷弹兵团第2营；并获得"西克纽斯"装甲团（隶属于第16装甲师，约15辆坦克）的加强，另外还有第522建设营。第44步兵师尚有13门反坦克炮（5门中型、8门重型），而第384步兵师还剩下10门反坦克炮（4门中型、6门重型）。[93]稍作比较就会发现，截至11月20日21点55分，第44步兵师尚有25门反坦克炮（8门中型、17门重型），第384步兵师还有19门反坦克炮（12门中型、7门重型），这就意味着两个师在守卫阿基莫夫斯基登陆场期间损失了50%的武器装备。[94]

与此同时，第376步兵师辖下的第672、第673、第767团，以及第384步兵师第536团第2营和第14装甲师主力，守卫着索卡列夫卡地域；第384步兵师第536团的余部担任第6集团军预备队。保卢斯的防御计划要求，待第6集团军11月28日—29日夜间占据新防线后，第14装甲师和第384步兵师便撤入集团军预备队。因此，尽管撤离后各部队的实力较为虚弱，但第11军辖下的第376、第44和第384步兵师在阿基莫夫斯基登陆场的战斗中生存下来，他们将作为一股颇具凝聚力的力量参加斯大林格勒包围圈的后续战斗。

11月27日日终时，虽说巴托夫第65集团军成功消灭了第11军位于顿河大弯曲部东北角的登陆场，但该集团军没能完成其主要任务：歼灭第11军。尽管如此，第65集团军还是给施特雷克尔军造成严重损失，第376、第44和第384步兵师的重武器可能损失了一半，外加约30%的人员伤亡。将这些师11月16日的实力与12月15日相对比，就会发现登陆场之战给其战斗力造成的不利影响（参见表29）。

虽然各师步兵营的总数并未明显减少（从23个降为22个），但炮兵连的数量下降了近一半（从36个降为20个），各个营的战斗力也从中强或中等降为虚弱或耗尽。但是，从他们日后的作战表现看，这些师的士气、防御的"坚定性"和凝聚力并未随着部队实力和战斗力等级的下降而衰减，这种顽强也许是出自他们的狂热，也许是源于对俄国人的恐惧。

巴托夫第65集团军的确给第11军的部队造成了破坏，但更严峻的事实

表29：11月16日和12月15日，第11军第376、第44、第384步兵师的战斗力

师	11月16日	12月15日
第44步兵师		
步兵营	7个：2个强、2个中强、3个中等	6个：4个虚弱、2个耗尽
工兵营（1个）	中等	耗尽
炮兵连	11	7
轻型	6	5
重型	3	1
六管火箭炮	2	1
第376步兵师		
步兵营（7个）	3个中强、4个中等	7个耗尽
工兵营（1个）	中等	虚弱
炮兵连	11	5
轻型	6	2
重型	3	1
六管火箭炮	2	2
第384步兵师		
步兵营（6个）	6个中等	6个虚弱
工兵营（1个）	平均	耗尽
炮兵连	14	8
轻型	10	5
重型	3	2
六管火箭炮	1	1

※ 资料来源："KR−Fernschreben an Gen. St. d. H./Org. Abt, an Gen. St. d. H. /Op. Abt nachr.an Heeresgruppe B (mit Anschr. Übermittlung)" 和 "Betr.: Zustand der Divisionen 1200 Uhr, Armee−Oberkommando 6, Abt.−Ia, A.H.Qu., 16. November 1942"，《第6集团军作战日志附件册，第一卷，1942年9月14日至11月24日》，第289—290页；"Fernschreiben an Heeregruppe Don, Betr.: Sonntags meidung, Armee−Oberkommando 6, Abt.−Ia,A.H.Qu., 21.12.1942"，《第6集团军作战日志附件册，第二卷》，第10—11页、第231、233页。

是，罗科索夫斯基麾下的集团军没能完成受领的任务——包围并歼灭施特雷克尔军及其辖下的三个步兵师。苏联方面的评述，大多将任务的失败归咎于加拉宁将军的第24集团军。

第 24 集团军

华西列夫斯基11月24日晚赋予第24集团军的任务是，25日晨向南攻往顿河东面，突破德国第8军第76步兵师的防御，夺取韦尔佳奇和佩斯科瓦特卡，与第21集团军辖下的近卫骑兵第3军会合，并与第21和第65集团军相配合，包围、歼灭顿河北面的德军集团（第11军和第14装甲军）。这与该集团军在"天王星"行动开始时受领的任务相同，第24集团军11月24日展开行动，但没能在历时三天的激战中完成这项任务。实际上，加拉宁的突击群三天内只取得几百米进展，他们突破了德军第76步兵师的警戒区，但没能到达该师主防御带前沿。马斯洛夫将军的坦克第16军23日投入战斗，也没能达成突破，坦克军的实力不断下降，从23日的105辆坦克降为24日的59辆，到25日拂晓，只剩下31辆。[95]此时，坦克第16军的3个坦克旅只能为集团军突击群的步兵们提供些支援，该突击群编有步兵第49、第214和第120师，11月24日获得步兵第84师的加强。第24集团军进攻行动的失利还使该集团军与第65集团军产生了矛盾，双方就谁该对此负责的问题不断发生激烈争执。

加拉宁集团军并未受到先前失利的影响，11月25日恢复了进攻，以步兵第49、第233、第214、第120师在10公里宽的作战地域发起突击，其战线从潘希诺东南偏南方10公里处延伸至西南偏南方10公里处（参见副卷附录6L）。但是，正如红军总参谋部每日作战概要指出的那样，这些进攻取得的进展微乎其微，随即停滞不前。[96]在此后两天的激战中，第24集团军夺取了上、下格尼罗夫斯基和格拉西莫夫峡谷的一部分，并前出至下格尼罗夫斯基南面1公里处的基斯洛夫村（Kislov）接近地。这就使集团军突击群位于其目标（韦尔佳奇）北面8公里处。

这场激战的代价相当高，坦克第16军只剩下不到20辆坦克。实际上，该军的实力遭到严重削弱，11月25日—26日夜间，马斯洛夫不得不以坦克第164旅的核心力量组建起一个战斗群，将剩下的坦克悉数纳入其中。[97]最终，无论第24集团军取得了怎样的进展，都应更多地归功于第65集团军（该集团军11月27开始渡过顿河，赶往南岸），而不是他们自己的进攻有多么猛烈。11月27日中午，第65集团军的推进威胁到德军第76步兵师左翼，迫使该师11月27日—28日夜间撤离格尼罗夫斯基地域和格拉西莫夫峡谷，并于次日夜间再度后撤，退守保卢斯指定的新防线。

第66集团军

第66集团军前一天的战果非常显著，重创了仓促后撤的德军第94步兵师，但25日晨恢复进攻时，扎多夫集团军遭遇到与右侧第24集团军同样的问题。进攻行动彻底失败了（参见副卷附录6L）。

当日白天，集团军辖下的步兵第64师试图利用德军第94步兵师刚刚遭受的挫败，对其掩护奥尔洛夫卡东北和东部接近地的防御发起突击。但面对德军第94步兵师第267团的顽强防御，步兵第64师先是在镇北面3公里处的147.6高地北坡，随后又在德军支撑点以东2公里处的135.4高地严重受挫。苏军的一个突击群在135.4高地上夺得一个立足地，但德国人发起反冲击，又将该立足地夺回。步兵第64师右侧，步兵第116师突破至奥尔洛夫卡西北方3.5公里处145.1高地的东坡，德军第16装甲师第79装甲掷弹兵团的一个营发起反冲击，遏止了苏军的推进。在第66集团军左翼，步兵第99师对德军第94步兵师从135.4高地东延至斯巴达诺夫卡的防御反复发起冲击，试图扩大与第62集团军"戈罗霍夫"集群的联系，该集群仍在斯巴达诺夫卡地域苦战。虽说苏军这些进攻也遭到失败，但给德军第94步兵师造成了额外的损伤，迫使赛德利茨将军的第51军不得不四处寻求援兵，以加强该地域的防御。25日日终时，第66集团军辖下的各个师，与德国第51军左翼部队陷入僵持状态。[98]

虽然扎多夫第66集团军的表现令人失望，但第51军11月25日17点45分提交的一份态势报告生动地阐述了第94步兵师为胜利付出的代价，以及该军为强化至关重要的奥尔洛夫卡和斯巴达诺夫卡地域的防御所采取的措施：

拂晓时，敌步兵在少量坦克的护送下，沿一条宽大的战线对第94步兵师发起冲击。敌人企图拓宽昨日达成的突破点，他们沿斯巴达诺夫卡北面的叶尔佐夫卡公路而下，先是夺取了果园，尔后又将南面的林地拿下。敌人突向西北方、我军步兵沿铁路线构设的防御的后方，夺取了135.4高地。

……我军立即采取的反措施取得了成功，重新夺回135.4高地……那里的战斗仍未结束。

11月26日的目标：解决第94步兵师附近的问题。为此，第24装甲师余部和"舍勒"战斗群应在第94步兵师右翼投入战斗。

11月25日的伤亡（不完整的报告）：

第94步兵师：阵亡——1名军官、15名士官和士兵；负伤——1名军官、28名士官和士兵。[99]

次日清晨7点提交的后续报告阐述了赛德利茨为挽救当前态势所采取的措施：

"舍勒"战斗群顺利完成接替第94步兵师部署在135.4高地西南方部队的任务。在叶尔佐夫卡公路上，第94步兵师击毁2辆T-34坦克。

11月26日的伤亡（不完整的报告）：

第94步兵师：阵亡——1名军官、51名士官和士兵；负伤——3名军官、128名士官和士兵。[100]

尽管第51军设法稳定住奥尔洛夫卡和斯巴达诺夫卡地域的态势，但为此付出了极大的代价。第94步兵师在11月24日的混乱后撤中损失了约200人，24日—27日三天的激战中，该师又伤亡350人，对11月15日总共只有5025名战斗兵的第94步兵师来说，这是个高昂的代价。

11月26日，第66集团军赢得胜利的前景并未得到改善。根据赛德利茨的要求，前一天晚上，第6集团军已命令冯·伦斯基将军的第24装甲师（该师没能在卡拉奇挡住苏军快速军的推进）返回奥尔洛夫卡。第24装甲师受领的任务是接管第94步兵师的防区，将该师残余人员纳入辖内，恢复奥尔洛夫卡与斯巴达诺夫卡之间防区的态势。夜幕降临前进入奥尔洛夫卡地域后，伦斯基的部队于11月27日发起反冲击，使第66集团军遭受到额外损失。

第51军为恢复奥尔洛夫卡与斯巴达诺夫卡之间的防御展开苦战时，扎多夫将军将集团军主力投入进攻，力图打垮德军设在斯大林格勒包围圈东北角的防御，但未能成功。[101]11月26日和27日最激烈的战斗发生在135.4高地的山坡及其东面，第24装甲师发起一场强有力的反冲击，意图夺回第66集团军步兵第64师在前两天的战斗中夺取的地盘。第24装甲师已编入"伦斯基"集群，该师遂行反冲击的部队包括"布伦德尔"战斗群，该战斗群以第274掷弹兵团主力组成，部署在左侧，另外还有"冯·贝洛"战斗群，该战斗群编有装甲师剩下的18辆坦克，外加一个掷弹兵营，部署在右侧。[102]在历时两天的战斗中，德军反冲击部队设法夺回了第94步兵师25日丢失的大部分阵地。[103]

第66集团军作战地域内的苦战持续了数日，月底时，扎多夫、罗科索夫斯基和华西列夫斯基都意识到，对德军在奥尔洛夫卡地域精心构设的防御发起代价高昂的进攻得不偿失。因此，一直到12月下旬，扎多夫集团军奉命只以各种规模的局部进攻、突袭和侦察行动将德军牵制在该地域。

总结

与友邻的西南方面军一样，罗科索夫斯基顿河方面军这三天的进攻行动战果喜忧参半。巴托夫第65集团军的攻势，加之加拉宁第24集团军颇具威胁但效果不大的进攻，成功消灭了第11军位于顿河畔阿基莫夫斯基北面的登陆场，但没能歼灭该军。巴托夫的部队重创了施特雷克尔将军的第11军，但没能将这股德军悉数消灭。加拉宁第24集团军未能夺取韦尔佳奇，从而切断第11军的逃生路线，这就使施特雷克尔得以将他的三个步兵师撤离，这些德军师不仅较为完整，还保持着一定程度的战斗准备。虽然实力严重受损，但第44、第376和第384步兵师的残部沿斯大林格勒包围圈边缘据守牢靠的防御，日后将使进攻中的苏军为每一米进展付出高昂的代价。总之，施特雷克尔的残部使斯大林格勒包围圈的血腥激战延长了两个月。

斯大林格勒方面军

与瓦图京西南方面军一样，华西列夫斯基11月24日晚赋予叶廖缅科的任务要求斯大林格勒方面军沿两个完全相反的方向遂行战斗（参见地图33、

34）。至少在一开始，斯大林格勒方面军编成内的第62、第64、第57集团军，连同第51集团军的一部，竭力打垮斯大林格勒包围圈东部和南部防线，而第51集团军主力将合围对外正面推向南面的科捷利尼科沃。但斯大林格勒方面军恢复进攻后不久，变化的情况缓慢而又无情地迫使叶廖缅科将第51集团军的全部力量投入科捷利尼科沃方向的战斗中。

与西南方面军第21集团军、顿河方面军第24和第66集团军遇到的情况相类似，斯大林格勒方面军辖下沿合围对内正面展开行动的诸集团军与德军陷入僵持状态——德国人据守的防御阵地太过强大、无法克服。崔可夫第62集团军从一开始就在这场攻势中发挥次要作用，而舒米洛夫第64集团军别无选择，只能实施一场围困战。没过两天，托尔布欣的第57集团军也遭遇到类似情况。尽管面对这些严峻的现实，但叶廖缅科方面军辖下的五个集团军还是在11月25日恢复了进攻（斯大林格勒方面军11月25日—27日的战果，可参阅副卷附录6N）。

第 64 集团军

11月24日日终前，舒米洛夫将军的第64集团军在斯大林格勒南面和西南面，沿一条相对较短（约22公里）的战线展开行动。辖内部队占据的阵地从切尔夫连纳亚河沿卡拉瓦特卡峡谷及其北部向东延伸10公里，至叶尔希镇，再从叶尔希向东北方延伸12公里，至斯大林格勒南郊的库波罗斯诺耶郊区。11月19日—23日的激战中，集团军辖内部队前出至峡谷南脊和峡谷最东端的叶尔希德军支撑点，此后，第4装甲集团军辖下的第4军将峡谷防线打造成一条强大、坚固的筑垒防线，西面倚靠齐边科镇，东面依托叶尔希镇。据守这条峡谷防线的是第4军辖下从左（东）至右（西）部署的第371和第297步兵师，罗马尼亚第20步兵师第82团提供加强。在第4军据守的这条峡谷防线上，第64集团军取得的唯一突破是与切尔夫连纳亚河东岸毗邻、齐边科稍南面一片3公里宽的地域。在那里，杰尼先科上校（11月27日晋升为少将）率领的近卫步兵第36师，成功夺取了峡谷北脊的一座小型登陆场以及峡谷北面2公里处的111.6高地南坡。苏军从东南方和西南方猛攻齐边科的行动失败后，该地域的战斗暂时平息下来。

为结束这种僵持，11月24日晚，华西列夫斯基命令叶廖缅科，将近卫步兵第36师和该师位于切尔夫连纳亚河东面3公里宽的作战地域，从舒米洛夫集

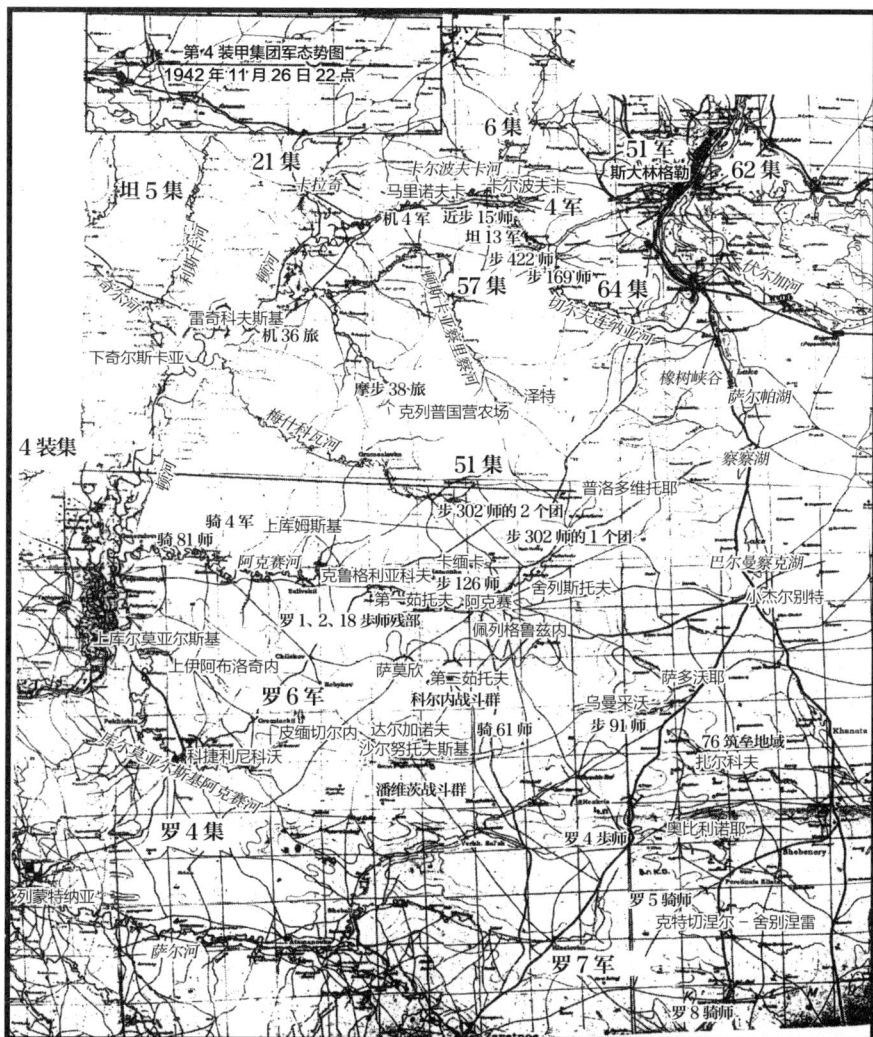

地图 33 1942 年 11 月 26 日 22 点，第 4 装甲集团军的防御

团军转隶托尔布欣第57集团军，并指示托尔布欣恢复进攻。华西列夫斯基认为，如果由托尔布欣集团军指挥、协调从西南面和东南面发起的进攻行动，夺取齐边科的机会将得到切实改善。华西列夫斯基命令第64集团军协助友邻部队的进攻，舒米洛夫只得奉命行事。他命令步兵第7军以部分力量对111.6高地东面和佩什昌卡（Peshchanka）东南方发起新突击，配合第57集团军进攻齐

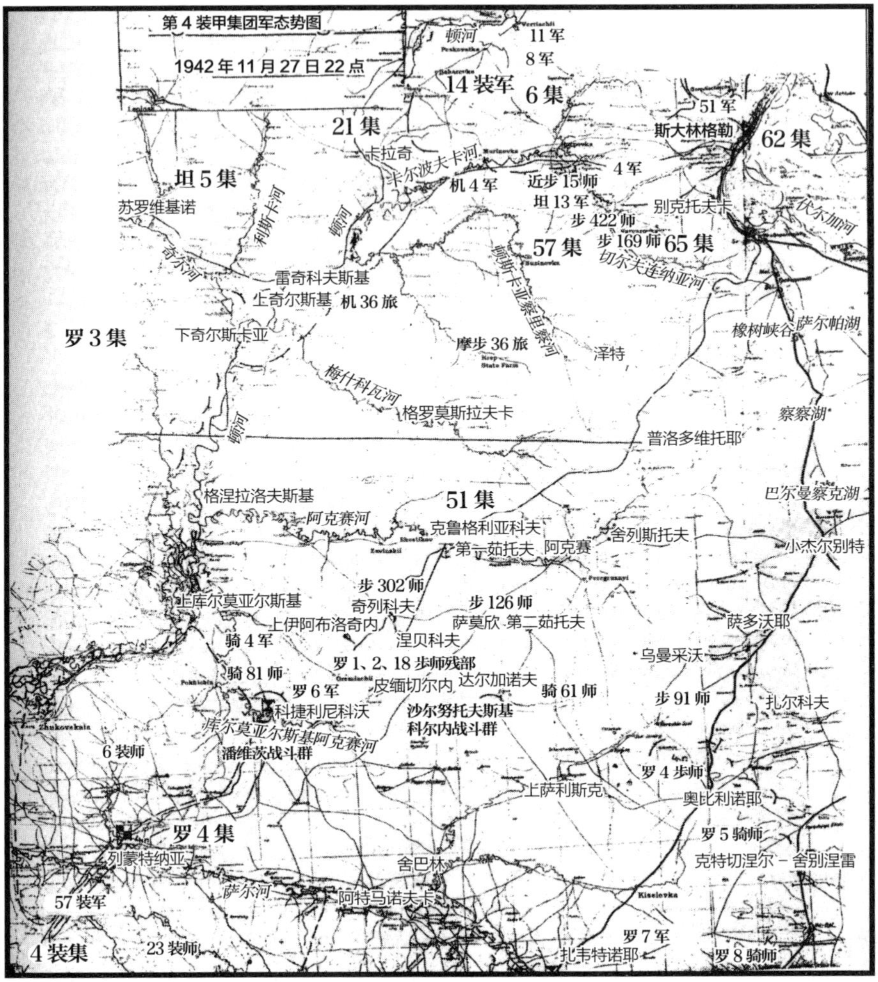

地图 34 1942 年 11 月 27 日 22 点，第 4 装甲集团军的防御

边科。但这些进攻行动均告失利（参见副卷附录6N）。[104]第6集团军的记录证实，这段时间里，苏军对第4军防区发起的进攻，值得一提的仅仅是11月25日以营级兵力和坦克在齐边科东南方发起的冲击，以及11月27日在伊阿戈德内北面和东北面对第371步兵师右翼和第297步兵师左翼发起的攻击，但这两场进攻均以失败告终。[105]德国第4军称11月27日的进攻是由苏军"多个师"遂行的，但第64集团军指出，投入进攻的仅仅是步兵第97旅的两个营。

第 57 集团军

由于德国第4军沿切尔夫连纳亚河的防御太过强大，与舒米洛夫第64集团军一样，托尔布欣将军的第57集团军11月25日也被迫沿斯大林格勒包围圈南面实施了一场围困战。叶廖缅科把近卫步兵第36师及该师位于切尔夫连纳亚河东面的防区移交给第57集团军后，托尔布欣将Ia.F.叶廖缅科上校的步兵第169师东调，渡过切尔夫连纳亚河，接替杰尼先科上校的近卫步兵第36师，以便该师接受休整和补充。11月25日起，叶廖缅科上校的步兵师率先从东南方对齐边科发起进攻。另外，据说斯大林格勒方面军司令员11月25日还将沃利斯基的机械化第4军从第51集团军转隶第57集团军，但这一调动的确切时间尚不清楚。[106]

接下来的三天，第57集团军作战地域内只发生了零星战斗，因为托尔布欣集团军正在寻找德国第4军防御上的弱点并设法加以利用（参见附卷附录6N）。[107]这几天，最激烈的战斗发生在集团军右翼——特别是在齐边科接近地，第4军已将该镇构设成支撑点，以此作为该军防御的基石。第57集团军左翼和中央地带的战斗不甚激烈，在那里，沃利斯基的机械化第4军（调自第51集团军）以营级兵力对德军"维利希"战斗群、"冯·汉施泰因"战斗群和"赛德尔"战斗群发起试探性进攻，这些战斗群据守着从马里诺夫卡向东延伸，经伏罗希洛夫夏令营至卡尔波夫卡的防线。此时，这些小股战斗群均由第4军辖下的"克尔费斯"战斗群统一指挥，率领"克尔费斯"战斗群的是第295步兵师师长克尔费斯上校。

11月25日—27日，在齐边科地区，第57集团军辖下的步兵第422和第169师沿切尔夫连纳亚河两岸向北反复发起冲击，意图从西、东两面包围第4军的支撑点。河流西面，步兵第422师从西南方向北攻往克拉夫措夫和齐边科。此时，据守克拉夫措夫镇（齐边科西面2公里处）和齐边科西、西南接近地的是德军第29摩步师第74装甲掷弹兵团第1、第2营，并获得第129装甲营［支队］15辆坦克的支援。河流东面，步兵第169师从卡拉瓦特卡峡谷北面的浅近登陆场攻向西北方的齐边科。据守齐边科镇及其东南、东接近地的是德军第371步兵师第670团第1、第2营，该团目前隶属于第297步兵师。[108]苏军步兵第169师师史描述了该师显然徒劳无获的齐边科争夺战："11月25日至29日，该师［步兵第169师］遂行夺取齐边科的战斗，但没能成功。敌人在该地区设有三个大规模雷区。工兵们清除了这些雷区，并经常与步兵们一同进攻、消灭敌人……步兵第680、第434、第556团稍稍取得些进展，并在齐边科前方高地附近占据了防御。"[109]

马里诺夫卡东延至卡尔波夫卡这片地域，即第57集团军右翼和中央地带，获得近卫步兵第15师（该师也于11月25日从第51集团军转隶而来）加强的机械化第4军，反复对这两个支撑点之间据守关键铁路线和公路的德军战斗群发起试探性进攻。这些行动也没能取得战果，与苏军对齐边科失败的进攻同样令人失望（机械化第4军对这场战斗的描述可参阅副卷附录6O）。

德国第6集团军密切留意着包围圈南部防线的态势发展，确认激烈的战斗正在马里诺夫卡和卡尔波夫卡地区肆虐，还包括齐边科和叶尔希这两个支撑点。第6集团军18点发给"顿河"集团军群的一份报告中称，苏军在这场战斗中遭受到严重损失，13辆坦克被击毁。但这份报告也承认，尚不清楚在索卡列夫卡与更北面马里诺夫卡之间奋战各部的情况和部署。[110]第6集团军在接下来三天签发的报告证实了该地区激烈的战斗，但强调苏军没能取得任何重要进展。这些报告都着重指出，必须将五花八门的战斗群纳入到统一指挥下，以协调他们的作战行动。

除了在马里诺夫卡和卡尔波夫卡地域冲击德军的防御，华西列夫斯基11月25日下达给机械化第4军的命令还要求沃利斯基派部分部队向南突击，分别在苏维埃茨基西南方30、40公里处的利亚皮切夫和洛戈夫斯基地域夺取顿河上的渡口。华西列夫斯基这位最高统帅部代表希望，沃利斯基的快速部队能以此打垮德军设在雷奇科夫斯基对面的顿河东岸登陆场，从而协助坦克第1军攻占至关重要的雷奇科夫斯基镇。但是，由于机械化第4军辖下的几个旅都在马里诺夫卡至卡尔波夫卡这片地域作战，沃利斯基只能派切尔内中校的独立坦克第158团遂行这项任务。为提供必要的力量，沃利斯基从机械化第60旅抽调了一个冲锋枪手连和一些装甲车加强切尔内的坦克团。

11月25日拂晓，切尔内的坦克团出发了，但接近利亚皮切夫时误入德军布设的雷区。切尔内中校被地雷炸成重伤，负责政治事务的副团长，营政委级P.D.辛克维奇接替了他。在辛克维奇的指挥下，独立坦克第158团黄昏时到达利亚皮切夫郊外。夜幕降临后，该加强团发起突击，从德军"施密特"战斗群

（这个小股战斗群由第14装甲师后勤部队组成）手中一举夺取该镇，据说还拿下了附近横跨顿河的铁路桥。[111]但该团没有对南面8公里处的洛戈夫斯基采取行动，因为该镇的防御较强，他们无法攻克。因此，辛克维奇请求沃利斯基提供增援。此时，在雷奇科夫斯基对面据守顿河东岸登陆场的是1000余名德军士兵组成的小股战斗群，由第53重型迫击炮团团长乔克尔上校指挥。

沃利斯基的机械化第4军位于马里诺夫卡和卡尔波夫卡地域，步兵第422和第169师位于齐边科附近，接下来的两天，塔纳希申坦克第13军辖下的3个机械化旅继续在这两股部队之间打击德军第29摩步师，作战地域从克拉夫措夫向西北方延伸至旧罗加奇克。

如果说马里诺夫卡和卡尔波夫卡地域11月25日后的态势较为稳定，那么，沿顿河向西南方一线却并非如此。在那里，沃利斯基机械化第4军派出的部队继续设法击败河东岸的德军并夺取渡口。辛克维奇决定等待援兵到达再对洛戈夫斯基发起突击后，沃利斯基将卡拉佩强中校正在卡尔波夫卡西面作战的机械化第60旅余部悉数派往南面15公里处的洛戈夫斯基和叶尔莫欣斯基（Ermokhinskii）地域。但是，卡拉佩强的机械化第60旅脱离战斗并重新部署至洛戈夫斯基地域还需要24小时，该旅受领的任务是从南面包围据守洛戈夫斯基的德军。与此同时，11月26日，辛克维奇的独立坦克第158团夺取了洛戈夫斯基北面2公里处的红军村，但该团的实力太弱，无法驱散盘踞在洛戈夫斯基的德军（机械化第4军的进展可参阅副卷附录6N）。

11月27日，沿顿河东岸展开的战斗达到高潮，机械化第60旅和独立坦克第158团发起突击，突破了"乔克尔"战斗群设在洛戈夫斯基的防御，一举夺取该镇。政委辛克维奇率领坦克投入战斗时阵亡。[112]尽管丢失了洛戈夫斯基，但"乔克尔"战斗群设法控制住河东岸一座2公里深的登陆场。德军的防御依托于被大片沼泽环绕的一连串低矮高地，这片沼泽虽然已部分冻结，但坦克无法通行。因此，苏军机械化第60旅夺取了洛戈夫斯基西南方3公里处的涅姆科夫斯基（Nemkovskii），但此后一连数日都无法穿越这片危险的沼泽。这就意味着机械化第60旅不得不等待斯大林格勒方面军提供步兵支援，然后才有可能消灭顿河东岸的德军登陆场。第51集团军又用了两周时间向该地域派遣步兵，在此期间，德国人从下奇尔斯卡亚和雷奇科夫斯基地域向斯大林格勒发起救援行动的幽灵依然是个真正的威胁。

总之，虽然在数个地段打击了德国人的防御，但第57集团军没能完成受领的任务：肃清盘踞在从马里诺夫卡东延至卡尔波夫卡的铁路线和公路附近的德军。从这时起，与东面的舒米洛夫集团军一样，托尔布欣集团军展开的行动更像是一场旷日持久的围困战。另外，由于大批部队被牵制在争夺马里诺夫卡和伏罗希洛夫夏令营的战斗中，集团军新获得的机械化第4军无法将足够的部队派往西南方，消灭德军盘踞的顿河东岸登陆场。

第51集团军

与东面和北面的姊妹集团军相比，特鲁法诺夫将军从阿克赛河继续向南缓缓推进的第51集团军11月25日取得了最大的进展。11月24日—25日夜间，特鲁法诺夫命令沙普金将军沿科捷利尼科沃方向率领集团军进攻的骑兵第4军，"以骑兵第81师沿格罗莫斯拉夫卡、上伊阿布洛奇内（Verkhne-Iablochnyi）和科捷利尼科沃行军路线推进，与从东面攻向科捷利尼科沃的骑兵第61师相配合，11月27日前夺取科捷利尼科沃。"[113]这就要求包姆施泰因上校的骑兵第81师沿阿克赛河向西推进，然后转身向南，从北面攻向科捷利尼科沃。与此同时，在两个骑兵师之间，库罗帕坚科上校的步兵第126师将从阿克赛镇以西的茹托沃地域（Zhutovo）沿铁路线向南赶往科捷利尼科沃。这就需要沙普金的骑兵军与步兵第126师相配合，三天内前进90—95公里，然后从三个方向发起突击，夺取科捷利尼科沃这一重要的铁路中心和交叉路口。叶廖缅科认为，夺取该镇将使罗马尼亚和德国军队丧失沿这一重要方向恢复一条坚固、连贯防线的机会。

但叶廖缅科和特鲁法诺夫不知道的是，11月25日，OKH和"顿河"集团军群将第4装甲集团军改编为"霍特"集团军级集群。遵照希特勒的命令，霍特的新集群负责指挥罗马尼亚第6、第7军位于该地域的所有部队，还应该获得从西线和正在高加索地区作战的A集团军群抽调的援兵。如果能得到这些援兵，待其到达后，霍特就将沿科捷利尼科沃和阿克赛方向朝斯大林格勒发起救援行动。这个决定使科捷利尼科沃在"顿河"集团军群进攻计划中的重要性陡升，主要是因为科捷利尼科沃是从西南方通往斯大林格勒最直接路线上的关键交通中心，因而成为"霍特"集群的主要行动基地。这也使第51集团军与德军迎头相遇，先是在11月25日同"潘维茨"战斗群发生冲突，几天后又与新赶到的第6装甲师狭路相逢。

在此期间，沙普金将军的骑兵第4军开始向科捷利尼科沃发起一场起初颇具进展，但最终功败垂成的进军（参见副卷附录6N）。[114]包姆施泰因上校的骑兵第81师从阿克赛和南面8公里处的佩列格鲁兹内地域向西疾进，当日取得25—30公里进展，11月25日傍晚前夺取了阿克赛西北方30—35公里处的格罗莫斯拉夫卡和伊万诺夫卡。

东面，斯塔文科上校的骑兵第61师从萨多沃耶以西18公里、乌曼采沃地域的集结区向西赶往科捷利尼科沃。可是，斯塔文科的骑兵出发后，没过几个小时便遭遇到麻烦。该骑兵师到达乌曼采沃以西35公里、科捷利尼科沃以东45公里处的沙尔努托夫斯基村（Sharnutovskii）时，突然遭遇到德军发起的一场联合反冲击，投入战斗的是潘维茨上校由哥萨克骑兵、步兵、坦克组成的战斗群，以及围绕罗马尼亚第8骑兵师核心力量组建、由该师师长科尔内上校指挥的另一个战斗群。此时，斯塔文科的骑兵部队极其脆弱，因为该师与提供支援的步兵师相距甚远。库罗帕坚科上校的步兵第126师目前集结在茹托夫1号国营农场，位于斯塔文科骑兵师北面30公里处，而马卡尔丘克上校的步兵第302师位于阿克赛西北方20公里处的卡普金斯基车站附近，在斯塔文科骑兵师北面40多公里处。两个步兵师正忙着向西重新部署，准备赶往科捷利尼科沃。

结果可想而知。激烈的战斗一直持续到次日清晨，损失惨重的骑兵第61师混乱不堪地向西撤往乌曼采沃，在那里占据了新防御阵地并舔舐其伤口。[115]这场战斗结束后，"科尔内"战斗群趁苏军骑兵第61师东撤之机，向北攻往阿克赛镇。南面，"霍特"集团军级集群将司令部设在科捷利尼科沃西南方80公里、铁路线上的济莫夫尼基（Zimovniki）。罗马尼亚第4集团军在康斯坦丁内斯库将军的指挥下重新组建，但隶属于"霍特"集团军级集群，该集团军将司令部设在科捷利尼科沃西南方38公里处的列蒙特纳亚（Remontnaia，又称杜博夫斯科耶），在那里等待着援兵的到来。

第51集团军没太在意骑兵第61师在沙尔努托夫斯基村遭遇的挫败，11月25日—26日夜间对辖内部队加以重组，次日清晨再度冲向科捷利尼科沃。沙普金的骑兵第4军现在主要靠包姆施泰因上校的骑兵第81师率领全军推进。骑兵第81师转向东南方，前进了35公里，在科捷利尼科沃北面约40公里处，沿阿克赛河下游占领了新阿克赛斯基（Novoaksaiskii）和格涅拉洛夫斯基地域。这就使包姆施泰因的骑兵位于罗马尼亚第6军（第1、第2、第18步兵师的残部）的左侧，该军沿阿克赛河南岸据守着支离破碎的防御，其防线从阿克赛镇向西延伸约25公里。

骑兵第81师左侧，第51集团军中央地带，库罗帕坚科上校步兵第126师辖下的几个团向西、西南和南面散开，日终前到达阿克赛镇西北方16公里处的扎里亚车站（Zaria Station）、阿克赛镇以西15公里处的茹托夫1号国营农场、阿克赛镇以西4公里处的伊里奇集体农庄（Il'ich）。这场机动迫使罗马尼亚第6军辖下第1、第18步兵师的残部让出阿克赛河南面的地盘。东面，马卡尔丘克上校的步兵第302师将两个团集结在阿克赛镇以北15公里处的卡普金斯基地域，第三个团在阿布加涅罗沃担任预备队。

更东面，被"潘维茨"战斗群击败的斯塔文科骑兵第61师已得到些许恢复，该师重新向前推进，并报告第51集团军司令部，日终前在科捷利尼科沃东北偏东方38公里处夺取了库尔莫亚尔斯基阿克赛河畔（Kurmoiarskii Aksai）的达尔加诺夫村（Darganov）。[116]但是，"霍特"集团军级集群的记录与这一说法相矛盾。"霍特"集团军级集群的每日态势图表明，科尔内指挥的罗马尼亚第8骑兵师战斗群位于第二茹托夫地域，而"潘维茨"战斗群驻扎在南面20公里处的沙尔努托夫斯基村。[117]由于斯塔文科的骑兵第61师25日惨败后逃往这两个地点以东40公里处的乌曼采沃，26日全天，该师很可能仍在那里，最多向达尔加诺夫地区派出些侦察部队。不管怎样，情况很明显，骑兵第4军意图以一场钳形攻势夺取科捷利尼科沃，但其东钳基本已陷入停顿。

与此同时，在第51集团军遥远的左翼，加里宁少将的步兵第91师用了一天时间在萨多沃耶地域休整和补充。11月26日，该师向西赶往乌曼采沃，打算从东面加强骑兵第61师向科捷利尼科沃的进军。在萨多沃耶休整后，第76筑垒地域位于步兵第91师左侧的几个"机枪—火炮"营赶至萨多沃耶南面12公里处的扎尔科夫地域（Zharkov），在那里，他们为第51集团军左翼提供掩护，面对着罗马尼亚第4步兵师。

无论沙普金将军是否清楚骑兵第61师的确切位置或了解该师残破的作战状态，反正他在11月27日清晨命令全军继续向南攻往科捷利尼科沃。包姆施泰因上校的骑兵第81师获得I.P.米哈伊洛夫中校坦克第85旅的加强，但没有得到任何步兵部队的支援，该师前进了45公里，上午晚些时候到达科捷利尼科沃西、西北接近地。据罗马尼亚方面的资料称，苏军攻入镇内，但"被德国和罗马尼亚守军果断击退"。[118]第51集团军当天晚些时候报告："骑兵第4军辖下的骑兵第81师，10点25分集结在博利绍伊洛格峡谷（Bol'shoi Log）（科捷利尼科沃北面8公里处）南面2公里处，随即发起夺取科捷利尼科沃的战斗，据守该镇的敌军为2个步兵团、50辆坦克和5个炮兵连。"[119]另一份更加详细的描述指出，骑兵第81师试图从行进间夺取科捷利尼科沃：

在V.G.包姆施泰因上校的指挥下（负责政治事务的副师长是G.I.克列措夫），〔骑兵第81师〕连同独立反坦克第4营，11月27日拂晓发起突袭，攻入科捷利尼科沃西郊和西北郊，并跨过铁路线。敌人惊慌失措，但这种状态并未持续太久。〔该师〕攻入镇内的速度偏慢，敌人趁机集结起科捷利尼科沃镇内的各种分队和坦克，当日下午发起一场反冲击。他们成功包围了骑兵部队的左翼，并从后方发起攻击，迫使骑兵师后撤。法西斯分子最后停在上伊阿布洛奇内镇前方。[120]

实际上，包姆施泰因的骑兵和坦克第85旅提供支援的35辆坦克攻入镇中心时，适逢搭载着从法国远道而来的第6装甲师的首批火车到站，该师正在卸载。驻扎在镇内的罗马尼亚军队显然慌了手脚，没能挡住包姆施泰因的突袭。但刚刚从镇东面的战斗中返回的"潘维茨"战斗群迅速反应，与第6装甲师先遣部队相配合，挽救了态势和该镇。击败包姆施泰因的小股部队后，"潘维茨"战斗群和罗马尼亚军队向西发起追击，直至科捷利尼科沃西北偏北方10—12公里处谢米奇纳亚河谷（Semichnaia）的沼泽地。与此同时，第6装甲师以先期到达的装甲掷弹兵团据守科捷利尼科沃。[121]尽管潘维茨果断发起追击，但包姆施泰因的部队还是在11月28日晨得以逃脱，向北退却20公里，沿上伊阿布洛奇内东面和西面的伊阿布洛奇纳亚峡谷（Iablochnaia）北脊占据了新的防御。

骑兵第4军第81师对科捷利尼科沃的突袭，从西面沿阿克赛河迂回了罗马尼亚第6军的防御，迫使第1、第2、第18步兵师残部匆匆向南退却，撤至从科捷利尼科沃东北方35公里处的涅贝科夫（Nebykov）向东南方延伸至城市以东50公里处沙尔努托夫斯基的新防线上。骑兵第81师的推进也使斯塔文科上校的骑兵第61师再次从乌曼采沃地域小心翼翼地赶往沙尔努托夫斯基村西部接近地。在他们之间，第51集团军辖下的步兵师竭力跟上其两侧的骑兵。库罗帕坚科上校的步兵第126师发起进攻，10点前在阿克赛镇以西12—24公里处夺取了阿克赛河畔的克鲁格利亚科夫镇（Krugliakov）和科瓦列夫卡镇（Kovalevka），据守这两个镇的据说是罗马尼亚的1个步兵团和10辆坦克，该师还夺取了克鲁格利亚科夫镇东北面的一座铁路桥。步兵第126师随即向南赶往涅贝科夫，该镇位于通往科捷利尼科沃的公路和铁路线上。在步兵第126师身后，马卡尔丘克上校的步兵第302师向西南方穿过阿克赛镇，在阿克赛河南面转身向西，冲向通往科捷利尼科沃的铁路线，该师将从那里在步兵第126师右侧向南进击。

最后是第51集团军的右翼[1]，加里宁少将的步兵第91师击退了罗马尼亚第4步兵师在萨多沃耶西南方9公里处140.0高地附近发起的数次反冲击。该师身后，第76筑垒地域的几个"机枪—火炮"营缓缓向前，迫使罗马尼亚第5骑兵师向西退过奥比利诺耶，苏军随即赶往奥比利诺耶南面25公里处的克特切涅尔—舍别涅雷（Ketchener-Shebenery）东部接近地。

因此，在三天的战斗中，特鲁法诺夫第51集团军右翼和中央的部队迫使罗马尼亚第6军从阿克赛河向南退却了35—40公里，距离科捷利尼科沃已不到一天行程。与此同时，集团军左翼部队从萨多沃耶向西推进20公里，向西南方推进35公里，从东面对科捷利尼科沃构成了真正的威胁。但是，第51集团军取得的进展犹如海市蜃楼。截至11月27日傍晚，集团军辖下的两个骑兵师和三个步兵师排列在100多公里长的战线上，每个师的正面平均为20公里。对付罗马尼亚四个步兵师和一个骑兵师支离破碎的残部，这是一支强大的力量，但要对付一个满编德军装甲师，这股力量并不够。这一点将在几天内得到证明。

---

① 译注：左翼。

第62集团军

如果说叶廖缅科斯大林格勒方面军辖下三个集团军的突击集群可以对进攻行动的战果深感自豪，那么，第62集团军却并非如此，尽管他们也经历了激烈的战斗，并为此付出了惨重的代价。相反，崔可夫集团军严重受损的部队继续从事着他们三个多月来一直在做的事情。集团军辖下的各个团和营以一个个不到100人的战斗群展开行动，遂行进攻、防御和突袭，他们的胜利或失败即便不是以几十米计，最多也就几百米。第62集团军的士兵们持续生活在死亡或重伤的阴影下，忍受着希望、放弃、恐惧和仇恨这种奇怪的混合物。尽管死亡的幽灵挥之不去，但他们坚强不屈，并使他们的德国对手尝尽苦头。有时候，对崔可夫的将士们来说，复仇是使他们活下去并继续战斗的唯一希望。

遵照华西列夫斯基的命令，第62集团军实力极度虚弱的各个师和旅（现在只能以连、排、班级兵力投入战斗）11月25日沿集团军的整条战线发起进攻，但再次遭到德军的顽强抵抗，对方还以连级兵力频频发起反冲击（参见副卷附录6N）。崔可夫的战果确实很有限，"戈罗霍夫"集群的2个旅将德军逐出大半个斯巴达诺夫卡，步兵第95师在"街垒"厂内夺得几个德军支撑点，步兵第284师改善了位于马马耶夫岗的阵地，仅限于此。崔可夫毫不气馁，命令各部队11月26日再次发起进攻。

第51军沿整条战线遭到苏军近乎持续不断的骚扰性进攻，赛德利茨将军在11月25日23点下达的一道命令中默认，以战斗工兵营和特别突击连组成的突击群夺取"街垒"厂内强化阵地的行动失败了。由于这些营中的大多数已残缺不全，这道命令干脆把幸存者并入其他类似的部队。命令中写道："第305步兵师应将第162、第294、第336工兵营解散，以其人员组建1—2个工兵营。第389步兵师应将第45工兵营并入该师自己的工兵营。第44突击连也照此办理，应将其人员并入第305步兵师的某个掷弹兵团。"[122]

11月26日和27日，第62集团军重新部署力量并恢复了进攻，尽管规模比前一天稍小些，但同样的情况再度上演。可悲的事实是，崔可夫麾下的许多师和旅太过虚弱，需要在进攻和突袭期间获得喘息之机，调集必要的援兵，以便继续遂行冲击（第62集团军的每日报告参见副卷附录6P）。但他们没有得到任何休整，集团军发起的进攻行动几乎无一例外地宣告失败。

第6集团军遭到几乎持续不断的攻击，所有人都知道自己已陷入重围，在这种情况下，各军部和师部不得不竭力加强部队的士气。赛德利茨将军的第51军11月25日19点向辖内部队下达了一道特别指示，向他们保证援兵正在赶来，叮嘱他们"坚守阵地至最后一刻"，并明确指示他们应该如何改善防御阵地（参见副卷附录6Q）。[123]次日，遵照第6集团军的指示，赛德利茨第51军下令将士兵们的每日口粮减少近一半，具体如下（括号内为原先的口粮标准）：

面包——400克（750克）

肉类或马肉——120克（250克）

蔬菜——125克（250克）

黄油——30克（60克）

果酱——160克（200克）

糖——40克（没有变化）

盐——7.5克（15克）

香烟——3.5支（7支）

雪茄——1支（2支）[124]

如果说这些命令还不足以说明第6集团军面临的危险态势，那么，希特勒签发的元首令是个很好的补充，11月27日，第6集团军全体将士聆听了这道训令："斯大林格勒之战已到达高潮……在任何情况下，你们都必须坚守在斯大林格勒城内夺取的阵地，这是你们在英勇的将领们的指挥下，以无数鲜血换来的。"[125]这道指令明确无误地告诉第51军全体将士，斯大林格勒的围困者的确已被围困。

第 28 集团军

斯大林格勒方面军的主力部队竭力收紧德国第6集团军脖子上的绞索或将合围对外正面推向远方时，方面军遥远的左翼，格拉西缅科将军的第28集团军继续在单调、广阔的卡尔梅克草原上对付德军第16摩步师，对该集团军而言，这几乎成了一场私人间的对决（参见地图32）。11月24日日终时，格拉西缅科的部队已迫使什未林将军的摩步师和突厥斯坦志愿者们向西退却，经胡尔胡塔和乌塔地域撤至较大的亚什库利镇，该镇位于埃利斯塔以东约85公里处，而埃利斯塔是第28集团军的最终目标。什未林向西退却的部队将亚什库利镇打造成一座名副其实的要塞，强大的防御阵地向北延伸40公里至奇尔吉尔，向南延伸约15公里。

11月25日，格拉西缅科集团军开始试探第16摩步师的防御力量。[126]在前一天下达的命令中，他指示近卫步兵第34师和近卫坦克第6旅对亚什库利镇以北8公里、第16摩步师据守奥林格的防御发起攻击，该镇位于第16摩步师第60摩步团左侧。在争夺胡尔胡塔的战斗中，近卫步兵第34师折损了四分之一兵力，进攻发起前，该师一直在休整。尽管部队的实力较弱，师主力和集团军炮兵正从乌塔向西部署，此时尚未到达，但古巴列维奇将军的近卫步兵师还是在M.N.克里奇曼上校近卫坦克第6旅的支援下向前推进，16点到达进攻位置。古巴列维奇的突击部队编有近卫步兵第34师辖下的近卫步兵第103、第105和第107团，步兵第248师辖下的第899团担任预备队。虽然已经来不及组织适当的步坦协同，调整为数不多的火炮提供火力支援，但古巴列维奇还是在11月25日19点及时发起了进攻。

夜间，近卫步兵第34师主力克服了德国人的前沿战壕和散兵坑，23点占领奥林格，随后向西南方推进2—3公里，到达距离德军围绕亚什库利镇构设的主防线不到4公里处。此时，什未林将军派1个搭乘卡车的掷弹兵营和10—12辆坦克沿主公路南面向东而去，然后转身向北，奉命对推进中的苏军部队的左翼发起打击。与此同时，据守奇尔吉尔的第811突厥斯坦志愿者营奉命派部分部队向南，打击近卫步兵第34师的右翼。

什未林向前推进的摩托化部队，在一片名叫"沙尔达"的树林处一头撞上配属给近卫步兵第34师的第899团，战斗就此打响。激战中，步兵第899团的炮兵折损大半，220人阵亡、245人负伤、225人失踪。[127]对苏军步兵第248师来说幸运的是，没等德军给他们造成更大的损失，什未林便于11月26日晚些时候将他的营级战斗群撤回亚什库利镇防线。在此期间，近卫步兵第34师前出至亚什库利镇西北方4—6公里处和该镇以东2—3公里处。

什未林将军遂行反冲击的主力部队编有第156摩托化团第2、第3营和第

165摩托车营，并获得一个装甲支队的支援，11月26日上午晚些时候，他们击退了近卫步兵第34师，并将该师辖下的第103和第105团包围在亚什库利镇西北方4—5公里处一个松散的口袋里。经过数小时激战，古巴列维奇的两个团向东突围，11月26日—27日夜间穿过奥林格北面一条狭窄的通道，最终逃出包围圈，并于27日中午前在亚什库利镇东面占据了新防御阵地。古巴列维奇确保这些防御远离什未林的坦克和摩托化步兵的攻击范围，这一点可以理解。据俄罗斯方面的权威资料称，近卫步兵第34师在争夺该镇的战斗中伤亡1000多人，基本丧失了战斗力。统计该师11月20日—30日的人员伤亡和装备损失时，资料中称，该师阵亡1625人、负伤1448人、失踪1978人，还损失了1181支步枪、139支冲锋枪、34挺轻机枪、6挺重机枪、21支反坦克步枪，师里的60门反坦克炮折损45门，外加5门迫击炮。[128]显然，第28集团军需要相当长一段时间才能恢复沿亚什库利和埃利斯塔方向的进军。

对于第28集团军11月26日—28日的作战行动，虽然红军总参谋部的每日作战概要从整体上看较为准确，但试图对所发生的事情持乐观态度，并在评述中写道："第28集团军继续在奥林格和亚什库利地域遂行进攻，并以其突击集群应对敌人强有力的抵抗和频频发起的反冲击。"（参见附卷附录6N）[129]

总结

至少从表面上看，叶廖缅科的斯大林格勒方面军在11月25日—27日的战斗中所取得战果似乎远远超过北面的姊妹方面军。虽说第64和第57集团军对斯大林格勒包围圈南部防线的进攻停滞不前，但至少第51集团军仍在向科捷利尼科沃推进。这与西南方面军形成了鲜明对比，瓦图京方面军辖下的第21集团军没能打垮斯大林格勒包围圈的西部防线，而近卫第1和坦克第5集团军在很大程度上也未能完成突破德军奇尔河防线的任务。顿河方面军的战果也不理想，第65、第24和第66集团军将德国第11军逐出顿河北面的登陆场，但没能攻破斯大林格勒包围圈的东部、北部防线。

尽管如此，叶廖缅科还是遇到许多与瓦图京同样的问题，特别是，他无法密切监督麾下沿截然相反的方向展开行动的诸集团军。实际上，叶廖缅科的指挥控制问题与瓦图京遇到的难题相类似，只是相反而已——后者以一个集团军打击斯大林格勒包围圈，以两个集团军沿合围对外正面展开行动，而叶廖缅科投入两个集团军对付斯大林格勒包围圈，以一个集团军沿合围对外正面遂行任务。

华西列夫斯基完全清楚这一尴尬状况，为解决这个问题，他于11月26日请求最高统帅部批准，将奇斯佳科夫第21集团军从瓦图京的西南方面军转隶罗科索夫斯基的顿河方面军，并设法弥补瓦图京的这一损失。没过24小时，这位最高统帅部代表收到了赞同的回复：

1. 批准您在1942年11月26日1492号电报中所提的建议。

2. 将您掌握的机械化第5军转隶坦克第5集团军。

3. 将编有坦克第4、第26军、近卫步兵第51、步兵第293、第277、第63、第93师、3个坦克团和集团军加强部队的第21集团军转隶顿河方面军，1942年11月27日24点生效。

将近卫骑兵第3军（不包括坦克团）留在西南方面军。

4. 西南方面军与顿河方面军的分界线设在：第二苏霍夫、克列茨卡亚、上布济诺夫卡和卡拉奇。

5. 确认收悉并报告执行情况。

I.斯大林 A.华西列夫斯基[130]

因此，尽管瓦图京失去了第21集团军，但保留了普利耶夫的骑兵军，还获得了机械化第5军，华西列夫斯基认为，这肯定能让瓦图京的部队到达并突破奇尔河防线。最高统帅部和华西列夫斯基可以确保指挥关系的这一变更不会给作战行动造成太大妨碍，因为两个方面军都位于斯大林格勒北面。这就使罗科索夫斯基只承担进攻并粉碎斯大林格勒包围圈北半部这一项任务，而瓦图京的唯一任务是监督沿奇尔河和克里瓦亚河战线的行动。但华西列夫斯基暂时没有对斯大林格勒南部的指挥体系加以调整，这是因为在城市南面展开行动的只有一个方面军。因此，叶廖缅科位于斯大林格勒地域的四个集团军继续遂行两个主要目标。

除了指挥控制问题，如前所述，斯大林格勒方面军第51集团军显而易见的胜利纯属"海市蜃楼"。随着机械化第4军从特鲁法诺夫51集团军转隶托尔布欣第57集团军，特鲁法诺夫集团军实际上已处于危险的境地，尽管（可能正因为如此）其进攻取得了成功。第51集团军对付作战地域内的罗马尼亚军队残部（这些部队表面上隶属于罗马尼亚第4集团军，实际上是由"霍特"集群指挥）自然不在话下，但与德军交手完全是另一码事。叶廖缅科、华西列夫斯基和苏军最高统帅部不知道的是，就在前一天，OKH（德国陆军总司令部）已向新组建的"顿河"集团军群司令冯·曼施泰因元帅保证，辖第23装甲师的第57装甲军将从A集团军群所在的高加索地区调至斯大林格勒西南地域，在那里与第6装甲师、第15空军野战师会合，接受"霍特"集团军级集群的统一指挥。实际上，装甲师的先遣部队赶至科捷利尼科沃时，适逢第51集团军骑兵第4军辖下的骑兵第81师对该城发起功败垂成的突袭。

注释

1. 这里的西线（英文大写）指的是德国本土和西欧战区，而不是西方向（英文小写）。

2. 罗科索夫斯基，《伏尔加河畔的伟大胜利》，第284—286页；A.M.萨姆索诺夫，《斯大林格勒战役》，第399页。

3. 《红军总参谋部1942年11月25日8点的329号作战概要摘录》（*Izvlechenie iz operativnoi svodkoi No. 329*），V.A.日林（主编）的《斯大林格勒战役：编年史、真相和人物，两卷本》，第二卷，第67—69页，引自档案*TsAMO RF, f. 16, op. 1072ss, d. 11,11.* 第159—168页。

4. 同上，第68页。

5. 克拉夫钦科，《斯大林格勒反攻中，坦克第5集团军的进攻行动，1942年11月19日—25日》，第42页。

6. 马克·阿克斯沃西等人合著的《第三轴心第四盟友》，第99—100页，书中称，第1装甲师突围后仍有9辆三号、四号坦克和19辆R-2坦克，11月23日—24日夜间，该师的35辆卡车赶至第22装甲师防区，第22装甲师向东突围渡过奇尔河期间使用了这些车辆。

7. 关于坦克第216旅在大顿什钦卡的战斗中发挥的作用，可参阅帕诺夫的《在主要突击方向上》，第31—32页，书中称步兵第346师和为其提供支援的部队在战斗中毙伤2600名德国和罗马尼亚士兵，俘虏900多人，还缴获15门火炮和大量其他军用装备。另外，帕诺夫还指出，重型坦克第216旅12月4日转隶布特科夫的坦克第1军，并参加了争夺苏罗维基诺和79号国营农场的战斗，直至1943年1月4日，此后，该旅返回坦克第26军建制，该军很快获得了"近卫坦克第1军"的荣誉番号。

8. 第22装甲师遂行突围的详情，可参阅罗尔夫·施托弗斯的《第22装甲师，第25装甲师，第27装甲师和第233预备装甲师：组建、编制和使用》，第70—73页。

9. 马克·阿克斯沃西等人合著的《第三轴心第四盟友》，第99页。罗马尼亚的资料称，这股部队在突围期间损失了400人、2辆坦克、6门反坦克炮和59辆卡车，而苏联方面的资料证实，骑兵第8军在战斗中伤亡2100人，主要是德军空袭所致。

10. 这道命令一直没有公开，这些任务是根据骑兵第8军的后续行动所做的推断。

11. 罗科索夫斯基，《伏尔加河畔的伟大胜利》，第290页。

12. 关于步兵第203师进攻行动的详情，可参阅G.S.兹达诺维奇的《我们投入进攻》（Idem v nastuplenie，莫斯科：军事出版社，1980年），第32—33页。

13. 《红军总参谋部1942年11月25日8点的329号作战概要摘录》，V.A.日林（主编）的《斯大林格勒战役：编年史、真相和人物，两卷本》，第二卷，第67页。

14. 这场战斗的详情可参阅K.E.瑙缅科的《阿尔乔莫夫斯克—柏林步兵第266师：对荣获二级苏沃洛夫勋章的红旗阿尔乔莫夫斯克—柏林步兵第266师征途的军事历史研究》（*266-ia Artemovsko-Berlinskaia: Voenno-istoricheskii ocherk boevogo puti 266-i strelkovoi Artemovsko-Berlinskoi Krasnoznamennoi, Ordena Suvorova II stepeni divizii*，莫斯科：军事出版社，1987年），第6页。奇怪的是，罗科索夫斯基借助步兵第266师史强调了近卫第1集团军的进攻行动，但萨姆索诺夫只提及该集团军的防御任务。红军总参的每日作战概要较为折中，只谈到近卫步兵第14师的突击取得成功，其他师日终前仍在当前阵地上，可能是因为他们的进攻遭到挫败。

15. 《红军总参谋部1942年11月25日8点的329号作战概要摘录》，V.A.日林（主编）的《斯大林格勒战役：编年史、真相和人物，两卷本》，第二卷，第67页。

16. 关于德军的调动，可参阅保卢斯的命令，集团军关于继续战斗的命令，第6集团军司令部作战处，1942年11月24日（*Armeebefehl für die Weiterführung des Kampfes, Armee-Oberkommando 6, Abt.-Ia, A.H.Qu., 24.11.1942*），收录在《第6集团军作战日志附件册，第二卷》，第4页。

17. 罗尔夫·格拉姆斯，《第14装甲师，1940—1945年》，第57—58页；费迪南德·冯·森格尔·翁德·埃特林，《第24装甲师（原第1骑兵师），1939—1945年》，第130—132页。

18. 普利耶夫，《在近卫军的旗帜下》，第133页，引自档案TsAMO, f. 335, op. 5113, d. 123,1. 第22页。

19. 《红军总参谋部1942年11月25日8点的329号作战概要摘录》，V.A.日林（主编）的《斯大林格勒战役：编年史、真相和人物，两卷本》，第二卷，第68页。

20. 普利耶夫，《在近卫军的旗帜下》，第134页。

21. 《红军总参谋部1942年11月25日8点的329号作战概要摘录》，V.A.日林（主编）的《斯大林格勒战役：编年史、真相和人物，两卷本》，第二卷，第68页。

22. 巴托夫，《在行军和战斗中》，第208页。

23. 伊萨耶夫，《斯大林格勒：伏尔加河后方没有我们的容身处》，第321页。

24. 同上，引自档案TsAMO RF, f. 3414, op. 1, d. 25,1. 第31页。

25. 詹森·D. 马克，《烈焰之岛：斯大林格勒"街垒"火炮厂之战，1942年11月—1943年2月》，第282—283页。

26. 《红军总参谋部1942年11月25日8点的329号作战概要摘录》，V.A.日林（主编）的《斯大林格勒战役：编年史、真相和人物，两卷本》，第二卷，第69页。

27. 关于第94步兵师作战行动的详情，可参阅阿德尔贝特·霍尔的《斯大林格勒的一名步兵：1942年9月24日至1943年2月2日》，第148—159页。第6集团军提及这一事件，可参阅第51军晨报，发给第6集团军作战参谋，未标明具体时间，1942年11月25日（*Morgenmeldung LI. A.K. [no time indicated], A.O.K. 6, I.a,Datum 25.11.42*）、第6集团军作战处发给B集团军的急电，晨报，1942年11月25日10点06分（*Funkspruch an Heeresgruppe B, Morgenmeldung, 1006 Uhr, Armee-Oberkommando 6, Abt.-Ia, A, A.H.Qu., 25.11.1942*）、第51军日间报告，1942年11月25日17点45分发给第6集团军作战参谋（*Zwischenmeldung, LI. A.K. meldet 1745 Uhr, A.O.K. 6, I.a,Datum 25.11.42*），收录在《第6集团军作战日志附件册，第二卷》，第7—10页。

28. 萨姆索诺夫，《斯大林格勒战役》，第401页。

29. 罗科索夫斯基，《伏尔加河畔的伟大胜利》，第288页。

30. 《红军总参谋部1942年11月25日8点的329号作战概要摘录》，V.A.日林（主编）的《斯大林格勒战役：编年史、真相和人物，两卷本》，第二卷，第70页。

31. 表明第64集团军的进攻陷入停滞的是，苏联和近期俄罗斯的资料很少提及该集团军11月24日—30日的作战行动。《第6集团军作战日志附件册，第二卷》，第4—75页，第6集团军的每日作战记录中关于第4军防御作战的条目，这一切都证明第64集团军的进攻行动彻底失败了。

32. 《红军总参谋部1942年11月25日8点的329号作战概要摘录》，V.A.日林（主编）的《斯大林格勒战役：编年史、真相和人物，两卷本》，第二卷，第70页。第6集团军的记录指出，苏军只投入2个步兵连和10—15辆坦克对第29摩步师右翼发起进攻。参见第4军晨报，发给第6集团军作战参谋，1942年11月25日（*Morgenmeldung, IV A.K., A.O.K. 6, I.a, 25.11.42*），收录在《第6集团军作战日志附件册，第二卷》，第6页。

33. 同上。

34. 第6集团军作战处发给B集团军的急电，晨报，1942年11月24日，未标明时间（*Funkspruch an Heeresgrupe B, Morgenmeldung [no time indicated], Armee-Oberkommando 6, Abt.-Ia, A.H.Qu., 24.11.1942*），同上，第4页。

35. 塞缪尔·J. 纽兰，《德国军队中的哥萨克人，1941—1945年》（伦敦：弗兰克·卡斯出版社，1991年），第105—107页。

36. B集团军群发给第6集团军和第6集团军司令部的急电，元首的决定，1942年11月24日5点40分（*Funkspruch an AOK 6 an 6. Armee, Führerentscheid, 0540 Uhr, Heeresgruppe B, O. Qu., 24.11.1942*）和陆军总司令部，陆军总参谋部作战处发给第6集团军、第6集团军司令部、B集团军群、顿河集团军群（经B集团军群）的急电，1942年11月24日18点30分【*Funkspruch an AOK. 6 an 6. Armee, Heeresgruppe B, Heeresgruppe Don (über Heeresgruppe B), OKH, Gen. Stab des Heeres, Op. Abt. (I S/B) Nr. 420964) vom 24.11.42, 1830 Uhr*】，收录在《第6集团军作战日志附件册，第二卷》，第5—6页。第一封电报是元首令（420960号），第二封电报（陆军总司令部420964号）要求解释北部防线为何后撤，并说希特勒绝对禁止包围圈内任何一处防线实施任何后撤行动。

37.《红军总参谋部1942年11月25日8点的329号作战概要摘录》，V.A.日林（主编）的《斯大林格勒战役：编年史、真相和人物，两卷本》，第二卷，第70页。另可参阅奥列格·舍恩的《伟大卫国战争中不为人知的战线》，第195—196页，详细阐述了德军第16摩步师在亚什库利的防御。

38. 参见第4装甲集团军作战日志中的截至1942年11月25日22点，第16摩步师的态势图（*Lagenkarte 16. I.D. (Mot), Stand: 25.11.42, 2200 [uhr]*）。

39.《红军总参谋部1942年11月26日8点的330号作战概要摘录》（*Izvlechenie iz operativnoi svodkoi No. 330*），V.A.日林（主编）的《斯大林格勒战役：编年史、真相和人物，两卷本》，第二卷，第79页，引自档案TsAMO RF, f. 16, op. 1072ss, d. 11,11. 第169—175页。

40. 红军总参谋部1942年11月27日8点的331号作战概要摘录（*Izvlechenie iz operativnoi svodkoi No. 331*），V.A.日林（主编）的《斯大林格勒战役：编年史、真相和人物，两卷本》，第二卷，第87页，引自档案TsAMO RF, f. 16, op. 1072ss, d. 11,11. 第176—182页。

41. 红军总参谋部1942年11月28日8点的332号作战概要摘录（*Izvlechenie iz operativnoi svodkoi No. 332*），V.A.日林（主编）的《斯大林格勒战役：编年史、真相和人物，两卷本》，第二卷，第87页，引自档案TsAMO RF, f. 16, op. 1072ss, d. 11,11. 第176—182页。

42. 帕诺夫，《在主要突击方向上》，第31页。

43. 普利耶夫，《在近卫军的旗帜下》，第133页。

44. 第11军晨报，1942年11月25日发给第6集团军作战参谋，未标注时间（*Morgenmeldung, XI A.K. [no time indicated], A.O.K. 6, Ia, 25.11.42*），收录在《第6集团军作战日志附件册，第二卷》，第8页，报告中证实了苏军的这场进攻，并指出："第16装甲师：80名俄国人和4辆坦克当日清晨对我据守的169.2高地发起猛攻。高地丢失。敌人的大批车辆在115与116参照点之间行进。敌人以猛烈的火炮和火箭炮火力轰击我师整条防线。估计敌人的进攻重点将落在169.2高地以东地区。据一名俘虏交代,这是一个配有坦克和重型火炮的主力师。"第6集团军当天中午和晚间发给B集团军群的报告证实了苏军对卢琴斯基西北顿河登陆场以及索卡列夫卡以西5公里处的留米诺—克拉斯诺亚斯基发起的猛攻,并将登陆场的态势称为一场危机。参见《第6集团军作战日志附件册,第二卷》,第10—11页、第18页。

45. 红军总参谋部1942年11月26日8点的330号作战概要摘录,V.A.日林(主编)的《斯大林格勒战役:编年史、真相和人物,两卷本》,第二卷,第80页。

46. 红军总参谋部1942年11月27日8点的331号作战概要摘录,V.A.日林(主编)的《斯大林格勒战役:编年史、真相和人物,两卷本》,第二卷,第88页。

47. 普利耶夫,《在近卫军的旗帜下》,第134页。

48. 第6集团军的相关记录证实了这场战斗,第8军日间报告,1942年11月26日17点45分发给第6集团军作战参谋(*Zwischenmeldung, VIII. A.K. 1745 Uhr, A.O.K. 6, I.a, Datum 26.11.42*),报告中称苏军骑兵突入佩斯科瓦特卡镇,随后撤离;第14装甲军日间报告,1942年11月26日18点10分发给第6集团军作战参谋(*Zwischenmeldung, XIV. Pz.K. 1810 Uhr, A.O.K. 6, I.a, Datum 26.11.42*)和第6集团军司令部作战处发给顿河集团军群的每日报告,急电,1942年11月26日22点32分(*Funkspruch an Heeresgruppe Don, Tagesmeldung, 2232 Uhr, Armee-Oberkommando 6, Abt.-Ia, A.H.Qu.,26.11.1943*),收录在《第6集团军作战日志附件册,第二卷》,第23—24页、第27页。

49. 参见第6集团军1942年11月26日20点和11月29日20点的态势图,收录在第6集团军1942年11月—1943年1月的作战日志—地图,30155/37,NAM T-312,1459卷。这些地图揭示了几天前的情报,包括苏军近卫骑兵第6师参加了索卡列夫卡的战斗。这些地图表明,近卫骑兵第6师到达索卡列夫卡,要么是跟随近卫骑兵第5师在卡尔图利渡过顿河,要么是在南面的某处向东渡过顿河。不管怎样,整个近卫骑兵第3军次日开始脱离索卡列夫卡的战斗,因为该军奉命向南,去参加夺取顿河畔雷奇科夫斯基的战斗。

50. 罗马尼亚第3集团军沿奇尔河部署的每日态势图,以及标有各战斗群名称及编成的地图,可参阅第6集团军1942年11月—1943年1月的作战日志—地图,30155/37,NAM T-312,1459卷。这些战斗群的编成和部署经常发生变化,有时候甚至每天都有变化。

51. M.S.多库恰耶夫,《骑兵中队投入战斗:荣获列宁勋章和苏沃洛夫勋章的近卫红旗骑兵第7军在伟大卫国战争中的征程》,第27页。

52. 同上,第26页。

53. 更多详情可参阅罗尔夫·施托弗斯的《第22装甲师,第25装甲师,第27装甲师和第233预备装甲师:组建、编制和使用》,第69—70页。

54. 帕诺夫,《在主要突击方向上》,第32页。

55. 克拉夫钦科,《斯大林格勒反攻中,坦克第5集团军的进攻行动,1942年11月19日—25日》,第46页。

56. 同上。据估计,另外244人可能是生病、自残或当了逃兵。

57.《德国与第二次世界大战,第五卷》,罗尔夫-迪特尔·穆勒所写的《阿尔贝特·施佩尔与全面战争中的军工政策》,第570页的图表。

58.《红军总参谋部1942年11月26日8点的330号作战概要摘录》,V.A.日林(主编)的《斯大林格勒战役：编年史、真相和人物，两卷本 》，第二卷，第79页；克拉夫钦科，《 斯大林格勒反攻中，坦克第5集团军的进攻行动，1942年11月19日—25日 》，第46—47页。

59. 参见1942年11月26日霍利特集团军级支队的态势，作战日志附件中的3a号草图（Lage 26.11.42, Skizza 3a, Anlage zu KTB I, Skizzen, Armee Abt. Hollidt ）中的注解，26624/5号文件；原件副本。

60. 《 红军总参谋部1942年11月27日8点的331号作战概要摘录 》，V.A.日林（主编 ）的《 斯大林格勒战役：编年史、真相和人物，两卷本 》，第二卷，第88页。

61. 同上。另可参阅罗马尼亚第3集团军11月26日的态势图，第6集团军文件，30155/57，NAM T-312，1459卷，表明了德国和罗马尼亚军队的部署和敌军当日的行动。

62. 马克·阿克斯沃西等人合著的《 第三轴心第四盟友 》，第100页，书中称，罗马尼亚第1装甲师的第1装甲团尚有9辆三号和四号坦克、19辆R-2坦克，第1摩托化炮兵团还有11门100毫米"斯柯达"榴弹炮和12门105毫米"施奈德"火炮，师属反坦克营还有2门75毫米和2门47毫米反坦克炮。该师的实力只剩下编制力量的30%，但对付苏军的一个骑兵师和一个步兵团绰绰有余。

63. 《 红军总参谋部1942年11月27日8点的331号作战概要摘录 》，V.A.日林（主编 ）的《 斯大林格勒战役：编年史、真相和人物，两卷本 》，第二卷，第88页。

64. 近卫步兵第50师沿奇尔河战斗的详情，可参阅A.V.图佐夫的Vogne voiny: Boevoi put' 50-i Gvardeiskoi dvazhdy Krasnoznamennoi ordena Suvorova i Kutuzova strelkovoi divizii（在战斗的火焰中：荣获两枚红旗勋章、苏沃洛夫勋章和库图佐夫勋章的近卫步兵第50师的征途 ）（ 莫斯科：军事出版社，1970年 ），第65—67页。

65. 参见"Lage 27.11.42, Skizza 4, Anlage zu KTB I, Skizzen, Armee Abt. Hollidt,"（1942年11月27日霍利特集团军级支队的态势，作战日志中的4号草图 ）中的注解，26624/5号文件；原件副本。

66. 同上。

67. 罗马尼亚第3集团军11月27日的态势图，第6集团军文件，30155/57，NAM T-312，1459卷，表明了德国和罗马尼亚军队的部署和敌军当日的行动。

68. 红军总参谋部1942年11月28日8点的332号作战概要摘录，V.A.日林（主编 ）的《 斯大林格勒战役：编年史、真相和人物，两卷本 》，第二卷，第99页。

69. 罗马尼亚第3集团军11月27日的态势图，第6集团军文件，30155/57，NAM T-312，1459卷。

70. 红军总参谋部1942年11月28日8点的332号作战概要摘录，V.A.日林（主编 ）的《 斯大林格勒战役：编年史、真相和人物，两卷本 》，第二卷，第99页。

71. 同上。作战概要中关于骑兵第21师的条目简单地写道："尚未收悉关于骑兵第21师所在位置的报告。"

72. 罗马尼亚第3集团军11月27日的态势图，第6集团军文件，30155/57，NAM T-312，1459卷。

73. 红军总参谋部1942年11月28日8点的332号作战概要摘录，V.A.日林（主编 ）的《 斯大林格勒战役：编年史、真相和人物，两卷本 》，第二卷，第99页。

74. 红军总参谋部已于几天前就该师在大顿什钦卡糟糕的作战表现对托尔斯托夫上校正式提出批评。

75. 马克·阿克斯沃西等人合著的《 第三轴心第四盟友 》，第100页。

76. M.E.莫罗佐夫（主编 ），《1941—1945年，伟大卫国战争，数据中的战役和战略行动，两卷本，第一册 》，第495—496页。尽管近卫第1集团军的总兵力高达142869人，但华西列夫斯基将该集团

512

军主力和坦克留作"土星"行动时使用。

77. 瑙缅科，《阿尔乔莫夫斯克—柏林步兵第266师：对荣获二级苏沃洛夫勋章的红旗阿尔乔莫夫斯克—柏林步兵第266师征途的军事历史研究》，第7页。

78. 同上，第8页。

79. 红军总参谋部1942年11月28日8点的332号作战概要摘录，V.A.日林（主编）的《斯大林格勒战役：编年史、真相和人物，两卷本》，第二卷，第99页。

80. 可参阅"坦克第5集团军司令部0010号作战令，1942年11月26日"，收录在*Boevye prikazy 1 Tankovoi korpusa (1942)*（坦克第1军作战令，1942年），引自档案*TsAMO MO RF, f. 3398, op. 1, d.3,1.* 第37页，原件副本。签署这道命令的是坦克第5集团军司令员罗曼年科中将、集团军军事委员会委员图马尼扬（师级政委）和集团军参谋长丹尼洛夫少将。

81. 这五个步兵团是第131、第132团；第44步兵师指挥的第376步兵师第767团；第384步兵师第534、第535团。但第767团当日上午退至顿河南岸。

82. 《红军总参谋部1942年11月26日8点的330号作战概要摘录》，V.A.日林（主编）的《斯大林格勒战役：编年史、真相和人物，两卷本》，第二卷，第80页。步兵第24师在这场战斗中发挥的作用，可参阅I.N.巴甫洛夫的*Legendarnaia Zheleznaia: Boevoi put' motostrelkovoi Samaro-Ul'ianovskoi, Bedichevskoi, Zheleznoi ordena Oktiabr'skoi Revolutsii, trizhdy Krasnoznamennoi, ordena Suvorova i Bogdana Khmel'nitskogo divizii*（传奇铁师：荣获十月革命勋章、三枚红旗勋章、苏沃洛夫勋章和波格丹·赫梅利尼茨基勋章的红旗萨马拉—乌里扬诺夫斯克别尔季切夫铁军摩托化步兵师的征途）（莫斯科：军事出版社，1987年），第106—107页。

83. 巴托夫，《在行军和战斗中》，第208—209页。

84. 《红军总参谋部1942年11月26日8点的330号作战概要摘录》，V.A.日林（主编）的《斯大林格勒战役：编年史、真相和人物，两卷本》，第二卷，第80页。

85. 《红军总参谋部1942年11月27日8点的331号作战概要摘录》，V.A.日林（主编）的《斯大林格勒战役：编年史、真相和人物，两卷本》，第二卷，第89页。

86. 安东尼·比弗，《斯大林格勒：决定命运的围攻，1942—1943年》，第261—262页。追随威廉·克雷格经典著作《兵临城下：斯大林格勒战役》的足迹，安东尼·比弗的著作也提供了一份出色的概述，主要基于双方士兵的回忆。

87. 第6集团军司令部作战处发给顿河集团军群的每日报告，急电，1942年11月26日22点32分（*Funkspruch an Heeresgruppe Don, Tagesmeldung, 2232 Uhr, Armee-Oberkommando 6, Abt.-Ia, A.H.Qu.,26.11.1943*），收录在《第6集团军作战日志附件册，第二卷》，第27页。

88. 巴托夫，《在行军和战斗中》，第210页。

89. 红军总参谋部1942年11月28日8点的332号作战概要摘录，V.A.日林（主编）的《斯大林格勒战役：编年史、真相和人物，两卷本》，第二卷，第99页。

90. 第6集团军司令部作战处发给顿河集团军群的每日报告，急电，1942年11月27日（*Funkspruch an Heeresgruppe Don, Tagesmeldung, Armee-Oberkommando 6, Abt.-Ia, A.H.Qu., 27 November 1942*），收录在《第6集团军作战日志附件册，第二卷》，第32页。

91. 同上。

92. 海茨集群发给第6集团军作战参谋的日中报告，1942年11月27日16点35分（*Gr. Heitz, meldet 16.35 Uhr, Zwischenmeldung, A.O.K. 6, Ia, Datum 27.11.42*），同上，第33页。

93. 西克纽斯战斗群的实力，可参阅"*IV. A.K., meldet 21.20 Uhr, A.O.K.6, Ia, Datum 27.11.42*,"（第4军发给第6集团军作战参谋的报告，1942年11月27日21点20分），同上，第39页。

94. 第6集团军司令部作战处发给B集团军群的急电，1942年11月20日21点55分（*KR-Fernschreiben an Heeresgruppe B, nachr.: Fernschrb. and Stab Don usw., 2155 Uhr, Armee-Oberkommando 6, Abt.-Ia, A.H.Qu., 20.11.1942*），收录在《第6集团军作战日志附件册，第一卷，1942年9月14日至11月24日》，第315页。

95. 伊萨耶夫，《斯大林格勒：伏尔加河后方没有我们的容身处》，第320—321页。

96.《红军总参谋部330、331、332号作战概要摘录》（*Izvlechenie iz operativnoi svodkoi No. 330、331、332*），V.A.日林（主编）的《斯大林格勒战役：编年史、真相和人物，两卷本》，第二卷，第80、第89、第99页。

97. 伊萨耶夫，《斯大林格勒：伏尔加河后方没有我们的容身处》，第321页。

98.《红军总参谋部1942年11月26日8点的330号作战概要摘录》，V.A.日林（主编）的《斯大林格勒战役：编年史、真相和人物，两卷本》，第二卷，第80页。

99. 阿德尔贝特·霍尔，《斯大林格勒的一名步兵：1942年9月24日至1943年2月2日》，第151页。原文参见"*Zwischenmeldung Ll. A.K. meldet 1745 Uhr, A.O.K. 6, Ia, Datum 25.11.42*,"（第51军发给第6集团军作战参谋的日中报告，1942年11月25日17点45分），收录在《第6集团军作战日志附件册，第二卷》，第9—10页。

100. 阿德尔贝特·霍尔，《斯大林格勒的一名步兵：1942年9月24日至1943年2月2日》，第151页。"*Morgenmeldung, Ll. A.K. 0700 Uhr, A.O.K. 6, Ia,Datum 26.11.42*,"（第51军发给第6集团军作战参谋的晨报，1942年11月26日7点），收录在《第6集团军作战日志附件册，第二卷》，第19页。第24装甲师"舍勒"战斗群编有第26装甲掷弹兵团第2营和第4摩托车营，由第26装甲掷弹兵团团长冯·舍勒上校指挥。关于该战斗群作战行动的详情，可参阅费迪南德·冯·森格尔·翁德·埃特林的《第24装甲师（原第1骑兵师），1939—1945年》，第136—137页。

101.《红军总参谋部331、332号作战概要摘录》（*Izvlechenie iz operativnoi svodkoi No. 331、332*），V.A.日林（主编）的《斯大林格勒战役：编年史、真相和人物，两卷本》，第二卷，第89、第99、第100页。

102. 关于第24装甲师赶赴奥尔洛夫卡和在该地域遂行战斗的详情，可参阅费迪南德·冯·森格尔·翁德·埃特林的《第24装甲师（原第1骑兵师），1939—1945年》，第137页。

103. 第6集团军的记录表明，第24装甲师在11月27日的战斗中至少伤亡了76人，28日的战斗中，该师的伤亡数可能多达100人。

104. 红军总参谋部330、331、332号作战概要摘录，V.A.日林（主编）的《斯大林格勒战役：编年史、真相和人物，两卷本》，第二卷，第81、第89、第100页。

105. 第6集团军司令部作战处晨报，1942年11月28日（*Morgenmeldung, Armee-Oberkommando 6, Abt.-Ia, A.H.Qu, 28.11.42*），收录在《第6集团军作战日志附件册，第二卷》，第43页。第4军后来提交的报告纠正了初期报告的说法，指出佩什昌卡也是敌人的进攻目标。

106. 萨姆索诺夫，《从伏尔加河到波罗的海》，第64页，书中称机械化第4军11月25日起转隶第57集团军，但红军总参谋部的每日作战概要直到11月27日8点仍将机械化第4军写在第51集团军辖下，28日8点才首次提及该军隶属于第57集团军。

107. 《红军总参谋部330、331、332号作战概要摘录》，V.A.日林（主编）的《斯大林格勒战役：编年史、真相和人物，两卷本》，第二卷，第81、第89、第100页。

108. 第4军晨报，发给第6集团军作战参谋，11月28日5点（*Morgenmeldung IV. A. K. meldet 28.11.05.00 Uhr an A.O.K. 6/Ia.*），收录在《第6集团军作战日志附件册，第二卷》，第41页。第29摩步师的15辆坦克为2辆二号、2辆三号长身管、5辆三号短身管、2辆四号长身管、3辆四号短身管和1辆指挥坦克。

109. V.P.卡丘尔和V.V.尼科利斯基，《在西瓦什采夫的旗帜下：荣获红旗勋章、二级苏沃洛夫勋章、二级库图佐夫勋章的罗加乔夫步兵第169师的征程，1941—1945年》【*Pod znamenem Sivashtsev: Boevoi put' 169-i strelkovoi Rogachevskoi Krasnoznamennoi ordena Suvorova II stepeni i Kutuzova II stepeni divizii (1941-1945)*，莫斯科：军事出版社，1989年】，第80页。

110. 第6集团军司令部作战处日中报告，1942年11月25日18点（*Zwischenmeldung, 1800 Uhr, Armee-Oberkommando 6, Abt.-Ia, A.H.Qu., 25.11.1942*），收录在《第6集团军作战日志附件册，第二卷》，第11页。

111. 萨姆索诺夫，《从伏尔加河到波罗的海》，第65—67页。萨姆索诺夫称，利亚皮切夫的小股德军据守着掩体和暗堡，并配有大量重武器，经过几个小时的激战，辛克维奇的部队打垮了对方的防御。另外，罗马尼亚第3集团军11月26日的每日情报地图表明，一支具体实力不详的苏军坦克部队，在洛戈夫斯基北面对该集团军设在顿河东岸的防御发起进攻，后撤前，守军毁了4辆苏军坦克。但是，顿河上的铁路桥实际上是在洛戈夫斯基北面4公里、利亚皮切夫南面7公里处。

112. 同上，第67—68页，非常详细地描述了对洛戈夫斯基发起的突击，书中指出，登陆场守军（"乔克尔"战斗群）由铁路部队和舟桥单位的士兵组成，并获得少量坦克和火炮的加强。突破德军防御的苏军突击部队编有3个步兵连、2个反坦克步兵排、1个冲锋枪手连和第158团的坦克，并获得2个炮兵连的支援。辛克维奇阵亡后，布里日涅夫少校接任坦克团团长。有趣的是，罗马尼亚第3集团军11月26日的态势图显示，11月26日—27日夜间，"乔克尔"战斗群正在执行计划中的后撤，撤出洛戈夫斯基登陆场。因此，机械化第60旅发起的突击，遭遇到的很可能是德军后卫部队，而非整个"乔克尔"战斗群。参见罗马尼亚第3集团军这段时间的每日态势图，基本上证实了萨姆索诺夫的说法，"Lage, 25-27.11.42," AOK 6，30155/57，NAM T-312，1459卷。

113. S.M.萨尔基西扬，《第51集团军》，第105页。

114. 骑兵第4军的推进可参阅同上，第105—106页。

115. 《红军总参谋部1942年11月26日8点的330号作战概要摘录》，V.A.日林（主编）的《斯大林格勒战役：编年史、真相和人物，两卷本》，第二卷，第81页。萨尔基西扬在《第51集团军》一书第105页指出，沙尔努托夫斯基的战斗中，指挥骑兵第61师的是Ia.库利耶夫少将；但其他资料均认为该师师长是斯塔文科上校。萨尔基西扬称德军在沙尔努托夫斯基实施了"凶猛的抵抗"，给斯塔文科师造成"严重损失"。马克·阿克斯沃西等人在合著的《第三轴心第四盟友》一书第104页指出，潘维茨和科尔内的部队抓获500多名俘虏，缴获10门反坦克炮和一个完整的野战炮兵连。如果这一说法属实，那么，骑兵第61师在这场战斗中可谓大伤元气。

116.《红军总参谋部1942年11月26日8点的330号作战概要摘录》。

117. 这场复杂的战斗期间，轴心国军队沿科捷利尼科沃方向的部署可参阅第4装甲集团军的每日态势图（*Lagenkarten zum KTB. Nr. 5 (Teil IV), PzAOK 4, Ia, 21 Nov Dec 1942. PzAOK. 4*），*28183/13, NAM T-313*，第359卷。

118. 马克·阿克斯沃西等人合著，《第三轴心第四盟友》，第105页。

119. 红军总参谋部1942年11月28日8点的332号作战概要摘录，V.A.日林（主编）的《斯大林格勒战役：编年史、真相和人物，两卷本》，第二卷，第100页。

120. S.M.萨尔基西扬，《第51集团军》，第105—106页。

121. 第6装甲师为守卫科捷利尼科沃发挥的作用，可参阅沃尔夫冈·保罗的《第6装甲师史，1937—1945年》（奥斯纳布吕克：文献出版社，1984年），第232—233页。

122. 詹森·D. 马克，《烈焰之岛：斯大林格勒"街垒"火炮厂之战，1942年11月—1943年2月》，第286页，引自第51军第119号令。

123. 同上，第290—291页，引自第51军第120号令。这道命令摘自赛德利茨当日发给保卢斯的一份更长的电报。电报全文参见第51军军长发给第6集团军司令的密电，603/42g号，1942年11月25日（*Geheime Kommandosache, An den Herrn Oberbefehlshaber der 6. Armee, Der Kommandierende General des Ll. A.K. Nr. 603/42 g. Kdos, O.U., den 25.11.1942*），收录在《第6集团军作战日志附件册，第二卷》，第12—16页。

124. 詹森·D. 马克，《烈焰之岛：斯大林格勒"街垒"火炮厂之战，1942年11月—1943年2月》，第297—298页，电报全文可参阅第51军的供应情况，11月23日晚的标准，603/42g号电附件（*Versorgungslage des Ll. A.K. Stand 23.11. abends, Anlage zu 603/42 g. Kdos*），收录在《第6集团军作战日志附件册，第二卷》，第16—17页。

125. 元首令全文可参见第6集团军司令部作战处，1942年11月27日（*Armee-Oberkominando 6, Abt.-Ia, A.H.Qu., 27 November 1942*），收录在《第6集团军作战日志附件册，第二卷》，第30页。这是OKH以OKH/GenStdH/Op.Abt. (Is/b) Nr. 48/42g. Kdoes的标题转发的。

126. 奥列格·舍恩，《伟大卫国战争中不为人知的战线》，第202—205页。

127. 同上，第201页。

128. 同上，第205页。

129.《红军总参谋部1942年11月27日8点的331号作战概要摘录》，V.A.日林（主编）的《斯大林格勒战役：编年史、真相和人物，两卷本》，第二卷，第89页。

130. 最高统帅部大本营就第21集团军转隶问题发给西南方面军和顿河方面军司令员的170694号指令（*Direktiva Stavki VGK No. 170694 komanduiushchim voiskami Iugozapadnogo i Donskogo frontov o perepodchinenii 21-i Armii*），佐洛塔廖夫，《最高统帅部1942》，第453页，引自档案*TsAMO MD RF, f. 148a, op. 3763, d. 124,1.* 第299页。

第八章

消灭斯大林格勒包围圈、合围对外正面和"土星"计划

11 月 28 日—30 日

苏军的指挥决策:组织"土星"行动

华西列夫斯基和苏军最高统帅部调整相关指挥部署,以便消灭斯大林格勒包围圈,与此同时,斯大林同华西列夫斯基商讨了"土星"行动的事宜,按照"天王星"行动最初的战略策划,"土星"行动应在"天王星"行动实现包围德国第6集团军这一主要目标后的某个时刻发起。

11月26日同斯大林商讨前,11月23日和24日,华西列夫斯基都在西南方面军司令部与瓦图京协调作战事宜,并通过电话同罗科索夫斯基和叶廖缅科交换意见。经过这些协商,华西列夫斯基下达了指示,要求各部队继续进攻,消灭德国第6集团军,并将合围对外正面推向西面和西南面。

此时,更大规模的"土星"行动依然悬而未决。与瓦图京商讨了"土星"行动后,华西列夫斯基打算11月24日离开西南方面军司令部,飞赴其他方面军司令部协调"土星"行动的准备工作,该行动的打击目标是B集团军群漫长的北翼。但是,由于大雾和结冰,运送参谋组工作人员的7架AN-2①轻型运输机中有6架不得不实施迫降。华西列夫斯基降落在卡拉奇东南方30公里处一

---

① 译注,华西列夫斯基一行人乘坐的其实是Po-2(或称U-2)通用飞机。

块冰冻的农田上，25日搭乘汽车最终赶至沃罗涅日方面军设在上马蒙的司令部。华西列夫斯基与沃罗涅日方面军司令员菲利普·伊万诺维奇·戈利科夫中将进行了磋商，并视察了F.M.哈里东诺夫中将①的第6集团军司令部，该集团军将在"土星"行动中与西南方面军辖下的近卫第1集团军密切配合。11月26日，华西列夫斯基返回西南方面军司令部。与瓦图京及其他高级指挥员进一步协商后，华西列夫斯基拟制了一份"土星"行动草案，26日晚些时候将其内容汇报给斯大林（参见地图35和副卷附录7A）。

为提高西南方面军在"土星"行动中的指挥效能，华西列夫斯基建议将列柳申科将军的近卫第1集团军分成两个单独的集团军。库兹涅佐夫将军沿克里瓦亚河和奇尔河部署在集团军左翼的战役集群编为近卫第3集团军，由列柳申科指挥；近卫第1集团军沿顿河部署在集团军右翼的余部，仍保留近卫第1集团军的番号，由库兹涅佐夫指挥；罗曼年科坦克第5集团军的编成和作战地域不变。

"土星"行动的主要目的是歼灭意大利第8集团军和"霍利特"集团军级集群。为此，在近卫第1集团军右翼上马蒙地域组建的突击群，和在近卫第3集团军左翼博科夫斯卡亚以东地域组建的另一个突击集群，将从北面和东面发起向心突击，在米列罗沃地域会师，从而包围并歼灭轴心国这两支军队。此后，两个集团军辖下的快速军应发展胜利，夺取利哈亚地区的北顿涅茨河渡口，并为近卫第2集团军尔后向罗斯托夫地域发展进攻创造有利态势。这项计划还要求部署在沃罗涅日方面军左翼的第6集团军投入进攻，在近卫第1集团军向南推进时掩护其右翼。最后是西南方面军的左翼，坦克第5集团军应歼灭车尔尼雪夫斯卡亚、莫罗佐夫斯克和托尔莫辛地域的轴心国军队，更彻底地孤立被困在斯大林格勒的德国第6集团军，向西南方进军，夺取塔钦斯卡亚的德军机场，前出至近卫第3集团军左侧的北顿涅茨河地区，并做好与近卫第1、第3集团军相配合、解放东乌克兰顿巴斯地区的准备。[1]

---

① 译注：华西列夫斯基回忆录中称哈里东诺夫1942年夏天获得中将军衔，实际上哈里东诺夫1942年12月20日才晋升中将，此时仍为少将。

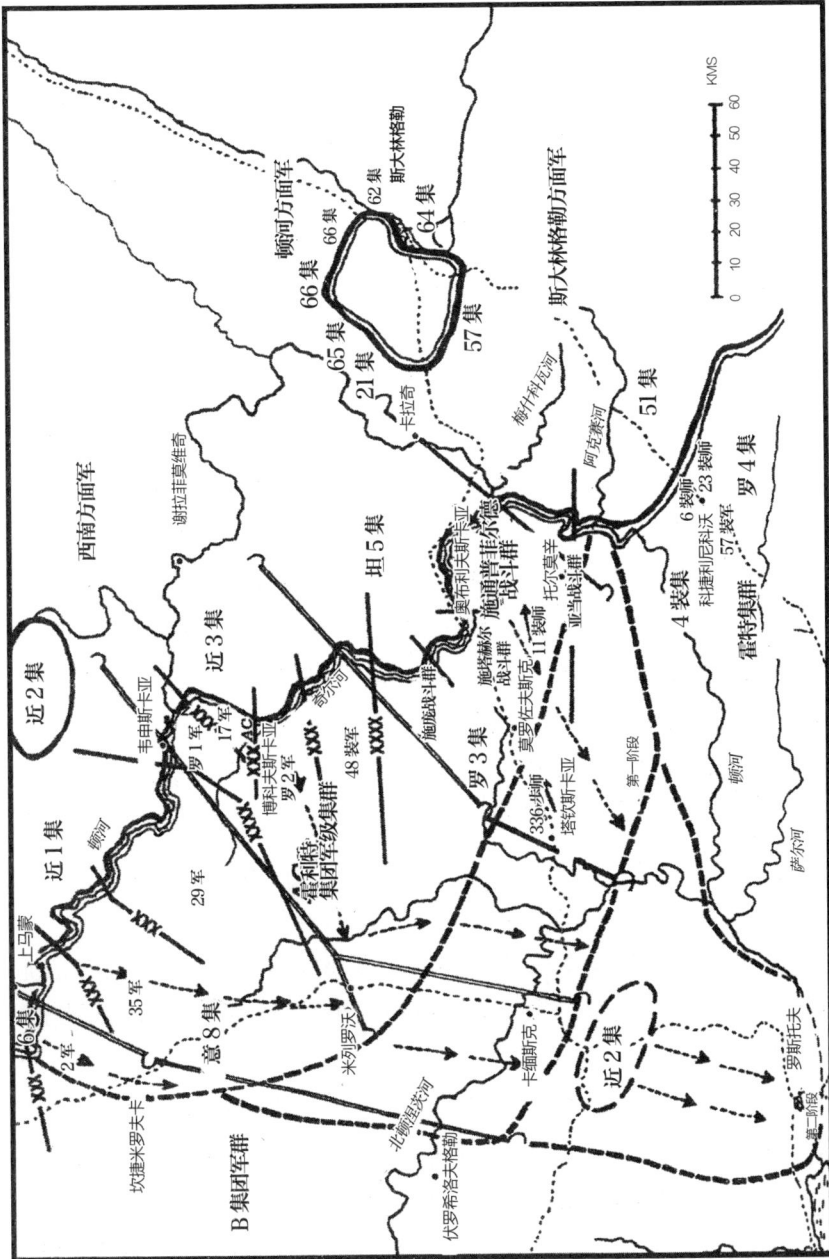

地图35　1942年11月26日，"土星"行动计划

收悉并审核了华西列夫斯基的行动草案后，斯大林次日通过长时间的电话交谈与华西列夫斯基、瓦图京商讨了行动细节（参见附卷附录7B）。斯大林最关心的是彻底歼灭包围圈内的德国第6集团军，他坚持要求由一名指挥员负责协调顿河方面军和斯大林格勒方面军歼灭第6集团军的作战行动。因此，11月27日21点20分，斯大林在一份简短的最高统帅部指令中强化了新的指挥关系，这道指令通知罗科索夫斯基和叶廖缅科将由谁来协调他们的作战行动。指令中写道："请顿佐夫［罗科索夫斯基］和伊万诺夫同志［叶廖缅科］注意，最高统帅部大本营已将监督斯大林格勒方面军和顿河方面军歼灭被围之敌作战行动的任务委托给米哈伊洛夫同志［华西列夫斯基］，顿佐夫和伊万诺夫同志应无条件地执行他的命令。［签名］瓦西里耶夫［斯大林］。"[2]

其次，斯大林对完成"土星"行动的策划工作兴趣十足，如果这个行动取得成功，德国人增援或解救第6集团军的问题就将不复存在。因此，斯大林催促华西列夫斯基提交"土星"行动的细节，特别是将列柳申科近卫第1集团军拆分为两个集团军遂行"土星"计划第一阶段行动的相关事宜。当然，斯大林已在一个月前为"土星"行动组建起实力强大的近卫第2集团军，专门负责向罗斯托夫发展胜利。近卫第2集团军最初由Ia.G.克列伊泽尔少将指挥，已于11月25日前做好战斗准备。

同斯大林交谈后，11月28日，瓦图京将军任命他的副手库兹涅佐夫将军指挥近卫第1集团军右翼的一个战役集群，并向他交代了该集群的编成、任务和即将发起的"土星"行动的相关事宜（参见副卷附录7C）。大体说来，库兹涅佐夫的战役集群编有近卫步兵第4、第6、坦克第18军、6个步兵师（步兵第1、第193、第195、近卫步兵第38、第35、第41师）、摩托化步兵第22旅和提供支援的炮兵。该集群的主要任务是为计划中包围并歼灭意大利第8集团军的进攻行动担任右钳。[3]

"土星"行动的策划工作于12月初加速进行时，最高统帅部将库兹涅佐夫的战役集群改编为新的近卫第1集团军，仍由他指挥，原近卫第1集团军的左翼部队编为近卫第3集团军，由列柳申科将军指挥。实际上，红军最初组建的三个近卫集团军都用于遂行"土星"行动（外加沃罗涅日方面军第6集团军），强调了这场进攻对苏军最高统帅部来说是多么重要。"近卫军"番号表明这些集团军的兵力和武器装备都强于其他集团军, 在补给物资和补充兵方面也会得到优先考虑。进一步证明"土星"行动重要性的是, 11月29日, 最高统帅部任命沃罗涅日方面军副司令员R.Ia.马利诺夫斯基中将这位曾担任过集团军、方面军司令员的将领指挥近卫第2集团军。[4]

斯大林格勒地域的指挥关系得到调整, "土星"行动的策划工作也在进行中, 三位方面军司令员和他们的下属怀着新的热情商讨了华西列夫斯基11月24日赋予他们的任务。用不了多久, 短兵相接的战斗就将验证最高统帅部和华西列夫斯基拟制的"土星"计划的效果。12月头几天, 进攻行动的策划工作仍在进行中。

西南方面军、顿河方面军和斯大林格勒方面军的攻势

11月28日, 西南方面军的部队击退了敌人在博科夫斯卡亚东北方发起的反冲击, 并对车尔尼雪夫斯卡亚、奥布利夫斯卡亚和苏罗维基诺发起进攻。

顿河方面军和斯大林格勒方面军的部队遭遇到敌人强有力的火力抵抗, 继续打击被困于斯大林格勒的敌集团, 与此同时, 斯大林格勒方面军以部分部队继续向科捷利尼科沃发展攻势。

红军总参谋部作战概要

1942年11月29日8点[5]

11月29日, 西南方面军继续以部分部队争夺奥布利夫斯卡亚、苏罗维基诺、上奇尔斯基和雷奇科夫斯基。

顿河方面军以部分部队克服了敌人依托顿河东岸的伊拉里奥诺夫斯基、索卡列夫卡、佩斯科瓦特卡和韦尔佳奇支撑点实施的抵抗, 并向东、东南方追击退却之敌。

斯大林格勒方面军继续以其左翼部队向科捷利尼科沃发起进攻, 并夺取了几个居民点。

红军总参谋部作战概要

1942年11月30日8点[6]

　　11月30日，西南方面军继续以部分部队争夺奥布利夫斯卡亚、苏罗维基诺和上奇尔斯基地域。

　　顿河方面军和斯大林格勒方面军继续对被困于斯大林格勒的敌集团施加压力。

红军总参谋部作战概要

1942年12月1日8点[7]

　　西南方面军、顿河方面军和斯大林格勒方面军的部队11月28日拂晓恢复进攻时，基本上仍是在遂行华西列夫斯基11月24日晚赋予他们的任务。当然，第6集团军较为成功地将第11军和第14装甲军撤离顿河北岸的锡罗京斯卡亚（阿基莫夫斯基）登陆场，使苏军丧失了包围、歼灭这股德军的机会。但是，顿河方面军的第二项任务（打垮斯大林格勒包围圈的西部和北部防线）依然有效。西南方面军和斯大林格勒方面军同样如此——他们将从11月27日晚停止行动的地方重新发起进攻。

　　但对德国人来说，他们面临的问题更加复杂。在保卢斯看来，目前最重要的任务是将第6集团军的部队撤至他在11月27日晚指定的防线，并在后撤时设法避免不必要的伤亡。同样令保卢斯担心的是集团军不太稳定的补给情况，尤其是正迅速耗尽的弹药、燃料和食物储备。他还对德国空军能否兑现空运补给的承诺产生了严重怀疑。冯·曼施泰因元帅指挥的"顿河"集团军群司令部已于11月26日投入运作，在该集团军群看来，目前最严峻的挑战是以某种切实有效的措施加强或解救保卢斯集团军。很明显，这一点难以做到，除非德军控制住发起救援行动的集结待命区——具体说来就是雷奇科夫斯基对面的顿河东岸登陆场和斯大林格勒西南方的科捷利尼科沃地域。因此，这两个地段依然是双方争夺的焦点，除非其控制权问题尘埃落定，但解决这个问题还需要经历两周的激烈战斗。

西南方面军的推进

　　在苏军最高统帅部看来，瓦图京方面军11月27日晚最重要的任务是让坦克第5集团军向前推进，渡过奇尔河，夺取雷奇科夫斯基（参见地图29）。但此时，瓦图京最担心的是方面军右翼正在恶化的态势。在那里，"霍利特"突击集群以第62和第294步兵师发起一场反突击，将近卫第1集团军辖下的近卫步兵第14和步兵第278师逐过克里瓦亚河，并在东岸夺得一个小型登陆场。尽管只有4公里深，但德国人可以利用这座登陆场，沿奇尔河东岸向东南方推进，有可能威胁到坦克第5集团军正在车尔尼雪夫斯卡亚西北面、奇尔河西岸登陆场内战斗的后方部队。因此，瓦图京敦促列柳申科的近卫第1集团军，不惜一切代价消灭德军登陆场。

近卫第 1 集团军

针对"霍利特"集群的反突击，列柳申科以集团军辖下新组建的步兵第14军步兵第278和第266师发起一场反击（西南方面军11月28日—30日的战果参见副卷附录7D）。两个苏军师从北面和东面对德军登陆场实施打击，迫使德军退过克里瓦亚河。步兵第266师师史描述了"霍利特"集群发起的进攻[①]，这场突击开始于11月28日拂晓：

［步兵第266师］与D.P.莫纳霍夫将军[②]的步兵第278师相配合，11月28日晨发起反击。第266师投入战斗时的情况是，敌人暂时掌握了主动权，正企图扩大战果。该地区的作战［态势］需要一个转折点。

尽管缺乏支援步兵的坦克，压制敌军火力的火炮也不多，但突击行动进展顺利……

当日下午，敌人发起数次反冲击。十余架"容克"飞机赶来支援。各个团的推进陷入停顿。韦托什尼科夫将第二梯队的第1010团投入战斗……

11月28日日终前，步兵第266师将敌人赶过克里瓦亚河，并遵照军长的命令，沿杜博夫斯基（Dubovskii）、戈尔巴托夫斯基、乌沙科夫和别拉温斯基农场一线转入防御。步兵第203师据守在左侧，步兵第159师在右侧设防。[8]

---

① 译注：原文如此。
② 译注：上校。

虽然近卫第1集团军成功遏制住"霍利特"集群第92和第294步兵师的反突击，并沿克里瓦亚河恢复了防线，但苏联方面的资料称，12月1日—9日，"霍利特"集群又对步兵第14军的防御发起19次进攻。[9]这就表明霍利特将军的部队正竭力据守克里瓦亚河和奇尔河。罗马尼亚部队也发起了反冲击，相关资料指出："11月底和12月初，第1军辖下的第11和第7步兵师对杜博夫斯基［杜博沃伊］发起7次反冲击，但屡屡受挫。伤亡1500人尚能承受，但因先前防御作战胜利而获得的信心遭到破坏。"[10]

坦克第5集团军

近卫第1集团军沿克里瓦亚河应对"霍利特"集群的进攻时，坦克第5集团军的作战地域内也爆发了激战，双方沿上奇尔河畔的车尔尼雪夫斯卡亚南北两面、沿下奇尔河和顿河畔的奥布利夫斯卡亚和雷奇科夫斯基地域展开战斗。在这两处，罗曼年科的部队竭力完成本应在11月23日完成的任务，但被德国和罗马尼亚军队挫败。激战中，苏军无法克服轴心国军队沿两条河流构设的防御并夺取奥布利夫斯卡亚、苏罗维基诺和雷奇科夫斯基镇（参见地图36和副卷附录7D）。

但是，由于西南方面军将第21集团军调拨给罗科索夫斯基的顿河方面军，作为弥补，11月28日拂晓前，罗曼年科的坦克第5集团军从顿河方面军第21和第65步兵师得到四个步兵师（第21集团军的步兵第333师、第65集团军的近卫步兵第40、步兵第321、第258师），以及第21集团军辖下普利耶夫将军近卫骑兵第3军的三个骑兵师。次日，最高统帅部通知第五个步兵师（第65集团军辖下的近卫步兵第4师）做好赶往坦克第5集团军作战地域的准备。另外，最高统帅部和西南方面军还加强了布特科夫将军的坦克第1军，这是坦克第5集团军唯一可用的坦克军。11月24日，该军的坦克只剩下20辆左右，瓦图京为其调拨了大批新坦克，11月29日，坦克第1军的实力达到146辆坦克：5辆KV、75辆T–34、66辆T–70。[11]但是，该军还需要几天时间将这些新坦克编入部队，并为其部署加以必要的驾驶和战术训练。在此期间，布特科夫坦克军的主力仍置身于战场外。最高统帅部和华西列夫斯基相信，这些增援将为坦克第5集团军提供充足的战斗力，罗曼年科完全能够完成他受领的两项任务。

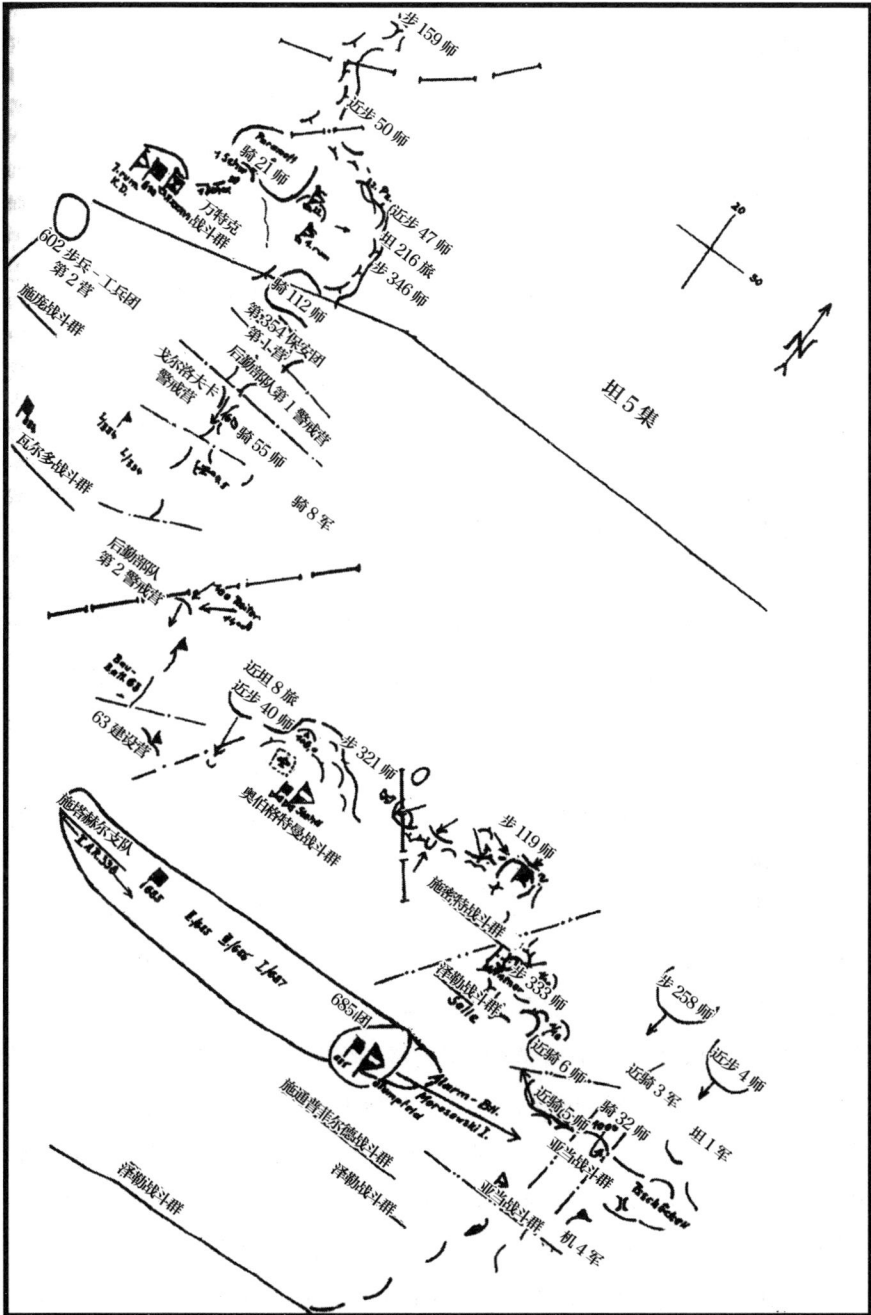

地图 36 1942 年 11 月 30 日，坦克第 5 集团军向奇尔河追击，罗马尼亚第 3 集团军的防御

截至11月27日晚，争夺这两个重要地域旷日持久的战斗已初具规模。此时，普利耶夫将军的近卫骑兵第3军已沿下奇尔河进入坦克第5集团军左侧的雷奇科夫斯基和新马克西莫夫斯基以北地域。该军在那里接替了实力严重受损的坦克第1军，以便该军暂时休整并接收新坦克。另外，步兵第258师正向南进入近卫骑兵第3军后方的集结区，该师将从那里增援普利耶夫对雷奇科夫斯基和上奇尔斯基德军支撑点的进攻。西面，坦克第5集团军的中央地带，步兵第333师已完成向南赶往苏罗维基诺地域的行军，将与步兵第119师对德军掩护该镇的防御发起联合突击。后方，步兵第321师进入苏罗维基诺东北方集结区，准备赶往苏罗维基诺与奥布利夫斯卡亚之间。骑兵第8军辖下的骑兵第55和第112师继续沿奇尔河向西，对德军设在奥布利夫斯卡亚的防御发起进攻，而近卫步兵第40师集结在镇北面的集结区，准备投入战斗。

最高统帅部和罗曼年科等待着坦克第5集团军右翼部队在车尔尼雪夫斯卡亚地域赢得更大的胜利，集团军辖内部队已在该镇北面和南面夺得相当大的登陆场，正在争夺车尔尼雪夫斯卡亚，该镇目前仍在德国人手中。罗曼年科打算从南北两面包围该镇，如果不行的话，干脆以正面突击夺取车尔尼雪夫斯卡亚镇。南面，步兵第346师接替了骑兵第8军辖下的骑兵第112师，并在瓦尔拉莫夫斯基村接管了奇尔河西岸登陆场，以及南延至克利诺沃伊的河流东岸。这就使鲍里索夫将军得以将三个骑兵师中的两个集结起来，对奥布利夫斯卡亚发起进攻。在车尔尼雪夫斯卡亚及其南北两面，近卫步兵第47和第50师与德军第48装甲军辖下的第22装甲师和罗马尼亚第1装甲师展开激烈而又复杂的战斗，作战地域从该镇东南方10公里处的扎哈尔琴斯基延伸至西北方8公里处的奇斯佳科夫斯卡亚。另外，近卫步兵第47师至少有一个团正在车尔尼雪夫斯卡亚西北偏西方约10公里处的奇尔河西岸登陆场支援骑兵第21师的部队。最后是坦克第5集团军最右翼，步兵第159师据守的防区从新谢尔格耶夫卡向西北方延伸至斯塔里科夫，位于车尔尼雪夫斯卡亚西北方8—15公里处。罗曼年科将集团军辖内的大部分部队向前部署，把近卫坦克第8、坦克第216旅和摩托车第8团留在预备阵地，他们可以从这里随时增援车尔尼雪夫斯卡亚南面或北面的部队。

沿坦克第5集团军整条战线展开的激战从11月28日延续至30日，苏军基本上没取得太大战果，这令罗曼年科和瓦图京失望不已。将近卫骑兵第3军的行动描述为一场旷日持久的战斗侦察最为贴切,该军沿着从雷奇科夫斯基西至新马克西莫夫斯基的战线试探着德军防御力量。骑兵军辖下的三个骑兵师进入该地域后开始执行侦察任务。但在西面,M.I.马特维耶夫上校的步兵第333师以营级兵力对据守苏罗维基诺的"施密特"战斗群发起突击,迫使施密特将防线向苏罗维基诺镇后撤了约半数路程。随着时间的推移,步兵第333师派一个步兵团向南赶往苏罗维基诺镇东南方10公里处的戈洛夫斯基,试图找到德军防线上的薄弱点,并对其加以利用,向南渡过奇尔河。

更西面,鲍里索夫骑兵第8军辖下的骑兵第55和第112师对据守奥布利夫斯卡亚的德国空军战斗群的北部防线发起冲击。但面对德军强有力的防御,下马作战的苏军骑兵没能取得战果。很明显,骑兵第8军需要步兵部队提供支援才有望夺取该镇。该军还抱怨,德国空军的猛烈空袭给他们造成严重损失,对方的空袭仍在继续。因此,鲍里索夫对步兵第321和近卫步兵第40师正进入他的后方、准备投入战斗消灭奥布利夫斯卡亚德军防御的消息深表欢迎。

西北方至奇尔河,托尔斯托夫上校的步兵第346师在车尔尼雪夫斯卡亚以南14—28公里处进入沿东岸构设的阵地,并从骑兵第112师手中接管了瓦尔拉莫夫登陆场。骑兵师将一个团留在奇尔河登陆场及其南面,这使"万特克"战斗群的戈尔洛夫卡警戒营报告道,4—5个苏军步兵连在瓦尔拉莫夫南面11公里处的西尼亚普金(Siniapkin)夺取了奇尔河西岸的另一个登陆场。[12]但德国守军能够遏制苏军这支小股部队。

在车尔尼雪夫斯卡亚地域,已于前一天晋升为少将的别洛夫将近卫步兵第50师南调,投入争夺车尔尼雪夫斯卡亚的战斗。他的两个团负责夺取该镇,第三个团在东南方5—8公里处据守着从克拉斯诺亚罗夫卡至扎哈尔琴斯基这片地区。战斗中,罗马尼亚第14步兵师和第7骑兵师的部分部队对近卫步兵第50师在列翁季耶夫斯基据守的奇尔河西岸小型登陆场发起打击。与此同时,第22装甲师的"奥佩尔恩"战斗群将其部队部署在车尔尼雪夫斯卡亚以西8公里处的帕拉莫诺夫地域,以堵截骑兵第21师和近卫步兵第47师的一个团向南发起的推进,这股苏军在镇子西北方的奇尔河西岸占据着一个相当大的登陆场。[13]虽然第22装甲师在13天几乎持续不断的战斗中遭到严重削弱,但其实力足以阻挡住苏军骑兵师的轻步兵,防止对方切断从车尔尼雪夫斯卡亚通往西面的公路。

第22装甲师从西北面和西面掩护着车尔尼雪夫斯卡亚时，罗马尼亚第1装甲师向东而去，堵截该镇南面瓦尔拉莫夫登陆场内的苏军步兵第346师。此时，格奥尔基的装甲师只剩下30%的实力。该师辖下的第1装甲团尚有9辆可用的三号、四号坦克和19辆R—2轻型坦克；第1摩托化炮兵团的12门100毫米火炮尚存11门，12门105毫米火炮尚存8门。但是，该师辖下的第3、第4摩托化步兵团，每个团只剩下一个虚弱不堪的营。至于反坦克炮，师属反坦克营还有2门75毫米和2门47毫米反坦克炮，反坦克连只剩下2门20毫米火炮。对守军来说幸运的是，苏军近卫步兵第47和第50师获得的坦克支援，即便有也寥寥无几。[14]

别洛夫将军的近卫步兵第50师在车尔尼雪夫斯卡亚镇及其东南面战斗时，奥斯塔申科上校近卫步兵第47师[①]的两个团在车尔尼雪夫斯卡亚镇北面作战，另一个团支援近卫步兵第50师对该镇的突击。此时，车尔尼雪夫斯卡亚镇已陷入半包围，苏军骑兵位于西面和西北面，步兵从北面和东北面而来，更多步兵位于东面和东南面。但是，由于双方都没有足够的力量打垮对方，拖拖拉拉的战斗持续了数日。

因此，11月28日日终时，罗曼年科坦克第5集团军各部队的作战方向和当面之敌如下：

上奇尔斯基和雷奇科夫斯基

·近卫骑兵第3军——接替了坦克第1军，部署在新马克西莫夫斯基、雷奇科夫斯基和斯基特地域，从雷奇科夫斯基以西10公里处至以东7公里处，面对德军"乔克尔"战斗群和"亚当"战斗群。

·坦克第1军——担任集团军预备队。

·步兵第258师——位于利斯卡河河谷内的波戈金斯基和布拉茨基（Buratskii）地域，雷奇科夫斯基西北方11—14公里处。

---

①译注：福卡诺夫调任坦克第5集团军副司令员，奥斯塔申科接替他担任近卫步兵第47师师长，但日期似乎是12月20日。

苏罗维基诺

· 步兵第333师——接替了步兵第119师，在苏罗维基诺及其东面作战，对付德军"施密特"战斗群和"克恩特内尔"战斗群。

· 步兵第119师——在苏罗维基诺及其西面作战，对付德军"冯·施通普菲尔德"战斗群的第108炮兵指挥部。

奥布利夫斯卡亚

· 骑兵第8军（骑兵第55和第112师）——在奥布利夫斯卡亚对付德军"施塔赫尔"战斗群。

· 步兵第321师——位于米佳耶夫斯基（Mitiaevskii）、马尔金斯基（Markinskii）和日尔科夫地域，苏罗维基诺东北方7—15公里处。

· 近卫步兵第40师——位于涅斯捷尔金和弗罗洛夫地域，奥布利夫斯卡亚以北10—14公里处。

车尔尼雪夫斯卡亚（南面）

· 步兵第346师——在车尔尼雪夫斯卡亚南面14—28公里处加强瓦尔拉莫夫和克利诺维（Klinovyi）一线，据守奇尔河西岸的瓦尔拉莫夫登陆场，对付德军"万特克"战斗群的第354掷弹兵团第2营和戈尔洛夫卡警戒营。

· 骑兵第112师（骑兵第8军）——1个团位于瓦尔拉莫夫和西尼亚普金地域，抗击德军"万特克"战斗群的戈尔洛夫卡警戒营。

车尔尼雪夫斯卡亚（北面）

· 近卫步兵第50师——在车尔尼雪夫斯卡亚东郊作战，以右翼部队对付德军第48装甲军辖下的第22装甲师，在车尔尼雪夫斯卡亚东南方5—8公里处据守从克拉斯诺亚罗夫卡至扎哈尔琴斯基这片地域，以左翼部队抗击罗马尼亚第1装甲师。

· 近卫步兵第47师——2个团在车尔尼雪夫斯卡亚至东北方6公里处的奇斯佳科夫斯卡亚地域作战，1个团进攻车尔尼雪夫斯卡亚镇，对付罗马尼亚第14步兵师和第7骑兵师之一部，以及德军第22装甲师的"奥佩尔恩"战斗群。

坦克第5集团军的前沿阵地获得4个新锐步兵师的加强，该集团军继续对"霍利特"集群和罗马尼亚第3集团军沿整条奇尔河疯狂构设、但依然虚弱的防御发起突击。沿奇尔河展开的战斗也有所加剧，这是因为罗曼年科将最后的预备队投入到似乎最有可能取得成功的地段。例如，11月28日—29日夜间，他以近卫坦克第8、坦克第216旅的少量坦克和近卫步兵第47师的两个团加强步兵第346师据守的瓦尔拉莫夫登陆场。

虽然坦克第5集团军的进攻强度有所增加，但德国守军也因新锐援兵的到达而士气大振。11月28日晚，炮兵上将瓦尔特·卢赫特[①]第336步兵师的先遣部队开始到达下奇尔河河谷。首先赶到的是该师第687团第1营、第685团第3营、第686团第2营，这些部队向东而去，填补"亚当"战斗群（下奇尔斯卡亚）与"施密特"战斗群（苏罗维基诺）之间的防线。[15]这股援兵在紧要时刻到达，因为坦克第5集团军的左翼部队即将发起一场猛攻，以夺取从雷奇科夫斯基西延至苏罗维基诺的整片地域。除了第336步兵师，德军第11装甲师和第7空军野战师也将在接下来的几天内陆续赶至，这样一来，他们与苏军援兵之间的一场遭遇战即将爆发。但德军新锐援兵的主要任务不是据守奇尔河防线，而是构成重新组建的第48装甲军的核心力量，该军将于12月第一周从雷奇科夫斯基和下奇尔斯卡亚地域向斯大林格勒发起一场救援行动。但"要事先办"这句旧格言注定依然适用。

11月29日，坦克第5集团军左翼的战斗愈加激烈，普利耶夫将军近卫骑兵第3军的近卫骑兵第5、第6师，与布特科夫坦克第1军的几个合成旅级集群并肩战斗，在从雷奇科夫斯基西延至新马克西莫夫斯基这片地区对德军沿下奇尔河构设的防御发起突击。他们的两个目标分别是雷奇科夫斯基（该镇控制着进入德军顿河东岸登陆场的通道）和上奇尔斯基，夺取上奇尔斯基这座筑垒镇，将使德军"乔克尔"战斗群据守雷奇科夫斯基的部队陷入孤立状态，并被包围。

普利耶夫留下骑兵第32师担任军预备队，命令近卫骑兵第5、第6师在坦克第1军少量坦克的支援下，从奇尔河车站东面向南突击，打击"乔克尔"战

---

① 译注：此时为中将。

斗群设在雷奇科夫斯基的防御。但这场进攻失败了，甚至没能给德军精心构设的防御阵地造成任何破坏。与此同时，布特科夫的坦克军主力，以不到20辆可用的坦克，从奇尔河车站南面和西面的出发阵地向南发起进攻，试图打垮"亚当"战斗群的防御，进抵并夺取上奇尔斯基。但是，布特科夫这场突击也告失败，损失还很惨重。尽管红军总参谋部没有收悉富尔欣上校步兵第258师的报告，但该师很可能在坦克第1军右侧的新马克西莫夫斯基地区投入进攻。与右侧的友邻部队一样，富尔欣的步兵师没能取得任何进展，该师当面之敌是在"亚当"战斗群左翼占据防御的"格贝尔"战斗群。[16]

罗马尼亚第3集团军的每日情报图准确记录下苏军这场进攻，并指出，苏军这场冲击发生在上午10点，对方在雷奇科夫斯基只投入5辆坦克。一个可悲的事实是，即便据守相关阵地的德军部队虚弱不堪，苏军骑兵和步兵师同样在持续一周的战斗中遭到严重消耗，每个骑兵师的兵力很可能只有5000人，每个步兵师的兵力大概只有6500人。

11月29日—30日夜间，一些好消息缓解了罗曼年科在雷奇科夫斯基遭遇败绩的挫败感。最高统帅部通知他，近卫步兵第4师交由他指挥，并指示该师向南开拔，加强坦克第5集团军突击群对上奇尔斯基、雷奇科夫斯基和毗邻的顿河对岸德军登陆场的进攻。[17]受到这一消息的鼓舞，罗曼年科命令布特科夫和普利耶夫30日恢复进攻，这次以坦克第1军攻向更西面地区。遵照集团军司令员的命令，坦克第1军和近卫骑兵第3军第二天早上投入进攻。日终时，罗曼年科的报告只提及，布特科夫坦克军从苏罗维基诺东南方15—20公里处的大奥西诺夫卡和旧马克西莫夫斯基地域发起进攻，向南攻往苏罗维基诺西南方32公里处的下奇尔斯卡亚，而普利耶夫骑兵军则从苏罗维基诺东南方22—27公里处的新马克西莫夫斯基和奇尔河车站攻向同一目标，尚未收悉其他报告。[18]

坦克第5集团军最终接到了相关报告，但毫不令人鼓舞。"亚当"战斗群和"乔克尔"战斗群的防御太过坚强，难以克服，苏军的进攻再度受挫，没取得任何进展。雪上加霜的是，卢赫特将军第336步兵师的三个先遣营已赶来加强"亚当"战斗群，另外还有第1莫罗佐夫斯克警戒营，这是以当地德军后方地域守备力量组建的部队。[19]月底时，情况已经很明显，仅凭坦克第1军和近卫骑兵第3军无法打垮德军沿下奇尔河构设的防御。

西面的奇尔河河谷处，库拉金上校的步兵第119师于11月29日继续猛攻"施密特"战斗群据守的苏罗维基诺。经过24小时断断续续的战斗，该师30日晨突入镇北郊，在那里与守军展开巷战。就在这些突击行动进行之际，马特维耶夫上校的步兵第333师11月29日将三个团集结在苏罗维基诺东面，当晚，这些部队沿奇尔河北岸向东南方推进了8公里。马特维耶夫的步兵11月30日拂晓发起进攻，一举夺取了苏罗维基诺东南方10公里处的德米特里耶夫卡车站，并于当日上午强渡奇尔河，从德军"克恩特内尔"战斗群手中夺取了南岸的戈洛夫斯基村。马特维耶夫师随后向西挺进3公里，占领奥斯特罗夫斯基村，并迅速对该村加以强化。虽然苏军以突袭包围了"克恩特内尔"战斗群位于奥斯特罗夫斯基村东面的部分部队，但沿顿河布防的"泽勒"战斗群迅速北调，解救了克恩特内尔的部队，并阻止了步兵第333师的推进，使其无法进一步扩大登陆场。此时，苏军占据的登陆场约6公里宽、3公里深，大到足以让其他部队渡过奇尔河。[20]

尽管"施密特"战斗群设法守住了苏罗维基诺，但苏军在奇尔河南岸夺得一座登陆场，给德军指挥部门造成了一个严重问题。简而言之，他们必须抢在苏军投入更多、更强的部队前消灭这座登陆场，否则，苏军将从这里发起进攻，阻止德国人从西面救援斯大林格勒包围圈的企图。

雷奇科夫斯基和苏罗维基诺地区的战火肆虐之际，奥布利夫斯卡亚的战斗也加剧了，这座奇尔河北岸最大的镇子目前仍在德国人手中。苏军骑兵对奥布利夫斯卡亚的防御连续进攻三天后，援兵终于在11月30日赶到。从北面而来的马卡连科步兵第321师和帕斯特列维奇近卫步兵第40师到达奥布利夫斯卡亚地域，前者集结在镇子东北面，后者位于西面和西北面。11月29日晚些时候[①]，两个师会同骑兵第8军对德国空军"施塔赫尔"战斗群发起进攻。

两个新锐步兵师11月29日投入交战时，鲍里索夫从骑兵第55和第112师派出几个支队，沿奇尔河东岸遂行掩护行动，作战地域从奥布利夫斯卡亚西北方35公里处的马什卡河河口（Mashka）向南延伸，然后沿河道弯曲部向东延

---

① 译注：原文如此。

伸至奥布利夫斯卡亚以西12公里处的波波夫镇。次日，这些支队在河流西岸夺得几座小型登陆场。据德方记录称，一座登陆场位于瓦尔拉莫夫斯基以南20公里、戈尔洛夫卡警戒营设在格奥尔吉耶夫斯基（Georgievskii）南面的防区内，另一座位于奥布利夫斯卡亚西北方15—20公里、第63建设营设在帕尔申和杰耶夫（Deev）附近的防区内。[21]这两座登陆场都在"施庞"集群负责的防区内。施庞上校[①]以七拼八凑的战斗群组成一个个松散的连支撑点，虽然其防线被拉伸至极限，但只是发生了弯曲，并未遭到突破。

由于手头掌握了更多部队，普利耶夫将军试图于11月30日清晨对据守奥布利夫斯卡亚的"施塔赫尔"战斗群发起一场总攻。骑兵第8军第55和第112师主力将从北面发起突击，步兵第321师从东面投入进攻，近卫步兵第40师至少以一个团从西面实施冲击。近卫步兵第40师主力夺取了奥布利夫斯卡亚北面8公里处的弗罗洛夫镇后（据称经历了一场6小时的激战），他们向西推进，沿奇尔河及其西面接替骑兵第8军各支队。最终，帕斯特列维奇将军让近卫步兵第40师的三个团沿奇尔河东岸设防，其防线从奥布利夫斯卡亚西面向西延伸，然后北延至马什卡河，该河形成了步兵第346师的南分界线。虽然获得了这些援兵，但鲍里索夫对奥布利夫斯卡亚发起的步、骑兵联合突击还是以失败告终，尽管到达镇西南方的近卫步兵第40师对"施塔赫尔"战斗群构成了威胁。[22]

获悉鲍里索夫遭遇败绩后，11月30日晚，越来越失望的罗曼年科命令一直在车尔尼雪夫斯卡亚北面、奇尔河对岸登陆场战斗的骑兵第21师立即脱离战斗，将防区移交给近卫步兵第50师，向南赶往奥布利夫斯卡亚归建。但是，由于德军第22装甲师和罗马尼亚第14步兵师11月30日开始发起持续不断的反冲击，亚库宁将军的骑兵第21师又激战了三天才脱离战斗。

车尔尼雪夫斯卡亚地域的激战11月29日开始减弱，罗曼年科意识到，由于第48装甲军辖下的第22装甲师分布在镇内和镇北，因此，赢得胜利的最佳地点是镇南面步兵第346师的作战地域。于是，他初步决定放弃车尔尼雪夫斯

---

① 译注：中将。

卡亚北面、奇尔河对岸的大部分登陆场，将近卫步兵第47师和骑兵第21师南调——前者加强位于镇南面的步兵第346师，后者返回骑兵第8军，参加对奥布利夫斯卡亚的进攻。但是，由于骑兵第21师和近卫步兵第47师的一个团仍在登陆场内从事着激烈的战斗，坦克第5集团军司令员只得在11月29日决定，只向南抽调近卫步兵第47师的两个团。[23]

位于车尔尼雪夫斯卡亚南面的步兵第346师目前由D.I.斯坦克夫斯基少将指挥，几个小时前，他接替了倒霉的托尔斯托夫上校。该师沿奇尔河东岸据守阵地，其防线从马什卡河河口向北延伸至扎哈尔琴斯基，位于车尔尼雪夫斯卡亚以南10—30公里处。斯坦克夫斯基的部队至少获得了骑兵第112师一个中队的加强，还据守着骑兵们在河西岸夺取的三座登陆场。其中较小的两座登陆场分别位于车尔尼雪夫斯卡亚以南12公里处的阿尔扎诺夫斯基，和车尔尼雪夫斯卡亚以南15公里、奥西诺夫斯基西面的河流西岸；最大的一座登陆场宽5公里，深5公里，位于车尔尼雪夫斯卡亚以南17公里处，倚靠着瓦尔拉莫夫斯基村。步兵第346师当面之敌为罗马尼亚第1装甲师的小股支队和德国第403保安师第354掷弹兵团第2营。[24]

11月29日下午晚些时候，福卡诺夫将军的近卫步兵第47师派出两个团，会同近卫坦克第8和坦克第216旅，加强斯坦克夫斯基位于瓦尔拉莫夫斯基登陆场内的部队。次日拂晓，这些部队向西、西北方发起进攻，夺取了西北方5公里处的瓦尔拉莫夫村。步兵第346师与近卫步兵第47师配合步兵第346师辖内其他团的进攻行动，将奇尔河西岸的三座登陆场合并成了一座大型登陆场，势将从南面和东南面合围车尔尼雪夫斯卡亚地域轴心国军队。第48装甲军军长克拉默将军的应对是，将罗马尼亚第1装甲师主力派往该地区，导致12月1日发生了一场持续一整天的激战，进攻中的步兵第346师和近卫步兵第47师被挡在了从瓦尔拉莫夫村东郊向北延伸约14公里，直至车尔尼雪夫斯卡亚东郊的战线上。

罗马尼亚第1装甲师报告，11月27日至12月1日，共计26人阵亡、208人负伤、250人冻伤。这就使该师12月2日的战斗力只剩下944名士兵和3辆坦克，虽然该师作战支援和后勤单位还有6335人。但罗马尼亚第1装甲师称，在车尔尼雪夫斯卡亚及其东南面的战斗中，他们击毙690名苏军士兵，俘虏50人，还缴获了14门反坦克炮。[25]虽然没有可靠的数据，但在战斗的这一阶段，步兵第346师和近卫步兵第47师的兵力很可能都不到6000人。

与此同时，在车尔尼雪夫斯卡亚及其北面，别洛夫将军的近卫步兵第50师接替了近卫步兵第47师在车尔尼雪夫斯卡亚东面和东南面沿奇尔河战斗的两个团，占据的防线从镇东面2公里处的鲁萨科夫村延伸至镇东南方9公里处的扎哈尔琴斯基。但是，罗马尼亚第14步兵师和德国第22装甲师对骑兵第21师位于车尔尼雪夫斯卡亚西、西北面的登陆场发起猛攻，致使该骑兵师和近卫步兵第47师提供支援的步兵团无法脱离战斗并撤回更靠近奇尔河的防御阵地上。11月30日，近卫步兵第50师终于成功接替了骑兵第21师的部分部队和近卫步兵第47师孤零零的一个团，在此过程中接管了从鲁萨科夫村向北穿过列翁季耶夫斯基至伊拉里奥诺夫的整片地区，从车尔尼雪夫斯卡亚东面2公里处至西北方17公里处。此时，别洛夫的步兵师和骑兵第21师的部分部队仍在奇尔河西岸控制着一个浅近登陆场，从奇斯佳科夫斯卡亚向北延伸至斯塔里科夫西面，但这些部队现在已遭到罗马尼亚第14步兵师和德国第22装甲师的压制。[26]

与车尔尼雪夫斯卡亚南面的情况一样，骑兵第21师和近卫步兵第47师提供支援的步兵团很可能已元气大伤，其兵力大概剩下不到5000人。大体而言，截至11月30日，双方围绕车尔尼雪夫斯卡亚参加战斗的各个师只剩下团级兵力，各个团只剩下营级兵力，各个营也只剩下连级兵力。这种消耗导致该地域的后续战斗充其量只能说是徒劳无获。

坦克第5集团军最右翼和先前一样，在骑兵第21师几个营的加强下，阿纳什金上校的步兵第159师继续坚守奇尔河西岸登陆场，并在东岸守卫着从伊拉里奥诺夫向西北方延伸至奇尔河与克里瓦亚河交汇处，再沿克里瓦亚河向北延伸至阿斯塔霍夫这片防区。近卫第1集团军集结兵力在阿斯塔霍夫北面发起一场反突击时，阿纳什金师控制着从克里瓦亚河北延至阿斯塔霍夫这片10公里宽的防区。近卫第1集团军恢复河流防线后，步兵第159师报告，他们11月30日"击退了小股敌军沿阿斯塔霍夫和伊拉里奥诺夫一线（博科夫斯卡亚以东5公里至车尔尼雪夫斯卡亚东北方17公里）发起的进攻"。因此，多亏步兵第14军发起的反击，"霍利特"集群对坦克第5集团军右翼构成的威胁已急剧下降。

总 结

在瓦图京将军看来，11月的最后三天令人失望。尽管最高统帅为西南方面军调拨了大批援兵，但他的各个集团军并未完成受领的任务。虽然列柳申科的近卫第1集团军成功地遏制住了"霍利特"集群的进攻，消除了德军对方面军右翼构成的威胁，但罗曼年科的坦克第5集团军没能夺取雷奇科夫斯基、上奇尔斯基、苏罗维基诺和奥布利夫斯卡亚。就连罗曼年科似乎能稳操胜算的车尔尼雪夫斯卡亚地域，第48装甲军也实施了顽强防御。坦克第5集团军在镇南面控制了一座大型登陆场，但在镇北面构设一座主登陆场的努力却徒劳无获。由于德国和罗马尼亚军队沿奇尔河的防御完整无损，德国人从西面救援斯大林格勒包围圈的可能性依然很大。

坦克第5集团军没能完成受领的任务主要有以下几个原因。首先，持续10天的激战导致的战斗消耗使该集团军丧失了大部分突破力。在坦克第1军能够有效使用其新补充的146辆坦克前，罗曼年科不得不依靠已在先前战斗中遭到消耗的普利耶夫骑兵军，以及华西列夫斯基从顿河方面军调拨给他的较为新锐的步兵师。但经历了一个多星期的战斗后，这些师的实力大多也不强。

其次，罗马尼亚和德国军队沿奇尔河的防御远比他们混乱不堪的组织体系所表明的更加有效。为了将第48装甲军逐出库尔特拉克河北面的阻截阵地，苏军耗费了太多时间，致使坦克第5集团军向奇尔河的进军大为减缓。这也使罗马尼亚第3集团军及其德国顾问们得以调集起足够的兵力沿奇尔河据守关键地点，并把这些地点构设成强有力的支撑点。特别是沿奇尔河部署的大批德国防空部队配有许多高射炮（尤其是被大肆吹嘘的88炮），导致苏军难以攻破这些支撑点。最后但同样重要的一点是，第48装甲军辖下的第22装甲师、罗马尼亚第1装甲师和第7骑兵师逃脱了全军覆没的厄运，最终导致坦克第5集团军沿上奇尔河突破轴心国防御的企图功亏一篑。总之，打垮第48装甲军是个令人头痛的问题，西南方面军投入发展阶段时，该军便破坏了瓦图京最初的进攻时间表，现在又阻挠了该方面军向奇尔河及其前方扩展攻势的计划。具有讽刺意味的是，德军在斯大林格勒惨败后，第48装甲军辖下的第22装甲师被嘲笑了多年，但事实证明，该师是瓦图京西南方面军在"天王星"行动头两周作战行动中遭遇的最大障碍。

顿河方面军的推进

以激烈的战斗将德国第11军驱离身后的锡罗京斯卡亚登陆场后，11月28日—30日，顿河方面军第21、第65和第24集团军将其部队从卡拉奇向东推进，从顿河向南、向东推进（顿河方面军11月28日至30日的战果，参见地图37和副卷附录7E）。由于他们的进军方向相互重叠，这些部队不得不多次变更部署，此时，德国第6集团军正撤往保卢斯指定的主防御阵地。至于部队的指挥和控制，方面军司令员罗科索夫斯基对麾下各集团军在打击斯大林格勒包围圈北半部的行动中的表现甚感满意。

顿河方面军右翼，奇斯佳科夫将军第21集团军（普利耶夫的近卫骑兵第3军已不在集团军编成内）的作战地域从佩斯科瓦特卡向西南方延伸至索卡列夫卡，再向南延伸至马里诺夫卡西郊。方面军中央地段，巴托夫第65集团军的规模已明显缩小，作战地域从韦尔佳奇向东北方延伸至佩斯科瓦特卡，加拉宁将军的第24集团军则从上格尼罗夫斯基及其东部沿顿河东岸向南推进。方面军漫长的左翼上，扎多夫将军的第66集团军正竭力打垮斯大林格勒包围圈的北部和东北部防线。虽然这段时间的战斗异常激烈，但并不具有决定性。

罗科索夫斯基后来总结了方面军辖下诸集团军这段时间有限的进展：

第21和第65集团军在11月28日—30日的战斗中取得了一些胜利：他们夺取了佩斯科瓦特卡和韦尔佳奇。但在其他地段，我方面军和友邻部队均未取得成功。我巡视各地段后更加确信，不做专门的、认真的进攻准备，是不可能期望进攻获得成功的。我认为自己有义务在以加密电传打字机进行例行通话时，将这些情况报告给斯大林。我还谈到，把消灭被围之敌的战役任务交给一个方面军更合适，或者交给斯大林格勒方面军，或者交给顿河方面军，在斯大林格勒地区作战的部队全部归属这个方面军。

斯大林没有给予明确答复。此时，大本营的注意力集中在合围对外正面上，从大本营预备队，甚至从与被围敌军交战的部队编成中向那里抽调了兵力。例如，从我方面军抽调了3个步兵师和4个反坦克歼击炮兵团，又从斯大林格勒方面军抽调了几乎所有坦克部队和摩托化部队。这进一步削弱了在斯大林格勒连续作战、兵力已然不足的部队。但在当时的情况下，这些措施是正确的。[27]

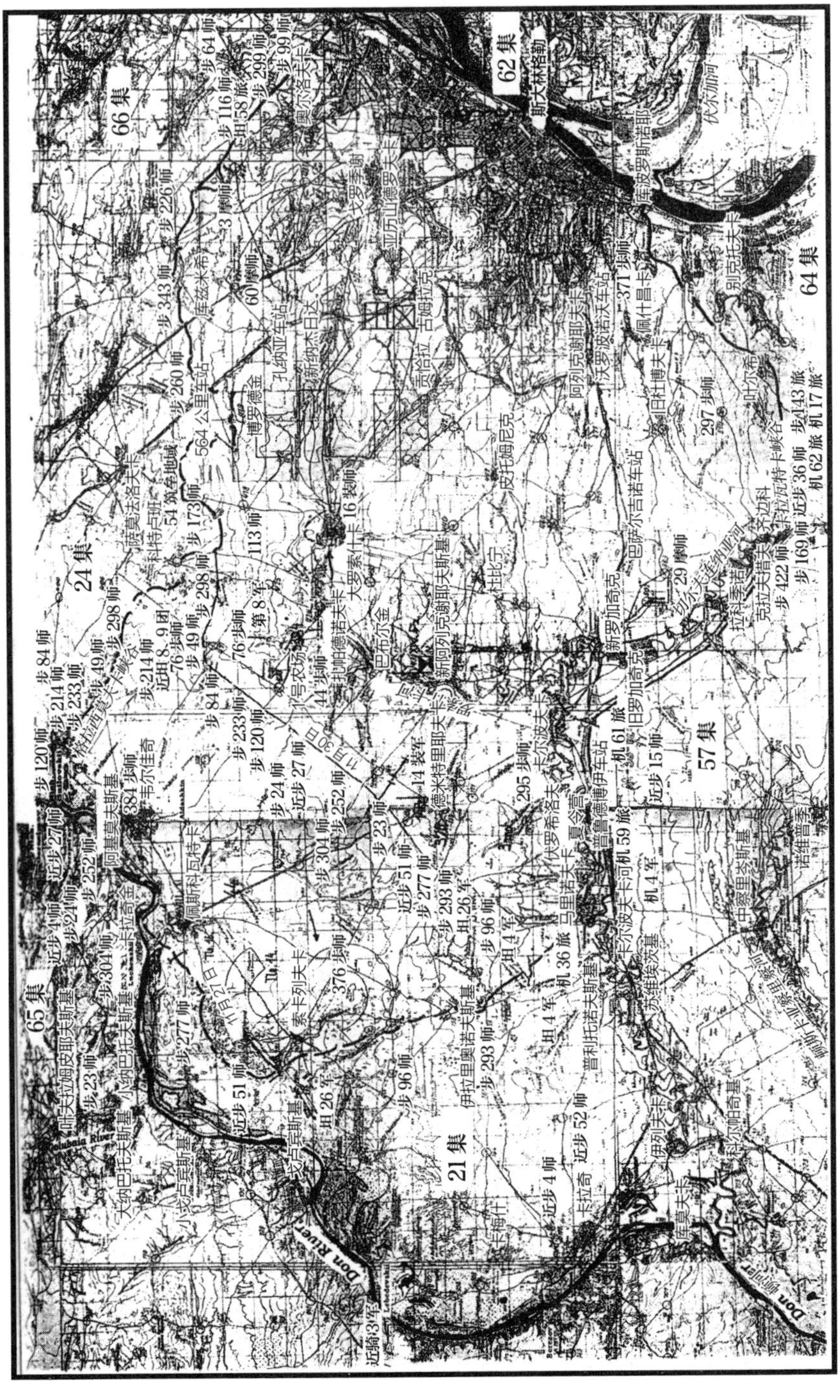

538

地图 37 1942 年 11 月 27 日—30 日，顿河方面军攻向第 6 集团军包围圈

不过，罗科索夫斯基对斯大林的决定并不满意。

第21集团军

从西南方面军转隶顿河方面军并未增加第21集团军的战斗力或战果。相反，普利耶夫的近卫骑兵第3军转至西南方面军坦克第5集团军麾下，严重削弱了奇斯佳科夫集团军的实力。骑兵军离开后，奇斯佳科夫集团军只剩下克拉夫钦科坦克第4军和罗金坦克第26军虚弱的残部，他们将剩余的坦克编入一个旅级战斗群，充其量只能为集团军前进中的步兵提供微不足道的支援。因此，第21集团军的进展相当缓慢，通常每天只能以几百米计。尽管如此，奇斯佳科夫的部队继续对德军防御发起猛攻，后者的防线从马里诺夫卡西部接近地向北穿过伊拉里奥诺夫斯基，至索卡列夫卡北部和西部接近地，向东北方延伸至佩斯科瓦特卡西部接近地（参见地图38、39）。

奇斯佳科夫集团军当面之敌是德国第6集团军第14装甲军和第8军辖下的第3摩步师、第376、第44步兵师，并获得第14、第16装甲师战斗群的加强。第14装甲军辖下的第3摩步师据守着强大的防线，从马里诺夫卡沿瓦纽科瓦峡谷东脊向北延伸，直至马里诺夫卡西北偏北方9公里处的伊拉里奥诺夫斯基。第376步兵师和第14装甲师的一个战斗群也在第14装甲军辖下，守卫着12公里宽的防区，从伊拉里奥诺夫斯基北面至索卡列夫卡。最后是第8军编成内的第44步兵师，在第16装甲师战斗群的加强下，据守佩斯科瓦特卡地区的防御。

由于进展缓慢，第21集团军发给总参谋部的每日态势报告清晰地呈现出他们所取得的战果（参见副卷附录7E）。总的说来，集团军辖下的步兵第293师和坦克第4军从德军第3摩步师手中夺取了苏维埃茨基以北10公里处的伊拉里奥诺夫斯基；坦克第26军从德军第376步兵师和第14装甲师手中夺取了卡拉奇东北方21公里处的索卡列夫卡；近卫步兵第51师从德军第44步兵师手中夺取了卡拉奇东北方31公里处的佩斯科瓦特卡。此后，奇斯佳科夫的部队向东赶往德米特里耶夫卡，速度非常缓慢，据苏联方面的资料称，这是因为他们遭遇到"极其顽强的抵抗"。

奇斯佳科夫集团军各部悉数投入进攻，但大部分（如果不能说全部的话）被德军击退，未能到达他们的最终目标。虽然苏联人声称他们施加的无情

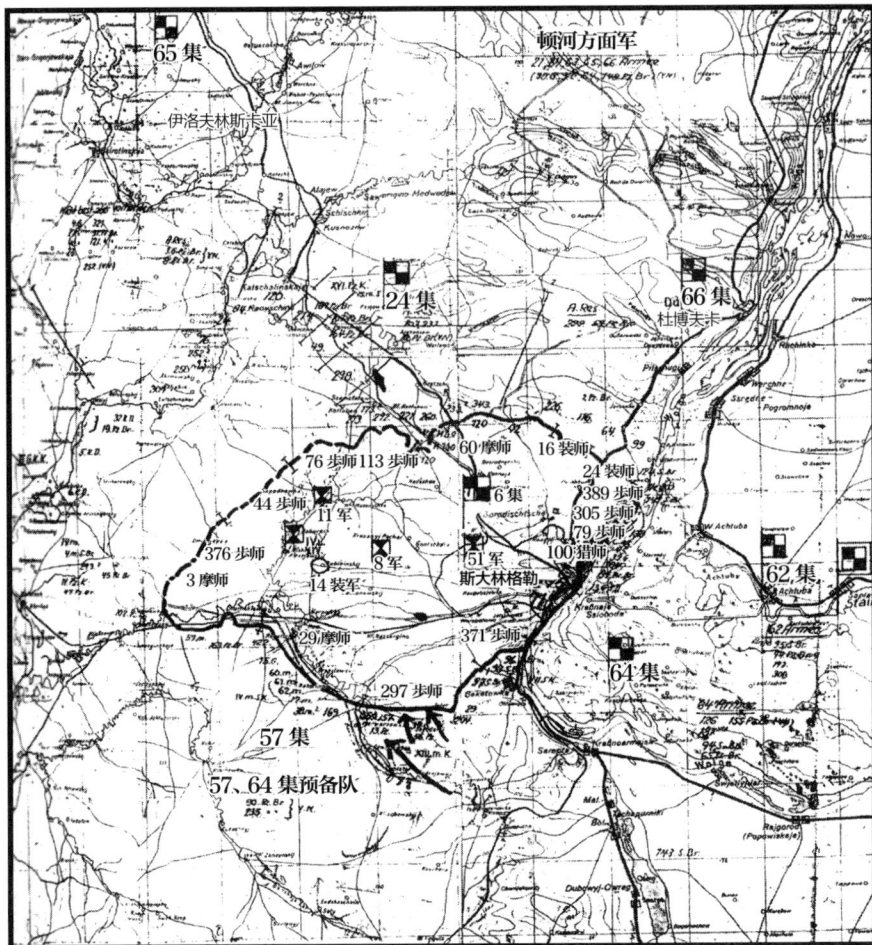

地图38 1942年11月29日—30日第6集团军的斯大林格勒包围圈

压力迫使德国人放弃了伊拉里奥诺夫斯基、索卡列夫卡和佩斯科瓦特卡，但事实是保卢斯的后撤计划要求各部队11月29日傍晚前放弃这些城镇，撤往几天前指定的防御阵地。德军作战报告还强调了苏军第21集团军的坦克力量较为虚弱。例如，第14装甲军11月28日—30日发给第6集团军的报告中提及苏军对第3摩步师据守的91.3高地（马里诺夫卡西北方2公里处）发起的进攻，11月28日，300名苏军步兵和10辆坦克投入进攻，11月30日，苏军又以2个步兵营和20

地图 39 1942 年 11 月 30 日，第 6 集团军的西部防线（第 8 军和第 14 装甲军）

辆坦克对该高地遂行冲击。[28]另外，保卢斯将部队撤至顿河与罗索什卡河之间山脊线的计划所涉及的各个军都报告，他们实施的后撤较为顺利，未发生变故或中断。第14装甲军在报告中指出，截至11月30日，第3摩步师尚有27辆坦克（20辆三号、3辆四号短身管和4辆四号长身管坦克），而第14装甲师正重新部署为第6集团军预备队。[29]

第65集团军

11月底，华西列夫斯基消灭斯大林格勒包围圈的计划到达高潮时，巴托夫将军第65集团军的规模急剧减小，该集团军正忙着消灭德国第11军设在顿河北面、阿基莫夫斯基周围的登陆场。当然，随着第21、第65和第24集团军的进攻方向朝韦尔佳奇镇汇聚，巴托夫集团军的作战地域也有所收窄。11月27日晚，第65集团军辖下的步兵第304、第252、近卫步兵第27师在阿基莫夫斯基及其附近到达顿河北岸，他们立即准备渡过顿河，夺取南面数公里处的韦尔佳奇支撑点。华西列夫斯基和最高统帅部刚一获悉巴托夫的部队已开始渡过顿河，便立即将第65集团军的四个步兵师（近卫步兵第4、第40、步兵第258、第321师）调离，只给他留下五个师（步兵第23、第24、第252、第304、近卫步兵第27师）继续实施进攻。

麾下部队到达顿河北岸前，巴托夫已制定了一个计划，他打算派三个先遣师跨过顿河的冰面，进入德军侧翼和后方，然后从西面、南面和北面同时向韦尔佳奇发起突击。夺取德军这一支撑点后，第65集团军将赶往东南方18—20公里外的扎帕德诺夫卡（Zapadnovka）和小罗索什卡（Malaia Rossoshka）。

11月27日午夜前后，巴托夫开始实施他的计划，在坦克第91旅的火力掩护下，步兵第304师第812团的2个营展开夜渡行动。这场机动极其危险，因为河上的冰面并不像巴托夫希望的那般牢固。但是，在工程兵第14旅工兵们的协助下，梅尔库洛夫上校的步兵第304师顺利渡河，不久后，苏军工兵架设起一座桥梁（巴托夫集团军的渡河行动可参阅副卷附录7F）。[30]没过几个小时，巴托夫的各个师渡过顿河，向韦尔佳奇汇聚，28日午夜前将其占领。

经历了超过36小时的战斗后，第6集团军辖下的第44和第384步兵师11月29日中午前彻底放弃了佩斯科瓦特卡和韦尔佳奇，向东南方撤往保卢斯几天前指定的新防线。巴托夫集团军的各个师发起追击，跨过辽阔的草原冲向东南方的新阿列克谢耶夫斯基（Novo-Alekseevskii），与德军后卫部队展开战斗。此时，巴托夫将梅尔库洛夫的步兵第304师调入集团军预备队，把西瓦科夫上校的步兵第23师部署在集团军右翼，帕斯特列维奇将军的步兵第24师[①]位于集团军左翼。11月30日日终前，率领第65集团军推进的四个步兵师到达一片约14公里宽的地段，从德米特里耶夫卡北面1.5公里处的117.6高地向东北方延伸至罗索什卡河西岸扎帕德诺夫卡村西北方7公里处的121.3高地（参见副卷附录7E）。

第65集团军的各个师发现，夺取韦尔佳奇后的进展较为顺利，他们开始向东南方进击，但逼近保卢斯构设的新防线时，情况发生了巨大的变化。在那里，苏军的追击戛然而止，巴托夫的部下遭遇到德军猛烈的火力和大片障碍区。第11军的后撤方式在很大程度上代表着德军这一时期的后撤战术。

除了密切留意巴托夫集团军的进展，第6集团军的相关记录还解释了施特雷克尔第11军是如何在尽量不遭受损失的前提下将部队顺利后撤的。这方面的一个例子是，第44和第384步兵师在佩斯科瓦特卡和韦尔佳奇遂行熟练的迟滞行动时，第76步兵师将韦尔佳奇东北方的防区移交给第384步兵师，然后向东南方撤往扎帕德诺夫卡村以北约7公里、斯大林格勒包围圈西北部的指定防区。此后，第11军派第384步兵师的2个团担任集团军后卫部队，又从第44和第76步兵师的每个团各抽调1个营担任军后卫部队。在这些后卫团、营的掩护下，第11军军部和各个师辖内所有团的主力部队稳步撤往东南方、斯大林格勒"要塞"西部防线上的指定防区，遭受的损失微乎其微。第6集团军11月30日20点40分签发的每日报告准确描述了第11军组织辖内各师有序后撤，随后又占据新防御阵地的情形（参见副卷附录7G）。这份报告还对第76步兵师在"近几日艰巨战斗"中的"杰出"表现大加称赞，并特别指出，该师在"冯·洛索"装甲猎兵营和第244突击炮营的支援下，"从11月21日—28日，击毁64辆敌坦克，击伤另外5辆。"[31]

[①] 译注：步兵第24师师长是普罗霍罗夫上校，帕斯特列维奇是近卫步兵第40师师长。

第 24 集团军

巴托夫的第65集团军可以为夺取韦尔佳奇深感自豪，与之形成鲜明对比的是，加拉宁第24集团军所做的不过是尾随德国第11军辖下后撤中的第76步兵师到达其主防线。第24集团军在11月最后一周的拙劣进攻表现已让加拉宁非常尴尬，而这一次糟糕的战绩不啻向这位将军受伤的自尊心撒了把盐。11月的最后三天，他的集团军只是跟在后撤中的德军身后，到达罗索什卡河河谷、新阿列克谢耶夫斯基西部接近地错综复杂的峡谷处（参见副卷附录7E）。

因此，尽管推进了12公里，但第24集团军辖内各师不过是逼近了德国第6集团军新防御阵地的西北防线。加拉宁集团军对面，德军第76、第113步兵师和第60摩步师的一部牢牢据守着阵地，在接下来的6周，苏军一直无法突破他们的防御。

第 66 集团军

顿河方面军第66集团军战史为该集团军在"天王星"行动中歼灭德国第6集团军所做的贡献提供了一幅鲜明而又真实的画面。详细阐述了第66集团军11月24日突然发起进攻，重创德军第94步兵师后，这部战史直接跳到12月25日，描述了该集团军对奥尔洛夫卡地区德军防御发起的猛攻（参见地图37）。因此，该战史心照不宣地承认扎多夫集团军在这30天内没有取得值得一提的战果，并暗示该集团军在这段时间没有实施任何进攻行动。但事实远非如此。实际上，第66集团军一直进攻到了12月12日，尽管有些断断续续，其间还抗击着德军多次发起的反冲击。[32]

红军总参谋部的每日作战概要为第66集团军11月28日—30日的作战行动提供了一副骨架（参见副卷附录7E），而第6集团军和第51军记录中的定期报告则为这副骨架添加上血肉，从而产生了一幅"谁对谁做了什么"的清晰画面，并辅以一份对扎多夫集团军取得的有限战果的准确描述。例如，红军总参谋部11月28日报告，第66集团军"12点沿整条战线恢复进攻"，但敌人"强有力的抵抗"使进攻中的各个师没能取得任何战果，只在"个别地段获得些许进展"。[33]德国第6集团军和第51集团军作战记录中的地图表明，第66集团军在其左翼发起主要突击，步兵第99和第116师位于第一梯队，步兵第299师部署在第二梯队。坦克第58旅支援步兵第116师的进攻，此后又为步兵第116和第299师提供支援。V.Ia.弗拉基米罗夫上校的步兵第99师在集团军突击群左翼展开行动，获得G.I.加里宁中校坦克第58旅一个坦克连的加强，负责夺取奥尔洛夫卡东面2公里处的135.4高地，并从东面冲向奥尔洛夫卡。突击群右翼I.M.马卡罗夫上校的步兵第116师，在加里宁坦克第58旅几个坦克连的支援下，负责夺取奥尔洛夫卡北面和西北面1—4公里处的144.2、147.6、145.1高地，并从北面和西北面攻向德军奥尔洛夫卡支撑点。巴克拉诺夫上校位于第二梯队的步兵第299师将在步兵第116师作战地域投入交战，加强对奥尔洛夫卡的突击。

德方记录中这一时期的态势图表明，第16装甲师第16摩托车营、第79装甲掷弹兵团第1营、（第94步兵师）第276步兵团第2营据守的防区，从146.1高地向东南方延伸至147.6高地南面。与此同时，第24装甲师的"马托"空军营、（第94步兵师）第267步兵团第2和第1营、第21装甲掷弹兵团第1营守卫的防区从144.2高地向东南方延伸至135.4高地接近地。[34]

第6集团军11月28日的晨报首次提及苏军第66集团军的进攻行动：

敌人对第51军的东北防线重新发起进攻。第24装甲师击退了敌人在雷诺克西面达成的突破［苏军步兵第99师］。敌人在147.6［高地］附近取得突破［步兵第116师和坦克第58旅］，敌人投入2个营和超过6辆坦克，冲向奥尔洛夫卡西北方2.5公里处的冲沟，［我军］尚未封闭突破口。正在赶到的第16装甲师的部队将用于反冲击。[35]

11月28日18点05分，第51军报告第6集团军：

11点左右，敌人［以步兵第99和第116师］沿整条西北防线发起进攻，从叶尔佐夫卡—奥尔洛夫卡公路至145.1高地（422），重点沿叶尔佐夫卡—奥尔洛夫卡公路展开。第24装甲师击退了这场进攻；敌人［步兵第99师］的6辆坦克成功突入135.4高地西南方防线，随后被迫离开。15点，敌人［步兵第116师和坦克第58旅］以7辆坦克重新对145.1高地发起冲击。敌人夺取了高地并越过南面的铁路线。147.6高地仍在我们手中。正赶往该地区的第16装甲师将用于反冲击。[36]

第6集团军11月28日的日终报告总结了当日的态势发展：

经过一场炮火准备，敌人以步兵和坦克沿一条宽大的战线向前推进。斯巴达诺夫卡北面和135.4高地东北面之敌［苏军步兵第99师］被击退，敌人［苏军步兵第116师］在奥尔洛夫卡东北面取得成功，13点以集结在145.1高地（铁路线弯曲部西面）附近的步兵和坦克突破了主防区。击毁敌人的2辆T—34后，奥尔洛夫卡东北面的突破被击退。敌人以步兵和坦克攻向147.6高地，但在那里被遏止。第16装甲师和第60摩步师部分部队发起反冲击，［从苏军步兵第116师手中］重新夺回145.1高地。那里的战斗尚未结束。145.1高地附近，一辆KV坦克被彻底击毁，另一辆坦克被击伤后无法行驶。第24装甲师已开始接防第94步兵师右侧至147.6高地东南侧的防线。[37]

为对付德军第16和第24装甲师发起的反冲击，11月29日15点，第66集团军在其左翼恢复进攻，目标与前一天相同。这一次，红军总参谋部更加详细地描述了这场战斗，提及步兵第116师和坦克第58旅对奥尔洛夫卡西北方3—4公里处145.1、147.6高地的突击，他们对德军第16装甲师第79装甲掷弹兵团第1营发起打击。与此同时，步兵第99师攻向德军第24装甲师辖下的"马托"空军营和第94步兵师第2、第1营，但战果微不足道。[38]由于第66集团军11月29日的进攻行动极不成功，德军第51军基本对此未加理会。相反，赛德利茨军17点30分指出"敌人当日上午保持着平静"，"第24装甲师12点接防了第94步兵师至135.4高地东南方的阵地"。[39]

扎多夫显然对集团军的进展深感失望，11月30日，他将第二梯队的步兵第299师投入交战。这一次，战斗的激烈度足以使红军总参谋部提及三个步兵师（第116、第99、第299师）的作战行动，据称他们夺取了147.6和135.4高地，但德军发起反冲击，后者得而复失。[40]11月29日—30日夜间，第66集团军的再部署工作执行得非常拙劣，导致德军情报部门发现了苏军的动向，并判断出对方的突击方向。6点，第51军报告："奥尔洛夫卡东北方的道路上，交通繁忙，不时能看见敌坦克——这些坦克有时候甚至连大灯也不遮蔽。我们位于147.6高地和111.1高地南面的阵地，当晚大多数时候都处在敌坦克和迫击炮的火力打击下。"[41]苏军发起进攻后，第51军对当日每一场战斗、每个小时的态势变化做出详细阐述（参见副卷附录7H）。

不管怎样，第66集团军对第51军第16和第24装甲师防区的进攻将准确地反映出苏军在接下来6周围绕斯大林格勒包围圈周边防御展开的行动。此时，正如希特勒要求的那样，保卢斯已将第6集团军围绕斯大林格勒包围圈的周边防御打造成一座不折不扣的"要塞"。虽然沿包围圈周边防御的战斗还将持续几天，但罗科索夫斯基和叶廖缅科现在意识到，仅凭他们手上疲惫、实力不济的诸集团军，粉碎第6集团军的防御非常困难。苏军最高统帅部很快也将承认这一现实。

总 结

11月的最后三天，罗科索夫斯基的顿河方面军继续充当"天王星"行动的牺牲品。与崔可夫在斯大林格勒废墟中苦战的第62集团军一样，第65、第24和第66集团军辖下各个耗损严重的师，他们真正的任务是进攻和牺牲——尽管这一真实目的隐藏在"牵制德军"的说辞下。从表面上看，第65和第24集团军也将遂行一场合围，但正如几个月前科特卢班地域的血战表明的那样，这两个集团军赢得胜利的可能性微乎其微。另外，罗科索夫斯基认为指挥关系存在问题，他不断对此提出批评，表明了顿河方面军司令员对这一现实的固有理解。尽管第65集团军成功地将第11军驱离顿河北岸登陆场，但这主要是德国人主动后撤所致，而非源于苏军进攻行动的猛烈性和有效性。

最终，罗科索夫斯基三个集团军11月19日—30日对斯大林格勒包围圈北半部发起的进攻，成为苏军12月初围绕包围圈周边防御展开后续行动的先决条件。这些行动至少证明苏军将发起一场大规模攻势，可能会是一场全面围困，以肃清保卢斯被围的第6集团军。同时也表明苏军在斯大林格勒地区展开行动的三个方面军和九个集团军并不足以沿合围对内、对外正面同时发起进攻。罗科索夫斯基意识到了这一点，但斯大林和最高统帅部两个多星期后才承认这一现实。

斯大林格勒方面军的推进

为解决斯大林格勒北部最严重的指挥控制问题，华西列夫斯基赋予西南方面军和顿河方面军截然不同的任务，但在城市南面，这位最高统帅部代表却没有这样做（参见地图40）。在那里，他命令叶廖缅科继续沿两个不同方向遂行进攻：斯大林格勒方面军辖下的第62、第64、第57集团军对斯大林格勒包围圈南部和东部防线实施围困，第51集团军继续向南攻往科捷利尼科沃。正如态势发展即将证明的那样，第51集团军无法完成受领的任务。

截至11月27日晚，构成斯大林格勒方面军主力突击群的三个集团军，两个停滞在斯大林格勒包围圈的南部防线上。方面军主力突击群右翼，舒米洛夫第64集团军据守的阵地沿卡拉瓦特卡峡谷东延至叶尔希，再向东北方延伸至斯大林格勒南郊的库波罗斯诺耶郊区。突击群左翼，托尔布欣第57集团军的部署地域，从卡尔波夫卡河南面的马里诺夫卡南部接近地向东延伸，从切尔夫连纳亚河向东南方延伸，直至齐边科南面，跨过该河后进入卡拉瓦特卡峡谷北面一片约40公里宽的地区。第57集团军辖下唯一享有行动和机动自由的部队是沃利斯基将军的机械化第4军，该军编成内的两个机械化旅正面朝北，位于斯大林格勒包围圈对面，第三个旅位于雷奇科夫斯基和下奇尔斯卡亚对面，面对着顿河东岸的德军登陆场。虽然第64和第57集团军处在静态阵地上，但他们还是遵照华西列夫斯基的计划展开进攻行动。

基于所受领任务的重要性，叶廖缅科原突击群编成内的第三个集团军（特鲁法诺夫将军的第51集团军）在自己的右翼组织了一个突击群，独自负责将斯大林格勒方面军的合围对外正面尽量推向西南方。该集团军还负责抗击、遏制或击败德国人有可能从西南方派往斯大林格勒的一切救援部队。因此，从这个意义上看，第51集团军受领的任务与西南方面军坦克第5集团军司令员罗曼年科将军的任务相似。但与罗曼年科不同，特鲁法诺夫面对着两个主要问题。首先，他缺少一个像坦克第5集团军右侧的近卫第1集团军那样能为其作战行动提供支援的友邻集团军。其次，第51集团军缺乏像坦克第5集团军辖下的坦克第1军那样强有力的坦克部队来率领进攻。因此，特鲁法诺夫不得不以没有坦克的骑兵第4军担任他的快速部队——实际上这是一股相当薄弱的力量。

除了这三个集团军，叶廖缅科方面军还编有崔可夫的第62集团军，该集团军仍在斯大林格勒的废墟中发挥诱饵和牺牲品的双重作用，另外还有格拉西缅科将军的第28集团军，该集团军在方面军遥远左翼的卡尔梅克草原深处与德国第16摩步师展开的"私斗"现在已暂时停顿下来。

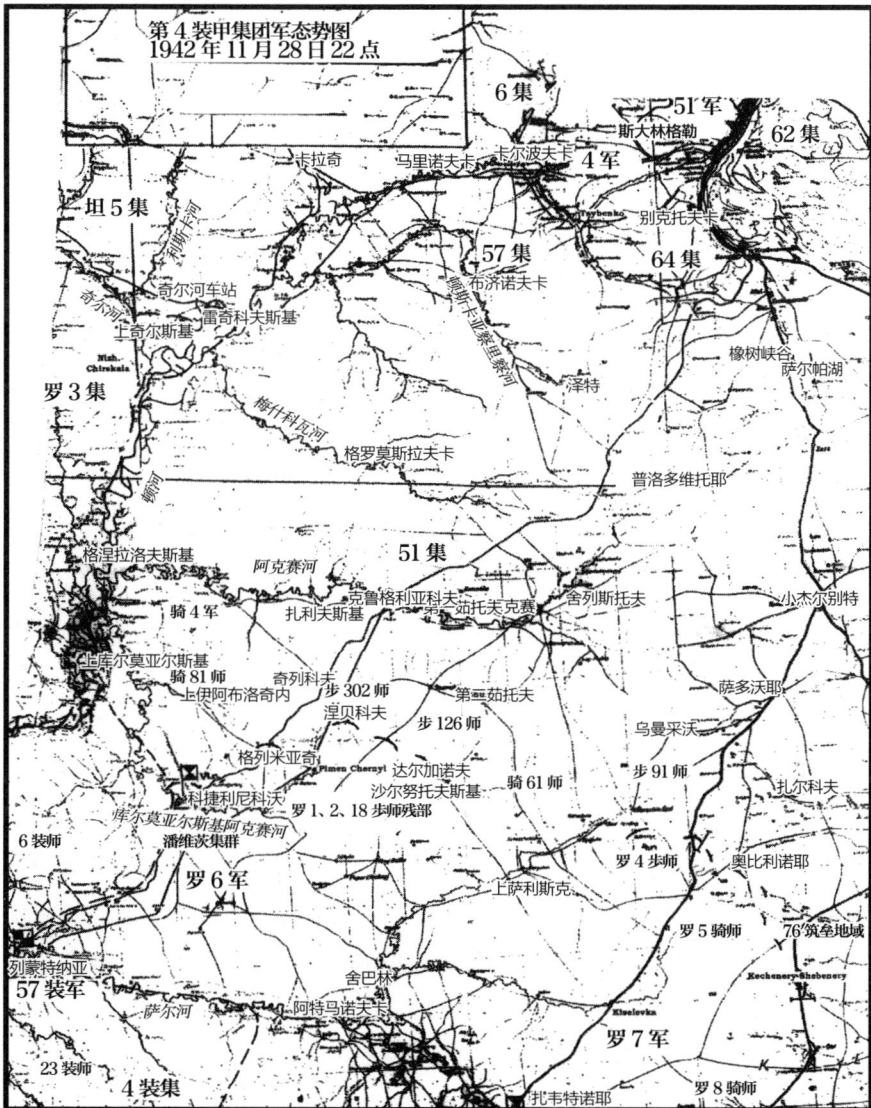

地图 40 1942 年 11 月 28 日 22 点，第 4 装甲集团军的防御

第 64 集团军

舒米洛夫第64集团军面临的态势在许多方面与顿河方面军第66集团军的情况相类似。第66集团军战史基本上忽略了这段时间的战斗，与之不同的是，第64集团军战史将11月下旬的战斗视为一个合乎逻辑的结果——这是该集团军早些时候没能在开阔的战场上击败德国第6集团军所致。因此，这份战史坦率地指出："对第64集团军和方面军辖下的其他部队来说，包围敌人仅仅是完成了部分任务。现在必须收紧包围圈，分割包围圈内的法西斯部队，如果他们不投降，就应尽快将他们逐一歼灭。敌人的抵抗非常顽强。"[42]

关于第64集团军在11月最后三天作战行动唯一的文件证据是红军总参谋部的每日作战概要（斯大林格勒方面军11月28日—30日的战果可参阅副卷附录7I）。这些文件宣称，第64集团军11月28日从德国第4军第371步兵师手中夺取了泽列纳亚波利亚纳（Zelenaia Poliana）西南方2公里处的145.5高地，但历时三天的战斗令人失望，战果并不显著。[43]德国方面的作战地图和报告对这一说法加以驳斥，详细阐述了苏军数个步兵师在一个或两个坦克旅的支援下，对第4军防区的两个地段发起强有力的进攻。苏军的第一场大规模突击发生在伊阿戈德内镇北面和西面一条宽大的战线上，第二个行动大概是牵制性进攻，在佩先卡西南方遂行。

第6集团军的每日作战地图表明，苏军两场进攻中规模较小的一场发生在泽列纳亚波利亚纳西南方，在10—15辆坦克的支援下，苏军第64集团军步兵第7军辖下的步兵第93、第97旅对德军第371步兵师的防御发起冲击，并夺取了145.5高地。从其规模判断，这场进攻似乎是为了将德国人的注意力和兵力从第64集团军的主要突击上吸引开，主要突击在伊阿戈德内镇北面和西面沿卡拉瓦特卡峡谷展开，与第57集团军的进攻行动相配合，后者从西面、南面和东南面攻向齐边科和克拉夫措夫的德军支撑点。

第64集团军的主要突击由步兵第38和第157师遂行，坦克第56和第235旅的50—60辆坦克提供支援，很可能还投入了第二梯队的海军步兵第154旅。这场进攻发生在11月28日晨，伊阿戈德内镇北面和西北面，德军第297步兵师沿卡拉瓦特卡峡谷构设的约6公里宽的防线上。与此同时，第64集团军左侧，第57集团军辖下的步兵第169、近卫步兵第36、步兵第422师从南面和西南面对据守齐边科的德军发起进攻，并从西南面攻向齐边科西面2公里处的克拉夫措夫。第64和第57集团军突击群发起的联合进攻，打击德国第4军11公里宽的防区，这条防线从伊阿戈德内北面向西延伸至切尔夫连纳亚河，再向西北方延伸至克拉夫措夫接近地。苏军意图夺取齐边科和克拉夫措夫，从而打垮第4军的防御正面。

据守在第64集团军进攻地域对面的是罗马尼亚第82步兵团，在其左侧提供掩护的是德军第297步兵师自行车营、第523团第3和第1营，位于右侧的是"皮克尔"战斗群和第371步兵师第670团，这些部队都由第297步兵师指挥。第670团还以第1、第2营守卫着齐边科及其东部接近地。切尔夫连纳亚河西面，第29摩步师以第71摩步团第1、第2营守卫着克拉夫措夫支撑点。在这场历时两天、被德国人描述为"异常激烈"的战斗中，第64集团军辖下的步兵第157师显然突破了罗马尼亚人沿峡谷构设的防御，突破深度约为1—2公里，但德军在第14装甲师少量坦克的支援下发起一场反冲击，将达成突破的苏军击退。对于这场战斗，第64集团军只提及敌人发起的反冲击将步兵第157师第716团的一个连包围在了伊阿戈德内，但该连付出大量伤亡后成功撤回到苏军防线。[44]

第6集团军和第4军的相关报告证实了苏军11月28日发起的进攻，并强调了战斗的激烈度。例如，第6集团军11月28日14点20分发给"顿河"集团军群的晨报称，"获得坦克支援的2个苏军师对第297步兵师和第371步兵师西翼发起冲击，进攻重点是伊阿戈德内两侧。"[45]第4军16点50分发给第6集团军的报告更加完整地阐述了苏军的进攻行动，报告中称，俄国人以几个步兵团和50辆坦克攻向伊阿戈德内北面，显然是想从东面包围齐边科，但损失了15辆坦克后，这场进攻被击退。投入有生力量后，苏军以三个团左右的兵力在同一地区再度发起进攻，同时投入营级兵力，在坦克的支援下对第29摩步师位于切尔夫连纳亚河西面的左翼实施冲击，并以突击群攻向第371步兵师右翼。苏军的进攻行动还获得战机的支援，苏军战机轰炸、扫射了伊阿戈德内北面的德军防御。[46]很可能就是在这场战斗中，德国人发起反冲击，切断并几乎全歼了苏军步兵第157师第716团第4连。

第4军11月28日22点发给第6集团军的最终报告指出，至少击毙330名苏军士兵，还击毁19辆、击伤21辆敌坦克。这份报告的附件指出，第297步兵师在防御战中使用了第14装甲师提供的4辆坦克（3辆三号和1辆四号）和13门88炮，第29摩步师投入39辆坦克和10门88炮，外加第14装甲师提供的9辆坦克。[47]

耶内克将军的第4军11月29日继续报告苏军第64和第57集团军的进攻，当日上午指出"苏军摩托化第4、第13军在伊阿戈德内南面部署了约100辆坦克"，显然是支援或准备扩大第64集团军的攻势。[48]这些坦克后来再也没被提及，这一事实表明，11月29日终时，苏军这场进攻已然失利。但是，同一份报告还指出，苏军再次对第297步兵师左翼和佩先卡南面的第371步兵师发起进攻，战斗中，又有10辆敌坦克被击毁。最后，第4军11月29日21点50分的报告证实，苏军的进攻频率和力量正在下降；这份报告还指出，第297步兵师尚有2辆突击炮、30门反坦克炮（11门重型和19门中型）和12门88炮，第29摩步师的坦克下降到36辆。[49]

因此，虽然苏联方面的资料并未强调第64集团军在斯大林格勒南部进攻行动的重要性，但这些文件清楚地表明，斯大林格勒方面军急于在斯大林格勒包围圈的南部防线达成突破。在这番努力中，第64和第57集团军突击部队的人员和坦克显然都蒙受了严重损失。

第57集团军

与第64集团军的情况相似，苏联方面的资料爽快地承认，托尔布欣第57集团军11月28日—29日参加了华西列夫斯基的攻势，但对于这场战斗的激烈度，提供的相关细节少之又少。总之，苏联和德国方面的记录都承认，第57集团军对第29摩步师位于克拉夫措夫地域的左翼、第297步兵师位于齐边科地域的右翼发起强有力的突击，并对第29摩步师位于卡尔波夫卡地域的右翼展开猛攻。这些资料还承认，尽管战斗非常激烈，但这些进攻均未能取得胜利（参见副卷附录7I）。

11月28日和29日的进攻行动中，第57集团军对盘踞在克拉夫措夫和齐边科的德军第29摩步师和第297步兵师发起主要突击。切尔夫连纳亚河西面，该集团军辖下的步兵第422师从南面和西南面攻向克拉夫措夫；切尔夫连纳亚河东面，近卫步兵第36和步兵第169师从卡拉瓦特卡峡谷北脊攻向西北方的齐边科。虽然苏联方面的资料没有提及，但德军作战地图表明，托尔布欣以坦克第

13军机械化第17旅和坦克第44团的坦克、摩托化步兵支援这场突击。[50]托尔布欣这番努力没能奏效，11月29日晚，苏军的进攻停顿下来，并未削弱第4军的防御。

除了上文引用的第6集团军和第4军的报告，两个指挥部还指出，敌人在卡尔波夫卡地域和更南面沿第29摩步师设在斯克利亚罗夫（Skliarov）的防线有所动作，但没有提及苏军在这两个地域的进攻取得太大的战果。从卡尔波夫卡西面至马里诺夫卡，第3摩步师的防线上同样如此，只发生了轻微的战斗。但记录中指出，第3摩步师11月30日尚有28辆坦克、33门反坦克炮和5门88炮。[51]

第57集团军对德国第4军从卡尔波夫卡向东南方延伸至齐边科的防御发起徒劳无获的进攻时，机械化第4军的部队继续试图肃清西面45公里、顿河东岸的德军。沃利斯基军里的机械化第60旅最终在11月28日加强了该地域的坦克第158旅。次日，两股苏军部队夺取了洛戈夫斯基南面15公里处的叶尔莫欣斯基村。但是，尽管机械化第60旅在雷奇科夫斯基和下奇尔斯卡亚对面的顿河东岸控制了涅姆科夫斯基和叶尔莫欣斯基这两座最重要的村庄，但其部队仍散布在25公里宽的战线上，从北面的利亚皮切夫至南面的叶尔莫欣斯基。更糟糕的是，该旅缺乏足够的步兵，无法肃清雷奇科夫斯基对面、顿河东岸沼泽地登陆场内的德军小股部队。

第51集团军

斯大林格勒方面军辖下的第64和第57集团军沿斯大林格勒包围圈南部防线陷入阵地战时，特鲁法诺夫将军的第51集团军试图沿科捷利尼科沃方向继续向西南方追击，同时舔舐着骑兵第4军骑兵第81师突袭科捷利尼科沃失败后遭受的创伤（参见地图31和副卷附录7I）。连续数日的迅猛推进后，这场严重、意想不到的失败对集团军司令员起到了清醒作用。特鲁法诺夫将军已承认集团军的坦克力量极为虚弱，现在又意识到，仅凭一个编有两个弱师的骑兵军并不足以率领一场持续的进攻行动。他还认识到，敌人的任何一支大股装甲部队都能重创他的骑兵，就像发生在科捷利尼科沃街道上的情况那样。几天前在沙尔努托夫斯基村抗击潘维茨上校集结的临时性部队是一回事，但斯大林格勒方面军情报部门通知特鲁法诺夫，德国第6装甲师的先遣部队正进入科捷利尼科沃，这就完全是另一码事了。德军第6装甲师不是一个临时拼凑起来的装甲战斗群，而是从西线调来的满编装甲师，拥有150多辆坦克。第51集团军司令员无法确定第6装甲师是否为德国人调至该地区唯一的新锐力量，但他可以肯定，如果第6装甲师投入战斗，他的集团军就无法继续进攻。实际上，他深切怀疑第51集团军能否抵挡住德军协调一致的反突击。

尽管存在这些不确定因素，但特鲁法诺夫集团军还是在11月28日恢复了进攻——在科捷利尼科沃遭遇败绩的部队没有参加。被德军击败后，沙普金的骑兵第4军军部，连同骑兵第81师和坦克第85旅，混乱地撤至科捷利尼科沃北面18—20公里处、沿伊阿布洛奇纳亚河北岸构设的新防线上。他本应在那里沿15公里宽的河段构设起新防御，从上伊阿布洛奇内向西穿过下伊阿布洛奇内，直至顿河东岸的上库尔莫亚尔斯基，但沙普金确定德国人并未发起追击后，便把部队集结在指定防线的北面，并小心翼翼地再次向南推进。

在叶廖缅科的鼓励下，特鲁法诺夫集团军开始了一场缓慢、谨慎、犹豫不决的进军，向南进入从科捷利尼科沃东北方25公里处的涅贝科夫斯基车站（Nebykovskii）向东南方穿过萨莫欣（Samokhin）和沙尔努托夫斯基，直至萨多沃耶西南方上萨尔（Verkhne–Sal）和卡努科沃（Kanukovo）这片地区。在特鲁法诺夫看来，他的集团军11月28日最大的战果是在克鲁格利亚科夫镇"解放"了罗马尼亚仓库中的大批后勤物资，这些仓库位于阿克赛以西25公里处的铁路线上。

由于一系列新情报接连不断地送至特鲁法诺夫的司令部，提供了深具威胁的德军新锐部队集结在科捷利尼科沃地区的细节，第51集团军11月29日放缓了进军速度，集团军司令员要求各部队随时准备抗击有可能出现的德军新锐装甲部队。他知道德军第6装甲师正赶至科捷利尼科沃，而该镇正是第51集团军的最终目标，因而在夜幕降临时，他把部队宿营地与科捷利尼科沃镇保持着一段安全距离。证明特鲁法诺夫谨慎行事的是，11月30日，他命令第51集团军在阿克赛河与科捷利尼科沃的中间位置转入防御，等待德军采取进一步行动。可是，叶廖缅科对此深感不耐，很快便催促特鲁法诺夫再度向前推进，但这场进军将招致令人极其不快的后果。

11月的最后三天，"霍特"集群编有第4装甲集团军残部和罗马尼亚第

6、第7军合并而成的罗马尼亚第4集团军，"顿河"集团军群赋予该集群两项任务：迟滞苏军向科捷利尼科沃的推进，同时组织起一股能够加强或救援陷入重围的第6集团军的力量（参见本卷第二部第九章）。罗马尼亚第4集团军在德国人的直接监督下展开行动，承担起尽可能长久地迟滞苏军向科捷利尼科沃推进的任务，以便"霍特"集群在该镇附近集结起一股打击力量。此时，希特勒已命令两支部队向斯大林格勒发起救援行动——第一支部队位于科捷利尼科沃，隶属于"霍特"集群的第57装甲军，第二支部队位于下奇尔河南面，由"霍利特"集群的第48装甲军指挥。前者将从科捷利尼科沃向东北方攻击前进，奔向斯大林格勒，后者将从雷奇科夫斯基向东，直扑斯大林格勒包围圈。

"霍特"集群的第57装甲军编有埃哈德·劳斯中将[①]的第6装甲师，该师11月24日从法国调至该地域；男爵威廉·汉斯·冯·博伊内布格—伦斯费尔德中将虚弱的第23装甲师，该师由A集团军群从高加索地区派来；弗里多林·冯·森格尔·翁德·埃特林中将[②]的第17装甲师，该师从奥廖尔地区南调而来。待他们集结在科捷利尼科沃地域，进入装甲兵上将弗雷德里希·基希纳第57装甲军（该军部也调自A集团军群）麾下后，这股拥有约240辆坦克和突击炮的力量将向斯大林格勒发起代号为"冬季风暴"的救援行动。按照计划，该行动将于12月8日发起，但最终推迟至12月12日，第17装甲师没有参与，因为希特勒不肯将该师交给"霍特"集群。尽管如此，第57装甲军将其坦克力量投入战斗时，还是比特鲁法诺夫的第51集团军强得多。

但目前，德国人尚未采取救援努力，必须等到"霍特"集群集结起必要的力量。据跟随运送第6装甲师的先遣列车赶至科捷利尼科沃的劳斯将军称，该地域11月底的态势非常危险，无法实施任何进攻行动。实际上，劳斯断言："如果俄国人的进取心更强些，他们本可以迫使第4装甲集团军将集结区向后推延50公里，设在萨尔河后。"据劳斯说，如果俄国人采取积极行动，"将使救援行动成功的可能性大为降低。"[52]当然，劳斯此时并不知道特鲁法诺夫集

---

① 译注：少将。
② 译注：少将。

团军是多么虚弱。劳斯并未像基希纳将军希望那样发起进攻，沿阿克赛河控制一片更加有利的出发阵地①，而是坚持认为必须守卫科捷利尼科沃，确保该地域的安全，并等待援兵到来。他正是这样做的。

进军科捷利尼科沃的第51集团军放缓脚步时，康斯坦丁内斯库将军的罗马尼亚第4集团军竭力阻挡着苏军的推进。但罗马尼亚军队已无力支撑太久。截至11月底，罗马尼亚第6军辖下第1、第2、第18步兵师的实力已下降了约80%，每个师只剩下2000—3000人，作战部队的兵力不足1000人。因此，罗马尼亚人只能沿阿克赛河据守一小片狭窄的防区。苏军骑兵第4军骑兵第81师从西面包围他们沿阿克赛河构设的防御时，罗马尼亚第6军被迫沿铁路线向南撤往科捷利尼科沃。他们沿不同方向实施退却，由于实力太弱，无法构设连贯的防线，第6军辖下的三个师最终从北面和东北面汇聚到科捷利尼科沃。

部署在第6军东南面的罗马尼亚第7军，辖下三个师的状况稍好些。第4步兵师的实力尚存30%，共有4000人左右；近乎满编的第5骑兵师有约7000人；骑兵第8师的实力尚有85%，共6000人左右。这些部队协调一致的作战行动肯定可以迟滞几个苏军步兵师的推进，但他们无法沿70多公里宽的整条战线完成这一任务。[53]这就意味着特鲁法诺夫将军的第51集团军可以肆意向前推进，直至他们遇到大批德国军队。但是，他们随后将遭遇到大麻烦。

第62集团军

顿河方面军和斯大林格勒方面军辖下诸集团军在克服德国第6集团军防御时遭遇到严重困难，崔科夫将军可能对此并不感到惊讶。在斯大林格勒的废墟中经历了三个月激烈而又血腥的苦战后，第62集团军的将士们比红军任何一支部队都更加清楚，怎样才能粉碎第6集团军的防御并打垮其抵抗。因此，华西列夫斯基寻找着赢得胜利的办法时，崔可夫第62集团军继续在城内的残垣断壁间进行着令人厌恶的小规模战斗。虽然第62集团军每日三次的冷酷报告构成了苏军进攻、德军反击，不断给双方将士造成死亡或伤残的单调画面，但这些报告也

---

① 译注：这一地区有两条阿克赛河，作者显然将基希纳命令中的阿克赛默认为北面的那条了，考虑到第6装甲师主力直到12月初才陆续赶到，11月底时并不适合发动进攻，故而基希纳指的很可能是南面流经科捷利尼科沃的那条。

证实，第62集团军的士兵们正缓缓挤压着德国守军的命脉。据第62集团军的报告称，由于第6集团军辖下的第51军竭力调整其部队，以抗击苏军从各个方向发起的攻击，敌人在斯大林格勒城内各条街道和建筑物废墟中的实力已然耗尽。

遵照叶廖缅科的命令，第62集团军的基干部队以钢铁般的决心在城内展开行动，这与在草原上沿斯大林格勒包围圈周边防御遂行战斗的其他集团军如出一辙。11月28日和29日，第62集团军配合部署在包围圈周围的其他集团军发起进攻，但30日又转入防御（参见地图41和副卷附录7J）。例如，11月28日日终时，崔可夫报告，第62集团军坚守并改善了他们的阵地，但在"街垒"厂、"红十月"厂内、班内峡谷和马马耶夫岗附近发起的进攻收效甚微。按照斯大林格勒方面军的要求，崔可夫报告说有39架德军运输机降落，但伏尔加河上的冰块使集团军无法为步兵第138师提供补给，该师被困在"街垒"厂东面所谓的"柳德尼科夫岛"上。[54]

第6集团军的记录证实了这一行动，并补充道，苏军突击组在"红十月"厂内发起7次冲击，30—40条舟船设法驶过冰冻的伏尔加河并到达该厂。[55]次日晨，第51军报告，以第100猎兵师为核心组建的"桑内"集群在马马耶夫岗的战斗中阵亡6人、负伤64人；在"红十月"厂的战斗中，第79步兵师9人阵亡、22人负伤、1人失踪。[56]崔可夫冷酷无情地命令辖内部队29日中午后恢复进攻，从"红十月"厂和班内峡谷攻向107.5高地，目标是肃清"红十月"新村的所有敌军，可能的话，夺取整个马马耶夫岗。

赛德利茨第51军11月28日22点40分签发的一份备忘录清楚地表明，由于斯大林格勒城内的战斗消耗了大量弹药，第6集团军正面临着严重的后勤补给问题：

由于陆军总司令部采取的行动措施需要一段时间方能奏效，因此，集团军的命运首先取决于弹药。必须严格节约库存弹药和预期将通过空运送达的补充弹药，以确保它们足以支撑到包围圈被打破为止。如果做不到这一点，集团军就将陷入无力自保的状况，换言之，集团军将被消灭。必须向每个人说明这一点。因此，必须尽量做到以最少的弹药消耗量换取最大的战果。务必向每一个士兵灌输这一理念。[57]

地图 41 1942 年 11 月 28 日，斯大林格勒城内的态势

　　崔可夫的部队11月29日继续进攻第6集团军第51军的防御，打击与前一天相同的目标，并在整条战线上以火炮、迫击炮和机枪与德国人交火。但第62集团军还是没能取得太大进展，而双方的伤亡却在无情地上升。证明这种高昂代

价的是，苏军步兵第95师竭力突破至被困在"柳德尼科夫岛"上的步兵第138师身边，773名战斗兵损失了6人，而步兵第284师在当天的战斗中伤亡105人，第62集团军报告，击毙约450名德寇，尽管这个数字显然有些夸大。[58]战线另一侧，第51军辖下的"桑内"集群（第100猎兵师）阵亡4人、负伤29人，第79步兵师阵亡5人、负伤25人。总的说来，赛德利茨军报告，共伤亡120人（20人阵亡，100人负伤）。[59]

第62集团军11月29日最大的成果是获得了补给物资，特别是食物和弹药，由于伏尔加河上的冰块，补给运输已中断了数日。当晚，崔可夫的司令部报告，苏军运输机为第62集团军送来45箱弹药、33袋食物和1袋报纸，尽管2袋物资落入伏尔加河，还有几袋干粮空投时降落伞没打开。更加积极的一面是，伏尔加河上的冰情有所"减缓"，150名伤员得以乘船撤离，虽然崔可夫抱怨说他需要更多船只。最后，与围困德国第6集团军的其他苏军集团军一样，崔可夫命令他的部队停止徒劳无获的进攻，30日转入防御。

因此，11月30日，第62集团军享受着难得的平静，坚守并改善阵地，遂行侦察的同时与敌人交火，"不太积极的敌人继续以猛烈的迫击炮和机枪火力射击我方阵地。"第62集团军的报告中还指出，"发现约30架敌运输机降落在北巴济斯纳亚（Severnaia Bazisnaia）附近。"[60]该集团军还声称击毙350名德寇，其中120名死于炮火，但报告中没有指出这些伤亡数字是如何确定的。集团军的士兵们可能对崔可夫"坚守阵地，加强侦察，以火炮和迫击炮火力压制或摧毁敌火力点"的新命令深表欢迎。德国第6集团军的文件证实了11月30日的平静，没有提到第51军辖内各师有任何伤亡，这还是数日来的首次。

一如既往，斯大林格勒城内的日子单调而又致命，被围困的崔可夫和他的部下成为真正的"围困者"还需要数周时间。

第28集团军

11月25日，格拉西缅科将军的第28集团军试图从德军第16摩步师和该师辖下的突厥斯坦志愿者营手中夺取亚什库利镇，结果遭遇到一场惨败。11月26日和27日，该集团军遭到什未林将军所属部队更加猛烈的反冲击。此后，这座德军"要塞"周围的战场上保持着相对的平静，这种状况一直持续到12月中旬

（参见地图32和副卷附录7I）。

实际上，德军第16摩步师在11月28日和29日对第28集团军发起两场进攻（尽管第28集团军战史称，德军的第一场进攻发生在27日，而非28日）。11月28日，德军摩托化步兵和16辆坦克攻向苏军近卫步兵第34师第107团，但苏军击退了这场冲击。德军的第二场进攻发生在11月29日，以同样规模的兵力攻向近卫步兵第34师与近卫坦克第6旅的结合部，但这场突击也被击退。

最引人关注的是第28集团军这段时间的伤亡情况。档案文件表明，近卫步兵第34师在亚什库利的战斗中伤亡1000人，这使该师11月20日—30日的总伤亡数达到1625人阵亡、1448人负伤、1978人失踪（其中大多数不是阵亡就是被俘）。该师后勤部门也报告，损失1181支步枪、139支"波波沙"冲锋枪、34挺轻机枪、6挺重机枪、21支反坦克步枪、45门火炮（总共60门）和5门迫击炮——损失骇人听闻，尤其是对一个近卫师来说。虽然陆续归队者将失踪人数从1978人降至999人，但这只是个小小的安慰，因为第28集团军的总兵力折损了一半以上（参见附卷附录7K）。[61]

第28集团军作战处称，集团军在此期间击毙2000名德寇，俘虏12人，但《伟大卫国战争中不为人知的战线》一书的作者不无讽刺地写道："如果真是这样，德军第16摩步师已不复存在。"[62]另外，第28集团军还称，他们在草原上缴获了10辆坦克、18门火炮、39门迫击炮、14挺重机枪和高射机枪、118挺轻机枪和1000多支步枪，其中包括德国人缴获并使用的一些苏制武器。[63]

总的看来，苏军第28集团军11月底的情况非常艰难，而德军第16摩步师则有充分的理由欢庆胜利。大多数德国人可能希望斯大林格勒城内也有庆祝的理由，但那里显然没有。

总结

斯大林格勒方面军在11月最后三天的作战行动表明，苏军最高统帅部及其代表华西列夫斯基面临着两个最艰难的问题。罗科索夫斯基的顿河方面军遇到的问题是，他们无法以手头现有的兵力克服德国第6集团军的防御。瓦图京的西南方面军也在奇尔河一线遭遇到类似情况。而叶廖缅科的斯大林格勒方面军面临着两个问题：第一，他不得不设法鼓舞已陷入停滞的攻势，重新对斯大林格勒包围圈发起进攻；第二，他必须解决方面军左翼受到的真正的、具有潜在致命性的威胁。

从某种程度上说，叶廖缅科遭遇的难题是长期存在的指挥控制问题直接造成的：具体说来，他必须同时关注两个完全不同的作战方向——斯大林格勒和科捷利尼科沃——并在两条战线上作战。红军中的任何一支部队要想赢得胜利，必须有指挥员亲临战场，但叶廖缅科不可能同时出现在两个地方。更糟糕的是，叶廖缅科缺乏必要的兵力，无法沿两个方向展开大规模进攻。就目前的情况看，特鲁法诺夫将军的第51集团军实力太弱，特别是缺乏坦克和机械化部队，因而无法夺取科捷利尼科沃并遏制德军发起的反突击。因此，要不了几天，这场蔚为壮观的胜利推进就将沦为一场潜在的军事灾难。

11月19日—30日的空战

"天王星"行动头五天，一股冷锋穿过斯大林格勒地区，恶劣的气候、低矮的云层和糟糕的能见度限制了苏德双方空中力量的行动，致使西南方面军和顿河方面军编成内的空军第17、第16集团军11月19日—23日、斯大林格勒方面军编成内的空军第8集团军11月20日—23日大幅度缩减了空中行动。当然，同样的气候也使德国第4航空队辖下的第8航空军深受其扰，导致德国人无法在最糟糕的时刻投入他们最具威力的防御力量。第4航空队在11月19日的作战日志中强调了这个问题：

> 雨、雪和结冰彻底阻止了空中作战，第8航空军设在奥布利夫斯卡亚的司令部只能派出几架飞机发起攻击。无法通过轰炸封锁顿河上的桥梁。甚至无法通过空中侦察弄清楚态势。我们只能寄希望于俄国人不会到达我方铁路线……
> 由于气候恶劣，［空军部队］无法实施目前迫切需要的转场。我们必须尽快获得好天气，否则，一切希望都将不复存在。[64]

尽管飞行条件恶劣，但德国人还是派出一些战机，以单机、双机、在极少数情况下甚至是整个飞行编队的形式投入战斗。德国空军介入的证据是，苏军作战报告提及德国人的空中打击妨碍了他们的行动，对那些发展胜利的坦克和骑兵军来说尤为如此。例如，菲比希将军的第8航空军司令部设在奥布利夫斯卡亚，他设法派出第2俯冲轰炸航空团第1大队的一些斯图卡和其他战机，从卡尔波夫卡地区的机场和跑道起飞。这些战机构成了德国空军11月19日投入120个飞行架次中的主力。[65]但是，这些战机并不足以阻挡西南方面军坦克第5集团军和第21集团军在实力不济的罗马尼亚第3集团军的防区遂行突破和发展行动。

汉斯-乌尔里希·鲁德尔上校，这位日后的王牌飞行员指挥着一个斯图卡中队，哀叹他无力影响战斗的结果：

收到紧急报告后的一天早上，我们团迅速升空，飞往克列茨卡亚登陆场方向。天气糟透了，云层低垂，小雪纷飞，温度可能在零下20摄氏度左右，我们在低空飞行。朝我们而来的是什么部队？我们的航程还没完成一半。大批身穿棕色军装的士兵——是俄国人吗？不，是罗马尼亚人！他们中的一些人甚至丢掉了步枪，以便能逃得更快些：一幅令人震惊的景象，我们已准备好应付最坏的情况！我们飞过炮兵阵地，那些火炮扔在那里，并未被炸毁，一旁摆放着炮弹。飞过去一段距离后，第一批苏军部队出现在我们眼前。

他们发现前方的罗马尼亚军队阵地已空无一人。我们用炸弹和机枪火力发起攻击——但地面上没有抵抗部队，我们的空中攻击又能发挥多大作用呢？

我们怒火万丈，一种可怕的预感油然而起：如何才能避免这场灾难？我无情地投下炸弹，用机枪火力猛扫这些［来自亚洲和外蒙古］看似无穷无尽的黄绿色进攻波次……我一颗子弹都没留，哪怕遭遇到敌机追击无法自卫也在所不惜。现在必须赶快回去加油并补充弹药。面对敌人的进攻大潮，我们的攻击不啻为杯水车薪，但我现在不愿这样想。

返航途中，我们再次见到了溃逃中的罗马尼亚人；对他们来说幸运的是，我的弹药已耗尽，无法阻止这帮懦夫的逃窜。[66]

关于苏军11月19日—23日的空中行动，西南方面军辖下的空军第17集团军报告，他们在这段时间投入了546个飞行架次，主要是打击拉斯波平斯卡亚南面的罗马尼亚地面部队和阿基莫夫斯基、卢琴斯基地域的摩托化部队；后者可能是指第14装甲军正向西赶往卡拉奇的第24和第16装甲师。与此同时，支援顿河方面军作战行动的空军第16集团军报告，他们在这段时间投入了238个飞行架次。[67]而斯大林格勒方面军编成内的空军第8集团军称，11月20日—23日，他们投入438个飞行架次：以170个轰炸、攻击架次打击敌军目标，以150个架次掩护己方地面部队、轰炸机和强击机，并以118个架次实施侦察。报告中称，这些空中打击摧毁了110部敌军车辆和12辆坦克，驱散了敌人的两个步兵连，击毙250名敌步兵和70名敌骑兵。[68]

空军第17集团军的战史中称，11月19日晚，司令员下达指示："由于气候条件恶劣，11月20日的行动应派最优秀的机组人员有条不紊地打击敌后撤路线和部队集结地。"[69]空军第8集团军战史对11月19日和20日的气候条件做出更加详细的描述，并评估了空中行动对地面攻势起到的作用：

［进攻发起］前夕，空中低云密布，还下着冻雨，能见度不超过2—3公里。轰炸航空兵第270师的SB、IL—4和R—5夜间轰炸机无法在这种气候条件下展开行动。只有夜间轰炸航空兵第272师的波—2飞机起飞，从200—300米高度上轰炸、扫射了"街垒"厂地域的敌军。16架波—2将弹药、食物和药品运送给第62集团军据守在拖拉机厂北面和"街垒"厂北部东面的部队，以及伏尔加河中宰采夫斯基岛和斯波尔内岛上的守军。

11月20日晨，云层降到50—100米，能见度仅为200—800米，处处浓雾弥漫。直到当天下午，强击航空兵第206师才以单机或双机编队的方式在普洛多维托耶、京古塔和阿布加涅罗沃地区完成24个架次的飞行任务。在同一地区，歼击航空兵第268师的2架雅克—1战机实施了近距离空中侦察。

接下来的几天，不利的气候条件并未得到改善。因此，飞行员们不得不以单机或小股编队的方式在低空展开行动。按照事先的约定，混编航空兵第2军的歼击机掩护着方面军地面部队的行动，强击机实施轰炸，打击并消灭赶往突破地带的敌军，以此为方面军地面部队打开通道。轰炸机遂行远程侦察，探明从防御纵深赶往突破地带的敌预备队。[70]

11月24日，气候条件开始改善，交战双方的空军力量全力杀回空中。例如，据坦克第5集团军辖下的骑兵第8军报告，在奥布利夫斯卡亚地域和从11月22日傍晚起一连10天沿奇尔河的行动中，德国和罗马尼亚战机给他们制造了麻烦。结果，"11月25日当天，敌人出动了不下800个架次的战机，阻止骑兵们的推进……仅这一天，[敌空中力量]打死了4名团长、1名师参谋长、12名中队长、500多名士兵和1500匹马。"[71]

总的说来，11月24日—30日这7天内，苏军的三个空军集团军在斯大林格勒地区共投入5760个战斗飞行架次，平均每天约800个架次。[72]这个数字比德国和罗马尼亚空军在同一时期投入的飞行架次多五倍。与10月份相比，德国和罗马尼亚战机11月的行动不太活跃，不仅仅因为气候恶劣，还因为进攻中的苏军占领了许多空军基地，德军指挥部门不得不把大批飞机转移到新机场。随之造成的苏军空中优势明显加强了地面部队完成任务的效力，促使他们迅猛推进。整个战役期间，苏军战机的首要任务就是为地面部队提供空中支援。

仔细研究近期公开的红军总参谋部每日作战概要就会发现，这些作战概要提供了参加"天王星"攻势初期阶段（"天王星"行动初期阶段发起前和期间，苏军沿整个苏德战线投入的飞行架次数量，可参见副卷附录7L）的三个方面军空中支援强度、有时候是其有效性的新数据。将附录7L中的数据与其他资料加以对比后表明，从11月24日至30日，苏联空军沿整条战线共投入9510个飞行架次，在斯大林格勒地区则为5760个架次（60%）——鉴于该地区的重要性，这个数字非常合理。[73]另外，据上述资料称，11月19日至23日这五天内，空军第17、第16和第8集团军共执行了1240个飞行架次。而德方资料指出，第8航空军在苏军发起进攻的头四天共投入361个飞行架次。[74]即便德国人在第五天将出动的飞行架次增加四分之一，苏军三个空军集团军在斯大林格勒地区投入的飞行架次仍比德军多两倍以上。

关于战机的损失，据红军总参谋部称，11月15日至30日，德国和罗马尼亚空军共损失257架飞机，而苏联空军损失了217架飞机。实际上，大部分损失（220架）发生在11月24日—30日，这表明慢速飞行、为陷入重围的第6集团军提供补给物资的德国轰炸机损失惨重，还有些飞机是在苏军实施轰击或彻底夺取德国人和罗马尼亚人的机场时被炸毁的。但是，与苏联方面所说的德军坦克损失数量一样，德军战机的损失数也被严重夸大。

11月30日晚的态势

轴心国军队的部署

11月底，轴心国军队在斯大林格勒地区的部署是苏军成功实施合围行动的直接后果。轴心国军队的防线从博科夫斯卡亚北面的克里瓦亚河向西南方延伸，跨过顿河直至阿克赛和萨多沃耶地区，"天王星"行动初期阶段，进攻中的西南方面军和斯大林格勒方面军在防线上撕开了一个250公里宽的巨大缺口。两个突击方面军会同顿河方面军，粉碎了罗马尼亚第3集团军、德国第4装甲集团军辖下的第4军和罗马尼亚第6军的防御，迫使其残部退往奇尔河和阿克赛河，并将德国第6集团军和第4装甲集团军的半数力量困在即将形成的斯大林格勒包围圈内。斯大林格勒西面，仍在包围圈外的德国和罗马尼亚指挥部竭力沿克里瓦亚河、奇尔河、顿河和阿克赛河拼凑起新的防线。起初，他们仓促集结起一系列令人眼花缭乱的保安、警戒和后勤部队，这些部队所属的建制单位不是被包围在斯大林格勒，就是散布在斯大林格勒西面和西南面的德军交通线上。[75]很快，在合围战中被击败、被粉碎、发现自己位于斯大林格勒包围圈外的各部队残部也将加入到他们的行列，例如斯大林格勒西北方的第48装甲军、罗马尼亚第4、第5军以及斯大林格勒南部罗马尼亚第6军辖下的各个师。

11月底，一些组织得更好、装备也更加精良的德国部队从东线其他地段或西线调来，加强了已沿克里瓦亚河、奇尔河和阿克赛河布防的部队。例如，"霍利特"集群（第17军）的第62和第294步兵师沿克里瓦亚河构设防御，第336步兵师的先遣部队沿奇尔河布防，第6装甲师进入科捷利尼科沃地域。正是这些部队沿克里瓦亚河、奇尔河、顿河和阿克赛河稳定住轴心国的防线，尽管只是暂时的。在他们后方，另外一些部队，例如第11、第17、第23装甲师和新组建的第7、第8空军野战师，不是正按照希特勒的命令向斯大林格勒地区开进，就是正等待着赶赴该地区的命令。

斯大林格勒包围圈的合围对内正面

"天王星"行动最明显的遗产是恶名昭著的斯大林格勒包围圈（参见地图38、39）。困在包围圈内最主要的是德国第6集团军和第4装甲集团军辖下的第4军，以及罗马尼亚第1骑兵师和第20步兵师的残部，还包括临时调拨给第6集团军和B集团军群直属的许多部队、德国空军的机场或防空［高射炮］部队，以及托德组织的各种建设单位。

苏军发动反攻后，斯大林格勒包围圈开始形成。斯大林格勒城内的战线在苏军展开行动前便已存在，现在成为包围圈的东部防线，或称之为伏尔加河防线。由于顿河方面军辖下的第24和第66集团军并未参加最初的反攻，城市东北面和北面的战线成了斯大林格勒包围圈的北部防线，这条防线从伏尔加河畔的雷诺克向西北方延伸，穿过奥尔洛夫卡和孔纳亚车站，直至卡恰林斯卡亚附近的顿河河段。随后，由于第51军后撤第94步兵师这一不明智之举，北部防线的东部11月24日稍稍后退了一些。随着斯大林格勒方面军第64、第57和第51集团军的攻势沿马里诺夫卡、卡尔波夫卡、齐边科、叶尔希和库波罗斯诺耶一线停顿下来，斯大林格勒包围圈的南部防线也于11月24日形成。

彻底形成斯大林格勒包围圈的最后阶段发生在11月26日—29日，第6集团军辖下的第11军和第14装甲军完成了撤离阿基莫夫斯基登陆场的行动，他们放弃了索卡列夫卡、佩斯科瓦特卡和韦尔佳奇这些支撑点，撤至构成包围圈西部防线的新阵地上。虽说德国人并未下达过任何一道组建"口袋"的命令，但第6集团军1942年11月27日签发的一道指令［Absicht，意图］定义了包围圈的西部防线："西部防线撤至［Zurücknahne］以下战线：102.3高地［科特卢班以南10公里处］南面1公里处保持不变—阿克罗诺瓦峡谷—115.4高地以西—126.1高地—卡扎奇以西—117.6高地—131.7高地—马里诺夫卡。"[76]这就意味着，德军遂行退却后，从伏尔加河向西延伸至102.3高地（科特卢班以南10公里处）南面1公里处的防线并未发生变化。这道防线随后向西延伸6公里至阿克罗诺瓦峡谷上段，再向西南方延伸28公里至马里诺夫卡。从阿克罗诺瓦峡谷至马里诺夫卡北面8公里处这段防线，沿分隔罗索什卡河与顿河的山脊线从东北方延伸至西南方，这条山脊线位于罗索什卡河西面5—8公里、顿河以东15—25公里处。德军实施后撤的目的是缩短包围圈的西部防线，腾出第384步兵师和第14装甲师担任第6集团军预备队。任何提及"后撤"的字句必须仔细衡量，因为希特勒明令禁止这种行动。

保卢斯将司令部设在斯大林格勒以西15公里、古姆拉克火车站西北方数公里处的古姆拉克机场，他起初把斯大林格勒包围圈分成6个防御地区，分别交给第11军、第8军、第4军、第51军和第14装甲军，这些军各编有几个步兵师或装甲师。11月30日，第6集团军对包围圈的防御加以调整，将各段防线交给"赛德利茨"集群（编有赛德利茨自己的第51军和"施特雷克尔"集群的第11军）、第8军、第14装甲军和第4军，并以第384步兵师和第14装甲师担任集团军预备队（两师留在包围圈前沿防线的部队除外）（参见表30和31）。尽管实施了这场重组，但到1943年1月9日，斯大林格勒包围圈仍由6个防御地区组成，分别指定为伏尔加河、东北部、北部、西部、南部和西南部防线。[77]

第6集团军辖下的许多师（如果不能说大多数的话）实力严重不足，这些师不是把他们的兵力合并成更少的几个营，就是把他们的营转隶其他师，因

表30：1942年12月2日8点，第6集团军的指挥结构和作战前线（防区）

"赛德利茨"集群（第51军）
- **伏尔加河防线**——从510参照点（叶利尚卡）至729参照点（雷诺克西面2公里处），编有：
  - 第71步兵师
  - "桑内"集群（第295步兵师和第100猎兵师）
  - 第79步兵师
  - 第305步兵师
  - 第389步兵师
- **北部防线**——从729参照点至419参照点（博罗德金）以西2公里处——"施特雷克尔"集群（第11军）编有：
  - 第24装甲师（"冯·伦斯基"集群）（一部）
  - 第16装甲师（一部）
  - 第60摩步师（余部）
  - 第94步兵师，隶属于第24和第16装甲师

第8军
- **北部和西部防线**——从419参照点至从143参照点通往154参照点（卡扎奇）的公路，编有：
  - 第113步兵师
  - 第76步兵师
  - 第44步兵师

第14装甲军
- **西南部防线**——从143参照点通往154参照点（卡扎奇）的公路至卡尔波夫卡（含），编有：
  - 第376步兵师
  - 第3摩步师

表30：（接上页）

第4军

●*南部防线*——从卡尔波夫卡（不含）至510参照点（叶利尚卡），编有：

　　○第29摩步师

　　○第297步兵师

　　○第371步兵师

集团军预备队

●第384步兵师（5个"虚弱"营）（大罗索什卡）

●第14装甲师（杜宾斯基）

※ 资料来源："Funkspruch an Heeresgruppe Don, Befehlsgliederung 2.12., 08.00 Uhr, Armee-Oberkommando 6, Abt.-Ia, A.H.Qu., 30. November 1942,"（第6集团军司令部作战处 1942 年 11 月 30 日发给顿河集团军群的急电，关于 12 月 2 日的指挥结构），弗洛里安·冯·翁德·楚·奥夫塞斯男爵，《第6集团军作战日志附件册，第二卷，1942 年 11 月 24 日至 12 月 24 日》，第 66 页。

表31：1942 年 12 月 1 日，第 6 集团军作战序列及其高级指挥官

第6集团军（德国）——装甲兵上将弗里德里希·保卢斯[1]

　　第4军——工兵上将埃尔温·耶内克

　　　　第371步兵师（第669、第671团）——里夏德·施滕佩尔中将[2]

　　　　第297步兵师【第522、第524、第523；第20步兵师（罗）第82团；第371步兵师第670团】——炮兵上将马克斯·普费弗

　　　　第29摩步师（第71、第15；第71步兵师第191团第1营）——汉斯-格奥尔格·莱泽少将

　　第14装甲军——装甲兵上将汉斯-瓦伦丁·胡贝

　　　　第295步兵师（"克尔费斯"战斗群）——博士奥托·克尔费斯少将[3]

　　　　"多马施克"战斗群

　　　　"格拉赫姆斯"战斗群

　　　　"冯·汉施泰因"战斗群（空军团第1、第2营）

　　　　"维利希"战斗群（第60摩步师第120团第10连、第92团第5连、第2迫击炮团第2连）

　　　　第3摩步师（第8、第29团）——赫尔穆特·施勒默尔中将

　　　　第376步兵师（第672、第673、第767团；第384步兵师第536团第2营）——亚历山大·埃德勒·冯·丹尼尔斯中将

---

① 译注：大将。

② 译注：少将。

③ 译注：此时为上校。

表31（接上页）

第8军——炮兵上将瓦尔特·海茨

第44步兵师（第131、第132、第134团；第177突击炮营）——海因里希·德博伊中将

第76步兵师（第178、第203、第230团；第16装甲师第2装甲营；第244突击炮营）——炮兵上将马克西米利安·德·安格利斯[1]

第113步兵师（第261团第1营；第268团第1、第3营；第754工兵营第3连）——汉斯-海因里希·西克斯特·冯·阿尼姆中将

第11军——步兵上将卡尔·施特雷克尔

第60摩步师（第160工兵营、第160摩托车营；第9机枪营；第120团第1、第2营；第92团第1、第3营）——汉斯-阿道夫·阿伦斯托夫少将[2]

第16装甲师（第71步兵师第71工兵营；第41工兵营；第64装甲掷弹兵团第1营；第16摩托车营第2连；第79装甲掷弹兵团第1营；第94步兵师第276团第2营）——京特·安格恩少将

第24装甲师（"伦斯基"战斗群）（"马托"空军营；第94步兵师第267团第2、第1营和第274团；第4摩托车营；"冯·贝洛"战斗群的第21、第26装甲掷弹兵团）——阿尔诺·冯·伦斯基中将[3]

第51军——炮兵上将瓦尔特·冯·赛德利茨-库尔茨巴赫

第389步兵师（第544、第545、第546团）——埃里希·马格努斯少将

第305步兵师（第576、第577、第578团）——伯恩哈德·施泰因梅茨中将[4]

第79步兵师（第208、第212、第226团）——里夏德·冯·什未林中将

第100猎兵师（第54、第227猎兵团；第369克罗地亚步兵团）——维尔纳·桑内中将

第295步兵师（第516、第517、第518团）——博士奥托·克尔费斯少将

第71步兵师（第191、第194、第211团）——亚历山大·冯·哈特曼中将

第245突击炮营

预备队

第14装甲师（第36装甲团、第103、第108装甲掷弹兵团）——马丁·拉特曼上校

第384步兵师（第534、第535、第536团）（12月中旬转隶第14装甲军）——男爵埃卡德·冯·加贝伦兹中将

※ 资料来源：根据参考书目中列举的主要资料来源。

---

[1] 译注：安格利斯此时是第44军军长，第76步兵师师长应为卡尔·罗登伯格中将。

[2] 译注：此时为上校。

[3] 译注：此时为少将。

[4] 译注：此时为少将。

此，各个军的编成和防区经常随态势发展而发生变化。例如，截至12月1日，第6集团军的防御包括5个军、17个师或集群的防区（参见副卷附录7M）。

根据保卢斯组织、制定第6集团军防区的方式，集团军辖下的5个军（步兵军或装甲军），每个军面对着苏军的1—2个集团军；每个德军师或特别集群需要抗击苏军3—6个步兵师或步兵（机械化）旅；平均起来，每个德军团要对付苏军的1个步兵师或1个步兵、机械化旅。另外，苏军的每个集团军还配有各坦克军提供的1—2个坦克旅，每个机械化军也得到配属的坦克团的加强。罗科索夫斯基和叶廖缅科力图在每个集团军的作战地域实现步兵和坦克力量的最大优势（参见表32和副卷附录1）。

表32：1942年12月1日，交战双方围绕斯大林格勒包围圈的作战力量

斯大林格勒方面军	第6集团军
第64集团军	***第4军***
步兵第7军	第371步兵师
步兵第96旅	第669团
步兵第93旅	第671团
步兵第97旅	
步兵第29师	
步兵第204师	第297步兵师
步兵第157师	第522团
步兵第38师	第524团
海军步兵第66旅	第523团
海军步兵第154旅	第82团（罗）
坦克第56旅	第670团
坦克第235旅	
第57集团军	
步兵第169师	
近卫步兵第36师	
机械化第17旅（坦克第13军）	
步兵第422师	第29摩步师
坦克第90旅	第71团

表 32（接上页）

机械化第62旅（坦克第13军）	第15团
机械化第61旅（坦克第13军）	第129装甲营
	第191团第1营（第71步兵师）
近卫步兵第15师	**第14装甲军**
机械化第59旅（机械化第4军）	"克尔费斯"战斗群
	"多马施克"战斗群
机械化第36旅（机械化第4军）	"格拉赫姆斯"战斗群
	"冯·汉施泰因"战斗群
	"维利希"战斗群

顿河方面军

第21集团军

近卫步兵第52师	
步兵第96师和坦克第4军	第3摩步师
步兵第293师和坦克第26军	第8团
	第29团
	第103装甲营
近卫步兵第51师	第376步兵师
步兵第277师	第672团

第65集团军

步兵第23师	第673团
	第767团
	第8军
步兵第252师	第44步兵师
近卫步兵第27师	第132团
坦克第91旅	第134团
坦克第121旅	第131团
步兵第304师（第二梯队）	第268团第2营（第113步兵师）
步兵第24师（第二梯队）	

第24集团军

	第2装甲团第2营（第16装甲师）
步兵第120师	第177突击炮营
步兵第233师	第76步兵师
步兵第84师	第203团
步兵第49师	第178团
步兵第214师（第二梯队）	第230团
	第244突击炮营
步兵第298师	第113步兵师
步兵第273师	第261团第1营

表32（接上页）

第54筑垒地域	第268团
步兵第173师	第260团
	第11军
步兵第260师	第60摩步师
第66集团军	第120团
步兵第343师	第92团
步兵第226师	第160装甲营
步兵第64师	第16装甲师
步兵第116师	第64装甲掷弹兵团第1营
	第79装甲掷弹兵团
步兵第299师	第24装甲师
步兵第99师	第267团（第384步兵师）
	第21装甲掷弹兵团
	第274团（第384步兵师）

斯大林格勒方面军

第62集团军	***第51军***
"戈罗霍夫"集群	第389步兵师
步兵第138师	第305步兵师
步兵第95师	
步兵第45师	第79步兵师
近卫步兵第39师	
步兵第92旅	"桑内"集群
步兵第284师	第100猎兵师
	第295步兵师
近卫步兵第13师	第71步兵师

※ 资料来源：根据参考书目中列举的主要资料来源。

从表面上看，表32提供了交战双方实力的一份粗略对比，大致为2—3比1，看上去对苏军有利。但是，这些番号可能会让人产生误解，因为各部队在不同时期的实力不尽相同。由于大多数苏军步兵师投入战斗时的实力仅为编制力量的50%~70%，因此，到12月1日，许多师的实力已不到50%（4500—5000人）。例如，坦克第5集团军辖下的步兵师，11月19日的平均兵力约为

8800人，但到12月1日，这个数字下降到7000人左右。同样，顿河方面军和斯大林格勒方面军各步兵师的平均兵力，11月19日分别为4500人和5850人，到12月1日下降为3800人和5000人。而德国第6集团军在斯大林格勒城外战斗的各个师（第376、第44、第384、第76、第113、第371、第297步兵师），兵力从8100人至10600人不等，11月18日，每个师的平均兵力约为9300人。第6集团军估计，11月19日—23日共损失34000人，据此分析，这个数字到月底时很可能上升至40000多人，假设这些师承受了第6集团军总伤亡人数的一半，那么这些师的平均兵力很可能下降到每个师7500人或每个团2500人。

根据这些数字，双方在大多数地区的兵力对比大致为2.5比1，对苏军有利。但防御方总是比进攻方占有更大优势，这就解释了为何围攻方难以粉碎被围攻方。

斯大林格勒包围圈的合围对外正面

出于两个原因，合围对外正面上的态势与合围对内正面的情况明显不同。首先，按照计划，红军沿合围对外正面投入的部队实力更强、装备也更精良，因为这些部队是西南方面军和斯大林格勒方面军主力突击群的组成部分。其次，除了从其他防区调至斯大林格勒地区的部队（例如第17军辖下的两个师），沿合围对外正面布防的轴心国军队，不是在先前战斗中被击溃的残兵败将，就是从后勤单位或各条交通线临时拼凑起来的乌合之众。另外，瓦图京的西南方面军还留有大批预备队，准备投入"土星"行动，尽管叶廖缅科的斯大林格勒方面军没有预备力量。

顿河、克里瓦亚河和奇尔河战线

西南方面军辖内部队试图赶往并渡过克里瓦亚河和奇尔河时，遭遇到三个问题（参见地图42）。第一，11月的最后几周，该方面军的进军速度远远低于预期，主要是因为德军第48装甲军的顽强抵抗，也与方面军辖下的步兵师忙着消灭罗马尼亚第3集团军被困在拉斯波平斯卡亚南面的部队，向前部署较慢，以及第21和第65集团军转隶坦克第5集团军的5个步兵师缓慢的再部署有关。这使罗马尼亚第3集团军得以沿两条河流构设起仓促但却有效的防御。第

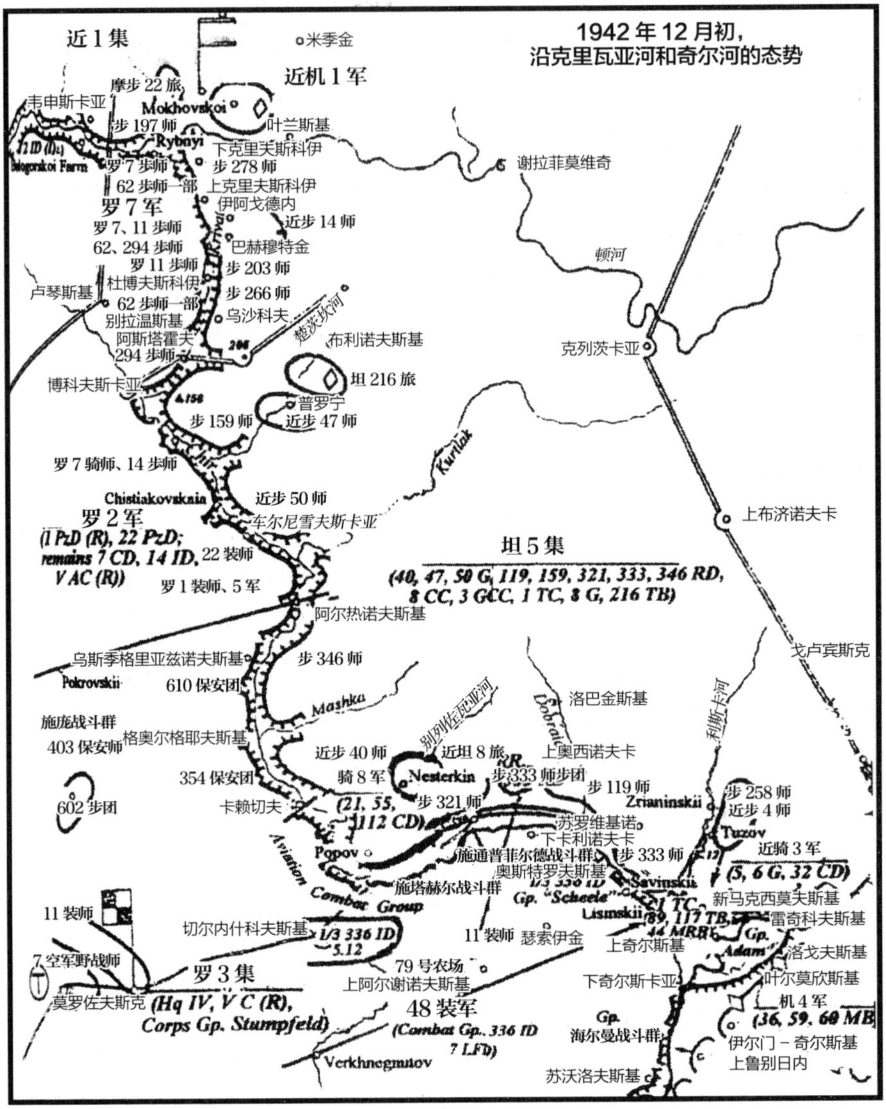

近1集

米季金

近机 1 军

**1942 年 12 月初，
沿克里瓦亚河和奇尔河的态势**

摩步 22 旅

韦申斯卡亚

Mokhovskoi

步 197 师

叶兰斯基

谢拉菲莫维奇

1 ID (04)

Rybnyi

下克里夫斯科伊

blogonskoi Farm

罗 7 步师

步 278 师

62 步师一部

上克里夫斯科伊

顿河

罗 7 军

伊阿戈德内

罗 7、11 步师

近步 14 师

62、294 步师

巴赫穆特金

克列茨卡亚

罗 11 步师

步 203 师

卢琴斯基

杜博夫斯科伊

步 266 师

62 步师一部

乌沙科夫

别拉温斯基

楚茨卡河

阿斯塔霍夫

布利诺夫斯基

294 步师

266

博科夫斯卡亚

坦 216 旅

4.158

普罗宁

上布济诺夫卡

步 159 师

近步 47 师

罗 7 骑师、14 步师

Kurliak

Chistiakovskaia

近步 50 师

罗 2 军

车尔尼雪夫斯卡亚

坦 5 集

*(1 PzD (R), 22 PzD;
remains 7 CD, 14 ID,
V AC (R))*

22 装师

罗 1 装师、5 军

*(40, 47, 50 G, 119, 159, 321, 333, 346 RD,
8 CC, 3 GCC, 1 TC, 8 G, 216 TB)*

阿尔热诺夫斯基

戈卢宾斯克

乌斯季格里亚兹诺夫斯基

步 346 师

洛巴金斯基

Pokrovskii

610 保安师

Mashka

近步 40 师

近坦 8 旅

上奥西诺夫卡

施庞战斗群

格奥尔格耶夫斯基

骑 8 军

Nesterkin

步 333 师步兵师

步 119 师

步 258 师

403 保安师

354 保安团

步 321 师

近步 4 师

*(21, 55,
112 CD)*

苏罗维基诺

Zrianinskii

602 步团

卡赖切夫

下卡利诺夫卡

Tuzov

Popov

施通普费尔德战斗群

步 333 师

近骑 3 军

11 装师

奥斯特罗夫斯基

Savinskii

(5, 6 G, 32 CD)

切尔内什科夫斯基

1/3 336 ID

Gp. "Scheele"

13 TC

新马克西莫夫斯基

7 空军野战师

5.12

11 装师

瑟索伊金

Lismskii

89、117 TB

雷奇科夫斯基

Gp.
Adam

罗 3 集

79 号农场

上奇尔斯基

洛戈夫斯基

莫罗佐夫斯克

*(Hq IV, V C (R),
Corps Gp. Stumpfeld)*

上阿尔谢诺夫斯基

下奇尔斯卡亚

叶尔莫欣斯基

48 装军

Gp.

机 4 军

*(Combat Gp. 336 ID
7 LFD)*

海尔曼战斗群

Verkhnegrutov

苏沃洛夫斯基

伊尔门－奇尔斯基

上鲁别日内

(36, 59, 60 MB)

地图 42　1942 年 12 月初，沿克里瓦亚河和奇尔河的态势

二，德军第48装甲军辖下的第22装甲师和罗马尼亚第1装甲师成功逃脱，以较好的战斗状态渡过奇尔河，大大加强了这些匆匆构设的防御。第三，当月晚些时候，霍利特将军的第17军及时赶到，以第62和第294步兵师沿克里瓦亚河布防，第336步兵师据守奇尔河，方面军在获得新锐援兵的加强之前推进受阻。

　　但是，11月底沿克里瓦亚河和奇尔河的僵持状态只会持续几天。此后，大批援兵的到达将使西南方面军恢复进攻行动，因为瓦图京得到的增援远远超过罗马尼亚第3集团军获得的援兵。两周后，西南方面军终于将留给"土星"行动的大批部队投入部署时，"霍利特"集群明显寡不敌众。表33和34表明了12月1日沿两条河流布防的轴心国军队的编成，以及他们面对的苏军部队。

表33：1942年12月1日，"霍利特"集团军级集群和罗马尼亚第3集团军编成

"霍利特"集团军级集群［"霍利特"突击集群］——步兵上将卡尔·霍利特
第17军（只有军部）——12月7日由步兵上将迪特里希·冯·肖尔蒂茨接任①
第1军（罗）——特奥多尔·约内斯库中将
　　第7步兵师（第14、第18、第36团）（罗）——康斯坦丁·特雷斯蒂奥雷亚努准将
　　第9步兵师（第36、第60、第84团）（罗）——康斯坦丁·帕纳伊丘少将，科斯廷·约纳什库少将②
　　第11步兵师（第2、第3、第19团）（罗）——萨武·内德莱亚准将（12月被俘），罗穆卢斯·约阿诺维奇少将③
第2军（罗）——尼古拉·德斯克列斯库中将
　　第7骑兵师（第9"轻骑兵"、第11和第12"龙骑兵"团）——格奥尔基·蒙泰亚努准将④
　　第14步兵师（第6、第13、第39团）（罗）（残部）——格奥尔基·斯塔夫雷斯库少将
第62步兵师（第164、第183、第190团）（德）——里夏德-海因里希·冯·罗伊斯少将
第294步兵师（第513、第514、第515团）（德）——步兵上将约翰内斯·布洛克⑤
第48装甲军（德）（12月3日转隶"霍特"集团军级集群）——汉斯·克拉默少将，12月4日由装甲兵上将奥托·冯·克诺贝尔斯多夫接任
　　第1装甲师（罗）（残部）——拉杜·格奥尔基少将
　　第22装甲师（德）（残部）——埃伯哈德·罗特上校
　　第5步兵师（罗）（残部）
　　第6步兵师（罗）（残部）——特拉扬·斯特内斯库准将
罗马尼亚第3集团军——彼得·杜米特雷斯库上将（至12月4日）
　　"施庞"支队（12月4日改称"施庞"集群）——维利巴尔德·施庞中将①

---

　　① 译注：代理军长一职的肖尔蒂茨此时为少将。
　　② 译注：准将。
　　③ 译注：准将。
　　④ 译注：上校。
　　⑤ 译注：少将。

表 33（接上页）

    "万特克"战斗群（第403保安师第610团）

        第44步兵师支队（80人）

        第7骑兵师支队（罗）（350人）

        第10特别工兵营（267人）

        B集团军群第1警戒营

    "瓦尔多"战斗群（第213保安师第354团）

        第354保安团第2营

        后勤部队第1警戒营（345人）

        戈尔洛夫卡警戒营（200人）

        第354保安团第1营

        后勤部队第2警戒营（300人）

    预备队：

        第602步兵-工兵团第2营

        第354保安团第3营

        罗马尼亚第13步兵师支队——格奥尔基·约内斯库-希奈亚准将

    "施塔赫尔"支队（原"菲比希"战斗群）（空军第8航空军司令部人员）——赖纳·施塔赫尔少将（第99高射炮团团长）

        第63建设营（450人）

        第403保安师第177团第3连（46人，93名俄国志愿者）

        罗斯托夫第1警戒营（400人）

        第8空军野战师第1营

        "奥伯格特曼"战斗群（2000人）（第99高射炮团）

    "冯·施通普菲尔德"战斗群（第108炮兵指挥部）（部分力量12月3日加入第48装甲军）

        "施密特上校"战斗群（第520工兵营）（2800人）

        "魏克"战斗群：

        第301装甲营

        "休假归队者"营

        第36前线营

        第301装甲营第1连

    "泽勒上校"战斗群（第6集团军工兵部队）（2500人）

        哈尔科夫第2警戒营（550人）（12月2日调自"施塔赫尔"战斗群）

        斯大林诺第1警戒营（270人）

    "亚当上校"战斗群（11月底的"亚伯拉罕"战斗群；12月3日并入第48装甲军）——亚当上校（第6集团军司令的副官）

        "埃德曼上校"战斗群（450人）

        "格贝尔上尉"战斗群（800人）

        "米克施上校"战斗群（600人）

        莫罗佐夫斯克第1警戒营（300人）

        "乔克尔上校"战斗群（600人）（第53重型迫击炮团团长）

        第2重型迫击炮团一部

        第53重型迫击炮团团部和第1营

---

① 译注：应为卡尔·施庞中将，维利巴尔德·施庞指挥的是第15空军野战师。

表33（接上页）

"德林格"战斗群

"海尔曼上校"战斗群（528人）（12月3日并入第48装甲军）

"泽德迈尔"战斗群（第14装甲师支队）

"艾希纳"战斗群（第29摩步师支队）

第336步兵师（第685、第686、第687步兵团）（德）（12月3日并入第48装甲军）——炮兵上将瓦尔特·卢赫特①

第7空军野战师（3个步兵营）（德）（12月3日并入第48装甲军）—— 男爵沃尔夫·冯·比德尔曼少将

预备队：

"冯·克莱恩少校"战斗群

莫罗佐夫斯克第4警戒营

第4军（罗）军部

    第5步兵师（罗）（残部）

    第6步兵师（罗）（残部）——特拉扬·斯特内斯库准将

    第14步兵师（第6、第13、第39步兵团）（罗）（残部）——格奥尔基·斯塔夫雷斯库少将

第5军（罗）军部——奥雷利安·索恩中将

    第13步兵师（罗）（残部）——格奥尔基·约内斯库-西纳亚准将②

    第15步兵师（罗）（残部）——亚历山德鲁·尼科利奇准将③

第48装甲军（德）（12月3日起）

    第7空军野战师（3个步兵营）（德）（12月3日调自罗马尼亚第3集团军）——男爵沃尔夫·冯·比德尔曼少将

    第11装甲师（第15装甲团、第4、第110、第111装甲掷弹兵团）（德）——赫尔曼·巴尔克中将④

    第336步兵师（第685、第686、第687步兵团）（德）（12月3日调自罗马尼亚第3集团军）——炮兵上将瓦尔特·卢赫特⑤

    "亚当"战斗群（12月3日）

    "海尔曼"战斗群（12月3日）

隶属于B集团军群，但正赶往罗马尼亚第3集团军作战地区的部队：

斯大林诺第3支队

第17装甲师（第39装甲团、第40、第63装甲掷弹兵团）（德）——弗里多林·冯·森格尔·翁德·埃特林中将⑥

第304步兵师（第573、第574、第575步兵团）（德）——恩斯特·塞勒少将

第306步兵师（第579、第580、第581步兵团）（德）——炮兵上将格奥尔格·普法伊费尔⑦

第11装甲师（第15装甲团、第4、第110、第111装甲掷弹兵团）（德）——赫尔曼·巴尔克中将⑧

※ 资料来源：根据参考书目中列举的主要资料来源。

---

① 译注：中将。

② 译注：少将。

③ 译注：上校。

④ 译注：少将。

⑤ 译注：中将。

⑥ 译注：少将。

⑦ 译注：中将。

⑧ 译注：少将。

表 34：1942 年 12 月 1 日，双方沿顿河、克里瓦亚河和奇尔河部署的部队

西南方面军	"霍利特"集团军级集群
近卫第1集团军	**第1军（罗）和第17军（德）**
步兵第197师	第7步兵师（罗）
步兵第278师	第14团
	第18团
	第16团
	第62步兵师的1个团
步兵第14军	第11步兵师（罗）
步兵第203师	第2团
步兵第206师（转隶近卫步兵第6军）	第3团
	第19团
近卫步兵第4军（预备队）	第62步兵师的2个团
近卫步兵第35师	第9步兵师（罗）（残部）
近卫步兵第41师	
步兵第195师	
摩托化步兵第22旅（预备队）	
近卫步兵第14师	第294步兵师
近卫步兵第6军（预备队）	第513团
近卫步兵第38师	第514团
近卫步兵第44师	第515团
步兵第266师	
近卫机械化第1军（预备队）	
坦克第5集团军	**第2军（罗）**
步兵第159师	第14步兵师
坦克第216旅（第二梯队）	第6团
	第13团
	第39团
近卫步兵第50师	第7骑兵师
	第9"轻骑兵"团
	第11"龙骑兵"团
	第12"龙骑兵"团
	第48装甲军（至12月3日）
近卫步兵第47师的1个团	第22装甲师
骑兵第21师的1个团	
步兵第346师	第1装甲师（罗）
	罗马尼亚第3集团军
	"施庞"集群
近卫步兵第47师的2个团	**"万特克"战斗群**

表34（接上页）

骑兵第21师（骑兵第8军）（途中）	第403保安师第610团
	各支队和警戒营
骑兵第8军（途中）	**"瓦尔多"战斗群**
骑兵第112师（途中）	第213保安师第354团
骑兵第55师（途中）	警戒营
近卫步兵第40师（途中）	
近卫步兵第40师	
骑兵第8军	**"施塔赫尔"战斗群（第8航空军）**
骑兵第55师	第403保安师第177团第3营
骑兵第112师	第63建设营
步兵第321师（途中）	第8空军野战师第1营
近卫坦克第8旅	**"奥伯格特曼"战斗群（第99高射炮团）**
	"施通普菲尔德"战斗群（第108炮兵指挥部）
步兵第321师	"施密特"战斗群（第520工兵营）
步兵第119师	第301装甲营
	第36前线营
步兵第333师	"泽勒"战斗群
	警戒营
步兵第258师	"亚当"战斗群
坦克第1军	"埃德曼"战斗群
坦克第89旅	"格贝尔"战斗群
坦克第117旅	"米克施"战斗群
坦克第159旅	"乔克尔"战斗群
摩托化步兵第44旅	"德林格"战斗群
近卫骑兵第3军	
近卫骑兵第5师	
近卫骑兵第6师	
骑兵第32师	
机械化第60旅（机械化第4军）	"海尔曼"战斗群
	"泽德迈尔"战斗群
	"艾希纳"战斗群
	途中：
	第306步兵师
	第304步兵师
	"霍特"集团军级集群（12月3日）
（12月3日—4日）	**第48装甲军（12月3日）**
近卫步兵第4师	第336步兵师
近卫骑兵第3军	第685团

表34（接上页）

近卫骑兵第5师	第686团
近卫骑兵第6师	第687团
骑兵第32师	
步兵第258师	第7空军野战师（3个营）
步兵第333师	第11装甲师（12月3日）
坦克第1军	
坦克第89旅	
坦克第117旅	
坦克第159旅	
坦克第216旅	
摩托化步兵第44旅	
步兵第119师	
方面军预备队	
机械化第5军	
坦克第18军	
第57集团军	
机械化第4军	"亚当"战斗群（12月3日）
机械化第59旅	"海尔曼"战斗群（12月3日）
机械化第60旅	
机械化第36旅（途中）	
坦克第158团	
坦克第55团（途中）	
	途中：
	第17装甲师

※ 资料来源：根据参考书目中列举的主要资料来源。

　　很难确定克里瓦亚河和奇尔河地区双方的兵力对比。罗马尼亚第3集团军辖下的各种战斗群和支队，兵力从300人至2800人不等，而罗马尼亚第3集团军编成内的83000名将士，大多逃出了包围圈，但已混乱不堪。不过，可以肯定的是，"霍利特"集团军级集群共约75000人，包括25000名德国士兵和50000名罗马尼亚士兵。这些部队面对的是苏军近卫第1集团军和坦克第5集团军的1个步兵师——共约160000人，包括留给"土星"行动的预备队。截至11月24日，罗马尼亚第3集团军辖下的"施庞""施塔赫尔""施通普菲尔德"战斗群，兵力分别为2500人、3500人、9000人。但是，11月30日前赶至前线的援兵将他们的实力分别加强至3500人、5000人和10000多人，另外30000多名罗马尼亚士兵集结在后方。之后，第336步兵师又为"施通普菲尔德"战斗群增添了10000人，第7空军野战师为该战斗群添加了9000人。这就是坦克第5集团军必须尽快集结力量，抢在轴心国援兵到达前夺取奥布利夫斯卡亚、苏罗维基诺和雷奇科夫斯基的原因所在。但坦克第5集团军没能做到这一点，致使罗马尼亚第3集团军至少暂时挽救了局面。

科捷利尼科沃方向

至少在最初，特鲁法诺夫将军第51集团军控制的斯大林格勒方面军合围对外正面似乎是安全、牢固的（参见地图43）。事实的确如此，11月最后一周，特鲁法诺夫的部队将罗马尼亚第4集团军辖下的第6、第7军打得溃不成军。但是，"潘维茨"战斗群11月25日在沙尔努托夫斯基村击溃了骑兵第4军编成内的骑兵第61师，11月28日①又在科捷利尼科沃击败骑兵第81师，这是态势即将发生转变的先兆。这两场失利，再加上第6装甲师11月28日②—29日到达科捷利尼科沃，双方的力量对比变得对德国人更加有利（参见表35、36）。正如后续战斗将证明的那样，特鲁法诺夫第51集团军辖下的步兵和骑兵师无法对付德国人的一个装甲师，更别说两个了。

表36生动地描绘出第6、第23装甲师、第15空军野战师到达之前和之后的力量对比。这些部队起到了决定性作用，情况变得对第57装甲军更为有利，直到苏军最高统帅部向该地区派出大批援兵挽救态势。

总 结

苏军实施了一场极为成功的反攻和合围行动后，11月24日—30日发生在斯大林格勒地区的战斗标志着整个"天王星"行动的一个重要分水岭。西南方面军和斯大林格勒方面军11月19日—23日取得惊人的战果后，苏军三个方面军11

---

① 译注：应为11月27日。
② 译注：同为11月27日，这两天抵达科捷利尼科沃的只是第6装甲师的部分单位，其余单位迟至12月3日才陆续抵达。

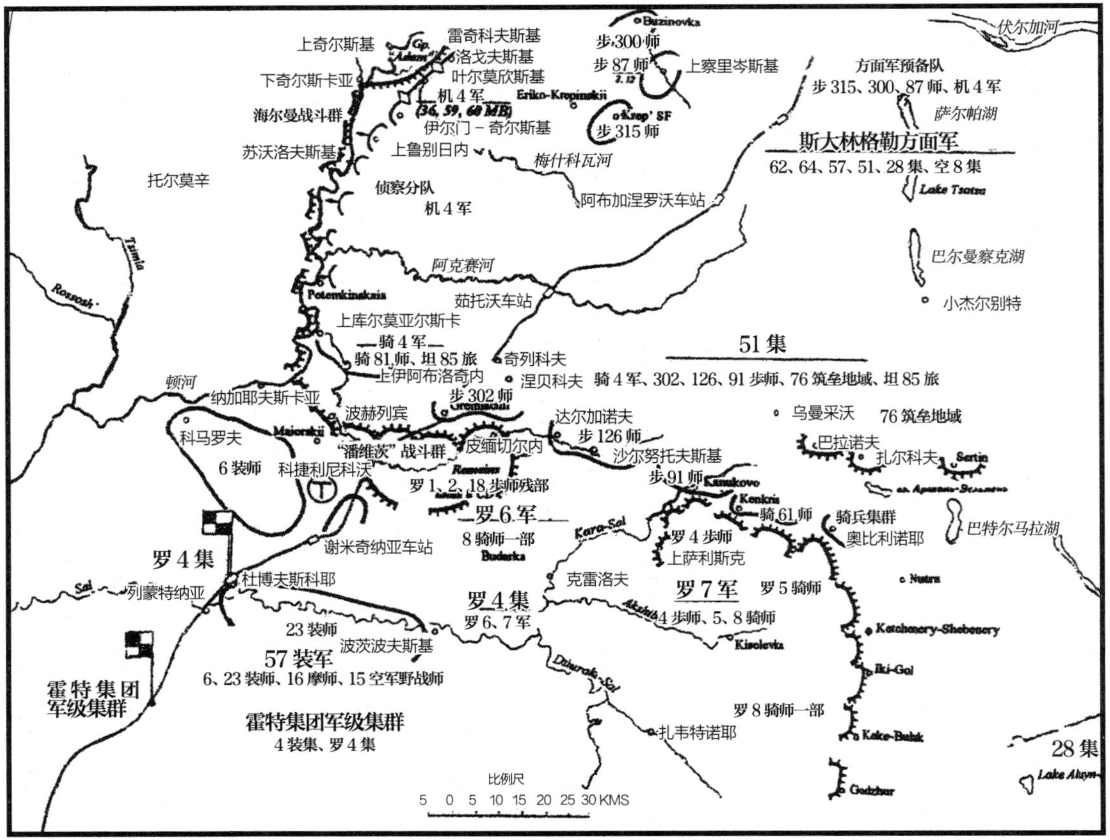

地图 43 1942 年 12 月初，科捷利尼科沃地域的态势

表35：1942年12月1日，"霍特"集团军级集群的编成

"霍特"集团军级集群（原第4装甲集团军）——赫尔曼·霍特大将

　　第4装甲集团军司令部（与罗马尼亚第4集团军司令部）

　　"科尔内"战斗群（罗）——拉杜·科尔内准将[1]

　　"冯·潘维茨"战斗群（骑兵战斗群）（德）——赫尔穆特·冯·潘维茨上校

　　第6军（罗）——科尔内留·德拉加利纳中将

　　　　第2步兵师（第1、第26、第31步兵团）（罗）——杜米特鲁·图多塞准将

　　　　第18步兵师（第18、第90、第92步兵团）（罗）——拉杜·巴尔代斯库准将

　　　　第1步兵师（第85、第93步兵团）（罗）——巴尔布·阿列内斯库少将[2]，12月由伊万·杜米特留准将接替

　　第7军（罗）——弗洛雷亚·米特勒内斯库中将

　　　　第4步兵师（第5、第20、第21步兵）（罗）——巴尔布·阿列内斯库少将[3]，12月由伊万·杜米特留准将接替

　　　　第5骑兵师（第7、第8龙骑兵团）（罗）——杜米特留·波佩斯库上校[4]

　　　　第8骑兵师（第2、第3轻骑兵团、第4龙骑兵团）（罗）——拉杜·科尔内准将[5]

　　　　第16装甲掷弹兵师（第60、第156装甲掷弹兵团、第116装甲营、第450、第782、第811突厥斯坦志愿者营）——装甲兵上将格哈尔德·冯·什未林伯爵[6]

隶属于"顿河"集团军群，但正赶往"霍特"集群作战地区的部队：

　　第57装甲军——装甲兵上将弗雷德里希·基希纳

　　　　第6装甲师（11月28日—29日到达科捷利尼科沃）

　　　　第23装甲师（赶往科捷利尼科沃的途中）

　　　　第15空军野战师

※ 资料来源：根据参考书目中列举的主要资料来源。

月最后一周遭遇的诸多困难清楚地表明，他们在成功实施突破和合围行动期间组织部队投入战斗的方式，在几个重要方面已无法适应现有情况。首先，两个方面军以钳形攻势合围的敌军数量远远超过苏军最高统帅部的预计——陷入重围的敌人多达284000人，而不是他们估计的90000人。[78]正如后续战斗表明的那样，尽管苏军三个方面军大幅度削减了合围对外正面的兵力，但他们的力量可

---

　① 译注：上校。

　② 译注：准将。

　③ 译注：准将。

　④ 译注：少将。

　⑤ 译注：上校。

　⑥ 译注：少将。

表 36：1942 年 12 月 1 日，双方沿科捷利尼科沃和埃利斯塔方向部署的部队

斯大林格勒方面军	"霍特"集群（12月3日）
第51集团军	**第1军（罗）**
骑兵第4军	第1步兵师（罗）（残部）
骑兵第81师	"潘维茨"战斗群
坦克第85旅	
步兵第302师	第2步兵师（罗）（残部）
	第18步兵师（罗）（残部）
步兵第126师	"科尔内"战斗群（第8骑兵师，团）
步兵第300师（预备队）	**第57装甲军（途中）**
步兵第315师（预备队）	第6装甲师
步兵第87师（方面军预备队）	第23装甲师（途中）
	第15空军野战师（途中）
	第7军（罗）
骑兵第61师（骑兵第4军）	第4步兵师（罗）
步兵第91师	第5骑兵师（罗）
第76筑垒地域	第8骑兵师（罗）
第28集团军	**第16摩步师**
近卫步兵第34师	第60摩步团
步兵第248师	第156摩步团
独立步兵第152旅	第116装甲营
近卫坦克第6旅	第450突厥斯坦志愿者营
	第782突厥斯坦志愿者营
	第811突厥斯坦志愿者营

※ 资料来源：根据参考书目中列举的主要资料来源。

能仍不足以消灭斯大林格勒包围圈内的大批轴心国军队。其次，虽然华西列夫斯基11月26日意识到存在严重的指挥控制难题，并开始采取措施加以弥补，例如将西南方面军第21集团军转隶顿河方面军，但只要叶廖缅科斯大林格勒方面军辖下的集团军继续沿截然不同的方向展开行动，这些问题就将继续存在。这个问题没有快速解决之道，因为叶廖缅科方面军缺乏足够的野战集团军来完成受领的两项任务。第三，最高统帅部和华西列夫斯基将大批部队留作"土星"行动，具体说来，这些部队包括近卫第2集团军、坦克第7、第17、第18、第

24、第25军、近卫机械化第5、第1、第2军、近卫步兵第4、第6军，这就严重削弱了在斯大林格勒地区作战的三个方面军，导致他们缺乏必要的兵力（特别是坦克和机械化力量）来完成受领的两项任务。如果没有大股援兵，他们就无法消灭第6集团军，也无力抗击德国人有可能从科捷利尼科沃和阿克赛地区，或从雷奇科夫斯基和上奇斯卡亚地区奇尔河与顿河交汇处发起的救援行动。

第四，面对这些新问题，苏军最高统帅部、华西列夫斯基和三位方面军司令员不得不对"土星"行动做出定论。如果他们不按照原定计划发起该行动，就必须做出决定：将斯大林格勒地区的大批战略、战役预备队投向何处，该如何部署？最关键的是马利诺夫斯基将军的近卫第2集团军。如何解决这些问题和另外一些较次要的问题，将决定整个1942年12月沿斯大林格勒方向展开的战斗的性质和最终结果。

从德国一方看，希特勒禁止第6集团军撤离并命令德国空军以空运的方式为该集团军提供补给的决定，虽然不能说对整个德国的战争努力造成了致命影响，至少对保卢斯集团军的存亡至关重要。首先，这些决定源自希特勒的看法，1941年12月，他给莫斯科城下的"中央"集团军群下达过坚守令，成功地防止了博克集团军群的崩溃，更重要的是维系了德国人赢得战争的意志。其次，与许多德军指挥官一样，希特勒无法相信原先一向拙劣的红军能完成合围一整个德国集团军这种大胆的壮举，更不必说彻底歼灭该集团军了。戈林保证德国空军能维持第6集团军的补给（没有证据表明他做出过这种承诺），尽管希特勒对此心存怀疑，但还是无法想象苏军真能歼灭保卢斯集团军这样一支实力强大、战功显赫的力量。另外，德军装甲师去年冬季取得过巨大的成就，救出了德军遭到包围或孤立的多支部队，他们当然能再次做到这一点。因此，希特勒的傲慢、自信以及他对纳粹意识形态及宣传的信念，决定了他在11月最后10天所做的决策。

第三点，曼施泰因确信希特勒已决心命令保卢斯原地固守后，对元首施加了具有决定性的影响。曼施泰因与魏克斯在旧别利斯克首次会晤，此后又进行多次会谈后，打破了魏克斯、保卢斯和其他许多德军将领认为第6集团军的态势岌岌可危的一致评估，没有明确支持该集团军应立即突出包围圈。12月中旬后，这一点变得更加明确——曼施泰因不能也不愿给保卢斯下达突围令。

这一切给德国"顿河"集团军群与红军西南方面军、斯大林格勒方面军在1942年12月第一周展开的艰难角逐创造了条件。这番角逐的结局将决定保卢斯第6集团军的生死存亡,对胜利者和失败方都具有巨大的战略影响。更准确地说,"顿河"集团军群的目的是从西面和西南面发起救援行动,解救第6集团军,而苏军最高统帅部的目标是阻止并击败这些救援企图。现在,面临危险的不仅仅是第6集团军,还包括希特勒指挥的德国国防军的声望(如果不是最终命运的话)。

至于"天王星"行动初期阶段的人员伤亡,俄罗斯最新出版的斯大林格勒战役史称,11月19日至30日,德国和罗马尼亚军队共损失145000名官兵,其中65000人被俘。[79]这份战役史还指出,轴心国军队损失了3600挺机枪、2900门火炮、700门迫击炮、300多辆坦克、超过250架飞机、7500部各种类型的汽车、1500辆摩托车和大批其他军用装备和物资。另外,苏军还"解放"了德国人缴获的约700辆苏制坦克和近期被俘的6000名红军战俘。另一方面,这份资料也承认三个遂行进攻的方面军共损失79400人(其中18400人阵亡)、359辆坦克(145辆彻底毁坏)和125架飞机。其中,西南方面军损失38400人(阵亡8200人),顿河方面军损失22800人(5800人阵亡),斯大林格勒方面军损失18200人(4400人阵亡)。由于三个方面军都在实施进攻,火炮和步兵武器的损失较低,例如,斯大林格勒方面军报告,他们只损失了15门火炮、15门迫击炮和13挺机枪。[80]

轴心国方面的资料基本确认了高昂的人员伤亡,承认罗马尼亚第3集团军和在斯大林格勒南部战斗的两个罗马尼亚军损失约90000人,而德国第6集团军和第4装甲集团军截至11月23日伤亡约34000人,到月底时又伤亡14000多人。虽然俄罗斯方面的资料对轴心国军队坦克损失数量的估计较为准确,但正如前文所述,"解放"的苏制坦克数量明显夸大。尽管如此,对苏军来说,11月下半月总体而言是一段战果辉煌的时期。

注释

1. 华西列夫斯基，《毕生的事业》，第230—231页。

2. 《最高统帅部大本营就协调诸方面军作战行动事宜发给顿河方面军和斯大林格勒方面军司令员的170695号指令》（*Direktiva Stavki VGK No. 170695 komanduiushchim voiskami Donskogo i Stalingradskogo frontov o koordinatsii deistvii frontov*），佐洛塔廖夫，《最高统帅部1942》，第457页，引自档案*TsAMO MD RF, f. 132a, op. 2642, d. 13, I*. 第140页。

3. 《西南方面军军事委员会发给方面军副司令员库兹涅佐夫中将的指令》（*Iz direktivy Voennogo Soveta Iugo-Zapadnogo fronta zamestiteliu komanduiushchego general-leitenantu Kuznetsovu*），收录在《1942年12月，意大利–德国军队在顿河的覆灭：战役–战术的简短总结》（*Razgrom Italo-Nemetskikh voisk na Donu (Dekabr 1942 r): Kratkii operativno-takticheskii ocherk*，莫斯科：军事出版社，1945年）一书第115-116页；保密级，由红军总参谋部军事历史处撰写。

4. 《最高统帅部大本营关于任命近卫第2集团军司令员和沃罗涅日方面军副司令员的0912号令》（*Prikaz Stavki VGK No. 0912 o naznachenii komanduiushchego 2-i Gvardeiskoi Armii i zamestitelia komanduiushchego voiskami Voronezhskogo fronta*），佐洛塔廖夫，《最高统帅部1942》，第458页，引自档案*TsAMO, 148a, op. 3763, d. 126, I*. 第197页。

5. 《红军总参谋部1942年11月29日8点的333号作战概要摘录》（*Izvlechenie iz operativnoi svodkoi No. 333*），V.A.日林（主编）的《斯大林格勒战役：编年史、真相和人物，两卷本》，第二卷，第106—109页；引自档案*TsAMO RF, f. 16, op. 1072ss, d. 11, II*. 第192—205页。

6. 《红军总参谋部1942年11月30日8点的334号作战概要摘录》（*Izvlechenie iz operativnoi svodkoi No. 334*），V.A.日林（主编）的《斯大林格勒战役：编年史、真相和人物，两卷本》，第二卷，第113—116页；引自档案*TsAMO RF, f. 16, op. 1072ss, d. 11, II*. 第206—215页。

7. 《红军总参谋部1942年12月1日8点的335号作战概要摘录》（*Izvlechenie iz operativnoi svodkoi No. 335*），V.A.日林（主编）的《斯大林格勒战役：编年史、真相和人物，两卷本》，第二卷，第120—123页；引自档案*TsAMO RF, f. 16, op. 1072ss, d. 12, II*. 第1—9页。

8. 瑙缅科，《阿尔乔莫夫斯克—柏林步兵第266师：对荣获二级苏沃洛夫勋章的红旗阿尔乔莫夫斯克—柏林步兵第266师征途的军事历史研究》，第8—9页。瑙缅科在书中称，步兵第266师第1010团在11月26日—27日德军反突击期间损失了40%的兵力和大多数火炮。但瑙缅科没有提及哪一种容克飞机参加了战斗。

9. 同上，第9页。

10. 马克·阿克斯沃西等人合著，《第三轴心第四盟友》，第100页。

11. 维塔利伊·别洛孔和伊利亚·莫什昌斯基，《在斯大林格勒侧翼：顿河中游和上游之战，1942年7月17日—1943年2月2日》（*Na flangakh Stalingrada: Operatsii na Srednem i Verkhnem Donu, 17 iiulia 1942-2 fevralia 1943 goda*，莫斯科：PKV出版社，2002年），第52页。

12. 《1942年11月28日霍利特集团军级支队的态势，作战日志附件I》（*Lage am 28.11.42, Anlagen zu K.T.B. I, Armee Abt. Hollidt*），26624/6号文件，NAM T-312，1452卷。

13. 罗尔夫·施托弗斯在《第22装甲师，第25装甲师，第27装甲师和第233预备装甲师：组建、编制和使用》一书第72页称，"奥佩尔恩"战斗群编有第204装甲团的一部、第129装甲掷弹兵团第2营和一个配备150毫米"突击坦克"的自行步兵炮排。这些"突击坦克"很可能是12辆StuIG 33B型步兵突击炮，这种步兵突击炮以三号突击炮的底盘制造而成并被派往斯大林格勒，但落在了第22装甲师手中。注意不要把这种步兵突击炮与四号"灰熊"式突击坦克混淆，后者1943年才投入服役。

14. 马克·阿克斯沃西等人合著，《第三轴心第四盟友》，第100页。

15. 第336步兵师向前部署的轨迹可参阅《霍利特集团军级支队作战日志附件中的态势图集》（*Lagenkarten, Anlagen zu K.T.B. I, Armee Abt. Hollidt*），26624/6号文件，NAM T–312，1452卷。

16. 苏联方面对这场战斗仅有的描述出现在红军总参谋部11月29和12月1日的作战概要中，参见《第334、335号作战概要摘录》（*Izvlechenie iz operativnoi svodkoi Nos. 334 and 335*），V.A.日林（主编）的《斯大林格勒战役：编年史、真相和人物，两卷本》，第二卷，第114、第121页。罗马尼亚第3集团军沿奇尔河防御的每日部署和情报评估，以及隶属于该集团军的多个战斗群和子群，可参阅《霍利特集团军级支队作战日志附件中的态势图集》（*Anlage zu KTB 1, Armee Abteilung Hollidt, Lagenkarten*），1942年12月，第6集团军，26624/6号文件，NAM T–312，1452卷。"亚当"战斗群辖下的子群，从左至右部署在10公里宽的作战地域上，从苏罗维基诺东南方18—22公里、奇尔河畔的布利日涅—梅利尼尼伊（*Blizhne–Mel'nichnii*）和库利平斯基（*Kulpinskii*）东延至上奇尔斯基，分别是"戴贝尔"、"科尔布"、"普洛格"、"格卢赫"、"耶克尔"子群，每个子群的规模为一个小营，并以其指挥官的名字命名。"格贝尔"战斗群和"米克施"战斗群据守上奇尔斯基，"乔克尔"战斗群守卫雷奇科夫斯基和附近的顿河对岸登陆场。这些战斗群均隶属于"冯·施通普菲尔德"战斗群，直至第48装甲军12月4日将军部迁至下奇尔斯卡亚。11月19日晚，汉斯·克拉默少将将接替海姆将军出任第48装甲军军长，12月4日，克拉默又被装甲兵上将奥托·冯·克诺贝尔斯多夫接替。但11月28日—29日，海因里希·埃贝巴赫少将暂时指挥该军。

17. N.Z.卡德罗夫，《从明斯克到维也纳：近卫红旗阿波斯托洛沃—维也纳步兵第4师的征程》（*Ot Minska do Veny: Boevoi put' 4–i Gvardeiskoi strelkovoi Apostolovsko–Venskoi Krasnoznamennoi divizii*，莫斯科：军事出版社，1985年），第4页。

18. 坦克第5集团军11月29日–30日整个作战行动的总结，可参阅《第334、335号作战概要摘录》，V.A.日林（主编）的《斯大林格勒战役：编年史、真相和人物，两卷本》，第二卷，第114、第121页。

19. 《霍利特集团军级支队作战日志附件中的态势图集，截至1942年11月30日》（*Stand v. 30.11.42, Lagenkarten, Anlagen zu K.TB. I, Armee Abt. Hollidt*），26624/6号文件，NAM T–312，1452卷。

20. 同上。

21. 同上。

22. 《第335号作战概要摘录》（*Izvlechenie iz operativnoi svodkoi Nos. 335*），V.A.日林（主编）的《斯大林格勒战役：编年史、真相和人物，两卷本》，第二卷，第121页。

23. 车尔尼雪夫斯卡亚北面的战斗进程，可参阅"霍利特"集群11月30日和12月1日的态势图。

24. 罗马尼亚第3集团军沿奇尔河作战行动的每日部署，可参阅《霍利特集团军级支队作战日志附件中的态势图集》（*Lagenkarten, Anlagen zu K.T.B. I, Armee Abt. Hollidt*），26624/6号文件，NAM

T-312，1452卷。

25. 马克·阿克斯沃西等人合著，《第三轴心第四盟友》，第100页。

26. 第22装甲师11月28日—30日的作战详情，可参阅罗尔夫·施托弗斯的《第22装甲，第25装甲师，第27装甲师和第233预备装甲师：组建、编制和使用》，第76—77页。

27. 罗科索夫斯基，《军人的天职》，第204页。

28. 《第14装甲军发给第6集团军作战参谋的日中报告，1942年11月28日17点55分》（A.O.K. 6/ I.a, Zwischenmeldung 28.11.1942 XIV. Pz. K, 1755 Uhr），《第14装甲军发给第6集团军作战参谋的日中报告，1942年11月30日17点40分》（A.O.K. 6/I.a, Zwischenmeldung 30.11.1942 XIV. Pz. K, 1740 Uhr），收录在《第6集团军作战日志附件册，第二卷》，第47、72页。

29. 《第14装甲军发给第6集团军作战参谋的每日报告，1942年11月30日20点10分》（A.O.K. 6/I.a, Tagesmeldung 30.11.1942 XIV. Pz. K. 2010 Uhr），同上，第74页。

30. 巴托夫，《在行军和战斗中》，第212—214页。

31. 《第11军发给第6集团军作战处的每日报告，1942年11月29日，未标明具体时间》（Tagesmeldung, XI A.K. [no time indicated], A.O.K. 6, Abt. Ia, Datum 29.11.42），收录在《第6集团军作战日志附件册，第二卷》，第60页。

32. 四份主要资料详细描述了第66集团军作战地域内的战事：冯·森格尔·翁德·埃特林将军出色的第24装甲师史；第6集团军重见天日并获得出版的记录，记录中经常提到奥尔洛夫卡地域的战斗；近期公布的红军总参谋部这一时期的作战概要；最近出版的阿德尔贝特·霍尔回忆录，他当时是德军第94步兵师的一名士兵。

33. 《第333号作战概要摘录，1942年11月29日8点》（Izvlechenie iz operativnoi svodkoi No. 333, 0800 hours, 29 November 1942），V.A.日林（主编）的《斯大林格勒战役：编年史、真相和人物，两卷本》，第二卷，第108页。

34. 每日态势图可参阅阿德尔贝特·霍尔的《斯大林格勒的一名步兵：1942年9月24日至1943年2月2日》，第154—157页，以及《第6集团军1942年11月至1943年1月的作战日志-地图，1942年11月28日的态势》（Lage 28.11.42, KTB-Karten, Nov 1942-Jan 1943, AOK 6），30155/37号文件，NAM T-312，1459卷。

35. 阿德尔贝特·霍尔，《斯大林格勒的一名步兵：1942年9月24日至1943年2月2日》，第154页；《第6集团军司令部作战处发给顿河集团军群的急电，1942年11月28日的第二份晨报》（Funkspruch an Heeresgruppe Don, 2. Morgenmeldung, Armee-Oberkommando 6, Abt.-Ia, A.H.Qu., 28.11.1942），收录在《第6集团军作战日志附件册，第二卷》，第43页。

36. 阿德尔贝特·霍尔，《斯大林格勒的一名步兵：1942年9月24日至1943年2月2日》，第155页；《第51军发给第6集团军作战参谋的日中报告，1942年11月28日18点05分》（Zwischenmeldung, LI. A.K., 1805 Uhr, A.O.K. 6, Ia, Datum 28.11.42），收录在《第6集团军作战日志附件册，第二卷》，第47页。

37. 阿德尔贝特·霍尔，《斯大林格勒的一名步兵：1942年9月24日至1943年2月2日》，第156—157页。作为一个有趣的旁注，这份报告还指出，罗马尼亚第1骑兵师和"沃伊库"支队，共计3000人，现已隶属于第51军。参见《第51军发给发给第6集团军作战参谋的每日报告，1942年11月28日，未注明具体时间》（*Tagesmeldung, LI. A.K., meldet [no time indicated], A.O.K 6, Ia, Datum 28.11.42*），收录在《第6集团军作战日志附件册，第二卷》，第49页。次日签发的一份报告表明，第24装甲师尚有14辆坦克（1辆二号、5辆三号短身管、2辆三号长身管、3辆四号短身管、2辆四号长身管、1辆指挥坦克），11月28日伤亡74人（6人阵亡，68人负伤），参见《第51军发给第6集团军作战参谋的晨报，1942年11月29日6点30分》（*Morgenmeldung, L I . A.K., 0630 Uhr, A.O.K. 6, Ia, Datum 29.11.42*），同上，第54-55页。

38. 第334号作战概要摘录，1942年11月30日8点（*Izvlechenie iz operativnoi svodkoi No. 334, 0800 hours, 30 November 1942*），V.A.日林（主编）的《斯大林格勒战役：编年史、真相和人物，两卷本》，第二卷，第115页。

39. 阿德尔贝特·霍尔，《斯大林格勒的一名步兵：1942年9月24日至1943年2月2日》，第157页；《第51军发给第6集团军作战参谋的日中报告，1942年11月29日17点30分》（*Zwischenmeldung, LI. A.K.meldet 1730 Uhr, A.O.K. 6, Ia, Datum 29.11.42*），收录在《第6集团军作战日志附件册，第二卷》，第58页。

40. 第335号作战概要摘录，1942年12月1日8点（*Izvlechenie iz operativnoi svodkoi No. 335, 0800 hours, 1 December 1942*），V.A.日林（主编）的《斯大林格勒战役：编年史、真相和人物，两卷本》，第二卷，第122页。

41. 第51军发给第6集团军作战参谋的晨报，1942年11月30日6点（*Morgenmeldung, LI. A.K., 0600 Uhr, A.O.K. 6, Ia, Datum 30.11.42*），收录在《第6集团军作战日志附件册，第二卷》，第64页；阿德尔贝特·霍尔，《斯大林格勒的一名步兵：1942年9月24日至1943年2月2日》，第157页。

42. 别洛夫等人主编的《从伏尔加河到布拉格》，第45页。

43. 第333号作战概要摘录，1942年11月29日8点（*Izvlechenie iz operativnoi svodkoi No. 333, 0800 hours, 29 November 1942*），V.A.日林（主编）的《斯大林格勒战役：编年史、真相和人物，两卷本》，第二卷，第108页。

44. 别洛夫等人主编的《从伏尔加河到布拉格》，第45—46页。

45. 第6集团军司令部作战处发给顿河集团军群的急电，1942年11月28日的第二份晨报（*Funkspruch an Heeresgruppe Don, 2. Morgenmeldung, Armee-Oberkommando 6, Abt.-Ia, A.H.Qu., 28.11.42*），收录在《第6集团军作战日志附件册，第二卷》，第43页。

46. 第4军发给第6集团军作战参谋的日中报告，1942年11月28日16点50分（*Zwischenmeldung IV. A. K. meldet 1650 Uhr, A.O.K. 6, Ia, Datum 28.11.42*），同上，第46—47页。

47. 第4军发给第6集团军的每日报告，1942年11月28日22点（*Tagesmeldung, IV A.K. 22.00 Uhr, A.O.K 6, Ia, Datum 28.11.42*），同上，第50—51页。第29摩步师的39辆坦克如下：6辆二号、15辆三号长身管、5辆三号短身管、12辆四号长身管、1辆四号指挥坦克。第14装甲师的9辆坦克是7辆三号、1辆四号长身管和1辆三号短身管坦克。

48. 第6集团军司令部作战处发给顿河集团军群的急电，1942年11月29日（*Funkspruch an Heeresgruppe Don, Armee-Oberkommando 6, Abt.-Ia, A.H.Qu., 29.11.42*），同上，第56页。

49. 第4军发给第6集团军作战参谋的每日报告，1942年11月29日21点50分（*Tagesmeldung IV A.K. 21.50 Uhr, A.O.K 6, Ia, 29.11.42*），同上，第62页。第29摩步师的36辆坦克如下：6辆二号、13

辆三号长身管、5辆三号短身管、11辆四号长身管、1辆四号指挥坦克。

50.《1942年11月—1943年1月的作战日志-地图》（*K.T.B. 29.XI, KTB-Karten, Nov 1942-Jan 1943*），第6集团军，30155/37号文件，NAM T-312，1459卷。

51. "*Tagesmeldung XIV. Pz. K. 2215 Uhr, A.O.K. 6, Ia, Datum 29.11.1942*,"（第14装甲军发给第6集团军作战参谋的每日报告，1942年11月29日22点15分），收录在《第6集团军作战日志附件册，第二卷》，第63页。第3摩步师的28辆坦克是20辆三号长身管、4辆四号短身管和4辆四号长身管坦克。

52. 埃哈德·劳斯，《坦克战：劳斯将军东线回忆录，1941—1945年》（纽约：达·卡波出版社，2003年），第145页。

53. 马克·阿克斯沃西等人合著，《第三轴心第四盟友》，第109页。

54. 同上。

55.《第51军发给第6集团军作战参谋的每日报告，1942年11月28日，未标明具体时间》（*Tagesmeldung LI . A.K. [no time indicated], A.O.K. 6, Ia, Datum 28.11.42*），收录在《第6集团军作战日志附件册，第二卷》，第49页。

56.《第51军发给第6集团军作战参谋的晨报，1942年11月29日6点30分》（*Morgenmeldung, LI. A.K., 0630 Uhr, A.O.K. 6, Ia, Datum 29.11.42*），同上，第53页。

57. 詹森·D. 马克，《烈焰之岛：斯大林格勒"街垒"火炮厂之战，1942年11月-1943年2月》，第298页。

58.《303、304号作战概要和245号作战报告》（*Opersvodka Nr. 303, 304, Boevoe donesenie Nr. 245*），1942年11月29日签发，第62集团军1942年11月的作战日志。

59.《第51军发给第6集团军作战参谋的晨报，1942年11月30日6点》（*Morgenmeldung, LI. A.K., 0600 Uhr, A.O.K. 6, I. a, Datum 30.11.42*），收录在《第6集团军作战日志附件册，第二卷》，第65页。

60.《246号作战报告》（*Boevoe donesenie 246*），1942年11月30日签发，第62集团军1942年11月的作战日志。

61. 奥列格·舍恩，《伟大卫国战争中不为人知的战线》，第206—207页。

62. 同上，第207页。

63. 同上。

64. 赫尔曼·普洛歇尔中将和哈里·R·弗莱彻（编辑），《德国空军对苏作战，1942年》，美国空军历史研究第154期（美国空军历史研究部、航空研究所、空军大学，1966年6月），第252页，引自里希特霍芬日记，1942年11月19日，第369页。

65. 乔尔·S.A. 海沃德，《止步于斯大林格勒：德国空军和希特勒在东线的失败，1942—1943年》，第229页。

66. 同上。这段译文省略了"来自亚洲和外蒙古"这句话，显然是因为其种族主义色彩，但鲁德尔这段话的译文可以在普洛歇尔和弗莱彻的《德国空军对苏作战，1942年》一书第253—254页找到，该书还指出，第8航空军和罗马尼亚飞行员11月19日飞行了150个架次。

67. S.I.鲁坚科等人合编的《伟大卫国战争中的苏联空军，1941-1945年》（*Sovetskie voenno-vozdushnye sily v Velikoi Otechestvennoi voine, 1941-1945 gg.*，莫斯科：军事出版社，1968年），

第139页。书中还指出，空军第8集团军11月20日—23日共投入340个飞行架次，明显少于空军第8集团军战史中所称的438个架次。

68. 同上，第99页。

69. N.M.斯科莫罗霍夫等人合编的《从斯大林格勒到维也纳，战斗中的空军第17集团军：对空军第17集团军在伟大卫国战争中的征程的历史研究》（17-ia Vozdushnaia Armiia v boiakh ot Stalingrada do Veny: Voenno-istoricheskii ocherk a boevom puti 17-i Vozdushnoi Armii v gody Velikoi Otechestvennoi voiny，莫斯科：军事出版社，1977年），第14页。

70. B.A.古宾和V.A.基谢列夫，《空军第8集团军：对空军第8集团军在伟大卫国战争中的征程的历史研究》（Vos'maia Vozdushnaia: Voenno-istoricheskii ocherk boevogo puti 8-i Vozdushnoi Armii v gody Velikoi Otechestvennoi voiny.，莫斯科：军事出版社，1986年），第98页。

71. M.S.多库恰耶夫，《骑兵中队投入战斗：荣获列宁勋章和苏沃洛夫勋章的近卫红旗骑兵第7军在伟大卫国战争中的征程》，第28页。

72. M.N.科热夫尼科夫，《伟大卫国战争中的苏联空军指挥和参谋部，1941—1945年》（Komandovanie i shtab VVS Sovetskoi Armii v Velikoi Otechestvennoi voine 1941-1945 gg.，莫斯科：科学出版社，1977年），第110页。

73. 同上。

74. 乔尔·S.A. 海沃德，《止步于斯大林格勒：德国空军和希特勒在东线的失败，1942—1943年》，第254页。里希特霍芬将军在他的日记中提出的数字较高些——400个架次，但这并不能改变苏军的优势比。

75. 警戒部队指的是仓促集结在各城镇的德国人或当地志愿者组成的各种规模不等的单位。

76. 第6集团军司令部作战处发给顿河集团军群的每日报告，急电，1942年11月27日（Funkspruch an Heeresgruppe Don, Tagesmeldung, Armee-Oberkommando 6, Abt.-Ia, A.H.Qu., 27 November 1942），收录在《第6集团军作战日志附件册，第二卷》，第32页。这道命令还将第384步兵师和第14装甲师列为第6集团军的预备队。

77. 第6集团军12月2日的命令中将西南部防线（从卡扎奇经马里诺夫卡至卡尔波夫卡）称为东南部防线，可能是打字错误所致。

78. 几乎所有的苏联和俄罗斯资料都认为苏军最高统帅部低估了被围之敌的规模，并将这一错误归咎于苏军的情报评估。因此，罗科索夫斯基在《伏尔加河畔的伟大胜利》一书第289页称，最高统帅部估计将有80000—90000名敌人被包围，实际上，这个数字高达330000人。萨姆索诺夫在《伏尔加河畔的伟大胜利》一书第398和423页引用了华西列夫斯基战后撰写的回忆录，称苏军策划者估计将有85000—90000名敌人被包围，但这个数字最终超过30万。伊萨耶夫在《斯大林格勒：伏尔加河后方没有我们的容身处》一书第289和341页引用了华西列夫斯基的数字和错误的情报报告，得出的结论是284000名德国和罗马尼亚士兵被围，这些士兵都由第6集团军指挥。

79. V.A.佐洛塔廖夫（主编），VOV，第二卷，第71页。

80. 同上。

参考资料

缩略语表

BA-MA: Bundesarchiv Militärarchiv（德国军事档案）

JSMS: Journal of Slavic Military Studies（《斯拉夫军事研究》杂志）

NAM: National Archives Microfilm（国家档案馆微缩胶片）

TsAMO: Tsentral'nyi arkhiv Ministerstva Oborony（国防部中央档案馆）

TsPA UML: Tsentral'nyi partiinyi arkhiv Instituta Marksizma—Leninizma（马列主义研究院中央党务档案馆）

VIZh: Voenno-istoricheskii zhurnal（《军事历史》杂志）

VVI: Vestnik voennoi informatsii（军事信息通报）

VV: Voennyi vestnik（军事通报）

原始文献
德军作战日志［Kriegstagebuch］

"弗雷特·皮科"集团军级支队，*Kriegstagebuch Nr. 1, Armee-Abteilung Fretter-Pico, 18.12. 1942-2.2. 1943. BA-MA XXX A.K.*（第30军军事档案，"弗雷特·皮科"集团军级支队1号作战日志，1942年12月18日—1943年2月2日），31783/1号文件，原件的副本。

"霍利特"集团军级支队，*Anlagen zu KT.B. 1, Armee Abteilung Hollidt, Skizzen, Nov 1942, AOK 6*（第6集团军，"霍利特"集团军级支队1号作战日志附件集，草图，1942年11月），26624/5号文件，NAM序列号T-312，1452卷。

"霍利特"集团军级支队，*Anlagen zu KT.B. 1, Armee Abteilung Hollidt, Lagekarten, Dez. 1942. AOK 6*（第6集团军，"霍利特"集团军级支队1号作战日志附件集，态势图集，1942年12月），26624/6号文件，NAM序列号T-312，1542卷。

"霍利特"集团军级支队，*Anlagen zu KT.B. 1., Armee Abt. Hollidt, Tagl. Meldungen, Teil A: 23-27.11.42, Teil B: 28.11-31.12.42.*（"霍利特"集团军级支队1号作战日志附件集，报告，A部分：1942年11月23日—27日；B部分：1942年11月28日—12

月 31 日），德国军事档案 RH 20-6/249，原件的副本。

"霍利特"集团军级支队，*Kriegstagebuch Armee Abteilung Hollidt, 23.11.42 bis 27.12.42, Deutscher Generalstab bei 3. rum. Armee, 27.12.42 bis 31.12.42 Armeegruppe Hollidt.*（"霍利特"集团军级支队作战日志，1942 年 11 月 23 日—12 月 27 日，罗马尼亚第 3 集团军德军参谋部，"霍利特"集团军级集群，1942 年 12 月 27 日—12 月 31 日），德国军事档案 RH 20-6/246，原件的副本。

"顿河"集团军群，*Heeresgruppe Don Kriegstagebuch vom 22.12.42-31.1.43, Anlagen Band 6.*（"顿河"集团军群作战日志，1942 年 12 月 22 日—1943 年 1 月 31 日，附件第 6 册），NAM 序列号 T-311，270 卷。

"顿河"集团军群，*Kriegstagebuch Nr. 1, Oberkommando der Heeresgruppe Don/ Süd, 20 November 1942-23 März 1943.*（"顿河 / 南方"集团军群司令部 1 号作战日志，1942 年 11 月 20 日—1943 年 3 月 23 日），德国军事档案 [数字不清]，原件的副本。

第 4 装甲集团军，*Lagenkarten zum KTB. Nr. 5 (Teil III), PzAOK 4, la, 21 Oct-24 Nov 1942. PzAOK 4.*（第 4 装甲集团军作战处，5 号作战日志（第 3 部分）中的态势图集，1942 年 10 月 21 日—11 月 24 日），28183/12 号文件，NAM 序列号 T-313，359 卷。

第 4 装甲集团军，*Lagenkarten zum KTB. Nr. 5 (Teil IV), PzAOK 4, la, 21 Nov-Dec 1942, PzAOK. 4*（第 4 装甲集团军作战处，5 号作战日志（第 4 部分）中的态势图集，1942 年 11 月 21 日—12 月）。

罗马尼亚第 3 集团军，*Anlagen zu KT.B 1, Armee Abt. Hollidt, Befehl und sonst. Anlagen, Teil A: 1-29 & Teil B: 30-143*（1 号作战日志附件集，"霍利特"集团军级支队，指挥和其他，附件，A 部分：1—29；B 部分：30—143），第 6 集团军 6/26624/2 号文件，NAM 序列号 T-312，1452 卷。

罗马尼亚第 3 集团军，*Anlagen zu. KT.B. 1, Armee Abt. Hollidt, Skizzen, Teil A: 1-5, Teil B: 6-26.*（1 号作战日志附件集，"霍利特"集团军级支队，草图，A 部分：1-5；B 部分：6-26），第 6 集团军 6/26624/5 号文件，NAM 序列号 T-312，1452 卷。

罗马尼亚第 3 集团军，*Tätigkeitsbericht 5.-31. Dez. 1942, lc, Rum. AOK. 3, der Chef des Deutschen Gen.-Stabes, dann Armeegruppe Hollidt, 1. Text, 2. Anlagen, 1-11 Feindlagenkarten, 3. Zwischen u. Tagesmeldungen.*（1942 年 12 月 5 日—31 日的行动报告，罗马尼亚第 3 集团军情报处，德军参谋部参谋长及"霍利特"集团军级集群，1：文本；2：

附件: 1—11 号敌军态势图; 3: 日中及每日报告), 第 6 集团军 26624/7 和 26624/9 号文件,
NAM 序列号 T–312, 1452 卷。

第 6 集团军, NAM 序列号 T–312, 1453 卷。

第 6 集团军, *K.T.B.–AOK 6, Ia., Karten, Nov 1942–Jan 1943.* (第 6 集团军作战处作
战日志, 地图集, 1942 年 11 月—1943 年 1 月), 30155/37 号文件, NAM 序列号 T–312,
1459 卷。

第 30 军, *K.T.B. Gen. Kdo. XXX. A.K. vom 6.11.42–13.12.42.* (第 30 军军部作战
日志, 1942 年 11 月 6 日—12 月 13 日), 31296/1—2 号文件, 德国军事档案 [数字缺失],
原件的副本。

第 48 装甲军, *Generalkommando XXXXVIII.Pz. Korps., Lagenkarten, 16.11.1942
–31.12.1942.* (第 48 装甲军军部, 态势图集, 1942 年 11 月 16 日—12 月 31 日), 德国军
事档案 RH 26775/6, 原件的副本。

第 48 装甲军, *Kriegs-Tagebuch, Dezember 1942., Gen. Kdo. XXXXVIII. Panzer
Korps.* (第 48 装甲军军部 1942 年 12 月的作战日志), 德国军事档案 RH 26776/3, 原件的副本。

第 11 装甲师, *K.T.B. 11th Panzer-Divizion.* (第 11 装甲师作战日志), 原件的副本。

第 22 装甲师, *Kriegstagebuch Nr. 3 vom .12.42–5.3.43 d. 22. Pz. Division Ia.* (第
22 装甲师作战处 3 号作战日志, 1942 年 12 月—1943 年 3 月 5 日), 德国军事档案 RH
27–22/15, 原件的副本。

第 22 装甲师, *Kriegstagebuch Nr. 3 Anlagenband I der 22 Panzer Division vom
1.12.42–5.3.43.* (第 22 装甲师 3 号作战日志 I 号附件, 1942 年 12 月 1 日—1943 年 3
月 5 日), 德国军事档案 RH 27–22/16, 原件的副本。

第 22 装甲师, *Kriegstagebuch Nr. 3 Anlagenband II der 22 Panzer Division vom
1.12.42–5.3.43.* (第 22 装甲师 3 号作战日志 II 号附件, 1942 年 12 月 1 日—1943 年 3
月 5 日), 德国军事档案 RH 27–22/17, 原件的副本。

第 62 步兵师, *62. I.D., K.T.B. Nr. 7, Buch 2 vom 1.8.42 bis 28.2.43.* (第 62 步兵
师 7 号作战日志第 2 册, 1942 年 8 月 1 日—1943 年 2 月 28 日), 德国军事档案 RH 26–
62/70, 原件的副本。

第 294 步兵师, *Anlagenband. 1, Kriegstagebuch Nr. 4, 294. I.D. vom 1.12.42–
21.12.42, Nr. 1559–1683.* (第 294 步兵师 4 号作战日志 1 号附件, 1942 年 12 月 1 日—

596

12 月 21 日，第 1559 —1683 页），德国军事档案 RH 26-294/34，原件的副本。

第 294 步兵师，*Anlagenband. 2, Kriegstagebuch Nr. 4, 294. I.D. vom 22.12.42-14.1.43, Nr.1685-1819.*（第 294 步兵师 4 号作战日志 2 号附件，1942 年 12 月 22 日—1943 年 1 月 14 日，第 1685—1819 页），德国军事档案 RH 26-294/35，原件的副本。

"Anlage 3 zum Tätigkeitsbericht, AOK 17, Ic, 20 Jul-25 Jul 1942," AOK17, 24411/33. National Archives Microfilm (NAM) series T-312, Roll 679.（1942 年 7 月 20 日—25 日，第 17 集团军情报处作战报告第 3 号附件；国家档案馆微缩胶片，序列号 T-312，第 679 卷）

苏军作战日志 [Zhurnal boevykh deistvii]

第 62 集团军，1942 年 9 月—11 月。

突击第 5 集团军（1942 年 12 月 15 日—1943 年 3 月 31 日），F. 333，op. 4885，d. 25，ed. khr. 24.

坦克第 5 集团军（1942 年），F. 333，op. 5041，d. 130.

坦克第 7 军（1942 年 8 月 25 日—1943 年 1 月 20 日），F. 3401，op. 1，d. 8.

近卫机械化第 2 军（1942—1943 年），F. 3426，op. 1，d. 6.

近卫机械化第 3 军（1942 年 12 月），F. 3428, op. 1，ed. khr. 3.

近卫骑兵第 7 军（1942—1943 年），F. 3475, op. 1，ed. khr. 12.

近卫机械化第 9 军（1942 年），F. 3443，op. 1，d. 11.

步兵第 95 师

步兵第 112 师

步兵第 138 师，*138-ia Krasnoznamennaia strelkovaia diviziia v boiakh za Stalingrada*（斯大林格勒战役中的红旗步兵第 138 师）

步兵第 284 师

步兵第 308 师

近卫步兵第 37 师

近卫步兵第 39 师

步兵第 10 旅

步兵第 42 旅

新发现的第 6 集团军每日作战记录

弗洛里安·冯·翁德·楚·奥夫塞斯男爵,《第 6 集团军作战日志附件册,第一卷,1942 年 9 月 14 日至 11 月 24 日》,德国施瓦巴赫:2006 年 1 月。

弗洛里安·冯·翁德·楚·奥夫塞斯男爵,《第 6 集团军作战日志附件册,第二卷,1942 年 11 月 24 日至 12 月 24 日》,德国施瓦巴赫:2006 年 1 月。

弗洛里安·冯·翁德·楚·奥夫塞斯男爵,《第 6 集团军作战日志附件册,第三卷,1942 年 12 月 24 日至 1943 年 2 月 2 日》,德国施瓦巴赫:2006 年 1 月。

其他原始文献

Boevoi sostav Sovetskoi Armii, chast 2 (lanvar–dekabr 1942 goda)【《苏军集团军作战编成,第二部(1942 年 1—12 月)》】(莫斯科:军事出版社,1966 年)

Boevoi sostav Sovetskoi armii, chast 3 (lanvar–dekabr 1943 goda)【《苏军集团军作战编成,第三部(1943 年 1—12 月)》】(莫斯科:军事出版社,1972 年)

V.V. 杜申金(主编),*Vnutrennye voiska v Velikoi Otechestvennoi voine 1941–1945 gg.:Dokumenty i materially*(《1941—1945 年,伟大卫国战争中的内卫部队:资料和文件》)(莫斯科:法律文献出版社,1975 年)

GKO(国防委员会)法令,*TsPA UML. f. 644, op. 1, delo*(文件)*(d), 23, listy*(页数)*(II.) 127–129* 和 *f. 644, op. 1, d. 33,II. 48–50.*

"la, Lagenkarten Nr. 1 zum KTB Nr. 1, November 1942–January 1943."(1942 年 11 月 1 日—1943 年 1 月,第 6 集团军作战处,1 号作战日志 1 号态势图集),30155/37 号文件,国家档案馆微缩胶片,NAM 序列号 T–312,第 1459 卷。

Kommandovanie korpusnovo i divizionnogo svena Sovetskikh vooruzhennijkh sil perioda Velikoi Otechestvennoi voiny 1941–1945 g.(《1941—1945 年,伟大卫国战争期间苏联武装力量军、师级指挥员》)(莫斯科:伏龙芝军事学院,1964 年)

Kriegstagebuch des Oberkommandos der Wehrmacht (Wehrmacht-fuhrungsstab), 1940-1945(《1940—1945 年,德国国防军最高统帅部作战日志》),第二册(德国法兰克福:1963 年)。

Organy gosudarstvennoi bezopastnosti SSSR v Velikoi Otechestvennoi voine: Sbornik

598

dokumentov, Tom chetvertyi, Kniga 1: Sekrety operatsii "Tsitadel'," 1 ianvaria-30 iiunia 1943 goda（《伟大卫国战争中的苏联国家安全机构：文件集，第一卷，第一册，"堡垒"行动的秘密，1943 年 1 月 1 日—6 月 30 日》）（莫斯科：俄罗斯出版社，2008 年）

Pogranichnye voiska SSSR v Velikoi Otechestvennoi voine 1942-1945: Sbornik dokumentovi materialov（《1942—1945 年，伟大卫国战争中的苏联边防军：文件和资料集》）（莫斯科：科学出版社，1976 年）

Sbornik materialov po izucheniiu opyta voiny, No. 6 (Aprel-mai 1943 g.)【《战争经验研究资料集，第 6 期（1943 年 4—5 月）》】（莫斯科：军事出版社，1943 年），原为机密级。

Sbornik materialov po izucheniiu opyta voiny, No. 7 (Iun-iuV 1943 g.)【《战争经验研究资料集，第 7 期（1943 年 6—7 月）》】（莫斯科：军事出版社，1943 年），原为机密级。

Sbornik materialov po izucheniiu opyta voiny, No. 8 (Avgust-oktiabr 1943 g.)【《战争经验研究资料集，第 8 期（1943 年 8—10 月）》】（莫斯科：军事出版社，1943 年），原为机密级。

Sbornik materialov po izucheniiu opyta voiny, No. 9 (Noiabf-dekabr 1943 g.)【《战争经验研究资料集，第 9 期（1943 年 11—12 月）》】（莫斯科：军事出版社，1944 年），原为机密级。

Sbornik voenno-istoricheskikh materialov Velikoi Otechestvennoi voiny, Vypusk 18（《伟大卫国战争军事和历史资料集，第 18 期》）（莫斯科：军事出版社，1960 年）

Stalingradskaia epopeia（《斯大林格勒史诗》）（莫斯科：叶翁尼察 -MG 出版社，2000 年），NKVD 文件集。

V.A. 日林（主编），*Stalingradskaia bitva: Khronika, fakty, liudi v 2 kn.*（《斯大林格勒战役：编年史、真相和人物，两卷本》）（莫斯科：奥尔玛出版社，2002 年）。

V.A. 佐洛塔廖夫（主编），*General'nyi shtab v gody Velikoi Otechestvennoi voiny: Dokumenty i materialy 1942*（《伟大卫国战争中的总参谋部：1942 年的文献资料》），刊登在 *Russkii arkhiv: Velikaia Otechestvennaia*（《俄罗斯档案：伟大卫国战争》），第 23 册（12-2）（莫斯科：特拉出版社，1999 年）。

V.A. 佐洛塔廖夫（主编），General'nyi shtab v gody Velikoi Otechestvennoi *voiny: Dokumenty i materially, 1943 god"*（《伟大卫国战争中的总参谋部：1943年的文献资料》），刊登在 *Russkii arkhiv: Velikaia Otechestvennaia*（《俄罗斯档案：伟大卫国战争》），第23册（12-3）（莫斯科：特拉出版社，1999年）。

V.A. 佐洛塔廖夫（主编），*Preliudiia Kurskoi bitvy: Dokumenty i materialy 6 dekabria 1942 g.-25 aprelia 1943 g.*（《库尔斯克战役的序幕：1942年12月6日—1943年4月25日的文件和资料》），刊登在 *Russkii arkhiv: Velikaia Otechestvennaia*（《俄罗斯档案：伟大卫国战争》），第15册（4-3）（莫斯科：特拉出版社，1997年）。

V.A. 佐洛塔廖夫（主编），*Prikazy narodnogo komissaraoborony SSSR, 22 iiunia 1941 g-1942,*（《苏联国防人民委员会命令，1941年6月22日—1942年》），刊登在 *Russkii arkhiv: Velikaia Otechestvennaia [voina], 13 (2-2)*（《俄罗斯档案：伟大卫国战争》），第13册（2-2）（莫斯科：特拉出版社，1997年）。

V.A. 佐洛塔廖夫（主编），*Prikazy narodnogo komissara oborony SSSR, 1943-1945 gg.*（《苏联国防人民委员会命令，1943—1945年》），刊登在 *Russkii arkhiv: Velikaia Otechestvennaia [voina], 13 (2-3)*（《俄罗斯档案：伟大卫国战争》），第13册（2—3）（莫斯科：特拉出版社，1997年）。

V.A. 佐洛塔廖夫（主编），*Stavka VGK: Dokumenty i materialy 1942*（《最高统帅部大本营：1942年的文献资料》），刊登在 *Russkii arkhiv: Velikaia Otechestvennaia [voina], 16 (5-2)*（《俄罗斯档案：伟大卫国战争》），第16册（5-2）（莫斯科：特拉出版社，1996年）。

V.A. 佐洛塔廖夫（主编），*Stavka VGK: Dokumenty i materialy 1943*（《最高统帅部大本营：1943年的文献资料》），刊登在*Russkii arkhiv: Velikaia Otechestvennaia [voina], 16 (5-2)*（《俄罗斯档案：伟大卫国战争》），第16册（5-2）（莫斯科：特拉出版社，1999年）。

二手资料：书籍

G.H. 阿布罗希诺夫、M.K. 库济明、L.A. 列别杰夫、N.F. 波尔托拉科夫，Gvardeiskii *Nikolaevsko-Budapeshtskii: Boevoi put' 2-go gvardeiskogomekhani-zirovannogo korpusa*（《尼古拉耶夫—布达佩斯近卫军：近卫机械化第2军的征途》）（莫

斯科：军事出版社，1976 年）。

V. 亚当，*Trudnoe reshenie: Memuary polkovnika 6th Germanskoi armii*（《艰难的决定：德国第 6 集团军一名上校的回忆录》）（莫斯科：军事出版社，1967 年），这是威廉·亚当《艰难的决定》（东柏林：1965 年）一书的俄文译本。

N.I. 阿法纳西耶夫，*Ot Volgi do Shpree: Boevoi put' 35-i gvardeiskoi strelkovoi Lozovskoi Krasnoznamennoi, ordena Suvorova i Bogdan Khmel'nitskogo divizii*（《从伏尔加河到施普雷河：荣获苏沃洛夫勋章和波格丹·赫梅利尼茨基勋章的近卫红旗洛佐瓦亚步兵第 35 师的征途》）（莫斯科：军事出版社，1982 年）。

S.Kh. 阿加诺夫（主编），*Inzhenemye voiska Soverskoi Armii 1918-1945*（《1918—1945 年，苏军工程兵部队》）（莫斯科：军事出版社，1985 年）。

K.V. 阿米罗夫，*Ot Volgi do Alp: Boevoi put' 36-i Gvardeiskoi strelkovoi . Verkhnedneprovskoi Krasnoznamennoi ordenov Suvorova i Kutuzova II stepeni divizii*（《从伏尔加河到阿尔卑斯山：荣获苏沃洛夫勋章和二级库图佐夫勋章的近卫红旗上第聂伯罗夫斯克步兵第 36 师的征途》）（莫斯科：军事出版社，1987 年）。

理查德·H. 阿姆斯特朗，《红军坦克指挥员：装甲近卫军》（宾夕法尼亚州阿特格伦：希弗出版社，1994 年）。

马克·阿克斯沃西、科尔内尔·斯卡费什和克里斯蒂安·克拉丘诺尤，《第三轴心第四盟友：欧战中的罗马尼亚军队，1941—1945 年》（伦敦：兵器和铠甲出版社，1995 年）。

Iu.P. 巴比奇 和 A.G. 巴耶尔，*Razvitie vooruzheniia i organitzatsii Sovetskikh sukhoputnykh voist v gody Velikoi Otechestvennoi voiny*（《伟大卫国战争中，苏联军备和地面部队编制的发展》）（莫斯科：伏龙芝军事学院，1990 年）。

康瑞利·伯内特（主编），《希特勒的将领》（纽约：格鲁夫·韦登费尔德出版社，1989 年）

奥马尔·巴托夫，《东线，1941—1945 年：德国军队和战争的野蛮化》（纽约：圣马丁出版社，1986 年）。

P.I. 巴托夫，*V pokhodakh i boiakh*（《在行军和战斗中》）（莫斯科：呼声出版社，2000 年）。

安东尼·比弗，《斯大林格勒：决定命运的围攻，1942—1943 年》（纽约：维京出版社，1998 年）。

卡尤思·贝克尔，《德国空军作战日志》（纽约：双日出版社，1968 年）。

维塔利伊·别洛孔和伊利亚·莫什昌斯基, *Na flangakh Stalingrada: Operatsii na Srednem i Verkhnem Donu, 17 iiulia 1942–2 fevralia 1943 goda*（《在斯大林格勒侧翼: 顿河中游和上游之战, 1942 年 7 月 17 日—1943 年 2 月 2 日》）（莫斯科: PKV 出版社, 2002 年）。

V.V. 别沙诺夫, *God 1942– 'Uchebnyi'*（《1942 年——"锻炼"》）（明斯克: 丰收出版社, 2002 年）。

N.I. 比留科夫, *Trudnaia nauka pobezhdat'*（《艰难的技术胜利》）（莫斯科: 军事出版社, 1975 年）。

Bitva pod Stalingradom, chast' II. Kontranastuplenie Sovetskikh voisk（《斯大林格勒战役, 第二部: 苏军的反攻》）（莫斯科: 伏罗希洛夫总参学院, 1956 年）, 原为机密级。

Bitva za Stalingrad（《斯大林格勒战役》)（伏尔加格勒: 伏尔加河下游出版社, 1973 年）

乔治·E. 布劳, 《德国对苏战争: 策划和行动, 1940—1942 年》, 陆军部手册, No: 20-261a（华盛顿特区: 陆军部, 1955 年）。

霍斯特·布格、尤尔登·弗斯特、约阿希姆·霍夫曼等人, 《德国与第二次世界大战, 第 4 卷: 入侵苏联》(埃瓦尔德·奥泽斯、迪安·S. 麦克默里和路易斯·威尔莫特译, 英国牛津: 克拉伦登出版社, 2001 年）。

霍斯特·布格、维尔纳·拉姆、赖因哈德·施通普夫、贝恩德·韦格纳, 《德国与第二次世界大战, 第 6 卷, 全球战争: 冲突扩大为世界大战及战争主动权的转移, 1941—1943》, 埃瓦尔德·奥泽斯等人译（英国牛津: 克拉伦登出版社, 2001 年）。

德莫特·布拉德利、卡尔 –

弗里德里希·希尔德布兰德、马库斯·勒韦坎普, Die Generale des Heeres 1921-1945（《德国陆军将领, 1921—1945 年》）（奥斯纳布吕克: 文献记录出版社, 1993 年）。

保罗·卡雷尔, 《斯大林格勒: 德国第 6 集团军的败亡》, 戴维·约翰斯顿译（宾夕法尼亚州阿特格伦: 希弗出版社, 1993 年）。

A.A. 切尔诺巴耶夫（主编）, *Na prieme u Stalina. Tetradi (zhurnaly) zapisei lits, pronyatykh I. V. Stalinym (1924-1953 gg.)*（《斯大林的接见: I.V. 斯大林会见相关人员日志, 1924—1953 年》）（莫斯科: 新计时器出版社, 2008 年）。

I.M. 奇斯佳科夫, *Sluzhirn otchizne*（《为祖国服役》）（莫斯科: 军事出版社, 1975 年）

I.M. 奇斯佳科夫（主编），*Po prikazu Rodiny: boevoi put' 6-i gvardeiskoi armii v Velikoi Otechestvennoi voine*（《奉祖国之命 伟大卫国战争中近卫第6集团军的战斗历程》）（莫斯科：军事出版社，1971年）。

瓦西里·I. 崔可夫，《斯大林格勒战役》，哈罗德·西尔弗译（纽约：霍尔特、莱因哈特和温斯顿出版社，1964年）。

瓦西里·I. 崔可夫，*Stalingrada do Berime*（《从斯大林格勒到柏林》）（莫斯科：军事出版社，1980年）。

《斯大林格勒攻势中苏军的集结》（美国陆军欧洲司令部历史处，MS P-096号报告，1952年）。

威廉·克雷格，《兵临城下：斯大林格勒战役》（纽约：读者文摘出版社，1973年）

弗拉基米尔·代涅斯，*Rokossovsky: Genii manevra*（《罗科索夫斯基：机动战天才》）（莫斯科：亚乌扎-艾克斯摩出版社，2008年）。

V.A. 德明和 R.M. 波尔图加利斯基，*Tanki vkhodiat v proryv*（《坦克进入突破口》）（莫斯科：军事出版社，1988年）。

G. 德尔，*Pokhod na Stalingrad*（《进军斯大林格勒》)（莫斯科：军事出版社，1957年），这是汉斯·冯·德尔 *Der Feldzug nach Stalingrad*（《斯大林格勒战役》）（西德，达姆施塔特：E.S. 米特勒＆泽恩股份有限公司，1955年）一书的俄文译本。

理查德·L. 迪纳多，《德国与轴心国军队：从联盟到崩溃》（劳伦斯：堪萨斯大学出版社，2005年）。

理查德·L. 迪纳多，《德军装甲部队》（康涅狄格州韦斯特波特：格林伍德出版社，1997年）。

理查德·L. 迪纳多，《机械化力量或军事落伍：马匹与二战中的德国军队》（康涅狄格州韦斯特波特：格林伍德出版社，1991年）。

M.S. 多库恰耶夫，*Vboi shli eskadrony: Boevoi put' 7-go gvardeiskogo ordena Lenina, Krasnoznamennogo, ordena Suvorova korpusa v Velikoi Otechestvennoi voine*（《骑兵中队投入战斗：荣获列宁勋章和苏沃洛夫勋章的近卫红旗骑兵第7军在伟大卫国战争中的征程》）（莫斯科：军事出版社，1984年）。

V.M. 多姆尼科夫（主编），*V nastuplenii gvardiia: Ocherk o boevom puti 2-i Gvardeiskoi Armii*（《进攻中的近卫军：对近卫第2集团军征途的研究》）（莫斯科：军事出版社，

1971 年）

D.A. 德拉贡斯基（主编），*Ot Volgi do Pragi*（《从伏尔加河到布拉格》）（莫斯科：军事出版社，1966 年）。

亚历山大·瓦西列维奇·叶戈罗夫，*V Donskiky Stepyakh*（《在顿河草原上》）（莫斯科：海陆空三军合作志愿协会，1988 年）。

A.I. 叶廖缅科，*Stalingrad: Uchastnikam Velikoi bitvy pod Stalingradom posviat-shchaetsia*（《斯大林格勒：斯大林格勒光荣会战中的一位参与者》）（莫斯科：AST 出版社，2006 年）。

A.I. 叶廖缅科，*Stalingrad: Zapiski kornanduuishchevo frontoni*（《斯大林格勒：方面军司令员笔记》）（莫斯科：军事出版社，1961 年）。

约翰·埃里克森，《通往斯大林格勒之路：苏德战争，第一卷》（纽约：哈珀＆罗出版社，1975 年）。

约翰·埃里克森，《通往柏林之路：苏德战争续篇》（科罗拉多州博尔德：西景出版社，1983 年）。

西摩·弗里丁和威廉·理查森（合编），《致命的决定》（纽约：威廉·斯隆联合出版社，1956 年）。

莱因哈德·盖伦，《盖伦将军回忆录》，戴维·欧文译（纽约：世界出版社，1972 年）

Geroi Sovetskogo Soiuza, tom 1（《苏联英雄，第一册》）（莫斯科：军事出版社，1987 年）。

戴维·M. 格兰茨，《斯大林格勒战役后：红军 1942—1943 年的冬季攻势》（英国西米德兰兹郡索利赫尔：氦核出版社，2008 年）。

戴维·M. 格兰茨，《斯大林格勒战役地图集：红军的进攻行动，1942 年 11 月 19 日—1943 年 2 月 2 日》（宾夕法尼亚州卡莱尔：自费出版，2000 年）。

戴维·M. 格兰茨，《巨人重生：战争中的苏联红军，1941—1943 年》（劳伦斯：堪萨斯大学出版社，2005 年）。

戴维·M. 格兰茨，《1941—1945 年，苏德战争中被遗忘的战役，第四册，冬季战役（1942 年 11 月 19 日—1943 年 3 月 21 日）》（宾夕法尼亚州卡莱尔：自费出版，1999 年）。

戴维·M. 格兰茨，《从顿河到第聂伯河：红军 1942 年 12 月—1943 年 8 月的进攻行动》（伦敦：弗兰克·卡斯出版社，1991 年）。

戴维·M. 格兰茨，*Krupneishee porazhenie Zhukova. Katastrofa Krasnoi Armii v operatsii "Mars" 1942 g.*（《朱可夫最大的败仗：红军 1942 年 "火星" 行动的惨败》）（莫斯科：阿斯特列利出版社，2006 年）。

戴维·M. 格兰茨，《红军指挥员，1941—1945 年，第一册：方向总司令部、方面军、集团军、军区、防御地域和快速军指挥员》（宾夕法尼亚州卡莱尔：自费出版，2002 年）。

戴维·M. 格兰茨，《二战期间，情报在苏联军事战略中的作用》（加利福尼亚州诺瓦托：要塞出版社，1990 年）。

戴维·M. 格兰茨，《二战中的苏军军事欺骗》（伦敦：弗兰克·卡斯出版社，1989 年）。

戴维·M. 格兰茨，《苏联的战争经验：坦克战》（宾夕法尼亚州卡莱尔：自费出版，1998 年）。

戴维·M. 格兰茨，《中欧和东欧，地形对军事行动的战略和战术影响》（宾夕法尼亚州卡莱尔：自费出版，1998 年）。

戴维·M. 格兰茨（主编），《1984 年战争艺术研讨会，从顿河到第聂伯河：红军 1942 年 12 月—1943 年 8 月的进攻行动，研讨会记录》（宾夕法尼亚州卡莱尔：美国陆军军事学院地面战争研究中心，1985 年）；美国陆军联合作战司令部外军研究室添加地图后予以再版（堪萨斯州利文沃斯堡：1992 年）；戴维·M. 格兰茨再次自费出版，未装订版（宾夕法尼亚州卡莱尔，1999 年）。

戴维·M. 格兰茨，"尼古拉·费多罗维奇·瓦图京"，刊登在舒克曼（主编）的《斯大林的将领》一书（伦敦：韦登费尔德 & 尼科尔森出版社，1993 年）。

戴维·M. 格兰茨，*1941-1943 Sovetskoe boennoe chudo: Vozrozhdenie Krasnoi Armii*（《1941—1943 年的苏联军事奇迹：红军的重生》）（莫斯科：亚乌扎 - 艾克斯摩出版社，2008 年）。

戴维·M. 格兰茨、乔纳森·M. 豪斯，《巨人的碰撞：红军是如何阻止希特勒的》（劳伦斯：堪萨斯大学出版社，1995 年）。

瓦尔特·格尔利茨，《保卢斯与斯大林格勒：陆军元帅弗里德里希·保卢斯传，他的笔记、书信和文件》，R.H. 史蒂文斯译（纽约：城堡出版社，1963 年）。

S. 戈利科夫，*Vydaiushchiesia pobedy Sovetskoi Armii v Velikoi Otechestvennoi voine*（《伟大卫国战争中红军的辉煌胜利》）（莫斯科：军事出版社，1954 年）。

S.G. 戈尔什科夫，*Na luzhnom flange, osen 1941 g.-vesna 1944 g.*（《1941 年

秋季至 1944 年春季，在南翼 》）（莫斯科：军事出版社，1989 年）。

罗尔夫·格拉姆斯，*Die 14. Panzer-Division 1940-1945*（《第 14 装甲师，1940—1945 年 》）（西德，巴特瑙海姆：汉斯－亨宁·波德聪出版社，1957 年）。

A.A. 格列奇科，*Bitva za Kavkaz*（《高加索会战 》）（莫斯科：军事出版社，1973 年）

A.A. 格列奇科（主编），*Istoriia Vtoroi Mirovoi voiny 1939-1945 v dvenadtsati tomakh, Tom shestoi: Korennoi perelom v voine*（《1939—1945 年，第二次世界大战史，12 卷本，第 6 卷：战争的根本性转折点 》）（莫斯科：军事出版社，1976 年）。

瓦西里·S. 格罗斯曼，《战争中的一位作家：瓦西里·格罗斯曼在红军中，1941—1945 年 》，安东尼·比弗、卢芭·维诺格拉多瓦编译（纽约：万神殿书局，2005 年）。

B.A. 古宾、V.A. 基谢列夫，*Vos'maia Vozdushnaia: Voenno-istoricheskii ocherk boevogo puti 8-i Vozdushnoi Armii v gody Velikoi Otechestvennoi voiny*（《空军第 8 集团军：对空军第 8 集团军在伟大卫国战争中的征程的历史研究 》）（莫斯科：军事出版社，1986 年）。

"库兹马·阿基莫维奇·古罗夫"，刊登在 *Voennaia Entsiklopediia v vos'mi tomakh, 2*（《八卷本苏联军事百科全书，第二卷 》）第 534 页，该书由 P.S. 格拉乔夫主编，莫斯科军事出版社 1994 年出版。

Gvardeiskaia Chernigovskaia: Boevoi put' 76-i gvardeiskoi strelkovoi Chemigovskoi Krasnoznamennoi divizii（《切尔尼戈夫近卫军：近卫红旗切尔尼戈夫步兵第 76 师的征程 》）（莫斯科：军事出版社，1976 年）。

弗朗茨·哈尔德，《哈尔德战时日记，1939—1942 年 》（加利福尼亚州诺瓦托：要塞出版社，1988 年）。

冯·哈德斯蒂，《火凤凰：苏联空军力量的崛起，1941—1945 年 》（华盛顿特区：史密森学会出版社，1982 年）。

维尔纳·豪普特，《南方集团军群：德国国防军在苏联，1941—1945 年 》，约瑟夫·G. 威尔士译（宾夕法尼亚州阿特格伦：希弗出版社，1998 年）。

乔尔·S.A. 海沃德，《止步于斯大林格勒：德国空军和希特勒在东线的失败，1942—1943 年 》（劳伦斯：堪萨斯大学出版社，1998 年）。

赫尔穆特·海贝尔和戴维·M. 格兰茨，《希特勒和他的将领：军事会议，1942—1945 年 》（纽约：恩尼格玛图书出版社，2002 年）。

《历史研究：德国侵苏战争中小股部队的作战行动》，陆军部 20—269 号手册（华盛顿特区：陆军部，1953 年 7 月）。

阿德尔贝特·霍尔，《斯大林格勒的一名步兵：1942 年 9 月 24 日至 1943 年 2 月 2 日》，詹森·D. 马克和尼尔·佩奇译（澳大利亚，悉尼：跳跃骑士出版社，2005 年）。

A.N. 扬钦斯基，*Boevoe ispol'zovanie istrebitel'no-protivotankovoi artillerii RVGK v Velikoi Otechestvennoi voine*（《伟大卫国战争中，最高统帅部预备队反坦克歼击炮兵的作战部署》）（莫斯科：伏罗希洛夫学院，1951 年）。

V.T. 伊米诺夫中校，*Nastupatel'naia operatsii 5-i Tankovoi Armii v kontrnastuplenii pod Stalingradom (19–25 noiabria 1942 g)*（《坦克第 5 集团军在斯大林格勒反攻中的进攻行动，1942 年 11 月 19 日—25 日》）（莫斯科：伏罗希洛夫总参学院，1979 年），原为机密级。

戴维·欧文，《希特勒的战争》（麦克米兰平装书出版社，1977 年）。

阿列克谢·伊萨耶夫，*Stalingrad: Za Volgoi dlia nas zemli net*（《斯大林格勒：伏尔加河后方没有我们的容身处》）（莫斯科：亚乌扎 – 艾克斯摩出版社，2008 年）。

Istoricheskii podvig Stalingrada（《斯大林格勒的历史性胜利》）（莫斯科：思想出版社，1985 年）。

托马斯·L. 延茨，《装甲部队》（宾夕法尼亚州阿特格伦：希弗出版社，1996 年）。

杰弗里·朱克斯，"亚历山大·米哈伊洛维奇·华西列夫斯基"，刊登在舒克曼（主编）的《斯大林的将领》一书中（伦敦：韦登费尔德＆尼科尔森出版社，1993 年）。

杰弗里·朱克斯，《希特勒的斯大林格勒决策》（伯克利：加州大学出版社，1985 年）

V.P. 卡丘尔和 V.V. 尼科利斯基，*Pod znamenem Sivashtsev: Boevoi put' 169-i strelkovoi Rogachevskoi Krasnoznamennoi ordena Suvorova II stepeni i Kutuzova II stepeni divizii (1941-1945)*（《在西瓦什采夫的旗帜下：荣获红旗勋章、二级苏沃洛夫勋章、二级库图佐夫勋章的罗加乔夫步兵第 169 师的征程，1941—1945 年》）（莫斯科：军事出版社，1989 年）。

N.Z. 卡德罗夫，*Ot Minska do Veny: Boevoi put' 4-i Gvardeiskoi strelkovoi Apostolovsko-Venskoi Krasnoznamennoi divizii*（《从明斯克到维也纳：近卫红旗阿波斯托洛沃—维也纳步兵第 4 师的征程》）（莫斯科：军事出版社，1985 年）。

曼弗雷德·克里希，*Stalingrad: Analyse und Dokumentation einer Schlacht*（《斯

大林格勒：战役分析和相关文件 》）（斯图加特：德意志出版社，1974 年 ）。

沃尔夫·凯利希，*Die Generale des Heeres*（《德国陆军将领 》）（巴特瑙海姆：波德聪出版社，1983 年 ）。

威廉·凯特尔，《为帝国服务 》，戴维·欧文译（纽约：斯坦 & 戴出版社，1966 年 ）。

基里尔·康斯坦丁诺夫·罗科索夫斯基，*Pobeda ne liuboi tsenoi*（《不惜代价的胜利 》）（莫斯科：亚乌扎 – 艾克斯摩出版社，2006 年 ）。

马克西姆·科洛米耶茨和伊利亚·莫什昌斯基，*"Oborona Kavkaza (iiul'-dekabr' 1942 goda)"*（《1942 年 7—12 月，高加索防御战 》），刊登在 *Frontovaia illiustratsiia*（《前线画刊 》）2000 年第 2 期（莫斯科：KM 战略出版社，2000 年 ）。

Komandarmy. Voennyi biograficheskii slovar' (Velikaia Otechestvennaia)（《伟大卫国战争中的集团军司令员，军事人物志 》）（莫斯科：俄罗斯联邦国防部，军事历史研究所，库奇科沃原野出版社，2005 年 ）。

Kommandovanie korpusnovo i divizionnogo svena Sovetskikh vooruzhennijkh sil perioda Velikoi Otechestvennoi voiny 1941-1945 gg.（《1941—1945 年，伟大卫国战争期间苏联武装力量军、师级指挥员 》）（莫斯科：伏龙芝军事学院，1964 年 ）。

Komkory, Voennyi biograficheskii slovar' (Velikaia Otechestvennaia), Tom 1 and 2.（《伟大卫国战争中的军级指挥员，军事人物志，第一、二册 》）（莫斯科：俄罗斯联邦国防部，军事历史研究所，库奇科沃原野出版社，2006 年 ）。

M.N.科热夫尼科夫，*Komandovanie i shtab VVS Sovetskoi Armii v Velikoi Otech-estvennoi voine 1941-1945 gg.*（《伟大卫国战争中的苏联空军指挥和参谋部，1941—1945 年 》）（莫斯科：科学出版社，1977 年 ）。

M.M. 科兹洛夫（主编 ），*Velikaia Otechestvennaia voina 1941-1945: Entsik-lopediia*（《1941—1945 年，伟大卫国战争：百科全书 》）（莫斯科：苏联百科全书出版社，1985 年 ）。

Krasnoznamennyi Chernomorskii Flot（《红旗黑海舰队 》）（莫斯科：军事出版社，1987 年 ）。

I.M. 克拉夫钦科，*Nastupatel'naia operatsiia 5-i Tankovoi Armii v kontrnastuplenii pod Stalingradom (19-25 noiabria 1942 g.)*（《斯大林格勒反攻中，坦克第 5 集团军的进攻行动，1942 年 11 月 19 日—25 日 》）（莫斯科：伏罗希洛夫总参军事学院，1978 年 ），

原为机密级。

G.F. 克里沃舍夫（主编），*Grif sekretnosti sniat: Poteri vooruzhennykh sil SSSR v voinakh, boevykh deistviiakh, i voennykh konfliktakh*（《揭秘：苏联武装力量在战争、作战行动和军事冲突中的损失》）（莫斯科：军事出版社，1993 年）。

G.F. 克里沃舍夫（主编），*Rossiia i SSSR v voinakh XX veka: Poteri vooruzhennykh sil, Statistichqskoe issledovanie*（《二十世纪战争中的俄国和苏联：武装部队的损失，调查统计》）（莫斯科：奥尔玛出版社，2001 年）。

G.F. 克里沃舍夫（主编），《二十世纪苏联的伤亡和作战损失》（伦敦和梅卡尼克斯堡：希弗出版社，1997 年）。

G.F. 克里沃舍夫（主编），*Velikaia Otechestvennaia bez grifa sekretnosti. Kniga poter'*（《伟大卫国战争揭秘，损失卷》）（莫斯科：维契出版社，2009 年）。

阿尔贝特·克鲁尔，*Das Hannoversche Regiment 73: Geschichte des Panzer-Grenadier-Regiments 73 (vorm. Inf. Regt. 73), 1939—1945.*（《汉诺威第 73 团：第 73 装甲掷弹兵团（原第 73 步兵团）战史，1939—1945 年》）（第 73 团战友会出版，1967 年）。

N.I. 克雷洛夫，*Stalingradskii rubezh*（《斯大林格勒战线》）（莫斯科：军事出版社，1984 年）。

乔治·W.S. 库恩，《地面部队伤亡率图表：经验证据，FP703TR1 报告》（马里兰州贝塞斯达：后勤管理署，1989 年 9 月）。

S. 库利奇金，《瓦图京》（莫斯科：军事出版社，2001 年）。

G.A. 库马涅夫（主编），*Sovetskii tyl v pervyi period Velikoi Otechestvennoi voiny*（《伟大卫国战争第一阶段的苏联后方》）（莫斯科：科学出版社，1988 年）。

G.A. 库马诺夫，*Voina i zhelznodorozhnyi transport SSSR 1941-1945*（《战争与苏联铁路运输，1941—1945 年》）（莫斯科：科学出版社，1988 年）。

G.A. 库马涅夫和 L.M. 丘扎夫科夫，"*Sovetskii soiuz i lend-liz 1941-1945 gg.*"（《1941—1945 年，苏联与租借法案》），刊登在 M.N. 苏普龙（主编）的 Lend-liz i Rossiia（《租借法案与俄罗斯》）（阿尔汉格尔斯克：OAO IPP 真北出版社，2006 年）。

I.I. 库兹涅佐夫，*Sud'hy general'skie: Vysshie komandnye kadry Krasnoi Armii v 1940-1953 gg.*（《将军们的命运：1940—1953 年的红军高级指挥员》）（伊尔库茨克：伊尔库茨克大学出版社，2002 年）。

I.A. 拉斯金, *Na puti k perelomu*(《通往转折点之路》)（莫斯科：军事出版社，1977 年）

L '8'Armata Italiana nella Seconde Battaglia Difensiva Del Don（《第二次顿河防御战中的意大利第 8 集团军，1942 年 12 月 11 日—1943 年 1 月 31 日》）（罗马：陆军部，总参军史办，1946 年）。

Ia.A. 列别捷夫和 A.I. 马柳金, *Pomnit dnepr-reka: Vospominaniia veteranov 193-I strelkovoi Dneprovskoi ordena Lenina, Krasnoznamennoi, ordena Suvorova i Kutuzova divizii*（《牢记第聂伯河：荣获列宁勋章、苏沃洛夫勋章和库图佐夫勋章的红旗第聂伯河步兵第 193 师老兵的回忆》）（明斯克：白俄罗斯出版社，1986 年）。

约阿希姆·莱梅尔森等人，《第 29 师：第 29 步兵师，第 29 摩步师，第 29 装甲掷弹兵师》（西德，巴特瑙海姆：波德聪出版社，1960 年）。

Le Operationi della Unita Italiane Al Fronte Russo (1943-1944)（《意大利军队在俄国前线的作战行动，1943—1944 年》）（罗马：陆军部，总参军史办，1977 年）。

I.I. 柳德尼科夫, *Doroda dlinoiu v zhizn*（《生活的道路是漫长的》）（莫斯科：军事出版社，1969 年）。

I.I. 柳德尼科夫, *Doroda dlinoiu v zhizn*（《生活的道路是漫长的》）（莫斯科：中学出版社，1985 年）。

约亨·勒泽, *Bittere Pflicht: Kampf und Untergang der 76.Berlin-Brandenburgischen Infanterie Division*（《艰难的职责：柏林—勃兰登堡第 76 步兵师的战斗与毁灭》）（奥斯纳布吕克：文献记录出版社，1988 年）。

O.A. 洛西科，"*StroiteVstvo i boevoe primenenie Sovetskikh tankovykh voisk v gody Velikoi Otechestvennoi voiny*"（《伟大卫国战争中，苏联坦克部队的组建和作战使用》）（莫斯科：军事出版社，1979 年）。

W. 维克多·马德伊，《德军作战序列》（西弗吉尼亚州新马丁斯维尔：游戏营销出版社，1978 年）。

陆军元帅埃里希·冯·曼施泰因，《失去的胜利》，安东尼·G. 鲍威尔译（芝加哥：亨利·莱格尼里出版社，1958 年），译自德文版 *Verlorene Siege*（波恩：图书馆出版社，1955 年）。

V.F. 马尔格洛夫, *Sovetskie vozdushnoi-desantnye: Voenno-istoricheskii ocherk*（《苏联空降兵：军事历史研究》）（莫斯科：军事出版社，1986 年）。

詹森·D. 马克，《"跳跃骑士"的覆灭：第 24 装甲师在斯大林格勒，1942 年 8 月 12 日—

11 月 20 日》（澳大利亚悉尼：跳跃骑士出版社，2003 年）。

詹森·D. 马克，《烈焰之岛：斯大林格勒"街垒"火炮厂之战，1942 年 11 月—1943 年 2 月》（澳大利亚悉尼：跳跃骑士出版社，2006 年）。

V. 马尔特诺夫和 S. 斯帕霍夫，*Proliv v ogne*（《烈焰中的海峡》）（基辅：乌克兰政治文献出版社，1984 年）。

马斯洛夫，《陨落的苏军将领》，（伦敦：弗兰克·卡斯出版社，1998 年）。

威廉·麦克科罗登，《二战德国陆军编成：集团军群、集团军、军、师和战斗群》，五卷本，未出版，年代不详。

弗雷德里希·W. 冯·梅伦廷，《我所知道的二战德军将领》（诺曼：俄克拉荷马大学出版社，1977 年）。

弗雷德里希·W. 冯·梅伦廷，《坦克战》，H. 贝茨勒译（诺曼：俄克拉荷马大学出版社，1956 年）。

蒙戈·梅尔文，《曼施泰因：希特勒最具争议的指挥官》，未出版，2009 年。

艾尔哈德·米尔希简历，戴维·欧文微缩胶片系列，关于第三帝国的记录和文件。

V.T. 伊米诺夫，*Nastupatel'naia operatsii 5-i Tankovoi Armii v kontrnastuplenii pod Stalingradom (19–25 noiabria 1942 g)*（《坦克第 5 集团军在斯大林格勒反攻中的进攻行动，1942 年 11 月 19 日—25 日》）（莫斯科：伏罗希洛夫总参学院，1979 年），原为机密级。

苏伦·米尔佐扬，*Stalingradskoe Zarevo*（《斯大林格勒战火》）（埃里温：阿纳斯坦出版社，1974 年）。

小塞缪尔·W. 米查姆，《希特勒的军团：二战中的德国陆军作战序列》（纽约：斯特恩&戴出版社，1985 年）。

I.K. 莫罗佐夫，"*Na iuzhnom uchaske fronta*"（《在前线的南部地区》），刊登在 *Bitva za Volge*（《伏尔加河之战》）一书中（斯大林格勒：图书出版社，1962 年）。

I.K. 莫罗佐夫，*Ot Stalingrada do Pragi: Zapiski komandira divizii*（《从斯大林格勒到布拉格：一名师长的笔记》）（伏尔加格勒：伏尔加河下游出版社，1976 年）。

M.E. 莫罗佐夫（主编），*Velikaia Otechestvennaia voina 1941–1945 gg. Kampanii i strategicheskie operatsii v tsifrakh v 2 tomakh. Tom 1*（《1941—1945 年，伟大卫国战争，数据中的战役和战略行动，两卷本，第一册》）（莫斯科：俄罗斯联邦内务部联合社论出版社，

2010 年）。

　　K.S. 莫斯卡连科，*Na iugo-zapadnom napravlentii*（《在西南方向上》），第一册（莫斯科：科学出版社，1969 年）。

　　罗尔夫－迪特尔·米勒、格尔德·R. 乌贝夏尔，《希特勒的东线战争，1941—1945 年：批评性评估》（英国牛津普罗维登斯：博格翰图书出版社，1997 年）。

　　威廉姆森·穆雷，《德国空军》（巴尔的摩：航海和航空出版社，1985 年）。

　　B.I. 穆托温，*Cherez vse ispytaniia*（《历经考验》）（莫斯科：军事出版社，1986 年）

　　Nasha 252-ia: Veterany divizii vospominaiut（《我们的第 252 师：第 252 师老兵的回忆》）（彼尔姆：彼尔姆出版社，1983 年）。

　　Iu.A. 瑙缅科，*Shagai pekhota !*（《步兵前进》）（莫斯科：军事出版社，1989 年）。

　　K.E. 瑙缅科，*266-ia Artemovsko-Berlinskaia: Voenno-istoricheskii ocherk boevogo puti 266-i strelkovoi Artemovsko-Berlinskoi Krasnoznamennoi, Ordena Suvorova II stepeni divizii*（《阿尔乔莫夫斯克—柏林步兵第 266 师：对荣获二级苏沃洛夫勋章的红旗阿尔乔莫夫斯克—柏林步兵第 266 师征途的军事历史研究》）（莫斯科：军事出版社，1987 年）。

　　汉斯·内德哈特，*Mit Tanne und Eichenlaub: Kriegschronik der 100. Jäger-Division vormals 100. leichte Infanterie-Division*【《松树和像树叶：第 100 猎兵师（原第 100 轻步兵师）战史》】（格拉茨—斯图加特：利奥波德斯托克出版社，1981 年）。

　　N.I. 尼科弗洛夫等人主编的 *Velikaia Otechestvennaia voina 1941-1945 gg.: Deistvuiushchaia armiia*（《伟大卫国战争，1941—1945 年：作战部队》）（莫斯科：勇气出版社和库奇科沃原野出版社，2005 年）。

　　A.I. 奥莱尼科夫，*Rozhdennaia na zemliahk zaporozhskikh*（《生于扎波罗热》）（基辅：乌克兰政治文献出版社，1980 年）。

　　Operatsii Sovetskikh vooruzhennykh sil v Velikoi Otechestvennoi Voine 1941-1945:Voenno-istoricheskii ocherk, Tom II: Operatsii Sovetskikh vooruzhennykh sil v period korennogo pereloma v khode Velikoi Otechestvennoi voiny (19 noiabria 1942 g.-dekabf 1943 g.)【《1941—1945 年，苏联武装力量在伟大卫国战争中的作战行动：军事历史研究，第二册，苏联武装力量在伟大卫国战争根本性转折点时期的作战行动（1942 年 11 月 19 日至 1943 年 12 月）》】（莫斯科：军事出版社，1958 年），原为机密级。

612

A. 帕宁、S. 佩列斯列金, *Stalingrad: Tsena pobedy*（《斯大林格勒：胜利的代价》）（莫斯科：AST 出版社，2005 年）。

M.F. 帕诺夫, *Na napravlenii glavnogo udara*（《在主要突击方向上》）（莫斯科：什切尔宾斯卡亚印务出版社，1993 年）。

沃尔夫冈·保罗，《第 6 装甲师师史，1937—1945 年》（奥斯纳布吕克：文献出版社，1984 年）。

I.N. 巴甫洛夫, *Legendarnaia Zheleznaia: Boevoi put' motostrelkovoi Samaro-Ul'ianovskoi, Bedichevskoi, Zheleznoi ordena Oktiabr'skoi Revolutsii, trizhdy Krasnoznamennoi, ordena Suvorova i Bogdana Khmel'nitskogo divizii*（《传奇铁师：荣获十月革命勋章、三枚红旗勋章、苏沃洛夫勋章和波格丹·赫梅利尼茨基勋章的红旗萨马拉—乌里扬诺夫斯克别尔季切夫铁军摩托化步兵师的征途》)（莫斯科：军事出版社，1987 年）。

普利耶夫, *Pod gvardeiskimi znamenem*（《在近卫军的旗帜下》）（奥尔忠尼启则：IR 出版社，1976 年）。

赫尔曼·普洛歇尔、哈里·R. 弗莱彻（编辑），《德国空军对苏作战，1942 年》，美国空军历史研究第 154 期（美国空军历史研究部、航空研究所、空军大学，1966 年 6 月）。

Pod gvardeiskim znamenem: Boevoi put' 66-i gvardeiskoi strelkovoi Poltavskoi Krasnoznamennoi divizii（《在近卫军的旗帜下：近卫红旗波尔塔瓦步兵第 66 师的征程》）（莫斯科：军事出版社，1992 年）。

P.P. 波波夫、A.V. 科兹洛夫、B.G. 乌西科，《转折点：斯大林格勒战役苏军参与者和目击者的回忆》，詹姆斯·F. 格布哈特译（澳大利亚悉尼：跳跃骑士出版社，2008 年）

R.M. 波图加尔斯基, *Analiz opyta nezavershennykh nastupatelnykh operatsii Velikoi Otechestvenoi voyny. Vyvody i uroki*（《分析伟大卫国战争期间未完成的进攻战役，结论和教训》）（莫斯科：科学院出版社，1991 年）。

P.N. 波斯佩洛夫, *Istoriia Velikoi Otechestvennoi voiny Sovetskogo Soiuza 1941-1945 v shesti tomakh, tom vtoroi*（《1941—1945 年，伟大卫国战争史，六卷本，第二册》），（莫斯科：军事出版社，1961 年）。

N.M. 拉马尼切夫和 V.V. 古尔欣, "*Rzhevsko-Sychevskie operatsii 1942*"（《"勒热夫—瑟乔夫卡"战役，1942 年》），刊登在《八卷本苏联军事百科全书》，第七册，S.B. 伊万诺夫编，第 233—234 页（莫斯科：军事出版社，2003 年）。

埃哈德·劳斯,《坦克战:劳斯将军东线回忆录,1941—1945 年》(纽约:达·卡波出版社,2003 年)。

Razgrom Italo-Nemetskikh voisk na Donu (Dekabr 1942 r): Kratkii operativno-takticheskii ocherk(《1942 年 12 月,意大利—德国军队在顿河的覆灭:战役－战术的简短总结》)(莫斯科:军事出版社,1945 年),原为机密级。

恩斯特·雷本蒂施,《第 23 装甲师战史》(宾州梅卡尼克斯堡:斯塔克波尔出版社,2012 年)。

克劳斯·莱因哈特,《莫斯科—转折点:1941—1942 年冬季,希特勒在战略上的失败》,卡尔·基南译(英国,牛津＆罗得岛州,普罗维登斯:牛津大学出版社,1992 年)。

杰弗里·罗伯茨,《斯大林的战争:从世界大战到冷战,1939—1953 年》(康涅狄格州纽黑文:耶鲁大学出版社,2006 年)。

K.K. 罗科索夫斯基,*Soldatskii dolg*(《军人的天职》)(莫斯科:呼声出版社,2000 年)

K.K. 罗科索夫斯基(主编),*Velikaia bitva na Volge*(《伏尔加河畔的伟大胜利》)(莫斯科:军事出版社,1965 年)。

帕维尔·A.罗特米斯特罗夫,*Stalnaia gvardiia*(《钢铁近卫军》)(莫斯科:军事出版社,1984 年)。

Rozhdennaia v boiakh: Boevoi put' 71-i gvardeiskoi strelkovoi Vitebskoi, ordena Lenina, Krasnoznamennoi divizii(《生于战斗:荣获列宁勋章的近卫红旗维捷布斯克步兵第 71 师的征程》)(莫斯科:军事出版社,1986 年)。

S.I. 鲁坚科,*Kryl'ia pobedy*(《胜利之翼》)(莫斯科:国际关系出版社,1985 年)

S.I.鲁坚科等人合编,*Sovetskie voenno-vozdushnye sily v Velikoi Otechestvennoi voine, 1941-1945 gg.*(《伟大卫国战争中的苏联空军,1941—1945 年》)(莫斯科:军事出版社,1968 年)。

卡尔·吕夫,*Odysee einer Gebirgsdivision: Die 3. Geb. Div. im Einsatz*(《山地师传奇:战斗中的第 3 山地师》)(格拉茨—斯图加特:利奥波德斯托克出版社,1976 年)

达纳·V.萨达拉南达,《斯大林格勒战役后:曼施泰因和"顿河"集团军群的行动》(纽约:普雷格出版社,1990 年)。

I.A. 萨姆丘克,*Gvardeiskaia Poltavskaia: Kratkii ocherk o boevom puti 97-i gvardeiskoi Poltavskoi Krasnoznamennoi, ordenov Suvorov i Bogdan Khmel'mitskogo strelkovoi divizii*（《波尔塔瓦近卫军：荣获苏沃洛夫勋章和波格丹·赫梅利尼茨基勋章的近卫红旗波尔塔瓦第 97 步兵师的征程简史》）（莫斯科：军事出版社，1965 年）。

I.A. 萨姆丘克，Trinadtsataia gvardeiskaia（《近卫步兵第 13 师》）（莫斯科：军事出版社，1971 年）。

I.A. 萨姆丘克、P.G. 斯卡奇科、Iu.N. 巴比科夫、I.L. 格涅多伊合著的 *Ot Volgi do El'byi Pragi (Kratkii ocherk o boevom puti5-i Gvardeiskoi Armii)*（《从伏尔加河到易北河和布拉格：近卫第 5 集团军征程简史》）（莫斯科：军事出版社，1970 年）。

A.M.萨姆索诺夫，*Ot Volgi do Baltiki: Ocherk istorii 3-go gvardeiskogo mekhani-zirovannogo korpusa 1942-1945 gg.*（《从伏尔加河到波罗的海：近卫机械化第 3 军战史》）（莫斯科：科学出版社，1963 年）。

A.M.萨姆索诺夫，*Stalingradskaia bitva*（《斯大林格勒战役》）（莫斯科：科学出版社，1983 年）。

A.M. 萨姆索诺夫，*Stalingradskaia bitva*（《斯大林格勒战役》）（莫斯科：苏联科学院出版社，1960 年）。

A.M. 萨姆索诺夫，*Stalingradskaia epopeia*（《斯大林格勒的史诗》）（莫斯科：科学出版社，1968 年）。

S.M. 萨尔基西安，*51-ia Armiia*（《第 51 集团军》）（莫斯科：军事出版社，1983 年）

米夏埃尔·沙德维茨，*Panzerregiment 11, Panzerabteilung 65 und Panzerersatz und Ausbildungsabteilung 11*（《第 11 装甲团，第 65 装甲支队，第 11 装甲预备教导营》）（西德吕嫩：施密特出版社，1987 年）。

霍斯特·沙伊贝特，*Nach Stalingrad-48 Kilometers! Der Einsatzvorstoss der 6. Panzerdivision. Dezember 1942.*（《攻向斯大林格勒——48 公里！第 6 装甲师 1942 年 12 月的推进》）（内卡尔格明德：库尔特·福温克尔出版社，1956 年）。

霍斯特·沙伊贝特，*Zwischen Don und Donez-Winter 1942/43*（《顿河与顿涅茨河之间：1942—1943 年冬季》）（内卡尔格明德：库尔特·福温克尔出版社，1961 年）

弗兰茨·施奈德，查尔斯·古兰斯译，《来自斯大林格勒最后的信件》（康涅狄格州韦斯特波特：格林伍德出版社，1974 年）。

总参少校海因茨·施奈德，"1942 年 12 月 10 日—16 日，苏军机械化第 5 军在奇尔河的突破行动：1942 年 12 月 10 日—16 日，德军第 336 步兵师和第 11 装甲师在奇尔河抗击苏军机械化第 5 军的防御作战",收录在 48 号项目,《小股部队战术:单兵武器战术》,第二部分,MS P-060 f,第 3 装甲集团军参谋长布克哈特·米勒－希勒布兰德少将主编(德国柯尼希施泰因:欧洲司令部历史部外军研究处,1951 年)。

海因茨·施勒特尔,《斯大林格勒》(纽约:百龄坛出版社,1958 年)。

海因茨·施勒特尔,Stalingrad: "... bis letzten Patrone."(《斯大林格勒:"……直至最后一颗子弹"》)(伦格里希:克莱恩印务出版社,未注明出版日期)。

弗里德里希·舒尔茨,《南翼的逆转,1942—1943 年》,军事研究 T-15 期,驻欧美军司令部,未注明出版日期。

费迪南德·冯·森格尔·翁德·埃特林,Die 24. Panzer-Division vormals 1. Kavallerie-Division 1939-1945【《第 24 装甲师(原第 1 骑兵师),1939—1945 年》】(内卡尔格明德:库尔特·福温克尔出版社,1962 年)。

弗里多林·冯·森格尔·翁德·埃特林,《无惧无望:弗里多林·冯·森格尔·翁德·埃特林将军的战时生涯,卡西诺的守卫者》(纽约:E.P. 达顿出版社,1964 年)。

罗纳德·塞特,《斯大林格勒,转折点:1942 年 8 月—1943 年 2 月之战》(纽约:考拉德－麦凯恩出版社,1959 年)。

73-ia Gvardeiskaia: Sbornik vospominanii, dokumentov i materialov o boevom puti 73-i gvardeiskoi strelkovoi Stalingradsko-Dunaiskoi Krasnoznamennoi divizii(《近卫步兵第 73 师:关于近卫红旗斯大林格勒—多瑙河步兵第 73 师征途的回忆、文件和资料集》)(阿拉木图:哈萨克斯坦出版社,1986 年)。

奥列格·舍恩,Neizvestnyi front Velikoi Otechestvennoi(《伟大卫国战争中不为人知的战线》)(莫斯科:亚乌扎－艾克斯摩出版社,2009 年)。

S.M. 什捷缅科,《战争年代的总参谋部,1941—1945 年》(莫斯科:进步出版社,1970 年)。

S.M. 什捷缅科,《战争年代的总参谋部,1941—1945 年》,第一册,罗伯特·达格利什译(莫斯科:军事出版社,1985 年)。

哈罗德·舒克曼(主编),《斯大林的将领》(纽约:格罗夫出版社,1993 年)。

N.M. 斯科莫罗霍夫等人合编,17-ia Vozdushnaia Armiia v boiakh ot Stalingrada do Veny: Voenno-istoricheskii ocherk a boevom puti 17-i Vozdushnoi Armii v gody Velikoi Otechestvennoi voiny(《从斯大林格勒到维也纳,战斗中的空军第 17 集团军:

对空军第 17 集团军在伟大卫国战争中的征程的历史研究》）（莫斯科：军事出版社，1977 年）。

肯尼斯·斯列普扬，《斯大林的游击战：二战中的苏联游击队》（劳伦斯：堪萨斯大学出版社，2006 年）。

《关于使用战争经验的苏联文件，第三册：1941—1942 年的军事行动》，哈罗德·S. 奥伦斯坦译（伦敦：弗兰克·卡斯出版社，1993 年）。

阿尔贝特·施佩尔，《第三帝国内幕》，理查德、克拉拉·温斯顿译（纽约：麦克米伦出版社，1970 年）。

瓦尔特·J. 施皮尔贝格尔和乌韦·费斯特，《四号坦克：德军装甲部队的主力》（伯克利：费斯特出版社，1968 年）。

Stalingrad: Tsena pobedy（《斯大林格勒：胜利的代价》）（莫斯科：AST 出版社，2005 年）。

Stalingrad: Zabytoe srazhenie（《斯大林格勒：被遗忘的战役》）（莫斯科：AST 出版社，2005 年）。

Stalingradskaia epopeia: Vpervye publikuemye dokumenty, rassekrechennye FSB RF（《斯大林格勒的史诗：首次出版的俄罗斯联邦安全局解密文件》）（莫斯科：叶翁尼察 -MG 出版社，2000 年）。

罗尔夫·施托弗斯, *Die gepanzerten und motorisierten deutschen Grossverbande*: 1935-1945（《德国大编制装甲和摩托化部队，1935—1945 年》）（弗里德贝格：波德聪 - 帕拉斯出版社，1986 年）。

罗尔夫·施托弗斯，《第 22 装甲师，第 25 装甲师，第 27 装甲师和第 233 预备装甲师》（弗里德贝格：波德聪 - 帕拉斯出版社，1985 年）。

安娜·斯特罗耶娃, *Komandarm Kravchenko*（《集团军司令员克拉夫钦科》）（基辅：乌克兰政治文献出版社，1984 年）。

A.Ia. 苏哈列夫（主编）, *Marshal A. M. Vasilevsky-strateg, polkovodets, chelovek*（《A.M. 华西列夫斯基元帅——战略家、军事统帅和男子汉》）（莫斯科：老兵协会出版社，1998 年）

小查尔斯·W. 西德诺，《毁灭之师：党卫队"骷髅"师，1933—1945 年》（新泽西普林斯顿：普林斯顿大学出版社，1977 年）。

V.E. 塔兰特，《斯大林格勒：对这场痛苦的剖析》（伦敦：利奥·库珀出版社，1992 年）

3. *Infantrie-Division, 3.Infantrie-Division (mot), 3. PanzerGrenadier-Division* （《第3步兵师，第3摩步师，第3装甲掷弹兵师》）（德国库克斯港：高级教师格哈德·迪克霍夫，1960年）。

威廉·蒂克，《高加索和石油：1942—1943年高加索地区的苏德战事》，约瑟夫·G. 威尔士译（温尼伯：J.J. 费多罗维奇出版社，1995年），译自威廉·蒂克的 *Der Kaukasus und das Öl: Der Deutsch-sowjetische Krieg in Kaukasien 1942/43*（奥斯纳布吕克：穆宁出版社，1970年）。

I.V. 季莫霍维奇，*Operativnoe iskusstvo Sovetskikh WS v Velikoi Otechestvennoi voine*（《伟大卫国战争中苏联空军的作战艺术》）（莫斯科：军事出版社，1976年）。

V.F. 托卢布科、N.I. 巴雷舍夫，*Na iuzhnomflange*（《在南翼》）（莫斯科：科学出版社，1973年）。

休·R. 特雷弗-罗珀（主编），《从闪电战到失败：希特勒的战争指令，1939—1945年》（纽约，芝加哥：霍尔特、莱因哈特&温斯顿出版社，1964年）。

A.D. 齐尔林、P.I. 比留科夫、V.P. 伊斯托明和E.N. 费多谢耶夫，*Inzhenemye voiska v boiakh za Sovetskuiu Rodinu*（《为祖国而战的工程兵部队》）（莫斯科：军事出版社，1970年）。

A.V. 图佐夫，*V ogne voiny: Boevoi put' 50-i Gvardeiskoi dvazhdy Krasnoznam-ennoi ordena Suvorova i Kutuzova strelkovoi divizii*（《在战斗的火焰中：荣获两枚红旗勋章、苏沃洛夫勋章和库图佐夫勋章的近卫步兵第50师的征途》）（莫斯科：军事出版社，1970年）。

《浴血200天：斯大林格勒战役亲历者和目击者的记述》（莫斯科：进步出版社，1970年）。

S.I. 瓦西里耶夫和A.P. 季坎，*Gvardeitsy piatnadtsatoi: Boevoi put' Piatnadtsatoi Gvardeiskoi strelkovoi divizii*（《近卫步兵第15师的征途》）（莫斯科：军事出版社，1960年）。

A.M. 华西列夫斯基，*Delo vsei zhizni*（《毕生的事业》）（莫斯科：政治书籍出版社，1983年）。

A.M. 华西列夫斯基，《毕生的事业》（英文版）（莫斯科：进步出版社，1976年）。

Velikaia Otechestvennaia Komkory: Voennyi biograficheskii slovar v 2-kh tomakh（《伟大卫国战争中的军级指挥员，两卷本》）（莫斯科—茹科夫斯基：库奇科沃原野出版社，2006 年）。

B.S. 文科夫和 P.P. 杜季诺夫，*Gvardeiskaia doblest': Boevoi put' 70-i gvardeiskoi strelkovoi glukhovskoi ordena Lenina, dvazhdy krasnoznamennoi, ordena Suvorova, Kutuzova i Bogdana Khmel'nitskogo divizii*（《英勇近卫军：荣获列宁勋章、两枚红旗勋章、苏沃洛夫勋章、库图佐夫勋章和波格丹·赫梅利尼茨基勋章的近卫红旗格卢霍夫步兵第 70 师的征程》）（莫斯科：军事出版社，1979 年）。

伊奥阿卡希姆·维杰尔，*Stalingradskaia tragediia: Za kulisami katastrofy*（《斯大林格勒的悲剧：灾难背后的真相》），A. 列别捷夫和 N. 波尔图加洛夫译（莫斯科：亚乌扎 – 艾克斯摩出版社，2004 年）。

I.N. 维诺格拉多夫，*Oborona, shturm, pobeda*（《防御、突击、胜利》）（莫斯科：科学出版社，1968 年）。

Voennaia entsiklopediia v vos'mi tomakh, 1（《八卷本苏联军事百科全书，第一册》），I.N. 罗季奥诺夫编（莫斯科：军事出版社，1997 年）。

德米特里·沃尔科戈诺夫，《斯大林：胜利与悲剧》，哈罗德·舒克曼翻译编辑（加州罗克林：格罗夫出版社，1992 年）。

N.I. 沃罗斯特诺夫，*Na ognennykh rubezhakh*（《在发射阵地上》）（莫斯科：军事出版社，1983 年）。

F.D. 沃罗比耶夫、V.M. 克拉夫措夫，*Pobedy Sovetskikh vooruzhennykh sil v Velikoi Otechestvennoi voine 1941-1945 (kratkii ocherk)*【《1941—1945 年，苏联武装部队在伟大卫国战争中的胜利（概要）》】（莫斯科：军事出版社，1953 年）。

N.N. 沃罗诺夫，*Na sluzhbe voennoi*（《服役》）（莫斯科：军事出版社，1963 年）。

I.A. 沃夫琴科，*Tankisti*（《坦克兵》）（莫斯科：海陆空三军合作志愿协会，1976 年）。

I.Ia. 维罗多夫（主编），*V srazheniiakh za Pobedu: Boevoi put' 38-i armii v gody Velikoi Otechestvennoi voyny 1941-1945*（《为祖国而战：第 38 集团军在伟大卫国战争中的征途，1941—1945 年》）（莫斯科：科学出版社，1974 年）。

瓦尔特·瓦利蒙特，《德国国防军大本营，1939—1945 年》，R.H. 巴里译（加利福尼亚州诺瓦托：要塞出版社，1964 年）。

沃尔夫冈·韦尔滕，*Geschichte der 16. Panzer-Division 1939-1945*（《第 16 装

甲师师史，1939—1945 年》）（弗里德贝格：波德聪－帕拉斯出版社，1958 年）。

I. 维德尔，*Katastrofa na Volge*（《伏尔加河上的灾难》）（莫斯科：军事出版社，1965 年），这是约阿希姆·维德尔 *Die Tragödie von Stalingrad. Erinnerungen eines Überlebenden*（《斯大林格勒的悲剧：一名幸存者的回忆录》）（西德：德根多尔夫出版社，1955 年）一书的俄文版。

汉斯·J. 韦杰斯，《斯大林格勒战役，"冬季风暴"行动——第 57 装甲军的救援行动》，自费出版，2003 年。

理查德·沃夫，"崔可夫"，刊登在哈罗德·舒克曼主编的《斯大林的将领》一书第 67—76 页（伦敦：韦登费尔德＆尼科尔森出版社，1993 年）。

理查德·沃夫，"罗科索夫斯基"，刊登在哈罗德·舒克曼主编的《斯大林的将领》一书第 177—198 页（伦敦：韦登费尔德＆尼科尔森出版社，1993 年）。

蒂莫西·A. 雷，《坚守：二战期间德军在东线的防御学说，战前至 1943 年》（堪萨斯州利文沃思堡：作战研究协会，1986 年）。

维甘德·维斯特博士，《斯大林格勒的一名炮兵：一名战役参加者的回忆》，托本·劳尔森、詹森·D. 马克、哈拉德·施泰因米勒译（澳大利亚，悉尼：跳跃骑士出版社，2007 年）。

Iu.D. 扎哈罗夫，*General armii Vatutin*（《瓦图京大将》）（莫斯科：军事出版社，1985 年）。

康斯坦丁·扎列斯基，*Vermacht: Sukhoputnye voiska i Verkhovnoe komandovanie*（《德国国防军：陆军与最高统帅部》）（莫斯科：亚乌扎出版社，2005 年）。

史蒂夫·扎洛加和彼得·萨森，《T-34/76 中型坦克，1941—1945 年》（伦敦：鱼鹰／芦苇出版社，1994 年）。

A.S. 扎多夫，*Chetyre goda voyny*（《战争的四年》）（莫斯科：军事出版社，1978 年）。

哈里森·E. 索尔兹伯里（主编），《朱可夫元帅最伟大的战役》（纽约：哈珀＆罗出版社，1969 年）。

G. 朱可夫，《回忆与思考》，第二册（莫斯科：进步出版社，1985 年）。

厄尔·F. 齐姆克，《从斯大林格勒到柏林：德国在东线的失败》（华盛顿特区：美国陆军军事历史办公室，1968 年）。

厄尔·F. 齐姆克和麦格纳·E. 鲍尔，《从莫斯科到斯大林格勒：东线决战》（华盛顿特区：美国陆军，军事历史中心，1987 年）。

V.A. 佐洛塔廖夫（主编），*Velikaia Otechestvennaia, Deistvuiushchaia armiia 1941—1945 gg.*（《伟大卫国战争中的作战部队，1941—1945 年》）（莫斯科：勇气出版社和库奇科沃原野出版社，2005 年）。

V.A. 佐洛塔廖夫（主编），*Velikaia Otechestvennaia voina 1941-1945, Kniga 1: Surovye ispytaniia*（《伟大卫国战争，1941—1945 年，四卷本军事历史文集，第一册：严酷的考验》）（莫斯科：科学出版社，1998 年）。

V.A. 佐洛塔廖夫（主编），*Velikaia Otechestvennaia voina 1941-1945: Voenno-istoricheskii ocherki v chetyrekh knigakh, Kniga 2: Perelom*（《伟大卫国战争 1941—1945：四卷本军事历史文集，第二册：转折点》）（莫斯科：科学出版社，1998 年）。

A.M. 兹瓦尔采夫（主编），*3-ia gvardeiskaia tankovaia armiia*（《近卫坦克第 3 集团军》）（莫斯科：军事出版社，1982 年）。

二手资料：文章

V. 多姆尼科夫，*"Protiv 'Zimnei grozy'"*（《抗击"冬季风暴"》），VIZh，第 7 期（1969 年 7 月），第 35—44 页。

弗拉基米尔·叶利谢耶夫、谢尔盖·米哈列夫，*"Liudskie poteri v Stalingradskoi bitva"*（《斯大林格勒战役中的人员损失》），VVI，第 12 期（1992 年 12 月），第 1—4 页。

戴维·M. 格兰茨，"苏联和平时期和战时的动员，1924—1942 年：调查"，JSMS，总第 5 期，1992 年 9 月第 3 册，第 345—352 页。

V.V. 古尔金，*"Liudskie poteri Sovetskikh Vooruzhennykh sil v 1941-1945 gg.: Novye aspekty"*（《1941—1945 年，苏联武装力量的人员损失：新观念》），VIZh，第 2 期（1999 年 3—4 月），第 2—13 页。

乔尔·S.A. 海沃德，"希特勒寻求石油：经济因素对军事战略的影响，1941—1942 年"，《战略研究》杂志总第 18 期，1995 年 12 月第 4 期，第 94—135 页。

S.A. 伊利延科夫，"关于苏联武装力量战时无法挽回之损失的统计，1941—1945 年"，JSMS，1996 年 6 月第 2 册，总第 9 期，第 440—442 页。

P. 伊林，*"Boi za Kalach-na-Donu"*（《顿河畔卡拉奇之战》），VIZh，第 10 期（1961 年 10 月），第 70—81 页。

S.I. 伊萨耶夫，*"Vekhi frontovogo puti"*（《前路的里程碑》），VIZh，第 10 期（1991

年 10 月），第 24—25 页。

V. 伊万诺夫、N. 帕夫连科、N. 福金，*"Klassicheskaia operatsiia na okruzhenie"*（《一场经典的合围行动》），VIZh，第 11 期（1969 年 11 月），第 26—37 页。

戴维·卡恩，"情报案例研究：奥苏加河防御战，1942 年"，《航天历史》杂志总第 28 期，1981 年 12 月第 4 期，第 242—252 页。

"Khronika deiatel'nosti Marshala Sovetskogo Soiuza G. K. Zhukova v period Velikoi Otechestvennoi voiny 1941-1945 gg."（《1941—1945 年，伟大卫国战争期间苏联元帅朱可夫的活动纪要》），刊登在 *"Vekhi frontovogo puti"*（《前路的里程碑》），VIZh，第 10 期（1991 年 10 月），第 23—33 页。

M. 科兹洛夫，"斯大林格勒的战略和战役艺术"，VIZh，第 11 期（1982 年 11 月），第 9—16 页。

I.V. 库兹米切夫，*"Shtafniki"*（《惩戒部队》），《军士》杂志，2006 年第 14 期，第 25—34 页。

P.N. 拉什琴科，*"Prodiktovan surovoi neobkhodimost'iu"*（《规定的严厉措施》），VIZh，第 8 期（1988 年 8 月），第 76—80 页。

A. 连斯基，*"Stalingrad-konets i probuzhdenie"*（《斯大林格勒——结局与觉醒》），VIZh，第 3 期（1961 年 3 月），第 85—90 页。

S. 米哈列夫，*"O razrabotke zamysla i planirovanii kontrnastupleniia pod Stalingradom"*（《关于斯大林格勒反攻的概念和策划》），VVI，第 8 期（1992 年 8 月），第 1—7 页。

P. 奥加列夫，*"Boi u Verkhne-Kumskovo (15-19 dekabria 1942 goda)"*（《上库姆斯基之战，1942 年 12 月 15 日—19 日》），VIZh，第 5 期（1959 年 5 月），第 51—59 页。

马尔基安·M. 波波夫，*"Iuzhnee Stalingrada"*（《在斯大林格勒南部》），VIZh，第 2 期（1961 年 2 月），第 67—98 页。

K.K. 罗科索夫斯基，*"Pobeda na Volge"*（《伏尔加河上的胜利》），VIZh，第 2 期（1968 年 2 月），第 64—76 页。

K.K. 罗科索夫斯基，*"Soldatskii dolg"*（《军人的天职》），VIZh，第 2 期（1990 年 2 月），第 47—52 页。

P. 罗特米斯特罗夫，*"O Sovetskom voennom iskusstve v bitve na Volge"*（《伏

尔加河战役中的苏联军事艺术》），VIZh，第12期（1962年12月），第1—14页，VIZh，第1期（1963年1月），第9—20页。

V. 鲁诺夫，"*Ot oborony-k reidu*"（《从防御到突袭》），VV，第5期（1991年4月），第42—46页。

V. 鲁诺夫，"*Boevye deistviia 87-i strelkovoi divizii v Kotel'nikovsko operatsii (15-31 dekabria 1942 g.)*"（《步兵第87师在科捷利尼科沃进攻战役中的作战行动，1942年12月15日—31日》），VIZh，第11期（1987年11月），第72—76页。

M. 沙波什尼科夫，"*Boevye deistviia 5-go mekhanizirovannogo korpusa zapadnee Surovikino v dekabre 1942 goda*"（《1942年12月，机械化第5军1942年12月在苏罗维基诺以西的作战行动》），VIZh，第10期（1982年10月），第32—38页。

亚历山大·斯塔蒂耶夫，"武装力量中的丑小鸭：罗马尼亚装甲部队，1919—1941年"，JSMS，1999年6月第2册，总第12期：第225—240页。

亚历山大·斯塔蒂耶夫，"一支军队沦为'仅仅是个负担'时：罗马尼亚的国防政策和战略，1918—1941年"，JSMS，2000年6月第2册，总第13期，第67—85页。

A. 华西列夫斯基，"*Nezabyvaemye dni*"（《难忘的日子》），VIZh，第10期（1965年10月），第13—24页。

F. 沃罗比耶夫，"*Ob operatsii ' Kol'tso '*"（《关于"指环"行动》），VIZh，第11期（1962年11月），第52—58页。

N. 沃罗诺夫，"*Operatsiia 'Kol'tso'*"（《"指环"行动》），VIZh，第5期（1962年5月），第71—84页，第6期（1962年6月），第68—76页。

网 站

轴心国人物传记研究，http://www.geocities.com/~orion/

轴心国资料手册，德国陆军，http://www.axishistory.com/index

德国陆军将领，http://balsi.d/Homepage—Generale/Heer/Heer—Startseite.html